SAUERLAND · MENZEL

Vorschriftensammlung
Öffentliche Finanzwirtschaft

Vorschriftensammlung
Öffentliche Finanzwirtschaft

mit einer Einführung
für Studium und Praxis

herausgegeben von

Professor Dr. Thomas Sauerland

und

Oberregierungsrat Kai Menzel

Hochschule des Bundes für öffentliche Verwaltung

Bibliografische Information der Deutschen Nationalbibliothek |
Die Deutsche Nationalbibliothek verzeichnet diese Publikation in der
Deutschen Nationalbibliografie; detaillierte bibliografische Daten sind im
Internet über www.dnb.de abrufbar.

ISBN 978-3-415-07047-9

Titelfoto: © skd – stock.adobe.com
Satz: abavo GmbH, Nebelhornstraße 8, 86807 Buchloe | Druck und Bindung:
Plump Druck & Medien GmbH, Rolandsecker Weg 33, 53619 Rheinbreitbach

Richard Boorberg Verlag GmbH & Co KG | Scharrstraße 2 | 70563 Stuttgart
Stuttgart | München | Hannover | Berlin | Weimar | Dresden
www.boorberg.de

Vorwort

Die öffentliche Finanzwirtschaft zählt zu den bedeutsamsten Bereichen einer Volkswirtschaft. Sie umfasst die Gesamtheit aller staatlichen Aktivitäten im Rahmen der Erhebung, Verwaltung und Verausgabung öffentlicher Haushaltsmittel zum Zwecke der Verwirklichung des Gemeinwohls. Das gesamtwirtschaftliche Gewicht der öffentlichen Finanzen lässt sich insbesondere an der Staatsquote ablesen. Die Staatsquote spiegelt den Anteil der staatlichen Ausgaben am Bruttoinlandsprodukt wider. In Deutschland lag sie im Jahr 2019 bei 45,2 Prozent (Quelle: BMF-Monatsbericht Dezember 2020).

Die vorliegende Vorschriftensammlung bietet eine umfassende Auswahl an Vorschriften, die für die Veranschlagung und Bewirtschaftung öffentlicher Finanzen von Relevanz sind.

Neben der Finanzverfassung des Grundgesetzes (GG) sind die Bundeshaushaltsordnung (BHO) und das Haushaltsgesetz (HG) 2021 abgedruckt. Wie nur wenige Rechtsgebiete wird das Recht der öffentlichen Finanzen von untergesetzlichen Regelungswerken geprägt. Die für Ausbildung und Praxis wichtigen Allgemeinen Verwaltungsvorschriften zur Bundeshaushaltsordnung (VV-BHO) wurden deshalb ebenso in die Textausgabe aufgenommen wie die Haushaltstechnischen Richtlinien des Bundes (HRB), der Gruppierungsplan, das Haushaltsführungsrundschreiben und das Rundschreiben zur Bildung und Inanspruchnahme von Ausgaberesten im flexibilisierten Bereich.

Die Vorschriftensammlung richtet sich an Studierende von Verwaltungshochschulen. Sie ist darüber hinaus ein nützliches Hilfsmittel für alle Praktiker, die in der Verwaltung für die Bewirtschaftung von Haushaltsmitteln oder die Gewährung von Zuwendungen zuständig sind.

Die Herausgeber bedanken sich beim Richard Boorberg Verlag, insbesondere bei Herrn Ass. jur. Hanno Thielen, sowie bei Herrn David Binder M. A. für die freundliche Unterstützung.

Brühl, im April 2021   *Thomas Sauerland / Kai Menzel*

Inhaltsverzeichnis

Einführung

A. Volkswirtschaftliche Bedeutung
der öffentlichen Finanzwirtschaft

Im Jahr 2019 leisteten die öffentlichen Haushalte in Deutschland, d. h. Bund, Länder, Kommunen und Sozialversicherungen, Ausgaben in Höhe von knapp 1,5 Billionen Euro und erzielten Einnahmen in Höhe von 1,54 Billionen Euro. Das entspricht einer Staatsquote (Staatsausgaben im Verhältnis zum Bruttoinlandsprodukt) von rund 45 Prozent. Die Zahlen verdeutlichen die enorme grundsätzliche Bedeutung der öffentlichen Finanzen für die deutsche Volkswirtschaft. Die Ausgaben des Bundes beliefen sich dabei auf knapp 400 Mrd. Euro einschließlich der an die Europäische Union abzuführenden Eigenmittel von knapp 30 Mrd. Euro. Im Jahr 2021 wird der Anteil der Staatsausgaben am Bruttoinlandsprodukt nochmals wachsen, da die Ausgaben zur Bekämpfung der Covid-19-Pandemie und des wirtschaftlichen Einbruchs erheblich gestiegen sind und sich gleichzeitig die Wirtschaftsleistung rückläufig entwickeln wird.

Nach dem Finanzwissenschaftler Richard A. Musgrave (1910–2007) kommen dem Staat die Aufgaben der Allokation meritorischer Güter, Distributionskorrektur des Einkommens und konjunkturellen Stabilisierung zu. Die Aufgaben kann er zwar nicht ausschließlich, aber zu großen Teilen mithilfe finanzpolitischer Instrumente erfüllen.

Bei der Allokationspolitik sollen Produktionsfaktoren effizient und zur Herstellung von Gütern verwendet werden, die den Wünschen der Konsumenten entsprechen. In Fällen von Marktversagen kann es erforderlich werden, dass der Staat z. B. öffentliche Güter wie innere und äußere Sicherheit bereitstellt. Dafür werden entsprechende Ausgabemittel benötigt.

Bei der Distributionspolitik geht es um Verteilungsfragen, wie etwa die Bereitstellung einer sozialen Mindestsicherung oder Einkommensumverteilung durch eine progressive Einkommensteuer. Die Sozialausgaben einschließlich der Ausgaben der Sozialversicherungen machen in Deutschland den weitaus größten Teil der Staatsausgaben aus.

Stabilisierungspolitik wird definiert als die Summe der Maßnahmen zur Erreichung eines makroökonomischen Gleichgewichts. In

diesem Sinne ist auch die Anforderung in Art. 109 Abs. 2 GG zu verstehen, nach der Bund und Länder „den Erfordernissen des gesamtwirtschaftlichen Gleichgewichts Rechnung" tragen sollen. Das Erreichen dieses Gleichgewichts kann gemessen werden anhand der vier in
§ 1 Stabilitäts- und Wachstumsgesetz (StWG) genannten Ziele:
- Hoher Beschäftigungsstand,
- Preisniveaustabilität,
- stetiges und angemessenes Wirtschaftswachstum sowie
- außenwirtschaftliches Gleichgewicht.

In einer Wirtschaftskrise kann der Staat u. a. durch eine Erhöhung
seiner Ausgaben oder durch zusätzliche Bürgschaften für Unterneh-
menskredite versuchen, die Erreichung der vier Ziele positiv zu beeinflussen. Eine Wirtschaftskrise geht per Definition mit negativem
Wirtschaftswachstum einher. Entfalten die zusätzlichen Staatsausgaben die gewünschten Multiplikatoreffekte, wird der Wirtschaftseinbruch abgeschwächt oder sogar ganz verhindert.

In der Folge einer schrumpfenden Wirtschaftsleistung werden normalerweise auch weniger Arbeitskräfte benötigt, sodass das Ziel eines
hohen Beschäftigungsstands gefährdet würde. Durch eine Steigerung
des Wirtschaftswachstums können zusätzliche Staatsausgaben den
Anstieg der Arbeitslosigkeit indirekt dämpfen. Möglich sind auch unmittelbar beschäftigungssichernde Maßnahmen wie das Kurzarbeitergeld.

Die Hauptverantwortung für die Preisniveaustabilität liegt bei der
Zentralbank mit ihren geldpolitischen Befugnissen. Durch eine Erhöhung der Leitzinsen und eine Verknappung des Geldangebotes
kann die Zentralbank inflationäre Tendenzen bekämpfen. Kommt es
in einer Wirtschaftskrise jedoch zu einem Preisverfall, wird das Ziel
der Preisniveaustabilität „von unten" verfehlt. Eine Deflation kann
sich schnell verfestigen und die Ziele Wachstum und Beschäftigung in
einer Art „Negativspirale" noch weiter gefährden. In einer solchen Situation sind die Möglichkeiten der Zentralbank, die Geldmenge und
das Preisniveau zu erhöhen, beschränkt. Denn bei ungünstig einge-
schätzter Rückzahlungswahrscheinlichkeit werden die Geschäfts-
banken nur wenige Kredite vergeben und die Unternehmen bei
schlechten Absatzerwartungen nur wenige Kredite nachfragen. In
diesem Fall könnte eine zusätzliche staatliche Nachfrage auch ein Ab-
sinken des Preisniveaus bremsen und damit möglicherweise eine De-
flationsspirale verhindern.

Nach Auffassung vieler Ökonomen haben sich schuldenfinanzierte staatliche Ausgabensteigerungen in der sog. Finanzkrise 2008/09 bewährt, während Sparmaßnahmen erhebliche negative Multiplikatorwirkungen entfaltet haben. Auch vor diesem Hintergrund sind die aktuellen Bemühungen der Politik zu sehen, durch massive Erhöhungen der öffentlichen Ausgaben den pandemiebedingten Wirtschaftseinbruch abzumildern. Konjunkturpolitisch motivierte Ausgabenprogramme bleiben unter Volkswirten aber umstritten.

B. Historische Entwicklung des Rechts der öffentlichen Finanzen in Europa

I. Antike

Bereits in der Antike war das staatliche Finanzwesen in einer eigenen Verwaltung organisiert. Zwar wurde eine Finanzverwaltung im heutigen Sinne in den meisten Staaten erst mit der Einführung der Geldwirtschaft errichtet. Aber auch dort, wo Geld als Zahlungsmittel noch nicht üblich war und nahezu alle wirtschaftlichen Aktivitäten auf dem Tauschprinzip „Ware gegen Ware" basierten, wurden Naturalleistungen von den Untertanen erhoben: etwa durch persönliche Arbeits- und Zwangsdienste, durch die Gestellung bewaffneter Krieger, durch Ernteabgaben oder durch Tribute für unterworfene Völker (von lat. *tributum*: Beitrag, öffentliche Abgabe).

Im Römischen Reich wurde die Steuererhebung unter Leitung der Prokuratoren (Statthalter einer Provinz) professionalisiert, wie sogar die biblische Weihnachtsgeschichte berichtet (Lukas Kap. 2, Vers 1–2). Auch die staatlichen Ausgaben wurden bereits geplant. So wurden z. B. im 2. Jahrhundert n. Chr. für eine Meile der zu erneuernden Via Appia rund 100.000 Sesterzen veranschlagt. Mit dem Untergang des Römischen Reiches lösten sich die Strukturen einer geordneten Finanzwirtschaft weitgehend auf.

II. Mittelalter

Im Mittelalter waren die Erzeugnisse von Grund und Boden nahezu die einzige Einnahmequelle. Auch der Staat in Gestalt des Landesherrn erwirtschaftete seine Einnahmen aus dem Grundbesitz – teils unmittelbar durch Land- und Forstwirtschaft, teils durch Verleihung an Untergebene („Lehen"). In außergewöhnlichen Notsituationen konnte der Monarch die Stände um zusätzliche finanzielle Unterstützung durch besondere Abgaben bitten. Dieses Recht wurde in der Folgezeit zunehmend institutionalisiert. So band die englische Magna Charta aus dem Jahr 1215 die Lehensverpflichtungen an bestimmte formelle und materielle Voraussetzungen. In Deutschland entwickelte sich daraus das Steuerbewilligungsrecht der Stände.

Im Heiligen Römischen Reich Deutscher Nation verfügte der Kaiser nur über wenige eigene Einkünfte, weil er dafür die regelmäßig verweigerte Zustimmung der im Reichstag versammelten Stände benötigte. Die Stände setzten sich aus dem weitgehend autonomen Territorialfürsten zusammen, mit deren Partikularinteressen allgemeine Reichssteuern überwiegend unvereinbar waren.

III. Absolutismus

Der Westfälische Frieden zu Münster und Osnabrück beendete nicht nur den Dreißigjährigen Krieg (1618–1648). Er führte auch zu einem Erstarken der Territorialfürsten auf Kosten des Kaisers. In den deutschen Einzelstaaten befassten sich deshalb zunehmend Finanzverwaltungen mit der Erhebung von Steuern und der Förderung von Handel und Gewerbe, um neue Einnahmequellen für die Fürsten zu erschließen. Dem Haushaltsplan kam die Funktion eines Instruments des Monarchen zur Kontrolle der Staatsfinanzen und seiner Verwaltung zu. In der Konsequenz wurde der Etat als Staatsgeheimnis behandelt und nicht veröffentlicht.

IV. Konstitutionalismus

Im 19. Jahrhundert entwickelten sich aus dem Steuerbewilligungsrecht der alten Landstände die Befugnisse der Landtage in den deutschen Einzelstaaten. Die frühkonstitutionellen Verfassungen gestanden den Landtagen auch das Recht zur Beratung der Ausgaben zu, für welche die Steuern verlangt wurden. Da diese Beratungen in regelmäßigen Zeitabständen wiederkehrten, besaßen die Landtage seit dem Frühkonstitutionalismus tatsächlich ein Budgetrecht.

Die (revidierte) preußische Verfassung vom 31. Januar 1850 markierte den Durchbruch des parlamentarischen Budgetrechts. Art. 99 der revidierten preußischen Verfassung übernahm aus der belgischen Verfassung von 1830 folgende Bestimmung: „Alle Einnahmen und Ausgaben des Staates müssen für jedes Jahr im Voraus veranschlagt und auf den Staatshaushalts-Etat gebracht werden. Letzterer wird jährlich durch ein Gesetz festgestellt." Die sog. Finanzgesetze des 19.

Jahrhunderts wiesen insoweit bereits Ähnlichkeiten mit den modernen Haushaltsgesetzen auf. Ihnen gingen Haushaltsberatungen voraus, und sie mussten wie die Haushaltsgesetze der Gegenwart regelmäßig erneuert werden.

Einen Höhepunkt des über den Haushalt ausgetragenen Machtkampfs zwischen Volksvertretung und König bildete in den Jahren 1862 bis 1866 der Konflikt um die preußische Heeresreform. Damals regierte die preußische Staatsregierung unter König Wilhelm I. und Ministerpräsident Otto v. Bismarck ohne einen gesetzlich festgestellten Haushaltsplan auf der Grundlage der immer wieder vom Abgeordnetenhaus abgelehnten Haushaltsgesetzentwürfe. Otto v. Bismarck „löste" den Heereskonflikt – der eigentlich ein Haushaltskonflikt war – dadurch, dass er eine Lücke in der damaligen preußischen Verfassung feststellte (sog. Lückentheorie). Die Verfassung schreibe nicht vor, wie bei Uneinigkeit zwischen Kabinett und Parlament zu verfahren sei. Deshalb könne der König die Lücke kraft eigener Entscheidungsgewalt schließen. Politisch beendet wurde der Konflikt 1866/67. Mithilfe der neu gegründeten Nationalliberalen Partei wurde im Preußischen Abgeordnetenhaus die Indemnitätsvorlage Bismarcks, die sein Vorgehen entschuldigte, angenommen.

Aus dem preußischen Heereskonflikt leitete sich der Streit um die Rechtsnatur des Haushaltsgesetzes ab. Sah man im Haushaltsgesetz nur ein formelles Gesetz, das nicht in „Freiheit und Eigentum" der Bürger eingriff, war der Haushaltsplan ein originärer Akt der Exekutive, der nur kraft ausdrücklicher verfassungsrechtlicher Anordnung in die Form eines Gesetzes gegossen wurde. Die gesetzliche Feststellung des Haushaltsplans war dann die Ausnahme von der Regel der Kompetenz des Monarchen. Wenn die Verfassung also im Zusammenhang mit dem Budgetrecht eine „Lücke" aufwies, war nicht das Parlament, sondern die Regierung des Königs handlungsbefugt. Bis heute kann man in Präsidialsystemen ähnliche Haushaltskonflikte beobachten.

V. Deutsches Kaiserreich

Mit der Verfassung des Deutschen Kaiserreichs im Jahr 1871 wurden dem neu gegründeten Reich zwar umfangreiche Steuererhebungskompetenzen zugesprochen. Dazu gehörten die Gesetzgebungskompetenzen für das Zollwesen und einige Verbrauchsteuern. Die effektive Ausschöpfung der Finanzierungsmöglichkeiten scheiterte jedoch am Widerstand der Bundesstaaten. Bis zum I. Weltkrieg war das Reich daher faktisch von den Beitragszahlungen der Bundesstaaten abhängig. Die Haushaltsvorschriften der preußischen Verfassung von 1850 (Art. 99) wurden im Übrigen nahezu unverändert in die Verfassung des Deutschen Reiches von 1871 (Art. 69) übernommen.

VI. Weimarer Republik

In der Weimarer Republik wurde das Haushaltsrecht mit der Reichshaushaltsordnung vom 31. Dezember 1922 (RGBl. 1923 II S. 17) erstmals gesetzlich kodifiziert. Die Reichshaushaltsordnung diente vorrangig fiskalischen Zwecken: Sie sollte die Bedarfsdeckung des Staates sicherstellen. Charakteristisch für das Haushaltsrecht der Weimarer Republik war die Unterscheidung zwischen einem ordentlichen und einem außerordentlichen Haushalt. Gegenstand des ordentlichen Haushalts waren die regelmäßigen („ordentlichen") Ausgaben, deren Höhe von den laufenden („ordentlichen") Einnahmen abhängig war. Die Aufnahme von Krediten („außerordentliche" Einnahmen) war nur bei einem „außerordentlichen" Bedarf erlaubt.

VII. Bundesrepublik Deutschland

Bereits vor dem Inkrafttreten des Grundgesetzes wurde der Finanzverfassung im Hinblick auf die Machtverteilung zwischen Bund und Ländern großes Gewicht beigemessen. Dies machte ein erbitterter Streit zwischen dem Parlamentarischen Rat und den Militärgouverneuren der westlichen Besatzungsmächte über die Finanzverfassung deutlich. Während die westlichen Besatzungsmächte für eine starke Dezentralisierung der Finanzkompetenzen eintraten, bevorzugte der Parlamentarische Rat ein unitarisch geprägtes Gefüge. Das Grundgesetz in seiner ursprünglichen Fassung enthielt deshalb nur eine ausdrücklich vorläufige Steuerertragsverteilung zwischen Bund und Ländern (Art. 107 GG a. F.). Auch die Reichshaushaltsordnung galt zunächst in Bund und Ländern fort, wie die Vorläufige Haushaltsordnung vom 7. Juni 1950 (BGBl. I S. 199) für den Bund klarstellte. Erst mit dem Finanzverfassungsgesetz von 1955 (BGBl. I S. 817) wurde eine endgültige Steuerverteilung im Grundgesetz verankert. In den folgenden Jahrzehnten war die Finanzverfassung der Teilbereich des Grundgesetzes, der den meisten Änderungen unterworfen wurde.

Die Rezession der Jahre 1966/67 führte zu einem Wandel in der Finanzwissenschaft. Wurde öffentlichen Haushalten bis dahin eine reine Bedarfsdeckungsfunktion zugeschrieben, sollten sie nunmehr auch den Erfordernissen des gesamtwirtschaftlichen Gleichgewichts Rechnung tragen. Das 1967 verkündete StWG (BGBl. I S. 582) erklärte deshalb die Stabilität des Preisniveaus, einen hohen Beschäftigungsstand und ein außenwirtschaftliches Gleichgewicht bei stetigem und angemessenem Wirtschaftswachstum zum Ziel staatlicher Wirtschafts- und Finanzpolitik. Das StWG führte auf Bundesebene außerdem erstmals eine mittelfristige Finanzplanung ein.

Zwei Jahre später – 1969 – folgte ein Gesetzespaket zur Reform des Haushaltsrechts:

- Mit einer grundlegenden Überarbeitung der finanzverfassungsrechtlichen Vorschriften des Grundgesetzes wurde in Art. 115 Abs. 1 Satz 2 GG eine „Schuldenbremse" eingeführt (BGBl. 1969 I S. 357). Die zulässige Staatsverschuldung orientierte sich fortan an der Höhe der im Bundeshaushalt veranschlagten Investitionen.
- Gleichzeitig wurde 1969 das Haushaltsgrundsätzegesetz (HGrG) beschlossen (BGBl. I S. 1273). Als konkretisierungs- und ergänzungsbedürftiges Rahmengesetz verpflichtet es Bund und Länder, ihr jeweiliges Haushaltsrecht an einheitlichen Grundsätzen auszurichten.
- Am 1. Januar 1970 trat die Bundeshaushaltsordnung (BHO) in Kraft, welche die bis dahin geltende Reichshaushaltsordnung ablöste (BGBl. 1969 I S. 1283). Die BHO enthält die grundlegenden Bestimmungen über die Aufstellung und Ausführung des Bundeshaushaltsplans, das Kassenwesen sowie die Rechnungslegung und Rechnungsprüfung.

Bis Ende der 1990er Jahre war es bei der Bewirtschaftung von Haushaltsmitteln nur in Ausnahmefällen möglich, die Haushaltsmittel eines Titels für einen anderen Zweck zu verausgaben. Auch bestand ein Anreiz, bislang nicht in Anspruch genommene Ausgabeermächtigungen noch bis zum Jahresende zu nutzen (sog. Dezemberfieber), da die Ausgabeermächtigungen mit dem Schluss des Haushaltsjahres verfielen. Um eine wirtschaftlichere Verwendung der Haushaltsmittel zu gewährleisten, erlaubte das Haushaltsrechts-Fortentwicklungsgesetz vom 22. Dezember 1997 (BGBl. I S. 3251) erheblich erweiterte Ausnahmen von den Haushaltsgrundsätzen der Gesamtdeckung, der sachlichen Bindung und der zeitlichen Bindung durch Haushaltsvermerk. Damit wurden die rechtlichen Grundlagen für eine Flexibilisierung der Verwaltungsausgaben geschaffen. Außerdem stellte der neu

gefasste § 7 Abs. 2 BHO die Verpflichtung auf, bei allen finanzwirksamen Maßnahmen eine angemessene Wirtschaftlichkeitsuntersuchung
durchzuführen. In § 7 Abs. 3 BHO wurde die Einführung einer Kos-
ten- und Leistungsrechnung gesetzlich normiert.

Die Experimentierklausel in § 33a HGrG erlaubte, neben dem ka-
meralistisch geprägten Haushaltsplan, doppische Produkthaushalte
aufzustellen. Alternative Gestaltungen des staatlichen Haushalts-
und Rechnungswesens waren allerdings nur zusätzlich und mit ent-
sprechendem Aufwand erlaubt. Das Haushaltsgrundsätzemodernisie-
rungsgesetz (HGrGMoG) vom 31. Juli 2009 (BGBl. I S. 2580) hob diese
Doppelverpflichtung auf und ermöglicht seit dem 1. Januar 2010
unterschiedliche Rechnungssysteme in Bund und Ländern. Ein Gebot
zur Einführung der Doppik statuierte das HGrGMoG jedoch nicht. In
der öffentlichen Finanzwirtschaft des Bundes kommt der doppelten
Buchführung daher bis heute keine Relevanz zu.

Mit der Föderalismusreform I von 2006 (BGBl. I S. 2034) sollten die
Kompetenzen von Bund und Ländern entzerrt und die Eigenverant-
wortlichkeit der verschiedenen Gebietskörperschaften in der Bundesrepublik gestärkt werden. In der Finanzverfassung wurden deshalb
die Voraussetzungen für Finanzhilfen des Bundes an die Länder ver-
schärft. Die Föderalismusreform II im Jahr 2009 (BGBl. I S. 2248) no-
vellierte im Wesentlichen die Voraussetzungen für die staatliche Kreditaufnahme und fasste die Vorschriften in Art. 109 und 115 GG neu.

Eine „echte" Neuordnung der finanzverfassungsrechtlichen Bezie-
hungen zwischen Bund und Ländern steht zwar bis heute aus. Das
Auslaufen der Regelungen des früheren Finanzausgleichs sowie des
Solidarpakts II mit Ablauf des Jahres 2019 erhöhte jedoch den Druck
auf den (verfassungsändernden) Gesetzgeber. In der Konsequenz wurde bereits 2017 der bundesstaatliche Finanzausgleich in der „Föderalismusreform III" (BGBl. I S. 2347) mit Wirkung zum 1. Januar 2020
novelliert.

C. Finanzverfassung

Der Staat hat eine Vielzahl von wachsenden Aufgaben zu erfüllen.
Für die Wahrnehmung seiner Aufgaben benötigt er finanzielle Mittel
und Institutionen, die ihm die zuverlässige Vereinnahmung dieser
Mittel gewährleisten. Ohne diese Voraussetzungen fehlt dem Staat
die Fähigkeit zum Handeln. Nicht ohne Grund bezeichnet das Bun-

desverfassungsgericht die Finanzverfassung als einen „der tragenden Eckpfeiler der bundesstaatlichen Ordnung des Grundgesetzes" (BVerfGE 55, 274 [300]). Die Finanzverfassung liefert die Antworten insbesondere auf die folgenden Fragen:

1. Wer ist für die Steuergesetzgebung zuständig?
2. Wie werden die Steuererträge verteilt?
3. Wem steht die Hoheit über die Steuerverwaltung zu?
4. Wer darf und wer muss die staatlichen Aufgaben finanzieren?

I. Steuergesetzgebung

Art. 105 GG legt die Steuergesetzgebungszuständigkeit zwischen Bund und Ländern abschließend fest. Er geht als lex specialis den allgemeinen Gesetzgebungskompetenzen in Art. 70 ff. GG vor. Den allgemeinen Kompetenzvorschriften über die Gesetzgebung kommt aber gleichwohl eine abgabenrechtliche Bedeutung für die nichtsteuerlichen Abgaben zu. Denn nichtsteuerliche Abgaben, wie z. B. Gebühren und Beiträge, werden von Art. 105 GG nicht erfasst.

Art. 105 Abs. 1 GG weist dem Bund die ausschließliche Gesetzgebungskompetenz für die Zölle und Finanzmonopole zu. Nach Art. 105 Abs. 2 Satz 1 GG hat der Bund zunächst die konkurrierende Gesetzgebungszuständigkeit für die Grundsteuer. Im Übrigen kommt dem Bund nach Satz 2 die konkurrierende Gesetzgebungskompetenz für die „übrigen Steuern" zu, sofern ihm das Steueraufkommen ganz oder teilweise zusteht oder eine bundesgesetzliche Regelung im Sinne von Art. 72 Abs. 2 GG erforderlich ist.

Den Ländern steht die ausschließliche Gesetzgebungskompetenz für die örtlichen Verbrauch- und Aufwandsteuern zu (Art. 105 Abs. 2a GG), denen jedoch nur eine geringe Haushaltsrelevanz zukommt.

II. Steuerertragsverteilung

Die erhobenen Steuereinnahmen werden im Rahmen des bundesstaatlichen Finanzausgleichs verteilt. Unter dem Finanzausgleich wird allgemein die Verteilung des Steueraufkommens auf die einzelnen Gebietskörperschaften (Bund, Länder, Gemeinden) verstanden. Das Ausgleichssystem gliedert sich in den vertikalen Finanzausgleich zwischen Bund und Ländern und in den horizontalen Finanzausgleich zwischen den Bundesländern. Hinzu kommen zwei weitere Differenzierungen. Der primäre, ertragszuweisende Finanzausgleich bestimmt, welcher Gebietskörperschaft welche Erträge zufließen. Der sekundäre, umverteilende Finanzausgleich korrigiert die Ergebnisse des primären Finanzausgleichs insbesondere unter Bedarfsgesichtspunkten. Daraus resultiert ein insgesamt vierstufiges Finanzausgleichssystem.

Der primäre vertikale Finanzausgleich ist in Art. 106 GG geregelt. Art. 106 GG weist die Erträge bestimmter Steuerarten dem Bund und den Ländern entweder vollständig (Bundes- oder Landessteuern) oder anteilig (Gemeinschaftsteuern) zu. Hinzu kommt eine Ertragszuweisung an die Gemeinden in Art. 106 Abs. 6 GG. Es herrscht ein Mischsystem zwischen Trenn- und Verbundsystem. Die wichtigsten Steuern (Einkommen-, Körperschaft- und Umsatzsteuer) – die sog. Gemeinschaftsteuern – stehen Bund und Ländern gemeinsam zu (Art. 106 Abs. 3 GG). Während die Verteilung der Einkommensteuer durch die Verfassung selbst vorgeschrieben wird (Art. 106 Abs. 3 Satz 2 GG), ist die Verteilung der Umsatzsteuer durch Bundesgesetz variabel gestaltbar (Art. 106 Abs. 3 Satz 3 GG).

An die primäre vertikale Steuerertragsverteilung schließt sich in Art. 107 Abs. 1 GG die zweite Stufe des Finanzausgleichs – die primäre horizontale Steuerertragsverteilung – an. Nach Art. 107 Abs. 1 Satz 1 GG richtet sich die Verteilung des Länderanteils an der Einkommen- und Körperschaftsteuer nach der örtlichen Vereinnahmung. Der Länderanteil an der Umsatzsteuer steht den einzelnen Ländern gemäß Art. 107 Abs. 1 Satz 4 GG grundsätzlich nach Maßgabe ihrer Einwohnerzahl zu.

Auf der dritten Stufe – dem sekundären horizontalen Finanzausgleich – werden nach Art. 107 Abs. 2 Satz 1 bis 4 GG unangemessene Finanzkraftunterschiede zwischen den Ländern ausgeglichen, welche die primäre Steuerverteilung nicht beseitigen konnte. Zu diesem Zweck sind Zuschläge zu und Abschläge von der jeweiligen Finanzkraft bei der Verteilung der Länderanteile am Aufkommen der Umsatzsteuer zu regeln.

Der sekundäre vertikale Finanzausgleich bildet die vierte Stufe des bundesstaatlichen Finanzausgleichssystems. Hier wird dem Bund die Möglichkeit eingeräumt, finanzschwachen Ländern Ergänzungszuweisungen, Gemeindesteuerkraftzuweisungen oder Zuweisungen zum Forschungsförderungsausgleich zu gewähren (Art. 107 Abs. 2 Satz 5 und 6 GG). Zudem gehören der Mehrbelastungsausgleich (Art. 106 Abs. 4 Satz 2 und 3 GG) und der Sonderlastenausgleich (Art. 106 Abs. 8 GG) zur vierten Stufe des Finanzausgleichssystems.

III. Steuerverwaltung

Die allgemeinen Verwaltungskompetenzen von Bund und Ländern sind im Wesentlichen in Art. 83 ff. GG (Vollzug von Bundesrecht durch die Länder) und in Art. 91a ff. GG (v. a. Gemeinschaftsaufgaben) geregelt. Die Zuständigkeit der Länder zum Vollzug von Landesrecht ergibt sich bereits aus Art. 30 GG. Für den Bereich der Finanzverwaltung werden diese Bestimmungen durch Art. 108 GG ergänzt, der eine Spezialregelung gegenüber den allgemeinen Bestimmungen darstellt.

Gegenstand der Bundesfinanzverwaltung ist insbesondere die Verwaltung der in Art. 108 Abs. 1 Satz 1 GG genannten Zölle, bundesgesetzlich geregelten Verbrauchsteuern und der Kraftfahrzeugsteuer. Art. 108 Abs. 2 Satz 1 GG weist den Ländern generalklauselartig die Verwaltungszuständigkeit für alle „übrigen Steuern" zu: Dabei kommt es weder darauf an, ob die Steuer auf einer bundes- oder landesgesetzlichen Regelung beruht, noch darauf, wem die erzielten Steuererträge zustehen. Art. 108 Abs. 3 Satz 1 GG ordnet für die Steuern, die ganz oder zum Teil dem Bund zufließen, die Verwaltungsform der Bundesauftragsverwaltung an, um die finanziellen Interessen des Bundes zu schützen.

IV. Lastentragung

Als Grundsatz der föderalen Finanzierungsverantwortung normiert Art. 104a Abs. 1 GG, dass die Ausgabenzuständigkeit der Aufgabenzuständigkeit folgt (Konnexitätsprinzip). Das bedeutet, dass keine Gebietskörperschaft Vorhaben außerhalb ihrer eigenen Aufgabenzuständigkeit finanzieren darf. Innerhalb ihrer Aufgabenzuständigkeit besteht für die Gebietskörperschaften sowohl eine Finanzierungsbefugnis als auch eine Finanzierungspflicht. Die Finanzierungslast im jeweiligen Sachbereich richtet sich danach, wer Träger der Verwaltungskompetenz nach Art. 83 ff. GG ist. Keine Rolle spielt hingegen, wer als Gesetzgeber im Sinne der Art. 70 ff. GG tatsächlicher Veranlasser der finanziellen Aufwendungen ist.

Maßgeblich für die Verteilung der Finanzierungslasten ist, ob es sich um Verwaltungs- oder Zweckausgaben handelt. Die Verwaltungsausgaben dienen der Unterhaltung und dem Betrieb des Verwaltungsapparates. Zu ihnen gehören z. B. Personalausgaben, Ausgaben für die Liegenschaften oder Reise- und Umzugskosten. Es sind die Ausgaben, die „für" das Handeln der Verwaltung entstehen. Zweckausgaben sind diejenigen finanziellen Aufwendungen, die mit der

Wahrnehmung der Verwaltungsaufgaben verbunden sind. Es sind die Ausgaben, die „durch" das Handeln der Verwaltung entstehen. Für die Zweckausgaben gilt das Konnexitätsprinzip des Art. 104a Abs. 1 GG. Die Verwaltungsausgaben sind nach Art. 104a Abs. 5 Satz 1 Var. 1 GG an die Behördenträgerschaft geknüpft.

Ausnahmen vom Konnexitätsprinzip sind für die Bundesauftragsverwaltung (Art. 104a Abs. 2 GG) und sog. Geldleistungsgesetze (Art. 104a Abs. 3 GG) vorgesehen. Weitere Sonderregeln gelten für die Verteilung der Lasten wegen der Verletzung innerstaatlicher (Art. 104a Abs. 5 Satz 1 Var. 2 GG) sowie völker- und unionsrechtlicher Verpflichtungen (Art. 104a Abs. 6 GG). Zudem sind Durchbrechungen des Konnexitätsprinzips in Art. 104b bis Art. 104d GG über die Finanzhilfen des Bundes an die Länder sowie in Art. 91a bis Art. 91e GG über die Gemeinschaftsaufgaben und die Verwaltungszusammenarbeit enthalten.

D. Haushaltssystematik

Eine systematische Gliederung des Haushaltsplans soll es Interessierten und Betroffenen wie Parlamentariern, Behörden oder Bürgern ermöglichen, sich in kurzer Zeit einen Überblick über die Haushaltswirtschaft des Bundes oder auch nur einer einzelnen Behörde zu verschaffen. Dies verlangt der Grundsatz der Haushaltsklarheit (vgl. dazu noch unten Abschnitt E. XII.).

I. Haushaltsgesetz

Der Haushaltsplan ist ein Anhang des Haushaltsgesetzes (HG). Wichtigster Zweck des Haushaltsgesetzes ist die Feststellung des Haushaltsplans, die traditionell in seinem § 1 erfolgt. Die Tatsache, dass der Haushaltsplan durch Gesetz festgestellt wird (Art. 110 Abs. 2 GG), ist Ausdruck der Budgethoheit des Parlaments. Die Budgethoheit wird auch als das Königsrecht des Parlaments bezeichnet. Sie ist Dreh- und Angelpunkt des gesamten Haushaltsrechts. Viele Haushaltsgrundsätze dienen insbesondere dazu, die Rechte des Parlaments zu sichern und zu unterstützen.

Das Haushaltsgesetz weist vier Besonderheiten gegenüber anderen Bundesgesetzen auf:
- Es tritt immer zum 1. Januar eines Jahres in Kraft, ggf. auch rückwirkend, und nicht wie andere Bundesgesetze mit der Verkündung im Bundesgesetzblatt.

– Ferner ist die Geltungsdauer des Haushaltsgesetzes zeitlich begrenzt. § 1 BHO ließe grundsätzlich eine zweijährige Geltungsdauer zu. Tatsächlich gilt das Haushaltsgesetz des Bundes – anders als in manchen Bundesländern – immer nur für ein Jahr, da sich sowohl die Einnahmen als auch die Ausgaben des Bundes für einen längeren Zeitraum nur sehr schwer schätzen lassen. Andere Gesetze gelten regelmäßig dauerhaft.
– Überdies entfaltet das Haushaltsgesetz keine Außenwirkung gegenüber den Bürgern. Es handelt sich vielmehr um reines Binnenrecht zwischen Legislative und Exekutive.
– Schließlich sind auch die möglichen Inhalte des Haushaltsgesetzes beschränkt. Nach Art. 110 Abs. 4 GG „dürfen nur Vorschriften aufgenommen werden, die sich auf die Einnahmen und Ausgaben des Bundes und auf den Zeitraum beziehen, für den das Haushaltsgesetz beschlossen wird". Diese Anforderungen werden auch als sachliches und zeitliches Bepackungsverbot bezeichnet und wirken einer Überfrachtung des jährlichen Haushalts mit sach- und zeitfremden Vorschriften entgegen.

II. Haushaltsplan: Gesamtplan und Einzelpläne

Der Haushaltsplan besteht aus dem Gesamtplan und mehreren Einzelplänen (§ 13 Abs. 1 BHO). Der Gesamtplan soll u. a. für die Öffentlichkeit einen zusammenfassenden Überblick über wichtige Teile der Haushaltswirtschaft des Bundes bieten. Die Einzelpläne enthalten dagegen die von der Verwaltung zu bewirtschaftenden Haushaltsmittel. Der Gesamtplan ist weiter untergliedert in vier Teile:
– Teil I ist die Haushaltsübersicht. Dort sind die Einnahmen und Ausgaben des Bundes gegliedert nach Einzelplänen aufgeführt. Überdies erfolgt eine Unterteilung nach Einnahme- und Ausgabearten (z. B. Personalausgaben), die im Wesentlichen den Hauptgruppen aus dem Gruppierungsplan entspricht. Weiterer Inhalt der Haushaltsübersicht sind die Verpflichtungsermächtigungen, d. h. Verpflichtungen, die zulasten künftiger Haushaltsjahre eingegangen werden dürfen. Außerdem enthält die Haushaltsübersicht eine Zusammenstellung der nach § 5 HG flexibilisierten Ausgaben.
– Teil II des Gesamtplans ist die Berechnung der zulässigen Kreditaufnahme gemäß Art. 115 GG. Hier wird das nach der grundgesetzlichen Schuldenbremse zulässige strukturelle Defizit in Höhe von 0,35 Prozent des Bruttoinlandsprodukts berechnet.

– In Teil III wird der Finanzierungssaldo des Bundes aus laufenden Einnahmen und Ausgaben berechnet.

– In Teil IV, dem Kreditfinanzierungsplan, sind insbesondere die für das aktuelle Haushaltsjahr geplante Höhe und fristenmäßige Zusammensetzung der Bruttoneuverschuldung und Tilgung des Bundes ausgewiesen. Im Einzelplan 32 (Bundesschuld) ist lediglich die Nettoneuverschuldung veranschlagt.

Einzelpläne (Epl.) bezeichnen in der Haushaltssystematik insbesondere die Geschäftsbereiche von Ministerien sowie die Verfassungsorgane (Ministerial- oder Ressortprinzip), z. B. der Epl. 06 (Bundesministerium des Innern, für Bau und Heimat). Daneben gibt es zwei Einzelpläne, die ressortübergreifend nach sachlichen Gesichtspunkten gebildet wurden: die Bundesschuld (Epl. 32) und die allgemeine Finanzverwaltung (Epl. 60). Diese beiden sog. Realpläne werden vom Bundesministerium der Finanzen (BMF) verwaltet, wegen ihrer großen Bedeutung aber separat außerhalb des Epl. 08 (BMF) aufgeführt.

III. Kapitel

Die nächstkleinere Gliederungseinheit im Bundeshaushalt stellen die Kapitel dar. In der Mehrheit der Fälle handelt es sich bei Kapiteln um Behörden im Geschäftsbereich eines Ministeriums. Die Kapitelnummer ist vierstellig. An die zweistellige Nummer des Einzelplans wird die zweistellige, spezielle Kennzeichnung des Kapitels angehängt. Das Kapitel 0625 etwa steht für die Bundespolizei im Epl. 06 (Bundesministerium des Innern, für Bau und Heimat). Mit der Kapitelnummer wird eine organisatorische Gliederung des Bundeshaushaltes vorgenommen.

Kapitel können anstelle von Behörden auch Fachaufgaben oder Programme sein, wie etwa das Kapitel 0602, in dem Mittel für IT und Netzpolitik, Digitalfunk und moderne Verwaltung im Epl. 06 veranschlagt sind. Die Art des Kapitels lässt sich an den beiden an die Nummer des Einzelplans angehängten Ziffern erkennen: Die Nummern 01 bis 09 sind für Fachkapitel als Zusammenfassung von Fach- und (politischen) Programmtiteln reserviert. Nummer 10 steht als Auffangkapitel für „Sonstige Bewilligungen" und Nummer 12 für Kapitel der Bundesministerien bzw. sonstiger oberster Bundesbehörden. Die Nummern 13 ff. bezeichnen die jeweiligen Behördenkapitel. Nummer 11 steht für das Zentralkapitel. Dort werden beispielsweise die Mittel für Pensionen oder auch Öffentlichkeitsarbeit zentral für den gesamten Einzelplan veranschlagt. In den Epl. 01 bis 04 sowie 19, 20, 32 und 60 können Abweichungen vorkommen.

IV. Titel

Der Titel stellt die kleinste Gliederungseinheit im Bundeshaushalt dar. Er gibt Aufschluss über die ökonomische Art der Einnahme oder der Ausgabe. Die Titelnummer besteht beim Bund aus fünf Ziffern, z. B. Titel 422 01 (Bezüge der planmäßigen Beamtinnen und Beamten). Die erste Ziffer des Titels ist die Hauptgruppe. Sie gibt Aufschluss darüber, ob es sich um eine Einnahme (Hauptgruppen 0 bis 3) oder eine Ausgabe (Hauptgruppen 4 bis 9) handelt. Darüber hinaus lässt die erste Ziffer einen groben Schluss auf die Einnahme- oder Ausgabekategorie zu. Beispielsweise umfasst Hauptgruppe 1 die Verwaltungseinnahmen wie Gebühren oder Bußgelder, Hauptgruppe 4 dagegen Personalausgaben wie die planmäßigen Bezüge der Beamtinnen und Beamten, Leistungszulagen, Beihilfe, Pensionen, Trennungsgeld usw.

Die ersten beiden Ziffern eines Titels zusammengenommen werden als Obergruppe bezeichnet. Im vorherigen Beispiel umfasst die Obergruppe 42 „Bezüge und Nebenleistungen". Die ersten drei Ziffern eines Titels zusammengenommen bezeichnen die Gruppe. Im Beispiel beinhaltet die Gruppe 422 die „Bezüge und Nebenleistungen der Beamtinnen, Beamten, Richterinnen und Richter". Diese ersten drei Ziffern der Titelnummer werden aus dem Gruppierungsplan abgeleitet. Der Gruppierungsplan ist verbindlich für Bund und Länder. Die Zuordnung der Titel richtet sich nach dem Gruppierungsplan (§ 13 Abs. 2 Satz 3 BHO) und dem Funktionenplan (§ 14 Abs. 2 BHO).

Die vierte und fünfte Stelle der Titelnummer kann der Bund autonom festlegen. Die vierte Stelle ist dabei überwiegend die Ziffer 0 (sog. Ordnungskennziffer). Nur bei einer Titelgruppe wird die Ziffer 0 durch die Nummer der Titelgruppe ersetzt. In einer Titelgruppe können mehrere Titel, die einem gemeinsamen übergeordneten Zweck dienen, zusammengefasst werden. Dies wird dann durch die vierte Ziffer kenntlich gemacht. Wäre der zuvor als Beispiel verwendete Titel aus der Gruppe 422 Teil der Titelgruppe 5, so würde er als Titel 422 51 veranschlagt.

Für die fünfte Stelle der Titelnummer hat der Bund eine Reihe von Festlegungen in seinen Haushaltstechnischen Richtlinien (HRB) getroffen (sog. Festtitel). Dabei können mit der fünften Ziffer eines Titels Differenzierungen innerhalb einer Gruppe vorgenommen werden. Während im Beispiel der Titel 422 01 die Bezüge der planmäßigen Be-

amtinnen und Beamten bezeichnet, werden beim Titel 422 03 die Bezüge der Anwärterinnen und Anwärter sowie Nebenleistungen der
Beamtinnen und Beamten auf Widerruf im Vorbereitungsdienst veranschlagt.

Während der Titelnummer Relevanz für die Buchführung und die
Haushaltsgrundsätze zukommt, stellt die Funktionskennziffer (teil-
weise auch: Funktionenkennziffer) eher eine Zusatzinformation dar.
Sie gibt an, für welchen staatlichen Aufgabenbereich beispielsweise
eine Ausgabe anfällt. Sie wird mit einem Gedankenstrich hinter der
Titelnummer angehängt, ist aber inhaltlich völlig unabhängig von ihr.
Sie wird aus dem Funktionenplan abgeleitet, der ganz ähnlich wie der
Gruppierungsplan aufgebaut ist und in dem eine Unterteilung in
Hauptfunktionen, Oberfunktionen und Funktionen vorgenommen
wird. Beispiel: 422 01 – 042. An den bekannten Titel 422 01 (Bezüge
der planmäßigen Beamtinnen und Beamten) wird die Funktionskennziffer 042 angehängt. Die Hauptfunktion 0 steht für allgemeine Dienste, die Oberfunktion 04 für öffentliche Sicherheit und Ordnung und
die Funktion 042 für Polizei. Der gleiche Titel 422 01 kann aber auch
in Kombination mit einer Funktionskennziffer aus der Hauptfunktion
1 (Bildungswesen, Wissenschaft, Forschung, kulturelle Angelegenheiten) im Haushaltsplan erscheinen.

Neben der Titelnummer (mit Funktionskennziffer) ist im Haushaltsplan immer die Zweckbestimmung des Titels angegeben. Beim
Titel 422 01 sind dies – wie ausgeführt – die Bezüge der planmäßigen
Beamtinnen und Beamten. Daneben ist im Haushaltsplan der Soll-
Ansatz für den jeweiligen Titel veranschlagt. Dieser Soll-Ansatz wird
immer in Tausend Euro angegeben. Bei Ausgabetiteln handelt es sich
um Ausgabeermächtigungen der Verwaltung. Grundsätzlich dürfen
bis zur Höhe des Soll-Ansatzes Ausgaben für die Zwecke des Titels
geleistet werden. Bei Einnahmetiteln handelt es sich um die erwarteten Einnahmen, die auf Basis aller verfügbaren Informationen möglichst genau geschätzt werden müssen. Daneben sind noch der Soll-
Ansatz des Vorjahres und das Ist-Ergebnis des Vorvorjahres angegeben. Aus diesen drei Ansätzen ist eine Entwicklung abzulesen. Das
Ist-Ergebnis des Vorvorjahres stammt aus der vergangenheitsbezoge-
nen Haushaltsrechnung. Dieses Ist-Ergebnis kann niedriger sein als
der für das Vorvorjahr veranschlagte Soll-Ansatz, weil die Ausgabeermächtigung nicht voll ausgeschöpft wurde. Es kann auch höher aus-
fallen, wenn beispielsweise Ausnahmen von Haushaltsgrundsätzen

wie die der Deckungsfähigkeit für eine Verstärkung dieses Titels genutzt wurden (vgl. hierzu noch unten Abschnitt E.).

V. Haushaltsstelle

Bei einer Haushaltsstelle werden im Rahmen der Gliederung des kameralen Haushaltsplans die organisatorische und die ökonomische Gliederung des Haushaltsplans zusammengeführt. Sie besteht also aus Einzelplannummer, Kapitelnummer und Titelnummer. Aus den bisherigen Beispielen ergibt sich die Haushaltsstelle 0625/422 01. Dort sind die Bezüge der planmäßigen Beamtinnen und Beamten (Titel 422 01) der Bundespolizei (Kapitel 0625 im Einzelplan 06) veranschlagt.

VI. Inhalte des Haushaltsplans

Der Haushaltsplan enthält vier Arten von Haushaltsmitteln. Diese werden vom Parlament bewilligt und innerhalb dieser Grenzen von der Verwaltung bewirtschaftet. Dazu zählen

– Einnahmen,
– Ausgaben,
– Verpflichtungsermächtigungen sowie
– Planstellen und Stellen.

Neben den Haushaltsmitteln enthält der Haushaltsplan noch Haushaltsvermerke und Erläuterungen. Dabei handelt es sich jedoch nicht um Haushaltsmittel. Es gibt verschiedene Arten von Haushaltsvermerken. Insbesondere können durch sie Ausnahmen von Haushaltsgrundsätzen konstituiert werden, wie z. B. durch Deckungsvermerke oder Übertragungsvermerke. Daneben können Ausgaben oder Stellen gesperrt (bis die Sperre aufgehoben wird) oder für Einnahmen obligatorische Verwendungsauflagen erteilt werden (echte Zweckbindung). Haushaltsvermerke sind verbindlich. Die genannten Sperren oder Verwendungsauflagen sind also in jedem Fall einzuhalten. Erläuterungen sind hingegen grundsätzlich nicht verbindlich (Umkehrschluss aus § 17 Abs. 1 Satz 2 BHO). Sie können jedoch durch entsprechenden Haushaltsvermerk („Die Erläuterungen sind verbindlich.") oder durch das Haushaltsgesetz für verbindlich erklärt werden.

VII. Verpflichtungsermächtigungen

Verpflichtungsermächtigungen sind Ermächtigungen zum Eingehen von Verpflichtungen, die zu Zahlungen in künftigen Haushaltsjahren führen (§ 6 BHO). Möchte die Verwaltung eine Verpflichtung eingehen, die zu Zahlungen im aktuellen Haushaltsjahr führt, benötigt sie eine Ausgabeermächtigung für das aktuelle Haushaltsjahr, also einen entsprechend hohen (und noch nicht ausgeschöpften) Soll-Ansatz. Möchte die Verwaltung hingegen Verpflichtungen eingehen, die (auch) künftige Haushaltsjahre betreffen, z. B. einen Vertragsabschluss über eine mehrjährige Baumaßnahme, dürfen die hierfür erforderlichen Ausgabemittel nicht im aktuellen Haushaltsplan veranschlagt werden (Haushaltsgrundsatz der Fälligkeit, Nr. 1.2 VV-BHO zu § 11). Um dennoch solche überjährigen Verpflichtungen eingehen zu können, benötigt die Verwaltung entsprechende Verpflichtungsermächtigungen vom Parlament.

Die Verpflichtungsermächtigung wird ebenfalls beim zugehörigen Titel veranschlagt. Zunächst wird die Summe der insgesamt zulässigen Verpflichtung angeführt, darunter wird diese Summe (soweit dies möglich ist) auf die verschiedenen künftigen Haushaltsjahre aufgeteilt (§ 16 BHO). Auch diese Jahresbeträge stellen grundsätzlich verbindliche Obergrenzen dar (§ 38 Abs. 2 BHO), von denen nur unter engen Voraussetzungen abgewichen werden darf (Nr. 3 VV-BHO zu § 38), selbst wenn die Summe der Verpflichtungsermächtigung insgesamt eingehalten würde.

Verpflichtungsermächtigungen stellen noch nicht automatisch Ausgabeermächtigungen für künftige Haushaltsjahre dar. Diese müssen im jeweiligen Haushaltsjahr separat über die Bereitstellung eines entsprechenden Soll-Ansatzes erteilt werden. In fast allen Fällen wird diese Ermächtigung aber vom Parlament erteilt, da ansonsten Vertragsstrafen fällig werden könnten.

In einigen Fällen dürfen überjährige Verpflichtungen auch ohne Vorliegen einer Verpflichtungsermächtigung eingegangen werden. Zu nennen sind insbesondere sog. laufende Geschäfte (§ 38 Abs. 4 Satz 1 BHO). Hierbei handelt es sich zum einen um Personalausgaben der Hauptgruppe 4. Das Haushaltsmittel „Planstellen und Stellen" ersetzt in diesem Bereich das Haushaltsmittel „Verpflichtungsermächtigungen" (siehe unten im Text). Mit wenigen Ausnahmen fallen außerdem die sächlichen Verwaltungsausgaben der Hauptgruppe 5 unter die laufenden Geschäfte, sodass auch hier keine Verpflichtungsermächtigungen benötigt werden, wenn es sich um eine übliche Tätigkeit der Verwaltung handelt. Bei übertragbaren Ausgaben (siehe Abschnitt E. V. 2.) können ferner Verpflichtungen nur zulasten des folgenden Haushaltsjahres eingegangen werden, ohne dass es einer Verpflichtungsermächtigung bedarf (§ 38 Abs. 4 Satz 2 BHO).

VIII. Planstellen und Stellen

In den Einzelplänen sind zunächst die nach Kapitel und Titeln gegliederten Sachhaushalte aufgeführt. Darin sind die drei Haushaltsmittel Einnahmen, Ausgaben und Verpflichtungsermächtigungen veranschlagt. Nach dem Sachhaushalt folgt im Einzelplan der Personalhaushalt. Dort sind die Planstellen und Stellen, also die vierte Art von Haushaltsmitteln, veranschlagt. Planstellen (Titel 422 .1) werden für Beamtinnen und Beamte eingerichtet und nach Besoldungsgruppen und Amtsbezeichnungen im Haushaltsplan ausgebracht (§ 17 Abs. 5 BHO). Planstellen sind wie Ausgabeermächtigungen und Verpflichtungsermächtigungen Obergrenzen. Dies schließt nicht aus, dass ein Beamter, der auf einer A 8-Stelle geführt wird, nach BesGr. A 7 BBesO besoldet wird, weil etwa die Voraussetzungen für eine Beförderung noch nicht vorliegen.

Die Stellen insbesondere für Tarifbeschäftigte (Titel 428 .1) sind im Haushaltsplan als Erläuterungen auszubringen (§ 17 Abs. 6 BHO). Dies würde bedeuten, dass dieser Teil des Stellenplans nicht verbindlich wäre (§ 17 Abs. 1 Satz 2 BHO). Die Erläuterungen zu Titel 428 .1 werden aber in § 14 Abs. 1 Satz 1 HG für verbindlich erklärt. Die Anzahl der beschäftigten Anwärterinnen und Anwärter (Titel 422 .3) sind freilich als unverbindliche Erläuterung ausgebracht.

E. Haushaltsgrundsätze

Haushaltsgrundsätze sind Prinzipien, denen für die Veranschlagung und Bewirtschaftung von Haushaltsmitteln besondere Relevanz zukommt. Indem sie dem haushaltspolitischen Willen des Parlaments zum Durchbruch verhelfen, sichern sie das parlamentarische Budgetrecht und damit zugleich den demokratischen Rechtsstaat. Die Bezeichnung „Grundsätze" lässt keinen eindeutigen Schluss auf die Rechtsnatur von Haushaltsgrundsätzen zu. Überwiegend handelt es sich um Regeln, die entweder starr eingehalten werden müssen oder mit ausdrücklichen Ausnahmen versehen sind. Teilweise enthalten Haushaltsgrundsätze lediglich Optimierungsgebote, wie z. B. der Grundsatz der Wahrheit und Klarheit des Haushalts. Haushaltsgrundsätze können formell in der Verfassung verankert sein. Ihnen kann aber auch der Rang einfachen Gesetzesrechts zukommen, wenn sie in der BHO für den Bund und in den jeweiligen Landeshaushaltsordnungen (LHO) für die Länder normiert sind.

Zum Kreis der Haushaltsgrundsätze gehören namentlich die folgenden 13 Prinzipien:

– Wirtschaftlichkeit und Sparsamkeit,
– Gesamtdeckung,
– Vorherigkeit,
– Einzelveranschlagung und sachliche Bindung,
– Jährlichkeit und zeitliche Bindung,
– Fälligkeit,
– Einheit des Haushalts,
– Vollständigkeit,
– Bruttoveranschlagung und Bruttonachweis,
– Haushaltsausgleich,
– Haushaltswahrheit,
– Haushaltsklarheit und
– Öffentlichkeit des Haushalts.

I. Wirtschaftlichkeit und Sparsamkeit

Der Grundsatz der Wirtschaftlichkeit und Sparsamkeit gehört zu den Eckpfeilern der Haushaltswirtschaft, der nicht ohne Grund in Art. 114 Abs. 2 Satz 1 GG sogar verfassungsrechtlich fundiert und in § 7 Abs. 1 BHO einfachgesetzlich konkretisiert ist. Die Ausrichtung jeglichen Verwaltungshandelns auf den Grundsatz der Wirtschaftlichkeit soll die bestmögliche Nutzung von Ressourcen bewirken. Nach dem Grundsatz der Wirtschaftlichkeit ist die günstigste Relation zwischen dem verfolgten Zweck und den einzusetzenden Mitteln (Ressourcen) anzustreben. Der Grundsatz der Wirtschaftlichkeit umfasst das Sparsamkeits- und das Ergiebigkeitsprinzip:

– Das Sparsamkeitsprinzip (Minimalprinzip) fordert, ein bestimmtes Ergebnis mit möglichst geringem Mitteleinsatz zu erzielen.
– Das Ergiebigkeitsprinzip (Maximalprinzip) verlangt, mit einem bestimmten Mitteleinsatz das bestmögliche Ergebnis zu erzielen.

Bei der Ausführung des Haushaltsplans, der in aller Regel die Aufgaben (Ergebnis, Ziele) bereits grob vorformuliert, steht der Grundsatz der Wirtschaftlichkeit in seiner Ausprägung als Sparsamkeitsprinzip im Vordergrund (Nr. 1.1 VV-BHO zu § 7).

Der Grundsatz der Wirtschaftlichkeit und Sparsamkeit gilt ohne Ausnahme für alle finanzwirksamen Maßnahmen.

II. Gesamtdeckung

1. Grundsatz

Nach dem in § 8 Satz 1 BHO verankerten Haushaltsgrundsatz der Gesamtdeckung (auch Non-Affektationsprinzip genannt) dient die Gesamtheit der Einnahmen unabhängig von ihrer Herkunft als Deckungsmittel für die Gesamtheit der Ausgaben. Das Gesamtdeckungsprinzip soll verhindern, dass einzelne Einnahmen für bestimmte Sonderzwecke gebunden sind. Der Haushaltsgesetzgeber soll vielmehr frei über die Einnahmen verfügen können. Damit dient der Gesamtdeckungsgrundsatz der Sicherung der im Demokratieprinzip verankerten Budgethoheit des Parlaments.

2. Ausnahme: Zweckbindung

Als Ausnahme vom Grundsatz der Gesamtdeckung erlaubt § 8 Satz 2 BHO die Zweckbindung von Einnahmen. Zweckgebundene Einnahmen sind solche, die zwingend für bestimmte Ausgaben zu verwenden sind. Die Zweckbindung muss ausdrücklich durch Gesetz vorgeschrieben oder im Haushaltsplan zugelassen sein. Ein Beispiel für eine gesetzliche Zweckbindung findet sich in § 4 Satz 1 Alcopopsteuergesetz. Danach ist das „Netto-Mehraufkommen aus der Alcopopsteuer [...] zur Finanzierung von Maßnahmen zur Suchtprävention der Bundeszentrale für gesundheitliche Aufklärung zu verwenden".

III. Vorherigkeit

1. Grundsatz

Gemäß Art. 110 Abs. 2 GG wird der Haushaltsplan für ein oder mehrere Rechnungsjahre, nach Jahren getrennt, „vor" Beginn des ersten Rechnungsjahres durch Haushaltsgesetz festgestellt. Das Gebot der Vorherigkeit hat folglich Verfassungsrang; es wird in § 1 Satz 1 BHO auf einfachgesetzlicher Ebene wiederholt. Wenngleich die Feststellung des Haushaltsplans ausschließlich dem Gesetzgeber obliegt, richtet sich der Grundsatz der Vorherigkeit an alle am Haushaltsaufstellungsverfahren beteiligten Verfassungsorgane: Die Regierung muss daher die Haushaltsvorlage rechtzeitig dem Parlament zuleiten. Die mitberatenden Fachausschüsse des Parlaments wiederum haben ihren Einzelplan so rechtzeitig zu beraten, dass der federführende Haushaltsausschuss pünktlich beschließen kann.

Der Grundsatz der Vorherigkeit sichert zum einen das Budgetrecht des Parlaments. Denn ein erst nach dem Beginn des Haushaltsjahres festgestellter Haushaltsplan verliert seine politische Steuerungsfunktion für die zurückliegende Zeit. Zudem dient das Gebot der Vorherigkeit einer geordneten Finanzwirtschaft: Ohne Haushaltsplan ist die Verwaltung grundsätzlich nicht ermächtigt, Ausgaben zu tätigen und Verpflichtungen einzugehen (§ 3 Abs. 1 BHO).

Um die Feststellung des Haushaltsplans vor dem Beginn des Haushaltsjahres zu gewährleisten, sieht das Haushalts(verfassungs)recht auf Bundesebene zwei Instrumente vor:

– Nach § 30 BHO ist der Entwurf des Haushaltsgesetzes mit dem Entwurf des Haushaltsplans in der Regel spätestens in der ersten Sitzungswoche des Bundestages nach dem 1. September dem Bundesrat zuzuleiten und beim Bundestag einzubringen. Damit soll eine termingerechte Einleitung des Haushaltsaufstellungsverfahrens erreicht werden.

– Art. 110 Abs. 3 GG schreibt die gleichzeitige Zuleitung der Haushaltsvorlage der Regierung an Bundesrat und Bundestag vor. Bundesrat und Bundestag befassen sich folglich zeitgleich mit dem Entwurf von Haushaltsgesetz und Haushaltsplan, wodurch eine Beschleunigung erreicht werden soll. Im Rahmen des herkömmlichen Gesetzgebungsverfahrens sind Vorlagen der Bundesregierung nach Art. 76 Abs. 2 Satz 1 GG zunächst dem Bundesrat zuzuleiten und erst nach dessen Stellungnahme beim Bundestag einzubringen.

2. Ausnahme: vorläufige Haushaltsführung

Gelingt es dem Gesetzgeber nicht, einen Haushaltsplan vor Beginn des neuen Haushaltsjahres festzustellen, wäre es der Verwaltung ab dem 1. Januar nicht mehr möglich, Ausgaben zu tätigen. Um eine Handlungsunfähigkeit des Staates zu verhindern, erlaubt Art. 111 GG der Bundesregierung jedoch, bis zur (verspäteten) Verabschiedung des Haushaltsgesetzes alle notwendigen Ausgaben zu leisten. Man spricht von einer vorläufigen Haushaltsführung.

Konkret ermächtigt Art. 111 Abs. 1 GG die Bundesregierung für den Fall der nicht rechtzeitigen Feststellung des Haushaltsplans, alle Ausgaben zu leisten, die nötig sind,

a) um gesetzlich bestehende Einrichtungen zu erhalten und gesetzlich beschlossene Maßnahmen durchzuführen,

b) um die rechtlich begründeten Verpflichtungen des Bundes zu erfüllen und

c) um Bauten, Beschaffungen und sonstige Leistungen fortzusetzen oder Beihilfen für diese Zwecke weiter zu gewähren, sofern durch den Haushaltsplan eines Vorjahres bereits Beträge bewilligt worden sind.

Deutlich wird, dass in einer etatlosen Zeit lediglich die Fortführung bereits begonnener Maßnahmen zulässig ist, Neues hingegen nicht begonnen werden darf.

Zur Vermeidung von Finanzierungsengpässen ermächtigt Art. 111 Abs. 2 GG zur Kreditaufnahme in Höhe eines Viertels des Volumens des Vorjahreshaushalts.

IV. Einzelveranschlagung und sachliche Bindung

1. Grundsatz

Nach dem Grundsatz der Einzelveranschlagung müssen die Einnahmen nach dem Entstehungsgrund und die Ausgaben nach Zwecken getrennt veranschlagt werden (§ 17 Abs. 1 Satz 1 BHO). Eine Globalveranschlagung im Haushaltsplan ist unzulässig. Der Grundsatz der Einzelveranschlagung ist ein Bestimmtheitsgebot, das den parlamentarischen Einfluss auf die Haushaltswirtschaft sichern soll. Denn pauschale Ausgabebewilligungen kämen einer Blankoermächtigung gleich, weil damit die dem Parlament vorbehaltene Haushaltsfeststellung faktisch an die vollziehende Gewalt delegiert würde.

Die sachliche Bindung der vollziehenden Gewalt führt dazu, dass die Exekutive an die Zweckbestimmung der Haushaltstitel gebunden ist (§ 45 Abs. 1 BHO). Die Ausgaben eines Haushaltstitels dürfen daher nicht für Ausgaben eines anderen Haushaltstitels verwendet werden. Gleiches gilt für Verpflichtungsermächtigungen.

2. Ausnahme: Deckungsfähigkeit

Eine Ausnahme vom Prinzip der Einzelveranschlagung und sachlichen Bindung ist die sog. Deckungsfähigkeit. Deckungsfähigkeit ist

– die durch § 20 Abs. 1 BHO, durch Haushaltsgesetz oder durch Haushaltsvermerk nach § 20 Abs. 2 BHO begründete Möglichkeit, bei einem Titel höhere Ausgaben als veranschlagt aufgrund von Einsparungen bei einem oder mehreren anderen Ausgabetiteln zu leisten,

– die durch Haushaltsvermerk nach § 20 Abs. 2 BHO begründete Möglichkeit, die Verpflichtungsermächtigung bei einem Titel zulasten einer oder mehrerer anderer Verpflichtungsermächtigungen zu erweitern.

Gegenseitige Deckungsfähigkeit liegt vor, wenn die Ausgabetitel bzw. Verpflichtungsermächtigungen wechselseitig zur Verstärkung der jeweiligen Ansätze bzw. Verpflichtungsermächtigungen herangezogen werden dürfen. Einseitige Deckungsfähigkeit liegt vor, wenn der eine Ansatz (deckungsberechtigter Ansatz) nur verstärkt und der andere Ansatz (deckungspflichtiger Ansatz) nur für die Verstärkung des ersten (deckungsberechtigten) Ansatzes herangezogen werden darf. Entsprechendes gilt für Verpflichtungsermächtigungen.

Unterschieden wird ferner zwischen der geborenen und der gekorenen Deckungsfähigkeit:

- Bei der geborenen Deckungsfähigkeit wird die Ausnahme vom Grundsatz der Einzelveranschlagung und sachlichen Bindung durch ein Dauergesetz normiert. Ein solches Dauergesetz ist § 20 Abs. 1 BHO. Danach sind deckungsfähig die Ausgaben für Vergütungen der Angestellten und Löhne der Arbeiter (gegenseitig) sowie die Ausgaben für Bezüge der Beamten zugunsten der Ausgaben für Vergütungen der Angestellten und Löhne der Arbeiter und die Ausgaben für Unterstützungen zugunsten der Ausgaben für Beihilfen (jeweils einseitig). § 20 Abs. 1 BHO kommt für die Haushaltspraxis keine Bedeutung mehr zu. Mit dem Inkrafttreten des Tarifvertrages für den öffentlichen Dienst (TVöD) am 1. Oktober 2005 ist für den Bund und die Kommunen die Unterscheidung zwischen Angestellten und Arbeitern aufgehoben worden. Da beide Gruppen fortan zusammenfassend als „Arbeitnehmer" bezeichnet werden, ist § 20 Abs. 1 Nr. 1 BHO obsolet geworden. Zudem hat die 1998 eingeführte Flexibilisierung der Verwaltungsausgaben in § 5 Abs. 2 und 3 der jährlichen Haushaltsgesetze zu einer umfassenden Deckungsfähigkeit der Personalausgaben geführt, die über die nicht abschließende Regelung in § 20 Abs. 1 Nr. 2 BHO hinausgeht.
- Wird die Deckungsfähigkeit nicht dauergesetzlich normiert, sondern entweder im Haushaltsgesetz oder im Haushaltsplan durch Haushaltsvermerk (Deckungsvermerk) eingeführt, wird sie als gekorene Deckungsfähigkeit bezeichnet. Beim Bund lassen die jährlichen Haushaltsgesetze regelmäßig in ihrem § 5 Abs. 2 eine gegenseitige Deckungsfähigkeit bestimmter Ausgabenbereiche zu. Im Haushaltsplan dürfen Ausgaben und Verpflichtungsermächtigungen jeweils für gegenseitig oder einseitig deckungsfähig erklärt werden, wenn ein verwaltungsmäßiger oder sachlicher Zusammenhang besteht oder eine wirtschaftliche und sparsame Verwen-

dung gefördert wird (§ 20 Abs. 2 BHO). Ein verwaltungsmäßiger oder sachlicher Zusammenhang kann angenommen werden, wenn die Ausgaben oder die Verpflichtungsermächtigungen der Erfüllung ähnlicher oder verwandter Zwecke dienen.

V. Jährlichkeit und zeitliche Bindung

1. Grundsatz

Nach dem in Art. 110 Abs. 2 Satz 1 GG verfassungsrechtlich verankerten und in § 1 BHO einfachgesetzlich wiederholten Jährlichkeitsprinzip wird der Haushaltsplan in der Regel für ein Jahr aufgestellt. Dies ist zunächst eine Konsequenz der Budgethoheit des Parlaments. Die Regierung soll zu einem „alljährlichen Bittgang" (Kisker, in: Isensee/Kirchhof, Handbuch des Staatsrechts der Bundesrepublik Deutschland, Bd. IV, 2. Aufl. 1999, § 89 Rn. 58) gezwungen werden.

Um die rechtzeitige Verabschiedung des Haushaltsgesetzes zu erleichtern, hat der verfassungsändernde Gesetzgeber im Jahr 1969 die Feststellung von Mehrjahreshaushaltsplänen zugelassen. Gemäß Art. 110 Abs. 2 Satz 1 und 2 GG können der gesamte Haushaltsplan oder Teile des Haushaltsplans für mehrere Jahre aufgestellt werden. Zwei- oder Mehrjahreshaushalte müssen nach Jahren getrennt aufgestellt werden (Art. 110 Abs. 2 Satz 1 GG; § 12 Abs. 1 BHO) und jeweils in sich ausgeglichen sein (Art. 110 Abs. 1 Satz 2 GG). Die Staatspraxis des Bundes hat von der Option des Art. 110 Abs. 2 Satz 1 GG in mehr als 50 Jahren keinen Gebrauch gemacht, sondern an der Einjährigkeit des Haushaltsplans festgehalten.

Der für die Haushaltsaufstellung geltende Grundsatz der Jährlichkeit wird während der Phase der Haushaltsausführung in § 45 Abs. 1 Satz 1 BHO als Grundsatz der zeitlichen Bindung fortgeführt. Danach dürfen Ausgaben und Verpflichtungsermächtigungen nur bis zum Ende des jeweiligen Haushaltsjahres geleistet oder in Anspruch genommen werden.

2. Ausnahme: Übertragbarkeit

Ein Nachteil der zeitlichen Bindung besteht u. a. im sog. Dezemberfieber. Darunter wird das Phänomen verstanden, dass Behörden am Ende des Haushaltsjahres nicht in Anspruch genommene Ausgabeermächtigungen ohne Notwendigkeit voll ausschöpfen. Um den damit verbundenen Verstoß gegen den Grundsatz der Wirtschaftlichkeit und Sparsamkeit zu vermeiden, können unter bestimmten Voraussetzungen Ausgaben in das folgende Haushaltsjahr übertragen werden. Übertragbarkeit ist die Möglichkeit, Ausgaben, die am Ende des Haushaltsjahres noch nicht geleistet worden sind, für die jeweilige Zweckbestimmung über das Haushaltsjahr hinaus bis zum Ende des auf die Bewilligung folgenden zweitnächsten Haushaltsjahres verfügbar zu halten.

Unterschieden wird zwischen der geborenen und der gekorenen Übertragbarkeit:

– Die geborene Übertragbarkeit ist in § 19 Abs. 1 Satz 1 BHO geregelt. Danach sind Ausgaben für Investitionen und Ausgaben aus zweckgebundenen Einnahmen übertragbar. Ausgaben für Investitionen werden in den Hauptgruppen 7 und 8 des Haushaltsplans ausgewiesen und sind in § 13 Abs. 3 Nr. 2 Satz 2 BHO legaldefiniert.
– Ferner sind Ausgaben übertragbar, wenn sie entweder im Haushaltsgesetz oder im Haushaltsplan durch Haushaltsvermerk für übertragbar erklärt worden sind. Beide Fälle werden als gekorene Übertragbarkeit bezeichnet. Die Haushaltsgesetze des Bundes erklären seit 1998 in ihrem § 5 Abs. 4 alle flexibilisierten Ausgaben für übertragbar. Im Übrigen können Ausgaben durch Haushaltsvermerk im Haushaltsplan für übertragbar erklärt werden, wenn dies ihre wirtschaftliche und sparsame Verwendung fördert (§ 19 Abs. 1 Satz 2 BHO).

Die Übertragung von Ausgaben in das nächste Haushaltsjahr erfolgt nicht zwangsläufig. Vielmehr müssen in der Höhe, in der nicht verbrauchte Haushaltsmittel voraussichtlich im nächsten Jahr benötigt werden, Ausgabereste nach § 45 Abs. 2 BHO gebildet werden. Zuständig für die Bildung der Ausgabereste ist die oder der Beauftragte für den Haushalt (§ 9 BHO).

VI. Fälligkeit

Das Fälligkeitsprinzip ist in § 11 Abs. 2 BHO normiert. Danach dürfen im Haushaltsplan nur diejenigen Einnahmen und Ausgaben veranschlagt werden, die im betreffenden Haushaltsjahr voraussichtlich kassenwirksam werden. Das Fälligkeitsprinzip wird daher auch Kassenwirksamkeitsprinzip genannt. Kassenwirksam werden Einnahmen und Ausgaben, wenn sie durch die Kasse eingenommen oder ausgezahlt und gebucht werden. Entscheidend ist nicht der Zeitpunkt, in dem die Zahlungsverpflichtung begründet wurde, sondern der Zeitpunkt der tatsächlichen Ein- oder Auszahlung. Das Fälligkeitsprinzip gebietet eine trennscharfe Differenzierung zwischen Ausgaben und Verpflichtungsermächtigungen. Ist bei der Aufstellung des Haushaltsplans zu erwarten, dass eine Ausgabe aufgrund einer im Haushaltsjahr begründeten Verpflichtung erst in einem späteren Haushaltsjahr zu leisten („fällig") sein wird, ist im Haushaltsplan keine Ausgabe, sondern eine Verpflichtungsermächtigung i. S. d. § 6 BHO zu veranschlagen.

VII. Einheit des Haushalts

1. Grundsatz

Nach Art. 110 Abs. 1 Satz 1 Halbs. 1 GG sind alle Einnahmen und Ausgaben des Bundes in „den" Haushaltsplan einzustellen. § 11 Abs. 1 BHO knüpft daran an und wiederholt auf einfachgesetzlicher Ebene, dass für jedes Haushaltsjahr „ein" Haushaltsplan aufzustellen ist. Das Einheitsprinzip verbietet mithin die Aufstellung mehrerer Haushaltspläne für eine Haushaltsperiode und die Absonderung von Teilen des Haushaltsplans. Das Einheitsprinzip bezweckt, eine Gesamtübersicht über die Finanzwirtschaft zu schaffen und so die Übersichtlichkeit des Haushalts zu gewährleisten. Dadurch soll die Budgethoheit des Parlaments gesichert sowie der Öffentlichkeit und den mit Finanzplanung und -kontrolle befassten Institutionen ein lückenloser Überblick über das Budget ermöglicht werden.

Gegen den Grundsatz der Einheit des Haushaltsplans wird verstoßen, wenn der Gesetzgeber Einnahme- und Ausgabekreisläufe außerhalb des Budgets organisiert. Ganz praktisch resultieren aus dem Einheitsprinzip das Verbot von sog. schwarzen Kassen, Schattenhaushalten oder Geheimfonds der Exekutive, die Geldflüsse am Parlament vorbei ermöglichen. Soweit es sich nur um kleinere Beträge handelt, haben „schwarze Kassen" freilich keine verfassungsrechtliche Relevanz, sondern stellen allenfalls Verstöße gegen einfaches Haushaltsrecht dar. Für die verfassungsrechtlichen Haushaltsgrundsätze besteht insoweit ein Bagatellvorbehalt.

2. Ausnahme: Bundesbetriebe und Sondervermögen

Eine Ausnahme vom Einheitsgrundsatz gestattet Art. 110 Abs. 1 Satz 1 Halbs. 2 GG für Bundesbetriebe und Sondervermögen. Bei ihnen brauchen nur die Zuführungen oder die Ablieferungen eingestellt zu werden.

Bundesbetriebe sind rechtlich unselbstständige abgesonderte Teile der Bundesverwaltung, deren Tätigkeit erwerbswirtschaftlich ausgerichtet ist. Bundesbetriebe haben gemäß § 26 Abs. 1 Satz 1 BHO einen Wirtschaftsplan aufzustellen, wenn ein Wirtschaften nach Einnahmen und Ausgaben des Haushaltsplans nicht zweckmäßig ist. Der Wirtschaftsplan oder eine Übersicht über den Wirtschaftsplan sind dem Haushaltsplan als Anlage beizufügen oder in die Erläuterungen aufzunehmen. Der Wirtschaftsplan umfasst einen Erfolgs- und einen Finanzplan. Im Erfolgsplan sind die im Wirtschaftsjahr voraussichtlich anfallenden Aufwendungen und Erträge nach Art einer Gewinn-und-Verlust-Rechnung darzustellen. In den Finanzplan sind die geplanten Maßnahmen zur Vermehrung des Anlage- und Umlaufvermögens, Schuldentilgungen und Gewinnabführung sowie die zu erwartenden Deckungsmittel (Gewinne, Abschreibungen, Darlehen, Kapitalausstattungen usw.) aufzunehmen.

Sondervermögen sind rechtlich unselbstständige abgesonderte Teile des Bundesvermögens, die durch Gesetz oder aufgrund eines Gesetzes entstanden und zur Erfüllung einzelner Aufgaben des Bundes bestimmt sind. Das Haushaltsrecht der Sondervermögen ist auf Bundesebene in § 113 BHO geregelt.

Zu den Zuführungen zählen die Zuweisungen zur Deckung von Betriebsverlusten und die rückzahlbaren und nicht rückzahlbaren Zuweisungen zur Kapitalausstattung. Zu den Ablieferungen gehören die Gewinnablieferungen und die Kapitalrückzahlungen.

VIII. Vollständigkeit des Haushalts

Mit dem Einheitsprinzip ist der Grundsatz der Vollständigkeit des Haushalts untrennbar verbunden: Er verlangt, „alle" Einnahmen und Ausgaben in den Haushaltsplan einzustellen. Angesprochen wird der Grundsatz der Vollständigkeit in Art. 110 Abs. 1 Satz 1 GG und § 11 Abs. 2 BHO. Der Vollständigkeitsgrundsatz gewährleistet zusammen mit dem Einheitsprinzip die Steuerungs- und Kontrollfunktion des Haushaltsplans. Erst eine vollständige Erfassung aller Einnahmen und Ausgaben ermöglicht einen umfassenden Überblick über das staatliche Finanzvolumen als unabdingbare Voraussetzung für Finanzplanung und Finanzkontrolle (siehe Abschnitt F. IV.).

Dennoch ist das Vollständigkeitsprinzip nicht identisch mit dem Einheitsgrundsatz. Der Vollständigkeitsgrundsatz wäre auch erfüllt, wenn alle Einnahmen und Ausgaben in mehreren Haushaltsplänen desselben Haushaltsträgers erfasst wären. Die Forderung nach Vollständigkeit des Haushalts setzt also die Verwirklichung der Einheit des Haushalts nicht zwingend voraus. Umgekehrt garantiert das Gebot der Einheit des Haushaltsplans für sich genommen noch nicht, dass darin ausnahmslos jede Einnahme und Ausgabe aufgenommen wird.

Der Haushaltsplan enthält nur den Voranschlag für alle im Laufe eines Haushaltsjahres voraussichtlich eingehenden Einnahmen und voraussichtlich erforderlich werdenden Ausgaben. Er beruht also auf einer mehr oder weniger zutreffenden Schätzung. Im Rahmen des Haushaltsvollzugs sind daher Abweichungen auf der Einnahmen- wie auf der Ausgabenseite unvermeidlich. Die den Haushaltsplan aufstellende Exekutive und die ihn feststellende Legislative müssen sich allerdings um eine möglichst verlässliche Schätzung bemühen: Es verstößt gegen den Grundsatz der Vollständigkeit des Haushalts und dem insoweit in ihm enthaltenen Grundsatz der Haushaltswahrheit (siehe Abschnitt E. XI.), wenn die voraussichtlichen Einnahmen oder Ausgaben wider besseres Wissen zu niedrig oder zu hoch angesetzt werden.

IX. Bruttoveranschlagung und Bruttonachweis

1. Grundsatz

Der Grundsatz der Bruttoveranschlagung nach § 15 Abs. 1 Satz 1 BHO fordert, die Einnahmen und Ausgaben in voller Höhe „getrennt voneinander" – also „brutto" – im Haushaltsplan zu veranschlagen. Das Bruttoprinzip verbietet somit Saldierungen. Das bedeutet konkret, dass

- Ausgaben nicht von den Einnahmen abgezogen (Einnahmeminderung) und
- Einnahmen nicht auf Ausgaben angerechnet (Ausgabeminderung)

werden dürfen.

Das Bruttoprinzip gilt nach § 35 Abs. 1 BHO auch bei der Ausführung des Haushaltsplans. Einnahmen und Ausgaben müssen getrennt gebucht werden; eine Verrechnung ist nicht zulässig (Bruttonachweis).

Das Bruttoprinzip ist zwar nicht ausdrücklich in das Grundgesetz aufgenommen worden. Sein (nicht unumstrittener) Verfassungsrang entspricht aber mittlerweile der herrschenden Meinung. Für die Annahme, bereits das Grundgesetz verbürge das Bruttoprinzip, spricht insbesondere der Wortlaut des Art. 110 Abs. 1 Satz 1 GG: Wenn „alle"

Einnahmen „und" (alle) Ausgaben in den Haushaltsplan einzustellen sind, dann müssen sie voneinander getrennt und mit dem auf sie jeweils entfallenden Betrag veranschlagt werden. Für diese Auslegung spricht auch der Zweck des Bruttoprinzips: Er besteht darin, durch den differenzierten Ausweis der verschiedenen Einnahmen und Ausgaben eine ungekürzte und vollständige Übersicht über die staatliche Haushaltswirtschaft zu gewährleisten. Nicht ohne Grund kann das Bruttoprinzip deshalb auch als „Bruder" der Haushaltsklarheit (siehe Abschnitt E. XII.) bezeichnet werden.

2. Ausnahme: Nettoveranschlagung und Nettoausweis

Nach § 15 Abs. 1 Satz 2 BHO gilt das Bruttoprinzip nicht für die Veranschlagung der Einnahmen aus Krediten vom Kreditmarkt und der hiermit zusammenhängenden Tilgungsausgaben. Beim Bund und den meisten Ländern werden Krediteinnahmen daher nicht gesondert von den Ausgaben ausgewiesen, die zur Schuldentilgung vorgesehen sind. Vielmehr wird von der Summe der Einnahmen aus Krediten in einem Jahr (Bruttokreditaufnahme) die Summe der in einem Jahr zurückzuzahlenden Beträge (Tilgungsausgaben) abgezogen. Nur die Differenz – die Nettokreditaufnahme – wird als „Einnahme" im Einzelplan 32 (Bundesschuld) des Haushaltsplans veranschlagt. Durch die Nettoveranschlagung der Einnahmen aus Krediten wird die Veränderung des Schuldenstandes im Haushaltsjahr übersichtlicher ausgewiesen. Eine Bruttoveranschlagung der Einnahmen aus Krediten und der Tilgungsausgaben würde zudem das Haushaltsvolumen aufblähen.

Die Haushaltsgesetze des Bundes lassen seit 1998 auch generelle Ausnahmen vom Bruttoprinzip zu. Im HG 2021 finden sich entsprechende Ausnahmen in § 6 Abs. 1, 2 und 6 sowie § 13 Abs. 1 und 2.

Nach § 15 Abs. 1 Satz 3 BHO können weitere Ausnahmen vom Bruttoprinzip im Einzelfall durch Haushaltsvermerk zugelassen werden. Wenngleich die Vorschrift in § 15 Abs. 1 Satz 3 BHO keine tatbestandlichen Voraussetzungen für derartige Haushaltsvermerke formuliert, erwähnt sie doch zwei Regelbeispiele: Insbesondere bei Nebenkosten und Nebenerlösen im Rahmen von Erwerbs- oder Veräußerungsgeschäften soll eine Ausnahme vom Gebot der Bruttoveranschlagung möglich sein. Aus den Regelbeispielen lässt sich der weitergehende Schluss folgern, dass die abzuziehenden Einnahmen und Ausgaben eine enge sachliche Nähe zu dem jeweiligen Haushaltstitel aufweisen sollen. Deshalb werden von den Steuereinnahmen (Kapitel 6001) regelmäßig die mit dem Steueraufkommen systematisch im Zusammenhang stehenden Ausgaben abgesetzt, z. B. Steuererstattungen oder Kindergeldzahlungen.

Auf der Ausgabenseite sind „echte" Haushaltsvermerke nach § 15 Abs. 1 Satz 3 BHO selten. Der Haushaltsgesetzgeber neigt eher dazu, sog. Rückeinnahmevermerke – auch Zuflussvermerke genannt – anzubringen. Rückeinnahmevermerke schreiben vor, dass Erstattungen und Beiträge Dritter nicht bei einem Einnahmetitel gesondert gebucht werden dürfen, sondern unmittelbar den Ansatz des jeweiligen Ausgabetitels erhöhen. Sie verhindern, dass entgeltliche Inanspruchnahmen durch Dritte den Ausgabetitel belasten und halten die Ausgabebewilligung so für ihre eigentliche Zweckbestimmung verfügbar.

X. Haushaltsausgleich

Nach Art. 110 Abs. 1 Satz 2 GG ist der Haushaltsplan (des Bundes) in Einnahme und Ausgabe auszugleichen. Die Gesamtsumme der veranschlagten Ausgaben darf die Gesamtsumme der veranschlagten Einnahmen nicht überschreiten (Grundsatz des Haushaltsausgleichs). Dem Gebot des Haushaltsausgleichs kommt ausschließlich eine formale Bedeutung zu: Es verlangt lediglich, dass die Gesamtsumme der veranschlagten Ausgaben der Gesamtsumme der veranschlagten Einnahmen bei einer rechnerischen Gegenüberstellung zahlenmäßig entspricht. Der formelle Ausgleich darf allerdings nicht unter Verstoß gegen das Vollständigkeitsprinzip und den in ihm enthaltenen Grundsatz der Haushaltswahrheit erreicht werden. Es ist demnach unzulässig, einen Haushaltsausgleich herbeizuführen, indem bewusst Einnahmen zu hoch oder vorhersehbare Ausgaben zu niedrig angesetzt werden.

Wie die zur Deckung der vorgesehenen Ausgaben erforderlichen Einnahmen beschafft werden, legt Art. 110 Abs. 1 Satz 2 GG nicht fest. Als Mittel zur Deckung eines negativen Finanzierungssaldos kommen daher auch außerordentliche Einnahmen aus Krediten in Betracht. Art. 110 Abs. 1 Satz 2 GG fordert keinen materiell ausgeglichenen Haushalt, der ohne nennenswerte Neuverschuldung auskommt. Grenzen zulässiger Kreditaufnahme ergeben sich deshalb nicht aus dem Ausgleichsgebot des Art. 110 Abs. 1 Satz 2 GG, sondern aus anderen Vorschriften in Art. 109 und 115 GG. Andererseits soll der Grundsatz der Ausgeglichenheit des Haushalts nicht nur eine formale Buchhaltungsregel, sondern ein Appell zur Sparsamkeit an alle am Gesetzgebungsverfahren beteiligten Organe sein. Ob das Ausgleichsgebot tatsächlich die ihm zugedachte Disziplinierungsfunktion im Hinblick auf die Begrenzung der öffentlichen Ausgaben erfüllen kann, erscheint allerdings angesichts der derzeitigen Höhe der Staatsverschuldung mehr als zweifelhaft.

Zur Herbeiführung des Haushaltsausgleichs stellt das Haushaltsrecht verschiedene Instrumente zur Verfügung:

– Sog. Haushaltssicherungsgesetze oder Haushaltsbegleitgesetze werden zusammen mit dem Haushaltsgesetz verabschiedet. Sie sehen Kürzungen bei staatlichen Leistungen oder Erhöhungen bei den Steuern und Abgaben oder beides vor.

– Nach § 41 BHO kann das Bundesfinanzministerium von seiner Einwilligung abhängig machen, ob Verpflichtungen eingegangen oder Ausgaben geleistet werden, wenn die Entwicklung der Einnahmen oder Ausgaben es erfordert (haushaltswirtschaftliche Sperre).

– Kann ein Haushaltsausgleich weder durch ein Haushaltssicherungsgesetz noch durch eine haushaltswirtschaftliche Sperre erreicht werden, besteht die Möglichkeit eines Nachtragshaushalts. Ein Nachtragshaushalt wird vom Bundesfinanzministerium ausgearbeitet, der Bundesregierung zur Beschlussfassung vorgelegt und vom Parlament durch ein Nachtragshaushaltsgesetz festgestellt.

XI. Haushaltswahrheit

Der Grundsatz der Haushaltswahrheit ist weder verfassungsrechtlich noch einfachgesetzlich ausdrücklich normiert. Er wird im Haushaltsrecht vorausgesetzt und in Nr. 2.3 VV-BHO zu § 9 sowie Nr. 1.2 VV-BHO zu § 11 erwähnt. Das Gebot der Wahrheit des Haushaltsplans verlangt, dass Einnahmen und Ausgaben ex ante so genau wie möglich veranschlagt werden. Aus dem Gebot der Haushaltswahrheit folgt somit eine Pflicht zur Schätzgenauigkeit. Vorsätzlich erhöhte Ausgabenansätze sind daher ebenso verboten wie bewusst zu niedrig angesetzte Einnahmeschätzungen. Im Haushaltsplan veranschlagt werden dürfen nur solche Einnahmen und Ausgaben, die im laufenden Haushaltsjahr voraussichtlich tatsächlich fällig (kassenwirksam) werden (siehe Abschnitt E. VI.).

XII. Haushaltsklarheit

Das Gebot, die Haushaltsansätze auf Basis realitätsnaher Prognosen zu veranschlagen, wird in formeller Sicht mit dem Grundsatz der Haushaltsklarheit verknüpft. Die Klarheit des Haushaltsplans erfordert, dass die sachgerecht und vertretbar ermittelten Ansätze im Haushaltsplan übersichtlich und transparent dargestellt werden. Das Haushaltsrecht stellt in den §§ 13 bis 17 BHO Anforderungen für die übersichtliche Gliederung des Haushaltsplans auf. Darüber hinaus sollen die Haushaltstechnischen Richtlinien des Bundes (HRB) eine einheitliche und nachvollziehbare Darstellung des Haushaltsplans gewährleisten.

XIII. Öffentlichkeit

1. Grundsatz

Nach dem Grundsatz der Öffentlichkeit ist das Haushaltsgeschehen in allen Phasen des Haushaltskreislaufs in seinen wesentlichen Punkten der Öffentlichkeit zugänglich zu machen. Der Grundsatz der Öffentlichkeit – auch Budgetpublizität genannt – findet sich in verschiedenen haushaltsrechtlichen Vorschriften: Wenn der Haushaltsplan gemäß Art. 110 Abs. 2 Satz 1 GG durch ein formelles Gesetz festgestellt werden muss, resultiert daraus zugleich, dass er im Parlament öffentlich zu verhandeln ist (Art. 42 Abs. 1 GG) und Fernsehen, Presse und Rundfunk darüber berichten dürfen (Art. 5 Abs. 1 GG). Zudem ist jedes Haushaltsgesetz zusammen mit dem Gesamtplan im Bundesgesetzblatt zu verkünden (Art. 82 Abs. 1 GG; § 1 Satz 2 BHO).

Der Grundsatz der Öffentlichkeit dient dazu, parlamentarische Vorgänge und Entscheidungen transparent zu machen. Er ist daher kein spezifisch haushaltsrechtlicher Grundsatz, sondern dem Demokratieprinzip des Grundgesetzes immanent: „Öffentliches Verhandeln von Argument und Gegenargument, öffentliche Debatte und öffentliche Diskussion sind wesentliche Elemente des demokratischen Parlamentarismus" (BVerfGE 130, 318 [344]).

2. Ausnahme: geheimhaltungsbedürftige Angelegenheiten

Der Öffentlichkeitsgrundsatz gilt nicht ausnahmslos:

– Geheim zu haltende Ausgaben werden zwar im regulären Verfahren aufgestellt, festgestellt und bewirtschaftet. § 10a Abs. 1 BHO sieht aber Sonderregelungen für die Rechnungsprüfung durch den Bundesrechnungshof vor. So erfolgt die Prüfung entweder durch ein besonderes Dreierkollegium oder durch den Präsidenten oder Vizepräsidenten des Bundesrechnungshofs. Über das Prüfungsergebnis werden nur die Präsidenten von Bundestag und Bundesrat, der Bundeskanzler und der Bundesminister der Finanzen unterrichtet (§ 97 Abs. 4 BHO). Anwendungsfälle sind der Geheimfonds des Bundeskanzlers (Haushaltsstelle 0401/529 04) und der Geheimfonds des Auswärtigen Amtes (Haushaltsstelle 0502/529 22).

– Aus zwingenden Gründen des Geheimschutzes kann der Bundestag gemäß § 10a Abs. 2 Satz 1 BHO in Ausnahmefällen die Bewilligung von Ausgaben, die nach geheim zu haltenden Wirtschaftsplänen bewirtschaftet werden sollen, im Haushaltsgesetzgebungsverfahren von der Billigung der Wirtschaftspläne durch ein
Gremium von Mitgliedern des Haushaltsausschusses (Vertrauensgremium) abhängig machen. Die Mitglieder des Vertrauensgremiums werden vom Bundestag für die Dauer einer Wahlperiode
gewählt (§ 2 PKGrG) und sind zur Geheimhaltung aller Angelegenheiten verpflichtet, die ihnen bei ihrer Tätigkeit bekanntgeworden sind. Dem Haushaltsausschuss werden vom Vertrauensgremium lediglich die Abschlussbeträge der Wirtschaftspläne
(Gesamtsummen) mitgeteilt (§ 10a Abs. 2 Satz 4 BHO). Durch das
Haushaltsgesetz werden somit auch die Haushaltsmittel für die
geheimhaltungsbedürftigen Wirtschaftspläne festgestellt. Geheim bleibt allerdings die Aufschlüsselung der Haushaltsmittel.
In der Haushaltspraxis des Bundes handelt es sich um die Ausgaben der Nachrichtendienste. Im Rahmen der Kontrolle (der Haushaltswirtschaft) wird das Vertrauensgremium durch den Bundesrechnungshof über das Ergebnis seiner Prüfung der Jahresrechnung sowie der Haushalts- und Wirtschaftsführung von geheim
zu haltenden Ausgaben unterrichtet.

F. Haushaltskreislauf

Der Haushaltskreislauf gliedert sich in die vier Phasen
– Aufstellung,
– Feststellung,
– Ausführung und
– Kontrolle
des Haushaltsplans.

Dabei laufen diese Phasen jedoch zeitlich nicht unbedingt strikt nach-
einander ab. Beispielsweise erstreckt sich die Kontrolle durch den Bundesrechnungshof auch auf die Aufstellungsphase des Haushaltsplans.
Ferner überschneiden sich die Haushaltskreisläufe verschiedener Haushaltsjahre: Während ein Haushaltsplan ausgeführt wird, befindet sich
bereits ein neuer Haushaltsplan in der Aufstellungsphase, und der Haushaltsplan eines abgelaufenen Haushaltsjahres wird noch kontrolliert.

I. Aufstellung des Haushaltsplans

Seit dem Jahr 2012 erfolgt die Aufstellung des Haushaltsplans weit überwiegend im Top-down-Verfahren. Dabei werden in einem Eckwertebeschluss des Kabinetts Ausgabenobergrenzen für die Einzelpläne festgelegt sowie weitere bedeutende Einzelpositionen (Eckwerte) beschlossen. Die Haushaltsanmeldungen der Ressorts müssen sich an diese Obergrenzen halten. Mit diesem Verfahren soll die Einhaltung der im Grundgesetz geregelten Schuldenbremse sichergestellt werden. Zuvor hatten die Einzelpläne ihre Voranschläge an das BMF übermittelt, ohne dass Obergrenzen zu beachten waren (Bottom-up-Verfahren).

Solange der Eckwertebeschluss eingehalten wird und die Haushaltsanmeldungen der Ressorts plausibel erscheinen, wird das BMF kaum Veranlassung haben, diese zu ändern. Bei Uneinigkeit zwischen BMF und Fachressort hat das BMF aber eine stärkere Stellung.

II. Feststellung des Haushaltsplans

Das Haushaltsgesetz ist ein Einspruchsgesetz, d. h. der Bundesrat kann gegen den Beschluss des Bundestages Einspruch einlegen, der jedoch vom Bundestag wiederum zurückgewiesen werden kann.

Das Gesetzgebungsverfahren beginnt damit, dass die Bundesregierung unmittelbar nach der Sommerpause des Bundestages den Entwurf des Haushaltsgesetzes mit seinem Anhang, dem Haushaltsplan, in das parlamentarische Verfahren einbringt. Dabei hat die Bundesregierung das alleinige Gesetzesinitiativrecht (erste Verfahrensbesonderheit). Andere Gesetzesvorlagen hingegen können ebenfalls durch den Bundesrat oder aus der Mitte des Bundestages eingebracht werden (Art. 76 Abs. 1 GG). Beim Haushaltsgesetz hat aber nur die Bundesregierung Zugriff auf den Verwaltungsapparat und damit auf die große Menge aller notwendigen Informationen.

Der Entwurf von Haushaltsgesetz und Haushaltsplan wird Bundestag und Bundesrat gleichzeitig zugeleitet (zweite Verfahrensbesonderheit). Normalerweise hat der Bundesrat bei Gesetzesinitiativen der Bundesregierung eine sechswöchige Frist zur Stellungnahme. Erst danach wird der Gesetzentwurf beim Bundestag eingebracht. Durch die gleichzeitige Zuleitung an Bundestag und Bundesrat soll das Verfahren beschleunigt werden, damit dem Grundsatz der Vorherigkeit (d. h. Feststellung des neuen Haushaltsplans vor Beginn des neuen Haushaltsjahres, siehe Abschnitt E. III.) genügt werden kann.

Die Beratungen im Bundestag beginnen mit der Etatrede des Bundesfinanzministers, an die sich eine Debatte mit den finanzpolitischen Sprechern der Fraktionen anschließt (erste Lesung). Danach befasst sich der Haushaltsausschuss des Bundestages mit dem Haushaltsentwurf. Die Berichterstatter im Ausschuss, die aus den verschiedenen Fraktionen kommen, sind für jeweils einen Einzelplan schwerpunktmäßig zuständig. In die Beratungen des Haushaltsauschusses fließt auch die Stellungnahme des Bundesrates ein. Im Verlauf der Sitzungen erfährt eine Vielzahl von Titelansätzen aus dem ursprünglichen Entwurf Änderungen.

Hieran schließt sich die zweite Lesung im Bundestag an. Die zuständigen Berichterstatter erläutern die Änderungen an den Etats der jeweiligen Einzelpläne. Über jeden Einzelplan wird gesondert debattiert und abgestimmt. In diesem Zusammenhang findet auch die Debatte über den Etat der Bundeskanzlerin und des Bundeskanzleramts statt, die traditionell als Generalaussprache über die gesamte Politik der Bundesregierung genutzt wird. Daran schließt sich unmittelbar die dritte Lesung im Bundestag an, die nach kurzer Aussprache mit der Schlussabstimmung über den Haushaltsentwurf endet.

Der Beschluss des Bundestages wird dem Bundesrat zugeleitet. Stimmt der Bundesrat zu, kann das Haushaltsgesetz nach Gegenzeichnung durch Finanzminister und Bundeskanzlerin sowie Ausfertigung durch den Bundespräsidenten im Bundesgesetzblatt verkündet werden. Allerdings werden nur das Haushaltsgesetz und der Gesamtplan, nicht jedoch die Einzelpläne im Bundesgesetzblatt verkündet (dritte Verfahrensbesonderheit). Durch deren Umfang würde das Bundesgesetzblatt überfrachtet. Im Übrigen werden Gesetze mit sämtlichen Anhängen im Bundesgesetzblatt veröffentlicht. Stimmt der Bundesrat dem Beschluss des Bundestages nicht zu, läuft das auch bei anderen Einspruchsgesetzen übliche Verfahren ab, auf das hier nicht weiter eingegangen werden soll.

Kommt es nach der Feststellung des Haushaltsplans zu einem unerwarteten Mehrbedarf an Ausgaben, so kann ein Nachtragshaushalt erforderlich werden. Im Jahr 2020 wurden vom Bund zwei Nachtragshaushalte auf den Weg gebracht, um die finanziellen Folgen der Covid-19-Pandemie zu bewältigen. Auch für Nachtragshaushalte gilt der Grundsatz des Haushaltsausgleichs. Das Gesetzgebungsverfahren für einen Nachtragshaushalt entspricht dem eines regulären Haushaltes, allerdings verkürzt sich die Frist für die Stellungnahme des Bundesrates von sechs auf drei Wochen. Ferner wird der Entwurf des Nachtragshaushaltes ohne vorherige Lesung im Bundestag unmittelbar in den Haushaltsausschuss eingebracht und anschließend nach nur einer Lesung schlussabgestimmt.

III. Ausführung des Haushaltsplans

Bei der Ausführung des Haushaltsplans geht es um die Bewirtschaftung der Haushaltsmittel. Dabei kommt dem Beauftragten für den Haushalt eine herausgehobene Position zu. Beauftragter für den Haushalt kann der Leiter des Haushaltsreferates einer Behörde sein. Oft ist diese Aufgabe aber auch auf einer höheren Hierarchieebene wie der Abteilungsleitung angesiedelt. Seine Aufgaben sind in § 9 Abs. 2 BHO umrissen mit

– Aufstellung der Voranschläge für den Entwurf des Haushaltsplans,
– Ausführung des Haushaltsplans und
– Beteiligung bei allen Maßnahmen von finanzieller Bedeutung.

Eine detaillierte Beschreibung der Aufgaben ergibt sich aus der VV zu § 9 BHO.

Sowohl Beauftragte für den Haushalt als auch Leiter von Behörden verfügen über Bewirtschaftungs- und Anordnungsbefugnisse für alle von der jeweiligen Behörde bewirtschafteten Titel. Bewirtschaftungsbefugnis meint, über die Verwendung von Haushaltsmitteln im Rahmen der jeweiligen Zweckbestimmung verantwortlich verfügen zu dürfen. Hierunter kann z. B. die Bestellung von Material aus einem Rahmenvertrag fallen, das später aus dem zugehörigen Titel zu bezahlen ist.

Die Bewirtschaftungsbefugnis erfordert, dass der Bewirtschaftende auch Kassenanordnungen erteilen darf (Anordnungsbefugnis). Hierfür müssen der Name und die Signatur der anordnenden Person bei der Bundeskasse hinterlegt sein. Zahlungen können bis auf ganz wenige Ausnahmen nur von der Bundeskasse (inzwischen im ZRB organisiert – der Abteilung Zahlungsverkehr und Rechnungswesen des Bundes in der Generalzolldirektion) geleistet oder entgegengenommen werden. Die Trennung von Bewirtschaftung durch die Behörden auf der einen Seite und Zahlung und Buchführung durch die Bundeskasse/ZRB auf der anderen Seite soll der Sicherheit und Kontrolle dienen. Eine Kassenanordnung kann – ebenfalls aus Gründen der Sicherheit und Kontrolle – nie von nur einer einzigen Person erteilt werden. Eine weitere Person muss die sachliche und/oder die rechnerische Richtigkeit bescheinigen.

Beauftragte für den Haushalt können ihre Befugnisse auf Titelverwalter delegieren. Titelverwalter bewirtschaften einen oder mehrere Titel der Behörde. Sie können aus verschiedenen Hierarchieebenen stammen. Für z. B. die Materialwirtschaft fachlich zuständige Mitarbeiterinnen und Mitarbeiter haben dann auch die Bewirtschaftungs- und Anordnungsbefugnis.

Alle Zahlungsvorgänge werden in der Buchführung des Bundes erfasst. Das Rechnungswesen des Bundes wird als erweiterte Kameralistik bezeichnet. Die Kameralistik stellt auf finanzielle Vorgänge ab. Haushaltsansätze, Festlegungen, Zahlungen und noch verfügbare Mittel werden mit diesem System genau dokumentiert. Die kamerale Buchführung wird beim Bund um eine Vermögensrechnung erweitert.

IV. Kontrolle der Haushaltswirtschaft

Die Kontrolle der Haushaltswirtschaft erfolgt in drei Phasen von teilweise mehrjähriger, einander überlappender Dauer: Die erste Phase der Kontrolle der Haushaltswirtschaft besteht aus der Rechnungslegung. Die Bundeskasse/ZRB erstellt Entwürfe der Haushaltsrechnung für die Einzelpläne und übermittelt sie den zuständigen obersten Bundesbehörden zur Kontrolle auf Vollständigkeit und Richtigkeit. Die geprüften und ggf. berichtigten Rechnungen der Einzelpläne werden um Beiträge des BMF u. a. zur Inanspruchnahme von Kreditermächtigungen ergänzt und in der Haushaltsrechnung des Bundes zusammengefasst.

Hieran schließt sich die Rechnungsprüfung an. Dabei wird das gesamte Verwaltungshandeln vom Bundesrechnungshof geprüft, dessen Prüfkompetenz sich aus Art. 114 Abs. 2 GG, § 88 Abs. 1 BHO ergibt. Der Bundesrechnungshof ist eine oberste Bundesbehörde. Er ist eine unabhängige Institution und nur dem Gesetz unterworfen. Seine Mitglieder genießen richterliche Unabhängigkeit. Sein Prüfauftrag umfasst die Ordnungsmäßigkeit und die Wirtschaftlichkeit des Verwaltungshandelns. Die Ergebnisse spezieller Prüfungen, z. B. bei einzelnen Behörden, werden in Prüfungsmitteilungen zusammengefasst. Darüber hinaus berichtet der Bundesrechnungshof jährlich in Form seiner Bemerkungen an Bundestag, Bundesrat und Bundesregierung. Diese Bemerkungen sind Grundlage der parlamentarischen Prüfung der Haushaltswirtschaft.

Ziel der parlamentarischen Kontrolle ist die Entlastung der Bundesregierung. Im Bundesrat wird dieses Thema zunächst im Finanzausschuss beraten und im Anschluss die Entlastung der Bundesregierung als Stellungnahme des Bundesrates an den Bundestag übermittelt. Auf Seiten des Bundestages werden die Bemerkungen des Bundesrechnungshofs ausführlich im Rechnungsprüfungsausschuss behandelt. Der Rechnungsprüfungsausschuss ist ein Unterausschuss des Haushaltsausschusses des Bundestages. Er erstellt eine Beschlussempfehlung, die über den Haushaltsausschuss an das Plenum des Bundestages geleitet wird. Das Plenum kann die Entlastung der Bundesregierung beschließen. In der Parlamentspraxis der Bundesrepublik Deutschland hat der Bundestag der Bundesregierung noch nie die Entlastung verweigert. Anders war dies mitunter auf europäischer Ebene. So hat das Europäische Parlament der EU-Kommission die Entlastung bereits zweimal (vorläufig) verweigert. Die Entlastung der Bundesregierung stellt eine abschließende Beurteilung der gesamten Haushalts- und Wirtschaftsführung der Bundesverwaltung, hingegen keine politische Bewertung der Bundesregierung dar.

Grundgesetz für die Bundesrepublik Deutschland (GG)

vom 23. Mai 1949 (BGBl. S. 1), in der im Bundesgesetzblatt Teil III, Gliederungsnummer 100-1, veröffentlichten bereinigten Fassung, zuletzt geändert durch Gesetz vom 29. September 2020 (BGBl. I S. 2048).

– Auszug –

VII. Die Gesetzgebung des Bundes

Artikel 72 (Konkurrierende Gesetzgebung)

(1) Im Bereich der konkurrierenden Gesetzgebung haben die Länder die Befugnis zur Gesetzgebung, solange und soweit der Bund von seiner Gesetzgebungszuständigkeit nicht durch Gesetz Gebrauch gemacht hat.

(2) Auf den Gebieten des Artikels 74 Abs. 1 Nr. 4, 7, 11, 13, 15, 19a, 20, 22, 25 und 26 hat der Bund das Gesetzgebungsrecht, wenn und soweit die Herstellung gleichwertiger Lebensverhältnisse im Bundesgebiet oder die Wahrung der Rechts- oder Wirtschaftseinheit im gesamtstaatlichen Interesse eine bundesgesetzliche Regelung erforderlich macht.

(3) Hat der Bund von seiner Gesetzgebungszuständigkeit Gebrauch gemacht, können die Länder durch Gesetz hiervon abweichende Regelungen treffen über:

1. das Jagdwesen (ohne das Recht der Jagdscheine);
2. den Naturschutz und die Landschaftspflege (ohne die allgemeinen Grundsätze des Naturschutzes, das Recht des Artenschutzes oder des Meeresnaturschutzes);
3. die Bodenverteilung;
4. die Raumordnung;
5. den Wasserhaushalt (ohne stoff- oder anlagenbezogene Regelungen);
6. die Hochschulzulassung und die Hochschulabschlüsse;
7. die Grundsteuer.

Bundesgesetze auf diesen Gebieten treten frühestens sechs Monate nach ihrer Verkündung in Kraft, soweit nicht mit Zustimmung des Bundesrates anderes bestimmt ist. Auf den Gebieten des Satzes 1 geht im Verhältnis von Bundes- und Landesrecht das jeweils spätere Gesetz vor.

(4) Durch Bundesgesetz kann bestimmt werden, daß eine bundesgesetzliche Regelung, für die eine Erforderlichkeit im Sinne des Absatzes 2 nicht mehr besteht, durch Landesrecht ersetzt werden kann.

VIII. Die Ausführung der Bundesgesetze und die Bundesverwaltung

Artikel 87 (Gegenstände der bundeseigenen Verwaltung)

(1) In bundeseigener Verwaltung mit eigenem Verwaltungsunterbau werden geführt der Auswärtige Dienst, die Bundesfinanzverwaltung und nach Maßgabe des Artikels 89 die Verwaltung der Bundeswasserstraßen und der Schiffahrt. Durch Bundesgesetz können Bundesgrenzschutzbehörden, Zentralstellen für das polizeiliche Auskunfts- und Nachrichtenwesen, für die Kriminalpolizei und zur Sammlung von Unterlagen für Zwecke des Verfassungsschutzes und des Schutzes gegen Bestrebungen im Bundesgebiet, die durch Anwendung von Gewalt oder darauf gerichtete Vorbereitungshandlungen auswärtige Belange der Bundesrepublik Deutschland gefährden, eingerichtet werden.

(2) Als bundesunmittelbare Körperschaften des öffentlichen Rechtes werden diejenigen sozialen Versicherungsträger geführt, deren Zuständigkeitsbereich sich über das Gebiet eines Landes hinaus erstreckt. Soziale Versicherungsträger, deren Zuständigkeitsbereich sich über das Gebiet eines Landes, aber nicht über mehr als drei Länder hinaus erstreckt, werden abweichend von Satz 1 als landesunmittelbare Körperschaften des öffentlichen Rechtes geführt, wenn das aufsichtsführende Land durch die beteiligten Länder bestimmt ist.

(3) Außerdem können für Angelegenheiten, für die dem Bunde die Gesetzgebung zusteht, selbständige Bundesoberbehörden und neue bundesunmittelbare Körperschaften und Anstalten des öffentlichen Rechtes durch Bundesgesetz errichtet werden. Erwachsen dem Bunde auf Gebieten, für die ihm die Gesetzgebung zusteht, neue Aufgaben, so können bei dringendem Bedarf bundeseigene Mittel- und Unterbehörden mit Zustimmung des Bundesrates und der Mehrheit der Mitglieder des Bundestages errichtet werden.

VIIIa. Gemeinschaftsaufgaben, Verwaltungszusammenarbeit

Artikel 91a (Mitwirkung des Bundes bei Länderaufgaben)

(1) Der Bund wirkt auf folgenden Gebieten bei der Erfüllung von Aufgaben der Länder mit, wenn diese Aufgaben für die Gesamtheit bedeutsam sind und die Mitwirkung des Bundes zur Verbesserung der Lebensverhältnisse erforderlich ist (Gemeinschaftsaufgaben):

1. Verbesserung der regionalen Wirtschaftsstruktur,
2. Verbesserung der Agrarstruktur und des Küstenschutzes.

(2) Durch Bundesgesetz mit Zustimmung des Bundesrates werden die Gemeinschaftsaufgaben sowie Einzelheiten der Koordinierung näher bestimmt.

(3) Der Bund trägt in den Fällen des Absatzes 1 Nr. 1 die Hälfte der Ausgaben in jedem Land. In den Fällen des Absatzes 1 Nr. 2 trägt der Bund mindestens die Hälfte; die Beteiligung ist für alle Länder einheitlich festzusetzen. Das Nähere regelt das Gesetz. Die Bereitstellung der Mittel bleibt der Feststellung in den Haushaltsplänen des Bundes und der Länder vorbehalten.

Artikel 91b (Zusammenwirken im Bereich Bildungsplanung und Forschungsförderung)

(1) Bund und Länder können auf Grund von Vereinbarungen in Fällen überregionaler Bedeutung bei der Förderung von Wissenschaft, Forschung und Lehre zusammenwirken. Vereinbarungen, die im Schwerpunkt Hochschulen betreffen, bedürfen der Zustimmung aller Länder. Dies gilt nicht für Vereinbarungen über Forschungsbauten einschließlich Großgeräten.

(2) Bund und Länder können auf Grund von Vereinbarungen zur Feststellung der Leistungsfähigkeit des Bildungswesens im internationalen Vergleich und bei diesbezüglichen Berichten und Empfehlungen zusammenwirken.

(3) Die Kostentragung wird in der Vereinbarung geregelt.

Artikel 91c (Zusammenarbeit zwischen Bund und Ländern)

(1) Bund und Länder können bei der Planung, der Errichtung und dem Betrieb der für ihre Aufgabenerfüllung benötigten informationstechnischen Systeme zusammenwirken.

(2) Bund und Länder können auf Grund von Vereinbarungen die für die Kommunikation zwischen ihren informationstechnischen Systemen notwendigen Standards und Sicherheitsanforderungen festlegen. Vereinbarungen über die Grundlagen der Zusammenarbeit nach Satz 1 können für einzelne nach Inhalt und Ausmaß bestimmte Aufgaben vorsehen, dass nähere Regelungen bei Zustimmung einer in der Vereinbarung zu bestimmenden qualifizierten Mehrheit für Bund und Länder in Kraft treten. Sie bedürfen der Zustimmung des Bundestages und der Volksvertretungen der beteiligten Länder; das Recht zur Kündigung dieser Vereinbarungen kann nicht ausgeschlossen werden. Die Vereinbarungen regeln auch die Kostentragung.

(3) Die Länder können darüber hinaus den gemeinschaftlichen Betrieb informationstechnischer Systeme sowie die Errichtung von dazu bestimmten Einrichtungen vereinbaren.

(4) Der Bund errichtet zur Verbindung der informationstechnischen Netze des Bundes und der Länder ein Verbindungsnetz. Das Nähere zur Errichtung und zum Betrieb des Verbindungsnetzes regelt ein Bundesgesetz mit Zustimmung des Bundesrates.

(5) Der übergreifende informationstechnische Zugang zu den Verwaltungsleistungen von Bund und Ländern wird durch Bundesgesetz mit Zustimmung des Bundesrates geregelt.

Artikel 91d (Evaluation der Verwaltungseffizienz)

Bund und Länder können zur Feststellung und Förderung der Leistungsfähigkeit ihrer Verwaltungen Vergleichsstudien durchführen und die Ergebnisse veröffentlichen.

Artikel 91e (Durchführung der Grundsicherung für Arbeitsuchende)

(1) Bei der Ausführung von Bundesgesetzen auf dem Gebiet der Grundsicherung für Arbeitsuchende wirken Bund und Länder oder die nach Landesrecht zuständigen Gemeinden und Gemeindeverbände in der Regel in gemeinsamen Einrichtungen zusammen.

(2) Der Bund kann zulassen, dass eine begrenzte Anzahl von Gemeinden und Gemeindeverbänden auf ihren Antrag und mit Zustimmung der obersten Landesbehörde die Aufgaben nach Absatz 1 allein wahrnimmt. Die notwendigen Ausgaben einschließlich der Verwaltungsausgaben trägt der Bund, soweit die Aufgaben bei einer Ausführung von Gesetzen nach Absatz 1 vom Bund wahrzunehmen sind.

(3) Das Nähere regelt ein Bundesgesetz, das der Zustimmung des Bundesrates bedarf.

X. Das Finanzwesen

Artikel 104a (Verteilung der Ausgaben auf Bund und Länder)

(1) Der Bund und die Länder tragen gesondert die Ausgaben, die sich aus der Wahrnehmung ihrer Aufgaben ergeben, soweit dieses Grundgesetz nichts anderes bestimmt.

(2) Handeln die Länder im Auftrage des Bundes, trägt der Bund die sich daraus ergebenden Ausgaben.

(3) Bundesgesetze, die Geldleistungen gewähren und von den Ländern ausgeführt werden, können bestimmen, daß die Geldleistungen ganz oder zum Teil vom Bund getragen werden. Bestimmt das Gesetz, daß der Bund die Hälfte der Ausgaben oder mehr trägt, wird es im Auftrage des Bundes durchgeführt. Bei der Gewährung von Leistungen für Unterkunft und Heizung auf dem Gebiet der Grundsicherung für Arbeitsuchende wird das Gesetz im Auftrage des Bundes ausgeführt, wenn der Bund drei Viertel der Ausgaben oder mehr trägt.

(4) Bundesgesetze, die Pflichten der Länder zur Erbringung von Geldleistungen, geldwerten Sachleistungen oder vergleichbaren Dienstleistungen gegenüber Dritten begründen und von den Ländern als eigene

Angelegenheit oder nach Absatz 3 Satz 2 im Auftrag des Bundes ausgeführt werden, bedürfen der Zustimmung des Bundesrates, wenn daraus entstehende Ausgaben von den Ländern zu tragen sind.

(5) Der Bund und die Länder tragen die bei ihren Behörden entstehenden Verwaltungsausgaben und haften im Verhältnis zueinander für eine ordnungsmäßige Verwaltung. Das Nähere bestimmt ein Bundesgesetz, das der Zustimmung des Bundesrates bedarf.

(6) Bund und Länder tragen nach der innerstaatlichen Zuständigkeits- und Aufgabenverteilung die Lasten einer Verletzung von supranationalen oder völkerrechtlichen Verpflichtungen Deutschlands. In Fällen länderübergreifender Finanzkorrekturen der Europäischen Union tragen Bund und Länder diese Lasten im Verhältnis 15 zu 85. Die Ländergesamtheit trägt in diesen Fällen solidarisch 35 vom Hundert der Gesamtlasten entsprechend einem allgemeinen Schlüssel; 50 vom Hundert der Gesamtlasten tragen die Länder, die die Lasten verursacht haben, anteilig entsprechend der Höhe der erhaltenen Mittel. Das Nähere regelt ein Bundesgesetz, das der Zustimmung des Bundesrates bedarf.

Artikel 104b (Finanzhilfen des Bundes)

(1) Der Bund kann, soweit dieses Grundgesetz ihm Gesetzgebungsbefugnisse verleiht, den Ländern Finanzhilfen für besonders bedeutsame Investitionen der Länder und der Gemeinden (Gemeindeverbände) gewähren, die

1. zur Abwehr einer Störung des gesamtwirtschaftlichen Gleichgewichts oder

2. zum Ausgleich unterschiedlicher Wirtschaftskraft im Bundesgebiet oder

3. zur Förderung des wirtschaftlichen Wachstums

erforderlich sind. Abweichend von Satz 1 kann der Bund im Falle von Naturkatastrophen oder außergewöhnlichen Notsituationen, die sich der Kontrolle des Staates entziehen und die staatliche Finanzlage erheblich beeinträchtigen, auch ohne Gesetzgebungsbefugnisse Finanzhilfen gewähren.

(2) Das Nähere, insbesondere die Arten der zu fördernden Investitionen, wird durch Bundesgesetz, das der Zustimmung des Bundesrates bedarf, oder auf Grund des Bundeshaushaltsgesetzes durch Verwaltungsvereinbarung geregelt. Das Bundesgesetz oder die Verwaltungsvereinbarung kann Bestimmungen über die Ausgestaltung der jeweiligen Länderprogramme zur Verwendung der Finanzhilfen vorsehen. Die Festlegung der Kriterien für die Ausgestaltung der Länderprogramme erfolgt im Einvernehmen mit den betroffenen Ländern. Zur Gewährleistung der zweckentsprechenden Mittelverwendung kann die Bundesregierung Bericht und Vorlage der Akten verlangen und Erhebungen bei allen Behör-

den durchführen. Die Mittel des Bundes werden zusätzlich zu eigenen Mitteln der Länder bereitgestellt. Sie sind befristet zu gewähren und hinsichtlich ihrer Verwendung in regelmäßigen Zeitabständen zu überprüfen. Die Finanzhilfen sind im Zeitablauf mit fallenden Jahresbeträgen zu gestalten.

(3) Bundestag, Bundesregierung und Bundesrat sind auf Verlangen über die Durchführung der Maßnahmen und die erzielten Verbesserungen zu unterrichten.

Artikel 104c (Finanzhilfen des Bundes im Bereich der kommenden Bildungsinfrastruktur)

Der Bund kann den Ländern Finanzhilfen für gesamtstaatlich bedeutsame Investitionen sowie besondere, mit diesen unmittelbar verbundene, befristete Ausgaben der Länder und Gemeinden (Gemeindeverbände) zur Steigerung der Leistungsfähigkeit der kommunalen Bildungsinfrastruktur gewähren. Artikel 104b Absatz 2 Satz 1 bis 3, 5, 6 und Absatz 3 gilt entsprechend. Zur Gewährleistung der zweckentsprechenden Mittelverwendung kann die Bundesregierung Berichte und anlassbezogen die Vorlage von Akten verlangen.

Artikel 104d (Finanzhilfen des Bundes im Bereich des sozialen Wohnungsbaus)

Der Bund kann den Ländern Finanzhilfen für gesamtstaatlich bedeutsame Investitionen der Länder und Gemeinden (Gemeindeverbände) im Bereich des sozialen Wohnungsbaus gewähren. Artikel 104b Absatz 2 Satz 1 bis 5 sowie Absatz 3 gilt entsprechend.

Artikel 105 (Steuergesetzgebung)

(1) Der Bund hat die ausschließliche Gesetzgebung über die Zölle und Finanzmonopole.

(2) Der Bund hat die konkurrierende Gesetzgebung über die Grundsteuer. Er hat die konkurrierende Gesetzgebung über die übrigen Steuern, wenn ihm das Aufkommen dieser Steuern ganz oder zum Teil zusteht oder die Voraussetzungen des Artikels 72 Abs. 2 vorliegen.

(2a) Die Länder haben die Befugnis zur Gesetzgebung über die örtlichen Verbrauch- und Aufwandsteuern, solange und soweit sie nicht bundesgesetzlich geregelten Steuern gleichartig sind. Sie haben die Befugnis zur Bestimmung des Steuersatzes bei der Grunderwerbsteuer.

(3) Bundesgesetze über Steuern, deren Aufkommen den Ländern oder den Gemeinden (Gemeindeverbänden) ganz oder zum Teil zufließt, bedürfen der Zustimmung des Bundesrates.

Artikel 106 (Verteilung des Ertrags der Finanzmonopole und des Steueraufkommens)

(1) Der Ertrag der Finanzmonopole und das Aufkommen der folgenden Steuern stehen dem Bund zu:

1. die Zölle,

2. die Verbrauchsteuern, soweit sie nicht nach Absatz 2 den Ländern, nach Absatz 3 Bund und Ländern gemeinsam oder nach Absatz 6 den Gemeinden zustehen,

3. die Straßengüterverkehrsteuer, die Kraftfahrzeugsteuer und sonstige auf motorisierte Verkehrsmittel bezogene Verkehrsteuern,

4. die Kapitalverkehrsteuern, die Versicherungsteuer und die Wechselsteuer,

5. die einmaligen Vermögensabgaben und die zur Durchführung des Lastenausgleichs erhobenen Ausgleichsabgaben,

6. die Ergänzungsabgabe zur Einkommensteuer und zur Körperschaftsteuer,

7. Abgaben im Rahmen der Europäischen Gemeinschaften.

(2) Das Aufkommen der folgenden Steuern steht den Ländern zu:

1. die Vermögensteuer,

2. die Erbschaftsteuer,

3. die Verkehrsteuern, soweit sie nicht nach Absatz 1 dem Bund oder nach Absatz 3 Bund und Ländern gemeinsam zustehen,

4. die Biersteuer,

5. die Abgabe von Spielbanken.

(3) Das Aufkommen der Einkommensteuer, der Körperschaftsteuer und der Umsatzsteuer steht dem Bund und den Ländern gemeinsam zu (Gemeinschaftsteuern), soweit das Aufkommen der Einkommensteuer nicht nach Absatz 5 und das Aufkommen der Umsatzsteuer nicht nach Absatz 5a den Gemeinden zugewiesen wird. Am Aufkommen der Einkommensteuer und der Körperschaftsteuer sind der Bund und die Länder je zur Hälfte beteiligt. Die Anteile von Bund und Ländern an der Umsatzsteuer werden durch Bundesgesetz, das der Zustimmung des Bundesrates bedarf, festgesetzt. Bei der Festsetzung ist von folgenden Grundsätzen auszugehen:

1. Im Rahmen der laufenden Einnahmen haben der Bund und die Länder gleichmäßig Anspruch auf Deckung ihrer notwendigen Ausgaben. Dabei ist der Umfang der Ausgaben unter Berücksichtigung einer mehrjährigen Finanzplanung zu ermitteln.

2. Die Deckungsbedürfnisse des Bundes und der Länder sind so aufeinander abzustimmen, daß ein billiger Ausgleich erzielt, eine Überbe-

lastung der Steuerpflichtigen vermieden und die Einheitlichkeit der
Lebensverhältnisse im Bundesgebiet gewahrt wird.

Zusätzlich werden in die Festsetzung der Anteile von Bund und Ländern
an der Umsatzsteuer Steuermindereinnahmen einbezogen, die den Ländern ab 1. Januar 1996 aus der Berücksichtigung von Kindern im Ein-
kommensteuerrecht entstehen. Das Nähere bestimmt das Bundesgesetz
nach Satz 3.

(4) Die Anteile von Bund und Ländern an der Umsatzsteuer sind neu
festzusetzen, wenn sich das Verhältnis zwischen den Einnahmen und
Ausgaben des Bundes und der Länder wesentlich anders entwickelt;
Steuermindereinnahmen, die nach Absatz 3 Satz 5 in die Festsetzung der
Umsatzsteueranteile zusätzlich einbezogen werden, bleiben hierbei unberücksichtigt. Werden den Ländern durch Bundesgesetz zusätzliche
Ausgaben auferlegt oder Einnahmen entzogen, so kann die Mehrbelas-
tung durch Bundesgesetz, das der Zustimmung des Bundesrates bedarf,
auch mit Finanzzuweisungen des Bundes ausgeglichen werden, wenn sie
auf einen kurzen Zeitraum begrenzt ist. In dem Gesetz sind die Grundsätze für die Bemessung dieser Finanzzuweisungen und für ihre Verteilung auf die Länder zu bestimmen.

(5) Die Gemeinden erhalten einen Anteil an dem Aufkommen der
Einkommensteuer, der von den Ländern an ihre Gemeinden auf der
Grundlage der Einkommensteuerleistungen ihrer Einwohner weiterzu-
leiten ist. Das Nähere bestimmt ein Bundesgesetz, das der Zustimmung
des Bundesrates bedarf. Es kann bestimmen, daß die Gemeinden Hebesätze für den Gemeindeanteil festsetzen.

(5a) Die Gemeinden erhalten ab dem 1. Januar 1998 einen Anteil an
dem Aufkommen der Umsatzsteuer. Er wird von den Ländern auf der
Grundlage eines orts- und wirtschaftsbezogenen Schlüssels an ihre Gemeinden weitergeleitet. Das Nähere wird durch Bundesgesetz, das der
Zustimmung des Bundesrates bedarf, bestimmt.

(6) Das Aufkommen der Grundsteuer und Gewerbesteuer steht den
Gemeinden, das Aufkommen der örtlichen Verbrauch- und Aufwandsteuern steht den Gemeinden oder nach Maßgabe der Landesgesetzgebung den Gemeindeverbänden zu. Den Gemeinden ist das Recht einzu-
räumen, die Hebesätze der Grundsteuer und Gewerbesteuer im Rahmen
der Gesetze festzusetzen. Bestehen in einem Land keine Gemeinden, so
steht das Aufkommen der Grundsteuer und Gewerbesteuer sowie der
örtlichen Verbrauch- und Aufwandsteuern dem Land zu. Bund und Länder können durch eine Umlage an dem Aufkommen der Gewerbesteuer
beteiligt werden. Das Nähere über die Umlage bestimmt ein Bundesgesetz, das der Zustimmung des Bundesrates bedarf. Nach Maßgabe der
Landesgesetzgebung können die Grundsteuer und Gewerbesteuer sowie
der Gemeindeanteil vom Aufkommen der Einkommensteuer und der

Umsatzsteuer als Bemessungsgrundlagen für Umlagen zugrunde gelegt werden.

(7) Von dem Länderanteil am Gesamtaufkommen der Gemeinschaftsteuern fließt den Gemeinden und Gemeindeverbänden insgesamt ein von der Landesgesetzgebung zu bestimmender Hundertsatz zu. Im übrigen bestimmt die Landesgesetzgebung, ob und inwieweit das Aufkommen der Landessteuern den Gemeinden (Gemeindeverbänden) zufließt.

(8) Veranlaßt der Bund in einzelnen Ländern oder Gemeinden (Gemeindeverbänden) besondere Einrichtungen, die diesen Ländern oder Gemeinden (Gemeindeverbänden) unmittelbar Mehrausgaben oder Mindereinnahmen (Sonderbelastungen) verursachen, gewährt der Bund den erforderlichen Ausgleich, wenn und soweit den Ländern oder Gemeinden (Gemeindeverbänden) nicht zugemutet werden kann, die Sonderbelastungen zu tragen. Entschädigungsleistungen Dritter und finanzielle Vorteile, die diesen Ländern oder Gemeinden (Gemeindeverbänden) als Folge der Einrichtungen erwachsen, werden bei dem Ausgleich berücksichtigt.

(9) Als Einnahmen und Ausgaben der Länder im Sinne dieses Artikels gelten auch die Einnahmen und Ausgaben der Gemeinden (Gemeindeverbände).

Artikel 106a (Finanzierung des öffentlichen Personennahverkehrs)

Den Ländern steht ab 1. Januar 1996 für den öffentlichen Personennahverkehr ein Betrag aus dem Steueraufkommen des Bundes zu. Das Nähere regelt ein Bundesgesetz, das der Zustimmung des Bundesrates bedarf. Der Betrag nach Satz 1 bleibt bei der Bemessung der Finanzkraft nach Artikel 107 Abs. 2 unberücksichtigt.

Artikel 106b (Ausgleichsbetrag für Kraftfahrzeugsteuer)

Den Ländern steht ab dem 1. Juli 2009 infolge der Übertragung der Kraftfahrzeugsteuer auf den Bund ein Betrag aus dem Steueraufkommen des Bundes zu. Das Nähere regelt ein Bundesgesetz, das der Zustimmung des Bundesrates bedarf.

Artikel 107 (Finanzausgleich, Ergänzungszuweisungen)

(1) Das Aufkommen der Landessteuern und der Länderanteil am Aufkommen der Einkommensteuer und der Körperschaftsteuer stehen den einzelnen Ländern insoweit zu, als die Steuern von den Finanzbehörden in ihrem Gebiet vereinnahmt werden (örtliches Aufkommen). Durch Bundesgesetz, das der Zustimmung des Bundesrates bedarf, sind für die Körperschaftsteuer und die Lohnsteuer nähere Bestimmungen über die Abgrenzung sowie über Art und Umfang der Zerlegung des örtlichen Aufkommens zu treffen. Das Gesetz kann auch Bestimmungen

über die Abgrenzung und Zerlegung des örtlichen Aufkommens anderer Steuern treffen. Der Länderanteil am Aufkommen der Umsatzsteuer steht den einzelnen Ländern, vorbehaltlich der Regelungen nach Absatz 2, nach Maßgabe ihrer Einwohnerzahl zu.

(2) Durch Bundesgesetz, das der Zustimmung des Bundesrates bedarf, ist sicherzustellen, dass die unterschiedliche Finanzkraft der Länder angemessen ausgeglichen wird; hierbei sind die Finanzkraft und der Finanzbedarf der Gemeinden (Gemeindeverbände) zu berücksichtigen. Zu diesem Zweck sind in dem Gesetz Zuschläge zu und Abschläge von der jeweiligen Finanzkraft bei der Verteilung der Länderanteile am Aufkommen der Umsatzsteuer zu regeln. Die Voraussetzungen für die Gewährung von Zuschlägen und für die Erhebung von Abschlägen sowie die Maßstäbe für die Höhe dieser Zuschläge und Abschläge sind in dem Gesetz zu bestimmen. Für Zwecke der Bemessung der Finanzkraft kann die bergrechtliche Förderabgabe mit nur einem Teil ihres Aufkommens berücksichtigt werden. Das Gesetz kann auch bestimmen, dass der Bund aus seinen Mitteln leistungsschwachen Ländern Zuweisungen zur ergänzenden Deckung ihres allgemeinen Finanzbedarfs (Ergänzungszuweisungen) gewährt. Zuweisungen können unabhängig von den Maßstäben nach den Sätzen 1 bis 3 auch solchen leistungsschwachen Ländern gewährt werden, deren Gemeinden (Gemeindeverbände) eine besonders geringe Steuerkraft aufweisen (Gemeindesteuerkraftzuweisungen), sowie außerdem solchen leistungsschwachen Ländern, deren Anteile an den Fördermitteln nach Artikel 91b ihre Einwohneranteile unterschreiten.

Artikel 108 (Finanzverwaltung, Finanzgerichtsbarkeit)

(1) Zölle, Finanzmonopole, die bundesgesetzlich geregelten Verbrauchsteuern einschließlich der Einfuhrumsatzsteuer, die Kraftfahrzeugsteuer und sonstige auf motorisierte Verkehrsmittel bezogene Verkehrsteuern ab dem 1. Juli 2009 sowie die Abgaben im Rahmen der Europäischen Gemeinschaften werden durch Bundesfinanzbehörden verwaltet. Der Aufbau dieser Behörden wird durch Bundesgesetz geregelt. Soweit Mittelbehörden eingerichtet sind, werden deren Leiter im Benehmen mit den Landesregierungen bestellt.

(2) Die übrigen Steuern werden durch Landesfinanzbehörden verwaltet. Der Aufbau dieser Behörden und die einheitliche Ausbildung der Beamten können durch Bundesgesetz mit Zustimmung des Bundesrates geregelt werden. Soweit Mittelbehörden eingerichtet sind, werden deren Leiter im Einvernehmen mit der Bundesregierung bestellt.

(3) Verwalten die Landesfinanzbehörden Steuern, die ganz oder zum Teil dem Bund zufließen, so werden sie im Auftrage des Bundes tätig. Artikel 85 Abs. 3 und 4 gilt mit der Maßgabe, daß an die Stelle der Bundesregierung der Bundesminister der Finanzen tritt.

(4) Durch Bundesgesetz, das der Zustimmung des Bundesrates bedarf, kann bei der Verwaltung von Steuern ein Zusammenwirken von Bundes- und Landesfinanzbehörden sowie für Steuern, die unter Absatz 1 fallen, die Verwaltung durch Landesfinanzbehörden und für andere Steuern die Verwaltung durch Bundesfinanzbehörden vorgesehen werden, wenn und soweit dadurch der Vollzug der Steuergesetze erheblich verbessert oder erleichtert wird. Für die den Gemeinden (Gemeindeverbänden) allein zufließenden Steuern kann die den Landesfinanzbehörden zustehende Verwaltung durch die Länder ganz oder zum Teil den Gemeinden (Gemeindeverbänden) übertragen werden. Das Bundesgesetz nach Satz 1 kann für ein Zusammenwirken von Bund und Ländern bestimmen, dass bei Zustimmung einer im Gesetz genannten Mehrheit Regelungen für den Vollzug von Steuergesetzen für alle Länder verbindlich werden.

(4a) Durch Bundesgesetz, das der Zustimmung des Bundesrates bedarf, können bei der Verwaltung von Steuern, die unter Absatz 2 fallen, ein Zusammenwirken von Landesfinanzbehörden und eine länderübergreifende Übertragung von Zuständigkeiten auf Landesfinanzbehörden eines oder mehrerer Länder im Einvernehmen mit den betroffenen Ländern vorgesehen werden, wenn und soweit dadurch der Vollzug der Steuergesetze erheblich verbessert oder erleichtert wird. Die Kostentragung kann durch Bundesgesetz geregelt werden.

(5) Das von den Bundesfinanzbehörden anzuwendende Verfahren wird durch Bundesgesetz geregelt. Das von den Landesfinanzbehörden und in den Fällen des Absatzes 4 Satz 2 von den Gemeinden (Gemeindeverbänden) anzuwendende Verfahren kann durch Bundesgesetz mit Zustimmung des Bundesrates geregelt werden.

(6) Die Finanzgerichtsbarkeit wird durch Bundesgesetz einheitlich geregelt.

(7) Die Bundesregierung kann allgemeine Verwaltungsvorschriften erlassen, und zwar mit Zustimmung des Bundesrates, soweit die Verwaltung den Landesfinanzbehörden oder Gemeinden (Gemeindeverbänden) obliegt.

Artikel 109 (Haushaltsgrundsätze)

(1) Bund und Länder sind in ihrer Haushaltswirtschaft selbständig und voneinander unabhängig.

(2) Bund und Länder erfüllen gemeinsam die Verpflichtungen der Bundesrepublik Deutschland aus Rechtsakten der Europäischen Gemeinschaft auf Grund des Artikels 104 des Vertrags zur Gründung der Europäischen Gemeinschaft zur Einhaltung der Haushaltsdisziplin und tragen in diesem Rahmen den Erfordernissen des gesamtwirtschaftlichen Gleichgewichts Rechnung.

(3) Die Haushalte von Bund und Ländern sind grundsätzlich ohne Einnahmen aus Krediten auszugleichen. Bund und Länder können Regelungen zur im Auf- und Abschwung symmetrischen Berücksichtigung der Auswirkungen einer von der Normallage abweichenden konjunkturellen Entwicklung sowie eine Ausnahmeregelung für Naturkatastrophen oder außergewöhnliche Notsituationen, die sich der Kontrolle des Staates entziehen und die staatliche Finanzlage erheblich beeinträchtigen, vorsehen. Für die Ausnahmeregelung ist eine entsprechende Tilgungsregelung vorzusehen. Die nähere Ausgestaltung regelt für den Haushalt des Bundes Artikel 115 mit der Maßgabe, dass Satz 1 entsprochen ist, wenn die Einnahmen aus Krediten 0,35 vom Hundert im Verhältnis zum nominalen Bruttoinlandsprodukt nicht überschreiten. Die nähere Ausgestaltung für die Haushalte der Länder regeln diese im Rahmen ihrer verfassungsrechtlichen Kompetenzen mit der Maßgabe, dass Satz 1 nur dann entsprochen ist, wenn keine Einnahmen aus Krediten zugelassen werden.

(4) Durch Bundesgesetz, das der Zustimmung des Bundesrates bedarf, können für Bund und Länder gemeinsam geltende Grundsätze für das Haushaltsrecht, für eine konjunkturgerechte Haushaltswirtschaft und für eine mehrjährige Finanzplanung aufgestellt werden.

(5) Sanktionsmaßnahmen der Europäischen Gemeinschaft im Zusammenhang mit den Bestimmungen in Artikel 104 des Vertrags zur Gründung der Europäischen Gemeinschaft zur Einhaltung der Haushaltsdisziplin tragen Bund und Länder im Verhältnis 65 zu 35. Die Ländergesamtheit trägt solidarisch 35 vom Hundert der auf die Länder entfallenden Lasten entsprechend ihrer Einwohnerzahl; 65 vom Hundert der auf die Länder entfallenden Lasten tragen die Länder entsprechend ihrem Verursachungsbeitrag. Das Nähere regelt ein Bundesgesetz, das der Zustimmung des Bundesrates bedarf.

Artikel 109a (Stabilitätsrat; Verfahren bei Haushaltsnotlagen)

(1) Zur Vermeidung von Haushaltsnotlagen regelt ein Bundesgesetz, das der Zustimmung des Bundesrates bedarf,

1. die fortlaufende Überwachung der Haushaltswirtschaft von Bund und Ländern durch ein gemeinsames Gremium (Stabilitätsrat),

2. die Voraussetzungen und das Verfahren zur Feststellung einer drohenden Haushaltsnotlage,

3. die Grundsätze zur Aufstellung und Durchführung von Sanierungsprogrammen zur Vermeidung von Haushaltsnotlagen.

(2) Dem Stabilitätsrat obliegt ab dem Jahr 2020 die Überwachung der Einhaltung der Vorgaben des Artikels 109 Absatz 3 durch Bund und Länder. Die Überwachung orientiert sich an den Vorgaben und Verfah-

ren aus Rechtsakten auf Grund des Vertrages über die Arbeitsweise der Europäischen Union zur Einhaltung der Haushaltsdisziplin.

(3) Die Beschlüsse des Stabilitätsrats und die zugrunde liegenden Beratungsunterlagen sind zu veröffentlichen.

Artikel 110   (Haushaltsplan und Haushaltsgesetz des Bundes)

(1) Alle Einnahmen und Ausgaben des Bundes sind in den Haushaltsplan einzustellen; bei Bundesbetrieben und bei Sondervermögen brauchen nur die Zuführungen oder die Ablieferungen eingestellt zu werden. Der Haushaltsplan ist in Einnahme und Ausgabe auszugleichen.

(2) Der Haushaltsplan wird für ein oder mehrere Rechnungsjahre, nach Jahren getrennt, vor Beginn des ersten Rechnungsjahres durch das Haushaltsgesetz festgestellt. Für Teile des Haushaltsplanes kann vorgesehen werden, daß sie für unterschiedliche Zeiträume, nach Rechnungsjahren getrennt, gelten.

(3) Die Gesetzesvorlage nach Absatz 2 Satz 1 sowie Vorlagen zur Änderung des Haushaltsgesetzes und des Haushaltsplanes werden gleichzeitig mit der Zuleitung an den Bundesrat beim Bundestage eingebracht; der Bundesrat ist berechtigt, innerhalb von sechs Wochen, bei Änderungsvorlagen innerhalb von drei Wochen, zu den Vorlagen Stellung zu nehmen.

(4) In das Haushaltsgesetz dürfen nur Vorschriften aufgenommen werden, die sich auf die Einnahmen und die Ausgaben des Bundes und auf den Zeitraum beziehen, für den das Haushaltsgesetz beschlossen wird. Das Haushaltsgesetz kann vorschreiben, daß die Vorschriften erst mit der Verkündung des nächsten Haushaltsgesetzes oder bei Ermächtigung nach Artikel 115 zu einem späteren Zeitpunkt außer Kraft treten.

Artikel 111   (Haushaltswirtschaft vor Genehmigung des Etats)

(1) Ist bis zum Schluß eines Rechnungsjahres der Haushaltsplan für das folgende Jahr nicht durch Gesetz festgestellt, so ist bis zu seinem Inkrafttreten die Bundesregierung ermächtigt, alle Ausgaben zu leisten, die nötig sind,

a) um gesetzlich bestehende Einrichtungen zu erhalten und gesetzlich beschlossene Maßnahmen durchzuführen,

b) um die rechtlich begründeten Verpflichtungen des Bundes zu erfüllen,

c) um Bauten, Beschaffungen und sonstige Leistungen fortzusetzen oder Beihilfen für diese Zwecke weiter zu gewähren, sofern durch den Haushaltsplan eines Vorjahres bereits Beträge bewilligt worden sind.

(2) Soweit nicht auf besonderem Gesetze beruhende Einnahmen aus Steuern, Abgaben und sonstigen Quellen oder die Betriebsmittelrück-

lage die Ausgaben unter Absatz 1 decken, darf die Bundesregierung die zur Aufrechterhaltung der Wirtschaftsführung erforderlichen Mittel bis zur Höhe eines Viertels der Endsumme des abgelaufenen Haushaltsplanes im Wege des Kredits flüssig machen.

Artikel 112 (Überplanmäßige und außerplanmäßige Ausgaben)

Überplanmäßige und außerplanmäßige Ausgaben bedürfen der Zustimmung des Bundesministers der Finanzen. Sie darf nur im Falle eines unvorhergesehenen und unabweisbaren Bedürfnisses erteilt werden. Näheres kann durch Bundesgesetz bestimmt werden.

Artikel 113 (Ausgabenerhöhungen, Einnahmeminderungen)

(1) Gesetze, welche die von der Bundesregierung vorgeschlagenen Ausgaben des Haushaltsplanes erhöhen oder neue Ausgaben in sich schließen oder für die Zukunft mit sich bringen, bedürfen der Zustimmung der Bundesregierung. Das gleiche gilt für Gesetze, die Einnahmeminderungen in sich schließen oder für die Zukunft mit sich bringen. Die Bundesregierung kann verlangen, daß der Bundestag die Beschlußfassung über solche Gesetze aussetzt. In diesem Fall hat die Bundesregierung innerhalb von sechs Wochen dem Bundestage eine Stellungnahme zuzuleiten.

(2) Die Bundesregierung kann innerhalb von vier Wochen, nachdem der Bundestag das Gesetz beschlossen hat, verlangen, daß der Bundestag erneut Beschluß faßt.

(3) Ist das Gesetz nach Artikel 78 zustande gekommen, kann die Bundesregierung ihre Zustimmung nur innerhalb von sechs Wochen und nur dann versagen, wenn sie vorher das Verfahren nach Absatz 1 Satz 3 und 4 oder nach Absatz 2 eingeleitet hat. Nach Ablauf dieser Frist gilt die Zustimmung als erteilt.

Artikel 114 (Rechnungslegung, Bundesrechnungshof)

(1) Der Bundesminister der Finanzen hat dem Bundestage und dem Bundesrate über alle Einnahmen und Ausgaben sowie über das Vermögen und die Schulden im Laufe des nächsten Rechnungsjahres zur Entlastung der Bundesregierung Rechnung zu legen.

(2) Der Bundesrechnungshof, dessen Mitglieder richterliche Unabhängigkeit besitzen, prüft die Rechnung sowie die Wirtschaftlichkeit und Ordnungsmäßigkeit der Haushalts- und Wirtschaftsführung des Bundes. Zum Zweck der Prüfung nach Satz 1 kann der Bundesrechnungshof auch bei Stellen außerhalb der Bundesverwaltung Erhebungen vornehmen; dies gilt auch in den Fällen, in denen der Bund den Ländern zweckgebundene Finanzierungsmittel zur Erfüllung von Länderaufgaben zuweist. Er hat außer der Bundesregierung unmittelbar dem Bun-

destage und dem Bundesrate jährlich zu berichten. Im übrigen werden die Befugnisse des Bundesrechnungshofes durch Bundesgesetz geregelt.

Artikel 115 (Kreditbeschaffung)

(1) Die Aufnahme von Krediten sowie die Übernahme von Bürgschaften, Garantien oder sonstigen Gewährleistungen, die zu Ausgaben in künftigen Rechnungsjahren führen können, bedürfen einer der Höhe nach bestimmten oder bestimmbaren Ermächtigung durch Bundesgesetz.

(2) Einnahmen und Ausgaben sind grundsätzlich ohne Einnahmen aus Krediten auszugleichen. Diesem Grundsatz ist entsprochen, wenn die Einnahmen aus Krediten 0,35 vom Hundert im Verhältnis zum nominalen Bruttoinlandsprodukt nicht überschreiten. Zusätzlich sind bei einer von der Normallage abweichenden konjunkturellen Entwicklung die Auswirkungen auf den Haushalt im Auf- und Abschwung symmetrisch zu berücksichtigen. Abweichungen der tatsächlichen Kreditaufnahme von der nach den Sätzen 1 bis 3 zulässigen Kreditobergrenze werden auf einem Kontrollkonto erfasst; Belastungen, die den Schwellenwert von 1,5 vom Hundert im Verhältnis zum nominalen Bruttoinlandsprodukt überschreiten, sind konjunkturgerecht zurückzuführen. Näheres, insbesondere die Bereinigung der Einnahmen und Ausgaben um finanzielle Transaktionen und das Verfahren zur Berechnung der Obergrenze der jährlichen Nettokreditaufnahme unter Berücksichtigung der konjunkturellen Entwicklung auf der Grundlage eines Konjunkturbereinigungsverfahrens sowie die Kontrolle und den Ausgleich von Abweichungen der tatsächlichen Kreditaufnahme von der Regelgrenze, regelt ein Bundesgesetz. Im Falle von Naturkatastrophen oder außergewöhnlichen Notsituationen, die sich der Kontrolle des Staates entziehen und die staatliche Finanzlage erheblich beeinträchtigen, können diese Kreditobergrenzen auf Grund eines Beschlusses der Mehrheit der Mitglieder des Bundestages überschritten werden. Der Beschluss ist mit einem Tilgungsplan zu verbinden. Die Rückführung der nach Satz 6 aufgenommenen Kredite hat binnen eines angemessenen Zeitraumes zu erfolgen.

Bundeshaushaltsordnung (BHO)

vom 19. August 1969 (BGBl. I S. 1284), zuletzt geändert durch Verordnung vom 19. Juni 2020 (BGBl. I S. 1328)

Inhaltsübersicht

TEIL I

Allgemeine Vorschriften zum Haushaltsplan

§ 1 Feststellung des Haushaltsplans

Der Haushaltsplan wird für ein oder zwei Rechnungsjahre, nach Jahren getrennt, vor Beginn des ersten Rechnungsjahres durch das Haushaltsgesetz festgestellt. Mit dem Haushaltsgesetz wird nur der Gesamtplan (§ 13 Abs. 4) verkündet.

§ 2 Bedeutung des Haushaltsplans

Der Haushaltsplan dient der Feststellung und Deckung des Finanzbedarfs, der zur Erfüllung der Aufgaben des Bundes im Bewilligungszeitraum voraussichtlich notwendig ist. Der Haushaltsplan ist Grundlage für die Haushalts- und Wirtschaftsführung. Bei seiner Aufstellung und Ausführung ist den Erfordernissen des gesamtwirtschaftlichen Gleichgewichts Rechnung zu tragen.

§ 3 Wirkungen des Haushaltsplans

(1) Der Haushaltsplan ermächtigt die Verwaltung, Ausgaben zu leisten und Verpflichtungen einzugehen.

(2) Durch den Haushaltsplan werden Ansprüche oder Verbindlichkeiten weder begründet noch aufgehoben.

§ 4 Haushaltsjahr

Rechnungsjahr (Haushaltsjahr) ist das Kalenderjahr. Das Bundesministerium der Finanzen kann für einzelne Bereiche etwas anderes bestimmen.

§ 5 Allgemeine Verwaltungsvorschriften, vorläufige und endgültige Haushalts- und Wirtschaftsführung

Die allgemeinen Verwaltungsvorschriften zu diesem Gesetz sowie zur vorläufigen und endgültigen Haushalts- und Wirtschaftsführung erläßt das Bundesministerium der Finanzen.

§ 6 Notwendigkeit der Ausgaben und Verpflichtungsermächtigungen

Bei Aufstellung und Ausführung des Haushaltsplans sind nur die Ausgaben und die Ermächtigungen zum Eingehen von Verpflichtungen zur Leistung von Ausgaben in künftigen Jahren (Verpflichtungsermächtigungen) zu berücksichtigen, die zur Erfüllung der Aufgaben des Bundes notwendig sind.

§ 7 Wirtschaftlichkeit und Sparsamkeit, Kosten- und Leistungsrechnung

(1) Bei Aufstellung und Ausführung des Haushaltsplans sind die Grundsätze der Wirtschaftlichkeit und Sparsamkeit zu beachten. Diese Grundsätze verpflichten zur Prüfung, inwieweit staatliche Aufgaben oder öffentlichen Zwecken dienende wirtschaftliche Tätigkeiten durch

Ausgliederung und Entstaatlichung oder Privatisierung erfüllt werden können.

(2) Für alle finanzwirksamen Maßnahmen sind angemessene Wirtschaftlichkeitsuntersuchungen durchzuführen. Dabei ist auch die mit den Maßnahmen verbundene Risikoverteilung zu berücksichtigen. In geeigneten Fällen ist privaten Anbietern die Möglichkeit zu geben darzulegen, ob und inwieweit sie staatliche Aufgaben oder öffentlichen Zwecken dienende wirtschaftliche Tätigkeiten nicht ebenso gut oder besser erbringen können (Interessenbekundungsverfahren).

(3) In geeigneten Bereichen ist eine Kosten- und Leistungsrechnung einzuführen.

§ 8 Grundsatz der Gesamtdeckung

Alle Einnahmen dienen als Deckungsmittel für alle Ausgaben. Auf die Verwendung für bestimmte Zwecke dürfen Einnahmen beschränkt werden, soweit dies durch Gesetz vorgeschrieben ist oder im Haushaltsplan zugelassen ist.

§ 9 Beauftragter für den Haushalt

(1) Bei jeder Dienststelle, die Einnahmen oder Ausgaben bewirtschaftet, ist ein Beauftragter für den Haushalt zu bestellen, soweit der Leiter der Dienststelle diese Aufgabe nicht selbst wahrnimmt. Der Beauftragte soll dem Leiter der Dienststelle unmittelbar unterstellt werden.

(2) Dem Beauftragten obliegen die Aufstellung der Unterlagen für die Finanzplanung und der Unterlagen für den Entwurf des Haushaltsplans (Voranschläge) sowie die Ausführung des Haushaltsplans. Im übrigen ist der Beauftragte bei allen Maßnahmen von finanzieller Bedeutung zu beteiligen. Er kann Aufgaben bei der Ausführung des Haushaltsplans übertragen.

§ 10 Unterrichtung des Bundestages und des Bundesrates

(1) Die Bundesregierung fügt ihren Gesetzesvorlagen einschließlich der nach Artikel 59 Abs. 2 des Grundgesetzes vorzulegenden Verträge sowie den Verordnungs- und Richtlinienentwürfen der Europäischen Gemeinschaften einen Überblick über die Auswirkungen auf den Haushaltsplan und die Finanzplanung des Bundes, der Länder und der Gemeinden (Gemeindeverbände) bei. Außerdem soll angegeben werden, auf welche Weise für die vorgesehenen Mehrausgaben des Bundes ein Ausgleich gefunden werden kann. Die Sätze 1 und 2 gelten auch für Vorlagen des Bundesrates.

(2) Die Bundesregierung unterrichtet den Bundestag und den Bundesrat über erhebliche Änderungen der Haushaltsentwicklung und deren Auswirkungen auf die Finanzplanung.

(3) Die Bundesregierung leistet den Mitgliedern des Bundestages, die einen einnahmemindernden oder ausgabeerhöhenden Antrag zu stellen beabsichtigen, Hilfe bei der Ermittlung der finanziellen Auswirkungen.

§ 10a Geheimhaltungsbedürftige Angelegenheiten

(1) Bei Ausgaben, deren Verwendung geheimzuhalten ist, kann der Haushaltsplan bestimmen, daß die Prüfung durch den Bundesrechnungshof nach § 19 Satz 1 Nr. 1 oder Nr. 2 des Bundesrechnungshofgesetzes vorgenommen wird.

(2) Aus zwingenden Gründen des Geheimschutzes kann der Bundestag in Ausnahmefällen die Bewilligung von Ausgaben, die nach geheimzuhaltenden Wirtschaftsplänen bewirtschaftet werden sollen, im Haushaltsgesetzgebungsverfahren von der Billigung der Wirtschaftspläne durch ein Gremium von Mitgliedern des Haushaltsausschusses (Vertrauensgremium) abhängig machen, das vom Bundestag in entsprechender Anwendung von § 2 des Gesetzes über die parlamentarische Kontrolle nachrichtendienstlicher Tätigkeit des Bundes vom 29. Juli 2009 (BGBl. I S. 2346) für die Dauer der Wahlperiode gewählt wird. Soweit sein Recht auf Kontrolle reicht, verfügt das Vertrauensgremium über die gleichen Rechte wie das Parlamentarische Kontrollgremium; §§ 5, 6, 7, 8, 12 und 13 des Gesetzes über die parlamentarische Kontrolle nachrichtendienstlicher Tätigkeit des Bundes vom 29. Juli 2009 (BGBl. I S 2346) gelten entsprechend. Sofern der Bundestag nichts anderes beschließt, sind die Wirtschaftspläne für die Nachrichtendienste vom Bundesministerium der Finanzen dem Vertrauensgremium zur Billigung vorzulegen. Das Vertrauensgremium teilt die Abschlußbeträge der Wirtschaftspläne rechtzeitig dem Haushaltsausschuß mit. Die Mitglieder des Vertrauensgremiums sind zur Geheimhaltung aller Angelegenheiten verpflichtet, die ihnen bei ihrer Tätigkeit bekanntgeworden sind. Der Vorsitzende des Parlamentarischen Kontrollgremiums, sein Stellvertreter und ein beauftragtes Mitglied können an den Sitzungen des Vertrauensgremiums mitberatend teilnehmen. Bei den Sitzungen zur Beratung der Wirtschaftspläne der Dienste und deren Vollzug gilt dies auch für die Mitglieder des Parlamentarischen Kontrollgremiums.

(3) Der Bundesrechnungshof prüft in den Fällen des Absatzes 2 nach § 19 Satz 1 Nr. 1 Bundesrechnungshofgesetz und unterrichtet das Vertrauensgremium, das Parlamentarische Kontrollgremium sowie die zuständige oberste Bundesbehörde und das Bundesministerium der Finanzen über das Ergebnis seiner Prüfung der Jahresrechnung sowie der Haushalts- und Wirtschaftsführung. Der Präsident des Bundesrates ist

auf Verlangen durch die zuständige oberste Bundesbehörde zu unterrichten. § 97 Abs. 4 bleibt unberührt.

TEIL II

Aufstellung des Haushaltsplans

§ 11 Vollständigkeit und Einheit, Fälligkeitsprinzip

(1) Für jedes Haushaltsjahr ist ein Haushaltsplan aufzustellen.

(2) Der Haushaltsplan enthält alle im Haushaltsjahr

1. zu erwartenden Einnahmen,
2. voraussichtlich zu leistenden Ausgaben und
3. voraussichtlich benötigten Verpflichtungsermächtigungen.

§ 12 Geltungsdauer der Haushaltspläne

(1) Der Haushaltsplan kann für zwei Haushaltsjahre, nach Jahren getrennt, aufgestellt werden.

(2) Der Haushaltsplan kann in einen Verwaltungshaushalt und in einen Finanzhaushalt gegliedert werden; beide können jeweils für zwei Haushaltsjahre, nach Jahren getrennt, aufgestellt werden. Die Bewilligungszeiträume für beide Haushalte können in aufeinanderfolgenden Haushaltsjahren beginnen.

(3) Wird der Haushaltsplan in einen Verwaltungshaushalt und in einen Finanzhaushalt gegliedert, enthält der Verwaltungshaushalt

1. die zu erwartenden Verwaltungseinnahmen,
2. die voraussichtlich zu leistenden Verwaltungsausgaben (Personalausgaben und sächliche Verwaltungsausgaben),
3. die voraussichtlich benötigten Verpflichtungsermächtigungen zur Leistung von Verwaltungsausgaben.

§ 13 Einzelpläne, Gesamtplan, Gruppierungsplan

(1) Der Haushaltsplan besteht aus den Einzelplänen und dem Gesamtplan.

(2) Die Einzelpläne enthalten die Einnahmen, Ausgaben und Verpflichtungsermächtigungen eines einzelnen Verwaltungszweigs oder bestimmte Gruppen von Einnahmen, Ausgaben und Verpflichtungsermächtigungen. Die Einzelpläne sind in Kapitel und Titel einzuteilen. Die Einteilung in Titel richtet sich nach Verwaltungsvorschriften über die Gruppierung der Einnahmen und Ausgaben des Haushaltsplans nach Arten (Gruppierungsplan).

(3) In dem Gruppierungsplan sind mindestens gesondert darzustellen

1. bei den Einnahmen: Steuern, Verwaltungseinnahmen, Einnahmen aus Vermögensveräußerungen, Darlehensrückflüsse, Zuweisungen und Zuschüsse, Einnahmen aus Krediten, wozu nicht Kredite zur Aufrechterhaltung einer ordnungsmäßigen Kassenwirtschaft (Kassenverstärkungskredite) zählen, Entnahmen aus Rücklagen, Münzeinnahmen;

2. bei den Ausgaben: Personalausgaben, sächliche Verwaltungsausgaben, Zinsausgaben, Zuweisungen an Gebietskörperschaften, Zuschüsse an Unternehmen, Tilgungsausgaben, Schuldendiensthilfen, Zuführungen an Rücklagen, Ausgaben für Investitionen. Ausgaben für Investitionen sind die Ausgaben für

   a) Baumaßnahmen, soweit sie nicht militärische Anlagen betreffen,

   b) den Erwerb von beweglichen Sachen, soweit sie nicht als sächliche Verwaltungsausgaben veranschlagt werden oder soweit es sich nicht um Ausgaben für militärische Beschaffungen handelt,

   c) den Erwerb von unbeweglichen Sachen,

   d) den Erwerb von Beteiligungen und sonstigem Kapitalvermögen, von Forderungen und Anteilsrechten an Unternehmen, von Wertpapieren sowie für die Heraufsetzung des Kapitals von Unternehmen,

   e) Darlehen,

   f) die Inanspruchnahme aus Gewährleistungen,

   g) Zuweisungen und Zuschüsse zur Finanzierung von Ausgaben für die in den Buchstaben a bis f genannten Zwecke.

(4) Der Gesamtplan enthält

1. eine Zusammenfassung der Einnahmen, Ausgaben und Verpflichtungsermächtigungen der Einzelpläne (Haushaltsübersicht),

2. eine Berechnung der nach dem Gesetz zur Ausführung von Artikel 115 des Grundgesetzes vom 10. August 2009 (BGBl. I S. 2702, 2704) in der jeweils geltenden Fassung zulässigen Kreditaufnahme,

3. eine Berechnung des Finanzierungssaldos (Finanzierungsübersicht). Der Finanzierungssaldo ergibt sich aus einer Gegenüberstellung der Einnahmen mit Ausnahme der Einnahme aus Krediten vom Kreditmarkt, der Entnahmen aus Rücklagen, der Einnahmen aus kassenmäßigen Überschüssen sowie der Münzeinnahmen einerseits und der Ausgaben mit Ausnahme der Ausgaben zur Schuldentilgung am Kreditmarkt, der Zuführungen an Rücklagen und der Ausgaben zur Deckung eines kassenmäßigen Fehlbetrags andererseits,

4. eine Darstellung der Einnahmen aus Krediten und der Tilgungsausgaben (Kreditfinanzierungsplan).

§ 14 Übersichten zum Haushaltsplan, Funktionenplan

(1) Der Haushaltsplan hat folgende Anlagen:

1. Darstellungen der Einnahmen und Ausgaben

   a) in einer Gruppierung nach bestimmten Arten (Gruppierungsübersicht),

   b) in einer Gliederung nach bestimmten Aufgabengebieten (Funktionenübersicht),

   c) in einer Zusammenfassung nach Buchstabe a und Buchstabe b (Haushaltsquerschnitt);

2. eine Übersicht über die den Haushalt in Einnahmen und Ausgaben durchlaufenden Posten;

3. eine Übersicht über die Planstellen der Beamten und die Stellen der Angestellten und Arbeiter.

Die Anlagen sind dem Entwurf des Haushaltsplans beizufügen.

(2) Die Funktionenübersicht richtet sich nach Verwaltungsvorschriften über die Gliederung der Einnahmen und Ausgaben des Haushaltsplans nach Aufgabengebieten (Funktionenplan).

§ 15 Bruttoveranschlagung, Selbstbewirtschaftungsmittel

(1) Die Einnahmen und Ausgaben sind in voller Höhe und getrennt voneinander zu veranschlagen. Dies gilt nicht für die Veranschlagung der Einnahmen aus Krediten vom Kreditmarkt und der hiermit zusammenhängenden Tilgungsausgaben. Darüber hinaus können Ausnahmen von Satz 1 im Haushaltsplan zugelassen werden, insbesondere für Nebenkosten und Nebenerlöse bei Erwerbs- oder Veräußerungsgeschäften. In den Fällen des Satzes 3 ist die Berechnung des veranschlagten Betrages dem Haushaltsplan als Anlage beizufügen oder in die Erläuterungen aufzunehmen.

(2) Ausgaben können zur Selbstbewirtschaftung veranschlagt werden, wenn hierdurch eine sparsame Bewirtschaftung gefördert wird. Selbstbewirtschaftungsmittel stehen über das laufende Haushaltsjahr hinaus zur Verfügung. Bei der Bewirtschaftung aufkommende Einnahmen fließen den Selbstbewirtschaftungsmitteln zu. Bei der Rechnungslegung ist nur die Zuweisung der Mittel an die beteiligten Stellen als Ausgabe nachzuweisen.

§ 16 Verpflichtungsermächtigungen

Die Verpflichtungsermächtigungen sind bei den jeweiligen Ausgaben gesondert zu veranschlagen. Wenn Verpflichtungen zu Lasten mehrerer Haushaltsjahre eingegangen werden können, sollen die Jahresbeträge im Haushaltsplan angegeben werden.

§ 17 Einzelveranschlagung, Erläuterungen, Planstellen

(1) Die Einnahmen sind nach dem Entstehungsgrund, die Ausgaben und die Verpflichtungsermächtigungen nach Zwecken getrennt zu veranschlagen und, soweit erforderlich, zu erläutern. Erläuterungen können für verbindlich erklärt werden.

(2) Bei Ausgaben für eine sich auf mehrere Jahre erstreckende Maßnahme sind bei der ersten Veranschlagung im Haushaltsplan die voraussichtlichen Gesamtkosten und bei jeder folgenden Veranschlagung außerdem die finanzielle Abwicklung darzulegen.

(3) Zweckgebundene Einnahmen und die dazugehörigen Ausgaben sind kenntlich zu machen.

(4) Für denselben Zweck sollen Ausgaben und Verpflichtungsermächtigungen nicht bei verschiedenen Titeln veranschlagt werden.

(5) Planstellen sind nach Besoldungsgruppen und Amtsbezeichnungen im Haushaltsplan auszubringen. Sie dürfen nur für Aufgaben eingerichtet werden, zu deren Wahrnehmung die Begründung eines Beamtenverhältnisses zulässig ist und die in der Regel Daueraufgaben sind.

(6) Andere Stellen als Planstellen sind in den Erläuterungen auszuweisen.

§ 17a Obergrenzen für Beförderungsämter

(1) Die Anteile der Beförderungsämter dürfen nach Maßgabe sachgerechter Bewertung nach § 18 des Bundesbesoldungsgesetzes folgende Obergrenzen nicht überschreiten:

1. im einfachen Dienst in der Besoldungsgruppe A 6   50 Prozent;

2. im mittleren Polizeivollzugsdienst in der Bundespolizei

    a) in der Besoldungsgruppe A 8   50 Prozent,

    b) in der Besoldungsgruppe A 9   50 Prozent;

    die Obergrenzen nach den Buchstaben a und b gelten nur für Planstellen, die Funktionen zugeordnet sind, in denen Polizeivollzugsbeamte in der Bundespolizei bis zum Eintritt in den Ruhestand verwendet werden können;

3. im mittleren Zolldienst des Bundes

    a) in der Besoldungsgruppe A 8   50 Prozent,

    b) in der Besoldungsgruppe A 9   50 Prozent;

4. im mittleren Dienst in allen übrigen Laufbahnen

    a) in der Besoldungsgruppe A 8, soweit überwiegend im Bereich der Erstellung und Betreuung von Verfahren der Informations- und Kommunikationstechnik verwendet   50 Prozent,

    b) im Übrigen in der Besoldungsgruppe A 8   40 Prozent,

    c) in der Besoldungsgruppe A 9   40 Prozent;

5. im gehobenen Dienst

    a) in der Besoldungsgruppe A 12   40 Prozent,

    b) in der Besoldungsgruppe A 13   30 Prozent;

6. im höheren Dienst

    a) in den Besoldungsgruppen A 15, A 16 und B 2 nach Einzelbewertung zusammen   50 Prozent,

    b) in den Besoldungsgruppen A 16 und B 2 zusammen   15 Prozent.

Die Prozentsätze nach Satz 1 beziehen sich auf die Gesamtzahl aller Planstellen bei einem Dienstherrn in der jeweiligen Laufbahngruppe, im höheren Dienst auf die Gesamtzahl der Planstellen in den Besoldungsgruppen A 13 bis A 16 und B 2. Die für dauernd beschäftigte Arbeitnehmer ausgebrachten gleichwertigen Stellen können mit der Maßgabe in die Berechnungsgrundlage einbezogen werden, dass eine entsprechende Anrechnung auf die jeweiligen Stellen für Beförderungsämter erfolgt. Soweit der Anteil an Beförderungsämtern nach der bis zum 31. Dezember 2015 geltenden Rechtslage über den in Satz 1 genannten Obergrenzen liegt, gilt dieser Anteil unverändert fort.

(2) Absatz 1 gilt nicht

1. für die obersten Bundesbehörden,

2. für die Hauptverwaltung des Bundeseisenbahnvermögens und die zum Fernstraßen-Bundesamt versetzten Beamten, die spätestens mit Wirkung zum 1. Januar 2021 der „Die Autobahn GmbH des Bundes" zur Dienstleistung zugewiesen sind,

3. für Lehrkräfte an verwaltungsinternen Hochschulen,

4. für Laufbahnen, in denen auf Grund des § 24 Absatz 1 des Bundesbesoldungsgesetzes das Eingangsamt einer höheren Besoldungsgruppe zugewiesen worden ist,

5. für die dem Bundesrechnungshof unmittelbar nachgeordneten Prüfungsämter, soweit dies wegen der mit bestimmten Funktionen verbundenen Anforderungen erforderlich ist.

(3) Für die nachstehend bezeichneten Besoldungsgruppen gelten folgende weitere Obergrenzen:

1. die Ausstattung von Funktionen mit einer Amtszulage nach Fußnote 1 zur Besoldungsgruppe A 9 ist auf 30 Prozent der ausgebrachten Planstellen begrenzt,

2. die Gesamtzahl der Planstellen für Stabsfeldwebel, Stabsbootsmänner, Oberstabsfeldwebel und Oberstabsbootsmänner ist auf 50 Prozent der in den Besoldungsgruppen A 8 und A 9 insgesamt für Unteroffiziere ausgebrachten Planstellen begrenzt,

3. die Ausstattung von Funktionen mit einer Amtszulage nach Fußnote 1 zur Besoldungsgruppe A 13 ist auf 20 Prozent der ausgebrachten Planstellen begrenzt,

4. die Zahl der Planstellen für Funktionen in der Laufbahn der Offiziere des militärfachlichen Dienstes in der Besoldungsgruppe A 13 ist auf 6 Prozent der insgesamt für Offiziere in dieser Laufbahn ausgebrachten Planstellen begrenzt,

5. beim Deutschen Patent- und Markenamt ist die Zahl der in der Besoldungsgruppe A 15 ausgebrachten Planstellen für Prüfer auf 90 Prozent der insgesamt ausgebrachten Planstellen für Prüfer, die keine Gruppenleiter sind, begrenzt,

6. beim Bundessortenamt ist die Zahl der in der Besoldungsgruppe A 15 ausgebrachten Planstellen für Prüfer auf 90 Prozent der insgesamt für Prüfer ausgebrachten Planstellen begrenzt,

7. in obersten Bundesbehörden und beim Bundeseisenbahnvermögen ist die Zahl der Planstellen in der Besoldungsgruppe B 3 auf 75 Prozent der Gesamtzahl der für Ministerialräte, Vortragende Legationsräte Erster Klasse sowie Oberste, Kapitäne zur See, Oberstapotheker, Flottenapotheker, Oberstärzte, Flottenärzte und Oberstveterinäre ausgebrachten Planstellen begrenzt.

Außerhalb der obersten Bundesbehörden dürfen für die in Satz 1 Nummer 7 genannten Dienstgrade bis zu 21 Prozent der Gesamtzahl der im Geschäftsbereich der obersten Bundesbehörden ausgebrachten Planstellen in der Besoldungsgruppe B 3 ausgebracht werden.

(4) Mit Zustimmung der obersten Bundesbehörde, des Bundesministeriums des Innern, für Bau und Heimat und des Bundesministeriums der Finanzen können die im jeweiligen Einzelplan ausgewiesenen Beförderungsämter die in den Absätzen 1 und 3 genannten Obergrenzen überschreiten, soweit dies wegen der mit den Aufgaben der Behörde verbundenen Anforderungen nach Maßgabe sachgerechter Bewertung erforderlich ist und ein erhebliches öffentliches Interesse besteht. Dies gilt insbe-

sondere bei der Neueinrichtung, der Umstrukturierung oder bei Personalüberhängen von Behörden.

(5) Werden in Verwaltungsbereichen bei einer Verminderung oder Verlagerung von Planstellen infolge von Rationalisierungsmaßnahmen nach sachgerechter Bewertung der Beförderungsämter die Obergrenzen nach den Absätzen 1 bis 4 überschritten, so kann aus personalwirtschaftlichen Gründen die Umwandlung der die Obergrenzen überschreitenden Planstellen für einen Zeitraum von längstens fünf Jahren ausgesetzt und danach auf jede dritte freiwerdende Planstelle beschränkt werden.

§ 18 Kreditermächtigungen

(1) Einnahmen aus Krediten zur Deckung von Ausgaben dürfen nur bis zur Höhe der nach dem Gesetz zur Ausführung von Artikel 115 des Grundgesetzes in der jeweils geltenden Fassung zulässigen Kreditaufnahme in den Haushaltsplan eingestellt werden.

(2) Das Haushaltsgesetz bestimmt, bis zu welcher Höhe das Bundesministerium der Finanzen Kredite aufnehmen darf

1. zur Deckung von Ausgaben,
2. zur Aufrechterhaltung einer ordnungsmäßigen Kassenwirtschaft (Kassenverstärkungskredite). Soweit diese Kredite zurückgezahlt sind, kann die Ermächtigung wiederholt in Anspruch genommen werden. Kassenverstärkungskredite dürfen nicht später als sechs Monate nach Ablauf des Haushaltsjahres, für das sie aufgenommen worden sind, fällig werden.

(3) Die Ermächtigungen nach Absatz 2 Nr. 1 gelten bis zum Ende des nächsten Haushaltsjahres und, wenn das Haushaltsgesetz für das zweitnächste Haushaltsjahr nicht rechtzeitig verkündet wird, bis zur Verkündung dieses Haushaltsgesetzes. Die Ermächtigungen nach Absatz 2 Nr. 2 gelten bis zum Ende des laufenden Haushaltsjahres und, wenn das Haushaltsgesetz für das nächste Haushaltsjahr nicht rechtzeitig verkündet wird, bis zur Verkündung dieses Haushaltsgesetzes.

§ 19 Übertragbarkeit

(1) Ausgaben für Investitionen und Ausgaben aus zweckgebundenen Einnahmen sind übertragbar. Andere Ausgaben können im Haushaltsplan für übertragbar erklärt werden, wenn dies ihre wirtschaftliche und sparsame Verwendung fördert.

(2) Zur Deckung der Ausgaben, die übertragen werden sollen (Ausgabereste), sind Ausgabemittel zu veranschlagen. Die Ausgabemittel sollen so bemessen werden, daß sie zur Deckung der Ausgabereste ausreichen, deren Verausgabung im nächsten Haushaltsjahr erforderlich ist; nicht

zu berücksichtigen sind Ausgabereste, für die Mittel aus kassenmäßigen Minderausgaben im nächsten Haushaltsjahr voraussichtlich bereitgestellt werden können.

§ 20 Deckungsfähigkeit

(1) Deckungsfähig sind innerhalb desselben Kapitels

1. gegenseitig
die Ausgaben für Vergütungen der Angestellten und Löhne der Arbeiter,

2. einseitig
   a) die Ausgaben für Bezüge der Beamten zugunsten der Ausgaben für Vergütungen der Angestellten und Löhne der Arbeiter,
   b) die Ausgaben für Unterstützungen zugunsten der Ausgaben für Beihilfen.

(2) Im Haushaltsplan können Ausgaben und Verpflichtungsermächtigungen jeweils für gegenseitig oder einseitig deckungsfähig erklärt werden, wenn ein verwaltungsmäßiger oder sachlicher Zusammenhang besteht oder eine wirtschaftliche und sparsame Verwendung gefördert wird.

(3) Ausgaben und Verpflichtungsermächtigungen, die ohne nähere Angabe des Verwendungszwecks veranschlagt sind, dürfen nicht für deckungsfähig erklärt werden.

§ 21 Wegfall- und Umwandlungsvermerke

(1) Ausgaben und Planstellen sind als künftig wegfallend zu bezeichnen, soweit sie in den folgenden Haushaltsjahren voraussichtlich nicht mehr benötigt werden.

(2) Planstellen sind als künftig umzuwandeln zu bezeichnen, soweit sie in den folgenden Haushaltsjahren voraussichtlich in Planstellen einer niedrigeren Besoldungsgruppe oder in Stellen für Angestellte oder Arbeiter umgewandelt werden können.

§ 22 Sperrvermerk

Ausgaben, die aus besonderen Gründen zunächst noch nicht geleistet oder zu deren Lasten noch keine Verpflichtungen eingegangen werden sollen, sind im Haushaltsplan als gesperrt zu bezeichnen. Entsprechendes gilt für Verpflichtungsermächtigungen. In Ausnahmefällen kann durch Sperrvermerk bestimmt werden, daß die Leistung von Ausgaben oder die Inanspruchnahme von Verpflichtungsermächtigungen der Einwilligung des Bundestages bedarf.

§ 23 Zuwendungen

Ausgaben und Verpflichtungsermächtigungen für Leistungen an Stellen außerhalb der Bundesverwaltung zur Erfüllung bestimmter Zwecke (Zuwendungen) dürfen nur veranschlagt werden, wenn der Bund an der Erfüllung durch solche Stellen ein erhebliches Interesse hat, das ohne die Zuwendungen nicht oder nicht im notwendigen Umfang befriedigt werden kann.

§ 24 Baumaßnahmen, größere Beschaffungen, größere Entwicklungsvorhaben

(1) Ausgaben und Verpflichtungsermächtigungen für Baumaßnahmen dürfen erst veranschlagt werden, wenn Pläne, Kostenermittlungen und Erläuterungen vorliegen, aus denen die Art der Ausführung, die Kosten der Baumaßnahme, des Grunderwerbs und der Einrichtungen sowie die vorgesehene Finanzierung und ein Zeitplan ersichtlich sind. Den Unterlagen ist eine Schätzung der nach Fertigstellung der Maßnahme entstehenden jährlichen Haushaltsbelastungen beizufügen.

(2) Ausgaben und Verpflichtungsermächtigungen für größere Beschaffungen und größere Entwicklungsvorhaben dürfen erst veranschlagt werden, wenn Planungen und Schätzungen der Kosten und Kostenbeteiligungen vorliegen. Absatz 1 Satz 2 gilt entsprechend.

(3) Ausnahmen von den Absätzen 1 und 2 sind nur zulässig, wenn es im Einzelfall nicht möglich ist, die Unterlagen rechtzeitig fertigzustellen, und aus einer späteren Veranschlagung dem Bund ein Nachteil erwachsen würde. Die Notwendigkeit einer Ausnahme ist in den Erläuterungen zu begründen. Die Ausgaben und Verpflichtungsermächtigungen für Maßnahmen, für welche die Unterlagen noch nicht vorliegen, sind gesperrt.

(4) Auf einzeln veranschlagte Ausgaben und Verpflichtungsermächtigungen für Zuwendungen sind die Absätze 1 bis 3 entsprechend anzuwenden, wenn insgesamt mehr als 50 vom Hundert der Kosten durch Zuwendungen von Bund, Ländern und Gemeinden gedeckt werden. Das Bundesministerium der Finanzen kann Ausnahmen zulassen.

§ 25 Überschuß, Fehlbetrag

(1) Der Überschuß oder der Fehlbetrag ist der Unterschied zwischen den tatsächlich eingegangenen Einnahmen (Ist-Einnahmen) und den tatsächlich geleisteten Ausgaben (Ist-Ausgaben).

(2) Ein Überschuß ist insbesondere zur Verminderung des Kreditbedarfs oder zur Tilgung von Schulden zu verwenden oder der Konjunkturausgleichsrücklage zuzuführen. Wird der Überschuß zur Schuldentilgung verwendet oder der Konjunkturausgleichsrücklage zugeführt, ist er in den nächsten festzustellenden Haushaltsplan einzustellen. § 6 Abs. 1

Satz 3 des Gesetzes zur Förderung der Stabilität und des Wachstums der Wirtschaft vom 8. Juni 1967 (Bundesgesetzbl. I S. 582) bleibt unberührt.

(3) Ein Fehlbetrag ist spätestens in den Haushaltsplan für das zweitnächste Haushaltsjahr einzustellen. Er darf durch Einnahmen aus Krediten nur gedeckt werden, soweit die Möglichkeiten einer Kreditaufnahme nicht ausgeschöpft sind.

§ 26 Bundesbetriebe, Sondervermögen, Zuwendungsempfänger

(1) Bundesbetriebe haben einen Wirtschaftsplan aufzustellen, wenn ein Wirtschaften nach Einnahmen und Ausgaben des Haushaltsplans nicht zweckmäßig ist. Der Wirtschaftsplan oder eine Übersicht über den Wirtschaftsplan ist dem Haushaltsplan als Anlage beizufügen oder in die Erläuterungen aufzunehmen. Im Haushaltsplan sind nur die Zuführungen oder die Ablieferungen zu veranschlagen. Planstellen sind nach Besoldungsgruppen und Amtsbezeichnungen im Haushaltsplan auszubringen.

(2) Bei Sondervermögen sind nur die Zuführungen oder die Ablieferungen im Haushaltsplan zu veranschlagen. Über die Einnahmen, Ausgaben und Verpflichtungsermächtigungen der Sondervermögen sind Übersichten dem Haushaltsplan als Anlagen beizufügen oder in die Erläuterungen aufzunehmen.

(3) Über die Einnahmen und Ausgaben von

1. juristischen Personen des öffentlichen Rechts, die vom Bund ganz oder zum Teil zu unterhalten sind, und

2. Stellen außerhalb der Bundesverwaltung, die vom Bund Zuwendungen zur Deckung der gesamten Ausgaben oder eines nicht abgegrenzten Teils der Ausgaben erhalten,

sind Übersichten dem Haushaltsplan als Anlagen beizufügen oder in die Erläuterungen aufzunehmen. Das Bundesministerium der Finanzen kann Ausnahmen zulassen.

§ 27 Voranschläge

(1) Die Voranschläge sind von der für den Einzelplan zuständigen Stelle dem Bundesministerium der Finanzen zu dem von ihm zu bestimmenden Zeitpunkt zu übersenden. Das Bundesministerium der Finanzen kann verlangen, daß den Voranschlägen Organisations- und Stellenpläne beigefügt werden.

(2) Die für den Einzelplan zuständige Stelle übersendet die Voranschläge auch dem Bundesrechnungshof. Er kann hierzu Stellung nehmen.

§ 28 Aufstellung des Entwurfs des Haushaltsplans

(1) Das Bundesministerium der Finanzen prüft die Voranschläge und stellt den Entwurf des Haushaltsplans auf. Es kann die Voranschläge nach Benehmen mit den beteiligten Stellen ändern.

(2) Über Angelegenheiten von grundsätzlicher oder erheblicher finanzieller Bedeutung kann die zuständige Bundesministerin oder der zuständige Bundesminister die Entscheidung der Bundesregierung einholen. Entscheidet die Bundesregierung gegen oder ohne die Stimme der Bundesministerin oder des Bundesministers der Finanzen, so steht ihr oder ihm ein Widerspruchsrecht zu. Das Nähere regelt die Geschäftsordnung der Bundesregierung.

(3) Abweichungen von den Voranschlägen der Bundespräsidentin oder des Bundespräsidenten, des Deutschen Bundestages, des Bundesrates, des Bundesverfassungsgerichts, des Bundesrechnungshofes oder der oder des Bundesbeauftragten für den Datenschutz und die Informationsfreiheit sind vom Bundesministerium der Finanzen der Bundesregierung mitzuteilen, soweit den Änderungen nicht zugestimmt worden ist.

§ 29 Beschluß über den Entwurf des Haushaltsplans

(1) Der Entwurf des Haushaltsgesetzes wird mit dem Entwurf des Haushaltsplans von der Bundesregierung beschlossen.

(2) Einnahmen, Ausgaben, Verpflichtungsermächtigungen und Vermerke, die das Bundesministerium der Finanzen in den Entwurf des Haushaltsplans nicht aufgenommen hat, unterliegen auf Antrag des zuständigen Bundesministeriums der Beschlußfassung der Bundesregierung, wenn es sich um Angelegenheiten von grundsätzlicher oder erheblicher finanzieller Bedeutung handelt. Dasselbe gilt für Vorschriften des Entwurfs des Haushaltsgesetzes. Auf die Beschlußfassung der Bundesregierung ist § 28 Abs. 2 Satz 2 entsprechend anzuwenden. Das Nähere regelt die Geschäftsordnung der Bundesregierung.

(3) Weicht der Entwurf des Haushaltsplans von den Voranschlägen der Bundespräsidentin oder des Bundespräsidenten, des Deutschen Bundestages, des Bundesrates, des Bundesverfassungsgerichts, des Bundesrechnungshofes oder der oder des Bundesbeauftragten für den Datenschutz und die Informationsfreiheit ab und ist der Änderung nicht zugestimmt worden, so sind die Teile, über die kein Einvernehmen erzielt worden ist, unverändert dem Entwurf des Haushaltsplans beizufügen.

§ 30 Vorlagefrist

Der Entwurf des Haushaltsgesetzes ist mit dem Entwurf des Haushaltsplans vor Beginn des Haushaltsjahres dem Bundesrat zuzuleiten und beim Bundestag einzubringen, in der Regel spätestens in der ersten Sitzungswoche des Bundestages nach dem 1. September.

§ 31 Finanzbericht

Zum Entwurf des Haushaltsgesetzes und des Haushaltsplans hat das Bundesministerium der Finanzen einen Bericht über den Stand und die voraussichtliche Entwicklung der Finanzwirtschaft auch im Zusammenhang mit der gesamtwirtschaftlichen Entwicklung zu erstatten.

§ 32 Ergänzungen zum Entwurf des Haushaltsplans

Auf Ergänzungen zum Entwurf des Haushaltsgesetzes und des Haushaltsplans sind die Teile I und II entsprechend anzuwenden.

§ 33 Nachtragshaushaltsgesetze

Auf Nachträge zum Haushaltsgesetz und zum Haushaltsplan sind die Teile I und II entsprechend anzuwenden. Der Entwurf ist bis zum Ende des Haushaltsjahres einzubringen.

TEIL III
Ausführung des Haushaltsplans

§ 34 Erhebung der Einnahmen, Bewirtschaftung der Ausgaben

(1) Einnahmen sind rechtzeitig und vollständig zu erheben.

(2) Ausgaben dürfen nur soweit und nicht eher geleistet werden, als sie zur wirtschaftlichen und sparsamen Verwaltung erforderlich sind. Die Ausgabemittel sind so zu bewirtschaften, daß sie zur Deckung aller Ausgaben ausreichen, die unter die einzelne Zweckbestimmung fallen.

(3) Absatz 2 gilt für die Inanspruchnahme von Verpflichtungsermächtigungen entsprechend.

§ 35 Bruttonachweis, Einzelnachweis

(1) Alle Einnahmen und Ausgaben sind mit ihrem vollen Betrag bei dem hierfür vorgesehenen Titel zu buchen, soweit sich aus § 15 Abs. 1 Satz 2 und 3 nichts anderes ergibt.

(2) Für denselben Zweck dürfen Ausgaben aus verschiedenen Titeln nur geleistet werden, soweit der Haushaltsplan dies zuläßt. Entsprechendes gilt für die Inanspruchnahme von Verpflichtungsermächtigungen.

§ 36 Aufhebung der Sperre

Nur mit vorheriger Zustimmung (Einwilligung) des Bundesministeriums der Finanzen dürfen Ausgaben, die durch Gesetz oder im Haushaltsplan als gesperrt bezeichnet sind, geleistet sowie Verpflichtungen zur Leistung solcher Ausgaben eingegangen werden. In den Fällen des

§ 22 Satz 3 hat das Bundesministerium der Finanzen die Einwilligung des Bundestages einzuholen.

§ 37 Über- und außerplanmäßige Ausgaben

(1) Überplanmäßige und außerplanmäßige Ausgaben bedürfen der Einwilligung des Bundesministeriums der Finanzen. Sie darf nur im Falle eines unvorhergesehenen und unabweisbaren Bedarfs erteilt werden. Als unabweisbar ist ein Bedarf insbesondere nicht anzusehen, wenn nach Lage des Einzelfalles ein Nachtragshaushaltsgesetz rechtzeitig herbeigeführt oder die Ausgabe bis zum nächsten Haushaltsgesetz zurückgestellt werden kann. Eines Nachtragshaushaltsgesetzes bedarf es nicht, wenn die Mehrausgabe im Einzelfall einen im Haushaltsgesetz festzulegenden Betrag nicht überschreitet oder wenn Rechtsverpflichtungen zu erfüllen sind. § 8 des Gesetzes zur Förderung der Stabilität und des Wachstums der Wirtschaft bleibt unberührt.

(2) Absatz 1 gilt auch für Maßnahmen, durch die für den Bund Verpflichtungen entstehen können, für die Ausgaben im Haushaltsplan nicht veranschlagt sind.

(3) Über- und außerplanmäßige Ausgaben sollen durch Einsparungen bei anderen Ausgaben in demselben Einzelplan ausgeglichen werden.

(4) Über- und außerplanmäßige Ausgaben sind dem Bundestag und dem Bundesrat vierteljährlich, in Fällen von grundsätzlicher oder erheblicher finanzieller Bedeutung unverzüglich mitzuteilen.

(5) Ausgaben, die ohne nähere Angabe des Verwendungszwecks veranschlagt sind, dürfen nicht überschritten werden.

(6) Mehrausgaben bei übertragbaren Ausgaben (Vorgriffe) sind unter den Voraussetzungen des Absatzes 1 Satz 1 und 2 auf die nächstjährige Bewilligung für den gleichen Zweck anzurechnen. Das Bundesministerium der Finanzen kann Ausnahmen zulassen.

§ 38 Verpflichtungsermächtigungen

(1) Maßnahmen, die den Bund zur Leistung von Ausgaben in künftigen Haushaltsjahren verpflichten können, sind nur zulässig, wenn der Haushaltsplan dazu ermächtigt. Im Falle eines unvorhergesehenen und unabweisbaren Bedarfs kann das Bundesministerium der Finanzen Ausnahmen zulassen; § 37 Abs. 1 Satz 3 ist entsprechend anzuwenden. Eines Nachtragshaushaltsgesetzes bedarf es nicht, wenn im Einzelfall der Gesamtbetrag der überplanmäßigen oder außerplanmäßigen Verpflichtungsermächtigung einen im Haushaltsgesetz festzulegenden Betrag nicht überschreitet oder wenn Rechtsverpflichtungen zu erfüllen sind.

(2) Die Inanspruchnahme von Verpflichtungsermächtigungen bedarf der Einwilligung des Bundesministeriums der Finanzen, wenn

1. von den in § 16 bezeichneten Angaben erheblich abgewichen werden soll oder

2. in den Fällen des § 16 Satz 2 Jahresbeiträge nicht angegeben sind.

Das Bundesministerium der Finanzen kann auf seine Befugnisse verzichten.

(3) Das Bundesministerium der Finanzen ist bei Maßnahmen nach Absatz 1 von grundsätzlicher oder erheblicher finanzieller Bedeutung über den Beginn und Verlauf von Verhandlungen zu unterrichten.

(4) Verpflichtungen für laufende Geschäfte dürfen eingegangen werden, ohne daß die Voraussetzungen der Absätze 1 und 2 vorliegen. Einer Verpflichtungsermächtigung bedarf es auch dann nicht, wenn zu Lasten übertragbarer Ausgaben Verpflichtungen eingegangen werden, die im folgenden Haushaltsjahr zu Ausgaben führen. Das Nähere regelt das Bundesministerium der Finanzen.

(5) Die Absätze 1 bis 4 sind auf Verträge im Sinne des Artikels 59 Abs. 2 Satz 1 des Grundgesetzes nicht anzuwenden.

§ 39 Gewährleistungen, Kreditzusagen

(1) Die Übernahme von Bürgschaften, Garantien oder sonstigen Gewährleistungen, die zu Ausgaben in künftigen Haushaltsjahren führen können, bedarf einer Ermächtigung durch Bundesgesetz, die der Höhe nach bestimmt ist.

(2) Kreditzusagen sowie die Übernahme von Bürgschaften, Garantien oder sonstigen Gewährleistungen bedürfen der Einwilligung des Bundesministeriums der Finanzen. Es ist an den Verhandlungen zu beteiligen. Es kann auf seine Befugnisse verzichten.

(3) Bei Maßnahmen nach Absatz 2 haben die zuständigen Dienststellen auszubedingen, daß sie oder ihre Beauftragten bei den Beteiligten jederzeit prüfen können,

1. ob die Voraussetzungen für die Kreditzusage oder ihre Erfüllung vorliegen oder vorgelegen haben,

2. ob im Falle der Übernahme einer Gewährleistung eine Inanspruchnahme des Bundes in Betracht kommen kann oder die Voraussetzungen für eine solche vorliegen oder vorgelegen haben.

Von der Ausbedingung eines Prüfungsrechts kann ausnahmsweise mit Einwilligung des Bundesministeriums der Finanzen abgesehen werden.

§ 40 Andere Maßnahmen von finanzieller Bedeutung

(1) Der Erlaß von Rechtsverordnungen und Verwaltungsvorschriften, der Abschluß von Tarifverträgen und die Gewährung von über- oder außertariflichen Leistungen sowie die Festsetzung oder Änderung von Entgelten für Verwaltungsleistungen bedürfen der Einwilligung des Bun-

desministeriums der Finanzen, wenn diese Regelungen zu Einnahmeminderungen oder zu zusätzlichen Ausgaben im laufenden Haushaltsjahr oder in künftigen Haushaltsjahren führen können. Satz 1 ist auf
sonstige Maßnahmen von grundsätzlicher oder erheblicher finanzieller
Bedeutung anzuwenden, wenn sie zu Einnahmeminderungen im laufenden Haushaltsjahr oder in künftigen Haushaltsjahren führen können.

(2) Auf die Mitwirkung des Bundes an Maßnahmen überstaatlicher
oder zwischenstaatlicher Einrichtungen ist Absatz 1 Satz 1 entsprechend
anzuwenden.

§ 41 Haushaltswirtschaftliche Sperre

Wenn die Entwicklung der Einnahmen oder Ausgaben es erfordert,
kann das Bundesministerium der Finanzen nach Benehmen mit dem zuständigen Bundesministerium es von seiner Einwilligung abhängig machen, ob Verpflichtungen eingegangen oder Ausgaben geleistet werden.

§ 42 Konjunkturpolitisch bedingte zusätzliche Ausgaben

Bei Vorlagen, die dem Bundestag und dem Bundesrat nach § 8 Abs. 1
des Gesetzes zur Förderung der Stabilität und des Wachstums der Wirtschaft zugeleitet werden, kann der Bundestag die Ausgaben kürzen.

§ 43 Kassenmittel, Betriebsmittel

(1) Das Bundesministerium der Finanzen ermächtigt im Rahmen der
zur Verfügung stehenden Kassenmittel die zuständigen Behörden, in ihrem Geschäftsbereich innerhalb eines bestimmten Zeitraums die notwendigen Auszahlungen bis zur Höhe eines bestimmten Betrages leisten
zu lassen (Betriebsmittel).

(2) Das Bundesministerium der Finanzen soll nicht sofort benötigte
Kassenmittel so anlegen, daß über sie bei Bedarf verfügt werden kann.

§ 44 Zuwendungen, Verwaltung von Mitteln oder
Vermögensgegenständen

(1) Zuwendungen dürfen nur unter den Voraussetzungen des § 23 gewährt werden. Dabei ist zu bestimmen, wie die zweckentsprechende Verwendung der Zuwendungen nachzuweisen ist. Außerdem ist ein Prüfungsrecht der zuständigen Dienststelle oder ihrer Beauftragten festzulegen. Verwaltungsvorschriften, welche die Regelung des Verwendungsnachweises und die Prüfung durch den Bundesrechnungshof (§ 91) betreffen, werden im Einvernehmen mit dem Bundesrechnungshof erlassen.

(2) Sollen Bundesmittel oder Vermögensgegenstände des Bundes von
Stellen außerhalb der Bundesverwaltung verwaltet werden, ist Absatz 1
entsprechend anzuwenden.

(3) Juristischen Personen des privaten Rechts kann mit ihrem Einverständnis die Befugnis verliehen werden, Verwaltungsaufgaben auf dem Gebiet der Zuwendungen im eigenen Namen und in den Handlungsformen des öffentlichen Rechts wahrzunehmen, wenn sie die Gewähr für eine sachgerechte Erfüllung der ihnen übertragenen Aufgaben bieten und die Beleihung im öffentlichen Interesse liegt. Die Verleihung und die Entziehung der Befugnis obliegen dem zuständigen Bundesministerium; im Falle der Verleihung ist das Bundesministerium der Finanzen zu unterrichten. Die Beliehene unterliegt der Aufsicht des zuständigen Bundesministeriums; dieses kann die Aufsicht auf nachgeordnete Behörden übertragen. Im Falle der Staatshaftung wegen Ansprüchen Dritter kann der Bund gegenüber einer beliehenen juristischen Person des Privatrechts bei Vorliegen von Vorsatz oder grober Fahrlässigkeit Rückgriff nehmen.

§ 44a *(weggefallen)*

§ 45 Sachliche und zeitliche Bindung

(1) Ausgaben und Verpflichtungsermächtigungen dürfen nur zu dem im Haushaltsplan bezeichneten Zweck, soweit und solange er fortdauert, und nur bis zum Ende des Haushaltsjahres geleistet oder in Anspruch genommen werden. Nicht in Anspruch genommene Verpflichtungsermächtigungen gelten, wenn das Haushaltsgesetz für das nächste Haushaltsjahr nicht rechtzeitig verkündet wird, bis zur Verkündung dieses Haushaltsgesetzes.

(2) Bei übertragbaren Ausgaben können Ausgabereste gebildet werden, die für die jeweilige Zweckbestimmung über das Haushaltsjahr hinaus bis zum Ende des auf die Bewilligung folgenden zweitnächsten Haushaltsjahres verfügbar bleiben. Bei Bauten tritt an die Stelle des Haushaltsjahres der Bewilligung das Haushaltsjahr, in dem der Bau in seinen wesentlichen Teilen in Gebrauch genommen ist. Das Bundesministerium der Finanzen kann im Einzelfall Ausnahmen zulassen.

(3) Die Inanspruchnahme von Ausgaberesten bedarf der Einwilligung des Bundesministeriums der Finanzen; die Einwilligung darf nur erteilt werden, wenn in demselben oder einem anderen Einzelplan Ausgaben in gleicher Höhe bis zum Ende des laufenden Haushaltsjahres nicht geleistet werden oder wenn Ausgabemittel zur Deckung der Ausgabereste veranschlagt worden sind (§ 19 Abs. 2).

(4) Das Bundesministerium der Finanzen kann in besonders begründeten Einzelfällen die Übertragbarkeit von Ausgaben zulassen, soweit Ausgaben für bereits bewilligte Maßnahmen noch im nächsten Haushaltsjahr zu leisten sind.

§ 46 Deckungsfähigkeit

Deckungsfähige Ausgaben dürfen, solange sie verfügbar sind, nach Maßgabe des § 20 Abs. 1 oder des Deckungsvermerks zugunsten einer anderen Ausgabe verwendet werden.

§ 47 Wegfall- und Umwandlungsvermerke

(1) Über Ausgaben, die der Haushaltsplan als künftig wegfallend bezeichnet, darf von dem Zeitpunkt an, mit dem die im Haushaltsplan bezeichnete Voraussetzung für den Wegfall erfüllt ist, nicht mehr verfügt werden. Entsprechendes gilt für Planstellen.

(2) Ist eine Planstelle ohne nähere Angabe als künftig wegfallend bezeichnet, darf die nächste freiwerdende Planstelle derselben Besoldungsgruppe für Beamte derselben Fachrichtung nicht wieder besetzt werden.

(3) Ist eine Planstelle ohne Bestimmung der Voraussetzungen als künftig umzuwandeln bezeichnet, gilt die nächste freiwerdende Planstelle derselben Besoldungsgruppe für Beamte derselben Fachrichtung im Zeitpunkt ihres Freiwerdens als in die Stelle umgewandelt, die in dem Umwandlungsvermerk angegeben ist.

(4) Die Absätze 1 bis 3 gelten für Stellen der Angestellten und Arbeiter entsprechend.

§ 48 Höchstaltersgrenze bei der Berufung in ein Beamten- oder Soldatenverhältnis oder Versetzung von Beamtinnen und Beamten in den Bundesdienst

(1) Berufungen in ein Beamtenverhältnis oder Versetzungen in den Bundesdienst dürfen nur erfolgen, wenn

1. die Bewerberin oder der Bewerber das 50. Lebensjahr noch nicht vollendet hat oder

2. ein außerordentlicher Mangel an gleich geeigneten jüngeren Bewerberinnen und Bewerbern besteht und die Berufung oder Versetzung einen erheblichen Vorteil für den Bund bedeutet.

An die Stelle des 50. Lebensjahres tritt

1. das 55. Lebensjahr, wenn die zukünftigen Versorgungslasten nach dem Versorgungslastenteilungs-Staatsvertrag, nach § 107b des Beamtenversorgungsgesetzes, nach § 92b des Soldatenversorgungsgesetzes oder dem Militärseelsorgevertrag vom 22. Februar 1957 (BGBl. 1957 II S. 702) mit dem abgebenden Dienstherrn geteilt werden, oder

2. das 62. Lebensjahr, wenn bereits Ansprüche auf Versorgung nach beamten- oder soldatenrechtlichen Vorschriften oder Grundsätzen zu Lasten des Bundes erworben wurden und das vorgesehene Amt

höchstens der Besoldungsgruppe zugeordnet ist, aus der zuletzt Dienstbezüge gezahlt wurden.

(2) Für die Berufung oder Versetzung in den Polizeivollzugsdienst des Bundes gilt Absatz 1 Satz 1 mit der Maßgabe, dass bei einer Verwendung im Bundesministerium des Innern, für Bau und Heimat, im Bundeskriminalamt oder im Polizeivollzugsdienst beim Deutschen Bundestag an die Stelle des 50. Lebensjahres das 45. Lebensjahr und bei einer Verwendung in anderen Bereichen an die Stelle des 50. Lebensjahres das 40. Lebensjahr tritt. Außerdem gilt in diesen Fällen Absatz 1 Satz 2 Nummer 2 mit der Maßgabe, dass an die Stelle des 62. Lebensjahres das 52. Lebensjahr tritt. Absatz 1 Satz 2 Nummer 1 findet keine Anwendung.

(3) Für die Berufung in ein Soldatenverhältnis oder die Umwandlung des Dienstverhältnisses eines Soldaten auf Zeit in das Dienstverhältnis eines Berufssoldaten gilt Absatz 1 Satz 1 mit der Maßgabe, dass an die Stelle des 50. Lebensjahres das 40. Lebensjahr tritt. Außerdem gilt in diesen Fällen Absatz 1 Satz 2 Nummer 2 mit der Maßgabe, dass an die Stelle des 62. Lebensjahres eine Diensterwartung von mehr als drei Jahren tritt. Absatz 1 Satz 2 Nummer 1 findet keine Anwendung.

(4) Die Entscheidung über Berufungen in ein Beamtenverhältnis oder über Versetzungen in den Bundesdienst trifft die jeweils zuständige oberste Bundesbehörde für ihren Geschäftsbereich.

§ 49 Einweisung in eine Planstelle

(1) Ein Amt darf nur zusammen mit der Einweisung in eine besetzbare Planstelle verliehen werden.

(2) Wer als Beamter befördert wird, kann mit Wirkung vom Ersten des Monats, in dem seine Ernennung wirksam geworden ist, in die entsprechende, zu diesem Zeitpunkt besetzbare Planstelle eingewiesen werden. Er kann mit Rückwirkung von höchstens drei Monaten, zum Ersten eines Monats, in eine besetzbare Planstelle eingewiesen werden, wenn er während dieser Zeit die Obliegenheiten dieses oder eines gleichwertigen Amtes wahrgenommen und die beamtenrechtlichen Voraussetzungen für die Beförderung erfüllt hat.

§ 50 Umsetzung von Mitteln und Planstellen

(1) Die Bundesregierung kann Mittel und Planstellen umsetzen, wenn Aufgaben von einer Verwaltung auf eine andere Verwaltung übergehen. Eines Beschlusses der Bundesregierung bedarf es nicht, wenn die beteiligten Bundesministerien und das Bundesministerium der Finanzen über die Umsetzung einig sind.

(2) Eine Planstelle darf mit Einwilligung des Bundesministeriums der Finanzen in eine andere Verwaltung umgesetzt werden, wenn dort ein unvorhergesehener und unabweisbarer vordringlicher Personalbedarf

besteht. Über den weiteren Verbleib der Planstelle ist im nächsten Haushaltsplan zu bestimmen

(3) Bei Abordnungen können mit Einwilligung des Bundesministeriums der Finanzen die Personalausgaben für abgeordnete Beamte von der abordnenden Verwaltung bis zur Verkündung des nächsten Haushaltsgesetzes weitergezahlt werden.

(4) Die Absätze 1 bis 3 gelten für Mittel und für Stellen der Angestellten und Arbeiter entsprechend.

(5) Für Beamte, die bei einer Vertretung des Bundes im Ausland verwendet werden, kann das Bundesministerium der Finanzen in besonders begründeten Ausnahmefällen für die Dauer von höchstens sechs Monaten eine Leerstelle schaffen.

§ 51 Besondere Personalausgaben

Personalausgaben, die nicht auf Gesetz oder Tarifvertrag beruhen, dürfen nur geleistet werden, wenn dafür Ausgabemittel besonders zur Verfügung gestellt sind.

§ 52 Nutzungen und Sachbezüge

Nutzungen und Sachbezüge dürfen Angehörigen des öffentlichen Dienstes nur gegen angemessenes Entgelt gewährt werden, soweit nicht durch Gesetz oder Tarifvertrag oder im Haushaltsplan etwas anderes bestimmt ist. Die Bundesregierung kann für die Benutzung von Dienstfahrzeugen Ausnahmen zulassen. Das Nähere für die Zuweisung, Nutzung, Verwaltung und Festsetzung des Nutzungswertes von Dienstwohnungen regelt das Bundesministerium der Finanzen. Die Dienstwohnungen mit Ausnahme der Dienstwohnungen für Angestellte und Arbeiter sind im Haushaltsplan auszubringen.

§ 53 Billigkeitsleistungen

Leistungen aus Gründen der Billigkeit dürfen nur gewährt werden, wenn dafür Ausgabemittel besonders zur Verfügung gestellt sind.

§ 54 Baumaßnahmen, größere Beschaffungen, größere Entwicklungsvorhaben

(1) Baumaßnahmen dürfen nur begonnen werden, wenn ausführliche Entwurfszeichnungen und Kostenberechnungen vorliegen, es sei denn, daß es sich um kleinere Maßnahmen handelt. In den Zeichnungen und Berechnungen darf von den in § 24 bezeichneten Unterlagen nur insoweit abgewichen werden, als die Änderung nicht erheblich ist; weitergehende Ausnahmen bedürfen der Einwilligung des Bundesministeriums der Finanzen.

(2) Größeren Beschaffungen und größeren Entwicklungsvorhaben sind ausreichende Unterlagen zugrunde zu legen. Absatz 1 Satz 2 gilt entsprechend.

§ 55 Öffentliche Ausschreibung

(1) Dem Abschluss von Verträgen über Lieferungen und Leistungen muss eine Öffentliche Ausschreibung oder eine Beschränkte Ausschreibung mit Teilnahmewettbewerb vorausgehen, sofern nicht die Natur des Geschäfts oder besondere Umstände eine Ausnahme rechtfertigen. Teilnahmewettbewerb ist ein Verfahren, bei dem der öffentliche Auftraggeber nach vorheriger öffentlicher Aufforderung zur Teilnahme eine beschränkte Anzahl von geeigneten Unternehmen nach objektiven, transparenten und nichtdiskriminierenden Kriterien auswählt und zur Abgabe von Angeboten auffordert.

(2) Beim Abschluß von Verträgen ist nach einheitlichen Richtlinien zu verfahren.

§ 56 Vorleistungen

(1) Vor Empfang der Gegenleistung dürfen Leistungen des Bundes nur vereinbart oder bewirkt werden, wenn dies allgemein üblich oder durch besondere Umstände gerechtfertigt ist.

(2) Werden Zahlungen vor Fälligkeit an den Bund entrichtet, kann nach Richtlinien des Bundesministeriums der Finanzen ein angemessener Abzug gewährt werden.

§ 57 Verträge mit Angehörigen des öffentlichen Dienstes

Zwischen Angehörigen des öffentlichen Dienstes und ihrer Dienststelle dürfen Verträge nur mit Einwilligung des zuständigen Bundesministeriums abgeschlossen werden. Dieses kann seine Befugnis auf nachgeordnete Dienststellen übertragen. Satz 1 gilt nicht bei öffentlichen Ausschreibungen und Versteigerungen sowie in Fällen, für die allgemein Entgelte festgesetzt sind.

§ 58 Änderung von Verträgen, Vergleiche

(1) Das zuständige Bundesministerium darf

1. Verträge zum Nachteil des Bundes nur in besonders begründeten Ausnahmefällen aufheben oder ändern,

2. einen Vergleich nur abschließen, wenn dies für den Bund zweckmäßig und wirtschaftlich ist.

Das zuständige Bundesministerium kann seine Befugnisse übertragen.

(2) Maßnahmen nach Absatz 1 bedürfen der Einwilligung des Bundesministeriums der Finanzen, soweit es nicht darauf verzichtet.

§ 59 Veränderung von Ansprüchen

(1) Das zuständige Bundesministerium darf Ansprüche nur

1. stunden, wenn die sofortige Einziehung mit erheblichen Härten für den Anspruchsgegner verbunden wäre *und der Anspruch durch die Stundung nicht gefährdet wird.** Die Stundung soll gegen angemessene Verzinsung und in der Regel nur gegen Sicherheitsleistung gewährt werden,

2. niederschlagen, wenn feststeht, daß die Einziehung keinen Erfolg haben wird, oder wenn die Kosten der Einziehung außer Verhältnis zur Höhe des Anspruchs stehen,

3. erlassen, wenn die Einziehung nach Lage des einzelnen Falles für den Anspruchsgegner eine besondere Härte bedeuten würde. Das gleiche gilt für die Erstattung oder Anrechnung von geleisteten Beträgen und für die Freigabe von Sicherheiten.

Das zuständige Bundesministerium kann seine Befugnisse übertragen.

(2) Maßnahmen nach Absatz 1 bedürfen der Einwilligung des Bundesministeriums der Finanzen, soweit es nicht darauf verzichtet.

(3) Andere Regelungen in Rechtsvorschriften bleiben unberührt.

§ 60 Vorschüsse, Verwahrungen

(1) Als Vorschuß darf eine Ausgabe nur gebucht werden, wenn die Verpflichtung zur Leistung zwar feststeht, die Ausgabe aber noch nicht endgültig gebucht werden kann. Ein Vorschuß ist bis zum Ende des zweiten auf seine Entstehung folgenden Haushaltsjahres endgültig zu buchen; Ausnahmen bedürfen der Einwilligung des Bundesministeriums der Finanzen.

(2) In Verwahrung darf eine Einzahlung nur genommen werden, solange sie nicht endgültig gebucht werden kann. Aus den Verwahrgeldern dürfen nur die mit ihnen im Zusammenhang stehenden Auszahlungen geleistet werden.

(3) Kassenverstärkungskredite sind wie Verwahrungen zu behandeln.

§ 61 Interne Verrechnungen

(1) Innerhalb der Bundesverwaltung dürfen Vermögensgegenstände für andere Zwecke als die, für die sie beschafft wurden, nur gegen Erstattung ihres vollen Wertes abgegeben werden, soweit sich aus dem Haushaltsplan nichts anderes ergibt. Aufwendungen einer Dienststelle

---

* Gemäß Artikel 3 des Nachtragshaushaltsgesetzes 2020 (BGBl. I S. 556) findet § 59 Absatz 1 Nummer 1 der Bundeshaushaltsordnung im Haushaltsjahr 2020 mit der Maßgabe Anwendung, dass die Wörter „und der Anspruch durch die Stundung nicht gefährdet wird" gestrichen werden.

für eine andere sind zu erstatten; andere Regelungen in Rechtsvorschriften bleiben unberührt. Ein Schadenausgleich zwischen Dienststellen unterbleibt.

(2) Absatz 1 gilt nicht, wenn der Wert der abzugebenden Vermögensgegenstände oder die zu erstattenden Aufwendungen einen bestimmten, vom Bundesministerium der Finanzen festzusetzenden Betrag nicht überschreiten oder das Bundesministerium der Finanzen weitere Ausnahmen zuläßt.

(3) Der Wert der abgegebenen Vermögensgegenstände und die Aufwendungen sind stets zu erstatten, wenn Bundesbetriebe oder Sondervermögen des Bundes beteiligt sind. Entsprechendes gilt für den Ausgleich von Schäden. Im Wege der Verwaltungsvereinbarung können andere Regelungen getroffen werden, soweit sie aus Gründen der Verwaltungsvereinfachung dringend geboten sind.

(4) Für die Nutzung von Vermögensgegenständen gelten die Absätze 1 bis 3 entsprechend.

§ 62 Kassenverstärkungsrücklage

Zur Aufrechterhaltung einer ordnungsgemäßen Kassenwirtschaft ohne Inanspruchnahme von Kreditermächtigungen (§ 18 Abs. 2 Nr. 2) soll durch möglichst regelmäßige Zuführung von Haushaltsmitteln eine Kassenverstärkungsrücklage bei der Deutschen Bundesbank angesammelt werden.

§ 63 Erwerb und Veräußerung von Vermögensgegenständen

(1) Vermögensgegenstände sollen nur erworben werden, soweit sie zur Erfüllung der Aufgaben des Bundes in absehbarer Zeit erforderlich sind.

(2) Vermögensgegenstände dürfen nur veräußert werden, wenn sie zur Erfüllung der Aufgaben des Bundes in absehbarer Zeit nicht benötigt werden. Unbewegliche Vermögensgegenstände, die zur Erfüllung der Aufgaben des Bundes weiterhin benötigt werden, dürfen zur langfristigen Eigennutzung veräußert werden, wenn auf diese Weise die Aufgaben des Bundes nachweislich wirtschaftlicher erfüllt werden können.

(3) Vermögensgegenstände dürfen nur zu ihrem vollen Wert veräußert werden. Ausnahmen können im Haushaltsplan zugelassen werden. Ist der Wert gering oder besteht ein dringendes Bundesinteresse, so kann das Bundesministerium der Finanzen Ausnahmen zulassen.

(4) Für die Überlassung der Nutzung eines Vermögensgegenstandes gelten die Absätze 2 und 3 entsprechend.

§ 64 Grundstücke

(1) Bundeseigene Grundstücke dürfen nur mit Einwilligung des Bundesministeriums der Finanzen und des für das Bundesvermögen zuständigen Bundesministeriums veräußert werden; die Bundesministerien können auf ihre Mitwirkung verzichten.

(2) Haben Grundstücke erheblichen Wert oder besondere Bedeutung und ist ihre Veräußerung im Haushaltsplan nicht vorgesehen, so dürfen sie nur mit Einwilligung des Bundestages und des Bundesrates veräußert werden, soweit nicht aus zwingenden Gründen eine Ausnahme hiervon geboten ist. Ist die Zustimmung nicht eingeholt worden, so sind der Bundestag und der Bundesrat alsbald von der Veräußerung zu unterrichten.

(3) Für zu erwerbende oder zu veräußernde Grundstücke ist eine Wertermittlung aufzustellen.

(4) Dingliche Rechte dürfen an bundeseigenen Grundstücken nur gegen angemessenes Entgelt bestellt werden. Die Bestellung bedarf der Einwilligung des Bundesministeriums der Finanzen und des für das Bundesvermögen zuständigen Bundesministeriums; die Bundesministerien können auf ihre Mitwirkung verzichten.

(5) Beim Erwerb von Grundstücken können Hypotheken, Grund- und Rentenschulden unter Anrechnung auf den Kaufpreis ohne die Voraussetzungen des § 38 Abs. 1 übernommen werden.

§ 65 Beteiligung an privatrechtlichen Unternehmen

(1) Der Bund soll sich, außer in den Fällen des Absatzes 5, an der Gründung eines Unternehmens in einer Rechtsform des privaten Rechts oder an einem bestehenden Unternehmen in einer solchen Rechtsform nur beteiligen, wenn

1. ein wichtiges Interesse des Bundes vorliegt und sich der vom Bund angestrebte Zweck nicht besser und wirtschaftlicher auf andere Weise erreichen läßt,

2. die Einzahlungsverpflichtung des Bundes auf einen bestimmten Betrag begrenzt ist,

3. der Bund einen angemessenen Einfluß, insbesondere im Aufsichtsrat oder in einem entsprechenden Überwachungsorgan erhält,

4. gewährleistet ist, daß der Jahresabschluß und der Lagebericht, soweit nicht weitergehende gesetzliche Vorschriften gelten oder andere gesetzliche Vorschriften entgegenstehen, in entsprechender Anwendung der Vorschriften des Dritten Buchs des Handelsgesetzbuchs für große Kapitalgesellschaften aufgestellt und geprüft werden.

(2) Das zuständige Bundesministerium hat die Einwilligung des Bundesministeriums der Finanzen einzuholen und das für das Bundesvermögen zuständige Bundesministerium zu beteiligen, bevor der Bund Anteile

an einem Unternehmen erwirbt, seine Beteiligung erhöht oder sie ganz oder zum Teil veräußert. Entsprechendes gilt bei einer Änderung des Nennkapitals oder des Gegenstandes des Unternehmens oder bei einer Änderung des Einflusses des Bundes. Das Bundesministerium der Finanzen ist an den Verhandlungen zu beteiligen.

(3) Das zuständige Bundesministerium soll darauf hinwirken, daß ein Unternehmen, an dem der Bund unmittelbar oder mittelbar mit Mehrheit beteiligt ist, nur mit seiner Zustimmung eine Beteiligung von mehr als dem vierten Teil der Anteile eines anderen Unternehmens erwirbt, eine solche Beteiligung erhöht oder sie ganz oder zum Teil veräußert. Es hat vor Erteilung seiner Zustimmung die Einwilligung des Bundesministeriums der Finanzen einzuholen und das für das Bundesvermögen zuständige Bundesministerium zu beteiligen. Die Grundsätze des Absatzes 1 Nr. 3 und 4 sowie des Absatzes 2 Satz 2 gelten entsprechend.

(4) Das Bundesministerium der Finanzen und das für das Bundesvermögen zuständige Bundesministerium können auf die Ausübung der Befugnisse nach den Absätzen 2 und 3 verzichten.

(5) An einer Genossenschaft soll sich der Bund nur beteiligen, wenn die Haftpflicht der Mitglieder für die Verbindlichkeiten der Genossenschaft dieser gegenüber im voraus auf eine bestimmte Summe beschränkt ist. Die Beteiligung des Bundes an einer Genossenschaft bedarf der Einwilligung des Bundesministeriums der Finanzen.

(6) Das zuständige Bundesministerium soll darauf hinwirken, daß die auf Veranlassung des Bundes gewählten oder entsandten Mitglieder der Aufsichtsorgane der Unternehmen bei ihrer Tätigkeit auch die besonderen Interessen des Bundes berücksichtigen.

(7) Haben Anteile an Unternehmen besondere Bedeutung und ist deren Veräußerung im Haushaltsplan nicht vorgesehen, so dürfen sie nur mit Einwilligung des Bundestages und des Bundesrates veräußert werden, soweit nicht aus zwingenden Gründen eine Ausnahme geboten ist. Ist die Zustimmung nicht eingeholt worden, so sind der Bundestag und der Bundesrat alsbald von der Veräußerung zu unterrichten.

§ 66 Unterrichtung des Bundesrechnungshofes

Besteht eine Mehrheitsbeteiligung im Sinne des § 53 des Haushaltsgrundsätzegesetzes, so hat das zuständige Bundesministerium darauf hinzuwirken, daß dem Bundesrechnungshof die in § 54 des Haushaltsgrundsätzegesetzes bestimmten Befugnisse eingeräumt werden.

§ 67 Prüfungsrecht durch Vereinbarung

Besteht keine Mehrheitsbeteiligung im Sinne des § 53 des Haushaltsgrundsätzegesetzes, so soll das zuständige Bundesministerium, soweit das Interesse des Bundes dies erfordert, bei Unternehmen, die nicht Aktiengesellschaften, Kommanditgesellschaften auf Aktien oder Genossenschaften sind, darauf hinwirken, daß dem Bund in der Satzung oder im Gesellschaftsvertrag die Befugnisse nach den §§ 53 und 54 des Haushaltsgrundsätzegesetzes eingeräumt werden. Bei mittelbaren Beteiligungen gilt dies nur, wenn die Beteiligung den vierten Teil der Anteile übersteigt und einem Unternehmen zusteht, an dem der Bund allein oder zusammen mit anderen Gebietskörperschaften mit Mehrheit im Sinne des § 53 des Haushaltsgrundsätzegesetzes beteiligt ist.

§ 68 Zuständigkeitsregelungen

(1) Die Rechte nach § 53 Abs. 1 des Haushaltsgrundsätzegesetzes übt das für die Beteiligung zuständige Bundesministerium aus. Bei der Wahl oder Bestellung der Prüfer nach § 53 Abs. 1 Nr. 1 des Haushaltsgrundsätzegesetzes übt das zuständige Bundesministerium die Rechte des Bundes im Einvernehmen mit dem Bundesrechnungshof aus.

(2) Einen Verzicht auf die Ausübung der Rechte des § 53 Abs. 1 des Haushaltsgrundsätzegesetzes erklärt das zuständige Bundesministerium im Einvernehmen mit dem Bundesministerium der Finanzen, dem für das Bundesvermögen zuständigen Bundesministerium und dem Präsidenten des Bundesrechnungshofes.

§ 69 Unterrichtung des Bundesrechnungshofes

Das zuständige Bundesministerium übersendet dem Bundesrechnungshof innerhalb von drei Monaten nach der Haupt- oder Gesellschafterversammlung, die den Jahresabschluß für das abgelaufene Geschäftsjahr entgegennimmt oder festzustellen hat,

1. die Unterlagen, die dem Bund als Aktionär oder Gesellschafter zugänglich sind,

2. die Berichte, welche die auf seine Veranlassung gewählten oder entsandten Mitglieder des Überwachungsorgans unter Beifügung aller ihnen über das Unternehmen zur Verfügung stehenden Unterlagen zu erstatten haben,

3. die ihm nach § 53 des Haushaltsgrundsätzegesetzes und nach § 67 zu übersendenden Prüfungsberichte.

Es teilt dabei das Ergebnis seiner Prüfung mit.

§ 69a Parlamentarische Kontrolle von Bundesbeteiligungen

(1) Die Bundesregierung unterrichtet den Deutschen Bundestag über alle grundsätzlichen und wesentlichen Fragen der Beteiligungen des Bundes an privatrechtlichen Unternehmen sowie der Beteiligungsverwaltung durch die Bundesregierung. Die Unterrichtung umfasst auch die Beteiligungen des Bundes nach § 112 Absatz 2.

(2) Die Unterrichtung nach Absatz 1 erfolgt regelmäßig gegenüber dem Gremium nach § 3 des Gesetzes zur Regelung des Schuldenwesens des Bundes. § 3 Absatz 2 Satz 2 und 3 und Absatz 3 des Gesetzes zur Regelung des Schuldenwesens des Bundes gelten entsprechend. Auf Beschluss des Gremiums ist der Haushaltsausschuss mit der Unterrichtung zu befassen.

(3) Sofern grundsätzliche und wesentliche Fragen gemäß Absatz 1 die Gründung, den Erwerb, die Veräußerung von Unternehmen oder Änderung an bestehenden Beteiligungen durch den Bund sowie Übertragungen wesentlicher Vermögenspositionen berühren, soll das Gremium nach Absatz 2 zeitnah unterrichtet werden. Die Vorschriften des § 65 Absatz 7 bleiben davon unberührt.

(4) Die Rechte des Deutschen Bundestages und seiner Ausschüsse bleiben unberührt.

TEIL IV
Zahlungen, Buchführung und Rechnungslegung

§ 70 Zahlungen

Zahlungen dürfen nur von Kassen und Zahlstellen angenommen oder geleistet werden. Die Anordnung der Zahlung muß durch das zuständige Ministerium oder die von ihm ermächtigte Dienststelle schriftlich oder auf elektronischem Wege erteilt werden. Das Bundesministerium der Finanzen kann Ausnahmen zulassen.

§ 71 Buchführung

(1) Über Zahlungen ist nach der im Haushaltsplan oder sonst vorgesehenen Ordnung in zeitlicher Folge Buch zu führen. Über eingegangene Verpflichtungen sowie über Geldforderungen des Bundes, die von Bundesbehörden verwaltet werden, ist nach Richtlinien des Bundesministeriums der Finanzen Buch zu führen. Für andere Bewirtschaftungsvorgänge kann das Bundesministerium der Finanzen die Buchführung anordnen.

(2) Einnahmen und Ausgaben auf Einnahme- und Ausgabereste (Haushaltsreste) aus Vorjahren,

1. für die im Haushaltsplan des laufenden Haushaltsjahres wiederum ein Titel vorgesehen ist, sind bei diesem zu buchen,

2. für die im Haushaltsplan des laufenden Haushaltsjahres kein Titel vorgesehen ist, sind an der Stelle zu buchen, an der sie im Falle der Veranschlagung im Haushaltsplan vorzusehen gewesen wären.

(3) Absatz 2 Nr. 2 gilt entsprechend für außerplanmäßige Einnahmen und Ausgaben.

§ 72 Buchung nach Haushaltsjahren

(1) Zahlungen, eingegangene Verpflichtungen, Geldforderungen sowie andere Bewirtschaftungsvorgänge, für die nach § 71 Abs. 1 Satz 3 die Buchführung angeordnet ist, sind nach Haushaltsjahren getrennt zu buchen.

(2) Alle Zahlungen mit Ausnahme der Fälle nach den Absätzen 3 und 4 sind für das Haushaltsjahr zu buchen, in dem sie eingegangen oder geleistet worden sind.

(3) Zahlungen, die im abgelaufenen Haushaltsjahr fällig waren, jedoch erst später eingehen oder geleistet werden, sind in den Büchern des abgelaufenen Haushaltsjahres zu buchen, solange die Bücher nicht abgeschlossen sind.

(4) Für das neue Haushaltsjahr sind zu buchen:

1. Einnahmen, die im neuen Haushaltsjahr fällig werden, jedoch vorher eingehen;

2. Ausgaben, die im neuen Haushaltsjahr fällig werden, jedoch wegen des fristgerechten Eingangs beim Empfänger vorher gezahlt werden müssen;

3. im voraus zu zahlende Dienst-, Versorgungs- und entsprechende Bezüge sowie Renten für den ersten Monat des neuen Haushaltsjahres.

(5) Die Absätze 3 und 4 Nr. 1 gelten nicht für Steuern, Gebühren, andere Abgaben, Geldstrafen, Geldbußen sowie damit zusammenhängende Kosten.

(6) Ausnahmen von den Absätzen 2 bis 4 können im Haushaltsplan zugelassen werden.

§ 73 Vermögensbuchführung, integrierte Buchführung

(1) Über das Vermögen und die Schulden ist Buch zu führen oder ein anderer Nachweis zu erbringen. Das Nähere regelt das Bundesministerium der Finanzen im Einvernehmen mit dem Bundesrechnungshof.

(2) Die Buchführung über das Vermögen und die Schulden ist mit der Buchführung über die Einnahmen und Ausgaben zu verbinden.

§ 74 Buchführung bei Bundesbetrieben

(1) Bundesbetriebe, die nach § 26 Abs. 1 Satz 1 einen Wirtschaftsplan aufstellen und bei denen eine Buchführung nach den §§ 71 bis 79 nicht zweckmäßig ist, haben nach den Regeln der kaufmännischen doppelten Buchführung zu buchen.

(2) Das zuständige Bundesministerium kann im Einvernehmen mit dem Bundesministerium der Finanzen und dem Bundesrechnungshof anordnen, daß bei Bundesbetrieben zusätzlich eine Betriebsbuchführung

eingerichtet wird, wenn dies aus betriebswirtschaftlichen Gründen zweckmäßig ist.

(3) Geschäftsjahr ist das Haushaltsjahr. Ausnahmen kann das zuständige Bundesministerium im Einvernehmen mit dem Bundesministerium der Finanzen zulassen.

§ 75 Belegpflicht

Alle Buchungen sind zu belegen.

§ 76 Abschluß der Bücher

(1) Die Bücher sind jährlich abzuschließen. Das Bundesministerium der Finanzen bestimmt den Zeitpunkt des Abschlusses.

(2) Nach dem Abschluß der Bücher dürfen Einnahmen oder Ausgaben nicht mehr für den abgelaufenen Zeitraum gebucht werden.

§ 77 Kassensicherheit

Wer Anordnungen im Sinne des § 70 erteilt oder an ihnen verantwortlich mitwirkt, darf an Zahlungen oder Buchungen nicht beteiligt sein. Das Bundesministerium der Finanzen kann zulassen, daß die Kassensicherheit auf andere Weise gewährleistet wird.

§ 78 Unvermutete Prüfungen

Für Zahlungen oder Buchungen zuständige Stellen sind mindestens jährlich, für die Verwaltung von Vorräten zuständige Stellen mindestens alle zwei Jahre unvermutet zu prüfen. Das Bundesministerium der Finanzen kann Ausnahmen zulassen.

§ 79 Bundeskassen, Verwaltungsvorschriften

(1) Die Aufgaben der Kassen bei der Annahme und der Leistung von Zahlungen für den Bund werden für alle Stellen innerhalb und außerhalb der Bundesverwaltung von den Bundeskassen wahrgenommen, soweit es sich nicht um die Erhebung von Steuern handelt, die von den Landesfinanzbehörden verwaltet werden.

(2) Die Zentralkasse besteht beim Bundesministerium der Finanzen. Das Bundesministerium der Finanzen kann bestimmen, dass die Zentralkasse bei einer Bundesbehörde seines Geschäftsbereichs eingerichtet wird.

(3) Die Bundeskassen sind bei der Generalzolldirektion zu errichten.

(4) Das Bundesministerium der Finanzen regelt das Nähere

1. über die Einrichtung, den Zuständigkeitsbereich und das Verwaltungsverfahren der für Zahlungen und Buchungen zuständigen Stel-

len des Bundes im Benehmen mit dem zuständigen Bundesministerium,

2. über die Einrichtung der Bücher und Belege im Einvernehmen mit
dem Bundesrechnungshof.

(5) Das Bundesministerium der Finanzen kann im Einvernehmen mit
dem Bundesrechnungshof Vereinfachungen für die Buchführung und die
Belegung der Buchungen allgemein anordnen. Der Bundesrechnungshof
kann im Einvernehmen mit dem zuständigen Bundesministerium im
Einzelfall Vereinfachungen zulassen.

§ 80 Rechnungslegung

(1) Die zuständigen Stellen haben für jedes Haushaltsjahr auf der
Grundlage der abgeschlossenen Bücher Rechnung zu legen. Das Bundesministerium der Finanzen kann im Einvernehmen mit dem Bundesrechnungshof bestimmen, daß für einen anderen Zeitraum Rechnung zu legen ist.

(2) *weggefallen*

(3) Auf der Grundlage der abgeschlossenen Bücher stellt das Bundesministerium der Finanzen für jedes Haushaltsjahr die Haushaltsrechnung und die Vermögensrechnung auf.

§ 81 Gliederung der Haushaltsrechnung

(1) In der Haushaltsrechnung sind die Einnahmen und Ausgaben
nach der in § 71 bezeichneten Ordnung den Ansätzen des Haushaltsplans
unter Berücksichtigung der Haushaltsreste und der Vorgriffe gegenüberzustellen.

(2) Bei den einzelnen Titeln und entsprechend bei den Schlußsummen
sind besonders anzugeben:

1. bei den Einnahmen:

   a) die Ist-Einnahmen,

   b) die zu übertragenden Einnahmereste,

   c) die Summe der Ist-Einnahmen und der zu übertragenden Einnah-
      mereste,

   d) die vermögenswirksamen Beträge der Ist-Einnahmen, soweit eine
      Vermögensbuchführung besteht,

   e) die veranschlagten Einnahmen,

   f) die aus dem Vorjahr übertragenen Einnahmereste,

   g) die Summe der veranschlagten Einnahmen und der übertragenen
      Einnahmereste,

   h) der Mehr- oder Minderbetrag der Summe aus Buchstabe c gegen-
      über der Summe aus Buchstabe g;

2. bei den Ausgaben:

   a) die Ist-Ausgaben,

   b) die zu übertragenden Ausgabereste oder die Vorgriffe,

   c) die Summe der Ist-Ausgaben und der zu übertragenden Ausgabereste oder der Vorgriffe,

   d) die vermögenswirksamen Beträge der Ist-Ausgaben, soweit eine Vermögensbuchführung besteht,

   e) die veranschlagten Ausgaben,

   f) die aus dem Vorjahr übertragenen Ausgabereste oder die Vorgriffe,

   g) die Summe der veranschlagten Ausgaben und der übertragenen Ausgabereste oder der Vorgriffe,

   h) der Mehr- oder Minderbetrag der Summe aus Buchstabe c gegenüber der Summe aus Buchstabe g,

   i) der Betrag der über- oder außerplanmäßigen Ausgaben sowie der Vorgriffe.

(3) Für die jeweiligen Titel und entsprechend für die Schlußsummen ist die Höhe der eingegangenen Verpflichtungen und der Geldforderungen im Sinne des § 71 Abs. 1 Satz 2 besonders anzugeben.

(4) In den Fällen des § 25 Abs. 2 ist die Verminderung des Kreditbedarfs zugleich mit dem Nachweis des Überschusses darzustellen.

§ 82 Kassenmäßiger Abschluß

In dem kassenmäßigen Abschluß sind nachzuweisen:

1. a) die Summe der Ist-Einnahmen,

   b) die Summe der Ist-Ausgaben,

   c) der Unterschied aus Buchstabe a und Buchstabe b (kassenmäßiges Jahresergebnis),

   d) die haushaltsmäßig noch nicht abgewickelten kassenmäßigen Jahresergebnisse früherer Jahre,

   e) das kassenmäßige Gesamtergebnis aus Buchstabe c und Buchstabe d;

2. a) die Summe der Ist-Einnahmen mit Ausnahme der Einnahmen aus Krediten vom Kreditmarkt, der Entnahmen aus Rücklagen, der Einnahmen aus kassenmäßigen Überschüssen und der Münzeinnahmen,

   b) die Summe der Ist-Ausgaben mit Ausnahme der Ausgaben zur Schuldentilgung am Kreditmarkt, der Zuführungen an Rücklagen und der Ausgaben zur Deckung eines kassenmäßigen Fehlbetrags,

   c) der Finanzierungssaldo aus Buchstabe a und Buchstabe b.

§ 83 Haushaltsabschluß

In dem Haushaltsabschluß sind nachzuweisen

1. a) das kassenmäßige Jahresergebnis nach § 82 Nr. 1 Buchstabe c,

   b) das kassenmäßige Gesamtergebnis nach § 82 Nr. 1 Buchstabe e;

2. a) die aus dem Vorjahr übertragenen Einnahmereste und Ausgabereste,

   b) die in das folgende Haushaltsjahr zu übertragenden Einnahmereste und Ausgabereste,

   c) der Unterschied aus Buchstabe a und Buchstabe b,

   d) das rechnungsmäßige Jahresergebnis aus Nummer 1 Buchstabe a und Nummer 2 Buchstabe c,

   e) das rechnungsmäßige Gesamtergebnis aus Nummer 1 Buchstabe b und Nummer 2 Buchstabe b;

3. die Höhe der eingegangenen Verpflichtungen und der Geldforderungen im Sinne des § 71 Abs. 1 Satz 2.

§ 84 Abschlußbericht

Der kassenmäßige Abschluß und der Haushaltsabschluß sind in einem Bericht zu erläutern.

§ 85 Übersichten zur Haushaltsrechnung

Der Haushaltsrechnung sind Übersichten beizufügen über

1. die über- und außerplanmäßigen Ausgaben einschließlich der Vorgriffe und ihre Begründung,

2. die Einnahmen und Ausgaben sowie den Bestand an Sondervermögen und Rücklagen,

3. den Jahresabschluß bei Bundesbetrieben,

4. die Gesamtbeträge der nach § 59 erlassenen Ansprüche nach Geschäftsbereichen,

5. die nicht veranschlagten Einnahmen aus der Veräußerung von Vermögensgegenständen.

§ 86 Vermögensrechnung

In der Vermögensrechnung sind der Bestand des Vermögens und der Schulden zu Beginn des Haushaltsjahres, die Veränderungen während des Haushaltsjahres und der Bestand zum Ende des Haushaltsjahres nachzuweisen.

§ 87 Rechnungslegung der Bundesbetriebe

(1) Bundesbetriebe, die nach den Regeln der kaufmännischen doppelten Buchführung buchen, stellen einen Jahresabschluß sowie einen Lagebericht in entsprechender Anwendung der Vorschrift des § 264 Abs. 1 Satz 1 des Handelsgesetzbuchs auf. Das zuständige Bundesministerium kann im Einvernehmen mit dem Bundesministerium der Finanzen auf die Aufstellung des Lageberichts verzichten. Die §§ 80 bis 85 sollen angewandt werden, soweit sie mit den Regeln der kaufmännischen doppelten Buchführung zu vereinbaren sind.

(2) Ist eine Betriebsbuchführung eingerichtet, so ist die Betriebsergebnisabrechnung dem Bundesministerium der Finanzen und dem Bundesrechnungshof zu übersenden.

TEIL V

Rechnungsprüfung

§ 88 Aufgaben des Bundesrechnungshofes

(1) Die gesamte Haushalts- und Wirtschaftsführung des Bundes einschließlich seiner Sondervermögen und Betriebe wird von dem Bundesrechnungshof nach Maßgabe der folgenden Bestimmungen geprüft.

(2) Der Bundesrechnungshof kann auf Grund von Prüfungserfahrungen den Bundestag, den Bundesrat, die Bundesregierung und einzelne Bundesministerien beraten. Soweit der Bundesrechnungshof den Bundestag oder den Bundesrat berät, unterrichtet er gleichzeitig die Bundesregierung.

§ 89 Prüfung

(1) Der Bundesrechnungshof prüft

1. die Einnahmen, Ausgaben, Verpflichtungen zur Leistung von Ausgaben, das Vermögen und die Schulden,

2. Maßnahmen, die sich finanziell auswirken können,

3. Verwahrungen und Vorschüsse,

4. die Verwendung der Mittel, die zur Selbstbewirtschaftung zugewiesen sind.

(2) Der Bundesrechnungshof kann nach seinem Ermessen die Prüfung beschränken und Rechnungen ungeprüft lassen.

§ 90 Inhalt der Prüfung

Die Prüfung erstreckt sich auf die Einhaltung der für die Haushalts- und Wirtschaftsführung geltenden Vorschriften und Grundsätze, insbesondere darauf, ob

1. das Haushaltsgesetz und der Haushaltsplan eingehalten worden sind,
2. die Einnahmen und Ausgaben begründet und belegt sind und die Haushaltsrechnung und die Vermögensrechnung ordnungsgemäß aufgestellt sind,
3. wirtschaftlich und sparsam verfahren wird,
4. die Aufgabe mit geringerem Personal- oder Sachaufwand oder auf andere Weise wirksamer erfüllt werden kann.

§ 91 Prüfung bei Stellen außerhalb der Bundesverwaltung

(1) Der Bundesrechnungshof ist vorbehaltlich anderer gesetzlicher Regelung berechtigt, bei Stellen außerhalb der Bundesverwaltung zu prüfen, wenn sie
1. Teile des Bundeshaushaltsplans ausführen oder vom Bund Ersatz von Aufwendungen erhalten,
2. Bundesmittel oder Vermögensgegenstände des Bundes verwalten,
3. vom Bund Zuwendungen erhalten,
4. als juristische Personen des privaten Rechts, an denen der Bund einschließlich seiner Sondervermögen unmittelbar oder mittelbar mit Mehrheit beteiligt ist, nicht im Wettbewerb stehen, bestimmungsgemäß ganz oder überwiegend öffentliche Aufgaben erfüllen oder diesem Zweck dienen und hierfür Haushaltsmittel oder Gewährleistungen des Bundes oder eines seiner Sondervermögen erhalten oder
5. Finanzierungsmittel bewirtschaften, die der Bund den Ländern zweckgebunden zur Erfüllung von Länderaufgaben zugewiesen hat.
Leiten diese Stellen die Mittel an Dritte weiter, so kann der Bundesrechnungshof auch bei diesen prüfen.

(2) Die Prüfung erstreckt sich auf die bestimmungsmäßige und wirtschaftliche Verwaltung und Verwendung. Bei Zuwendungen kann sie sich auch auf die sonstige Haushalts- und Wirtschaftsführung des Empfängers erstrecken, soweit es der Bundesrechnungshof für seine Prüfung für notwendig hält.

(3) Bei der Gewährung von Krediten aus Haushaltsmitteln sowie bei der Übernahme von Bürgschaften, Garantien oder sonstigen Gewährleistungen durch den Bund kann der Bundesrechnungshof bei den Beteiligten prüfen, ob sie ausreichende Vorkehrungen gegen Nachteile für den Bund getroffen oder ob die Voraussetzungen für eine Inanspruchnahme des Bundes vorgelegen haben.

(4) Bei den juristischen Personen im Sinne des Absatzes 1 Satz 1 Nr. 4 erstreckt sich die Prüfung auf die gesamte Haushalts- und Wirtschaftsführung. Handelt es sich bei der juristischen Person des privaten Rechts im Sinne des Absatzes 1 Satz 1 Nr. 4 um ein Unternehmen, erfolgt die Prüfung unter Beachtung kaufmännischer Grundsätze.

§ 92 Prüfung staatlicher Betätigung bei privatrechtlichen Unternehmen

(1) Der Bundesrechnungshof prüft die Betätigung des Bundes bei Unternehmen in einer Rechtsform des privaten Rechts, an denen der Bund unmittelbar oder mittelbar beteiligt ist, unter Beachtung kaufmännischer Grundsätze.

(2) Absatz 1 gilt entsprechend bei Genossenschaften, in denen der Bund Mitglied ist.

§ 93 Gemeinsame Prüfung

(1) Ist für die Prüfung sowohl der Bundesrechnungshof als auch ein Landesrechnungshof zuständig, so soll gemeinsam geprüft werden. Soweit Artikel 114 Abs. 2 Satz 1 des Grundgesetzes die Prüfung durch den Bundesrechnungshof vorschreibt, kann der Bundesrechnungshof durch Vereinbarung Prüfungsaufgaben auf die Landesrechnungshöfe übertragen. Der Bundesrechnungshof kann durch Vereinbarung auch Prüfungsaufgaben von den Landesrechnungshöfen übernehmen.

(1a) In den in § 91 Absatz 1 Satz 1 Nummer 5 genannten Fällen hat der Bundesrechnungshof seine Prüfungen im Benehmen mit den jeweils zuständigen Landesrechnungshöfen durchzuführen.

(2) Der Bundesrechnungshof kann durch Vereinbarung mit ausländischen oder über- oder zwischenstaatlichen Prüfungsbehörden die Durchführung einzelner Prüfungen übertragen oder übernehmen sowie Prüfungsaufgaben für über- oder zwischenstaatliche Einrichtungen übernehmen, wenn er durch völkerrechtliche Verträge oder Verwaltungsabkommen oder durch die Bundesregierung dazu ermächtigt wird.

§ 94 Zeit und Art der Prüfung

(1) Der Bundesrechnungshof bestimmt Zeit und Art der Prüfung und läßt erforderliche örtliche Erhebungen durch Beauftragte vornehmen.

(2) Der Bundesrechnungshof kann Sachverständige hinzuziehen.

§ 95 Auskunftspflicht

(1) Unterlagen, die der Bundesrechnungshof zur Erfüllung seiner Aufgaben für erforderlich hält, sind ihm auf Verlangen innerhalb einer bestimmten Frist zu übersenden oder seinen Beauftragten vorzulegen.

(2) Dem Bundesrechnungshof und seinen Beauftragten sind die erbetenen Auskünfte zu erteilen.

(3) Die Vorlage- und Auskunftspflicht nach den Absätzen 1 und 2 umfasst auch elektronisch gespeicherte Daten sowie deren automatisierten Abruf.

§ 95a Prüfungsanordnung und Entfall der aufschiebenden Wirkung

Erlässt der Bundesrechnungshof zur Durchsetzung seiner Rechte nach § 94 Absatz 1 und § 95 Anordnungen, so hat die Anfechtungsklage hiergegen keine aufschiebende Wirkung.

§ 96 Prüfungsergebnis

(1) Der Bundesrechnungshof teilt das Prüfungsergebnis den zuständigen Dienststellen zur Äußerung innerhalb einer von ihm zu bestimmenden Frist mit. Er kann es auch anderen Dienststellen und dem Haushaltsausschuß des Deutschen Bundestages mitteilen, soweit er dies aus besonderen Gründen für erforderlich hält.

(2) Prüfungsergebnisse von grundsätzlicher oder erheblicher finanzieller Bedeutung teilt der Bundesrechnungshof dem Bundesministerium der Finanzen mit.

(3) Der Bundesrechnungshof ist zu hören, wenn die Verwaltung Ansprüche des Bundes, die in Prüfungsmitteilungen erörtert worden sind, nicht verfolgen will. Er kann auf die Anhörung verzichten.

(4) Der Bundesrechnungshof kann Dritten durch Auskunft, Akteneinsicht oder in sonstiger Weise Zugang zu dem Prüfungsergebnis gewähren, wenn dieses abschließend festgestellt wurde. Gleiches gilt für Berichte, wenn diese abschließend vom Parlament beraten wurden. Zum Schutz des Prüfungs- und Beratungsverfahrens wird Zugang zu den zur Prüfungs- und Beratungstätigkeit geführten Akten nicht gewährt. Satz 3 gilt auch für die entsprechenden Akten bei den geprüften Stellen.

§ 97 Bemerkungen

(1) Der Bundesrechnungshof faßt das Ergebnis seiner Prüfung, soweit es für die Entlastung der Bundesregierung wegen der Haushaltsrechnung und der Vermögensrechnung von Bedeutung sein kann, jährlich für den Bundestag und den Bundesrat in Bemerkungen zusammen, die er dem Bundestag, dem Bundesrat und der Bundesregierung zuleitet.

(2) In den Bemerkungen ist insbesondere mitzuteilen,

1. ob die in der Haushaltsrechnung und der Vermögensrechnung und die in den Büchern aufgeführten Beträge übereinstimmen und die geprüften Einnahmen und Ausgaben ordnungsgemäß belegt sind,

2. in welchen Fällen von Bedeutung die für die Haushalts- und Wirtschaftsführung geltenden Vorschriften und Grundsätze nicht beachtet worden sind,

3. welche wesentlichen Beanstandungen sich aus der Prüfung der Betätigung bei Unternehmen mit eigener Rechtspersönlichkeit ergeben haben,

4. welche Maßnahmen für die Zukunft empfohlen werden.

(3) In die Bemerkungen können Feststellungen auch über spätere oder frühere Haushaltsjahre aufgenommen werden.

(4) Bemerkungen zu geheimzuhaltenden Angelegenheiten werden den Präsidenten des Bundestages und des Bundesrates sowie dem Bundeskanzler und dem Bundesministerium der Finanzen mitgeteilt.

(5) Der Bundesrechnungshof veröffentlicht seine Bemerkungen außer in den Fällen des Absatzes 4 unverzüglich nach Zuleitung im Internet.

§ 98 Aufforderung zum Schadenausgleich

Der Bundesrechnungshof macht der zuständigen Stelle unverzüglich Mitteilung, wenn nach seiner Auffassung ein Schadenersatzanspruch geltend zu machen ist.

§ 99 Angelegenheiten von besonderer Bedeutung

Über Angelegenheiten von besonderer Bedeutung kann der Bundesrechnungshof den Bundestag, den Bundesrat und die Bundesregierung jederzeit unterrichten. Berichtet er dem Bundestag und dem Bundesrat, so unterrichtet er gleichzeitig die Bundesregierung. Der Bundesrechnungshof veröffentlicht seine Berichte zu Angelegenheiten von besonderer Bedeutung unverzüglich nach Zuleitung im Internet.

§ 100 Prüfungsämter

Der Bundesrechnungshof kann zur Vorbereitung, Unterstützung und Ergänzung seiner Prüfungstätigkeit Prüfungsaufgaben durch Prüfungsämter, die seiner Dienst- und Fachaufsicht unterstellt sind, wahrnehmen lassen. Diese führen die Prüfungsaufgaben in entsprechender Anwendung der für den Bundesrechnungshof geltenden Bestimmungen nach den Weisungen des Bundesrechnungshofes durch.

§ 101 Rechnung des Bundesrechnungshofes

Die Rechnung des Bundesrechnungshofes wird von dem Bundestag und dem Bundesrat geprüft, die auch die Entlastung erteilen.

§ 102 Unterrichtung des Bundesrechnungshofes

(1) Der Bundesrechnungshof ist unverzüglich zu unterrichten, wenn

1. oberste Bundesbehörden allgemeine Vorschriften erlassen oder erläutern, welche die Bewirtschaftung der Haushaltsmittel des Bundes betreffen oder sich auf dessen Einnahmen und Ausgaben auswirken,

2. den Bundeshaushalt berührende Verwaltungseinrichtungen oder Bundesbetriebe geschaffen, wesentlich geändert oder aufgelöst werden,

3. unmittelbare Beteiligungen des Bundes oder mittelbare Beteiligungen im Sinne des § 65 Abs. 3 an Unternehmen begründet, wesentlich geändert oder aufgegeben werden,

4. Vereinbarungen zwischen dem Bund und einer Stelle außerhalb der Bundesverwaltung oder zwischen obersten Bundesbehörden über die Bewirtschaftung von Haushaltsmitteln des Bundes getroffen werden,

5. von den obersten Bundesbehörden organisatorische oder sonstige Maßnahmen von erheblicher finanzieller Tragweite getroffen werden.

(2) Dem Bundesrechnungshof sind auf Anforderung Vorschriften oder Erläuterungen der in Absatz 1 Nr. 1 genannten Art auch dann mitzuteilen, wenn andere Stellen des Bundes sie erlassen.

(3) Der Bundesrechnungshof kann sich jederzeit zu den in den Absätzen 1 und 2 genannten Maßnahmen äußern.

§ 103 Anhörung des Bundesrechnungshofes

(1) Der Bundesrechnungshof ist vor dem Erlaß von Verwaltungsvorschriften zur Durchführung der Bundeshaushaltsordnung zu hören.

(2) Zu den Verwaltungsvorschriften im Sinne des Absatzes 1 gehören auch allgemeine Dienstanweisungen über die Verwaltung der Kassen und Zahlstellen, über die Buchführung und den Nachweis des Vermögens.

(3) Vor der Beschlußfassung über den Erlaß oder die Änderung von Vorschriften über das Haushaltswesen einschließlich der Rechnungsprüfung bei über- oder zwischenstaatlichen Einrichtungen, deren Mitglied die Bundesrepublik Deutschland ist, soll das zuständige Bundesministerium den Bundesrechnungshof hören.

§ 104 Prüfung der juristischen Personen des privaten Rechts

(1) Der Bundesrechnungshof prüft die Haushalts- und Wirtschaftsführung der juristischen Personen des privaten Rechts, wenn

1. sie auf Grund eines Gesetzes vom Bund Zuschüsse erhalten oder eine Garantieverpflichtung des Bundes gesetzlich begründet ist oder

2. sie vom Bund oder einer vom Bund bestellten Person allein oder überwiegend verwaltet werden oder

3. mit dem Bundesrechnungshof eine Prüfung durch ihn vereinbart ist oder

4. sie nicht Unternehmen sind und in ihrer Satzung mit Zustimmung des Bundesrechnungshofes eine Prüfung durch ihn vorgesehen ist.

(2) Absatz 1 ist auf die vom Bund verwalteten Treuhandvermögen anzuwenden.

(3) Steht dem Bund vom Gewinn eines Unternehmens, an dem er nicht beteiligt ist, mehr als der vierte Teil zu, so prüft der Bundesrechnungshof den Abschluß und die Geschäftsführung daraufhin, ob die Interessen des Bundes nach den bestehenden Bestimmungen gewahrt worden sind.

TEIL VI

Bundesunmittelbare juristische Personen des öffentlichen Rechts

§ 105 Grundsatz

(1) Für bundesunmittelbare juristische Personen des öffentlichen Rechts gelten

1. die §§ 106 bis 110,

2. die §§ 1 bis 87 entsprechend,

soweit nicht durch Gesetz oder auf Grund eines Gesetzes etwas anderes bestimmt ist.

(2) Für bundesunmittelbare juristische Personen des öffentlichen Rechts kann das zuständige Bundesministerium im Einvernehmen mit dem Bundesministerium der Finanzen und dem Bundesrechnungshof Ausnahmen von den in Absatz 1 bezeichneten Vorschriften zulassen, soweit kein erhebliches finanzielles Interesse des Bundes besteht.

§ 106 Haushaltsplan

(1) Das zur Geschäftsführung berufene Organ einer bundesunmittelbaren juristischen Person des öffentlichen Rechts hat vor Beginn jedes Haushaltsjahres einen Haushaltsplan festzustellen. Er muß alle im Haushaltsjahr zu erwartenden Einnahmen, voraussichtlich zu leistenden Ausgaben und voraussichtlich benötigten Verpflichtungsermächtigungen enthalten und ist in Einnahme und Ausgabe auszugleichen. In den Haushaltsplan dürfen nur die Ausgaben und Verpflichtungsermächtigungen eingestellt werden, die zur Erfüllung der Aufgaben der juristischen Person notwendig sind.

(2) Hat die juristische Person neben dem zur Geschäftsführung berufenen Organ ein besonderes Beschlußorgan, das in wichtigen Verwaltungsangelegenheiten zu entscheiden oder zuzustimmen oder die Geschäftsführung zu überwachen hat, so hat dieses den Haushaltsplan festzustellen. Das zur Geschäftsführung berufene Organ hat den Entwurf dem Beschlußorgan vorzulegen.

§ 107 Umlagen, Beiträge

Ist die bundesunmittelbare juristische Person des öffentlichen Rechts berechtigt, von ihren Mitgliedern Umlagen oder Beiträge zu erheben, so ist die Höhe der Umlagen oder der Beiträge für das neue Haushaltsjahr gleichzeitig mit der Feststellung des Haushaltsplans festzusetzen.

§ 108 Genehmigung des Haushaltsplans

Der Haushaltsplan und die Festsetzung der Umlagen oder der Beiträge bedürfen bei bundesunmittelbaren juristischen Personen des öffentlichen Rechts der Genehmigung des zuständigen Bundesministeriums. Die Festsetzung der Umlagen oder der Beiträge bedarf außerdem der Genehmigung des Bundesministeriums der Finanzen. Der Haushaltsplan und der Beschluß über die Festsetzung der Umlagen oder der Beiträge sind dem zuständigen Bundesministerium spätestens einen Monat vor Beginn des Haushaltsjahres vorzulegen. Der Haushaltsplan und der Beschluß können nur gleichzeitig in Kraft treten.

§ 109 Rechnungslegung, Prüfung, Entlastung

(1) Nach Ende des Haushaltsjahres hat das zur Geschäftsführung berufene Organ der bundesunmittelbaren juristischen Person des öffentlichen Rechts eine Rechnung aufzustellen.

(2) Die Rechnung und die Haushalts- und Wirtschaftsführung der bundesunmittelbaren juristischen Person des öffentlichen Rechts sind, unbeschadet einer Prüfung durch den Bundesrechnungshof nach § 111, von durch Gesetz oder Satzung bestimmten Stellen zu prüfen. Die Satzungsvorschrift über die Durchführung der Prüfung bedarf der Zustimmung des zuständigen Bundesministeriums im Einvernehmen mit dem Bundesministerium der Finanzen und dem Bundesrechnungshof. Die Ergebnisse der Prüfung sind dem Bundesrechnungshof vorzulegen. Er kann zulassen, daß die Prüfung beschränkt wird.

(3) Die Entlastung erteilt das zuständige Bundesministerium im Einvernehmen mit dem Bundesministerium der Finanzen. Ist ein besonderes Beschlußorgan vorhanden, obliegt ihm die Entlastung; die Entlastung bedarf dann der Genehmigung des zuständigen Bundesministeriums und des Bundesministeriums der Finanzen.

§ 110 Wirtschaftsplan

Bundesunmittelbare juristische Personen des öffentlichen Rechts, bei denen ein Wirtschaften nach Einnahmen und Ausgaben des Haushaltsplans nicht zweckmäßig ist, haben einen Wirtschaftsplan aufzustellen. Buchen sie nach den Regeln der kaufmännischen doppelten Buchführung, stellen sie einen Jahresabschluß sowie einen Lagebericht in entsprechender Anwendung der Vorschrift des § 264 Abs. 1 Satz 1 des Handelsgesetzbuchs auf.

§ 111 Prüfung durch den Bundesrechnungshof

(1) Der Bundesrechnungshof prüft die Haushalts- und Wirtschaftsführung der bundesunmittelbaren juristischen Personen des öffentlichen Rechts. Die §§ 89 bis 100, 102, 103 sind entsprechend anzuwenden.

(2) Für bundesunmittelbare juristische Personen des öffentlichen Rechts kann das zuständige Bundesministerium im Einvernehmen mit dem Bundesministerium der Finanzen und dem Bundesrechnungshof Ausnahmen von Absatz 1 zulassen, soweit kein erhebliches finanzielles Interesse des Bundes besteht. Die nach bisherigem Recht zugelassenen Ausnahmen bleiben unberührt.

§ 112 Sonderregelungen

(1) Auf die bundesunmittelbaren Träger der gesetzlichen Krankenversicherung, der sozialen Pflegeversicherung, der gesetzlichen Unfallversicherung und der gesetzlichen Rentenversicherung einschließlich der Alterssicherung der Landwirte sind nur die §§ 17a und 111 anzuwenden, und zwar nur dann, wenn sie auf Grund eines Bundesgesetzes vom Bund Zuschüsse erhalten oder eine Garantieverpflichtung des Bundes gesetzlich begründet ist. Auf die Verbände und Arbeitsgemeinschaften der in Satz 1 genannten Sozialversicherungsträger ist unabhängig von ihrer Rechtsform § 111 anzuwenden, wenn Mitglieder dieser Verbände der Prüfung durch den Bundesrechnungshof unterliegen. Auf sonstige Vereinigungen auf dem Gebiet der Sozialversicherung finden die Vorschriften dieses Gesetzes keine Anwendung.

(2) Auf Unternehmen in der Rechtsform einer bundesunmittelbaren juristischen Person des öffentlichen Rechts sind unabhängig von der Höhe der Beteiligung des Bundes § 65 Abs. 1 Nr. 3 und 4 und Abs. 2, 3 und 4, § 68 Abs. 1 und § 69 entsprechend, § 111 unmittelbar anzuwenden. Für Unternehmen in der Rechtsform einer juristischen Person des privaten Rechts, an denen die in Satz 1 genannten Unternehmen unmittelbar oder mittelbar mit Mehrheit beteiligt sind, gelten die §§ 53 und 54 des Haushaltsgrundsätzegesetzes und die §§ 65 bis 69 entsprechend.

TEIL VII

Sondervermögen

§ 113 Grundsatz

Auf Sondervermögen des Bundes sind die Teile I bis IV, VIII und IX dieses Gesetzes entsprechend anzuwenden, soweit nicht durch Gesetz oder auf Grund eines Gesetzes etwas anderes bestimmt ist. Der Bundesrechnungshof prüft die Haushalts- und Wirtschaftsführung der Sondervermögen, Teil V dieses Gesetzes ist entsprechend anzuwenden.

TEIL VIII
Entlastung

§ 114 Entlastung

(1) Das Bundesministerium der Finanzen hat dem Bundestag und dem Bundesrat über alle Einnahmen und Ausgaben sowie über das Vermögen und die Schulden im Laufe des nächsten Rechnungsjahres zur Entlastung der Bundesregierung Rechnung zu legen (Artikel 114 Abs. 1 des Grundgesetzes). Der Bundesrechnungshof berichtet unmittelbar dem Bundestag, dem Bundesrat und der Bundesregierung.

(2) Der Bundestag stellt unter Berücksichtigung der Stellungnahme des Bundesrates die wesentlichen Sachverhalte fest und beschließt über einzuleitende Maßnahmen.

(3) An den Bundesrechnungshof können einzelne Sachverhalte zur weiteren Aufklärung zurückverwiesen werden.

(4) Der Bundestag bestimmt einen Termin, zu dem die Bundesregierung über die eingeleiteten Maßnahmen dem Bundestag und dem Bundesrat zu berichten hat. Soweit Maßnahmen nicht zu dem beabsichtigten Erfolg geführt haben, können Bundestag oder Bundesrat die Sachverhalte wieder aufgreifen.

(5) Der Bundestag oder der Bundesrat kann bestimmte Sachverhalte ausdrücklich mißbilligen.

TEIL IX
Übergangs- und Schlußbestimmungen

§ 115 Öffentlich-rechtliche Dienst- oder Amtsverhältnisse

Vorschriften dieses Gesetzes für Beamte sind auf andere öffentlich-rechtliche Dienst- oder Amtsverhältnisse entsprechend anzuwenden. § 48 gilt nicht bei der Berufung zum Richter an einem obersten Bundesgericht.

§ 116 Endgültige Entscheidung

(1) Das Bundesministerium der Finanzen entscheidet in den Fällen des § 37 Abs. 1 endgültig. Soweit dieses Gesetz in anderen Fällen Befugnisse des Bundesministeriums der Finanzen enthält, kann der zuständige Bundesminister über die Maßnahme des Bundesministeriums der Finanzen die Entscheidung der Bundesregierung einholen; die Bundesregierung entscheidet anstelle des Bundesministeriums der Finanzen endgültig. Entscheidet die Bundesregierung gegen oder ohne die Stimme des Bundesministeriums der Finanzen, so steht ihm ein Widerspruchsrecht zu. Das Nähere regelt die Geschäftsordnung der Bundesregierung.

(2) Der Einwilligung des Bundesministeriums der Finanzen bedarf es ausnahmsweise nicht, wenn sofortiges Handeln zur Abwendung einer dem Bund drohenden unmittelbar bevorstehenden Gefahr erforderlich ist, das durch die Notlage gebotene Maß nicht überschritten wird und die Einwilligung nicht rechtzeitig eingeholt werden kann. Zu den getroffenen Maßnahmen ist die Genehmigung des Bundesministeriums der Finanzen unverzüglich einzuholen.

§ 117 Berlin-Klausel

Dieses Gesetz gilt nach Maßgabe des § 13 Abs. 1 des Dritten Überleitungsgesetzes vom 4. Januar 1952 (Bundesgesetzbl. I S. 1) auch im Land Berlin.

§ 118 Änderung des Gesetzes über Errichtung und Aufgaben des Bundesrechnungshofes

(nicht abgedruckt)

§ 119 Inkrafttreten

(1) Dieses Gesetz tritt am 1. Januar 1970 in Kraft.

(2) Zugleich treten als Bundesrecht außer Kraft:

1. die Reichshaushaltsordnung vom 31. Dezember 1922 in der Fassung der Bekanntmachung vom 14. April 1930 (Reichsgesetzbl. II S. 693) und die dazu ergangenen Änderungs- und Ergänzungsgesetze mit Ausnahme des Abschnitts V,

2. das Gesetz zur Erhaltung und Hebung der Kaufkraft vom 24. März 1934 (Reichsgesetzbl. I S. 235),

3. das Gesetz über die Aufstellung und Ausführung des Bundeshaushaltsplans für das Rechnungsjahr 1949 sowie über die Haushaltsführung und über die vorläufige Rechnungsprüfung im Bereich der Bundesverwaltung vom 7. Juni 1950 (Bundesgesetzbl. S. 199),

4. die §§ 4, 6, 7, 8 und 9 des Gesetzes über Errichtung und Aufgaben des Bundesrechnungshofes,

5. die Dritte Verordnung des Reichspräsidenten zur Sicherung von Wirtschaft und Finanzen und zur Bekämpfung politischer Ausschreitungen vom 6. Oktober 1931 (Reichsgesetzbl. I S. 537/562), Fünfter Teil: Handels- und Wirtschaftspolitik, Kapitel VIII,

6. die Verordnung zur Durchführung der Vorschriften über die Prüfungspflicht der Wirtschaftsbetriebe der öffentlichen Hand vom 30. März 1933 (Reichsgesetzbl. I S. 180),

7. die Verordnung über die Rechnungslegung und Rechnungsprüfung während des Krieges vom 5. Juli 1940 (Reichsgesetzbl. II S. 139),

8. die Achte Verordnung zur Durchführung der Vorschriften über die Prüfungspflicht der Wirtschaftsbetriebe der öffentlichen Hand vom 22. September 1942 (Reichsgesetzbl. I S. 563),

9. die in Gesetzen über die einzelnen bundesunmittelbaren juristischen Personen des öffentlichen Rechts enthaltenen Vorschriften, soweit sie mit § 111 und § 112 Abs. 2 nicht vereinbar sind; entgegenstehende Satzungsbestimmungen sind dem § 111 anzupassen,

10. die in den Gesetzen über die einzelnen Sondervermögen des Bundes enthaltenen Vorschriften, soweit sie mit § 113 nicht vereinbar sind.

Ferner treten diejenigen Vorschriften anderer Gesetze außer Kraft, die mit den Bestimmungen dieses Gesetzes nicht vereinbar sind.

(3) Soweit in anderen Gesetzen auf die nach Absatz 2 aufgehobenen Bestimmungen Bezug genommen wird, treten an ihre Stelle die Vorschriften dieses Gesetzes.

(4) *weggefallen*

(5) Für einen Zeitraum von fünf Jahren nach Inkrafttreten dieses Gesetzes können Kassen des Bundes auch bei anderen als in § 79 Abs. 3 bezeichneten Behörden bestehen.

Allgemeine Verwaltungsvorschriften zur Bundeshaushaltsordnung (VV-BHO)

vom 14. März 2001 (GMBl. S. 307), zuletzt geändert durch Verwaltungsvorschriften vom 25. März 2020 (GMBl. S. 290)

Inhalt

Nach § 5 der Bundeshaushaltsordnung vom 19. August 1969 (BGBl. I S. 1284), die zuletzt durch Artikel 3 des Gesetzes vom 17. Juni 1999 (BGBl. I S. 1334) geändert worden ist, werden folgende allgemeine Verwaltungsvorschriften erlassen:

Vorbemerkung

1   Soweit in den VV-BHO Paragraphen ohne Angabe des Gesetzes aufgeführt sind, beziehen sie sich auf die Bundeshaushaltsordnung.

2   Die VV-BHO werden wie folgt zitiert:

2.1   innerhalb der VV-BHO zu demselben Paragraphen der BHO „Nr. ....",

2.2   innerhalb der VV-BHO, aber zu einem anderen Paragraphen der BHO „Nr. .... zu § ....",

2.3   außerhalb der VV-BHO „VV-BHO" (allgemein) oder „VV Nr. .... zu § .... BHO".

Zu § 5 (Allgemeine Verwaltungsvorschriften, vorläufige und endgültige Haushalts- und Wirtschaftsführung)

Das Bundesministerium der Finanzen erlässt die allgemeinen Verwaltungsvorschriften zur Bundeshaushaltsordnung in Abstimmung mit der Arbeitsgruppe Haushaltsrecht der obersten Bundesbehörden. Besondere Befugnisse des Bundesministeriums der Finanzen sowie des Bundesrechnungshofes auf Grund der Bundeshaushaltsordnung bleiben unberührt. Mitglieder der Arbeitsgruppe sind die Beauftragten für den Haushalt der obersten Bundesbehörden (Nr. 1.1 zu § 9). Der Bundesrechnungshof als Organ der Finanzkontrolle nimmt nach seinem Ermessen an den Sitzungen der Arbeitsgruppe beratend teil. Den Vorsitz führt eine Vertreterin oder ein Vertreter des Bundesministeriums der Finanzen.

Zu § 7 (Wirtschaftlichkeit und Sparsamkeit, Kosten- und Leistungsrechnung)

1.   Grundsatz der Wirtschaftlichkeit

Die Ausrichtung jeglichen Verwaltungshandelns nach dem Grundsatz der Wirtschaftlichkeit soll die bestmögliche Nutzung von Ressourcen bewirken. Damit gehört zur Beachtung des Grundsatzes der Wirtschaftlichkeit auch die Prüfung, ob eine Aufgabe durchgeführt werden muss und ob sie durch die staatliche Stelle durchgeführt werden muss.

Nach dem Grundsatz der Wirtschaftlichkeit ist die günstigste Relation zwischen dem verfolgten Zweck und den einzusetzenden Mitteln (Ressourcen) anzustreben. Der Grundsatz der Wirtschaftlichkeit umfasst das Sparsamkeits- und das Ergiebigkeitsprinzip. Das Sparsamkeitsprinzip (Minimalprinzip) verlangt, ein bestimmtes Ergebnis mit möglichst geringem Mitteleinsatz zu erzielen. Das Ergiebigkeitsprinzip (Maximalprinzip) verlangt, mit einem bestimmten Mitteleinsatz das bestmögliche Ergebnis zu erzielen. Bei der Ausführung des Haushaltsplans, der in aller Regel die Aufgaben (Ergebnis, Ziele) bereits formuliert, steht der Grundsatz der Wirtschaftlichkeit in seiner Ausprägung als Sparsamkeitsprinzip im Vordergrund.

Der Grundsatz der Wirtschaftlichkeit ist bei allen Maßnahmen des Bundes, die die Einnahmen und Ausgaben des Bundeshaushaltes unmittelbar oder mittelbar beeinflussen, zu beachten. Dies betrifft sowohl Maßnahmen, die nach einzelwirtschaftlichen Kriterien (z.B. Beschaffungen für den eigenen Verwaltungsbereich und Organisationsänderungen in der eigenen Verwaltung) als auch Maßnahmen, die nach gesamtwirtschaftlichen Kriterien (z.B. Investitionsvorhaben im Verkehrsbereich, Subventionen und Maßnahmen der Sozial- und Steuerpolitik) zu beurteilen sind. Unter die Maßnahmen fallen auch Gesetzgebungsvorhaben.

2   Wirtschaftlichkeitsuntersuchungen

Wirtschaftlichkeitsuntersuchungen sind Instrumente zur Umsetzung des Grundsatzes der Wirtschaftlichkeit. Es ist zwischen einzel- und gesamtwirtschaftlichen Wirtschaftlichkeitsuntersuchungen zu unterscheiden.

Wirtschaftlichkeitsuntersuchungen sind bei allen finanzwirksamen Maßnahmen durchzuführen. Sie sind daher bei der Planung neuer Maßnahmen einschließlich der Änderung bereits laufender Maßnahmen (Planungsphase) sowie während der Durchführung (im Rahmen einer begleitenden Erfolgskontrolle) und nach Abschluss von Maßnahmen (im Rahmen einer abschließenden Erfolgskontrolle) vorzunehmen.

2.1   Wirtschaftlichkeitsuntersuchungen als Planungsinstrument

Die Planungsphase bildet die Grundlage für die begleitenden und abschließenden Erfolgskontrollen.

Wirtschaftlichkeitsuntersuchungen müssen mindestens Aussagen zu folgenden Teilaspekten enthalten:

– Analyse der Ausgangslage und des Handlungsbedarfs,
– Ziele, Prioritätsvorstellungen und mögliche Zielkonflikte,
– relevante Lösungsmöglichkeiten und methodenabhängig die damit verbundenen Einnahmen und Ausgaben bzw. deren Nutzen und Kosten (einschl. Folgekosten), auch soweit sie nicht in Geld auszudrücken sind,
– finanzielle Auswirkungen auf den Haushalt,
– Eignung der einzelnen Lösungsmöglichkeiten zur Erreichung der Ziele unter Einbeziehung der rechtlichen, organisatorischen und personellen Rahmenbedingungen unter Berücksichtigung der Risiken und der Risikoverteilung,
– Zeitplan für die Durchführung der Maßnahme,
– Kriterien und Verfahren für Erfolgskontrollen (vgl. Nr. 2.2).

Ist das angestrebte Ziel nach dem Ergebnis der Ermittlungen oder aus finanziellen Gründen nicht in vollem Umfang zu verwirklichen, so ist zu prüfen, ob das erreichbare Teilziel den Einsatz von Mitteln überhaupt rechtfertigt und ob die geplante Maßnahme besser zu einem späteren Zeitpunkt durchgeführt werden sollte.

Besteht für den Erwerb oder die Nutzung von Vermögensgegenständen eine Wahlmöglichkeit zwischen Kauf-, Miet-, Leasing-, Mietkauf- und ähnlichen Verträgen, so ist vor dem Vertragsabschluss zu prüfen, welche Vertragsart für die Verwaltung am wirtschaftlichsten ist. Ein Mangel an Haushaltmitteln darf nicht dazu führen, dass nicht die wirtschaftlichste Beschaffung (ggf. auch durch die Verwaltung selbst), sondern eine alternative Beschaffung vorgenommen wird (z.B. Begründung eines Dauerschuldverhältnisses statt Kauf).

2.2   Wirtschaftlichkeitsuntersuchungen als Instrument der Erfolgskontrolle

Die Erfolgskontrolle ist ein systematisches Prüfungsverfahren. Sie dient dazu, während der Durchführung (begleitende Erfolgskontrolle) und nach Abschluss (abschließende Erfolgskontrolle) einer Maßnahme ausgehend von der Planung festzustellen, ob und in welchem Ausmaß die angestrebten Ziele erreicht wurden,

ob die Maßnahme ursächlich für die Zielerreichung war und ob
die Maßnahme wirtschaftlich war. Erfolgskontrollen sollen auch
dazu führen, dass Bedarfe und Möglichkeiten des Um- bzw.
Nachsteuerns rechtzeitig erkannt werden.

Bei Maßnahmen, die sich über mehr als zwei Jahre erstrecken,
und in sonstigen geeigneten Fällen sind nach individuell festzulegenden Zeiträumen oder zu Zeitpunkten, an denen abgrenzbare Ergebnisse oder Teilrealisierungen einer Maßnahme zu erwarten sind, begleitende Erfolgskontrollen durchzuführen. Sie
liefern vor dem Hintergrund zwischenzeitlich eingetretener ökonomischer, gesellschaftlicher und technischer Veränderungen die
notwendigen Informationen für die Entscheidung, ob und wie die
Maßnahme fortgeführt werden soll.

Von der begleitenden Erfolgskontrolle ist die laufende Beobach-
tung (Monitoring) zu unterscheiden. Im Gegensatz zum systematisch angelegten umfassenden Prüfungsverfahren der Erfolgskontrolle ist sie eine fortlaufende gezielte Sammlung und Auswertung von Hinweisen und Daten zur ergänzenden Beurteilung
der Entwicklung einer Maßnahme.

Alle Maßnahmen sind nach ihrer Beendigung einer abschließenden Erfolgskontrolle zu unterziehen.

Methodisch besteht zwischen begleitender und abschließender
Erfolgskontrolle kein Unterschied.

Die Erfolgskontrolle umfasst grundsätzlich folgende Untersuchungen:

– Zielerreichungskontrolle
  Mit der Zielerreichungskontrolle wird durch einen Vergleich
  der geplanten Ziele mit der tatsächlich erreichten Zielrealisie-
  rung (Soll-Ist-Vergleich) festgestellt, welcher Zielerreichungsgrad zum Zeitpunkt der Erfolgskontrolle gegeben ist. Sie bildet gleichzeitig den Ausgangspunkt von Überlegungen, ob die
  vorgegebenen Ziele nach wie vor Bestand haben.

– Wirkungskontrolle
  Im Wege der Wirkungskontrolle wird ermittelt, ob die Maßnahme für die Zielerreichung geeignet und ursächlich war.
  Hierbei sind alle beabsichtigten und unbeabsichtigten Auswirkungen der durchgeführten Maßnahme zu ermitteln.

– Wirtschaftlichkeitskontrolle
  Mit der Wirtschaftlichkeitskontrolle wird untersucht, ob der
  Vollzug der Maßnahme im Hinblick auf den Ressourcenverbrauch wirtschaftlich war (Vollzugswirtschaftlichkeit) und ob
  die Maßnahme im Hinblick auf übergeordnete Zielsetzungen
  insgesamt wirtschaftlich war (Maßnahmenwirtschaftlichkeit).

Erfolgskontrollen sind auch durchzuführen, wenn die Dokumentation in der Planungsphase unzureichend war. In diesem Fall sind die benötigten Informationen nachträglich zu beschaffen.

2.3   Methoden (Verfahren) der Wirtschaftlichkeitsuntersuchungen[*]

2.3.1   Allgemeines

Bei der Durchführung von Wirtschaftlichkeitsuntersuchungen ist die nach den Erfordernissen des Einzelfalls einfachste und wirtschaftlichste Methode anzuwenden. Zur Verfügung stehen einzelwirtschaftlich und gesamtwirtschaftlich orientierte Verfahren. Welches Verfahren anzuwenden ist, bestimmt sich nach der Art der Maßnahme, dem mit ihr verfolgten Zweck und den mit der Maßnahme verbundenen Auswirkungen.

Gesamtwirtschaftlich orientierte Verfahren sind für alle Maßnahmen mit erheblichen gesamtwirtschaftlichen Auswirkungen geeignet. Einzelwirtschaftlich orientierte Verfahren sind geeignet für Maßnahmen, die sich in erster Linie auf den betrachteten Verwaltungsbereich (z.B. Ministerium, Behörde) beziehen.

2.3.2   Einzelwirtschaftliche Verfahren

Für Maßnahmen mit nur geringen und damit zu vernachlässigenden gesamtwirtschaftlichen Auswirkungen sind grundsätzlich die finanzmathematischen Methoden der Investitionsrechnung (Kapitalwertmethode) zu verwenden. Nicht monetär fassbare Einflussfaktoren können durch eine Nutzwertanalyse berücksichtigt werden.

Für Maßnahmen mit nur geringer finanzieller Bedeutung ohne langfristige Auswirkungen können auch Hilfsverfahren (z.B. Kostenvergleichsrechnungen, Angebotsvergleiche) durchgeführt werden.

Dabei ist zu berücksichtigen, dass die Wirtschaftlichkeitsuntersuchung selbst, d.h. der Umfang sowie der Erstellungsaufwand, in einem angemessenen Verhältnis zur finanzwirksamen Maßnahme steht.

2.3.3   Gesamtwirtschaftliche Verfahren

Für Maßnahmen, die nicht zu vernachlässigende gesamtwirtschaftliche Auswirkungen haben, sind gesamtwirtschaftliche Wirtschaftlichkeitsuntersuchungen (z.B. Kosten-Nutzen-Analyse) durchzuführen.

2.4   Verfahrensvorschriften

---

[*] Amtliche Fußnote: Seit 1999 werden die Personalkostensätze des Bundes für Kostenberechnungen/Wirtschaftlichkeitsuntersuchungen und die Kalkulationszinssätze für Wirtschaftlichkeitsuntersuchungen vom Bundesministerium der Finanzen (BMF) herausgegeben. Sie können dem Internetangebot des BMF entnommen werden. Zinssätze für Kapitalmarkttransaktionen sind von diesem Rundschreiben nicht umfasst.

2.4.1 Die Wirtschaftlichkeitsuntersuchungen sind grundsätzlich von der Organisationseinheit durchzuführen, die mit der Maßnahme befasst ist.

2.4.2 Alle Arbeitsschritte einschl. Annahmen, Datenherkunft und Ergebnis der Wirtschaftlichkeitsuntersuchung sind nachvollziehbar zu dokumentieren und zu den Akten zu nehmen. Bei Maßnahmen mit nur geringer finanzieller Bedeutung kann von diesem Dokumentationsumfang abgesehen werden.

2.4.3 Zu den Unterlagen nach § 24 gehören auch Wirtschaftlichkeitsuntersuchungen.

2.4.4 Die oder der Beauftragte für den Haushalt entscheidet, über welche Wirtschaftlichkeitsuntersuchungen sie oder er zu unterrichten ist. Sie oder er kann sich an den Wirtschaftlichkeitsuntersuchungen beteiligen und die Berücksichtigung einer Maßnahme bei der Aufstellung der Voranschläge und bei der Ausführung des Haushaltsplans von der Vorlage von Wirtschaftlichkeitsuntersuchungen abhängig machen.

3 **Interessenbekundungsverfahren**[*]

In geeigneten Fällen ist privaten Anbietern die Möglichkeit zu geben darzulegen, ob und inwieweit sie staatliche Aufgaben oder öffentlichen Zwecken dienende wirtschaftliche Tätigkeiten nicht ebenso gut oder besser erbringen können (Interessenbekundungsverfahren).

Ein Interessenbekundungsverfahren kommt bei der Planung neuer und der Überprüfung bestehender Maßnahmen oder Einrichtungen in Betracht. Es ermöglicht eine Erkundung des Marktes nach wettbewerblichen Grundsätzen (d.h.: Beachtung von Transparenz, Nichtdiskriminierung, Gleichbehandlung).

Das Ergebnis des Interessenbekundungsverfahrens ist im Rahmen einer Wirtschaftlichkeitsuntersuchung mit den sich bietenden staatlichen Lösungsmöglichkeiten zu vergleichen, um eine wirtschaftliche Bewertung zu gewährleisten.

Wenn sich danach ergibt, dass eine private Lösung voraussichtlich wirtschaftlich ist, ist ein Verfahren zur Vergabe öffentlicher Aufträge unter Berücksichtigung der Erkenntnisse des Interessenbekundungsverfahrens vorzusehen. Das Vergabeverfahren – im Gegensatz zum unverbindlichen Interessenbekundungsverfahren – endet grundsätzlich mit einer Entscheidung über Zuschlagserteilung oder Aufhebung. Das Interessenbekundungsverfahren ersetzt nicht das Verfahren zur Vergabe öffentlicher Aufträge, insbesondere nicht die im Vergaberecht vorgesehenen Teilnahmewettbewerbe.

---

[*] **Anmerkung:** Zur Durchführung des Interessenbekundungsverfahrens vgl. Rundschreiben des BMF vom 24. September 2012 – II A 3 – H 1005/07/10002 – (GMBl 2012, S. 1190).

Ein Absehen von der Öffentlichen Ausschreibung bzw. dem Offenen Verfahren ist auch nach Durchführung eines Interessenbekundungsverfahrens nur nach den in den Vergaberegeln vorgesehenen Ausnahmen zulässig.

4   Kosten- und Leistungsrechnung

Dauerhafte Aufgabe der öffentlichen Verwaltung ist es, das Verhältnis von Kosten und Leistungen bei der Aufgabenwahrnehmung zu verbessern. Grundlage dafür ist die Einführung einer Kosten- und Leistungsrechnung[*].

Die mit der Kosten- und Leistungsrechnung erzielten Ergebnisse machen entstandene Kosten und erbrachte Leistungen transparent. Ebenso wird eine wirksame Planung, Steuerung und Kontrolle ermöglicht. Auch die Haushaltsplanung und -ausführung kann durch die Kosten- und Leistungsrechnung unterstützt werden. Ebenso ist durch Informationen der Kosten- und Leistungsrechnung eine Ermittlung von kostendeckenden Gebühren und Entgelten realisierbar.

Anlage zu Nr. 4 zu § 7 BHO

Handbuch zur Kosten- und Leistungsrechnung in der Bundesverwaltung

Inhaltsverzeichnis

---

[*] Anmerkung: Vgl. Handbuch zur Kosten- und Leistungsrechnung in der Bundesverwaltung, Anlage zum Rundschreiben des BMF vom 6. November 2013 – II A 8-O 1069/12/10002 – (GMBl 2013, S. 1234).

Abbildungsverzeichnis

Abkürzungsverzeichnis

Abb.	Abbildung
Abs.	Absatz
ÄZ	Äquivalenzziffer
AfA	Absetzung für Abnutzung
AHK	Anschaffungs- oder Herstellungskosten
AV	Anlagevermögen
BAB	Betriebsabrechnungsbogen
BADV	Bundesamt für zentrale Dienste und offene Vermögensfragen
BGebG	Gesetz über Gebühren und Auslagen des Bundes (Bundesge-bührengesetz)
BHO	Bundeshaushaltsordnung
BImA	Bundesanstalt für Immobilienaufgaben
BMF	Bundesministerium der Finanzen
bzw.	beziehungsweise
DB	Deckungsbeitrag
d.h.	das heißt
ggf.	gegebenenfalls

HGB	Handelsgesetzbuch
HGrG	Gesetz über die Grundsätze des Haushaltsrechts des Bundes und der Länder (Haushaltsgrundsätzegesetz)
HRB	Haushaltstechnische Richtlinien des Bundes
KLR	Kosten- und Leistungsrechnung
ND	Nutzungsdauer
Nr.	Nummer
u.a.	unter anderem
UV	Umlaufvermögen
usw.	und so weiter
VE	Verrechnungseinheit
VFZV	Verordnung über die Zuweisungen an das Sondervermögen „Versorgungsfonds des Bundes"
vgl.	vergleiche
VKR	Verwaltungskontenrahmen
VV-BHO	Allgemeine Verwaltungsvorschriften zur Bundeshaushaltsordnung
WBW	Wiederbeschaffungswert
z.B.	zum Beispiel

1 Vorbemerkung

Die öffentliche Verwaltung ist verpflichtet, ihre Leistungen möglichst wirtschaftlich zu erbringen. Daher ist gemäß § 7 Absatz 3 Bundeshaushaltsordnung (BHO) in geeigneten Bereichen der Bundesverwaltung eine Kosten- und Leistungsrechnung (KLR) einzuführen. Geeignet sind alle Bereiche, in denen durch die Ermittlung und Verwendung von KLR-Daten das Kostenbewusstsein gestärkt und Effizienzsteigerungen erzielt werden können. Aufwand und Nutzen der Einführung bzw. des Betriebs einer KLR sollen dabei in einem angemessenen Verhältnis zueinander stehen.

Seit der erstmaligen Veröffentlichung des Handbuchs zur Standard-KLR im Jahr 1997 hat inzwischen die Mehrzahl der Bundesbehörden eine KLR eingeführt. Für einige Aufgaben, z.B. die Kalkulation von Leistungen nach betriebswirtschaftlichen Grundsätzen, ist der Einsatz einer KLR bereits unverzichtbar.

Die KLR kann ihr Potenzial vor allem dann ausschöpfen, wenn die Behördenleitung die Informationen zur Entscheidungsfindung und zu Steuerungszwecken verwendet. Vor der Einführung einer KLR sollte die Behörde zunächst festlegen, **was** mit der KLR erreicht werden soll und **wen** die KLR unterstützen soll. Die KLR sollte daher als Bestandteil eines Führungs- und Steuerungssystems (Controlling-System) betrieben werden.

Das Handbuch zur KLR richtet sich an Behörden der unmittelbaren Bundesverwaltung. Es legt einheitliche Grundsätze für behördenspezifische KLR-Systeme fest, um eine vergleichbare Anwendung der KLR in der Bundesverwaltung sicherzustellen. Bundesbehörden haben bei der Konzeption ihres konkreten KLR-Systems das Handbuch zur KLR zugrunde zu legen.

Das Handbuch zur KLR ersetzt das zuletzt im April 2008 aktualisierte Handbuch zur Standard-KLR. Berücksichtigt wurden die aktuellen Fassungen der „Standards staatlicher Doppik" und des „Verwaltungskontenrahmen (VKR)", die auf den Internet-Seiten des BMF abrufbar sind. Darüber hinaus wurde das Handbuch von inzwischen veralteten und für die Behördenpraxis nicht mehr relevanten Ausführungen und Darstellungen bereinigt. Auf die bisherige umfassende Auflistung von Aufgaben und Leistungen in Form von internen Produkten des allgemeinen Verwaltungsbereichs wurde verzichtet. In der Anlage sind stattdessen einige aussagekräftige Beispiele für Steckbriefe interner Verwaltungsprodukte enthalten.

BMF wird das Handbuch zur KLR auch künftig fortschreiben, um sich ändernde Rahmenbedingungen für die Anwendung der KLR zu berücksichtigen.

2 Ziele der KLR

Die KLR ist ein internes Informationsinstrument zur transparenten Bereitstellung von Daten zu Kosten und Erlösen. Mit der KLR werden insbesondere folgende Ziele verfolgt:

Stärkung des Kostenbewusstseins und des wirtschaftlichen Handelns

– Erhöhung des Kostenbewusstseins in der öffentlichen Verwaltung durch Schaffung von Transparenz

– Schaffung der Voraussetzungen für eine Stärkung der dezentralen Fach- und Finanzverantwortung

– Bereitstellung von Daten für eine innerbehördliche Budgetierung

– Transparente Darstellung inner- und zwischenbehördlicher Leistungsverrechnungen

- Unterstützung von Wirtschaftlichkeitsuntersuchungen und -betrachtungen
- Unterstützung der Prüfung von Entscheidungen über Eigenfertigung oder Fremdbezug
- Schaffung der Voraussetzungen für die Durchführung interner und externer Vergleiche (Benchmarking)

Unterstützung der Planung, Steuerung und des Controllings

- Unterstützung der innerbehördlichen Produkt-/Leistungsplanung und -steuerung
- Bereitstellung von Daten für eine systematische Aufgabenkritik
- Bereitstellung von Daten für das Controlling
- Unterstützung der kameralen Haushaltsplanung und -durchführung durch ergebnisorientierte Darstellung des gesamten Ressourcenverbrauchs

Bereitstellung einer transparenten Kalkulationsbasis für die Abrechnung von Leistungen

- Unterstützung der Ermittlung von kostendeckenden Gebühren und Entgelten
- Unterstützung der Preisbildung für Produkte und Leistungen von Dienstleistungszentren
- Unterstützung der Ermittlung von verursachungsgerechten inner- und zwischenbehördlichen Verrechnungspreisen

3 Begriffe und Definitionen

3.1 Grundbegriffe des Rechnungswesens

Das betriebliche Rechnungswesen ist ein System zur mengen- und wertmäßigen Erfassung und Auswertung von wirtschaftlichen Zuständen und Vorgängen. Das externe Rechnungswesen kann doppisch oder kameral ausgeprägt sein. Es dient der Rechenschaftslegung über die finanzielle Situation nach außen und der Information der Öffentlichkeit. Grundlage des externen Rechnungswesens sind gesetzliche Vorschriften (z.B. HGB, BHO). Das interne Rechnungswesen mit der Kosten- und Leistungsrechnung als wesentlichen Bestandteil ist dagegen nach innen ausgerichtet. Es soll die Entscheidungsträger durch Bereitstellung von Informationen bei der Planung, Steuerung und Kontrolle der Leistungserstellung unterstützen.

Die wichtigsten Grundbegriffe des Rechnungswesens sind in Abb. 1 zusammenfassend gegenübergestellt.

Stromgrößen		Bestandsgrößen	Rechnungswesensystem
Einzahlungen	Auszahlungen	Zahlungsmittelbestand (liquide Mittel)	Finanzrechnung Kameralistik
Einnahmen	Ausgaben	Zahlungsmittelbestand + kurzfristige Forderungen ./. kurzfristige Verbindlichkeiten = Geldvermögen	Finanzierungsrechnung Kameralistik
Erträge	Aufwendungen	Geldvermögen + Sachvermögen = Reinvermögen	Finanzbuchhaltung (Erfolgsrechnung, Bilanz) Vermögensrechnung
Erlöse	Kosten	leistungsbezogenes Vermögen	Kosten- und Leistungsrechnung

Abb. 1: Grundbegriffe des Rechnungswesens

Die Stromgrößen des Rechnungswesens bilden verschiedene Sachverhalte ab und sind nur zum Teil deckungsgleich (vgl. Abb. 2). Der Aufbau eines KLR-Systems erfordert das Verständnis der unterschiedlichen Begriffe des Rechnungswesens.

Abb. 2: Abgrenzung der Begriffe des Rechnungswesens

Einzahlungen bzw. Auszahlungen sind mit Einnahmen bzw. Ausgaben identisch, wenn sich Zahlungsmittelbestand und Geldvermögen im gleichen Maße ändern. Dies ist z.B. der Fall, wenn der Leistungszeitpunkt und der Zahlungszeitpunkt in der gleichen Rechnungsperiode liegen (Barverkauf/-einkauf einer Leistung).

Einzahlungen bzw. Auszahlungen sind keine Einnahmen bzw. Ausgaben, wenn sich nur der Zahlungsmittelbestand, nicht aber das

Geldvermögen ändert. Beispiele sind die Zahlung von Forderungen bzw. Verbindlichkeiten aus vorherigen Rechnungsperioden oder die Bartilgung von gewährten Krediten bzw. die Rückzahlung von aufgenommenen Krediten.

Einnahmen bzw. Ausgaben sind keine Einzahlungen bzw. Auszahlungen, wenn sich nur das Geldvermögen, nicht aber der Zahlungsmittelbestand ändert. Dies ist z.B. bei der Gewährung von Zahlungszielen der Fall, d.h. die Forderungen bzw. Verbindlichkeiten nehmen zu, die Zahlungen erfolgen aber erst in der nächsten Rechnungsperiode.

Abweichend vom betriebswirtschaftlichen Begriffsverständnis stellen die Einnahmen und Ausgaben im kameralen Haushaltsplan und in der Haushaltsrechnung immer auch Einzahlungen und Auszahlungen dar. In der unterjährigen Haushaltsausführung entsprechen Einnahmen bzw. Ausgaben nur dann Einzahlungen bzw. Auszahlungen, wenn die Annahme- bzw. Auszahlungsanordnungen (Forderungen bzw. Verbindlichkeiten) durch die Bundeskasse beglichen wurden.

Einnahmen bzw. Ausgaben sind mit Erträgen bzw. Aufwendungen identisch, wenn sich Geldvermögen **und** Sachvermögen im gleichen Maße ändern. Dies ist z.B. der Fall, wenn eine erstellte Leistung in der gleichen Rechnungsperiode veräußert bzw. eine bezogene Leistung in der gleichen Rechnungsperiode verbraucht wird.

Einnahmen bzw. Ausgaben sind keine Erträge bzw. Aufwendungen, wenn sich nur das Geldvermögen, nicht aber das Sachvermögen ändert. Beispiele sind der Erhalt von Anzahlungen für Leistungen, die erst in der nächsten Rechnungsperiode erstellt werden bzw. der Kauf von Rohstoffen auf Lager, die erst in der nächsten Rechnungsperiode verbraucht werden.

Erträge bzw. Aufwendungen sind keine Einnahmen bzw. Ausgaben, wenn sich nur das Sachvermögen, nicht aber das Geldvermögen ändert. Beispiele hierfür sind Zuschreibungen auf das Vermögen und die Produktion von Erzeugnissen auf Lager, die erst in der nächsten Rechnungsperiode veräußert werden, bzw. Abschreibungen auf das Vermögen und die Entnahme von Rohstoffen aus dem Lager. In der Kameralistik sind diese Erträge und Aufwendungen nicht abbildbar.

Die Unterschiede zwischen Erträgen bzw. Aufwendungen und Erlösen bzw. Kosten werden nachfolgend detailliert erläutert.

3.2 Begriffe der KLR

Die KLR bildet den in Geld bewerteten Verzehr oder Zuwachs von Gütern/Ressourcen bei der Erstellung von Verwaltungsleistungen periodengerecht ab.

Kosten sind der bewertete periodisierte Verzehr von Gütern und Dienstleistungen bei der Erstellung von Verwaltungsleistungen.

Leistungen (genauer: **Erlöse**) sind der bewertete periodisierte Zuwachs von Gütern und Dienstleistungen im Zusammenhang mit dem behördlichen Leistungsprozess.

Kosten und Erlöse unterscheiden sich von den Aufwendungen und Erträgen der Finanzbuchhaltung durch ihren Bezug zur behördlichen Leistungserstellung und den Ausweis des tatsächlichen Werteverzehrs/-zuwachses. Die Abgrenzung zwischen Aufwendungen bzw. Erträgen und Kosten bzw. Erlösen zeigt Abb. 3.

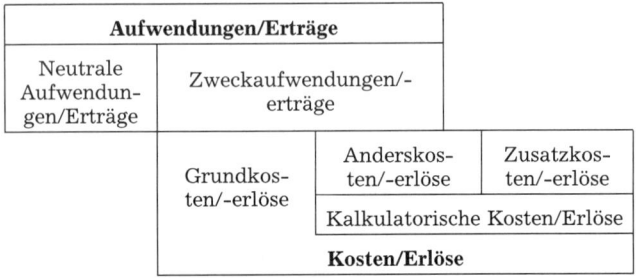

Abb. 3: Abgrenzung zwischen Aufwendungen/Erträgen und Kosten/Erlösen

Grundkosten bzw. **-erlöse** stehen Aufwendungen bzw. Erträge in gleicher Höhe in der Finanzbuchhaltung gegenüber. Beispiele sind Materialkosten bzw. erhobene Gebühren für erbrachte Leistungen.

Neutrale Aufwendungen bzw. **neutrale Erträge** zählen nicht zu den Kosten bzw. Erlösen, da sie in keinem direkten Zusammenhang mit der behördlichen Tätigkeit stehen (betriebsfremd), nicht im Rahmen des gewöhnlichen behördlichen Ablaufs entstehen (außerordentlich) oder andere Perioden betreffen (periodenfremd). Hierzu zählen z.B. Aufwendungen für Spenden, für Schadensfälle und für Steuernachzahlungen bzw. Erträge aus Finanzanlagen, aus Anlagenverkauf über dem Buchwert und aus Steuerrückerstattungen.

Kalkulatorische Kosten bzw. **kalkulatorische Erlöse** werden in Anderskosten bzw. -erlöse und in Zusatzkosten bzw. -erlöse unterschieden.

Anderskosten bzw. **-erlösen** stehen Aufwendungen bzw. Erträge in anderer Höhe gegenüber. Zu den Anderskosten zählen insbesondere kalkulatorische Abschreibungen, die von den Abschreibungen in der

Finanzbuchhaltung abweichen, und auf Durchschnittssätzen basierende kalkulatorische Personalkosten. Anderserlöse entstehen z.B., wenn Bestandserhöhungen in der KLR mit Herstellkosten bewertet werden, die von den Herstell**ungs**kosten in der Finanzbuchhaltung abweichen.

Zusatzkosten bzw. **-erlösen** stehen keine Aufwendungen bzw. Erträge gegenüber. Hierzu zählen kalkulatorische Zinsen für gebundenes Vermögen, kalkulatorische Mieten für die Nutzung von mietfreien Immobilien und kalkulatorische Wagnisse zur Deckung von nicht versicherten speziellen Risiken (z.B. gegen Feuer, Diebstähle, Unfälle). Zu den Zusatzerlösen zählen z.B. Werte selbsterstellter Software oder von Patenten, sofern diese nicht in der Finanzbuchhaltung angesetzt wurden.

Kosten werden nach unterschiedlichen Gesichtspunkten kategorisiert. Abb. 4 stellt die wichtigsten Kostenbegriffe in einer Übersicht dar.

Zeitbezug	Istkosten	Normalkosten	Plankosten
	tatsächlich entstanden	in der Vergangenheit im Durchschnitt angefallen	für die Zukunft prognostiziert
Zuordnung	**Vollkosten**	**Teilkosten**	
	alle anfallenden Kosten	nur nach bestimmten Kriterien abgegrenzte Kosten	
Zurechenbarkeit	**Einzelkosten**	**Gemeinkosten**	
	direkt einem einzelnen Objekt	mehreren Objekten → *echte* → *unechte*	
Beschäftigungsgrad	**Fixkosten**	**Variable Kosten**	
	unabhängig vom Beschäftigungsgrad	abhängig vom Beschäftigungsgrad → *linear* → *progressiv* → *degressiv* → *regressiv*	

Entstehung	Primärkosten	Sekundärkosten
	ursprünglich entstanden	durch Verrechnung entstanden

Abb. 4: Übersicht der Kostenbegriffe

Kosten werden in Abhängigkeit vom Zeitbezug in Ist-, Normal- und Plankosten unterteilt. **Istkosten** sind die tatsächlich in der vergangenen Rechnungsperiode angefallenen Kosten. **Normalkosten** sind Durchschnittskosten, die zufällige Schwankungen der Istkosten vergangener Rechnungsperioden glätten. Hierzu zählen beispielsweise Personalkosten, die auf durchschnittlichen Personalkostensätzen basieren. **Plankosten** sind die für künftige Rechnungsperioden im Voraus angesetzten Kosten. Die flexible Plankostenrechnung unterscheidet darüber hinaus zwischen Plan- und Sollkosten.

In Abhängigkeit vom **Umfang der Zuordnung** werden Voll- und Teilkosten unterschieden. **Vollkosten** sind alle in einer Periode anfallenden Kosten, die einem Bezugsobjekt (Kostenstelle, Kostenträger) direkt oder indirekt zugeordnet werden. **Teilkosten** sind nach bestimmten Kriterien (Zurechenbarkeit, Beeinflussbarkeit) abgegrenzte Bestandteile der Gesamtkosten.

In Abhängigkeit von ihrer **Zurechenbarkeit** werden Einzel- und Gemeinkosten unterschieden. **Einzelkosten** sind einem einzelnen Bezugsobjekt direkt zurechenbar. Echte Gemeinkosten können dagegen nur mehreren Bezugsobjekten zugerechnet werden. Bei unechten **Gemeinkosten** unterbleibt aus Gründen der Wirtschaftlichkeit die unmittelbare Zuordnung auf die einzelnen Bezugsobjekte.

In Abhängigkeit vom **Beschäftigungsgrad**, d.h. dem Verhältnis zwischen tatsächlicher und potenzieller Leistungsmenge, werden fixe und variable Kosten unterschieden. **Fixkosten** fallen in einer Betrachtungsperiode unabhängig vom Beschäftigungsgrad in konstanter Höhe an. **Variable Kosten** ändern sich dagegen proportional (linear), überproportional (progressiv) oder unterproportional (degressiv) zum Beschäftigungsgrad. Regressive Kosten, die mit zunehmendem Beschäftigungsgrad absolut sinken, haben in der Praxis kaum Bedeutung.

In Abhängigkeit von ihrer **Entstehung** werden Primär- und Sekundärkosten unterschieden. **Primärkosten** sind die ursprünglichen Kosten, wie sie beispielsweise in der Finanzbuchhaltung erfasst werden. **Sekundärkosten** entstehen durch Verrechnung innerhalb der Kosten- und Leistungsrechnung.

3.3 Kostenrechnungssysteme

Kostenrechnungssysteme werden nach dem Zeitbezug der Kosten in Ist , Normal- und Plankostenrechnung und nach dem Umfang der Zuordnung der Kosten in Voll- und Teilkostenrechnungen unterteilt.

Die verschiedenen Zielstellungen der KLR stellen spezifische Anforderungen an die Gestaltung eines Kostenrechnungssystems. Abb. 5 verdeutlicht, dass kein universelles Kostenrechnungssystem existiert, das allen Zielen der KLR in gleicher Weise gerecht wird.

Zeitbezug Umfang Zuordnung	Ist-/ Normalkostenrechnung	Plankostenrechnung
Vollkosten-rechnung	• kurzfristige Bereitstellung aller anfallenden Kosten und Erlöse • Durchführung inner- und zwischenbehördlicher Kostenvergleiche • Nachkalkulation von Gebühren und Preisen	• Unterstützung der kameralen Haushaltsplanung und -durchführung • Vorkalkulation von Gebühren und Preisen • Wirtschaftlichkeitskontrolle
Teilkosten-rechnung	• Durchführung inner- und zwischenbehördlicher Kostenvergleiche • Nachkalkulation von Gebühren und Preisen • Wirtschaftlichkeitsberechnung	• Unterstützung der innerbehördlichen Budgetierung • Unterstützung der Produktplanung und -steuerung • Vorkalkulation von Gebühren und Preisen • Unterstützung von Entscheidungen über Eigenfertigung oder Fremdbezug • Wirtschaftlichkeitskontrolle (Abweichungsanalyse)

Abb. 5: Ziele und Kostenrechnungssysteme

Die Übergänge zwischen den Kostenrechnungssystemen sind fließend. Die in der Bundesverwaltung eingesetzten Kostenrechnungssysteme sind durch die Übernahme der Grundkosten aus der Finanzbuchhaltung einerseits und die Ermittlung der kalkulatorischen Kosten auf der Basis von Durchschnittssätzen andererseits zumeist eine Mischung aus Ist- und Normalkostenrechnung. Die Nutzung der KLR als Instrument zur Unterstützung der Planung, Steuerung und Kontrolle erfordert letztlich den Ausbau der Ist- und Normalkostenrechnung zu einer Plankostenrechnung.

In der **Vollkostenrechnung** werden sämtliche Kosten erfasst und auf die Kostenträger verrechnet. Sie findet z.B. Anwendung, wenn bei der Kalkulation von Gebühren und Entgelten alle anfallenden Kosten zu berücksichtigen sind. Nachteile der Vollkostenrechnung sind die pauschale Schlüsselung der Gemeinkosten, die zumeist nicht verursachungsgerecht ist, und die proportionale Verteilung der Fixkosten auf die Ausbringungsmenge, obwohl diese durch Reduzierung der Stückzahl kurzfristig nicht abgebaut werden können. **Teilkostenrechnungen** haben dagegen den Vorteil, dass nur die direkt zurechenbaren und beeinflussbaren Kosten in die Betrachtung einbezogen werden. In Abhängigkeit von der DV-technischen Flexibilität der Gemeinkostenverrechnung und der differenzierten Auswertbarkeit von Kosteninformationen können Voll- und Teilkostenrechnungen zumeist ohne größeren zusätzlichen Aufwand parallel betrieben werden. In Abb. 6 sind die klassischen Kostenrechnungssysteme systematisiert.

Zeitbezug Umfang Zuordnung	Ist-/ Normalkostenrechnung	Plankostenrechnung
Vollkosten- rechnung	Ist-/ Normalkostenrechnung auf Vollkostenbasis	starre, flexible Plankos- tenrechnung
Teilkosten- rechnung	Deckungsbeitragsrech- nung (einstufig, mehr- stufig)	Grenzplankosten- und Deckungsbeitragsrech- nung

Abb. 6: Systematisierung klassischer Kostenrechnungssysteme

Die dargestellten Kostenrechnungssysteme sind prinzipiell gleich aufgebaut und bestehen aus:

- Kostenartenrechnung,
- Kostenstellenrechnung und
- Kostenträgerrechnung (vgl. Abb. 7).

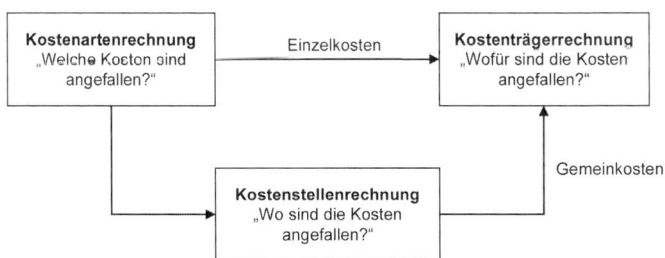

Abb. 7: Prinzipieller Aufbau klassischer Kostenrechnungssysteme

In der **Kostenartenrechnung** werden die Grundkosten in der Regel aus der Finanzbuchhaltung übernommen und durch kalkulatorische Kosten (Anders-, Zusatzkosten) ergänzt. Die Kostenträgereinzelkosten werden dabei direkt den Kostenträgern (Produkten, Dienstleistungen) zugeordnet. Die Kostenträgergemeinkosten werden in der **Kostenstellenrechnung** auf den Kostenstellen erfasst, wo sie entstanden sind und auf die Kostenstellen verrechnet, die unmittelbar an der Erstellung der Kostenträger mitwirken. In der **Kostenträgerrechnung** werden die Kostenträgereinzelkosten um die anteiligen Gemeinkosten der Kostenstellen ergänzt, welche die Kostenträger in Anspruch genommen haben. Während Kostenarten- und Kostenstellenrechnung reine Periodenrechnungen sind, wird in der Kostenträgerrechnung zwischen Kostenträgerzeitrechnung und Kostenträgerstückrechnung (Kalkulation) unterschieden.

Ausgangspunkt der Deckungsbeitragsrechnung als Teilkostenrechnung sind die Erlöse der Kostenträger. Von diesen Erlösen werden in der **einstufigen Deckungsbeitragsrechnung** nur die variablen Kosten abgezogen; die Differenz ist der Deckungsbeitrag. Sämtliche Fixkosten werden als Block betrachtet und nicht auf die Kostenträger verrechnet. In der **mehrstufigen Deckungsbeitragsrechnung (Fixkostendeckungsrechnung)** wird der Fixkostenblock entsprechend seiner Beeinflussbarkeit und Produktnähe noch weiter untergliedert. Je produktferner und weniger beeinflussbar die Kosten sind, desto später werden sie Deckungsbeiträgen zugeordnet. Die Schaffung von Transparenz über die nicht sofort abbaubaren Fixkosten ist in der Bundesverwaltung von besonderer Bedeutung, da hier der Anteil der Fixkosten an den Gesamtkosten dominiert. Mit der letzten Stufe der Deckungsbeitragsrechnung ist der Umfang einer Vollkostenrechnung erreicht (vgl. Beispiel in Abb. 8).

Erlöse	
./. variable Kosten	z.B. Honorare, Material, Dienstreisen
= **Deckungsbeitrag I (DB I)**	
./. Produktfixkosten	z.B. Kalkulatorische Abschreibungen für Geräte
= **DB II**	
./. Abteilungsfixkosten	z.B. Besoldung/Entgelte Abteilungsleitung
= **DB III**	
./. Behördenfixkosten	z.B. Besoldung/Entgelte Behördenleitung, Mieten für Liegenschaften
= **DB IV (Betriebsergebnis)**	

Abb. 8: Beispiel einer mehrstufigen Deckungsbeitragsrechnung

Ist- und Normalkostenrechnungen sind aufgrund ihres Vergangenheitsbezugs nur sehr eingeschränkt für die Planung und Steuerung geeignet. Zur Unterstützung von zukunftsgerichteten Entscheidungen wurden Systeme der **Plankostenrechnung** entwickelt, die neben Ist- oder Normalkosten auch geplante, prognostizierte Kosten betrachten.

In der **starren Plankostenrechnung** werden die Kosten nicht weiter aufgeteilt. Dadurch lassen sich zwar Kostenabweichungen ermitteln, aber nicht die Gründe dafür aufzeigen. Bei rückläufiger Kapazitätsauslastung können aber in der Regel die Fixkosten nur langsamer abgebaut werden, als sie beim Aufbau der Leistungsmengen gestiegen sind (Kostenremanenz). Die Aufteilung in fixe und proportionale Kostenbestandteile ermöglicht in der **flexiblen Plankostenrechnung** eine differenziertere Abweichungsanalyse zwischen Plan- und Istkosten. Die **Grenzplankostenrechnung** unterscheidet sich von der flexiblen Plankostenrechnung auf Vollkostenbasis dadurch, dass nur die variablen Kosten auf die Kostenträger verrechnet werden.

In der Bundesverwaltung können neben den klassischen Kostenrechnungssystemen optional Systeme der relativen Einzelkostenrechnung und der Prozesskostenrechnung eingeführt werden.

Die **relative Einzelkostenrechnung** geht vom Identitätsprinzip aus, nach dem sich nur die Kosten und Erlöse einander zuordnen lassen, die auf identische Entscheidungen zurückzuführen sind. Die relative Zuordnung der Einzelkosten zu sach- und zeitbezogenen Bezugsgrößen vermeidet zwar die als nicht verursachungsgerecht kritisierte Schlüsselung von Gemeinkosten, ist aber komplex und aufwendig. Für bestimmte Aufgaben der KLR wie beispielsweise die Gebührenkalkulation auf Vollkostenbasis ist die relative Einzelkostenrechnung ungeeignet.

Die **Prozesskostenrechnung** ist eine Vollkostenrechnung, die leistungsmengeninduzierte und leistungsmengenneutrale Kosten unterscheidet. Die mit der Leistungserstellung verbundenen Prozesse werden analysiert, in Teilprozesse zerlegt und für diese Prozesskostensätze ermittelt. Die Kostenträger werden nur mit den Kosten der Teilprozesse belastet, die sie in Anspruch genommen haben. Eine wesentliche Voraussetzung für die Anwendung der Prozesskostenrechnung ist, dass die Teilprozesse zur Leistungserstellung sich wiederholende und standardisierte Routineprozesse sind.

Die Einführung einer Prozesskostenrechnung ist vergleichsweise aufwendig und erfordert fundierte Kenntnisse der Prozessanalyse und -bewertung.

4 Konzeption der Kosten- und Leistungsrechnung

4.1 Kostenartenrechnung

4.1.1 Verwaltungskontenrahmen

Die Kostenartenrechnung gibt Auskunft darüber, welche Kosten für die Erstellung eines Produktes oder einer Dienstleistung angefallen sind. Sämtliche Kosten und Erlöse werden nach der Art ihrer Entstehung in einem Kosten- und Erlösartenplan erfasst, der nach den Vorgaben des **Verwaltungskontenrahmen (VKR)** zu gliedern ist[1] und in Abhängigkeit von behördenspezifischen Erfordernissen weiter detailliert werden kann.

Der VKR wurde von einem Gremium zur Standardisierung des staatlichen Rechnungswesens nach § 49a Haushaltsgrundsätzegesetz (HGrG) entwickelt und soll eine einheitliche und vollständige Zuordnung von grundlegenden Geschäftsvorfällen bei Bund und Ländern gewährleisten. Die Kontenklassen, Kontengruppen und Hauptkonten sind im *Verwaltungskontenrahmen* und in den *Standards staatlicher Doppik* ausführlich beschrieben. Diese Dokumente werden regelmäßig fortgeschrieben und sind in den jeweils aktuellen Fassungen auf den Internet-Seiten des BMF abrufbar.

---

1 Amtliche Fußnote: Der Übergangszeitraum zur Umstellung auf den VKR richtet sich nach den Vorgaben zur Vermögensrechnung.

Abb. 9 stellt die Kontenklassen des VKR dar. Für die KLR sind
die Kontenklassen 5, 6, 7 und 9 einschlägig. Die ertragsgleichen
Erlösarten sind der Kontenklasse 5, die aufwandsgleichen Kostenarten den Kontenklassen 6 und 7 zuzuordnen. Diese werden
in einem integrierten Rechnungswesen bereits durch die Finanzbuchhaltung erfasst und in die KLR fortgeschrieben. Eine zusätzliche, manuelle Erfassung beschränkt sich in der Regel auf
die Fälle, in denen die relevanten Informationen z.B. wegen der
Fremdbewirtschaftung von Haushaltsmitteln nicht in der eigenen Finanzbuchhaltung vorliegen und auch nicht über Schnittstellen aus den Vorsystemen automatisiert in das KLR-System
übertragen werden können.

| Verwaltungskontenrahmen | | | | | | | | | |
| Finanzbuchhaltung | | | | | | | | | KLR |
0	1	2	3	4	5	6	7	8	9
Immaterielle Vermögensgegenstände und Sachanlagen	Finanzanlagen	Umlaufvermögen und aktive Rechnungsabgrenzung	Eigenkapital, Sonderposten und Rückstellungen	Verbindlichkeiten und passive Rechnungsabgrenzung	Erträge	Aufwendungen	Weitere Aufwendungen	Abschluss und Technische Konten	Kalkulatorische Kosten und Erlöse, Verrechnungskonten
Vermögensrechnung					Erfolgsrechnung/KLR				KLR

Abb. 9: Kontenklassen des Verwaltungskontenrahmens

Nicht alle in der Finanzbuchhaltung erfassten Erträge und Aufwendungen sind gleichzeitig auch Kosten und Erlöse (vgl. Abb. 10). In der KLR werden nur solche Geschäftsvorfälle betrachtet, die im Zusammenhang mit der gewöhnlichen behördlichen Leistungserstellung einer Periode stehen. Damit scheiden all jene Geschäftsvorfälle aus, die im Haushalt einer Behörde für andere Behörden gebucht werden oder keinen Bezug zur eigentlichen Leistungserstellung der Behörde haben. Auch finden reine Finanztransaktionen ohne Auswirkung auf den Werteverzehr bzw. -zuwachs innerhalb einer Behörde, wie z.B. die Aufnahme oder Tilgung von Darlehen, keine Berücksichtigung in der KLR.

Abzugrenzen sind auch Ausgaben bzw. Einnahmen, die in einer anderen Rechnungsperiode zu Kosten bzw. Erlösen führen (z.B. Kauf von Material auf Lager im laufenden Jahr, Verbrauch erst im Folgejahr). Ebenso werden die Ausgaben bzw. Einnahmen nicht einbezogen, die zwar in direktem Zusammenhang mit der behördlichen Leistungserstellung stehen, aber in ihrer Art nicht planbar und in ihrem Umfang nicht vorhersehbar sind (z.B. Brand im Lager). Ihre Berücksichtigung würde die periodenübergreifende Vergleichbarkeit von Kosten und Erlösen beeinträchtigen.

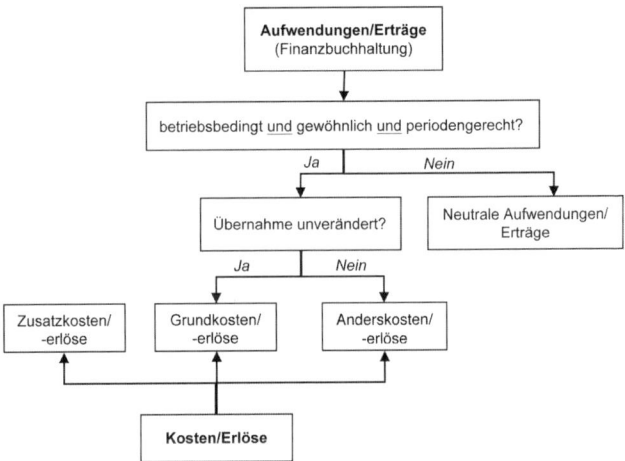

Abb. 10: Schema zur Abgrenzung zwischen Aufwand und Kosten

Die kalkulatorischen Kosten und Erlöse sowie die durch Verrechnungen in der KLR erzeugten sekundären Kosten- und Erlösarten werden in der Kontenklasse 9 erfasst.

4.1.2 Personalkosten

In der Bundesverwaltung kommt den Personalkosten besondere Bedeutung zu, da sie einen hohen Anteil an den Gesamtkosten einer Behörde haben. Als Personalkosten werden in der KLR in der Regel Normalkosten (Durchschnittskosten) angesetzt. Dadurch werden der Erfassungs- und Berechnungsaufwand gering gehalten, nicht beeinflussbare Unterschiede in der Kostenstruktur (z.B. Alter, Zahl der Kinder) ausgeglichen und somit eine vergleichbare Kalkulationsgrundlage geschaffen. Die normalisierten Personalkosten sind kalkulatorische Durchschnittskosten und werden in der Kontenklasse 9 erfasst. Sie sind zu unterscheiden von den Ist-Personal**aufwendungen**, die in der Finanzbuchhaltung in den Kontenklassen 6 und 7 erfasst werden.

Anstelle von Durchschnittskosten können auch die tatsächlich entstandenen Personalaufwendungen als Personalkosten zugrunde gelegt werden, sofern dies zu Abrechnungszwecken gegenüber Externen zwingend erforderlich ist.

Die normalisierten Personalkosten werden ermittelt, indem die geplanten oder entstandenen Arbeitszeiten mit behördenspezifischen **Personalkostensätzen** bewertet werden. Die Personalkostensätze werden in der Bundesverwaltung z.B. durch das Bundesamt für zentrale Dienste und offene Vermögensfragen (BADV) für die jeweilige Behörde ermittelt und jährlich aktualisiert zur Verfügung gestellt. Die Behörden können eigene Personalkostensätze berechnen, wenn ressortspezifische Besonderheiten dies erfordern.

Die Ermittlung der Personalkostensätze für Beamtinnen/Beamte und Tarifbeschäftigte erfolgt nach dem Berechnungsschema für Kostenberechnungen/Wirtschaftlichkeitsuntersuchungen, dessen Grundzüge in Abb. 11 dargestellt sind.

Beamtinnen/Beamte	**Tarifbeschäftigte**
Durchschnittsbezüge einschl. Sonderzahlungen gemäß Laufbahn- oder Besoldungsgruppe (steuerpflichtiges Brutto)	Durchschnittsbezüge einschl. Sonderzahlungen gemäß Laufbahn- oder Entgeltgruppe (steuerpflichtiges Brutto)

Beamtinnen/Beamte	Tarifbeschäftigte
Versorgungszuschlag auf die Durchschnittsbezüge gemäß VFZV von 27,9 % für den einfachen und mittleren Dienst, 29,3 % für den gehobenen Dienst, 36,9 % für den höheren Dienst (Stand 2012)	Arbeitgeberanteil zur Sozial- und Zusatzversicherung gemäß Entgeltgruppe
Personalnebenkosten (Beihilfe, Fürsorgeleistungen, Unterstützungen, Trennungsgeld, Umzugskostenvergütungen)	Personalnebenkosten (Fürsorgeleistungen, Unterstützungen, Unfallkasse, Trennungsgeld, Umzugskostenvergütungen)

Abb. 11: Berechnung der Personalkostensätze

Die Durchschnittsbezüge und der Arbeitgeberanteil zur Sozial- und Zusatzversicherung werden für die jeweilige Besoldungs- bzw. Entgeltgruppe der Behörde berechnet. Die Personalnebenkosten der Beamtinnen/Beamten bzw. der Tarifbeschäftigten werden für die gesamte Behörde einheitlich ermittelt. Grundlage sind jeweils die Ist-Personalausgaben der Behörde des Vorjahres. Sofern **innerhalb** einer Behörde z.B. standortbedingt große Unterschiede hinsichtlich der Inanspruchnahme von Trennungsgeld und Umzugskostenvergütungen bestehen, können diese Ist-Ausgaben auch aus den Personalnebenkosten herausgerechnet und den jeweiligen Kostenstellen direkt zugeordnet werden.

Der jeweilige Versorgungszuschlag für Beamtinnen/Beamte leitet sich dagegen nicht aus den Ist-Personalausgaben ab. Eine Berechnung der Versorgungskosten auf der Basis der tatsächlichen Ist-Zuweisungen an den Versorgungsfonds ist noch nicht vorgesehen, da diese nur für die seit dem 1. Januar 2007 neu eingestellten Beamtinnen/Beamte erfolgen und somit noch nicht repräsentativ sind. BMF wird prüfen, wann die Voraussetzungen für die Umstellung der Berechnungsmethodik gegeben sind.

Die individuelle **Zeitaufschreibung** ist ein Instrument, um die Personalkosten möglichst als Einzelkosten den Kostenträgern direkt zuordnen zu können. Insbesondere in folgenden Fällen sollte die Zeitaufschreibung genutzt werden:

– Eine Kostenstelle erzeugt mehrere Kostenträger, welche die Personalkapazitäten in einer Periode unterschiedlich stark beanspruchen.

– Eine Kostenstelle fragt gezielt Kostenträger nach und soll auf Basis der für diese Kostenträger aufgewendeten Zeiten (als

Indikator für die erhaltene Leistungsmenge) mit Kosten belastet werden.

– Zu Abrechnungszwecken wird ein Nachweis über die aufgewendeten Zeiten für Erstellung eines Kostenträgers gefordert.

Die aus der Zeitaufschreibung gewonnenen Daten sind nur dann belastbar, wenn die Beschäftigten das Verfahren akzeptieren. Der mit der Zeitaufschreibung verbundene zusätzliche Arbeitsaufwand für die Beschäftigten ist weitestgehend gering zu halten. Die Beschäftigten erfassen ihre Zeiten selbst mit Hilfe eines komfortabel zu bedienenden IT-Systems. Die Zeiten sind möglichst täglich und mit einer angemessenen Genauigkeit (von z.B. einer Viertelstunde) auf die Kostenträger zu erfassen. Die Validität der erfassten Zeiten ist durch Vollständigkeits- und Plausibilitätsprüfungen sicherzustellen.

Die personenbezogenen Daten der Beschäftigten sollten durch geeignete technische und organisatorische Maßnahmen anonymisiert werden, so dass ein Rückschluss auf die Zeiten des einzelnen Beschäftigten im Nachhinein nicht mehr möglich ist. Ausnahmen können für Bereiche vereinbart werden, in denen personenbezogene Stunden und Kosten zwingende Voraussetzung für den Nachweis der Leistungserstellung sind (z.B. bei Kundenprojekten). Personalvertretung und Datenschutzbeauftragte sind rechtzeitig in den Prozess der Einführung einer individuellen Zeitaufschreibung einzubeziehen. Die zwischen Dienststelle und Personalrat beschlossenen Regelungen zur Zeitaufschreibung sind in einer Dienstvereinbarung schriftlich niederzulegen.

Bei der Zeitaufschreibung wird die gesamte Arbeitszeit der Voll- und Teilzeitbeschäftigten **einschließlich** der geleisteten Mehrarbeit/Überstunden den Kostenträger zugeordnet und mit den jeweiligen Personalkostensätzen bewertet. Mehrarbeit und Überstunden werden dabei nicht separat von der regelmäßigen Arbeitszeit ausgewiesen.

Der Zeitausgleich für die **Mehrarbeit** (Gleittage) kann zu statistischen Zwecken auf einem separaten Konto erfasst werden, ist aber nicht monetär zu bewerten, da die Kosten der Mehrarbeit bereits berücksichtigt sind.

Die Differenzierung der Anwesenheitszeiten, die sich keinem Kostenträger zuordnen lassen (**Verteilzeiten** wie z.B. Fortbildung, Führung/Leitung) orientieren sich am Steuerungsbedarf der jeweiligen Behörde.

Abwesenheitszeiten wegen Krankheit, Urlaub und Dienstbefreiungen werden auf einem eigenen statistischen Konto erfasst, aber nicht monetär bewertet, sofern sie bereits bei der Berech-

nung der Arbeitszeit pro Jahr berücksichtigt wurden (vgl.
Abb. 12).

365 Tage/Jahr
– Samstage, Sonntage, Feiertage
– Ausfälle durch Erkrankungen, Kuren
– Urlaub und ganztägige Dienstbefreiung
= Arbeitstage/Jahr
× tägliche Arbeitszeit (Std./Tag)
= Arbeitsstunden/Jahr

Abb. 12: Berechnung der Arbeitszeit

Anstelle der individuellen Zeitaufschreibung kann die Zuordnung der Personalkosten auf die Kostenträger auch mit Hilfe von
Erfahrungs- oder Schätzwerten erfolgen. Gegebenenfalls können
die Zeiten für eine Referenzperiode ermittelt und anschließend
auf das ganze Jahr hochgerechnet werden. Die pauschalen Zu-
ordnungen der Personalkosten auf die Kostenträger sollten einer
jährlichen Überprüfung unterzogen werden.

4.1.3   Sachkosten

Unter Sachkosten werden hier alle zahlungswirksamen Sachauf-
wendungen der Kontenklassen 6 und 7 verstanden, sofern sie
nicht neutralen Aufwand darstellen (z.B. Zahlungen infolge eines Schadenfalls). Sachkosten können in der Regel direkt aus
der Finanzbuchhaltung (oder dem Haushalt) in die KLR übernommen werden.

Zu den Sachkosten zählen u.a. Materialkosten, Wartungs-, Repa-
ratur- und Unterhaltungskosten, Kosten der Bewirtschaftung
der Grundstücke und Gebäude, Kommunikationskosten, Kosten
der Aus- und Fortbildung, Gerichtskosten, Kosten für Sachverständige, Reisekosten usw. Die Sachkosten und deren Zuordnung
zu den jeweiligen Kontengruppen und Hauptkonten sind im *Verwaltungskontenrahmen* und in den *Standards staatlicher Doppik* ausführlich beschrieben.

4.1.4   Zuweisungen und Zuschüsse

Zuweisungen und Zuschüsse sind Finanztransaktionen deren
Relevanz für die KLR im Einzelfall zu prüfen ist. Durchlaufende
Posten für Geldleistungen, die keinen Bezug zur Leistungserstellung einer Behörde aufweisen, werden in der KLR in der Regel
nicht berücksichtigt. KLR-relevant sind dagegen Zuweisungen

und Zuschüsse, die der Erstellung von eigenen Produkten durch Dritte dienen und somit Kostenerstattungen für die Leistungserstellung darstellen. Dementsprechend werden auch Einnahmen für die Erbringung von Verwaltungsleistungen für Dritte in der KLR als Erlöse gebucht.

Zuweisungen an den Versorgungsfonds sind nicht KLR-relevant, wenn in den Personalkostensätzen bereits ein Versorgungszuschlag für Beamtinnen/Beamte enthalten ist.

4.1.5 Kalkulatorische Kosten

4.1.5.1 Kalkulatorische Abschreibungen

Abschreibungen dienen der periodengerechten Zuordnung des Werteverzehrs des abnutzbaren Anlagevermögens. Sowohl die Abschreibungen in der Vermögensrechnung als auch die kalkulatorischen Abschreibungen in der KLR werden in der Regel automatisiert durch die **Anlagenbuchhaltung** ermittelt.

In den *Standards staatlicher Doppik* sind Ansatz und Bewertung des Anlagevermögens **verbindlich** vorgegeben. Die gewöhnliche Nutzungsdauer (ND) ist in AfA-Tabellen festgelegt, die auf den Internet-Seiten des BMF veröffentlicht sind. Von den Anschaffungs- oder Herstellungskosten (AHK) abweichende Wiederbeschaffungswerte (WBW) und von den AfA-Tabellen abweichende Nutzungsdauern sind in der Anlagenbuchhaltung zusätzlich zu hinterlegen.

Um doppelten Aufwand für die Ermittlung der Abschreibungen in der Anlagenbuchhaltung zu vermeiden, wird empfohlen, **die für die Vermögensrechnung maßgebliche lineare Abschreibung auf der Basis von AHK und Nutzungsdauern gemäß AfA-Tabellen grundsätzlich auch für die KLR zu verwenden:**

$$\text{Abschreibung}_{\text{Linear}} = \frac{\text{AHK}}{\text{ND}_{\text{AfA}}}$$

Abweichende kalkulatorische Abschreibungsmethoden sollten nur dann genutzt werden, **wenn dies für die Substanzerhaltung zwingend erforderlich und rechtlich zulässig ist.**

Kalkulatorische Abschreibungen haben zum Ziel, den tatsächlichen betriebsbedingten Werteverzehr des abnutzbaren Anlagevermögens (z.B. Gebäude, technische Anlagen und Maschinen, Betriebs- und Geschäftsausstattung) auf die Nutzungsdauer zu verteilen. Sie können sich von den planmäßigen Abschreibungen in der Vermögensrechnung hinsichtlich Abschreibungsbasis, -methode und -zeitraum unterscheiden (vgl. Abb. 13).

	Abschreibung in der Vermögensrechnung	Kalkulatorische Abschreibung
Abschreibungsbasis	AHK	WBW
Abschreibungsmethode	linear	zeitabhängig (linear, degressiv, progressiv) oder leistungsabhängig (proportional zur Inanspruchnahme)
Nutzungsdauer	gewöhnliche ND lt. AfA-Tabellen des BMF	behördenspezifische wirtschaftliche ND
Anpassung der ND während der Nutzung	Verkürzung der ND nur über Sonderabschreibung, keine Abschreibung „unter Null"	Anpassung der ND im Einzelfall möglich, Abschreibung „unter Null" zur Verstetigung der Kalkulationsbasis möglich

Abb. 13: Abschreibungsarten im Vergleich

Bei kalkulatorischen Abschreibungen werden zur Sicherstellung der Substanzerhaltung nicht die AHK, sondern der mitunter höhere WBW zugrunde gelegt. Der WBW wird zumeist geschätzt, wobei die Prognose der voraussichtlichen Preissteigerung bis zum Zeitpunkt der Wiederbeschaffung bei langlebigen Vermögensgegenständen wegen des technischen Fortschritts schwierig sein kann. In diesen Fällen werden die um die durchschnittliche Preissteigerung der vergangenen Jahre erhöhten AHK hilfsweise als WBW angesetzt:

$$WBW = AHK \times (1 + \frac{Inflationsrate}{100})^{ND}$$

Die kalkulatorischen Abschreibungsbeträge werden in der Regel zeitabhängig ermittelt. Bei der **linearen** kalkulatorischen Abschreibung wird der WBW über die gesamte Nutzungsdauer gleichmäßig verteilt:

$$Kalk. \ Abschreibung_{Linear} = \frac{WBW}{ND}$$

Degressive und progressive Abschreibungen sind in der Bundesverwaltung nur von untergeordneter Bedeutung.

Als Abschreibungszeitraum wird die tatsächliche wirtschaftliche Nutzungsdauer der Anlagen zugrunde gelegt. Ist eine Anlage länger als die vorgesehene Nutzungsdauer im Betrieb, können die kalkulatorischen Abschreibungen bis zur Ausmusterung der Anlage fortgeführt werden (sogenannte Abschreibung „unter Null"). Dieses Vorgehen dient hauptsächlich der Verstetigung der Kalkulationsbasis, soweit dies rechtlich zulässig ist.

Sofern die jährliche Leistung einer Anlage starken Schwankungen unterliegt, können die Abschreibungen auch leistungsabhängig ermittelt werden. Hierzu wird der WBW mit dem Quotienten aus der in der Periode erbrachten Leistung zur möglichen Maximalleistung multipliziert:

$$\text{Kalk. Abschreibung}_{\text{Leistung}} = \text{WBW} \times \frac{\text{Leistung}_{\text{Periode}}}{\text{Leistung}_{\text{Max}}}$$

4.1.5.2 Kalkulatorische Zinsen

Kalkulatorische Zinsen bewerten aus betriebswirtschaftlicher Sicht das im Anlage- und Umlaufvermögen gebundene Eigenkapital. Als Opportunitätskosten machen sie transparent, welche Rendite das gebundene **Eigen**kapital in einer alternativen Anlageform erbracht hätte. **Fremd**kapitalzinsen zählen dagegen nicht zu den kalkulatorischen Kosten, da sie bereits in der Finanzbuchhaltung erfasst werden und in die KLR übernommen werden können.

Für den Bund bedeutet eine alternative Anlageform für das gebundene Eigenkapital in erster Linie eine Senkung der Kreditaufnahme und damit eine Verringerung der Zahlung von Zinsen auf das Fremdkapital. Da die Schulden des Bundes zentral verwaltet werden, können die Behörden in der Bundesverwaltung nicht zwischen Eigen- und Fremdkapital differenzieren. Damit entfällt auch die Möglichkeit, die Fremdkapitalzinsen aus der Finanzbuchhaltung oder dem Haushalt in die KLR zu übernehmen. Daher ist für die KLR in der Bundesverwaltung das gesamte im Anlage- und Umlaufvermögen gebundene Kapital Basis für die Ermittlung der kalkulatorischen Zinsen. Kalkulatorische Zinsen sind insbesondere als Bestandteil von Kalkulationen gegenüber Externen außerhalb der Bundesverwaltung von Bedeutung.

Der **kalkulatorische Zinssatz** auf das gebundene Vermögen wird vom BMF einheitlich vorgegeben und regelmäßig aktualisiert in einem Rundschreiben veröffentlicht.

Die **kalkulatorischen Zinsen auf das Anlagevermögen (AV)** werden auf Basis der Restbuchwerte in der Anlagenbuchhaltung berechnet:

$$\text{Kalk. Zinsen}_{AV} = \text{Restbuchwert} \times \frac{\text{Zinssatz}_{BMF}}{100}$$

Liegen keine Restbuchwerte vor, können die halben AHK als Bezugsgröße verwendet werden:

$$\text{Kalk. Zinsen}_{AV} = \frac{\text{AHK}}{2} \times \frac{\text{Zinssatz}_{BMF}}{100}$$

Diese vereinfachte Berechnungsmethode ist nicht bei Anlagegütern anzuwenden, die ihre planmäßige Nutzungsdauer bereits überschritten haben.

Die **kalkulatorischen Zinsen auf das Umlaufvermögen (UV)** werden auf Basis des Durchschnittsbestandes einer Periode berechnet:

$$\text{Kalk. Zinsen}_{AV} = \text{Bestandswert}_{Durchschnitt} \times \frac{\text{Zinssatz}_{BMF}}{100}$$

4.1.5.3 Kalkulatorische Mieten

Kalkulatorische Mieten bewerten die Räumlichkeiten, die unentgeltlich genutzt werden. Grundlage für die Berechnung ist die ortsübliche Vergleichsmiete. Für die unentgeltliche Nutzung von beweglichen Anlagegütern wie z.B. Fahrzeugen können ebenfalls kalkulatorische Mieten angesetzt werden.

Bei Ansatz einer kalkulatorischen Miete ist zu beachten, dass keine weiteren Belastungen durch anteilige kalkulatorische Abschreibungen, Zinsen und Wagnisse oder durch zahlungswirksame Kosten für Unterhaltung und Instandhaltung der Grundstücke und Gebäude, Gebäudeversicherung usw. erfolgen.

Für Grundstücke und Gebäude, die in das Eigentum der Bundesanstalt für Immobilienaufgaben (BImA) übergegangen sind, werden die Mietzahlungen aus der Finanzbuchhaltung (aus dem Haushalt) in die KLR übernommen. In diesen Fällen entfällt der Ansatz von kalkulatorischen Mieten, Abschreibungen und Zinsen.

4.1.5.4 Kalkulatorische Wagnisse

Kalkulatorische Wagnisse werden für spezielle Einzelwagnisse (z.B. Schäden, Verlust, Forderungsausfall, Gewährleistung) angesetzt, die nicht versichert oder versicherbar sind, und damit nicht als Versicherungsaufwendungen in die KLR einfließen. Sie sind in der Bundesverwaltung von Bedeutung, da hier in der Regel keine Versicherung für Risiken für Schäden an Personen, Sachen und Vermögen des Bundes abgeschlossen werden (Grundsatz der Selbstdeckung). Kalkulatorische Wagnisse sind insbesondere für Kalkulationen gegenüber Externen außerhalb der Bundesverwaltung relevant.

Die Aufwendungen für tatsächlich eingetretene Schadensfälle werden wegen ihrer zufälligen Schwankungen nicht in die KLR übernommen, sondern nur in der Finanzbuchhaltung (und im Haushalt) in der entsprechenden Periode erfasst. Für absehbare Risiken gebildete Rückstellungen fließen als neutrale Aufwendungen ebenfalls nicht in die KLR ein.

Kalkulatorische Wagnisse sind Durchschnittskosten und werden unabhängig von den konkreten Zeitpunkten des Schadenseintritts oder der Rückstellungsbildung kontinuierlich erfasst. Sie werden auf der Grundlage von marktüblichen Versicherungsprämien oder anhand von Erfahrungswerten vergangener Perioden ermittelt. Ihre Bemessung sollte möglichst so erfolgen, dass die tatsächlich entstehenden Wagnisaufwendungen langfristig ausgeglichen werden.

4.2 Kostenstellenrechnung

4.2.1 Ziele und Grundsätze der Kostenstellenbildung

Die Kostenstellenrechnung zeigt auf, wo (d.h. an welchem Entstehungsort) die Kosten für die Leistungserstellung angefallen sind. Mit der Kostenstellenrechnung werden vor allem folgende **Ziele** verfolgt:

– Schaffung von Kostenverantwortung im Einklang mit der Fachverantwortung,

– Schaffung von Transparenz über Gemeinkosten und über innerbehördliche Leistungsbeziehungen,

– Ermöglichung einer sachgerechteren Gemeinkostenverteilung und -verrechnung.

Die Bildung der Kostenstellen erfolgt daher nach folgenden **Grundsätzen:**

– Eindeutige Identifikation durch eine systematische Nummerierung,

– Ausrichtung an der Aufbauorganisation (an der Organisationsstruktur) oder ggf. an der Ablauforganisation (am Prozess der Leistungserstellung),

– Festlegung einer eindeutigen Verantwortung für die erstellten Leistungen und die dabei entstehenden Kosten; diese sollten möglichst direkt zurechenbar und zumindest teilweise durch Entscheidungskompetenz beeinflussbar sein,

– Definition der Leistungsbeziehungen nach außen; die Leistungen sollten gleichartig sein und sich möglichst entweder nur an externe oder nur an interne Empfänger richten,

– Festlegung der Einbindung in die Verrechnungssystematik und in die Kostenstellenhierarchie, Bestimmung der Bezugsgrößen für die Verrechnung.

Folgende **Hauptkategorien** von Kostenstellen werden unterschieden:

– Haupt- oder Endkostenstellen, die überwiegend extern nachgefragte Leistungen (Produkte) erstellen, z.B. Fachreferate,

– Hilfskosten- oder Vorkostenstellen, die überwiegend intern nachgefragte Leistungen (interne Produkte) erstellen, z.B. Serviceeinheiten wie Organisation, Personal, Haushalt, Innerer Dienst, IT usw. sowie Leitung/Führung,

– Verrechnungs- oder Sammelkostenstellen, die selbst keine Leistungen erstellen und nur der vereinfachten Kostenzuordnung dienen, z.B. Gebäude-/Liegenschaftskostenstellen; ihre Nutzung sollte wegen der fehlenden Kostenverantwortung auf das erforderliche Maß beschränkt bleiben,

– Hierarchische Verdichtungskostenstellen, welche die Kosten der zugeordneten Kostenstellen für Berichtszwecke aggregrieren, selbst aber nicht bebucht werden, z.B. Abteilungskostenstellen.

Für die Fortschreibung und Aktualisierung der Kostenstellen ist ein einheitliches Verfahren zu entwickeln. Veränderte Organisationsstrukturen erfordern zeitnahe Anpassungen der Kostenstellen, damit die Kostenverantwortung wahrgenommen werden kann. Umfangreiche Änderungen der Kostenstellenstrukturen innerhalb einer Rechnungsperiode können hohen zusätzlichen buchhalterischen und technischen Aufwand bedeuten und sollten wenn möglich zu Jahresbeginn umgesetzt werden.

4.2.2 Verteilung und Verrechnung von Gemeinkosten

Die Kostenstellenrechnung hat als Bindeglied zwischen Kostenarten- und Kostenträgerrechnung die Aufgabe, alle Kosten, die den Kostenträgern nicht direkt zugerechnet werden können (Kostenträgergemeinkosten), auf die Kostenstellen umzulegen. Als konzeptionelles Hilfsmittel für die Verteilung der Primärkosten und die anschließende Verrechnung der Sekundärkosten dient der sogenannte **Betriebsabrechnungsbogen (BAB)**, der in Abb. 14 schematisch dargestellt ist. Die Verteilung und Verrechnung der Gemeinkosten selbst wird in der Praxis nicht mehr manuell mit Hilfe des BAB, sondern DV-gestützt durchgeführt.

	Hilfskosten- stelle 1	...	Hilfskosten- stelle n	Hauptkosten- stelle 1	...	Hauptkosten- stelle m
Primäre Einzelkosten, z. B. - Material - Abschreibungen						
Primäre Gemeinkosten, z. B. - Energie - Versicherung - Miete						
Summe Primär- kosten						
Sekundäre Gemeinkosten						
Summe Kosten	–	–	–			

Abb. 14: Prinzipieller Aufbau eines BAB mit Stufenleiterverfahren

Bei der **Primärkostenverteilung** werden die Kosten, die nur indirekt einer Kostenstelle zugeordnet werden können (z.B. Energie,
Miete, Versicherung), nach einem festgelegten Schlüssel (z.B.
Quadratmeter, Zahl der Beschäftigten) auf die Hilfs- und Hauptkostenstellen verteilt. Die Primärkostenarten bleiben dabei erhalten und werden auf den Kostenstellen einzeln ausgewiesen.

Die **Sekundärkostenverrechnung** dient der Abbildung der internen Leistungsbeziehungen. Dabei werden die Primärkostenarten
der Hilfskostenstellen zumeist zu einer Sekundärkostenart zusammengefasst und auf die Hauptkostenstellen nach festgelegten Bezugsgrößen verrechnet. Werden die innerbehördlichen
Leistungsbeziehungen durch interne Produkte abgebildet, sind
die Kosten der Hilfskostenstellen zunächst auf die von ihnen erstellten internen Produkte umzulegen und anschließend auf die
Produkte oder Hauptkostenstellen weiterzuverrechnen.

Folgende übliche Verfahren zur Verrechnung von Gemeinkosten
werden unterschieden:

– Anbau- oder Blockverfahren,

– Stufenleiter- oder Treppenverfahren,

– Iteratives Verfahren,

– Mathematisches Gleichungsverfahren.

Beim **Anbauverfahren** werden die Primärkosten der Hilfskostenstellen ausschließlich auf Hauptkostenstellen verrechnet. Es ist
ein sehr einfaches Verfahren, das nur dann angewendet werden

sollte, wenn zwischen den Hilfskostenstellen keine oder nur geringe Leistungsbeziehungen bestehen.

Das **Stufenleiterverfahren** berücksichtigt dagegen Leistungsbeziehungen zwischen Hilfskostenstellen, allerdings nur in eine Richtung (vgl. Abb. 14). Daher sollten zuerst die Hilfskostenstellen entlastet werden, die nur im geringen Maße Leistungen von anderen empfangen.

Das **iterative Verfahren** berücksichtigt wechselseitige Leistungsbeziehungen zwischen den Hilfskostenstellen, in dem so viele Durchgänge der Kostenumlage wiederholt werden, bis die Hilfskostenstellen nahezu vollständig entlastet sind.

Das **mathematische Gleichungsverfahren** bildet die Leistungsbeziehungen zwischen den Kostenstellen mit Hilfe von linearen Gleichungssystemen vollständig und exakt ab. Es ist aber ein komplexes und aufwändiges Verfahren und für die Anwendung in der Bundesverwaltung in der Regel nicht geeignet.

Für den Einsatz in der Bundesverwaltung wird das Stufenleiterverfahren empfohlen, da es ein vergleichsweise einfaches Verfahren und eine akzeptable Genauigkeit bietet. Wichtiger als die Erzielung einer scheinbar rechnerischen Genauigkeit ist die Beantwortung der Frage, ob und inwieweit für die jeweilige Zielstellung der KLR eine Verteilung und Verrechnung von Gemeinkosten überhaupt verursachungsgerecht und zweckmäßig ist.

Verrechnungsverfahren haben oft den Nachteil, dass sich die gebildeten Sekundärkostenarten nicht mehr auf die ursprünglichen Primärkostenarten zurückführen lassen. Dadurch wird ein Abgleich zwischen KLR und Finanzbuchhaltung (Haushalt) erschwert. Bei der Konfiguration der Verrechnungsverfahren in den Standard-ERP-Systemen ist daher zu prüfen, mit welchen Konfigurations- und Pflegeaufwand die Mitführung der Primärkostenarten verbunden ist. Zumindest auf die Zusammenfassung von kalkulatorischen und ausgabenwirksamen Kostenarten zu einer Sekundärkostenart sollte möglichst verzichtet werden.

4.3   Kostenträgerrechnung

4.3.1   Ziele der Kostenträgerrechnung

Die Kostenträgerrechnung beantwortet die Frage, wofür die Kosten angefallen sind. Kostenträger sind eindeutig identifizierbare Abrechnungsobjekte, die die Kosten für externe oder interne Leistungen einer Behörde erfassen. Diese Leistungen werden entweder laufend erstellt (Produkte) oder haben einmaligen Charakter und sind zeitlich begrenzt (Projekte).

In der Kostenträgerzeitrechnung werden die den Kostenträgern zugerechneten Einzel- und Gemeinkosten einer Rechnungsperiode systematisch dargestellt. Sie ist Grundlage für die Ermittlung des Periodenergebnisses, in dem die Kosten den Erlösen gegenübergestellt werden. Die Kostenträgerstückrechnung hat die Aufgabe, die Kosten für die Herstellung einer Mengeneinheit eines Kostenträgers zu ermitteln. Sie ist die Basis für die Kalkulation von Gebühren und Preisen.

4.3.2   Grundsätze der Produktbildung

Produkte sind die zentralen Steuerungsobjekte und Informationsträger der KLR. Sie stellen die wesentlichen Ergebnisse der Verwaltungstätigkeit aus Sicht des Leistungsempfängers dar und können sowohl materiellen als auch immateriellen Charakter haben. Produkte sind an Adressaten außerhalb der Behörde (z.B. Regierung, Bürger, Wirtschaft, andere Behörden) gerichtet und werden vorwiegend in den Hauptkostenstellen erstellt. Innerbehördliche Leistungsbeziehungen können durch „interne" Produkte abgebildet werden, die überwiegend in den Hilfskostenstellen erstellt werden. Da sie Vorleistungen (Vorprodukte) für die Erstellung der Produkte darstellen, werden die Kosten der internen Produkte auf die Produkte verrechnet.

Produkte müssen die folgenden Kriterien erfüllen:

– **Ziel-/Ergebnisbezug:** Ein Produkt hat einen inhaltlichen Bezug zu den Zielen und Aufgaben einer Behörde.

– **Empfängerbezug:** Ein Produkt hat definierte Empfänger.

– **Steuerungsrelevanz:** Das Produkt liefert maßgebliche Informationen für die Steuerung in der Behörde. Die Bildung kleinteiliger Produkte ohne Steuerungsrelevanz ist zu vermeiden.

– **Messbarkeit:** Ein Produkt als Ergebnis der Verwaltungstätigkeit ist quantitativ und/oder qualitativ messbar (z.B. mittels Kennzahlen).

– **Abgrenzbarkeit:** Ein Produkt ist eindeutig von anderen Produkten abgrenzbar. Gleichartige Leistungen sollten möglichst zu einem Produkt zusammengefasst werden.

– **Beeinflussbarkeit:** Die Menge, Kosten und Qualität eines Produkts ist durch die Behörde mittel- bis langfristig beeinflussbar.

– **Produktverantwortung:** Für ein Produkt ist ein Produktverantwortlicher zu benennen, der neben der Fachverantwortung auch die Kostenverantwortung trägt.

Produkte umfassen zumeist mehrere sachlich zusammenhängende Leistungen. Leistungen sind extern oder intern ausgerichtete Bündel von Aktivitäten, Tätigkeiten und Prozessschritten, die plan- und steuerbar sind und denen Kosten zugeordnet werden können. Produkte können weiter untergliedert werden, um Leistungen transparent voneinander abzugrenzen.

Zu den Produkten und Leistungen der **obersten Bundesbehörden** gehören z.B.:

- Entwicklung grundlegender politischer Konzepte und Strategien,
- Federführung oder Mitwirkung bei der Normsetzung (Gesetze, Verordnungen, Dienstanweisungen, Erlasse),
- Initiierung, Koordinierung und Abnahme von Programmen,
- Bereitstellung von Informationen, Broschüren in der Öffentlichkeitsarbeit,
- Erstellung und Abstimmung von Berichten,
- Mitwirkung bei der Rechtsetzung in der EU und im internationalen Bereich,
- Leitung und Koordinierung von Gremien,
- Koordinierung, Kontrolle und Prüfung des nachgeordneten Bereichs (Fach- und Rechtsaufsicht),
- ...

Beispiele für Produkte und Leistungen des **nachgeordneten Bereichs** sind:

- Erteilung von Genehmigungen und Bescheiden, Bearbeitung von Widersprüchen,
- Führung und Veröffentlichung von Statistiken, Registern usw., Erteilung von Auskünften,
- Durchführung von technischen Prüfungen (für Genehmigungen),
- Verfolgung von Zuwiderhandlungen, Ermittlungen, Präventionsmaßnahmen,
- Kontroll-/Prüfungs- und Aufsichtstätigkeit,
- Behördenübergreifende Serviceleistungen,
- ...

Um den Steuerungserfordernissen der Leistungs- und Führungsebenen gerecht zu werden, können fachlich gleichartige Produkte zu Produktgruppen und diese wiederum zu Produktbereichen verdichtet werden. In Abb. 15 ist eine Produkthierarchie beispielhaft dargestellt.

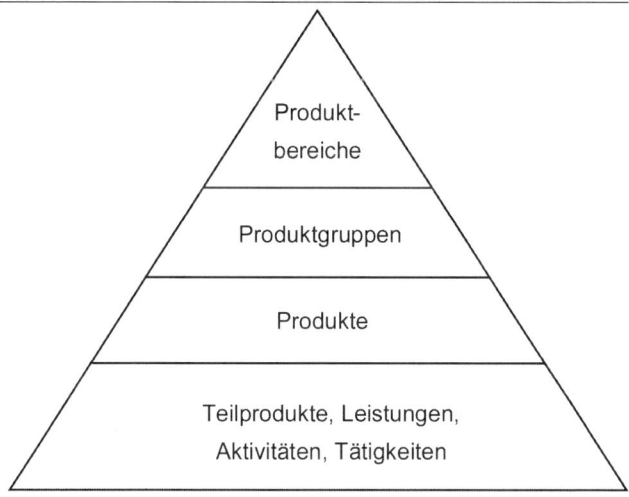

Abb. 15: Beispiel für eine Produkthierarchie

Detaillierungsgrad und Zahl der Produkte, Produktgruppen und -bereiche sind bedarfsgerecht zu gestalten. Tendenziell sollten eher weniger Produkte definiert werden, um den Steuerungsaufwand gering zu halten.

Für jedes Produkt ist eine Beschreibung in Form eines Produktsteckbriefes (auch Produktblatt genannt) zu erstellen. **Produktsteckbriefe** sind standardisierte Datenblätter, die alle wesentlichen Merkmale zur Charakterisierung und Einordnung eines Produkts enthalten. Ein Muster eines Produktsteckbriefes zeigt Abb. 16. Für einige typische interne Verwaltungsprodukte sind in Anlage 1 beispielhafte Steckbriefe aufgeführt. Die Produktsteckbriefe werden in einem **Produktkatalog** systematisch zusammengefasst, der die behördliche Leistungserstellung vollständig abbildet.

Die Produktbildung ist oft ein aufwendiger und langwieriger Prozess, der eine systematische Betrachtung der behördlichen Leistungserstellung (z.B. im Rahmen einer Aufgabenkritik) und einen Abgleich mit den Zielen und Aufgaben einer Behörde erfordert. Die erstmalige Bildung von Produkten sollte in einem **Gegenstromverfahren** durchgeführt werden. Dabei werden mit der Leitung abgestimmte vorläufige Produktsteckbriefe („top-down") durch Einbeziehung aller Beschäftigung („bottom-up") solange fortentwickelt, bis ein vor der Leitung gebilligter und von den Beschäftigten akzeptierter Produktkatalog vorliegt.

Der Produktkatalog ist regelmäßig auf seine Aktualität und Steuerungsrelevanz kritisch zu überprüfen. Für die Fortschreibung des Produktkatalogs ist ein einheitliches Verfahren zu entwickeln. Neue Ziele, geänderte Aufgaben und Strukturen erfordern zeitnahe Anpassungen des Produktkatalogs, um die Akzeptanz der Produkte zu gewährleisten. Für Kostenvergleiche mit Zeitreihenanalysen ist dagegen eine gewisse Kontinuität in der Fortführung der Produkte, Produktgruppen und -bereiche von Vorteil. Umfangreiche Änderungen von Produktzuschnitten innerhalb einer Rechnungsperiode können einen hohen zusätzlichen buchhalterischen und technischen Aufwand bedeuten und sollten daher möglichst zu Jahresbeginn wirksam werden.

Produktnummer/Produktbezeichnung	
Produktgruppe (-bereich)	(Einordnung in die Produkthierarchie)
Produktziel	(Nennung des zu erreichenden Ziels)
Produktbeschreibung	(Kurzbeschreibung der wesentlichen Leistungen/Tätigkeiten)
ggf. Rechtsgrundlage	(Nennung der Rechtsvorschriften)
Produktverantwortlicher	(Name und federführende Organisationseinheit)
ggf. beteiligte Organisationseinheiten	(Nennung der an der Erstellung des Produkts beteiligten Organisationseinheiten)
Produktempfänger	z.B. • Innerhalb der gleichen Behörde • Innerhalb des Ressorts • Öffentliche Verwaltung außerhalb des Ressorts • Andere externe Adressaten
Kennzahlen zur Leistungsmenge	z.B. • Anzahl • Stunden

Produktnummer/Produktbezeichnung	
ggf. Kostendeckungsgrad	(Gegenüberstellung der Kosten und Erlöse bei gebührenfinanzierten Produkten)
Qualitätskriterien/-indikatoren	z.B. • Adressatenzufriedenheit • Termintreue

Abb. 16: Muster eines Produktsteckbriefes

4.3.3   Kalkulationsverfahren

Kalkulationsverfahren sind Verfahren der Kostenträgerstückrechnung zur Ermittlung der Kosten je Mengeneinheit eines Produktes. In der Bundesverwaltung stehen grundsätzlich alle gängigen Kalkulationsverfahren zur Auswahl, insbesondere:

– Divisionskalkulation,

– Äquivalenzziffernkalkulation,

– Zuschlagskalkulation,

– prozessorientierte Kalkulation.

Die Wahl des geeigneten Kalkulationsverfahrens hängt von der Produktstruktur und der Komplexität der Leistungserstellungsprozesse ab.

Die **Divisionskalkulation** ist ein einfaches Verfahren, bei dem die Gesamtkosten (Einzel- und Gemeinkosten) einer Periode auf die erstellten Leistungseinheiten verteilt werden:

$$\text{Kosten}_{\text{Stück}} = \frac{\text{Gesamtkosten}_{\text{Periode}}}{\text{Leistungsmenge}_{\text{Periode}}}$$

Die Divisionskalkulation wird angewendet, wenn lediglich ein Produkt in großen Stückzahlen erstellt wird, z.B. Führung eines Registers.

Die mehrstufige Divisionskalkulation stellt eine Erweiterung dar und wird angewendet, wenn ein Produkt bei seiner Erstellung mehrere Stufen durchläuft und die jeweils erstellten Leistungsmengen wegen Lagerbestandsveränderungen voneinander abweichen. Die Kosten werden den Leistungsmengen differenzierter zugeordnet, z.B.:

$$\text{Kosten}_{\text{Stück}} = \frac{\text{Herstellungskosten}_{\text{Periode}}}{\text{hergestellte Menge}_{\text{Periode}}} + \frac{\text{Verwaltungs- und Vertriebskosten}_{\text{Periode}}}{\text{abgesetzte Menge}_{\text{Periode}}}$$

Die **Äquivalenzziffernkalkulation** ist eine besondere Methode der Divisionskalkulation und wird bei gleichartigen, sich stark ähnelnden Produkten angewendet, für die ein annähernd konstantes Kostenverhältnis zueinander angenommen wird.

Es wird ein Referenzprodukt (z.B. Standardauskunft) ausgewählt, welches die Äquivalenzziffer (ÄZ) 1 erhält. Den übrigen Produkten werden entsprechend ihres Kostenverhältnisses zu dem Referenzprodukt geeignete Äquivalenzziffern (z.B. einfache Auskunft ÄZ = 0,7; umfangreiche Auskunft ÄZ = 1,5) zugeordnet. Durch Multiplikation der erstellten Leistungsmenge mit den jeweiligen Äquivalenzziffern werden untereinander vergleichbare Verrechnungseinheiten (VE) geschaffen:

$$VE_{Produkt} = Leistungsmenge_{Produkt} \times \ddot{A}Z_{Produkt}$$

Die Kosten je VE werden ermittelt, indem die Gesamtkosten der Periode auf alle VE verteilt werden:

$$Kosten_{VE} = \frac{Gesamtkosten_{Periode}}{VE_{Periode}}$$

Die Stückkosten der Produkte ergeben sich durch Multiplikation der Kosten je VE mit der jeweiligen ÄZ:

$$Kosten_{St\ddot{u}ck} = Kosten_{VE} \times \ddot{A}Z$$

Die **Zuschlagskalkulation** ist ein Verfahren zur Ermittlung der Selbstkosten, bei dem Einzelkosten den Kostenträgern direkt zugerechnet werden und Gemeinkosten mittels geeigneter Zuschlagssätze auf die Kostenträger verrechnet werden (vgl. Abb. 17).

Materialeinzelkosten

+   Materialgemeinkosten

+   Fertigungseinzelkosten

+   Fertigungsgemeinkosten

=   Herstellkosten

+   Verwaltungsgemeinkosten

+   Vertriebsgemeinkosten

+   Sondereinzelkosten des Vertriebs

=   **Selbstkosten**

Abb. 17: Grundprinzip der Zuschlagskalkulation

Die Zuschlagskalkulation wird angewendet, wenn mehrere unterschiedliche Produkte erstellt werden. Sie ist in den meisten Fällen das geeignete Kalkulationsverfahren für die Bundesverwaltung. Kalkulationsschemata mit Ausweis von Herstell- und Selbstkosten werden vorwiegend in Produktionsbetrieben verwendet und sind auf die meisten Leistungserstellungsprozesse in der Bundesverwaltung nur schwer übertragbar. Oft ist nicht eindeutig, welche Gemeinkostenanteile den Herstell- oder Selbstkosten zuzuordnen sind.

Für die Zuschlagskalkulation in der Bundesverwaltung wird daher das in Abb. 18 dargestellte Kalkulationsschema empfohlen. Wegen seiner transparenten Darstellung der Einzel- und Gemeinkosten eignet es sich insbesondere auch als Grundlage für die Gebührenkalkulation.

Produkteinzelkosten

○ **Personaleinzelkosten, Durchschnittssätze beinhalten:**

Durchschnittsbezüge und -entgelte (einschl. Sonderzahlungen)

Versorgungszuschlag bzw. Arbeitgeberanteil für Sozial-/ Zusatzversicherung

Personalnebenkosten (z.B. Beihilfe, Trennungsgeld)

○ **Sacheinzelkosten, z.B.**

Material

Extern bezogene Leistungen (z.B. Gutachten, Beratung)

In Anspruch genommene Rechte/Dienste (z.B. Leasing, Lizenzen)

Öffentlichkeitsarbeit, Reisen

○ **Kalkulatorische Einzelkosten, z.B.**

Abschreibungen

Zinsen

Wagnisse

+ Produktgemeinkosten

○ **Sachgemeinkosten und kalk. Gemeinkosten der produkterstellenden/leistungserbringenden Einheit(en)**

○ **Zuschläge für Personal, Sach- und kalk. Kosten, z.B.:**

→ der allgemeinen Verwaltung (Personal, Organisation, Haushalt ...)

→ des inneren Dienstes,

→ der Gebäude- und Liegenschaftsverwaltung,

→ der Datenverarbeitung und IT,

→ des Leitungsbereichs,

→ des Forschungs- und Entwicklungsbereichs,

→ der Rechts- und Fachaufsicht

= Vollkosten

Abb. 18: Schema der Zuschlagskalkulation für die Bundesverwaltung

Für die Ermittlung der Gemeinkostenzuschläge sind verursachungsgerechte, mengenbasierte Bezugsgrößen (z.B. Stunden, Zahl der Mitarbeiter, Quadratmeter) festzulegen. Zuschläge auf der Basis von Einzelkosten sind dagegen möglichst zu vermeiden, da sich die Gemeinkosten in der Regel nicht proportional zu den Einzelkosten verhalten. Voraussetzung für die Bildung differenzierter Zuschlagsätze ist eine ausgeprägte Kostenstellenrechnung oder die Abbildung innerbehördlicher Leistungsbeziehungen mittels interner Produkte.

Die **prozessorientierte Kalkulation** ist eine besondere Methode der Zuschlagskalkulation und setzt eine Prozesskostenrechnung voraus. Anstelle prozentualer Zuschlagssätze werden Prozesskosten angesetzt, um der unterschiedlichen Beanspruchung der Ressourcen durch Produkte Rechnung zu tragen. Die Gemeinkosten werden somit nicht nach dem Verursachungsprinzip, sondern nach dem Beanspruchungsprinzip auf die Kostenträger verrechnet.

4.4 Leistungsrechnung und Produktqualität

Die **Leistungsrechnung** hat die Aufgabe, die erstellten Leistungen zu erfassen und zu bewerten. Hierzu zählen sowohl Produkte (d.h. der Output einer Behörde) als auch interne Leistungen.

Interne Leistungen werden durch die innerbehördliche Leistungsrechnung erfasst und verrechnet (vgl. hierzu die Ausführungen zur Kostenstellenrechnung).

Noch nicht endgültig realisierte Leistungen, z.B. unfertige Produkte oder fertige Produkte, die noch auf Lager liegen, werden in der KLR mit Herstellkosten (vgl. hierzu Abb. 17) bewertet. In der Vermögensrechnung erfolgt die Bewertung dagegen auf der Grundlage von Herstell**ungs**kosten (vgl. hierzu *Standards staatlicher Doppik)*, die von den Herstellkosten abweichen können. Selbst erstellte Leistungen, deren Aktivierung in der Vermögensrechnung unzulässig ist, können in der KLR mit Herstellkosten bewertet werden.

Erstellte **und** abgesetzte Produkte und Leistungen werden in der KLR mit **Erlösen** bewertet. Erlöse sind das Produkt aus dem quantitativ gemessenen Output, d.h. der Leistungsmenge wie z.B. erstellte Stückzahl oder geleistete Stunden, und den jeweiligen Marktpreisen oder Kostensätzen.

Das Verhältnis von Erlösen zu Kosten ist eine mögliche Kennzahl zur Ermittlung der Wirtschaftlichkeit (Effizienz) eines Produktes oder Prozesses. Aufgabe der Leistungsrechnung ist dagegen nicht, die Wirkung (Effektivität) als ein Maß für den Zielerreichungsgrad zu bestimmen. Hierzu bedarf es einer Wirkungsrechnung, um die komplexen Zusammenhänge und äußeren Einflussfaktoren berücksichtigen zu können.

In der Bundesverwaltung werden für die Mehrzahl der erstellten Produkte keine Erlöse erzielt. Auch besteht in den meisten Fällen keine Möglichkeit oder Wahlfreiheit, Produkte anderweitig zu erwerben. Eine Rückmeldung des Nutzens eines Produkts über Marktpreise ist somit nicht gegeben. Daher müssen für die Bewertung der erstellten Produkte auch nichtmonetäre Größen herangezogen werden. Der Messung der Qualität von Produkten kommt dabei besondere Bedeutung zu. Die **Produktqualität** ist die Gesamtheit der Eigenschaften und Merkmale eines Produktes, die geeignet sind, die Erwartungen und Anforderungen des Empfängers zu erfüllen.

Zur Festlegung der zu erreichenden Qualität eines Produktes sind zunächst **Qualitätsziele** zu formulieren. Diese sollten dabei soweit wie möglich aus der Sicht des Empfängers definiert werden. **Qualitätskriterien** sind konkrete Merkmale zur Beurteilung der Qualität und leiten sich direkt aus den Qualitätszielen ab. Sie beruhen auf einer zumeist subjektiven Einschätzung der Beteiligten und sind häufig nur über aufwendige Erhebungen und Befragungen (Fragebogen) ermittelbar. Qualitätskriterien sind z.B. Empfängerzufriedenheit, Verständlichkeit, Rechtmäßigkeit.

Qualitätsindikatoren sind Kennzahlen, mit deren Hilfe die Qualität objektiv, d.h. unabhängig von beteiligten Personen, gemessen werden kann. Sie stehen meist nur im indirekten kausalen Zusammenhang zu den festgelegten Qualitätszielen und -kriterien. Qualitätsindikatoren sind z.B. Antwortzeit, Fehlerquote, Rückfragenquote.

Qualitätsindikatoren/-kennzahlen müssen folgende **Anforderungen** erfüllen:

– kausaler Zusammenhang zur Qualität,

– Messbarkeit,

– zeitnahe und wirtschaftliche Erfassbarkeit,

– Beeinflussbarkeit.

Abb. 19 erläutert den Zusammenhang zwischen Qualitätszielen, -kriterien und -indikatoren anhand von zwei Beispielen.

Produkt	Beantwortung von Bürgeranfragen	Erteilung von Genehmigungen
Qualitätsziel	Verständliche und zeitnahe Beantwortung	Rechtmäßige und termingerechte Erteilung
Qualitätskriterien	• Inhaltliche Verständlichkeit • Telefonische Erreichbarkeit • Bürgerzufriedenheit • …	• Formelle, materielle Richtigkeit • Termingerechtigkeit • Empfängerzufriedenheit • …
Qualitätsindikatoren	• Antwortzeit • Rückfragenquote • …	• Anteil berechtigter Widersprüche • Termintreue/ Fristenwahrung • …

Abb. 19: Beispiele für Qualitätsziele, -kriterien und -indikatoren

5 Anwendungsbereiche der Kosten- und Leistungsrechnung

5.1   KLR als Informationssystem des Controllings

Die KLR kann ihren Nutzen erst dann entfalten, wenn ihre Daten zur Entscheidungsfindung herangezogen werden. Durch Integration in die Planungs- und Steuerungsprozesse ist die KLR an den Zielen der Behörde auszurichten.

Das **Controlling** als Teil des Führungssystems hat die Aufgabe, die Planungs- und Steuerungssysteme mit den Informationssystemen zu koordinieren. Eine ziel- und ergebnisorientierte Informationsversorgung soll Führungskräfte in die Lage versetzen, bereits vorhersehbaren Abweichungen vom angestrebten Sollzustand rechtzeitig durch geeignete Maßnahmen entgegenzuwirken.

Das **strategische Controlling** hat einen mittel- bis langfristigen Horizont und unterstützt die Behördenleitung bei der Umsetzung der politischen Ziele und Programme unter Berücksichtigung der gesellschaftlichen Entwicklungen. Es hat insbesondere die Aufgabe zu ermitteln, in welchem Maße die Wirkungen des Verwaltungshandelns zur Erreichung der politischen Ziele beitragen (vgl. Abb. 20).

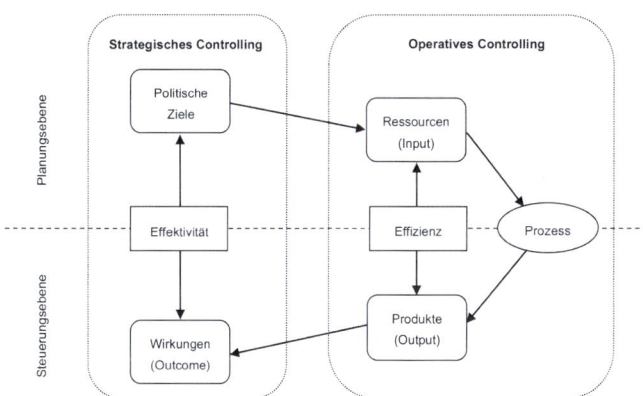

Abb. 20: Ausrichtung des strategischen und operativen Controllings

Das **operative Controlling** unterstützt die Führung bei der Ableitung von kurz- bis mittelfristigen Zielen aus den strategischen Vorgaben und dem Leitbild der Behörde. Es stellt geeignete Messgrößen bereit, um die Erreichung der im Zusammenhang mit der behördlichen Leistungserstellung festgelegten Ziele wie z.B. hohe Wirtschaftlichkeit und hohe Qualität überprüfen zu können.

Das operative Controlling nutzt weitestgehend interne Informationssysteme, insbesondere die KLR und Kennzahlen. Es bereitet die vorhandenen KLR-Daten zum Teil noch zielorientiert und adressatengerecht auf, um sie für die Planung und Steuerung nutzen zu können. Dieser zusätzliche Aufwand lässt sich reduzieren, in dem die Prozesse zur Erstellung von KLR-Berichten für das Controlling standardisiert werden. Es sollten nur so viele Informationen wie nötig und so wenige Informationen wie möglich zur Verfügung gestellt werden, um sogenannte Datenfriedhöfe zu vermeiden. An das **Berichtswesen** der KLR werden daher folgende Anforderungen gestellt:

– Empfängerorientierung: Die Berichte sind an den Informationsbedarf und die Kenntnisse des Empfängers auszurichten, die Daten sollten verständlich und nachvollziehbar aufbereitet sein. Die verschiedenen Entscheidungsebenen der Behörde erhalten nur die jeweils für sie relevanten Informationen ggf. in verdichteter Form.

– Klare und übersichtliche Berichtsgestaltung: Art, Form und Layout der Berichte sollten behördeneinheitlich gestaltet sein. Durch Visualisierung der Daten mittels Farbgebung, Graphiken (z.B. Kreis-, Balken-, Säulendiagramme) und Symbolen (z.B. Ampeln, Pfeile) kann die Aussagekraft erhöht und die Analyse der wesentlichen Informationen erleichtert werden.

– Aktualität der Daten: Die den Berichten zugrunde liegenden Daten müssen die Anforderungen hinsichtlich ihrer Aktualität erfüllen.

– Kontinuität in der Bereitstellung: Berichtstermine und -zyklen sind in einem Berichtskalender festzulegen.

– Eindeutige Zuständigkeit: Für die Erstellung der Berichte sind Verantwortliche zu benennen.

– Wirtschaftlichkeit der Berichtserstellung: Durch die Nutzung spezieller Berichtssoftware und die Bereitstellung der Berichte im Intranet/Internet kann der Aufwand für das Berichtswesen gering gehalten werden.

Folgende Arten von Berichten werden in der KLR unterschieden:

– **Standardberichte** (Routine-, Basisberichte) sind standardisierte, periodisch aufbereitete und regelmäßig erscheinende Berichte. Sie decken einen stets wiederkehrenden Informationsbedarf ab. Form, Inhalt und Erscheinungstermin sind genau festgelegt. Zu den Standardberichten zählen insbesondere Kostenstellen- und Kostenträgerberichte.

  – Kostenstellenberichte informieren die/den Kostenstellenverantwortliche/n über die in einer Kostenstelle angefallenen Kosten/Erlöse und zeigen die Be- und Entlastungen der Kostenstelle nach Kostenarten auf.

– Kostenträgerberichte (Produktberichte) informieren die/den Produktverantwortliche/n über die bei der Erstellung eines Kostenträgers (Produkts) entstandenen Kosten und ggf. über die erzielten Erlöse/Deckungsbeiträge.

– **Abweichungsberichte** sollen auf Besonderheiten von vorher definierten Schwellenwerten aufmerksam machen (Plan-Ist-Abweichungen).

– **Sonderberichte** treffen Aussagen zu speziellen Sachverhalten und werden nur individuell auf Anforderung erstellt.

Kennzahlen geben quantitativ erfassbare Sachverhalte und Zusammenhänge in einfacher und verdichteter Form wieder. Kennzahlen können absolute Zahlen (z.B. Summen, Mittelwerte) oder relative Zahlen (z.B. Gliederungs-, Beziehungs-, Indexzahlen) sein. Darüber hinaus werden monetäre Kennzahlen (Wertgrößen) und nichtmonetäre Kennzahlen (Mengen- und Zeitgrößen) unterschieden. Monetäre Kennzahlen können u.a. von der KLR unmittelbar bereitgestellt werden, z.B. Stückkosten, Deckungsbeiträge. Nichtmonetäre Kennzahlen wie z.B. durchschnittliche Bearbeitungszeit, Eingangszahlen müssen häufig erst durch Aufschreibung, Zählung oder Auswertung vorhandener Daten erhoben werden.

Kennzahlen müssen eine hohe Aussagekraft und Aktualität besitzen und durch das Controlling zielorientiert und adressengerecht aufbereitet werden, um für Planungs- und Steuerungsentscheidungen der Leitung genutzt werden zu können. Der Aussagewert einzelner Kennzahlen kann durch ihre systematische Einbindung in ein Kennzahlensystem, das Ursache-Wirkungs-Beziehungen bzw. Mittel-Zweck-Beziehungen aufzeigt, entscheidend verbessert werden.

5.2 Kalkulationsbasis für die Abrechnung von Leistungen

5.2.1 Gebührenkalkulation

Die KLR ist ein geeignetes Verfahren, um die rechtlichen Vorgaben für die Gebührenkalkulation von individuell zurechenbaren öffentlichen Leistungen der Bundesbehörden zu erfüllen.

Rechtliche Grundlage für die Erhebung von Gebühren und Auslagen in der Bundesverwaltung ist in der Regel das „Gesetz über Gebühren und Auslagen des Bundes" (Bundesgebührengesetz – BGebG). **Gebühren** sind öffentlich-rechtliche Geldleistungen, die für individuell zurechenbare öffentliche Leistungen erhoben werden. Von Gebühren zu unterscheiden sind Auslagen, die einzelfallbezogen berechnet und nur in den Fällen erhoben werden, in denen die Kosten nicht bereits in die Gebühr einbezogen sind.

Das BGebG ermöglicht eine Kalkulation kostendeckender Gebühren auf Vollkostenbasis nach betriebswirtschaftlichen Grundsätzen. Die Vorgaben für die Gebührenbemessung werden in der Allgemeinen Gebührenverordnung der Bundesregierung und ggf. in den Besonderen Gebührenverordnungen der Bundesministerien konkretisiert.

Grundsatz der Gebührenbemessung ist nach § 9 Absatz 1 BGebG das **Kostendeckungsprinzip**. Damit wird das Ziel verfolgt, dass der Ressourcenverbrauch für die Erbringung einer individuell zurechenbaren öffentlichen Leistung vollständig durch die Gebühr abgedeckt wird.

Bei der Gebührenermittlung sind daher in einem **ersten Schritt** alle auf der Grundlage einer Vollkostenrechnung ansatzfähigen Kosten einer öffentlichen Leistung zu berücksichtigen. Hierzu zählen nach § 3 Absatz 3 BGebG Einzel- und Gemeinkosten, insbesondere Personal- und Sachkosten sowie kalkulatorische Kosten. Zur Ermittlung der Vollkosten der öffentlichen Leistung ist grundsätzlich das **Schema der Zuschlagskalkulation** für die Bundesverwaltung (vgl. Abb. 18 in Abschnitt 4.3.3) zu verwenden. Dabei ist sicherzustellen, dass das Kalkulationsobjekt (Produkt) ausschließlich gebührenpflichtige Leistungen abbildet. Die angewandte Methodik zur Berechnung der Vollkosten, insbesondere die gewählten Verrechnungsschlüssel und Zuschlagssätze, sollten im Vorfeld so begründet und dokumentiert werden, dass Externe diese plausibel nachvollziehen können.

In einem **zweiten Schritt** ist zu prüfen, ob die Voraussetzungen für eine Abweichung von der Gebührenhöhe auf Vollkostenbasis gegeben sind. Eine kostenüberdeckende Gebühr ist nach § 9 Absatz 2 BGebG nur noch dann zulässig, wenn die individuell zurechenbare öffentliche Leistung einen **in Geld** berechenbaren wirtschaftlichen Wert oder wirtschaftlichen Nutzen hat und dessen Berücksichtigung rechtlich besonders angeordnet ist (insbesondere durch Besondere Gebührenverordnung nach § 22 Absatz 4 BGebG). Ein **wirtschaftlicher Wert** liegt insbesondere bei öffentlichen Leistungen vor, die dem Wettbewerb unterliegen und Marktpreise erzielen. Als Bemessungsgrundlage kommen u.a. der erzielbare Umsatz/Gewinn oder die mögliche Kosteneinsparung in Betracht. Der **wirtschaftliche Nutzen** ist aus Sicht des Gebührenschuldners zu beurteilen und erfordert eine Prognose des künftigen Nutzens. Bemessungsmaßstab können z.B. die zugelassene Herstellungsmenge oder der zugelassene Nutzungszeitraum sein. Bei der Gebührenermittlung ist nicht der volle wirtschaftliche Wert oder Nutzen, sondern nur ein angemessener Anteil auf die Vollkosten aufzuschlagen.

Eine **Unterschreitung der Kostendeckung** ist nach § 9 Absatz 3 BGebG geboten, wenn die Gebühr in einem **Missverhältnis zu der individuell zurechenbaren öffentlichen Leistung** stehen und insbesondere von der Beantragung bestimmter Leistungen abschrecken würde.

Zudem können Gebühren**ermäßigungen** oder -**befreiungen** aus Gründen des öffentlichen Interesses oder der Billigkeit durch Rechtsverordnung oder durch die Behörde im Einzelfall (§ 9 Absatz 4 und 5 BGebG) gewährt werden.

5.2.2 Leistungsverrechnung zwischen Bundesbehörden

Zwischen Bundesbehörden bestehen zahlreiche Leistungsbeziehungen. Eine zwischenbehördliche Leistungsverrechung liegt vor, wenn die untereinander ausgetauschten Leistungen in Rechnung gestellt werden. Die Behörden treten dabei in Beziehung als Leistungsersteller (Auftragnehmer, Dienstleistungszentrum) und Leistungsempfänger (Auftraggeber, Kundenbehörde).

Mit der zwischenbehördlichen Leistungsverrechung werden folgende **Ziele** verfolgt:

– Schaffung von Transparenz über die Leistungsströme in der Bundesverwaltung,

– Steigerung des Kostenbewusstseins,

– Förderung des Wettbewerbsgedankens in der öffentlichen Verwaltung durch bessere Vergleichbarkeit von Preisen,

– Optimierung der Verwaltungsprozesse und Verbesserung der Wirtschaftlichkeit,

– Zusammenführung von Fach- und Finanzverantwortung durch verursachungsgerechte Veranschlagung von Haushaltmitteln.

Voraussetzung für eine zwischenbehördliche Leistungsverrechnung ist ein definiertes Leistungsangebot (Produkt-, Servicekatalog) mit festgelegten Preisen. Dabei ist sicherzustellen, dass die Leistungen untereinander hinreichend abgrenzbar und kalkulierbar sind. Über den vereinbarten Leistungsbezug sollten die beteiligten Behörden Kontrakte (Dienstleistungsvereinbarungen, Service-Level-Agreements) abschließen.

Das **Schema der Zuschlagskalkulation** für die Bundesverwaltung (vgl. Abb. 18 in Abschnitt 4.3.3) ist geeignet, um die Kosten der angebotenen Leistungen (Produkte) oder der einzelnen Aufträge verursachungsgerecht zu ermitteln. Diese Informationen können aber nur für eine **behördeninterne** Preiskalkulation auf Vollkosten- oder Teilkostenbasis genutzt werden. Eine zwischenbehördliche Leistungsverrechnung von Kosten und Erlösen ist im kameralen Haushalt jedoch **nicht abbildbar.**

Das kamerale Haushaltsrecht lässt derzeit (Stand 2013) nur eine eingeschränkte zwischenbehördliche Leistungsverrechnung auf Basis von Ausgaben und Einnahmen zu. Erstattet werden nur:

– **zusätzliche Ausgaben**, die in Ausführung der Leistung **unmittelbar** entstanden sind, der sonstige Verwaltungsaufwand (Gemeinkosten) zählt nicht hierzu (VV-BHO Nr. 3 zu § 61 BHO),

– **Ausgaben**, die eine Wertgrenze von **2500 Euro** für einmalige Leistungen bzw. pro Jahr für fortlaufende Leistungen überschreiten; **Vermögensgegenstände**, die eine Wertgrenze von **50000 Euro** überschreiten (VV-BHO Nr. 4 zu § 61 BHO),

– **ressortübergreifende** Leistungsbeziehungen, d.h. Auftraggeber- und Auftragnehmer-Behörde gehören **nicht** demselben Ressort an (Nr. 13.1 HRB).

– **Ausgaben**, es findet keine Verrechnung von (kalkulatorischen) Kosten statt (Nr. 14.3 HRB)

Die Nutzung der KLR für die zwischenbehördliche Leistungsverrechnung ist unter der Maßgabe möglich, dass nur **ausgabengleiche** Kosten und Investitionen finanziert werden. Kalkulatorische Kosten wie Abschreibungen können nicht abgebildet werden, so dass eine Verteilung des Werteverzehrs über die Nutzungsdauer nicht möglich ist. Dadurch kann in Abhängigkeit von der Höhe des Investitionsanteils die Finanzierung starken jährlichen Schwankungen unterliegen.

5.2.3 Kalkulation von Leistungen gegenüber Dritten

Leistungen, die eine Behörde gegenüber Dritten erbringt, sind grundsätzlich nach der BHO abzurechnen. § 63 BHO legt fest, dass Leistungen nur zu ihrem vollen Wert zur Verfügung gestellt werden dürfen. Ausnahmen hiervon können im Haushaltsplan sowie im Falle eines geringen Wertes (nicht über 25000 Euro im Einzelfall) oder eines dringenden Bundesinteresses durch das BMF zugelassen werden.

Der volle Wert ist der Preis, der im gewöhnlichen Geschäftsverkehr bei der Veräußerung erzielt werden könnte (Marktpreis). Sofern kein originärer Marktpreis feststellbar ist, wird der volle Wert auf der Grundlage einer Vollkostenrechnung ermittelt. Hierfür eignet sich das Schema der Zuschlagskalkulation für die Bundesverwaltung (vgl. Abb. 18 in Abschnitt 4.3.3).

Sofern die Abrechnung für die Erbringung von Leistungen gegenüber Dritten in einem Vertrag festgelegt ist, gelten die jeweiligen vertraglichen Regelungen.

5.3 Benchmarking

In der Wirtschaft sorgt vor allem der Wettbewerb dafür, dass die Unternehmen ihre Strukturen und Prozesse kontinuierlich an die

Erfordernisse des Marktes anpassen. Behörden sind dagegen in der Regel keinem echten Wettbewerb ausgesetzt. Um dennoch den Wettbewerbsgedanken in die öffentliche Verwaltung zu übertragen und dadurch die Wirtschaftlichkeit des Verwaltungshandelns zu steigern, wird das Benchmarking genutzt. Bezogen auf die KLR bedeutet Benchmarking, dass die Leistungen und Kosten innerhalb der eigenen Behörde oder zwischen Behörden verglichen werden. Durch den initiierten Vergleichsprozess sollen die besten Methoden und Praktiken („Best Practices") herausgearbeitet und Schlussfolgerungen für Verbesserungs- und Optimierungsmaßnahmen für die eigene Behörde abgeleitet werden.

Für das Benchmarking eignen sich insbesondere:

– Leistungen des allgemeinen Verwaltungsbereichs (zentrale Serviceleistungen in den Bereichen Organisation, Personal, Haushalt, Innerer Dienst, IT usw.), die in nahezu allen Behörden auf ähnliche Weise erstellt werden,

– Leistungen von Flächenbehörden innerhalb eines Ressorts (z.B. Bundespolizei, Zollverwaltung, Auslandsvertretungen), die in vergleichbarer Form an verschiedenen Standorten erbracht werden,

– ressortübergreifende Leistungen, deren Erstellungsprozesse sich ähneln (z.B. Erteilung von Genehmigungen und Bescheiden, Bearbeitung von Widersprüchen).

Voraussetzung für die Durchführung eines Benchmarking ist eine vergleichbare Datenbasis. Die beteiligten Behörden sollten idealerweise folgende Voraussetzungen für die Durchführung des Benchmarking schaffen:

– einheitlich definierte Produkte und Leistungen, die in Produktsteckbriefen beschrieben sind,

– nach den Vorgaben des Verwaltungskontenrahmens des Bundes gegliederte Kosten- und Erlöspläne mit einheitlichen Ansatz- und Bewertungsvorschriften,

– vergleichbare Kostenstellenstrukturen und Verfahren zur Verrechnung und Verteilung von Gemeinkosten.

Um Impulse für die Verbesserung von Strukturen und Prozessen geben zu können, geht das Benchmarking in der Regel über eine reine Kosten- und Erlösbetrachtung hinaus. Insbesondere Kennzahlen zur Leistungsmenge und Qualität sind im Vorfeld festzulegen und in den Vergleich einzubeziehen.

Anlage: Beispiele für Steckbriefe interner Verwaltungsprodukte

Personalgewinnung	
Produktgruppe (-bereich)	Personalverwaltung und -betreuung
Produktziel	Bedarfsgerechte Gewinnung von qualifiziertem Personal
Produktbeschreibung	– Begründung von Beschäftigungsverhältnissen (Stellenausschreibung, Auswahlverfahren, Einstellung ...) – Veränderung von Beschäftigungsverhältnissen (Interne Umsetzung, Beurlaubung, Abordnung ...) – Beendigung von Beschäftigungsverhältnissen (Ausscheiden, Versetzung, Entlassung, Aufhebungsverträge ...) – ...
ggf. Rechtsgrundlage	
Produktverantwortlicher	
ggf. beteiligte Organisationseinheiten	
Produktempfänger	Innerhalb der Behörde
Kennzahlen zur Leistungsmenge	– Zahl der Stellenbesetzungen – Zahl der Bewerbungsverfahren – Zahl ausgeschriebener Stellen – Geleistete Beratungsstunden – ...
ggf. Kostendeckungsgrad	
Qualitätskriterien/indikatoren	– Anteil erfolgreich besetzter Stellen – Durchschnittliche Verfahrensdauer je Stellenbesetzung – ...

Ausbildung	
Produktgruppe (-bereich)	Personalverwaltung und -betreuung
Produktziel	Vermittlung von berufspraktischen Kenntnissen und Fertigkeiten
Produktbeschreibung	– Erstellung von Ausbildungsplänen – Organisation von Ausbildungsmaßnahmen – Koordination mit Bildungseinrichtungen – Beurteilung von Auszubildenden – ...
ggf. Rechtsgrundlage	
Produktverantwortlicher	
ggf. beteiligte Organisationseinheiten	
Produktempfänger	Innerhalb der Behörde Innerhalb des Ressorts
Kennzahlen zur Leistungsmenge	– Zahl der zu betreuenden Auszubildenden – Zahl durchgeführter Ausbildungsmaßnahmen – Zahl durchgeführter Prüfungen – Geleistete Beratungsstunden – ...
ggf. Kostendeckungsgrad	
Qualitätskriterien/ indikatoren	– Zufriedenheit der Auszubildenden – Bedarfsgerechte Qualifikation der Auszubildenden – Ausbildungsnoten – ...

Fortbildung	
Produktgruppe (-bereich)	Personalverwaltung und -betreuung
Produktziel	Bedarfsgerechte Qualifizierung der Beschäftigten
Produktbeschreibung	– Ermittlung und Planung des Fortbildungsbedarfs – Aufstellung des Fortbildungsplanes – Zielgruppenspezifische Vermittlung von Fortbildungsprogrammen – Organisation von Fortbildungsmaßnahmen – ...
ggf. Rechtsgrundlage	
Produktverantwortlicher	
ggf. beteiligte Organisationseinheiten	
Produktempfänger	Innerhalb der Behörde Innerhalb des Ressorts
Kennzahlen zur Leistungsmenge	– Zahl durchgeführter Fortbildungsmaßnahmen – Teilnehmerzahl je Fortbildungsmaßnahme – Dauer der Fortbildungsmaßnahme – ...
ggf. Kostendeckungsgrad	
Qualitätskriterien/ indikatoren	– Zufriedenheit der Beschäftigten – Zahl der empfängergerechten Fortbildungsmaßnahmen – Durchschnittliche Bearbeitungszeit je Fortbildungsantrag – ...

Haushaltsplanung und -aufstellung	
Produktgruppe (-bereich)	Haushalt
Produktziel	Ermittlung und Bereitstellung der für die Aufgabenerfüllung erforderlichen Haushaltsmittel
Produktbeschreibung	– Koordinierung und Abstimmung der Anmeldungen der Haushaltsmittel – Erstellung, Koordinierung und Abstimmung des Haushaltsplanentwurfs – Aufstellung des Haushalts- und des Finanzplans – ...
ggf. Rechtsgrundlage	BHO
Produktverantwortlicher	
ggf. beteiligte Organisationseinheiten	
Produktempfänger	Innerhalb der Behörde Innerhalb des Ressorts BMF
Kennzahlen zur Leistungsmenge	– Zahl und Volumen der Haushaltsanmeldungen – Zahl der Titel und Bewirtschafter – Zahl der Haushalts- und Finanzpläne – ...
ggf. Kostendeckungsgrad	
Qualitätskriterien/indikatoren	– Bedarfsgerechte Planung der Haushaltsmittel – Termingerechte Haushaltsplanaufstellung – ...

Haushaltsführung und Rechnungslegung	
Produktgruppe (-bereich)	Haushalt
Produktziel	Rechtmäßige und wirtschaftliche Verwendung der bereitgestellten Haushaltmittel
Produktbeschreibung	– Verteilung und Bewirtschaftung der Haushaltsmittel – Prüfung von haushaltsrechtlichen Fragen der Bewirtschaftung – Erstellung der Haushaltsrechnung – ...
ggf. Rechtsgrundlage	BHO
Produktverantwortlicher	
ggf. beteiligte Organisationseinheiten	
Produktempfänger	Innerhalb der Behörde Innerhalb des Ressorts BMF
Kennzahlen zur Leistungsmenge	– Zahl und Volumen der Ein- und Auszahlungen – Zahl der Titel und Bewirtschafter – ...
ggf. Kostendeckungsgrad	
Qualitätskriterien/ indikatoren	– Einhaltung haushaltsrechtlicher Vorschriften – Durchschnittliche Dauer eines Zahlungsvorgangs – Termingerechte Rechnungslegung – ...

Organisationsangelegenheiten	
Produktgruppe (-bereich)	Organisation
Produktziel	Bereitstellung einer auf die Aufgabenerfüllung zugeschnittenen Aufbau- und Ablauforganisation
Produktbeschreibung	– Anpassung und Weiterentwicklung von Geschäftsverteilungsplänen – Durchführung und Betreuung von Organisationsuntersuchungen – Beratung von Organisationseinheiten – Stellenplanung und -bewirtschaftung – ...
ggf. Rechtsgrundlage	BHO
Produktverantwortlicher	
ggf. beteiligte Organisationseinheiten	
Produktempfänger	Innerhalb der Behörde Innerhalb des Ressorts
Kennzahlen zur Leistungsmenge	– Zahl der Organisationsuntersuchungen – Geleistete Beratungsstunden – Zahl der Stellenbewertungen – ...
ggf. Kostendeckungsgrad	
Qualitätskriterien/ indikatoren	– Zufriedenheit der Organisationseinheiten – Durch Organisationsveränderungen erzielte Effektivitäts- und Effizienzsteigerungen – ...

Zu § 8 (Grundsatz der Gesamtdeckung)

1.1   Eine Beschränkung bestimmter Einnahmen auf die Verwendung für bestimmte Zwecke (Zweckbindung) durch Gesetz liegt nur vor, wenn im Gesetz eine Zweckbindung ausdrücklich vorgeschrieben ist. Die Zweckbindung ist in den Erläuterungen kenntlich zu machen (§ 17 Abs. 3).

1.2   Bei einer Zweckbindung dürfen Ausgaben bis zur Höhe der zweckgebundenen Einnahmen geleistet werden.

1.3   Hat die für den Einzelplan zuständige Stelle über die Annahme von Mitteln entschieden, die dem Bund von Dritten zweckgebunden zur Verfügung gestellt werden, und sind im Haushaltsplan hierfür keine Titel vorgesehen, so sind die Mittel wie außerplanmäßige Einnahmen und Ausgaben zu behandeln und mit korrespondierenden Zweckbindungsvermerken zu versehen. Ist mit der Annahme dieser Mittel der Einsatz von Haushaltsmitteln des Bundes verbunden oder entstehen Folgekosten für den Bundeshaushalt, so dürfen die zweckgebunden zur Verfügung gestellten Mittel nur unter dem Vorbehalt angenommen werden, dass die Ausgabemittel zur Verfügung stehen oder gestellt werden.

Handelt es sich um sog. Durchlaufspenden, so sind für sie Titel der Obergruppen 38 und 98 vorzusehen.

2   **Verstärkung**

Können überplanmäßige Einnahmen eingehen, ist eine Verwendung dieser Einnahmen für bestimmte Ausgaben durch Ausbringung eines Haushaltsvermerks zulässig. Dies gilt insbesondere wenn hierdurch Anreize zur Erzielung von Mehreinnahmen verstärkt werden oder ein Sachzusammenhang zwischen den Einnahmen und den Ausgaben besteht.

Zu § 9 (Beauftragter für den Haushalt)

1   **Bestellung der oder des Beauftragten für den Haushalt**

1.1   Bei obersten Bundesbehörden ist die oder der Beauftragte für den Haushalt die Leiterin oder der Leiter des Haushaltsreferats. Wenn es der Geschäftsumfang erfordert, kann eine Haushaltsabteilung, -unterabteilung oder -gruppe gebildet werden, deren Leiterin oder Leiter und zugehörige Referatsleiterinnen und Referatsleiter für das ihnen zugewiesene Sachgebiet die Aufgabe der oder des Beauftragten für den Haushalt in eigener Verantwortung wahrnehmen; die Referatsleiterinnen und Referatsleiter sind an Weisungen der Leiterin oder des Leiters der Haushaltsabteilung, -unterabteilung oder -gruppe gebunden.

1.2   Die obersten Bundesbehörden bestimmen, in welchen Dienststellen ihres Geschäftsbereichs die Leiterinnen bzw. Leiter die Aufgabe der oder des Beauftragten für den Haushalt nicht selbst wahrnehmen. In diesen Fällen ist für diese Aufgabe die oder der für Haushaltsangelegenheiten zuständige Beschäftigte oder eine bzw. einer der Vorgesetzten zu bestellen.

1.3   Die oder der Beauftragte für den Haushalt wird von der Leiterin oder dem Leiter der Dienststelle bestellt. In den in Nr. 1.1 Satz 2 genannten Fällen sind die Leiterin oder der Leiter der Haushaltsabteilung, -unterabteilung oder -gruppe sowie die Referatsleiterinnen bzw. Referatsleiter jeweils für ihr Sachgebiet zu bestellen. Die oder der Beauftragte für den Haushalt ist der Leiterin oder dem Leiter der Dienststelle unmittelbar zu unterstellen. Bei obersten Bundesbehörden kann die oder der Beauftragte für den Haushalt deren oder dessen Vertreterin oder Vertreter oder in Ausnahmefällen einer sonstigen Vorgesetzten oder einem sonstigen Vorgesetzten unterstellt werden; das Widerspruchsrecht nach Nr. 5.4 bleibt unberührt.

Die Leiterin oder der Leiter der Dienststelle kann vertretungsberechtigte Personen einsetzen, deren Zuständigkeiten von der oder dem Beauftragten für den Haushalt zu bestimmen sind. Bei obersten Bundesbehörden kann die oder der Beauftragte für den Haushalt die vertretungsberechtigten Personen selbst bestimmen.

Die Bestellung zur oder zum Beauftragten für den Haushalt und die Einsetzung vertretungsberechtigter Personen ist der zuständigen Bundeskasse von der Leiterin oder dem Leiter der Dienststelle bzw. von der oder dem Beauftragen für den Haushalt formlos mitzuteilen. Zusätzlich ist der zuständigen Bundeskasse auf dem Vordruck für die Mitteilung über die zur Anordnung berechtigten Personen nach Nr. 2.2.4.2 der Anlage 2 zur VV-ZBR BHO jeweils eine Unterschriftsprobe der oder des Beauftragten für den Haushalt und der vertretungsberechtigten Personen zu übersenden.

2   Aufstellung der Unterlagen für die Finanzplanung und den Entwurf des Haushaltsplans

Die oder der Beauftragte für den Haushalt hat

2.1   im Hinblick auf die Finanzplanung bereits an der Aufgabenplanung mitzuwirken,

2.2   dafür zu sorgen, dass die Beiträge zu den Unterlagen für die Finanzplanung und den Entwurf des Haushaltsplans (Voranschläge) nach Form und Inhalt richtig aufgestellt und rechtzeitig vorgelegt werden,

2.3   zu prüfen, ob alle zu erwartenden Einnahmen, alle voraussichtlich zu leistenden Ausgaben und alle voraussichtlich benötigten Verpflichtungsermächtigungen sowie alle notwendigen Planstellen und anderen Stellen in den Voranschlag aufgenommen worden sind; soweit die Beträge nicht genau errechnet

werden können, haben sie für eine möglichst zutreffende
Schätzung zu sorgen; dies gilt auch für die Fälle des § 26,

2.4 insbesondere zu prüfen, ob die Anforderungen an Ausgaben
und Verpflichtungsermächtigungen sowie an Planstellen und
anderen Stellen dem Grunde und der Höhe nach zu dem vorgesehenen Zeitpunkt notwendig sind,

2.5 die Voranschläge gegenüber der Stelle zu vertreten, für die sie
bestimmt sind.

3 Ausführung des Haushaltsplans

3.1 Übertragung der Bewirtschaftung

3.1.1 Die oder der Beauftragte für den Haushalt kann, soweit es
sachdienlich ist, die Einnahmen, Ausgaben, Verpflichtungsermächtigungen, Planstellen und anderen Stellen des von ihr
oder ihm bewirtschafteten Einzelplans oder der von ihr oder
ihm bewirtschafteten Teile eines Einzelplans anderen Beschäftigten der Dienststelle (Titelverwalter) oder anderen Dienststellen zur Bewirtschaftung übertragen. Die oder der Beauftragte für den Haushalt kann diese Befugnis auf die nach
Satz 1 Beauftragten delegieren; in diesem Falle wirkt sie oder
er bei der Übertragung mit, soweit sie oder er nicht darauf verzichtet. Die Übertragung der Bewirtschaftung der Einnahmen,
Ausgaben und Verpflichtungsermächtigungen und der Nachweis darüber erfolgt im automatisierten Verfahren für das
Haushalts-, Kassen- und Rechnungswesen des Bundes. Über
die zur Bewirtschaftung übertragenen Planstellen und Stellen
ist ein besonderer Nachweis zu führen.

3.1.2 Bei der Bewirtschaftung von Einnahmen, Ausgaben und Verpflichtungsermächtigungen durch die nach Nr. 3.1.1 Beauftragten hat die oder der Beauftragte für den Haushalt bei allen
wichtigen Haushaltsangelegenheiten, insbesondere

3.1.2.1 bei Anforderung weiterer Ausgabemittel,

3.1.2.2 bei über- und außerplanmäßigen Ausgaben und Verpflichtungsermächtigungen,

3.1.2.3 bei der Gewährung von Zuwendungen,

3.1.2.4 beim Abschluss von Verträgen – auch für laufende Geschäfte –
, insbesondere der Verträge, die zu Ausgaben in künftigen
Haushaltsjahren oder zu über- und außerplanmäßigen Ausgaben führen können,

3.1.2.5 bei der Änderung von Verträgen und bei Vergleichen,

3.1.2.6 bei Stundung, Niederschlagung und Erlass sowie

3.1.2.7 bei Abweichung von den in § 24 bezeichneten Unterlagen
mitzuwirken, soweit sie oder er nicht darauf verzichtet.

3.1.3 Die nach Nr. 3.1.1 Beauftragten sind berechtigt, Anordnungen
gegenüber der Bundeskasse zu erteilen, soweit die oder der Beauftragte für den Haushalt nichts anderes bestimmt.

3.2   Verteilung der Einnahmen, Ausgaben usw.

Die oder der Beauftragte für den Haushalt verteilt die Einnahmen, Ausgaben, Verpflichtungsermächtigungen, Planstellen und anderen Stellen, die sie oder er weder selbst bewirtschaftet noch zur Bewirtschaftung nach Nr. 3.1.1 übertragen hat, auf andere Dienststellen. Die oder der Beauftragte für den Haushalt kann diese Befugnis auf die nach Nr. 3.1.1 Beauftragten delegieren; in diesem Falle wirkt die oder der Beauftragte für den Haushalt bei der Verteilung mit, soweit sie oder er nicht darauf verzichtet. Die Verteilung der Einnahmen, Ausgaben und Verpflichtungsermächtigungen und der Nachweis darüber erfolgt im automatisierten Verfahren für das Haushalts-, Kassen- und Rechnungswesen des Bundes. Über die verteilten Planstellen und Stellen ist ein besonderer Nachweis zu führen.

3.3   Weitere Aufgaben

3.3.1   Die oder der Beauftragte für den Haushalt hat darüber zu wachen, dass die Einnahmen, Ausgaben und Verpflichtungsermächtigungen sowie die Planstellen und anderen Stellen nach den für die Haushalts- und Wirtschaftsführung geltenden Vorschriften und Grundsätzen bewirtschaftet werden. Sie oder er hat insbesondere darauf hinzuwirken, dass die Einnahmen rechtzeitig und vollständig erhoben werden, die zugewiesenen Ausgaben nicht überschritten werden und der Grundsatz der Wirtschaftlichkeit beachtet wird. Sie oder er hat bei dem Wegfall und der Umsetzung von Mitteln, Planstellen und anderen Stellen sowie bei der Umwandlung von Planstellen und anderen Stellen mitzuwirken.

3.3.2   Die oder der Beauftragte für den Haushalt hat darauf hinzuwirken, dass die Bestimmungen der Bundeshaushaltsordnung, die eine Zustimmung, Anhörung oder Unterrichtung der gesetzgebenden Körperschaften, des zuständigen Bundesministeriums, des Bundesministeriums der Finanzen oder des Bundesrechnungshofs vorsehen, eingehalten und die erforderlichen Unterlagen rechtzeitig beigebracht werden.

3.3.3   Die oder der Beauftragte für den Haushalt hat dafür zu sorgen, dass die Meldungen über die Einzahlungen und Auszahlungen gem. VV zu § 43 BHO erfolgen.

3.3.4   Die oder der Beauftragte für den Haushalt hat dafür zu sorgen, dass der Nachweis über die zur Bewirtschaftung übertragenen (Nr. 3.1.1) und die verteilten (Nr. 3.2) Einnahmen, Ausgaben, Verpflichtungsermächtigungen, Planstellen und anderen Stellen und dass die Nachweisungen zur Stellenüberwachung und die Aufzeichnungen über die Besetzung der Stellen sowie die sonst vorgeschriebenen Nachweise und Listen ordnungsgemäß geführt werden. Sie oder er hat darauf hinzuwirken, dass die begründenden Unterlagen zur Kassenanordnung bestimmungsgemäß aufbewahrt werden.

3.3.5 Die oder der Beauftragte für den Haushalt hat beim Jahresabschluss festzustellen, in welcher Höhe übertragbare Ausgaben des Haushaltsplans nicht geleistet worden sind, und zu entscheiden, ob und in welcher Höhe Ausgabereste gebildet werden sollen; sie oder er hat ferner die Unterlagen zur Haushalts- und Vermögensrechnung aufzustellen und die Prüfungsmitteilungen des Bundesrechnungshofs zu erledigen oder, wenn sie oder er die Bearbeitung einer anderen Stelle übertragen hat, an der Erledigung mitzuwirken.

3.3.6 Ergeben sich bei der Ausführung des Haushaltsplans haushaltsrechtliche Zweifel, ist die Entscheidung der oder des Beauftragten für den Haushalt einzuholen.

4   Mitwirkung bei Maßnahmen von finanzieller Bedeutung

Maßnahmen von finanzieller Bedeutung im Sinne des § 9 Absatz 2 Satz 2, bei denen die oder der Beauftragte für den Haushalt zu beteiligen ist, sind alle Vorhaben, insbesondere auch solche organisatorischer und verwaltungstechnischer Art, die sich unmittelbar oder mittelbar auf Einnahmen oder Ausgaben auswirken können. Hierzu gehören auch Erklärungen gegenüber Dritten, Berichte der Bundesregierung und Absichtserklärungen, aus denen sich finanzielle Auswirkungen oder Verpflichtungen ergeben können. Die oder der Beauftragte für den Haushalt ist möglichst frühzeitig zu beteiligen.

5   Allgemeine Bestimmungen

5.1 Die oder der Beauftragte für den Haushalt hat bei der Wahrnehmung ihrer bzw. seiner Aufgaben auch die Gesamtbelange des Bundeshaushalts zur Geltung zu bringen und den finanz- und gesamtwirtschaftlichen Erfordernissen Rechnung zu tragen.

5.2 Unterlagen, die die oder der Beauftragte für den Haushalt zur Erfüllung ihrer bzw. seiner Aufgaben für erforderlich hält, sind ihr bzw. ihm auf Verlangen vorzulegen oder innerhalb einer von ihr bzw. ihm zu bestimmenden Frist zu übersenden. Ihr bzw. ihm sind die erbetenen Auskünfte zu erteilen.

5.3 Schriftverkehr, Verhandlungen und Besprechungen mit dem Bundesministerium der Finanzen und dem Bundesrechnungshof sind durch die oder den Beauftragten für den Haushalt zu führen, soweit sie oder er nicht darauf verzichtet. Im Übrigen ist die oder der Beauftragte für den Haushalt zu beteiligen.

5.4 Die oder der Beauftragte für den Haushalt kann bei der Ausführung des Haushaltsplans oder bei Maßnahmen im Sinne von Nr. 4 Widerspruch erheben.

5.4.1   Widerspricht die oder der Beauftragte für den Haushalt bei einer obersten Bundesbehörde einem Vorhaben, so darf dieses nur auf ausdrückliche Weisung der Leiterin oder des Leiters der Behörde oder ihrer ständigen Vertreterin oder ihres ständigen Vertreters bzw. seiner ständigen Vertreterin oder seines ständigen Vertreters weiterverfolgt werden.

5.4.2   Widerspricht die oder der Beauftragte für den Haushalt bei einer anderen Dienststelle des Geschäftsbereichs einem Vorhaben und tritt dem die Leiterin oder der Leiter nicht bei, so ist die Entscheidung der nächsthöheren Dienststelle einzuholen. In dringenden Fällen kann das Vorhaben auf schriftliche Weisung der Leiterin oder des Leiters der Dienststelle begonnen oder ausgeführt werden, wenn die Entscheidung der nächsthöheren Dienststelle nicht ohne Nachteil für den Bund abgewartet werden kann. Die getroffene Maßnahme ist der nächsthöheren Dienststelle unverzüglich anzuzeigen.

Zu § 10 (Unterrichtung des Bundestages und des Bundesrates)

Auf Mindereinnahmen ist § 10 Abs. 1 Satz 2 entsprechend anzuwenden.

Zu § 11 (Vollständigkeit und Einheit, Fälligkeitsprinzip)

1   Fälligkeitsprinzip
1.1   Im Haushaltsplan dürfen nur diejenigen Einnahmen und Ausgaben veranschlagt werden, die im Haushaltsjahr voraussichtlich kassenwirksam werden.
1.2   Die Einnahmen, Ausgaben und Verpflichtungsermächtigungen sind mit größtmöglicher Genauigkeit zu errechnen oder zu schätzen.
2   Leertitel
Ein Titel mit Zweckbestimmung und ohne Ansatz (Leertitel) kann in den Haushaltsplan eingestellt werden
2.1   für durchlaufende Posten (§ 14 Abs. 1 Nr. 2 sowie Nr. 1 zu § 14),
2.2   für den Fall der Abwicklung übertragbarer Ausgaben über das Jahr der Schlussbewilligung hinaus,
2.3   aus zwingenden haushaltswirtschaftlichen Gründen.
3   Veranschlagung von Verpflichtungsermächtigungen
Wegen der Veranschlagung von Verpflichtungsermächtigungen siehe § 16 und die VV dazu.

Zu § 13 (Einzelpläne, Gesamtplan, Gruppierungsplan)

Der Gruppierungsplan (§ 13 Abs. 3) ist in den Verwaltungsvorschriften zur Haushaltssystematik des Bundes (VV-HB) enthalten.*)
*) **Anmerkung:** VSF H 1020.

Zu § 14 (Übersichten zum Haushaltsplan, Funktionenplan)

1   Durchlaufende Posten (§ 14 Abs. 1 Nr. 2) sind Beträge, die im Bundeshaushalt für einen anderen vereinnahmt und in gleicher Höhe an diesen weitergeleitet werden, ohne dass der Bund an der Bewirtschaftung der Mittel beteiligt ist (Obergruppen 38 und 98).

2   Der Funktionenplan (§ 14 Abs. 2) ist in den Verwaltungsvorschriften zur Haushaltssystematik des Bundes (VV-HB) enthalten.*)

   *) **Anmerkung:** VSF H 1030.

Zu § 15 (Bruttoveranschlagung, Selbstbewirtschaftungsmittel)

1   Nach dem Grundsatz der Bruttoveranschlagung dürfen weder Ausgaben von Einnahmen abgezogen noch Einnahmen auf Ausgaben angerechnet werden.

2   Die Einnahmen aus Krediten vom Kreditmarkt und die hiermit zusammenhängenden Tilgungsausgaben sind in den Obergruppen 32 und 59 festgelegt.

3   Zum Bruttoprinzip und seinen Ausnahmen beim Tausch von Grundstücken vgl. Nr. 5.7 zu § 64.

4   Ausgaben zur Selbstbewirtschaftung sind durch Haushaltsvermerk ausdrücklich als zur Selbstbewirtschaftung bestimmt zu bezeichnen.

Zu § 16 (Verpflichtungsermächtigungen)

1   Verpflichtungsermächtigungen sind im Haushaltsplan zu veranschlagen, wenn die Ermächtigung zum Eingehen von Verpflichtungen zur Leistung von Ausgaben in künftigen Jahren erst durch den Haushaltsplan begründet werden soll (§ 38 Abs. 1 Satz 1).

2   Für bereits in früheren Haushaltsjahren eingegangene Verpflichtungen sind Ermächtigungen nicht nochmals zu veranschlagen.

3   Einer Veranschlagung von Verpflichtungsermächtigungen bedarf es nicht

3.1   bei Verpflichtungen für laufende Geschäfte sowie für das Eingehen von Verpflichtungen zu Lasten übertragbarer Ausgaben, wenn die Verpflichtungen im folgenden Jahr zu Ausgaben führen (§ 38 Abs. 4),

3.2   für den Abschluss zustimmungsbedürftiger völkerrechtlicher Verträge (§ 38 Abs. 5),

3.3   bei Maßnahmen nach § 40,

3.4   für die Übernahme von Hypotheken, Grund- und Rentenschulden unter Anrechnung auf den Kaufpreis (§ 64 Abs. 5),

3.5   in den Fällen des § 18 Abs. 2 und des § 39 Abs. 1.

4   (– frei –)

5   Werden im Haushaltsplan ausgebrachte Verpflichtungsermächtigungen voraussichtlich im laufenden Haushaltsjahr nicht in Anspruch genommen und würden sie deshalb verfallen, so sind sie, soweit erforderlich, in späteren Haushaltsjahren erneut zu veran-

schlagen. Werden solche doppelt veranschlagten Verpflichtungsermächtigungen doch noch im laufenden Haushaltsjahr oder gemäß § 45 Abs. 1 Satz 2 nach Ablauf des Haushaltsjahres und vor
Verkündung des neuen Haushaltsgesetzes in Anspruch genommen, sind sie auf die im neuen Haushaltsplan ausgebrachten Verpflichtungsermächtigungen anzurechnen. Entsprechendes gilt für
die Fälle des § 38 Abs. 1 Satz 2, wenn Verpflichtungsermächtigungen bis zur Verkündung des neuen Haushaltsgesetzes in Anspruch genommen werden.

6   Bei der Veranschlagung von Verpflichtungsermächtigungen ist
       § 5 Abs. 1 StWG zu beachten.

7   (– frei –)

8   (– frei –)

9   Ist das Eingehen von Verpflichtungen vorgesehen, die zu Ausga-
       ben in mehreren Haushaltsjahren führen können, ist der Gesamt-
       betrag der benötigten Verpflichtungsermächtigung auszubringen;
       außerdem sollen die voraussichtlich fällig werdenden Zahlungs-
       verpflichtungen betragsmäßig nach Jahren getrennt im Haus-
       haltsplan angegeben werden (Jahresbeträge).

10   In den Fällen, in denen eine den allgemeinen Veranschlagungs-
       grundsätzen entsprechende Ermittlung der Jahresbeträge nicht
       möglich ist, verbleibt es bei der Veranschlagung nur des Gesamt-
       betrags der benötigten Verpflichtungsermächtigung.

11   Verpflichtungsermächtigungen   bei   Dauerschuldverhältnissen,
       insbesondere bei Miet- und Pachtverträgen, sind nach folgenden
       Grundsätzen zu veranschlagen:

11.1   Bei Verträgen auf bestimmte Zeit hat die Verpflichtungsermäch-
       tigung die gesamte Vertragsdauer abzudecken.

11.2   Bei Verträgen auf unbestimmte Zeit wird die Verpflichtungser-
       mächtigung für die Zeit bis zum Ende des Finanzplanungszeit-
       raums bemessen.

11.3   Bei Verträgen mit Verlängerungsklausel (Verlängerung auf be-
       stimmte oder unbestimmte Zeit, Verträge mit Verlängerungsop-
       tion) bemisst sich die Verpflichtungsermächtigung nach der
       Grunddauer der jeweiligen Verträge.

11.4   Der Berechnung der Verpflichtungsermächtigung ist das bei Ver-
       tragsabschluss vereinbarte Entgelt zu Grunde zu legen. Im Übri-
       gen sind während der Vertragsdauer vorgesehene Entgeltanpas-
       sungen nur dann zu berücksichtigen, wenn diese bei Vertragsab-
       schluss der Höhe nach eindeutig bestimmt oder bestimmbar sind.

11.5   VV Nr. 5 zu § 38 bleibt unberührt.

Zu § 17 (Einzelveranschlagung, Erläuterungen, Planstellen)

1 Einzelveranschlagung

1.1 Die Veranschlagung der Einnahmen, Ausgaben und Verpflichtungsermächtigungen richtet sich nach den Verwaltungsvorschriften zur Haushaltssystematik des Bundes (VV-HB) und dem jeweiligen Rundschreiben des Bundesministeriums der Finanzen über die Aufstellung der Voranschläge.

1.2 Bei der Abgrenzung des Entstehungsgrundes für die Einnahmen und der Zwecke für die Ausgaben und Verpflichtungsermächtigungen ist von der Gruppierung des Gruppierungsplans auszugehen. Der Zweck einer Ausgabe oder einer Verpflichtungsermächtigung wird durch das Ziel bestimmt, das durch die Ausgabe oder Verpflichtungsermächtigung erreicht werden soll. Verschiedene Zwecke können auch im Rahmen derselben Maßnahme verwirklicht werden.

1.3 Zweckgebundene Einnahmen und die daraus zu leistenden Ausgaben sind in der Regel getrennt von anderen Einnahmen und Ausgaben zu veranschlagen.

2 Erläuterungen

2.1 Erläuterungen sind auf das sachlich Notwendige zu begrenzen. Soweit das Verständnis nicht leidet, kann hierbei auf Erläuterungen an anderer Stelle des Haushaltsplans verwiesen werden.

2.2 Sind Erläuterungen oder Teile von Erläuterungen zur Bewirtschaftung unerlässlich, so sind die Erläuterungen oder die entsprechenden Teile der Erläuterungen durch Haushaltsvermerk für verbindlich zu erklären.

3 Zweckgebundene Einnahmen und die dazugehörigen Ausgaben

Eine Zweckbindung im Haushaltsplan ist durch Haushaltsvermerk, eine Zweckbindung durch Gesetz ist in den Erläuterungen kenntlich zu machen (§ 8).

4 Planstellen und andere Stellen

4.1 Planstellen

Planstellen dürfen nur mit solchen Amtsbezeichnungen ausgebracht werden, die in den als Anlagen zum Bundesbesoldungsgesetz enthaltenen Besoldungsordnungen festgelegt oder durch die Bundespräsidentin oder den Bundespräsidenten festgesetzt worden sind. Sofern eine Amtsbezeichnung noch nicht vorhanden ist, ist bei der entsprechenden Planstelle der Vermerk „Amtsbezeichnung vorbehalten" auszubringen.

Die ausgebrachten Planstellen bilden den Stellenplan für planmäßige Beamtinnen und Beamte; er ist verbindlich, soweit nicht durch Haushaltsgesetz, Haushaltsplan oder die Verwaltungsvorschriften zur Bundeshaushaltsordnung etwas anderes bestimmt oder zugelassen ist.

4.2   Stellen für Arbeitnehmerinnen und Arbeitnehmer
Die Stellen für Arbeitnehmerinnen und Arbeitnehmer sind in den Erläuterungen nach Entgeltgruppen darzustellen.

4.3   Leerstellen
Leerstellen für Beamtinnen und Beamte sind im Haushaltsplan nach Besoldungsgruppen und Amtsbezeichnungen gesondert von den übrigen Planstellen auszubringen. Entsprechend ist bei Leerstellen für Arbeitnehmerinnen und Arbeitnehmer zu verfahren. Für Leerstellen sind keine Ausgaben zu veranschlagen. Leerstellen können insbesondere für ohne Dienstbezüge beurlaubte oder zu einer Stelle außerhalb der Bundesverwaltung abgeordnete Beamtinnen und Beamte oder Arbeitnehmerinnen und Arbeitnehmer ausgebracht werden. Soll eine Leerstelle nicht an die Person gebunden sein, ist dies im Haushaltsplan besonders zu vermerken. Nicht an die Person gebundene Leerstellen dürfen nur zu dem in den Erläuterungen zu den Titeln 422.1 und 428.1 angegebenen Zweck in Anspruch genommen werden, die Erläuterungen sind insoweit für verbindlich zu erklären.

4.4   Ausbringung von Planstellen und Stellen
4.4.1   Planstellen dürfen nur ausgebracht werden, soweit sie unter Anwendung angemessener Methoden der Personalbedarfsermittlung sachgerecht und nachvollziehbar begründet sind. Die sachgerechte Begründung der im Haushaltsplan genehmigten Planstellen ist bei gegebenem Anlass, im Übrigen regelmäßig zu überprüfen. Kann ein Mehrbedarf an Planstellen durch Rationalisierungsmaßnahmen oder auf andere Weise nicht aufgefangen werden, so ist zu prüfen, ob und inwieweit durch die Übertragung von Planstellen aus anderen Kapiteln oder die Umwandlung von Planstellen der zusätzliche Bedarf befriedigt werden kann.
Anmerkung: Zur Personalbedarfsermittlung ist vom Bundesministerium des Innern ein Handbuch herausgegeben worden.

4.4.2   Planstellen, die entbehrlich sind oder nicht nur vorübergehend nicht besetzt werden können und für die auch eine Umsetzung nicht in Betracht kommt, dürfen im Haushaltsplan für das nächste Haushaltsjahr nicht wieder ausgebracht werden (vgl. auch §§ 21 und 47 und die VV dazu).

4.4.3   Die Nrn. 4.4.1 und 4.4.2 sind auf Stellen entsprechend anzuwenden.

Zu § 19 (Übertragbarkeit)

1   Übertragbarkeit ist die Möglichkeit, Ausgaben, die am Ende des Haushaltsjahres noch nicht geleistet worden sind, für die jeweilige Zweckbestimmung über das Haushaltsjahr hinaus nach Maßgabe des § 45 als Ausgabereste verfügbar zu halten.

2   Für die Fälle der Übertragbarkeit nach § 19 Abs. 1 Satz 1 ist ein Übertragbarkeitsvermerk im Haushaltsplan nicht auszubringen.

3   Verpflichtungsermächtigungen sind nicht übertragbar (Nr. 5 zu § 16 sowie § 45 Abs. 1 Satz 2).

Zu § 20 (Deckungsfähigkeit)

1   Deckungsfähigkeit ist
   – die durch § 20 Abs. 1, durch Haushaltsgesetz oder Haushaltsvermerk nach § 20 Abs. 2 begründete Möglichkeit, bei einem Titel höhere Ausgaben als veranschlagt auf Grund von Einsparungen bei einem oder mehreren anderen Ausgabetiteln zu leisten,
   – die durch Haushaltsvermerk nach § 20 Abs. 2 begründete Möglichkeit, die Verpflichtungsermächtigung bei einem Titel zu Lasten einer oder mehrerer anderer Verpflichtungsermächtigungen zu erweitern.

   Gegenseitige Deckungsfähigkeit liegt vor, wenn die Ausgabetitel bzw. Verpflichtungsermächtigungen wechselseitig zur Verstärkung der jeweiligen Ansätze bzw. Verpflichtungsermächtigungen herangezogen werden dürfen. Einseitige Deckungsfähigkeit liegt vor, wenn der eine Ansatz (deckungsberechtigter Ansatz) bzw. die eine Verpflichtungsermächtigung (deckungsberechtigte Ermächtigung) nur verstärkt und der andere Ansatz (deckungspflichtiger Ansatz) bzw. die andere Verpflichtungsermächtigung (deckungspflichtige Ermächtigung) nur für die Verstärkung des ersten (deckungsberechtigten) Ansatzes bzw. der ersten (deckungsberechtigten) Verpflichtungsermächtigung herangezogen werden darf.

2   Die Aufzählung der Fälle der Deckungsfähigkeit im Personalbereich nach § 20 Abs. 1 ist nicht abschließend; weitere Ausgaben können nach Absatz 2 für deckungsfähig erklärt werden.

3   Ein verwaltungsmäßiger oder sachlicher Zusammenhang kann angenommen werden, wenn die Ausgaben oder die Verpflichtungsermächtigungen der Erfüllung ähnlicher oder verwandter Zwecke dienen.

Zu § 21 (Wegfall- und Umwandlungsvermerke)

1   Planstellen, die als künftig wegfallend bezeichnet werden sollen, erhalten den Vermerk „kw".

2   Planstellen, die als künftig umzuwandeln bezeichnet werden sollen, erhalten den Vermerk „ku" unter Angabe der Art der Stelle und der Besoldungs- oder Entgeltgruppe, in die sie umgewandelt werden.

3   Kw- und ku-Vermerke werden zu dem in § 47 und den dazu ergangenen Verwaltungsvorschriften genannten Zeitpunkt wirksam.

4   Die Nrn. 1 bis 3 gelten für Stellen für Arbeitnehmerinnen und Arbeitnehmer entsprechend.

Zu § 22 (Sperrvermerk)

1   Die Vorschrift ist auf Planstellen und andere Stellen, die aus besonderen Gründen zunächst nicht besetzt werden sollen, entsprechend anzuwenden.

2   Ausgaben, die für ein späteres Haushaltsjahr zurückgestellt werden können, dürfen nicht, auch nicht mit Sperrvermerk, veranschlagt werden. Dies gilt entsprechend für Planstellen und andere Stellen.

Zu § 23 (Zuwendungen)

1   Zum Begriff der Zuwendungen

1.1   Zuwendungen sind Leistungen an Stellen außerhalb der Bundesverwaltung zur Erfüllung bestimmter Zwecke. Dazu gehören zweckgebundene Zuschüsse, Zuweisungen, Schuldendiensthilfen und andere nicht rückzahlbare Leistungen sowie zweckgebundene Darlehen und andere bedingt oder unbedingt rückzahlbare Leistungen. Bedingt rückzahlbare Leistungen sind alle Zuwendungen, deren Rückzahlung an den Eintritt eines anderen als in Nr. 2 der Allgemeinen Nebenbestimmungen (Anlagen zur VV Nr. 5.1 zu § 44) genannten künftigen ungewissen Ereignisses gebunden ist. Als zweckgebundener Zuschuss gilt auch die Zahlung auf Grund einer Verlustdeckungszusage.

1.2   Keine Zuwendungen sind insbesondere

1.2.1   Sachleistungen (Nr. 1 zu § 63),

1.2.2   Leistungen, auf die ein dem Grund und der Höhe nach unmittelbar durch Rechtsvorschriften begründeter Anspruch besteht,

1.2.3   Ersatz von Aufwendungen (§ 91 Abs. 1 Satz 1 Nr. 1),

1.2.4   Entgelte auf Grund von öffentlichen Aufträgen. Dies sind alle gegenseitigen Verträge, in denen die Erbringung von Leistungen gegen Entgelt vereinbart wird (Näheres siehe Anlage),

1.2.5   satzungsmäßige Mitgliedsbeiträge einschließlich Pflichtumlagen.

2   Zuwendungsarten

Folgende Zuwendungsarten werden unterschieden:

2.1   Zuwendungen zur Deckung von Ausgaben des Zuwendungsempfängers für einzelne abgegrenzte Vorhaben (Projektförderung),

2.2   Zuwendungen zur Deckung der gesamten Ausgaben oder eines nicht abgegrenzten Teils der Ausgaben des Zuwendungsempfängers (institutionelle Förderung).

3   Grundsätze für die Veranschlagung

3.1   Ausgaben für Zuwendungen sollen nur veranschlagt werden, wenn der Zuwendungszweck durch die Übernahme von Bürgschaften, Garantien oder sonstigen Gewährleistungen (§ 39) nicht erreicht werden kann. Ausgaben für nicht rückzahlbare Zuwendungen sollen nur veranschlagt werden, soweit der Zweck nicht durch unbedingt oder bedingt rückzahlbare Zuwendungen erreicht werden kann.

3.2   Verpflichtungsermächtigungen für Zuwendungen sollen nur ver-
        anschlagt werden, wenn es erforderlich ist, dass sich der Bund
        gegenüber dem Zuwendungsempfänger rechtlich verpflichtet, in
        künftigen Haushaltsjahren Zuwendungen zu gewähren (vgl. aber
        Nr. 5.2 zu § 38).

3.3   Ausgaben und Verpflichtungsermächtigungen für Zuwendungen
        zu Baumaßnahmen sind getrennt von den übrigen Zuwendungs-
        mitteln zu veranschlagen, wenn die hierfür vorgesehenen Zu-
        wendungen mehr als insgesamt sechs Millionen Euro betragen.
        Ausgaben und Verpflichtungsermächtigungen für Zuwendungen
        zu größeren Beschaffungen und größeren Entwicklungsvorhaben
        sind getrennt von den übrigen Zuwendungsmitteln zu veran-
        schlagen, wenn die hierfür vorgesehenen Zuwendungen mehr als
        insgesamt eine Million Euro, bei Zuwendungen an Gebietskör-
        perschaften 1500000 Euro betragen. Das Bundesministerium der
        Finanzen kann Ausnahmen hiervon zulassen. Werden Zuwen-
        dungen für Baumaßnahmen, größere Beschaffungen und größere
        Entwicklungsvorhaben einzeln veranschlagt, ist § 24 Absatz 4 zu
        beachten.

3.4   Ausgaben und Verpflichtungsermächtigungen für Zuwendungen
        zur institutionellen Förderung dürfen erst veranschlagt werden,
        wenn der Zuwendungsempfänger einen Haushalts- oder Wirt-
        schaftsplan vorgelegt hat. Der Plan muss alle zu erwartenden
        Einnahmen und voraussichtlich zu leistenden Ausgaben sowie
        einen Organisations- und Stellenplan enthalten. Eine Übersicht
        über das Vermögen und die Schulden sowie über die voraussicht-
        lich einzugehenden Verpflichtungen zu Lasten künftiger Jahre
        ist als Anlage beizufügen, soweit sich dies nicht schon aus den
        Bilanzen oder dem Haushalts- oder Wirtschaftsplan ergibt. Kann
        der endgültige Haushalts- oder Wirtschaftsplan nicht rechtzeitig
        vorgelegt werden, ist ein vorläufiger Haushalts- oder Wirt-
        schaftsplan der Veranschlagung zu Grunde zu legen. Das zustän-
        dige Bundesministerium kann im Einvernehmen mit dem Bun-
        desministerium der Finanzen von diesen Erfordernissen absehen,
        soweit sie für die Veranschlagung nicht erforderlich sind.

3.4.1   Der Haushalts- oder Wirtschaftsplan soll in der Form dem Bun-
        deshaushaltsplan entsprechen und nach den für diesen geltenden
        Grundsätzen aufgestellt sein.

3.4.2   Wird nach den Regeln der kaufmännischen doppelten Buchfüh-
        rung gebucht, kann der Haushalts- oder Wirtschaftsplan dem je-
        weiligen Kontenplan entsprechen. Eine Überleitungsrechnung
        auf Einnahmen und Ausgaben ist beizufügen, soweit sie für die
        Bemessung der Zuwendung erforderlich ist.

3.5   Ausgaben und Verpflichtungsermächtigungen im Rahmen über-
        geordneter Ziele – insbesondere Förderprogramme –, die Zuwen-

dungen zur Projektförderung vorsehen, sollen nur veranschlagt werden, wenn die Ziele hinreichend bestimmt sind, um eine spätere Erfolgskontrolle zu ermöglichen (Zielerreichungs-, Wirksamkeits- und Wirtschaftlichkeitskontrolle; vgl. Nrn. 2.1 und 2.2 zu § 7 sowie Nr. 11a.2 zu § 44 BHO).

3.6   Werden für denselben Zweck Ausgaben oder Verpflichtungsermächtigungen für Zuwendungen von mehreren Stellen des Bundes oder sowohl vom Bund als auch von Ländern veranschlagt, sollen die Zuwendungsgeber Einvernehmen über die für diese Veranschlagung geltenden Grundsätze herbeiführen.

Anlage zur VV Nr. 1.2.4 zu § 23 BHO

Abgrenzung der Zuwendungen von öffentlichen Aufträgen

1. Zu den öffentlichen Aufträgen zählen insbesondere Kauf-, Miet-, Pacht-, Werk- und Werklieferungsverträge sowie sonstige gegenseitige Verträge, sofern der Entgeltsverpflichtung des Bundes eine für dieses Entgelt zu erbringende Leistung gegenübersteht.

   1.1 Leistungen sind alle Lieferungen und sonstigen Leistungen einschließlich Dienstleistungen.

   1.2 Die Leistung kann unmittelbar gegenüber dem Bund oder in dessen Auftrag gegenüber Dritten erbracht werden.

   1.3 Die Leistung muss dem Bund oder Dritten grundsätzlich zur vollen Verfügung überlassen werden.

2. Aus Nr. 1 folgt, dass Zuwendungen im Sinne des § 23 insbesondere alle Geldleistungen des Bundes sind,

   2.1 die dem Empfänger zur Erfüllung seiner eigenen Aufgaben, an deren Förderung der Bund ein erhebliches Interesse hat, gewährt werden und

   2.2 die dem Empfänger mit bestimmten Bedingungen und Auflagen für die Mittelverwendung zur Verfügung gestellt werden, ohne dass die Geldleistung ein Entgelt für eine Leistung im Sinne der Nr. 1 ist, und

   2.3 bei denen der Empfänger dem Bund oder Dritten nicht die Verfügungsbefugnis im Sinne von Nr. 1.3 einräumt; unschädlich ist die Einräumung von Benutzungsrechten an Schutzrechten und die Übertragung von Schutzrechten auf den Bund im Sinne der Nr. 5.6.3 zu § 44.

Zu § 24 (Baumaßnahmen, größere Beschaffungen, größere Entwicklungsvorhaben)

1   Baumaßnahmen, Bauunterlagen

1.1   Zu den Baumaßnahmen gehören alle Maßnahmen, die der Hauptgruppe 7 und der Gruppe 558 zuzuordnen sind.

1.2   Nähere Bestimmungen über Form und Inhalt der Bauunterlagen werden durch die Richtlinien für die Durchführung von Bauaufgaben des Bundes (RBBau) oder durch sonstige für Baumaßnahmen des Bundes ergangene Richtlinien getroffen.

1.3   Grundsätzlich sind Ausgaben für Baumaßnahmen (außer Straßen- und Wasserstraßenbau) mit einem Mittelbedarf von mehr als sechs Millionen Euro im Einzelfall einzeln zu veranschlagen. Das Bundesministerium der Finanzen kann durch Rundschreiben über die Aufstellung der Voranschläge (§ 27) etwas anderes bestimmen.

2   Planungsunterlagen für größere Beschaffungen und größere Entwicklungsvorhaben

2.1   Größere Beschaffungen sind Anschaffungen von Sachen mit einem Mittelbedarf von mehr als 500 000 Euro im Einzelfall, für die Ausgaben und Verpflichtungsermächtigungen in der Hauptgruppe 8 und der Gruppe 554 im Haushaltsplan veranschlagt werden.

2.2   Größere Entwicklungsvorhaben sind Vorhaben mit einem Mittelbedarf von mehr als 500 000 Euro im Einzelfall, die der zweckgerichteten Auswertung und Anwendung von Forschungsergebnissen und Erfahrungen vor allem technischer oder wirtschaftlicher Art dienen, um zu neuen Systemen, Verfahren, Stoffen, Gegenständen und Geräten zu gelangen (Neuentwicklung) oder um vorhandene zu verbessern (Weiterentwicklung); hierzu zählen auch Forschungsvorhaben, die der Erreichung des Entwicklungszieles dienen, sowie die Erprobung.

2.3   Bei größeren Beschaffungen und größeren Entwicklungsvorhaben kann das Bundesministerium der Finanzen im Einvernehmen mit der für den Einzelplan zuständigen Stelle in begründeten Fällen von der Wertgrenze Ausnahmen zulassen.

2.4   Die Unterlagen müssen enthalten: eine Beschreibung des Gegenstandes oder eine Erläuterung des Vorhabens (ggf. mit Plänen und Skizzen), einen Zeitplan, eine Darlegung der Notwendigkeit der Beschaffung oder Entwicklung, eine Schätzung der Kosten und Folgekosten und eine Darlegung der Finanzierung.

3   Bereitstellung der Unterlagen
Die Unterlagen müssen rechtzeitig zur Aufstellung des Entwurfs des Haushaltsplans dem Bundesministerium der Finanzen vorliegen, soweit es nicht darauf verzichtet.

4   Gesetzliche Sperre
Für die Sperre nach § 24 Abs. 3 Satz 3 ist ein Sperrvermerk nicht auszubringen.

5   Zuwendungen
Wegen der einzeln veranschlagten Ausgaben und Verpflichtungsermächtigungen für Zuwendungen vgl. Nr. 3.3 zu § 23.

Zu § 26 (Bundesbetriebe, Sondervermögen, Zuwendungsempfänger)

1   Bundesbetriebe

1.1   Bundesbetriebe sind rechtlich unselbständige abgesonderte Teile der Bundesverwaltung, deren Tätigkeit erwerbswirtschaftlich ausgerichtet ist.

1.2   Ein Wirtschaften nach Einnahmen und Ausgaben des Haushaltsplans ist in der Regel nicht zweckmäßig, wenn es sich um einen Betrieb handelt, der sich den Erfordernissen des freien Wettbewerbs anzupassen hat.

1.3   Der Wirtschaftsplan umfasst einen Erfolgs- und einen Finanzplan. Im Erfolgsplan sind die im Wirtschaftsjahr voraussichtlich anfallenden Aufwendungen und Erträge nach Art einer Gewinn- und Verlustrechnung darzustellen. Im Finanzplan sind die geplanten Maßnahmen zur Vermehrung des Anlage- und Umlaufvermögens, Schuldentilgungen und Gewinnabführung sowie die zu erwartenden Deckungsmittel (Gewinne, Abschreibungen, Darlehen, Kapitalausstattungen usw.) darzustellen.

1.4   Zu den Zuführungen zählen die Zuweisungen zur Deckung von Betriebsverlusten und die rückzahlbaren und nicht rückzahlbaren Zuweisungen zur Kapitalausstattung; zu den Ablieferungen zählen die Gewinnablieferungen und die Kapitalrückzahlungen.

1.5   Das zuständige Bundesministerium bestimmt im Einvernehmen mit dem Bundesministerium der Finanzen, nach welchen Grundsätzen die Zuführungen und die Ablieferungen zu ermitteln sind.

1.6   Andere Stellen als Planstellen sind in den Erläuterungen anzugeben.

2   Sondervermögen

2.1   Sondervermögen sind rechtlich unselbständige abgesonderte Teile des Bundesvermögens, die durch Gesetz oder auf Grund eines Gesetzes entstanden und zur Erfüllung einzelner Aufgaben des Bundes bestimmt sind.

2.2   Wegen des Haushaltsrechts der Sondervermögen vgl. § 113.

3   Juristische Personen des öffentlichen Rechts

      Zu den juristischen Personen des öffentlichen Rechts im Sinne von § 26 Abs. 3 Satz 1 Nr. 1 zählen solche, die vom Bund auf Grund einer gesetzlichen oder sonstigen Rechtsverpflichtung ganz oder zum Teil zu unterhalten sind.

4   Zuwendungsempfänger

      Zu den Zuwendungsempfängern im Sinne von § 26 Abs. 3 Satz 1 Nr. 2 zählen die institutionell geförderten Zuwendungsempfänger (Nr. 2.2 zu § 23).

5   Form der Übersichten

      Das Bundesministerium der Finanzen bestimmt die Form der Übersichten über den Haushalts- und Wirtschaftsplan, bei Son-

dervermögen im Einvernehmen mit dem zuständigen Bundesministerium.

Zu § 27 (Voranschläge)

1   Wegen des Begriffs „Voranschläge" vgl. § 9 Abs. 2.
2   Die für den Einzelplan zuständigen Stellen bestimmen die Form und
    die Anzahl der ihnen von ihren insoweit nachgeordneten Dienststel-
    len zu übersendenden Beiträge zum Voranschlag.
3   Das Bundesministerium der Finanzen bestimmt die Form und die
    Anzahl der ihm zu übersendenden Voranschläge. Es kann die Unter-
    lagen und Übersichten verlangen, die zur Prüfung der Voranschläge
    erforderlich sind.

Zu § 34 (Erhebung der Einnahmen, Bewirtschaftung der Ausgaben)

**1   Verteilung der Haushaltsmittel, Übertragung zur Bewirtschaf-
        tung**

1.1   Nach der Feststellung des Haushaltsplans durch das Haushalts-
        gesetz (§ 1 Satz 1) übersendet das Bundesministerium der Finan-
        zen den für den Einzelplan zuständigen Stellen je einen Abdruck
        des für sie maßgebenden Einzelplans. Es teilt ihnen außerdem
        mit, welche Teile von Einzelplänen, die bestimmte Gruppen von
        Einnahmen, Ausgaben, Verpflichtungsermächtigungen, Planstel-
        len und andere Stellen für mehrere Geschäftsbereiche enthalten,
        auf sie entfallen. Das Bundesministerium der Finanzen stellt
        rechtzeitig den für den Einzelplan zuständigen Stellen die auf sie
        entfallenden Titelkonten im automatisierten Verfahren für das
        Haushalts-, Kassen- und Rechnungswesen des Bundes zur Verfü-
        gung.
1.2   Die für den Einzelplan zuständigen Stellen verteilen die veran-
        schlagten Einnahmen, Ausgaben, Verpflichtungsermächtigun-
        gen, Planstellen und anderen Stellen, soweit sie diese nicht selbst
        bewirtschaften, auf die ihnen für das Verfahren nach § 27 unmit-
        telbar nachgeordneten Dienststellen gem. Nr. 3.2 zu § 9 BHO.
1.3   Die Verteilung von Haushaltsmitteln kann in besonderen Fällen
        im Einvernehmen mit dem Bundesministerium der Finanzen
        ohne Angabe eines Betrages erfolgen. Das Nähere regelt das
        Bundesministerium der Finanzen.
1.4   Die Dienststellen, auf die Einnahmen, Ausgaben, Verpflich-
        tungsermächtigungen, Planstellen und andere Stellen nach
        Nr. 1.2 verteilt worden sind, verteilen diese, soweit sie sie nicht
        selbst bewirtschaften, auf die für die Bewirtschaftung vorgesehe-
        nen Dienststellen in entsprechender Anwendung der Nr. 1.2.
1.5   Die Ausgaben sollen grundsätzlich nicht sogleich in voller Höhe
        verteilt werden, ein Teil soll für etwaige Nachforderungen zu-
        rückbehalten werden.

1.6   Bei der Verteilung von Ausgaben sind die Ausgabereste und die Vorgriffe in der Weise zu berücksichtigen, dass die Ausgabereste den Ausgaben zugesetzt, die Vorgriffe von ihnen vorweg abgesetzt werden. Einsparungsauflagen nach § 45 Abs. 3 sind zu beachten.

1.7   Über die verteilten Einnahmen, Ausgaben und Verpflichtungsermächtigungen, Planstellen und anderen Stellen ist ein Nachweis zu führen (Nr. 3.2 zu § 9).

1.8   Die Bewirtschaftung von Einnahmen, Ausgaben, Verpflichtungsermächtigungen, Planstellen und anderen Stellen kann gem. Nr. 3.1 zu § 9 BHO Titelverwaltern der Dienststelle oder anderen Dienststellen übertragen werden.

1.9   Sollen Landesdienststellen Haushaltsmittel des Bundes bewirtschaften, so gilt Folgendes:
        Die Haushaltsmittel werden an die zuständigen Landesdienststellen verteilt. Die Landesdienststellen werden ermächtigt, den zuständigen Kassen des Bundes die erforderlichen Kassenanordnungen, Buchungsanordnungen und Kassenanweisungen zu erteilen. Die Landesdienststellen

1.9.1   – wenden, soweit die Haushaltsmittel des Bundes nicht im Haushaltsplan des Landes veranschlagt sind, § 35 nebst den dazu ergangenen Verwaltungsvorschriften an,

1.9.2   – beachten § 43 nebst den dazu ergangenen Verwaltungsvorschriften,

1.9.3   – wenden hinsichtlich der von ihnen eingegangenen Verpflichtungen sowie der Geldforderungen des Bundes, die von ihnen verwaltet werden, § 71 Absatz 1 Satz 2 und die Nrn. 1 und 2 der dazu ergangenen Richtlinie des Bundesministeriums der Finanzen in der jeweils geltenden Fassung an,

1.9.4   – wenden, soweit sie vermögenswirksame Einnahmen und Ausgaben des Bundes bewirtschaften, § 73 nebst den dazu bestehenden Verwaltungsvorschriften an,

1.9.5   – bedienen sich bei der Bewirtschaftung der Haushaltsmittel des Bundes (Mittelverteilung und Mittelverwendung) sowie zur Buchung der eingegangenen Verpflichtungen und der Geldforderungen des Bundes des in der Bundesverwaltung eingeführten Verfahrens und verwenden zur Mitteilung der verfahrensnotwendigen Daten an die Kassen des Bundes die vom Bundesministerium der Finanzen vorgeschriebenen Vordrucke und elektronischen Schnittstellen.

1.9.6   – wenden für die Aufbewahrung der Unterlagen im Haushalts-, Kassen- und Rechnungswesen des Bundes die Aufbewahrungsbestimmungen der VV Nr. 4.7 ZBR BHO an.

2   **VV für Zahlungen, Buchführungen und Rechnungslegung der BHO (Teil IV) – VV-ZBR BHO**

Für den Haushaltsvollzug sind neben Regelungen in Teil III auch die Regelungen der VV-ZBR BHO anzuwenden.

3   **Grundsätze der Erhebung von Einnahmen**

3.1   Die dem Bund zustehenden Einnahmen sind bei Fälligkeit zu erheben, unabhängig davon, ob sie im Haushaltsplan überhaupt oder in entsprechender Höhe veranschlagt sind. Entstehen Ansprüche nicht unmittelbar durch Rechtsvorschriften, sind unverzüglich durch geeignete Maßnahmen die notwendigen Voraussetzungen für ihr Entstehen zu schaffen. Über eine Forderung mit bestimmter Fälligkeit ist der zuständigen Bundeskasse unverzüglich eine Kassenanordnung zu erteilen.

3.2   Für die Erhebung von Zinsen gelten die Vorschriften der Anlage.

4   **Geltendmachung des Verzugsschadens**

4.1   Bei privatrechtlichen Schuldverhältnissen sind die gesetzlichen Verzugszinsen in Höhe von fünf Prozentpunkten über dem Basiszinssatz nach § 247 BGB* für das Jahr (§ 288 Absatz 1 Satz 2 BGB) zu erheben. Ist bei Rechtsgeschäften des Bundes die Vertragspartnerin oder der Vertragspartner keine Verbraucherin oder kein Verbraucher (§ 13 BGB), beträgt der Zinssatz für Entgeltforderungen neun Prozentpunkte über dem Basiszinssatz (§ 288 Absatz 2 BGB). Satz 1 und 2 gelten nicht, wenn ein anderer Zinssatz vereinbart ist oder Anwendung findet (vgl. § 288 Absatz 3 BGB). Die Geltendmachung eines weiteren Schadens ist nicht ausgeschlossen (§ 288 Absatz 4 BGB).

Sofern die Schuldnerin oder der Schuldner einer Entgeltforderung keine Verbraucherin oder kein Verbraucher ist, soll bei Verzug zudem eine Pauschale in Höhe von 40 Euro erhoben werden. Die Pauschale ist auf einen geschuldeten Schadensersatz anzurechnen, soweit der Schaden in Kosten der Rechtsverfolgung begründet ist (§ 288 Absatz 5 BGB). Eine Anrechnung findet nicht statt, soweit sie durch Vertrag wirksam ausgeschlossen wurde.

Beim Abschluss und bei der Änderung von Verträgen, die privatrechtliche Forderungen des Bundes begründen, ist nach Möglichkeit eine Regelung vorzusehen, nach der die Fälligkeit an einem nach dem Kalender bestimmten Tage eintritt. Vertragliche Vereinbarungen über den Verzugszinssatz sind nur in begründeten Ausnahmefällen zu treffen.

Zur Erhebung von Verzugszinsen, die vor Inkrafttreten des Gesetzes zur Modernisierung des Schuldrechts am 26. November

---

*   **Anmerkung:** Basiszinssatz nach § 247 BGB: aktueller Zinssatz siehe unter www.bundesbank.de; Veränderungen zum 1. Januar und 1. Juli eines jeden Jahres.

2001 (BGBl. I S. 3238) am 1. Januar 2002 entstanden sind, wird auf die Anlage verwiesen.

4.2 Besteht für Forderungen aus einem öffentlich-rechtlichen Rechtsverhältnis eine Sonderregelung, so sind die sich daraus ergebenden Verzugszinsen und Ersatz des sonstigen nachweisbaren Verzugsschadens zu verlangen. Besteht keine Sonderregelung, kann jedoch eine Vereinbarung getroffen werden, ist Nr. 4.1 entsprechend anzuwenden.

4.3 Sofern ein Anspruch auf Verzugszinsen durch ein Grundpfandrecht gesichert wird, ist im Hinblick auf die Besonderheiten des Grundbuchrechts ein Höchstzinssatz von 15 vom Hundert einzutragen zu lassen.

4.4 Wird einem nach Eintritt des Verzugs (§ 286 BGB) gestellten Antrag auf Stundung (§ 59) entsprochen, so ist der Beginn der Stundungsfrist frühestens auf den Tag des Eingangs des Stundungsantrags festzulegen. Für die Zeit ab Verzugseintritt bis zum Beginn der Stundung sind Verzugszinsen zu erheben.

4.5 Das Bundesministerium der Finanzen kann zulassen, dass für bestimmte Bereiche bestehende Sonderregelungen weiter angewendet oder neue Sonderregelungen getroffen werden.

5 Sicherung von Ansprüchen

Zur Sicherung von Ansprüchen sind, wenn es üblich oder zur Vermeidung von Nachteilen notwendig oder zweckmäßig ist, Sicherheiten, Vorauszahlungen oder Vertragsstrafen zu vereinbaren. Als Sicherheitsleistungen kommen die in Nr. 1.5.1 zu § 59 genannten Sicherheiten in Betracht. Im Übrigen ist von der Möglichkeit der Aufrechnung oder von Zurückbehaltungsrechten Gebrauch zu machen.

6 – frei –

7 Haushaltsüberwachung für Einnahmen

Die Haushaltseinnahmen sind im automatisierten Verfahren für das Haushalts-, Kassen- und Rechnungswesen des Bundes zu überwachen. Der Bewirtschafter hat dafür zu sorgen, dass die dem Bund zustehenden Einnahmen auch bei nicht fristgerechter Zahlung in voller Höhe, ggf. mit Nebenkosten, erhoben werden. Erweisen sich Forderungen als uneinbringlich, sind die Maßnahmen nach § 59 zu prüfen.

8 Haushaltsüberwachung für Ausgaben

8.1 Die Haushaltsausgaben sind im automatisierten Verfahren für das Haushalts-, Kassen- und Rechnungswesen des Bundes zu überwachen. Der Bewirtschafter hat festzustellen, ob die erteilten Kassenanordnungen zutreffend ausgeführt worden sind.

8.2 Im automatisierten Verfahren für das Haushalts-, Kassen- und Rechnungswesen des Bundes ist die Belastung des jeweiligen

Ausgabetitels durch die für das laufende Haushaltjahr eingegangenen Verpflichtungen (Festlegungen) angegeben.

9   Haushaltsüberwachung der Verpflichtungen zu Lasten künftiger Haushaltsjahre

9.1   Die Verpflichtungen zu Lasten künftiger Haushaltsjahre sind im automatisierten Verfahren für das Haushalts-, Kassen- und Rechnungswesen des Bundes zu überwachen. Der Bewirtschafter hat festzustellen, ob die erteilten Buchungsanordnungen zutreffend ausgeführt worden sind.

9.2   Mit Abschluss der Bücher werden die für das nächste Haushaltsjahr eingegangenen Verpflichtungen automatisiert als Festlegung vorgetragen. Dies gilt nicht für gebuchte Verpflichtungen entsprechend der Abrufrichtlinie.

10   Sonderregelungen

Regelungen, die von den Nrn. 7, 8 und 9 abweichen oder sie ergänzen, bedürfen der Einwilligung des Bundesministeriums der Finanzen im Einvernehmen mit dem Bundesrechnungshof.

11   Grundsatz der Selbstdeckung

Risiken für Schäden an Personen, Sachen und Vermögen des Bundes werden grundsätzlich nicht versichert (Grundsatz der Selbstdeckung). Das gilt nicht, soweit durch Gesetz oder Ortsstatut ein Versicherungszwang besteht. Ausnahmen bedürfen der Einwilligung des Bundesministeriums der Finanzen.

Anlage zur VV Nr. 3.2 zu § 34 BHO

Allgemeine Zinsvorschriften

1   Berechnung der Zinsen

Bei der Berechnung von Zinsen wird das Jahr mit 360 Tagen und jeder Monat mit 30 Tagen gerechnet.

2   Beginn und Ende der Verzinsung

2.1   Die Verzinsung eines Anspruchs beginnt,

2.1.1   soweit für den Anspruch ein Fälligkeitsdatum festgesetzt ist, mit dem Tag, der auf dieses folgt,

2.1.2   soweit ein Zinsanspruch von einem anderen Ereignis als der Fälligkeit des Anspruchs abhängt (z.B. Mahnung, Bewilligung oder Widerruf einer Leistung, Wegfall von Leistungsvoraussetzungen, Auszahlungstag – Nr. 3 –), mit dem Tag, der auf den Tag des Ereignisses folgt, es sei denn, es handelt sich um einen Fall nach § 286 Abs. 2 Nr. 2 oder § 286 Abs. 3 Satz 1 BGB.

2.2   Die Verzinsung endet mit Ablauf des Tages, an dem die Schuld getilgt wird. Wegen des Einzahlungstages vgl. Nr. 4.

3   Auszahlungstag

Als Auszahlungstag im Sinne dieser Vorschrift gilt

3.1   bei Übergabe von Zahlungsmitteln der Tag der Übergabe,

3.2	bei Übersendung von Zahlungsmitteln der dritte Tag nach Aufgabe zur Post,
3.3	bei Überweisung der dritte Tag nach der Aufgabe des Zahlungsauftrags an das Geldinstitut,
3.4	bei Aufrechnung von Ansprüchen der Tag, an dem sich die Ansprüche erstmalig aufrechenbar gegenüberstehen.

4   Einzahlungstag

Als Einzahlungstag im Sinne dieser Vorschrift gilt

4.1	bei Überweisung oder Einzahlung auf ein Konto der Tag der Gutschrift auf dem Konto der zuständigen Kasse,
4.2	bei Übergabe oder Übersendung von Zahlungsmitteln der Tag des Eingangs bei der zuständigen Kasse oder Zahlstelle,
4.3	bei Übergabe von Zahlungsmitteln an eine Beamtin oder einen Beamten bzw. eine Arbeitnehmerin oder einen Arbeitnehmer, die bzw. der auf Grund besonderer Weisung mit der Annahme der Einzahlung außerhalb des Kassenraumes beauftragt ist, der Tag der Übergabe,
4.4	bei Vorliegen einer Einzugsermächtigung der Fälligkeitstag,
4.5	bei Aufrechnung von Ansprüchen der Tag, an dem sich die Ansprüche erstmalig aufrechenbar gegenüberstehen,
4.6	bei Verrechnung im Wege des Buchausgleichs zwischen zwei Kassen/Zahlstellen oder innerhalb einer Kasse/Zahlstelle,
4.6.1	der Einzahlungstag nach Nrn. 4.1 bis 4.4,
4.6.2	in den übrigen Fällen der Buchungstag.

5   Reihenfolge der Tilgung

5.1	Reichen geleistete Geldbeträge zur Tilgung mehrerer geschuldeter Hauptleistungen nebst Zinsen und Kosten nicht aus, so wird zunächst die fällige Schuld, unter mehreren fälligen Schulden diejenige, welche dem Gläubiger geringere Sicherheit bietet, unter mehreren gleich sicheren die der Schuldnerin oder dem Schuldner lästigere, unter mehreren gleich lästigen die ältere Schuld und bei gleichem Alter jede Schuld verhältnismäßig getilgt (vgl. § 366 Abs. 2 BGB).
5.2	Reichen geleistete Geldbeträge zur Tilgung einer geschuldeten Hauptleistung nebst Zinsen und Kosten nicht aus, sind aus ihnen zunächst die Kosten, dann die bis zum Einzahlungstag aufgelaufenen Zinsen zu tilgen. Der verbleibende Betrag ist auf die Hauptleistung anzurechnen (vgl. § 367 Abs. 1 BGB).
5.3	Bestehen mehrere Ansprüche, von denen jeder auf Hauptleistung nebst Zinsen und Kosten geht, so ist zunächst die Verrechnung nach Nr. 5.1 und dann nach Nr. 5.2 vorzunehmen.

6   Kleinbetragsregelung für Zinsen

Es gilt die Nr. 7.5 zu § 59.

7   Verzugszinsen

Die besonderen Regelungen der Nr. 4 zu § 34 sind zu beachten.

8   **Stundungszinsen**
         Die besonderen Regelungen der Nr. 1.4 zu § 59 sind zu beachten.
9   **Verzinsung bei Unwirksamkeit, Rücknahme oder Widerruf von
         Verwaltungsakten**
         Die Verzinsung richtet sich nach § 49a VwVfG.
10   – frei –
11   **Zuständigkeit**
         Die Berechnung der Zinsen ist Aufgabe der anordnenden Stelle.
         Die Kasse kann mit der Berechnung beauftragt werden; hierzu
         bedarf es der Einwilligung ihrer Aufsichtsbehörde. Berechnet die
         Kasse die zu erhebenden Zinsbeträge in eigener Verantwortung,
         so hat die anordnende Stelle die maßgebenden Berechnungs-
         grundlagen in der Kassenanordnung anzugeben oder in anderer
         Form schriftlich mitzuteilen.
12   **Anwendung anderer Vorschriften**
         Andere Rechts- und Verwaltungsvorschriften oder vertragliche
         Vereinbarungen bleiben unberührt.
13   **Automatisierte Verfahren**
         Für automatisierte Verfahren kann das Bundesministerium der
         Finanzen Sonderregelungen zulassen.

Anlage zur VV Nr. 4.1 zu § 34 BHO

**Erhebung von Verzugszinsen, die vor Inkrafttreten des Gesetzes zur
Modernisierung des Schuldrechts vom 26. November 2001 (BGBl. I
S. 3138) am 1. Januar 2002 entstanden sind**

1   Für die Erhebung von Verzugszinsen, die vor Inkrafttreten des Ge-
         setzes zur Modernisierung des Schuldrechts vom 26. November
         2001 (BGBl. I S. 3138) am 1. Januar 2002 entstanden sind, gilt auf
         Grund der Übergangsregelung nach Art. 229 § 5 EGBGB der
         Grundsatz, dass auf Schuldverhältnisse, die vor dem 1. Januar
         2002 entstanden sind, altes, auf Schuldverhältnisse, die nach dem
         Stichtag begründet werden, neues Schuldrecht anzuwenden ist.
         Auf Dauerschuldverhältnisse, die vor dem 1. Januar 2002 entstan-
         den sind, ist das neue Recht ab dem 1. Januar 2003 anzuwenden.
2   Im Einzelnen ist zu beachten:
2.1   Bei Schuldverhältnissen, die vor dem 1. Januar 2002 entstanden
         sind, sind die gesetzlichen Verzugszinsen nach § 288 Abs. 1 Satz 1
         BGB a.F. in Höhe von fünf Prozentpunkten über dem Basiszinssatz
         nach § 1 des Diskontsatz-Überleitungs-Gesetzes (DÜG) vom
         9. Juni 1998 (BGBl. I S. 1242) zu erheben*), soweit nicht ein ande-
         rer Zinssatz vereinbart wurde oder Anwendung findet.
         *) **Anmerkung:** ab 1. Januar 2002 Basiszinssatz nach § 247 BGB
2.2   Bei Geldforderungen, die vor dem Inkrafttreten des Gesetzes zur
         Beschleunigung fälliger Zahlungen vom 30. März 2000 (BGBl. I

S. 330) am 1. Mai 2000 fällig geworden sind, ist Vorl. VV Nr. 4.2 zu § 34 in der bis zu diesem Zeitpunkt geltenden Fassung anzuwenden.*)

*) Anmerkung: Vorl. VV Nr. 4.2 zu § 34 lautete:
„Besteht bei privatrechtlichen Schuldverhältnissen keine Vereinbarung mit dem Schuldner und kommt auch eine Vereinbarung nicht zustande, ist über den Anspruch auf die gesetzlichen Verzugszinsen von 4 v.H. gemäß § 288 Abs. 1 BGB hinaus ein weiter gehender Verzugsschaden gemäß § 288 Abs. 2 BGB geltend zu machen. Dieser bemisst sich nach dem Zinssatz für Kredite des Bundes zur Deckung von Ausgaben zur Zeit des Verzugs. Er ist nur geltend zu machen, soweit er über die gesetzlichen Verzugszinsen von 4 v.H. gemäß § 288 Abs. 1 BGB hinausgeht."

Zu § 35 (Bruttonachweis, Einzelnachweis)

Für die Behandlung von Rückzahlungen sind die Regelungen im Haushaltsgesetz oder im Haushaltsplan zu beachten.

Zu § 36 (Aufhebung der Sperre)

1   Die Vorschrift ist auf die Besetzung von Planstellen und anderen Stellen, die als gesperrt bezeichnet sind, entsprechend anzuwenden.

2   Das Bundesministerium der Finanzen kann die Mittel bei einzelnen Titeln im automatisierten Verfahren für das Haushalts-, Kassen- und Rechnungswesen des Bundes sperren und gibt sie nach der Aufhebung der Sperre frei.

Zu § 37 (Über- und außerplanmäßige Ausgaben)

1   Eine Ausgabe ist überplanmäßig, wenn der für die Zweckbestimmung im Haushaltsplan vorgesehene Ansatz unter Berücksichtigung der Ausgabereste, der Haushaltsvorgriffe, der zur Verstärkung verwendeten deckungspflichtigen Ausgaben sowie unter Berücksichtigung zweckgebundener Einnahmen überschritten werden muss.

2   Eine Ausgabe ist außerplanmäßig, wenn der Haushaltsplan keine Zweckbestimmung und keinen Ansatz enthält und auch keine Ausgabereste vorhanden sind.

Zu § 37 Abs. 1 Satz 4 sind die Regelungen im Haushaltsgesetz zu beachten.

Einwilligung bedeutet vorherige Zustimmung (vgl. § 36).

(frei)

Ein Vorgriff ist zulässig, soweit im Haushaltsplan des nächsten Haushaltsjahres eine Ausgabe mit gleicher Zweckbestimmung und im laufenden Haushaltsjahr ein kassenmäßiger Ausgleich vorgesehen wird. Wird eine Ausgabe mit gleicher Zweckbestimmung im Haushaltsplan des nächsten Haushaltsjahres nicht oder nicht in der erforderlichen Höhe vorgesehen, so ist die Mehrausgabe insoweit als überplanmäßige Ausgabe zu behandeln.

Eine Mehrausgabe bei einem Ausgaberest und eine Ausgabe bei einem Leertitel sind überplanmäßige Ausgaben.

Die Entscheidung, ob einem Antrag auf über- oder außerplanmäßige Ausgaben zugestimmt oder der Entwurf eines Nachtragshaushalts eingebracht wird, trifft das Bundesministerium der Finanzen.

Die Entscheidung über über- und außerplanmäßige Ausgaben trifft das Bundesministerium der Finanzen endgültig (§ 116 Abs. 1 Satz 1). Soweit es sich um die Abwendung einer dem Bund drohenden unmittelbar bevorstehenden Gefahr handelt, reicht unter den Voraussetzungen des § 116 Abs. 2 Satz 1 die Genehmigung (nachträgliche Zustimmung) des Bundesministeriums der Finanzen aus.

Das Bundesministerium der Finanzen kann allgemein überplanmäßigen Ausgaben für Auszahlungen zustimmen, die der Höhe nach auf Rechtsvorschriften oder Tarifvertrag beruhen.

Der Antrag auf über- und außerplanmäßige Ausgaben ist nach vorgeschriebenem Muster rechtzeitig dem Bundesministerium der Finanzen zu übersenden.

Über- und außerplanmäßige Ausgabebewilligungen werden, sobald die Einwilligung des Bundesministeriums der Finanzen erteilt ist, im automatisierten Verfahren für das Haushalts-, Kassen- und Rechnungswesen des Bundes zur Verfügung gestellt. Für die Einsparung über- oder außerplanmäßiger Ausgaben (§ 37 Abs. 3) kann ein vorläufiges Deckungskonto eingerichtet werden, das vor Abschluss der Bücher für das Haushaltsjahr im automatisierten Verfahren für das Haushalts-, Kassen- und Rechnungswesen des Bundes durch Belastung der endgültigen Einsparungsstellen auszugleichen ist.

Zu § 38 (Verpflichtungsermächtigungen)

Voraussetzungen

Zu § 38 Abs. 1 Satz 1 sind die Regelungen zu den §§ 6 und 16 zu beachten.

Über- und außerplanmäßige Verpflichtungsermächtigungen

2.1 Eine Verpflichtungsermächtigung ist überplanmäßig, wenn eine im Haushaltsplan für den vorgesehenen Zweck erteilte Verpflichtungsermächtigung unter Berücksichtigung der zur Verstärkung verwendeten deckungspflichtigen Verpflichtungsermächtigungen hinsichtlich ihres Gesamtbetrages überschritten wird (bei Überschreitung der Jahresbeträge vgl. Nr. 3).

2.2 Eine Verpflichtungsermächtigung ist außerplanmäßig, wenn im Haushaltsplan für den vorgesehenen Zweck keine Verpflichtungsermächtigung vorgesehen ist.

2.3 Der Antrag auf Erteilung über- und außerplanmäßiger Verpflichtungsermächtigungen nach § 38 Abs. 1 Satz 2 ist nach vorgeschriebenem Muster einzureichen. Das Bundesministerium der Finanzen kann seine Einwilligung zu über- und außerplanmäßigen Verpflichtungsermächtigungen im Einzelfall von Einsparungen in gleicher Höhe bei zeitlich und sachlich vergleichbaren

Verpflichtungsermächtigungen desselben Einzelplans abhängig machen.

2.4 Zu § 38 Abs. 1 Satz 3 sind die Regelungen im Haushaltsgesetz zu beachten.

2.5 Über- und außerplanmäßige Verpflichtungsermächtigungen werden, sobald die Einwilligung des Bundesministeriums der Finanzen erteilt ist, im automatisierten Verfahren für das Haushalts-, Kassen- und Rechnungswesen des Bundes zur Verfügung gestellt. Für Einsparungsauflagen kann ein vorläufiges VE-Deckungskonto eingerichtet werden. Dieses Konto ist vor Abschluss der Bücher für das Haushaltsjahr im automatisierten Verfahren für das Haushalts-, Kassen- und Rechnungswesen des Bundes durch Belastung der endgültigen Einsparungsstellen auszugleichen.

3 Einwilligung des Bundesministeriums der Finanzen

3.1 Eine erhebliche Abweichung im Sinne des § 38 Abs. 2 Satz 1 Nr. 1 liegt vor, wenn ein Jahresbetrag einer Verpflichtungsermächtigung um mehr als fünf vom Hundert überschritten wird. Eine Überschreitung im Sinne des Satzes 1 liegt auch dann vor, wenn der Überschreitung in einem Jahr eine Unterschreitung in einem anderen Jahr gegenübersteht. Eine Überschreitung des Gesamtbetrages der Verpflichtungsermächtigung fällt nicht unter § 38 Abs. 2 Satz 1 Nr. 1, sondern unter § 38 Abs. 1 Satz 2 (vgl. Nr. 2).

3.2 Bei der Überschreitung eines Jahresbetrages einer Verpflichtungsermächtigung von mehr als fünf vom Hundert bis zehn vom Hundert ist dem Bundesministerium der Finanzen eine gleichwertige Einsparung für dasselbe Haushaltsjahr vorzuschlagen. Dem Bundesministerium der Finanzen steht nur die Entscheidung zu, ob der Einsparungsvorschlag zu einer gleichwertigen Einsparung führt. Das Bundesministerium der Finanzen kann im Einzelfall Ausnahmen von der Gleichwertigkeit der Einsparung zulassen.

3.3 Bei der Überschreitung eines Jahresbetrages einer Verpflichtungsermächtigung um mehr als zehn vom Hundert ist dem Bundesministerium der Finanzen für die Entscheidung über seine Einwilligung zusätzlich zu einem gleichwertigen Einsparungsvorschlag für dasselbe Haushaltsjahr eine Begründung für die Notwendigkeit der Überschreitung zu übersenden. Das Bundesministerium der Finanzen kann im Einzelfall Ausnahmen von der Gleichwertigkeit der Einsparung zulassen.

3.4 In den Fällen des § 38 Abs. 2 Satz 1 Nr. 2 ist dem Bundesministerium der Finanzen für die Entscheidung über seine Einwilligung eine Begründung für die für erforderlich gehaltenen Jahresbeträge zu übersenden.

4   **Maßnahmen von grundsätzlicher oder erheblicher finanzieller Bedeutung**

4.1   Maßnahmen sind von grundsätzlicher Bedeutung, wenn sie eine über den Einzelfall hinausgehende Auswirkung auf die Haushaltswirtschaft oder die Haushaltsentwicklung haben können.

4.2   Maßnahmen sind von erheblicher finanzieller Bedeutung, wenn sie innerhalb des Kapitels einen maßgeblichen Anteil an den veranschlagten Verpflichtungsermächtigungen oder an den Ausgaben für die Jahre haben, in denen die Verpflichtungen fällig werden sollen; das Bundesministerium der Finanzen kann im Einvernehmen mit der für den Einzelplan zuständigen Stelle Wertgrenzen festsetzen.

4.3   Zu den Verhandlungen nach § 38 Abs. 3 zählen auch Vorverhandlungen. Das Bundesministerium der Finanzen ist so umfassend zu unterrichten, dass es die finanziellen Auswirkungen des Vorhabens beurteilen kann.

5   **Verpflichtungen für laufende Geschäfte**

5.1   Verpflichtungen für laufende Geschäfte im Sinne des § 38 Abs. 4 sind solche, die sich im Rahmen der üblichen Tätigkeit der Verwaltung auf Ausgaben der Hauptgruppe 4 und der Hauptgruppe 5 (ohne Gruppen 551 und 554 bis 559) beziehen, ausgenommen

5.1.1   Miet- und Pachtverträge (Gruppe 518), wenn die Jahresmiete oder -pacht im Einzelfall mehr als 120000 Euro beträgt, sowie

5.1.2   Verträge oder sonstige Abmachungen mit Gutachterinnen bzw. Gutachtern, Sachverständigen oder im Rahmen der Ressortforschung (u.a. Gruppe 526), wenn sie im Einzelfall zu Belastungen künftiger Haushaltsjahre von mehr als 250000 Euro führen, die somit nicht als laufende Geschäfte gelten.

5.2   Soweit gegenüber einem institutionell geförderten Zuwendungsempfänger zur Begründung gegen ihn gerichteter Versorgungsansprüche oder vergleichbarer Ansprüche Zusagen gegeben werden, sind diese ebenfalls Verpflichtungen für laufende Geschäfte im Sinne des § 38 Abs. 4.

6   **Beschaffungsverträge**
Vgl. Nr. 2.1 zu § 7.

7   **Buchung eingegangener Verpflichtungen**
Über eingegangene Verpflichtungen ist der zuständigen Bundeskasse Buchungsanordnung zu erteilen. Das Verfahren richtet sich nach der Richtlinie des Bundesministeriums der Finanzen nach § 71 Abs. 1 Satz 2.

Zu § 39 (Gewährleistungen, Kreditzusagen)

1   Die Bürgschaften regeln sich nach den §§ 765ff. BGB.

2   Garantien sind selbständige Verträge, mit denen der Bund ein vermögenswertes Interesse der Garantieempfängerin oder des Garan-

tieempfängers dadurch sichert, dass er verspricht, für ein bestimmtes Ergebnis einzustehen, insbesondere die Gefahr eines künftigen, noch ungewissen Schadens ganz oder teilweise zu übernehmen.

3 Sonstige Gewährleistungen sind Verträge, die ähnlichen wirtschaftlichen Zwecken wie Bürgschaften und Garantien dienen.

4 In den Fällen der Nrn. 2 und 3 muss die Risikoübernahme die Hauptverpflichtung des Vertrages sein.

5 Bürgschaften, Garantien oder sonstige Gewährleistungen sind Eventualverbindlichkeiten des Bundes und können nur zur Absicherung ungewisser, in der Zukunft liegender Risiken übernommen werden. Bürgschaften, Garantien oder sonstige Gewährleistungen dürfen nicht übernommen werden, wenn mit hoher Wahrscheinlichkeit mit der Inanspruchnahme des Bundes gerechnet werden muss. In diesem Fall sind Ausgaben oder Verpflichtungsermächtigungen auszubringen.

6 Kreditzusagen im Sinne des § 39 Abs. 2 sind vertragliche oder sonstige Zusagen, in denen die Hingabe eines Darlehens zu einem späteren Zeitpunkt versprochen wird. Nicht zu den Kreditzusagen zählen die Fälle, in denen der Darlehensbetrag schon bei Vertragsabschluss geleistet wird.

7 Der Einwilligung des Bundesministeriums der Finanzen und seiner Beteiligung an den Verhandlungen bedarf es nicht, wenn die Kreditzusage

7.1 im laufenden Haushaltsjahr erfüllt werden soll, hierfür Ausgaben im Haushaltsplan veranschlagt sind und kein Ermessensspielraum der Verwaltung für die Ausgestaltung der Kreditbedingungen besteht oder

7.2 im Rahmen des § 44 Abs. 1 gegeben wird, im laufenden Haushaltsjahr erfüllt werden soll und hierfür Ausgaben im Haushaltsplan veranschlagt sind.

8 Die zuständigen Dienststellen haben neben einem Prüfungsrecht auszubedingen, dass die oder der Beteiligte den zuständigen Dienststellen oder ihren Beauftragten jederzeit Auskunft über die mit der Kreditgewährung sowie der Übernahme von Bürgschaften, Garantien oder sonstigen Gewährleistungen zusammenhängenden Fragen zu erteilen hat (Auskunftsrecht). Im Falle des § 39 Abs. 3 letzter Satz ist das Auskunftsrecht für sich allein auszubedingen. Von der Ausbedingung eines Auskunftsrechts kann in begründeten Fällen mit Einwilligung des Bundesministeriums der Finanzen abgesehen werden.

9 Bei Kreditzusagen unterrichtet das zuständige Bundesministerium den Bundesrechnungshof. Dies gilt nicht in den Fällen der Nr. 7. Bei der Übernahme von Bürgschaften, Garantien oder sonstigen Gewährleistungen unterrichtet die für die Errichtung der Urkunde

zuständige Dienststelle den Bundesrechnungshof. Der Bundesrechnungshof kann auf die Unterrichtung verzichten.

10   Die zuständigen Stellen für den Einzelplan, bei dem die Mittel für
      etwaige Schadenszahlungen aus übernommenen Gewährleistun-
      gen veranschlagt sind, führen über die übernommenen Bürgschaf-
      ten, Garantien und sonstigen Gewährleistungen einen Nachweis.

Zu § 40 (Andere Maßnahmen von finanzieller Bedeutung)

1   § 40 Abs. 1 ist auf alle dort genannten Maßnahmen anzuwenden, so-
      weit durch sie unmittelbar oder mittelbar finanzwirksame Tatbe-
      stände geschaffen werden können.

2   Maßnahmen nach § 40 Abs. 1 bedürfen keiner Ermächtigung nach
      § 38 Abs. 1 und keiner zusätzlichen Einwilligung nach § 37 Abs. 2.
      Können solche Maßnahmen zu über- oder außerplanmäßigen Ausga-
      ben führen, ist nach § 37 zu verfahren.

3   Zu den Verwaltungsleistungen im Sinne von § 40 Abs. 1 Satz 1 zäh-
      len nicht Leistungen, die von Stellen außerhalb der Bundesverwal-
      tung erbracht werden.

Zu § 41 (Hauswirtschaftliche Sperre)

1   Für haushaltswirtschaftlich gesperrte Mittel bei einzelnen Titeln
      kann ein Sperrkonto eingerichtet werden. In diesem Fall sind die
      gesperrten Mittel im automatisierten Verfahren für das Haushalts-,
      Kassen- und Rechnungswesen des Bundes aus dem zutreffenden Ti-
      tel auf das Sperrkonto zu verlagern. Dies gilt auch bei Verlagerung
      der Sperren auf andere Titel.

2   Sollen haushaltswirtschaftlich global gesperrte Mittel eingespart
      werden, können sie im automatisierten Verfahren für das Haus-
      halts-, Kassen- und Rechnungswesen des Bundes zunächst von ei-
      nem vorläufigen Deckungskonto summarisch auf das Sperrkonto
      übertragen werden. Das vorläufige Deckungskonto ist vor Abschluss
      der Bücher für das Haushaltsjahr durch Belastung der endgültigen
      Einsparungsstellen auszugleichen.

3   Für gesperrte Verpflichtungsermächtigungen gelten die Nrn. 1 und
      2 entsprechend.

Zu § 43 (Kassenmittel, Betriebsmittel)

1   Die obersten Bundesbehörden sind ermächtigt, im Rahmen der ver-
      fügbaren Haushaltmittel die notwendigen Auszahlungen leisten zu
      lassen.

2   Zur Verstetigung des Mittelabflusses sind die Auszahlungstage unter
      Beachtung der Grundsätze der Wirtschaftlichkeit und Sparsamkeit
      (§§ 7, 34 BHO) möglichst in die zweite Monatshälfte (16.–25.) zu legen.
      Außerdem sollten jeweils der 1., der 15. und die letzten drei Tage eines
      Monats um Auszahlungen entlastet werden.

3 Die obersten Bundesbehörden melden dem Bundesministerium der Finanzen gemäß Muster 1 bis zum 15. des zweiten Quartalsmonats die mit Geldabflüssen verbundenen Auszahlungen und die erwarteten Einzahlungen für die Monate des nächsten Quartals (Quartalsmeldung).

4 Die obersten Bundesbehörden melden dem Bundesministerium der Finanzen gemäß Muster 2 bis zum 15. eines Monats taggenau die für den nächsten Monat erwarteten Einzahlungen und zu leistenden Auszahlungen, sofern diese in der Summe den Betrag von 10 Mio. Euro überschreiten (Monatsmeldung). Später bekannt werdende Ein- und Auszahlungen, sofern diese in der Summe einen Betrag von 10 Mio. Euro überschreiten, oder Änderungen des Zahlungstages sind dem Bundesministerium der Finanzen spätestens am Arbeitstag vor dem Zahlungstag schriftlich mitzuteilen. Zahlungstag ist der Tag, an dem ein Geldbetrag auf einem Konto gutgeschrieben oder ein Konto belastet wird. Das Bundesministerium der Finanzen kann Näheres bestimmen.

5 In die Meldungen sind auch Auszahlungen von Stellen aufzunehmen, denen die Bewirtschaftung von Haushaltmitteln des Bundes übertragen worden ist (z.B. Länder und Gemeinden). Bei den Meldungen für den Monat Dezember ist kenntlich zu machen, ob die Auszahlungen zu Lasten des laufenden oder des neuen Haushaltsjahres zu buchen sind (§ 72 BHO).

6 Das Bundesministerium der Finanzen kann Ausnahmen von den Nr. 1 bis 5 zulassen.

Muster 1 (VV Nr. 3 zu § 43 BHO)

...., den ......20..

(Oberste Bundesbehörde)

Nur mit E-Mail an: Liquiditaet@bmf.bund.de
Bundesministerium der Finanzen
– Referat II A 2 –

Meldung der voraussichtlichen
Ein- und Auszahlungen für das ....Quartal 20..
– in Mio. Euro –

Einzahlungen

Monat	Epl.	Epl.	Epl.	Gesamtbetrag

Monat	Epl.	Epl.	Epl.	Gesamtbe-trag

Auszahlungen

Monat	Epl.	Epl.	Epl.	Gesamtbe-trag

....

(Unterschrift)

Muster 2 (VV Nr. 4 zu § 43 BHO)

...., den ......20..

(Oberste Bundesbe-
hörde)

Nur mit E-Mail an: Liquiditaet@bmf.bund.de
Bundesministerium der Finanzen
– Referat II A 2 –

Meldung der Summe von Ein- und Auszahlungen ab 10 Mio. Euro
für den Monat ....

Einzahlungen

Lfd. Nr.	Titelkonto/ Buchungs-konto*	Betrag (in Mio. Euro)	Zahlungs-tag	Bundes-kasse

Auszahlungen

Lfd. Nr.	Titelkonto/ Buchungs- konto*	Betrag (in Mio. Euro)	Zahlungs- tag	Bundes- kasse

....

(Unterschrift)

* vgl. Nr. 2.9 und 2.8.2 Verfahrensrichtlinie für Mittelverteiler und Titelverwalter für das automatisierte Verfahren für das Haushalts-, Kassen- und Rechnungswesen des Bundes (VerfRiB-MV/TV-HKR)

Zu § 44 (Zuwendungen, Verwaltung von Mitteln oder Vermögensgegenständen)

Inhalt

Zu § 44 Abs. 1 – Zuwendungen, Widerruf von Zuwendungsbescheiden, Erstattung und Verzinsung –

Zu § 44 Abs. 2 – Verwaltung von Mitteln oder Vermögensgegenständen –

Zu § 44 Abs. 3 – Beleihung auf dem Gebiet der Zuwendungen –

Anlagen

Zu § 44 Abs. 1 – Zuwendungen, Widerruf von Zuwendungsbescheiden, Erstattung und Verzinsung –

1   Bewilligungsvoraussetzungen

1.1   Zuwendungen sollen nur bewilligt werden, wenn der Zweck durch die Übernahme von Bürgschaften, Garantien oder sonstigen Gewährleistungen nicht erreicht werden kann. Nicht rückzahlbare Zuwendungen sollen nur bewilligt werden, soweit der Zweck nicht durch unbedingt oder bedingt rückzahlbare Zuwendungen erreicht werden kann.

1.2   Zuwendungen dürfen nur solchen Empfängern bewilligt werden,

        – bei denen eine ordnungsgemäße Geschäftsführung gesichert erscheint und
        – die in der Lage sind, die Verwendung der Mittel bestimmungsgemäß nachzuweisen.

        Bei der Prüfung der ordnungsgemäßen Geschäftsführung hat die Bewilligungsbehörde insbesondere staatsanwaltschaftliche Ermittlungsverfahren wegen eines gegen öffentliche Haushalte gerichteten Vermögensdeliktes besonders zu berücksichtigen. Bei Zuwendungen für Baumaßnahmen und Beschaffungen muss der Empfänger auch in finanzieller Hinsicht die Gewähr für eine ordnungsgemäße Verwendung und Unterhaltung der Anlagen bieten. Eine Anfinanzierung von Vorhaben, deren Gesamtfinanzierung nicht gesichert ist, ist unzulässig.

1.3   Zuwendungen zur Projektförderung dürfen nur für solche Vorhaben bewilligt werden, die noch nicht begonnen worden sind. Die Bewilligungsbehörde kann im Einzelfall allein und das zuständige Bundesministerium für einzelne Förderbereiche im Einvernehmen mit dem Bundesministerium der Finanzen Ausnahmen zulassen. Als Vorhabenbeginn ist grundsätzlich der Abschluss eines der Ausführung zuzurechnenden Lieferungs- oder Leistungsvertrages zu werten. Bei Baumaßnahmen gelten Planung, Bodenuntersuchung und Grunderwerb nicht als Beginn des Vorhabens, es sei denn, sie sind alleiniger Zweck der Zuwendung.

1.4   Sollen für eine Einrichtung oder ein Vorhaben Zuwendungen von mehreren Stellen des Bundes oder sowohl vom Bund als auch von anderen juristischen Personen des öffentlichen Rechts bewilligt werden, soll die Bewilligung in geeigneten Fällen durch nur eine Behörde erfolgen.

        In jedem Fall haben die Zuwendungsgeber vor der Bewilligung mindestens Einvernehmen herbeizuführen über:

1.4.1   die zu finanzierenden Maßnahmen und die zuwendungsfähigen Ausgaben,

1.4.2   die Finanzierungsart und die Höhe der Zuwendungen (Nr. 2),

1.4.3   Nebenbestimmungen zum Zuwendungsbescheid (Nr. 5),

1.4.4   die Beteiligung der fachlich zuständigen technischen staatlichen Verwaltung, z.B. in den Fällen der Nr. 6,

1.4.5   den Verwendungsnachweis und seine Prüfung durch eine der beteiligten Verwaltungen (Nrn. 10 und 11). Beträgt die Zuwendung des Bundes mehr als 100000 Euro, ist der Bundesrechnungshof vorher zu hören, in jedem Fall ist er zu unterrichten. Unterschiedliche Finanzierungsarten der Zuwendungsgeber (siehe Nr. 1.4.2) sind möglichst auszuschließen. Kann nicht ver-

mieden werden, dass neben einer Anteilfinanzierung eine Fehlbedarfsfinanzierung vorgesehen wird, so ist im Hinblick auf
eine mögliche Anspruchskonkurrenz zu prüfen, ob und ggf. inwieweit Nr. 2 der vom Zuwendungsempfänger anzuwendenden
Allgemeinen Nebenbestimmungen einer ergänzenden Regelung
bedarf.

Bei der Abstimmung nach Nr. 1.4.4 ist festzulegen, dass nur
eine fachliche zuständige technische staatliche Verwaltung zu
beteiligen ist.

1.5   Bei Projektförderungen im Rahmen übergeordneter Ziele – ins-
       besondere Förderprogramme –, darf mit der Förderung erst be-
       gonnen werden, wenn die nach VV Nr. 3.5 zu § 23 erforderliche
       Zielbestimmung vorliegt.

2   Finanzierungsarten, Höhe der Zuwendung

2.1   Vor Bewilligung der Zuwendung ist zu prüfen, welche Finan-
       zierungsart unter Berücksichtigung der Interessenlage des
       Bundes und des Zuwendungsempfängers den Grundsätzen der
       Wirtschaftlichkeit und Sparsamkeit am besten entspricht.

2.2   Die Zuwendung wird grundsätzlich zur Teilfinanzierung des zu
       erfüllenden Zwecks bewilligt, und zwar

2.2.1 nach einem bestimmten Vomhundertsatz oder Anteil der zu-
       wendungsfähigen Ausgaben (Anteilfinanzierung); die Zuwen-
       dung ist bei der Bewilligung auf einen Höchstbetrag zu begren-
       zen;
       oder

2.2.2 zur Deckung des Fehlbedarfs, der insoweit verbleibt, als der
       Zuwendungsempfänger die zuwendungsfähigen Ausgaben
       nicht durch eigene oder fremde Mittel zu decken vermag (Fehl-
       bedarfsfinanzierung); die Zuwendung ist bei der Bewilligung
       auf einen Höchstbetrag zu begrenzen;
       oder

2.2.3 mit einem festen Betrag an den zuwendungsfähigen Ausgaben
       (Festbetragsfinanzierung); dabei kann die Zuwendung auch auf
       das Vielfache eines Betrages festgesetzt werden, der sich für
       eine bestimmte Einheit ergibt. Eine Festbetragsfinanzierung
       kommt nicht in Betracht, wenn im Zeitpunkt der Bewilligung
       konkrete Anhaltspunkte dafür vorliegen, dass mit nicht be-
       stimmbaren späteren Finanzierungsbeiträgen Dritter oder mit
       Einsparungen zu rechnen ist.

2.3   Der Bemessung der zuwendungsfähigen Ausgaben sollen, so-
       weit dies möglich ist, feste Beträge zu Grunde gelegt werden.
       Diese Beträge können auch nach Vomhundertsätzen anderer
       zuwendungsfähiger Ausgaben bemessen werden. Für eine Be-
       messung von zuwendungsfähigen Ausgaben nach festen Beträ-
       gen kommen vor allem Projekte in Betracht,

2.3.1   bei denen einzelne Ausgaben nur mit erheblichem Aufwand genau festgestellt und belegt werden können, jedoch eine sachgerechte Pauschalierung dieser Ausgaben (z.B. als Vomhundertanteil von vorgesehenen Ausgaben) möglich ist oder

2.3.2   bei denen – wie bei bestimmten Baumaßnahmen – für einzelne oder mehrere gleiche Teile der Maßnahme über die voraussichtlichen Ausgaben Richtwerte vorliegen oder festgelegt werden können. Die Bemessung von zuwendungsfähigen Ausgaben nach Richtwerten setzt – soweit bei der Maßnahme die fachlich zuständige technische staatliche Verwaltung zu beteiligen ist – die Anerkennung der Richtwerte durch diese Verwaltung voraus.

2.4   Eine Zuwendung darf ausnahmsweise zur Vollfinanzierung bewilligt werden, wenn die Erfüllung des Zwecks in dem notwendigen Umfang nur bei Übernahme sämtlicher zuwendungsfähiger Ausgaben durch den Bund möglich ist. Eine Vollfinanzierung kommt in der Regel nicht in Betracht, wenn der Zuwendungsempfänger an der Erfüllung des Zuwendungszwecks insbesondere ein wirtschaftliches Interesse hat.
Die Zuwendung ist bei der Bewilligung auf einen Höchstbetrag zu begrenzen.

2.5   Liegt der zu fördernde Zweck auch im Interesse von Dritten, sollen diese sich angemessen an den zuwendungsfähigen Ausgaben beteiligen.

2.6   Die Umsatzsteuer, die nach § 15 des UStG als Vorsteuer abziehbar ist, gehört nicht zu den zuwendungsfähigen Ausgaben.

2.7   Bei institutioneller Förderung sind Ausgaben für Wirtschaftsprüfungsunternehmen nur zuwendungsfähig, wenn die Prüfung des Jahresabschlusses gesetzlich vorgeschrieben oder aus besonderen Gründen geboten ist.

3   Antragsverfahren

3.1   Für die Bewilligung einer Zuwendung bedarf es grundsätzlich eines schriftlichen Antrags. Auf Verlangen der Bewilligungsbehörde sind die Angaben durch geeignete Unterlagen zu belegen.

3.2   Dem Antrag sind insbesondere beizufügen

3.2.1   bei Projektförderung (Nr. 2.1 zu § 23) ein Finanzierungsplan (aufgegliederte Berechnung der mit dem Zuwendungszweck zusammenhängenden Ausgaben mit einer Übersicht über die beabsichtigte Finanzierung) und eine Erklärung, dass mit der Maßnahme noch nicht begonnen worden ist,

3.2.2   bei institutioneller Förderung (Nr. 2.2 zu § 23) ein Haushalts- oder Wirtschaftsplan und gegebenenfalls eine Überleitungsrechnung (Nr. 3.4 zu § 23),

3.2.3	eine Erklärung darüber, ob der Zuwendungsempfänger allgemein oder für das betreffende Vorhaben zum Vorsteuerabzug nach § 15 UStG berechtigt ist. In diesem Fall hat er im Finanzierungsplan oder Haushalts- oder Wirtschaftsplan die sich ergebenden Vorteile auszuweisen.
3.3	Das Ergebnis der Antragsprüfung ist zu vermerken. Dabei kann auf andere Unterlagen (Antrag, Zuwendungsbescheid) verwiesen werden. In dem Vermerk soll insbesondere auf die Notwendigkeit und Angemessenheit der Zuwendung eingegangen werden sowie auf
3.3.1	die Beteiligung anderer Dienststellen (auch in fachtechnischer Hinsicht),
3.3.2	den Umfang der zuwendungsfähigen Ausgaben (auch unter Berücksichtigung der Nr. 2.6),
3.3.3	die Wahl der Finanzierungsart,
3.3.4	die Sicherung der Gesamtfinanzierung,
3.3.5	die finanzielle Auswirkung auf künftige Haushaltsjahre,
3.3.6	die geplanten förderpolitischen Ziele (z.B. Bezug des Vorhabens zu den Programmzielen) und Arbeitsziele (z.B. in wissenschaftlicher und/oder technischer Hinsicht).
3.4	Bei einer Zuwendung an Betriebe oder Unternehmen, die wenigstens zum Teil der Förderung der Wirtschaft dienen soll, gilt zusätzlich Folgendes:
3.4.1	Dem Antragsteller sind im Antragsvordruck oder in anderer Weise im Zusammenhang mit dem Antrag die Tatsachen als subventionserheblich im Sinne des § 264 StGB zu bezeichnen (§ 2 Abs. 1 Subventionsgesetz – SubvG –), die nach
3.4.1.1	dem Zuwendungszweck,
3.4.1.2	Rechtsvorschriften,
3.4.1.3	diesen Verwaltungsvorschriften und den Nebenbestimmungen zum Zuwendungsbescheid (Nr. 5),
3.4.1.4	besonderen Verwaltungsvorschriften, Richtlinien oder sonstigen Zuwendungsvoraussetzungen für die Bewilligung, Gewährung, Rückforderung, Weitergewährung oder das Belassen der Zuwendung von Bedeutung sind. Der Antragsteller ist auf die Strafbarkeit des Subventionsbetrugs nach § 264 StGB hinzuweisen.
3.4.2	Zu den Tatsachen nach Nr. 3.4.1 gehören insbesondere solche,
3.4.2.1	die zur Beurteilung der Notwendigkeit und Angemessenheit der Zuwendung von Bedeutung sind,
3.4.2.2	die Gegenstand der Bilanzen, Gewinn- und Verlustrechnungen, Vermögensübersichten oder Gutachten, des Finanzierungsplans, des Haushalts- oder Wirtschaftsplans, etwaiger Übersichten und Überleitungsrechnungen oder sonstiger nach Nrn. 3.1 und 3.2 dem Antrag beizufügender Unterlagen sind,

3.4.2.3 von denen nach Verwaltungsverfahrensrecht (insbesondere §§ 48, 49, 49a VwVfG) oder anderen Rechtsvorschriften die Erstattung der Zuwendung abhängig ist,

3.4.2.4 die sich auf die Art und Weise der Verwendung eines aus der Zuwendung beschafften Gegenstandes beziehen (§ 3 Abs. 2 SubvG).

3.4.3 Subventionserhebliche Tatsachen sind ferner solche, die durch Scheingeschäfte oder Scheinhandlungen verdeckt werden, sowie Rechtsgeschäfte oder Handlungen unter Missbrauch von Gestaltungsmöglichkeiten im Zusammenhang mit einer beantragten Zuwendung (§ 4 SubvG).

3.4.4 Der Antragsteller hat in dem Antrag oder in anderer Weise vor der Bewilligung zu versichern, dass ihm die Tatsachen nach den Nrn. 3.4.1 bis 3.4.3 als subventionserheblich und die Strafbarkeit eines Subventionsbetruges nach § 264 StGB bekannt sind.

3.4.5 Ergeben sich aus den Angaben des Antragstellers, den eingereichten Unterlagen oder sonstigen Umständen Zweifel, ob die beantragte oder in Anspruch genommene Zuwendung mit dem Zuwendungszweck oder den Zuwendungsvoraussetzungen im Einklang steht, so hat die Bewilligungsbehörde dem Zuwendungsempfänger die Tatsachen, deren Aufklärung zur Beseitigung der Zweifel notwendig erscheint, nachträglich als subventionserheblich im Sinne des § 264 StGB zu bezeichnen (§ 2 Abs. 2 SubvG).

3.4.6 Die Bewilligungsbehörde hat die in den VV Nr. 3.4.1 bis 3.4.5 genannten subventionserheblichen Tatsachen dem Zuwendungsempfänger vor Bewilligung der Zuwendung konkret und auf das jeweilige Förderprogramm und den jeweiligen Zuwendungsempfänger bezogen zu bezeichnen. Dabei müssen die auf den konkreten Förderfall bezogenen Tatsachen vollständig und abschließend aufgeführt werden, die für die Erteilung der Förderbewilligung und die Belassung der Fördermittel nach Verwendungsnachweisprüfung zur Verwirklichung des Förderzweckes (Bundesinteresses) maßgeblich sind. Verweise auf konkret bezeichnete Felder in Antragsformularen sind dann ausreichend, wenn dort die subventionserheblichen Tatsachen in der vorgenannten Weise bezeichnet sind. Abstrakte Beschreibungen in Förderrichtlinien, pauschale Verweise und nicht-abschließende Aufzählungen genügen nicht.

4 Bewilligung

4.1 Zuwendungen werden durch schriftlichen Zuwendungsbescheid bewilligt. Soweit dem Antrag des Zuwendungsempfängers nicht entsprochen wird, ist dies erforderlichenfalls zu begründen (§ 39 VwVfG).

4.2   Der Zuwendungsbescheid muss insbesondere enthalten:

4.2.1   Die genaue Bezeichnung des Zuwendungsempfängers,

4.2.2   Art (Nr. 2 zu § 23) und Höhe der Zuwendung,

4.2.3   die genaue Bezeichnung des Zuwendungszwecks und – wenn mit Hilfe der Zuwendung Gegenstände erworben oder hergestellt werden – ggf. die Angabe, wie lange diese für den Zuwendungszweck gebunden sind. Ergänzend gilt:

– Die Bezeichnung des Zuwendungszwecks muss so eindeutig und detailliert festgelegt werden, dass sie auch als Grundlage für eine begleitende und abschließende Kontrolle des Erfolgs des Vorhabens oder des Förderprogramms dienen kann. Der Zuwendungszweck ist gegebenenfalls durch Erläuterungen zu präzisieren.

– Werden Gegenstände erworben oder hergestellt, so ist regelmäßig festzulegen, ob der Zuwendungsempfänger nach Ablauf der zeitlichen Bindung in der Verfügung über beschaffte Gegenstände frei wird oder wie er andernfalls zu verfahren hat. So kann der Zuwendungsempfänger beispielsweise verpflichtet werden, auf Verlangen für den Zuwendungszweck nicht mehr benötigte Gegenstände dem Bund oder einem Dritten zu übereignen, zu veräußern oder deren Restwert abzugelten. Für den Fall der Veräußerung kann die Bewilligungsbehörde ihre Einwilligung mit weiteren Auflagen verbinden. Sie kann beispielsweise verlangen, dass ein bestimmter Mindesterlös erzielt wird.

– Bei der Bewilligung kann die Bewilligungsbehörde ferner auferlegen, dass der Zuwendungsempfänger während der zeitlichen Bindung bestimmte Verfügungen über beschaffte Gegenstände vornimmt, beispielsweise nicht mehr für den Zuwendungszweck benötigte Gegenstände dem Bund oder einem Dritten übereignet,

4.2.4   die Finanzierungsform (Nr. 1.1 Satz 2), die Finanzierungsart (Nr. 2) und den Umfang der zuwendungsfähigen Ausgaben,

4.2.5   den Bewilligungszeitraum; dieser kann bei Zuwendungen zur Projektförderung über das laufende Haushaltsjahr hinausgehen, soweit hierfür eine haushaltsrechtliche Ermächtigung vorhanden ist,

4.2.6   bei Förderung desselben Zwecks durch mehrere Stellen (Nr. 1.4) die ausdrückliche Benennung der Stelle, gegenüber der der Verwendungsnachweis zu erbringen ist,

4.2.7   soweit zutreffend den Hinweis auf die in Nrn. 3.4.1 bis 3.4.3 bezeichneten subventionserheblichen Tatsachen sowie auf die Offenbarungspflicht nach § 3 SubvG,

4.2.8   soweit zutreffend die Anforderung einer Überleitungsrechnung auf Einnahmen und Ausgaben (Nr. 3.4 zu § 23),

4.2.9   die anzuwendenden Nebenbestimmungen und etwaige Abwei-
         chungen (Nr. 5). Gegebenenfalls ist auch zu regeln, mit welchen
         speziellen Auflagen der Zuwendungsempfänger zu verpflichten
         ist, um eine begleitende und abschließende Kontrolle des Er-
         folgs des Vorhabens oder des Förderprogramms zu ermögli-
         chen,

4.2.10   eine Rechtsbehelfsbelehrung.

4.3   Die Bewilligungsbehörde kann, anstatt einen Zuwendungsbe-
         scheid zu erlassen, ausnahmsweise einen Zuwendungsvertrag
         mit dem Zuwendungsempfänger schließen (§ 54 VwVfG). Hier-
         bei gelten die Vorschriften für Zuwendungen durch Bescheid
         sinngemäß.

4.4   Dem Bundesrechnungshof ist auf Verlangen ein Abdruck des
         Zuwendungsbescheides oder des Zuwendungsvertrages mit ei-
         ner Zweitschrift des Antrags zu übersenden.

5   Nebenbestimmungen zum Zuwendungsbescheid

5.1   Allgemeine Nebenbestimmungen im Sinne des § 36 VwVfG für
         Zuwendungen zur institutionellen Förderung (ANBest-I), zur
         Projektförderung (ANBest-P), zur Projektförderung an Ge-
         bietskörperschaften (ANBest-Gk) und zur Projektförderung
         auf Kostenbasis (ANBest-P-Kosten) ergeben sich aus den Anla-
         gen 1 bis 4. Sie sind unverändert zum Bestandteil des Zuwen-
         dungsbescheides zu machen.

5.2   Die Bewilligungsbehörde darf bei gemeinsamer Finanzierung
         mit Ländern anstelle der Allgemeinen Nebenbestimmungen
         des Bundes die entsprechenden Allgemeinen Nebenbestim-
         mungen eines Landes zum Bestandteil des Zuwendungsbe-
         scheides machen. Ausgenommen hiervon sind die Regelungen
         über die Erstattung der Zuwendung und die Verzinsung.

5.3   Die Bewilligungsbehörde darf – auch nach Bekanntgabe des
         Zuwendungsbescheides –

5.3.1   bei institutioneller Förderung die Verwendung von Mitteln ei-
         nes Ansatzes des Haushalts- oder Wirtschaftsplans für Zwecke
         eines anderen Ansatzes zulassen,

5.3.2   bei Projektförderung im Einzelfall eine Überschreitung der
         Einzelansätze des Finanzierungsplans um mehr als 20 vom
         Hundert zulassen, soweit die Überschreitung durch entspre-
         chende Einsparungen bei anderen Einzelansätzen ausgeglichen
         werden kann,

5.3.3   in begründeten Ausnahmefällen abweichend von den Nrn. 3.1
         ANBest-I und ANBest-P den Zuwendungsbetrag, ab welchem
         Vergaberecht anzuwenden ist, über die Grenze von
         100000 Euro hinaus erhöhen. Die Bewilligungsbehörde hat bei
         Ihrer Entscheidung folgende Aspekte zu berücksichtigen:

– Größe und administrative Kapazitäten des Zuwendungsempfängers,
– voraussichtlicher Anteil von Beschaffungen am Volumen der
Zuwendung,
– Eigenanteil oder sonstiges Eigeninteresse des Zuwendungsempfängers an der Beschaffung,
– sonstige Aspekte des Zuwendungsempfängers (insbesondere
Korruptionsgefahr),
– sonstige Aspekte der voraussichtlich aus der Zuwendung zu
beschaffenden Lieferungen und Leistungen (z.B. Verhältnis
Wirtschaftlichkeit – Wettbewerblichkeit der Beschaffung).

Setzt die Bewilligungsbehörde eine höhere Wertgrenze fest, ist
die Festsetzung mit folgender Regelung zu verbinden:
„Der Zuwendungsempfänger hat Aufträge nur an fachkundige
und leistungsfähige Anbieter nach wettbewerblichen Gesichtspunkten zu wirtschaftlichen Bedingungen zu vergeben. Soweit
möglich, sind dazu mindestens drei Angebote einzuholen. Verfahren und Ergebnisse sind zu dokumentieren."

5.3.4   bei Vorliegen besonderer Umstände Fristen für die Vorlage der
Verwendungsnachweise abweichend von den Allgemeinen Nebenbestimmungen festlegen sowie die Vorlage reproduzierter
Belege zulassen. Die Vorlage reproduzierter Belege kommt in
Betracht, wenn der Zuwendungsempfänger zur Aufbewahrung
seiner Belege Bild oder Datenträger – ausgenommen Fotoko-
pien als Bildträger von Originalbelegen – verwendet.

5.3.5   in Einzelfällen Ausnahmen von Nrn. 2 bis 6 ANBest-I, Nrn. 2
bis 5 ANBest-P und ANBest-Gk, Nrn. 2 bis 4 und 6 ANBest-P-
Kosten sowie Nrn. 1 und 2 NBest-Bau regeln.

5.4   Im Falle der Festbetragsfinanzierung (Nr. 2.2.3) und der Bemessung von zuwendungsfähigen Ausgaben eines Vorhabens auf
der Grundlage fester Beträge (Nr. 2.3) sind die Regelungen der
ANBest-P und der ANBest-Gk über den zahlenmäßigen Nachweis den Erfordernissen des Einzelfalles anzupassen.

5.5   Bei Projektförderung an Gebietskörperschaften, deren Zweck
innerhalb von drei Jahren erreicht wird, ist in der Regel kein
Zwischennachweis erforderlich. Erstreckt sich der Förderzeit-
raum über mehr als drei Jahre, entscheidet die Bewilligungsbehörde nach pflichtgemäßem Ermessen, ob auf die Vorlage von
Zwischennachweisen verzichtet wird.

5.6   Über die Allgemeinen Nebenbestimmungen (Nr. 5.1) hinaus ist
je nach Art, Zweck und Höhe der Zuwendung sowie nach Lage
des einzelnen Falles im Zuwendungsbescheid insbesondere zu
regeln:

5.6.1   bei nicht rückzahlbaren Zuwendungen der Vorbehalt dingli-
cher Rechte an Gegenständen zur Sicherung eines etwaigen Er-

stattungsanspruchs. Eine dingliche Sicherung eines etwaigen Erstattungsanspruchs ist regelmäßig vorzusehen, wenn aus nicht rückzahlbaren Zuwendungen Grundstücke oder Rechte erworben werden. Bei Gebietskörperschaften und bei sonstigen nicht insolvenzfähigen juristischen Personen des öffentlichen Rechts kommt regelmäßig keine dingliche Sicherung in Betracht.

5.6.2 bei bedingt oder unbedingt rückzahlbaren Zuwendungen die Rückzahlung und Verzinsung sowie die Sicherung des Erstattungsanspruchs,

5.6.3 die Einräumung von Benutzungsrechten an Schutzrechten, die Übertragung von Schutzrechten auf den Bund oder seine angemessene Beteiligung an den Erträgen aus diesen Rechten,

5.6.4 bei Zuwendungen für Forschungs- und sonstige wissenschaftliche Arbeiten die Nutzbarmachung der Ergebnisse für die Allgemeinheit, z.B. durch Veröffentlichung,

5.6.5 die Beteiligung fachtechnischer Dienststellen,

5.6.6 Besonderheiten hinsichtlich des Verwendungsnachweises; dabei kann die Bewilligungsbehörde die Auszahlung eines Restbetrages von der Vorlage des Verwendungsnachweises abhängig machen,

5.6.7 bei institutioneller Förderung die entsprechende Anwendung haushaltsrechtlicher Vorschriften des Bundes.

5.7 Bei Zuwendungen zur Projektförderung an Hochschulen sind die ANBest-P vorzusehen.

5.8 In geeigneten Fällen ist der Zuwendungsbescheid mit dem Vorbehalt zu versehen, dass die Förderung aus zwingenden Gründen ganz oder teilweise eingestellt werden kann (insoweit Widerruf nach § 49 Abs. 2 Nr. 1 in Verbindung mit § 36 Abs. 2 Nr. 3 VwVfG). Ein Vorbehalt kommt insbesondere in Betracht bei längerfristigen Projekten und bei Einrichtungen, die überwiegend aus öffentlichen Mitteln institutionell gefördert werden. Das Bundesministerium der Finanzen kann aus zwingenden haushaltswirtschaftlichen Gründen das Einfügen eines Vorbehalts verlangen.

5.9 Zuwendungen sollen in geeigneten Fällen erst nach Vorlage des Verwendungsnachweises in einer Summe ausgezahlt werden.

6   Zuwendungen für Baumaßnahmen

6.1 Bei Zuwendungen für Baumaßnahmen ist die fachlich zuständige technische staatliche Verwaltung zu beteiligen. Von einer Beteiligung darf abgesehen werden, wenn die für eine Baumaßnahme vorgesehenen Zuwendungen von Bund und Ländern zusammen sechs Millionen Euro nicht übersteigen.

6.2 Das Verfahren für die Beteiligung der Bauverwaltung als fachlich zuständige technische staatliche Verwaltung richtet sich nach den Baufachlichen Ergänzungsbestimmungen (ZBau) zu den VV zu § 44 BHO, für die das für die Bauaufgaben des Bundes fachlich verantwortliche Bundesministerium im Einvernehmen mit dem Bundesministerium der Finanzen zuständig ist. Wenn nach ZBau zu verfahren ist, sind die Baufachlichen Nebenbestimmungen (NBest-Bau – Anlage zur ZBau –) zum Bestandteil des Zuwendungsbescheides zu machen. Bei einer fachlichen Beteiligung einer anderen technischen Verwaltung sollen die ZBau sinngemäß angewendet werden.

6.3   Soweit Regelungen nach Nr. 6.2 den Verwendungsnachweis betreffen, ist auch das Einvernehmen mit dem Bundesrechnungshof herzustellen.

7   Auszahlung der Zuwendung

7.1   Die Zuwendungen sollen regelmäßig erst ausgezahlt werden, wenn der Zuwendungsbescheid bestandskräftig geworden ist. Der Zuwendungsempfänger kann die Bestandskraft des Zuwendungsbescheides herbeiführen und damit die Auszahlung beschleunigen, wenn er erklärt, dass er auf einen Rechtsbehelf verzichtet.

7.2   Die Zuwendungsempfängerinnen und Zuwendungsempfänger sind grundsätzlich zu ermächtigen, die ihnen bewilligten Zuwendungen nach Bedarf bei der zuständigen Kasse abzurufen (Abrufverfahren); das Nähere regelt das Bundesministerium der Finanzen. Die das Verfahren bei der Zuwendungsempfängerin/bei dem Zuwendungsempfänger regelnden Bestimmungen der Abrufrichtlinie sind als Besondere Nebenbestimmungen zum Bestandteil des Zuwendungsbescheides zu machen.

7.3   Bei Projektförderung längerfristiger Vorhaben sollen nur Teilbeträge ausgezahlt und die Auszahlung in der Regel davon abhängig gemacht werden, dass die Verwendung der bereits gezahlten Teilbeträge in summarischer Form nachgewiesen wird.

7.4   Erfolgt keine Teilnahme am Abrufverfahren dürfen die Zuwendungen nur insoweit und nicht eher ausgezahlt werden, als sie voraussichtlich alsbald nach Auszahlung für fällige Zahlungen im Rahmen des Zuwendungszwecks benötigt werden (Anforderungsverfahren). Entsprechende Einzelheiten sind im Zuwendungsbescheid zu regeln.

8   Unwirksamkeit, Rücknahme oder Widerruf des Zuwendungsbescheides, Erstattung der Zuwendung und Verzinsung

8.1   Unwirksamkeit, Rücknahme oder Widerruf von Zuwendungsbescheiden sowie die Erstattung der Zuwendung und die Verzinsung des Erstattungsbetrages richten sich nach Verwaltungsverfahrensrecht (vgl. insbesondere §§ 48, 49, 49a VwVfG, §§ 45, 47, 50 Zehntes Buch Sozialgesetzbuch). Die erforderlichen Verwaltungsakte sind im Allgemeinen unter Angabe der Rechtsgrundlage schriftlich zu begründen (§ 39 VwVfG).

8.2   Es ist wie folgt zu verfahren:

8.2.1   Die Bewilligungsbehörde hat die Zuwendung, auch wenn sie bereits verwendet worden ist, insoweit unverzüglich zurückzufordern, als im Zuwendungsbescheid enthaltene Befristungen wirksam geworden sind oder eingetretene Bedingungen dies erfordern.

8.2.2   Die Bewilligungsbehörde hat regelmäßig einen Zuwendungsbescheid nach § 48 VwVfG mit Wirkung für die Vergangenheit ganz oder teilweise unverzüglich zurückzunehmen und die Zuwendung, auch wenn sie bereits verwendet worden ist, zurückzufordern, insbesondere soweit der Zuwendungsempfänger den Zuwendungsbescheid durch Angaben erwirkt hat, die in wesentlicher Beziehung unrichtig oder unvollständig waren. Dies ist anzunehmen, wenn bei richtigen oder vollständigen Angaben der Zuwendungsbescheid nicht ergangen oder die Zuwendung in geringerer Höhe bewilligt worden wäre.

8.2.3   Die Bewilligungsbehörde hat regelmäßig einen Zuwendungsbescheid nach § 49 Abs. 3 VwVfG mit Wirkung auch für die Vergangenheit ganz oder teilweise unverzüglich zu widerrufen und die Zuwendung, auch wenn sie bereits verwendet worden ist, zurückzufordern, soweit sie nicht oder nicht mehr ihrem Zweck entsprechend verwendet wird.

8.2.4   Ein Fall des § 49 Abs. 3 VwVfG liegt auch vor, wenn aus der Zuwendung beschaffte Gegenstände während der zeitlichen Bindung nicht oder nicht mehr zweckentsprechend verwendet werden. Der Zuwendungsbescheid ist in der Regel entsprechend dem auf die Gegenstände entfallenden Zuwendungsbetrag zu widerrufen. Bei der Entscheidung über den Umfang des Widerrufs soll die Zeit der zweckentsprechenden Verwendung angemessen berücksichtigt werden. Die Bewilligungsbehörde kann von einem Widerruf des Zuwendungsbescheids absehen, wenn

– der Zuwendungsempfänger nachweist, dass die Gegenstände für den Zuwendungszweck nicht mehr geeignet sind und ein vermögenswerter Vorteil nicht mehr gezogen werden kann,

– die Gegenstände mit Einwilligung der Bewilligungsbehörde für andere förderungsfähige Zwecke verwendet werden,

– seit der Anschaffung oder Fertigstellung der Gegenstände bei Grundstücken und grundstücksgleichen Rechten 25 Jahre, im Übrigen zehn Jahre vergangen sind, sofern nicht ohnehin bereits vorher die Frist der zeitlichen Bindung abgelaufen ist.

8.2.5   Eine Zuwendung wird alsbald verwendet (§ 49 Abs. 3 Nr. 1 VwVfG),
         – wenn sie bei Auszahlung nach Nr. 7.2 (Abrufverfahren) am Tage des Bedarfs für fällige Zahlungen abgerufen und verbraucht wird; es gilt die Abrufrichtlinie,
         – wenn sie bei Auszahlung nach Nr. 7.4 (Anforderungsverfahren) entsprechend der Festlegung im jeweiligen Zuwendungsbescheid für fällige Zahlungen verbraucht wird. Jedenfalls liegt keine alsbaldige Verwendung vor, wenn die Mittel nach Ablauf von mehr als sechs Wochen nach Auszahlung für fällige Zahlungen verbraucht werden.

8.3   In den Fällen der Nrn. 8.2.2 bis 8.2.4 hat die Bewilligungsbehörde bei der Ausübung ihres Ermessens die Besonderheiten des Einzelfalles, u.a. auch die Zeitdauer der zweckentsprechenden Verwendung, sowie die Interessen des Zuwendungsempfängers und die öffentlichen Interessen gleichermaßen zu berücksichtigen. Auf die Anhörungspflicht nach § 28 VwVfG wird hingewiesen.

8.4   Rücknahme und Widerruf des Zuwendungsbescheides müssen grundsätzlich innerhalb eines Jahres erfolgen (§ 48 Abs. 4 Satz 1 VwVfG und § 49 Abs. 2 Satz 2 VwVfG). Die Frist beginnt, wenn einem zuständigen Amtsverwalter der Behörde die Tatsachen, die die Rücknahme oder den Widerruf rechtfertigen, vollständig bekannt sind.*)

         *) **Anmerkung:** Siehe hierzu BVerwG, Beschluss vom 19. Dezember 1984 – BVerwGE Band 70 S. 356; DÖV 1985 S. 442 –; BVerwG, Urteil vom 24. Januar 2001 – BVerwGE Band 112 S. 360; NJW 2001 S. 1440 –.

8.5   Der Erstattungsbetrag ist vom Eintritt der Unwirksamkeit des Zuwendungsbescheides an mit fünf Prozentpunkten über dem Basiszinssatz nach § 247 BGB jährlich zu verzinsen. Im Fall der Rücknahme oder des Widerrufs für die Vergangenheit entsteht der Erstattungsanspruch in dem im Rücknahme- oder Widerrufsbescheid anzugebenden Zeitpunkt. Das ist regelmäßig der Tag, an dem die zur Rücknahme oder zum Widerruf führenden Umstände eingetreten sind. Bezüglich des Zinsanspruchs gilt § 49a Abs. 3 Satz 2 VwVfG. Werden Zinsen nicht erhoben, so sind die Gründe für die Nichterhebung aktenkundig zu machen.

8.6   (– frei –)

8.7   Wird die Zuwendung nicht innerhalb der gemäß Nr. 8.2.5 im Zuwendungsbescheid festgelegten oder beim Anschluss an das Abrufverfahren (vgl. Nr. 7.2) geltenden Frist zur Erfüllung des Zuwendungszwecks verwendet und wird der Zuwendungsbescheid nicht widerrufen, sind regelmäßig für die Zeit von der Auszahlung bis zur zweckentsprechenden Verwendung ebenfalls Zinsen in Höhe von fünf Prozentpunkten über dem Basiszinssatz nach § 247 BGB jährlich zu verlangen. Entsprechendes gilt, soweit eine Leistung in Anspruch genommen wird, obwohl andere Mittel anteilig oder vorrangig einzusetzen sind.

8.8   Die Berechnung und Erhebung der Zinsen richtet sich nach der Anlage zur VV Nr. 3.3 zu § 34 BHO.

8.9   Zur Erhebung von Zinsen für die Zeiträume bis zum Inkrafttreten des Hüttenknappschaftlichen Zusatzversicherungs-Neuregelungs-Gesetzes (HZvNG) vom 21. Juni 2002 (BGBl. I S. 2167) am 29. Juni 2002 wird auf die Anlage verwiesen.

9   Überwachung der Verwendung

9.1   Die Verwaltung hat die Verwendung der Zuwendung zu überwachen. Zu diesem Zweck wird eine standardisierte Zuwendungsdatenbank des Bundes geführt, die von den zuständigen obersten Bundesbehörden oder den durch diese beauftragten Stellen zu bedienen ist. Die in die Zuwendungsdatenbank aufzunehmenden Daten sind zeitnah zu erfassen, ordnungsgemäß zu pflegen sowie – nach Vorgabe der zuständigen obersten Bundesbehörde für ihren Geschäftsbereich auch zentral – auszuwerten.

9.2   Die ressortübergreifenden Zugriffsrechte auf die Zuwendungsdatenbank werden von der Arbeitsgruppe Haushaltsrecht der obersten Bundesbehörden festgelegt.

Dem Bundesrechnungshof steht ein allgemeines Zugriffsrecht auf folgende Daten zu:
– Haushaltsjahr, Kapitel/Titel (ggf. Objektkonto),
– Bewilligungsbehörde, Zuwendungsempfänger und Zweck der Zuwendung,
– Finanzierungs- und Zuwendungsart,
– Gesamtausgaben/-kosten und Höhe der Zuwendung,
– Antrags- und Bewilligungsdatum, Bewilligungszeitraum, Weiterleitung,
– zur Zahlung angewiesene Beträge sowie eingegangene Verpflichtungen,
– vorgeschriebener Zeitpunkt für die Vorlage des Zwischen- oder des Verwendungsnachweises, dessen Eingang und Zeitpunkt der Erledigung der kursorischen sowie der ggf. vorzunehmenden vertieften Prüfung durch die Verwaltung.

10   Nachweis der Verwendung

10.1   Die Bewilligungsbehörde hat von dem Zuwendungsempfänger den Nachweis der Verwendung entsprechend den Nebenbestimmungen zu verlangen.

10.2   Der Zwischen- oder Verwendungsnachweis besteht aus einem Sachbericht und einem zahlenmäßigen Nachweis ohne Vorlage von Belegen. Bei Zuwendungen zur Projektförderung gemäß

ANBest-P ist dem Verwendungsnachweis eine tabellarische Belegübersicht beizufügen, in der die Ausgaben nach Art und in zeitlicher Reihenfolge getrennt aufgelistet sind (Belegliste). Bei Zuwendungen, bei denen die Erfüllung des Zuwendungszwecks in einem sich wiederholenden einfachen Ergebnis besteht, kann auf vorherige Sachberichte Bezug genommen werden.

11   Prüfung der Verwendung

11.1   Die Bewilligungsbehörde, die nach Nr. 1.4 zuständige oder sonst beauftragte Stelle hat regelmäßig innerhalb von drei Monaten nach Eingang des Zwischen- oder Verwendungsnachweises in einem ersten Schritt festzustellen, ob nach den Angaben im Nachweis Anhaltspunkte für die Geltendmachung eines Erstattungsanspruchs gegeben sind (kursorische Prüfung). In einem zweiten Schritt sind die Nachweise vertieft zu prüfen.

Im Rahmen der vertieften Prüfung ist zu prüfen, ob

11.1.1   der Zwischen- oder Verwendungsnachweis den im Zuwendungsbescheid (einschließlich der Nebenbestimmungen) festgelegten Anforderungen entspricht,

11.1.2   die Zuwendung nach den Angaben im Zwischen- oder Verwendungsnachweis und gegebenenfalls den Belegen und Verträgen über die Vergabe von Aufträgen zweckentsprechend verwendet worden ist,

11.1.3   gegebenenfalls Ergänzungen oder Erläuterungen zu verlangen und örtliche Erhebungen durchzuführen sind. Die Prüfung der Angaben in dem Zwischen- oder Verwendungsnachweis sowie der Belege kann auf Stichproben beschränkt werden. Die vorgelegten Belege usw. sind an den Zuwendungsempfänger zurückzugeben.

Bei Zuwendungen zur Projektförderung soll für die vertiefte Prüfung regelmäßig aus den eingegangenen Nachweisen nach einer nach Anhörung des Bundesrechnungshofs zu treffenden Regelung eine stichprobenweise Auswahl von zu prüfenden Nachweisen getroffen werden.

Bei der Ausgestaltung des Stichprobenverfahrens sind insbesondere folgende Kriterien zu berücksichtigen:

– Mindestanteil an Förderfällen und am Fördervolumen,
– besondere Berücksichtigung von Erstbewilligungen an einen Zuwendungsempfänger,
– Mindestprüfungsturnus bei Folgebewilligungen an einen Zuwendungsempfänger,
– Berücksichtigung von Erkenntnissen aus vorangegangenen Nachweisprüfungen.

Bei den in die Stichprobe fallenden Nachweisen sind die für die Prüfung erforderlichen Belege vom Zuwendungsempfänger anzufordern oder bei ihm einzusehen.

11.2   Der Umfang und das Ergebnis der Prüfung sind in einem Vermerk (Prüfungsvermerk) niederzulegen. Feststellungen von unwesentlicher Bedeutung sind nicht in den Vermerk aufzunehmen.

11.3   Die prüfende Stelle übersendet den nach Nr. 1.4 beteiligten Stellen eine Ausfertigung des Sachberichts und des Prüfungsvermerks. Das Gleiche gilt für Fälle, in denen die prüfende Stelle nicht die bewilligende Stelle ist.

11.4   Die vertiefte Prüfung ist innerhalb von neun Monaten nach Eingang der Nachweise abzuschließen. Abweichungen von Satz 1 sind nur bei Einschaltung externer Prüfungsstellen oder in besonders zu begründenden Ausnahmefällen zulässig. Zuwendungen dürfen für denselben Zuwendungsempfänger nicht neu bewilligt werden, wenn die Prüfung der vorgelegten Nachweise Anhaltspunkte bietet, die der Bewilligung entgegenstehen (vgl. Nr. 1.2). Zuwendungen dürfen nicht ausgezahlt werden, wenn die Prüfung der vorgelegten Nachweise Anhaltspunkte bietet, die der Auszahlung entgegenstehen. In diesen Fällen ist die Rücknahme oder der Widerruf unverzüglich zu prüfen.

11a   Erfolgskontrolle
Bei allen Zuwendungen ist von der zuständigen obersten Bundesbehörde oder der von ihr bestimmten Stelle eine Erfolgskontrolle nach Maßgabe der nachstehenden Bestimmungen durchzuführen (abgestufte Erfolgskontrolle). Soweit sachgerecht, kann die Erfolgskontrolle mit der Nachweisprüfung verbunden werden. Bei der Ausgestaltung des Verfahrens können ressortspezifische Besonderheiten (z.B. eigenständige Evaluierungsverfahren) berücksichtigt werden, soweit sie geeignet sind, den Erfolg der Förderung festzustellen und sie den in den VV zu § 7 festgelegten Grundsätzen Rechnung tragen.

11a.1   Jede Einzelmaßnahme ist daraufhin zu untersuchen, ob das mit ihr beabsichtigte Ziel voraussichtlich erreicht wird bzw. erreicht worden ist. Bei Stichprobenverfahren kann diese Prüfung auf die ausgewählten Fälle beschränkt werden (vgl. Nr. 3.3.6).

11a.2   Für übergeordnete Ziele – insbesondere Förderprogramme –, die Zuwendungen zur Projektförderung vorsehen, ist eine begleitende und abschließende Erfolgskontrolle mit den Bestandteilen Zielerreichungs-, Wirkungs- und Wirtschaftlichkeitskontrolle nach Maßgabe der VV zu § 7 durchzuführen.

11a.3   Bei institutioneller Förderung ist grundsätzlich eine Erfolgs-
         kontrolle entsprechend Nr. 11a.2 durchzuführen.

**12   Weiterleitung von Zuwendungen durch Zuwendungsempfän-
         ger**

12.1   Die Bewilligungsbehörde kann im Zuwendungsbescheid vor-
         sehen, dass der Zuwendungsempfänger als Erstempfänger die
         Zuwendung ganz oder teilweise weiterleiten kann. Durch die
         zweckbestimmte Weiterleitung erfüllt der Erstempfänger den
         Zuwendungszweck.

12.2   Die Mittel können vom Erstempfänger in öffentlich-rechtli-
         cher oder in privatrechtlicher Form weitergeleitet werden. Die
         Weiterleitung in öffentlich-rechtlicher Form durch juristische
         Personen des privaten Rechts setzt eine Beleihung voraus.

12.3   Der Erstempfänger darf die Mittel nur zur Projektförderung
         weiterleiten.

12.4   Weiterleitung in öffentlich-rechtlicher Form
         Bei der Bewilligung von Mitteln zur Weiterleitung in öffent-
         lich-rechtlicher Form durch den Erstempfänger sind für die
         Weiterleitung – ggf. durch Bezugnahme auf bestehende För-
         derrichtlinien – insbesondere zu regeln:

12.4.1   die Anwendung der einschlägigen Vorschriften des öffentli-
         chen Rechts, soweit sich aus dem Folgenden nichts Abwei-
         chendes ergibt,

12.4.2   die Weiterleitung in Form eines Zuwendungsbescheids,

12.4.3   der Zuwendungszweck und die Maßnahmen, die im Einzelnen
         gefördert werden sollen, sowie die Dauer der Zweckbindung
         von aus der Zuwendung beschafften Gegenständen,

12.4.4   der als Letztempfänger in Betracht kommende Personenkreis,

12.4.5   die Voraussetzungen, die beim Letztempfänger erfüllt sein
         müssen, um die Zuwendung an ihn weiterleiten zu können,

12.4.6   als Zuwendungsart die Projektförderung, die Finanzierungs-
         art, die Finanzierungsform, die in Betracht kommenden zu-
         wendungsfähigen Ausgaben oder Kosten und der Bewilli-
         gungszeitraum,

12.4.7   ggf. Einzelheiten zur Antragstellung durch den Letztempfän-
         ger (z.B. Termine, fachliche Beteiligung anderer Stellen, An-
         tragsunterlagen),

12.4.8   die bei der Weiterleitung ergänzend zu den Allgemeinen Ne-
         benbestimmungen vorzusehenden Nebenbestimmungen; in al-
         len Fällen ist dem Erstempfänger aufzuerlegen, gegenüber
         dem Letztempfänger auch ein Prüfungsrecht für die Bewilli-
         gungsbehörde (einschließlich für von ihr Beauftragte) auszu-
         bedingen sowie der Bewilligungsbehörde auf Verlangen etwa-
         ige Erstattungsansprüche gegen den Letztempfänger abzutre-
         ten,

12.4.9   der Umfang der Anwendung von Vorschriften, die Ermessensentscheidungen vorsehen. Soweit die Vorschriften Ermessensentscheidungen vorsehen und eine Anwendung der Bestimmungen durch den Erstempfänger nicht ausgeschlossen wird, ist ihm vorzugeben, wie er zu verfahren hat.

12.5   Weiterleitung in privatrechtlicher Form

Bei der Bewilligung von Mitteln zur Weiterleitung in privatrechtlicher Form durch den Erstempfänger sind für die Weiterleitung insbesondere zu regeln:

12.5.1   die Weiterleitung in Form eines privatrechtlichen Vertrags,

12.5.2   die Vorgaben entsprechend den Nrn. 12.4.3 bis 12.4.7,

12.5.3   der Rücktritt vom Vertrag aus wichtigem Grund mit dem Hinweis, dass ein wichtiger Grund für einen Rücktritt vom Vertrag insbesondere gegeben ist, wenn

– die Voraussetzungen für den Vertragsabschluss nachträglich entfallen sind,

– der Abschluss des Vertrages durch Angaben des Letztempfängers zustande gekommen ist, die in wesentlicher Beziehung unrichtig oder unvollständig waren,

– der Letztempfänger bestimmten – im Zuwendungsbescheid im Einzelnen zu nennenden – Verpflichtungen nicht nachkommt.

12.6   Dem Erstempfänger ist aufzuerlegen, in dem privatrechtlichen Vertrag (Nr. 12.5.1) insbesondere zu regeln:

12.6.1   die Höhe der als Projektförderung auszugestaltenden Zuwendung,

12.6.2   den Zuwendungszweck und die Dauer der Zweckbindung von aus der Zuwendung beschafften Gegenständen,

12.6.3   die Finanzierungsart und den Umfang der zuwendungsfähigen Ausgaben,

12.6.4   den Bewilligungszeitraum,

12.6.5   die Abwicklung der Maßnahme und die Prüfung der Verwendung der Zuwendung entsprechend den Nrn. 1 bis 7 ANBest-P. Die in Betracht kommenden Bestimmungen sind dem Inhalt nach unmittelbar in den Vertrag zu übernehmen; das entsprechend Nr. 7.1 ANBest-P für den Erstempfänger vorzusehende Prüfungsrecht ist auch für die Bewilligungsbehörde (einschließlich für einen von ihr Beauftragten) auszubedingen,

12.6.6   die Anerkennung der Gründe für einen Rücktritt vom Vertrag, der Rückzahlungsverpflichtungen und der sonstigen Rückzahlungsregelungen durch den Letztempfänger,

12.6.7   die Verzinsung von Rückzahlungsansprüchen.

12.7   Im Zuge der Weiterleitung von Zuwendungen können zwischen dem Erstempfänger und dem Letztempfänger weitere Personen eingeschaltet werden.

13   **Zuwendungen zur Projektförderung an Gebietskörperschaften und Zusammenschlüsse von Gebietskörperschaften**

13.1   Die Bewilligungsbehörde kann zulassen, dass bei Zuwendungen für Baumaßnahmen die zuständigen bautechnischen Dienststellen des Zuwendungsempfängers beteiligt werden. Die auf Grund von Nr. 6.2 getroffenen Regelungen sind zu beachten (zu Nr. 5.6.6). Die Bewilligungsbehörde kann bei Baumaßnahmen im Einzelfall – mit Ausnahme bei der Prüfung des Verwendungsnachweises – von einer Beteiligung der fachlich zuständigen technischen staatlichen Verwaltung absehen, wenn die Interessen der Bewilligungsbehörde durch die Beteiligung der bautechnischen Dienststelle des Zuwendungsempfängers gewahrt sind.

13.2   Bei der Bewilligung von Zuwendungen für Tiefbaumaßnahmen kann die Bewilligungsbehörde eine der Nr. 1.4 ANBest-Gk entsprechende Regelung vorsehen. Soweit bei den Maßnahmen die fachlich zuständige technische staatliche Verwaltung zu beteiligen ist, ist die Regelung mit der betreffenden Verwaltungsstelle abzustimmen.

13.3   Zuwendungen an Gebietskörperschaften und Zusammenschlüsse von Gebietskörperschaften sollen nur bewilligt werden, wenn die zuwendungsfähigen Ausgaben des Vorhabens mehr als 7500 Euro betragen.

13.4   Zuwendungen an Gebietskörperschaften und Zusammenschlüsse von Gebietskörperschaften von nicht mehr als 25000 Euro werden nach Vorlage des Verwendungsnachweises in einer Summe ausgezahlt.

13.5   Die Bewilligungsbehörde kann von einer Rückforderung absehen, wenn der zurückzufordernde Betrag 500 Euro nicht übersteigt (zu Nr. 8).

13a   **Zuwendungen auf Kostenbasis**

13a.1   Bei Projektförderung können Zuwendungen an gewerbliche Unternehmen, insbesondere für Forschungs- und Entwicklungsvorhaben, anstatt zur Deckung der zuwendungsfähigen Ausgaben zur Deckung der zuwendungsfähigen Kosten des Zuwendungsempfängers bewilligt werden, wenn eine Bemessung der Zuwendung nach Ausgaben im Hinblick auf die Verrechnung von Gemeinkosten einschließlich kalkulatorischer Kosten nicht sinnvoll ist.

13a.1.1   In geeigneten Bereichen/Fällen sollen feste Sätze für bestimmte Kalkulationsbereiche festgesetzt werden.

13a.1.2   Ist dies nicht geboten, so dürfen Zuwendungen auf Kostenbasis nur gewährt werden, wenn der Zuwendungsempfänger über ein geordnetes Rechnungswesen im Sinne der Nr. 2 der Leitsätze für die Preisermittlung auf Grund von Selbstkosten – LSP – (Anlage zur Verordnung PR Nr. 30/53 vom 21. November 1953 – Bundesanzeiger Nr. 244 vom 18. Dezember 1953 –) in der jeweils geltenden Fassung verfügt.

13a.2   In den Fällen der Nr. 13a.1 gelten die Nrn. 1 bis 11, 11 a, 14 und 15 sinngemäß, soweit nicht in den Nrn. 13a.3 bis 13 a.8 und in den ANBest-P-Kosten (Anlage 4 zu Nr. 5.1) etwas anderes bestimmt oder zugelassen ist. Dabei tritt an die Stelle des Wortes „Ausgaben" das Wort „Kosten".
Die Nrn. 12 und 13 gelten bei Zuwendungen auf Kostenbasis nicht.

13a.3   Zuwendungsfähige Kosten sind die nach Maßgabe der AN-Best-P-Kosten dem Vorhaben zuzurechnenden Selbstkosten des Zuwendungsempfängers, die bei wirtschaftlicher Betriebsführung im Bewilligungszeitraum anfallen und die nachgewiesen werden.

13a.4   Die voraussichtlich zuwendungsfähigen Kosten sind vom Zuwendungsempfänger durch eine Vorkalkulation zu ermitteln, wobei die LSP anzuwenden sind.
Die Bewilligungsbehörde legt fest, wie die Vorkalkulation aufzugliedern ist. Die Vorschriften über die Mindestgliederung nach Nr. 10 LSP sind zu beachten.

13a.5   Die Vorkalkulation ist hinsichtlich der Gesamtkosten als Höchstbetrag (Selbstkostenhöchstbetrag) für verbindlich zu erklären. Innerhalb des Selbstkostenhöchstbetrages bedürfen erhebliche Abweichungen von der Vorkalkulation der Einwilligung der Bewilligungsbehörde.

13a.6   Bei der Bemessung der Zuwendungen ist eine angemessene Finanzierung des Vorhabens durch den Zuwendungsempfänger und durch Dritte zu berücksichtigen. Nr. 2 gilt mit der Maßgabe, dass die Zuwendungen im Wege der Anteilfinanzierung (in Ausnahmefällen durch Vollfinanzierung) bewilligt werden.

13a.7   Abweichend von Nr. 7.2 richtet sich die Auszahlung der Zuwendungen nach den anfallenden Kosten.

13a.8   Vor der Durchführung einer Kostenprüfung im Rahmen der Nr. 11 beim Zuwendungsempfänger sollen die Bewilligungsbehörde oder ihre Beauftragten das Benehmen mit der für die Preisbildung und Preisüberwachung zuständigen Behörde herstellen und die etwa dort bereits vorliegenden Ergebnisse aus Kostenprüfungen für die Prüfung des Verwendungsnachweises auswerten. In geeigneten Fällen soll die Bewilligungsbehörde die für die Preisbildung und Preisüberwachung zuständige Behörde um eine Kostenprüfung ersuchen.

14   Fälle von geringer finanzieller Bedeutung
Beträgt die Zuwendung oder bei Finanzierung durch mehrere Stellen (Nr. 1.4) der Gesamtbetrag der Zuwendungen bei insti-

tutioneller Förderung für ein Haushaltsjahr oder bei einer Projektförderung weniger als 50 000 Euro, kann das zuständige Bundesministerium bei Anwendung der Nrn. 2 bis 8 und 12 bis 13a für einzelne Förderbereiche Erleichterungen zulassen. Beträgt die Zuwendung nach Satz 1 weniger als 25 000 Euro, kann die Bewilligungsbehörde im Einzelfall Ausnahmen zulassen.

15   Besondere Regelungen

15.1   Soweit das zuständige Bundesministerium oder die Bewilligungsbehörde nicht nach den Nrn. 1 bis 14 ermächtigt ist, Ausnahmen zuzulassen, sind solche im Einzelfall im Einvernehmen mit dem Bundesministerium der Finanzen möglich. Das gilt z.B. für die Gewährung höherer Entgelte als nach dem Tarifvertrag für den öffentlichen Dienst (TVöD) (einschließlich der in Nr. 1.3 Satz 4 und 5 ANBest-I genannten Fälle) und anderer über- und außertariflicher Leistungen sowie für Abweichungen vom Stellenplan für Angestellte, soweit die Einwilligung des Bundesministeriums der Finanzen nicht allgemein erteilt ist.

15.2   Für einzelne Zuwendungsbereiche kann das zuständige Bundesministerium im Einvernehmen mit dem Bundesministerium der Finanzen abweichende Verwaltungsvorschriften (z.B. Förderrichtlinien) zu den Nrn. 1 bis 13a erlassen. Der Bundesrechnungshof ist vor dem Erlass von Verwaltungsvorschriften zu den Nrn. 1 bis 13a zu hören (§ 103 BHO). Werden bestehende Verwaltungsvorschriften geändert, ist das Bundesministerium der Finanzen ebenfalls nach Satz 1 zu beteiligen und der Bundesrechnungshof nach Satz 2 zu hören.

15.3   Grundsätzliche Zweifelsfragen sowie Fragen von erheblicher finanzieller Bedeutung, die sich bei der Anwendung der Nrn. 1 bis 14 ergeben, sind im Einvernehmen mit dem Bundesministerium der Finanzen zu klären.

15.4   Soweit Regelungen nach den Nrn. 15.1 bis 15.3 den Verwendungsnachweis betreffen, ist das Einvernehmen mit dem Bundesrechnungshof herzustellen.

15.5   Die Nrn. 1 bis 15.4 gelten für den Bund als Zuwendungsgeber auch dann, wenn bei einer kapitalmäßigen Beteiligung des Bundes an dem Zuwendungsempfänger (Nr. 1.2 zu § 65) die Bewilligungsbehörde in einem Aufsichtsorgan des Zuwendungsempfängers vertreten ist.

15.6   Die Übermittlung elektronischer Dokumente sowie das Ersetzen der in den Nrn. 1 bis 14 angeordneten Schriftform durch die elektronische Form ist nach Maßgabe der für die elektronische Kommunikation geltenden Vorschriften des VwVfG (insbes. §§ 3a, 37 und 41) zulässig.

15.7   Bei der Erarbeitung von Förderrichtlinien sind die Grundsätze für Förderrichtlinien zu beachten (Anlage).

Zu § 44 Abs. 2 – Verwaltung von Mitteln oder Vermögensgegenständen –

16   Zum Begriff

16.1   Eine Verwaltung von Bundesmitteln im Sinne von § 44 Abs. 2 liegt vor, wenn Stellen außerhalb der Bundesverwaltung zur Erfüllung von Bundesaufgaben im Rahmen eines Treuhandverhältnisses Ausgaben leisten oder Einnahmen erheben.

16.2   Eine Verwaltung von Vermögensgegenständen im Sinne von § 44 Abs. 2 liegt vor, wenn Stellen außerhalb der Bundesverwaltung im Rahmen eines Treuhandverhältnisses befugt sind, Sachen, Rechte oder andere Arten von Vermögen des Bundes zu halten oder über sie zu verfügen.

17   Voraussetzungen

Soweit die Verwaltung von Bundesmitteln oder Vermögensgegenständen des Bundes durch Stellen außerhalb der Bundesverwaltung keiner gesetzlichen Grundlage bedarf, ist sie nur zulässig, wenn sie im Interesse des Bundes liegt und unter wirtschaftlichen Gesichtspunkten geboten ist. Diese Stellen müssen für eine solche Verwaltung geeignet sein und die Gewähr für eine ordnungsmäßige Geschäftsführung bieten.

18   Verfahren

18.1   Die Übertragung und die Einzelheiten der Durchführung der Verwaltung von Bundesmitteln oder Vermögensgegenständen des Bundes sind, soweit sie nicht gesetzlich geregelt sind, schriftlich zu vereinbaren. Nach Lage des Einzelfalles ist in der Vereinbarung insbesondere Folgendes zu regeln:

18.1.1   die Übertragung der Verwaltung unter Angabe von Art und Umfang oder der im Einzelnen wahrzunehmenden Aufgaben,

18.1.2   die Rechte und Pflichten des Auftragnehmers und der Grad der zu beachtenden Sorgfalt,

18.1.3   die Anwendung von gesetzlichen und sonstigen Vorschriften nebst Mustern,

18.1.4   die Erteilung von Unteraufträgen,

18.1.5   die Weisungsbefugnis und Einwilligungsvorbehalte des Auftraggebers,

18.1.6   der Umfang der Mitteilungspflichten,

18.1.7   die gesonderte Buchführung und die Rechnungslegung für die Mittel und die Vermögensgegenstände des Bundes,

18.1.8   das Auszahlungsverfahren,

18.1.9   die Behandlung von Rückeinnahmen,

18.1.10 die Haftung des Auftragnehmers,

18.1.11 der Nachweis über die Verwaltung,

18.1.12   die Prüfungsrechte des Auftraggebers,

18.1.13   der Ansatz des Aufwands des Auftragnehmers,

18.1.14   die Befristung der Vereinbarung und deren Beschränkung auf bestimmte Aufgaben (z.B. Programme, Aufgabengebiete) sowie die Möglichkeit der Kündigung der Vereinbarung.

18.2   Regelungen nach den Nrn. 18.1.7 und 18.1.11 bedürfen der Einwilligung des Bundesrechnungshofes. Bei einem förmlichen Vergabeverfahren ist die Einwilligung vor dessen Beginn einzuholen; im Übrigen ist die Einwilligung rechtzeitig vor Abschluss der Vereinbarung zu beantragen (vgl. insoweit auch Nr. 20.1). Der Bundesrechnungshof kann auf seine Befugnisse verzichten.

Zu § 44 Abs. 3 – Beleihung auf dem Gebiet der Zuwendungen –

19   **Personenkreis**

19.1   Beliehen werden können juristische Personen des privaten Rechts, die in den Handlungsformen des öffentlichen Rechts als Zuwendungsempfänger Zuwendungen weiterleiten oder als Treuhänder des Bundes Zuwendungen gewähren sollen (Nrn. 12 und 16.1).

19.2   Der Umfang und das Ergebnis der Prüfung der Voraussetzungen zur Beleihung sind aktenkundig zu machen.

20   **Verfahren**

20.1   Voraussetzung für die Beleihung einer juristischen Person des Privatrechts, die nach Nr. 16.1 Bundesmittel verwalten soll, ist der Abschluss eines zivilrechtlichen Geschäftsbesorgungsvertrages, dem ein Vergabeverfahren (vgl. VV zu § 55 BHO) vorauszugehen hat, es sei denn, die Geschäftsbesorgung erfolgt unentgeltlich oder es handelt sich um ein so genanntes „in-house" Geschäft. Auch in Fällen der unentgeltlichen Geschäftsbesorgung ist dem vergaberechtlichen Transparenzgrundsatz Rechnung zu tragen.

In dem Geschäftsbesorgungsvertrag, dessen Text zweckmäßigerweise zum Bestandteil der Ausschreibungsunterlagen zu machen ist, sind alle wechselseitigen Rechte und Pflichten festzulegen. Dies sind insbesondere die Einzelheiten der zu erbringenden Leistungen, die Kriterien für die Bemessung des hierfür zu entrichtenden Entgelts sowie die bei der Verwaltung von Bundesmitteln zu beachtenden Regelungen gemäß Nrn. 18.1.1 bis 18.1.12 und 18.1.14. Die Ausschreibungsunterlagen sollten auch die Kenntnisse und Fähigkeiten, die im Falle einer Beleihung für die sachgerechte Erfüllung der übertragenen Aufgaben erforderlich sind, insbesondere die Kenntnis des Verwaltungs- und Zuwendungsrechts, als Eignungskriterium beinhalten. Soll die Übertragung der Verwaltung von Bundesmitteln nicht bereits mit Abschluss des Geschäftsbesorgungsvertrages erfolgen, kann der Geschäftsbesorgungsvertrag optional auch eine später wirksam werdende Vereinbarung für die Verwaltung von Bundesmitteln vorsehen. Im Hinblick auf den vergaberechtlichen Transparenzgrundsatz sind dann im Geschäftsbesorgungsvertrag die Kriterien, nach denen über eine spätere Beauftragung entschieden wird, zu benennen.

Nr. 18.2 bleibt unberührt.

20.2   Die Beleihung im Sinne des § 44 Abs. 3 BHO geschieht durch Verwaltungsakt. Dieser muss enthalten:

20.2.1   die Bezugnahme auf § 44 Abs. 3 BHO,

20.2.2   die genaue Bezeichnung der juristischen Person des privaten Rechts, die beliehen wird,

20.2.3   die Verleihung der Befugnis, Zuwendungen nach Maßgabe besonderer Bestimmungen durch Verwaltungsakt in eigenem Namen zu bewilligen,

20.2.4   die Angabe der Behörde, die die Aufsicht über die Beliehene ausübt,

20.2.5   die Verpflichtung der Beliehenen, der aufsichtsführenden Behörde unverzüglich mitzuteilen, wenn
          – sich bei der Ausübung der Befugnis Zweifelsfragen oder Schwierigkeiten ergeben,
          – sie ihre Zahlungen einstellt oder ein Insolvenzverfahren über ihr Vermögen beantragt oder eröffnet wird,

20.2.6   ein Selbsteintrittsrecht der Behörde, die die Aufsicht über die Beliehene ausübt,

20.2.7   den Beginn der Beleihung und deren Beschränkung auf bestimmte Aufgaben (z.B. Programme, Aufgabengebiete),

20.2.8   einen Vorbehalt, dass die Befugnis jederzeit entzogen werden kann,

20.2.9   eine Rechtsbehelfsbelehrung.

Anlage 1 zur VV Nr. 5.1 zu § 44 BHO

Allgemeine Nebenbestimmungen für Zuwendungen zur institutionellen Förderung (ANBest-I)

Die ANBest-I enthalten Nebenbestimmungen im Sinne des § 36 des Verwaltungsverfahrensgesetzes (VwVfG) sowie notwendige Erläuterungen. Die Nebenbestimmungen sind Bestandteil des Zuwendungsbescheides, soweit dort nicht ausdrücklich etwas anderes bestimmt ist.

Inhalt

Nr. 1   Anforderung und Verwendung der Zuwendung
Nr. 2   Nachträgliche Ermäßigung der Ausgaben oder Änderung der Finanzierung

Nr. 3 Vergabe von Aufträgen
Nr. 4 Inventarisierungspflicht
Nr. 5 Mitteilungspflichten des Zuwendungsempfängers
Nr. 6 Buchführung
Nr. 7 Nachweis der Verwendung
Nr. 8 Prüfung der Verwendung
Nr. 9 Erstattung der Zuwendung, Verzinsung

1   Anforderung und Verwendung der Zuwendung

1.1   Die Zuwendung ist wirtschaftlich und sparsam zu verwenden.

1.2   Alle eigenen Mittel und mit dem Zuwendungszweck zusammen-
       hängenden Einnahmen (insbesondere Zuwendungen, Leistungen
       Dritter) des Zuwendungsempfängers sind als Deckungsmittel für
       alle Ausgaben einzusetzen. Der Haushalts- oder Wirtschaftsplan
       einschließlich Organisations- und Stellenplan ist verbindlich.

1.3   Der Zuwendungsempfänger darf seine Beschäftigten nicht bes-
       ser stellen als vergleichbare Bundesbedienstete. Höhere Entgelte
       als nach dem Tarifvertrag für den öffentlichen Dienst (TVöD) so-
       wie sonstige über- oder außertarifliche Leistungen dürfen nicht
       gewährt werden. Die Sätze 1 und 2 gelten auch für die Beschäf-
       tigten des Zuwendungsempfängers, die bei der Durchführung
       von Aufträgen und von aus Zuwendungen finanzierten Projekten
       eingesetzt werden. Sind im Wirtschaftsplan Stellen ohne Anga-
       ben zur Höhe der Entgelte ausgebracht (z.B. S, ÜT, AT ohne An-
       gabe einer Besoldungsgruppe), bedarf die Festsetzung der Ent-
       gelte in jedem Einzelfall der vorherigen Zustimmung der Bewil-
       ligungsbehörde. Das Gleiche gilt für außertariflich entsprechend
       den Besoldungsgruppen W 2 oder W 3 bewertete Stellen.

1.4   Zuwendungsempfänger, deren Gesamtausgaben (ohne Ausgaben
       für Aufträge und Projektförderung durch Dritte) zu 50 vom Hun-
       dert und mehr aus öffentlichen Mitteln finanziert werden, dürfen
       Risiken für Schäden an Personen, Sachen und Vermögen nur ver-
       sichern, soweit eine Versicherung gesetzlich vorgeschrieben ist
       oder der Vertragspartner den Abschluss einer Versicherung als
       zwingende Voraussetzung für den Vertragsabschluss fordert. Be-
       trägt der Anteil der öffentlichen Mittel an den Gesamtausgaben
       (ohne Ausgaben für Aufträge und Projektförderung durch Dritte)
       weniger als 50 vom Hundert, so dürfen Risiken der genannten
       Art nur versichert werden, wenn hierdurch der Zuwendungs-
       empfänger seine Beschäftigten nicht besser stellt als vergleich-
       bare Arbeitnehmerinnen und Arbeitnehmer des Bundes.

1.5   Im Regelfall werden die Zuwendungen im Wege des Abrufverfah-
       rens bereitgestellt. In diesen Fällen gelten die Regelungen der
       BNBest-Abruf. Findet eine Teilnahme am Abrufverfahren nicht
       statt, werden die Zuwendungen wie folgt bereitgestellt:

Die Zuwendung darf nur insoweit und nicht eher angefordert werden, als sie alsbald nach der Auszahlung für fällige Zahlungen benötigt wird. Die Anforderung jedes Teilbetrages muss die zur Beurteilung des Mittelbedarfs erforderlichen Angaben enthalten.

Wird ein im Haushaltsjahr zu deckender Fehlbedarf anteilig durch mehrere Zuwendungsgeberinnen/Zuwendungsgeber finanziert, so darf die Zuwendung jeweils nur anteilig mit den Zuwendungen der anderen Zuwendungsgeberinnen/Zuwendungsgeber angefordert werden.

1.6 Am Jahresende nicht verbrauchte Kassenmittel werden auf die Auszahlungen zu Beginn des Folgejahres kassenmäßig angerechnet.

1.7 Zahlungen vor Empfang der Gegenleistung dürfen nur vereinbart oder bewirkt werden, soweit dies allgemein üblich oder durch besondere Umstände gerechtfertigt ist.

1.8 Die Bildung von Rückstellungen ist nur zulässig, soweit sie gesetzlich (z.B. durch das Handelsgesetzbuch) vorgeschrieben ist. Rücklagen dürfen nicht gebildet werden.

2   Nachträgliche Ermäßigung der Ausgaben oder Änderung der Finanzierung

Ermäßigen sich nach der Bewilligung die in dem Haushalts- oder Wirtschaftsplan veranschlagten Gesamtausgaben, erhöhen sich die Deckungsmittel oder treten neue Deckungsmittel hinzu, so ermäßigt sich die Zuwendung

2.1 bei Anteilfinanzierung anteilig mit etwaigen Zuwendungen anderer Zuwendungsgeber und den vorgesehenen eigenen und sonstigen Mitteln des Zuwendungsempfängers,

2.2 bei Fehlbedarfs- und Vollfinanzierung um den vollen in Betracht kommenden Betrag.

3   Vergabe von Aufträgen

3.1 Wenn die Zuwendung oder bei Finanzierung durch mehrere Stellen der Gesamtbetrag der Zuwendung mehr als 100000 Euro beträgt, sind anzuwenden

– für die Vergabe von Liefer- und Dienstleistungen die Verfahrensordnung für die Vergabe öffentlicher Liefer- und Dienstleistungsaufträge unterhalb der EU-Schwellenwerte (Unterschwellenvergabeordnung – UVgO),

– für die Vergabe von Bauleistungen Teil A Abschnitt 1 der Vergabe- und Vertragsordnung für Bauleistungen (VOB/A).

3.2 Verpflichtungen des Zuwendungsempfängers als Auftraggeber gemäß Teil 4 des Gesetzes gegen Wettbewerbsbeschränkungen (GWB) bleiben unberührt.

4   Inventarisierungspflicht

Der Zuwendungsempfänger hat Gegenstände, deren Anschaffungs- oder Herstellungswert 800 Euro (ohne Umsatzsteuer) übersteigt, zu inventarisieren. Soweit aus besonderen Gründen der Bund Eigentümer ist oder wird, sind die Gegenstände in dem Inventar besonders zu bezeichnen.

5 Mitteilungspflichten der Zuwendungsempfängerin/des Zuwendungsempfängers

Der Zuwendungsempfänger ist verpflichtet, unverzüglich der Bewilligungsbehörde anzuzeigen, wenn

5.1 er nach Vorlage des Haushalts- oder Wirtschaftsplans weitere Zuwendungen bei anderen öffentlichen Stellen beantragt oder von ihnen erhält,

5.2 für die Bewilligung der Zuwendung maßgebliche Umstände sich ändern oder wegfallen,

5.3 die angeforderten oder ausgezahlten Beträge nicht alsbald nach der Auszahlung für fällige Zahlungen verbraucht werden können.

6 Buchführung

6.1 Die Kassen- und Buchführung sind entsprechend den Regeln der Bundeshaushaltsordnung (BHO) und den jeweils geltenden Verwaltungsvorschriften einzurichten, es sei denn, dass die Bücher nach den für Länder oder Gemeinden geltenden entsprechenden Vorschriften oder nach den Regeln der kaufmännischen doppelten Buchführung geführt werden.

6.2 Die Belege müssen die im Geschäftsverkehr üblichen Angaben und Anlagen enthalten, die Ausgabebelege insbesondere den Zahlungsempfänger, Grund und Tag der Zahlung, den Zahlungsbeweis und bei Gegenständen den Verwendungszweck.

6.3 Der Zuwendungsempfänger hat die Bücher, Belege und alle sonstigen Geschäftsunterlagen (vgl. Nr. 8.1 Satz 1) fünf Jahre nach Vorlage des Verwendungsnachweises aufzubewahren, sofern nicht nach steuerrechtlichen oder anderen Vorschriften eine längere Aufbewahrungsfrist bestimmt ist. Zur Aufbewahrung können auch Bild- oder Datenträger verwendet werden. Das Aufnahme- und Wiedergabeverfahren muss den jeweiligen Vorschriften oder Regeln (Nr. 6.1) entsprechen.

7 Nachweis der Verwendung

7.1 Die Verwendung der Zuwendung ist innerhalb von sechs Monaten nach Ablauf des Haushalts- oder Wirtschaftsjahres nachzuweisen (Verwendungsnachweis). Der Verwendungsnachweis besteht aus einem Sachbericht und einem zahlenmäßigen Nachweis.

7.2 In dem Sachbericht sind die Tätigkeit des Zuwendungsempfängers sowie das erzielte Ergebnis im abgelaufenen Haushalts- oder Wirtschaftsjahr darzustellen und den vorgegebenen Zielen gegenüberzustellen. Im Sachbericht ist auf die wichtigsten Positionen des zahlenmäßigen Nachweises einzugehen. Ferner ist die Notwendigkeit und Angemessenheit der geleisteten Arbeit zu erläutern. Tätigkeits-, Lage-, Abschluss- und Prüfungsberichte und etwaige Veröffentlichungen sind beizufügen.

7.3   Der zahlenmäßige Nachweis besteht für den Fall, dass der Zuwendungsempfänger nach Einnahmen und Ausgaben bucht, aus der Jahresrechnung. Diese muss alle Einnahmen und Ausgaben des abgelaufenen Haushaltsjahres in der Gliederung des Haushalts- oder Wirtschaftsplans enthalten sowie das Vermögen und die Schulden zu Beginn und Ende des Haushaltsjahres ausweisen. Bei kaufmännischer doppelter Buchführung des Zuwendungsempfängers besteht der zahlenmäßige Nachweis aus dem Jahresabschluss (Bilanz, Gewinn- und Verlustrechnung, bei Kapitalgesellschaften auch Anhang und Lagebericht zum Jahresabschluss) sowie auf Verlangen der Bewilligungsbehörde einer Überleitungsrechnung auf Einnahmen und Ausgaben. In der Überleitungsrechnung sind die tatsächlichen Einnahmen und Ausgaben nach den Ansätzen des Haushalts- oder Wirtschaftsplans abzurechnen. Werden neben der institutionellen Förderung auch Zuwendungen zur Projektförderung bewilligt, so sind im zahlenmäßigen Nachweis die im abgelaufenen Haushaltsjahr gewährten Zuwendungen zur Projektförderung einzeln nachrichtlich anzugeben.

7.4   Im Verwendungsnachweis ist zu bestätigen, dass die Ausgaben notwendig waren, dass wirtschaftlich und sparsam verfahren worden ist und die Angaben mit den Büchern und Belegen übereinstimmen.

8   Prüfung der Verwendung

8.1   Die Bewilligungsbehörde ist berechtigt, Bücher, Belege und sonstige Geschäftsunterlagen anzufordern sowie die Verwendung der Zuwendung durch örtliche Erhebungen zu prüfen oder durch Beauftragte prüfen zu lassen. Der Zuwendungsempfänger hat die erforderlichen Unterlagen bereitzuhalten und die notwendigen Auskünfte zu erteilen.

8.2   Unterhält der Zuwendungsempfänger eine eigene Prüfungseinrichtung, ist von dieser der Verwendungsnachweis vorher zu prüfen und die Prüfung unter Angabe ihres Ergebnisses zu bescheinigen.

8.3   Der Bundesrechnungshof ist berechtigt, bei dem Zuwendungsempfänger zu prüfen (§§ 91, 100 BHO).

9   Erstattung der Zuwendung, Verzinsung

9.1   Die Zuwendung ist zu erstatten, soweit ein Zuwendungsbescheid nach Verwaltungsverfahrensrecht (insbesondere §§ 48, 49 VwVfG) oder anderen Rechtsvorschriften mit Wirkung für die

Vergangenheit zurückgenommen oder widerrufen oder sonst unwirksam wird.

9.2   Nr. 9.1 gilt insbesondere, wenn

9.2.1 die Zuwendung durch unrichtige oder unvollständige Angaben erwirkt worden ist,

9.2.2 die Zuwendung nicht oder nicht mehr für den vorgesehenen Zweck verwendet wird,

9.3   Ein Widerruf mit Wirkung für die Vergangenheit kann auch in Betracht kommen, soweit der Zuwendungsempfänger

9.3.1 die Zuwendung nicht alsbald nach der Auszahlung zur Erfüllung des Zuwendungszwecks verwendet oder

9.3.2 Auflagen nicht oder nicht innerhalb einer gesetzten Frist erfüllt, insbesondere den vorgeschriebenen Verwendungsnachweis nicht rechtzeitig vorlegt sowie Mitteilungspflichten (Nr. 5) nicht rechtzeitig nachkommt.

9.4   Der Erstattungsbetrag ist nach Maßgabe des § 49a Abs. 3 VwVfG mit fünf Prozentpunkten über dem Basiszinssatz nach § 247 BGB jährlich zu verzinsen.

9.5   Werden Zuwendungen nicht alsbald nach der Auszahlung zur Erfüllung des Zuwendungszwecks verwendet und wird der Zuwendungsbescheid nicht zurückgenommen oder widerrufen, so können für die Zeit von der Auszahlung bis zur zweckentsprechenden Verwendung ebenfalls Zinsen in Höhe von fünf Prozentpunkten über dem Basiszinssatz nach § 247 BGB jährlich verlangt werden; entsprechendes gilt, soweit eine Leistung in Anspruch genommen wird, obwohl andere Mittel anteilig oder vorrangig einzusetzen sind (§ 49a Abs. 4 VwVfG). Eine alsbaldige Verwendung der Mittel liegt im Anforderungsverfahren jedenfalls nicht vor, wenn die Mittel nach Ablauf von mehr als sechs Wochen nach Auszahlung für fällige Zahlungen verbraucht werden.

Anlage 2 zur VV Nr. 5.1 zu § 44 BHO

Allgemeine Nebenbestimmungen für Zuwendungen zur Projektförderung (ANBest-P)

Die ANBest-P enthalten Nebenbestimmungen im Sinne des § 36 des Verwaltungsverfahrensgesetzes (VwVfG) sowie notwendige Erläuterungen. Die Nebenbestimmungen sind Bestandteil des Zuwendungsbescheides, soweit dort nicht ausdrücklich etwas anderes bestimmt ist.

Inhalt

Nr. 3   Vergabe von Aufträgen
Nr. 4   Zur Erfüllung des Zuwendungszwecks beschaffte Gegenstände
Nr. 5   Mitteilungspflichten des Zuwendungsempfängers
Nr. 6   Nachweis der Verwendung
Nr. 7   Prüfung der Verwendung
Nr. 8   Erstattung der Zuwendung, Verzinsung

1   Anforderung und Verwendung der Zuwendung

1.1   Die Zuwendung ist wirtschaftlich und sparsam zu verwenden.

1.2   Alle mit dem Zuwendungszweck zusammenhängenden Einnahmen (insbesondere Zuwendungen, Leistungen Dritter) und der Eigenanteil des Zuwendungsempfängers sind als Deckungsmittel für alle mit dem Zuwendungszweck zusammenhängenden Ausgaben einzusetzen. Der Finanzierungsplan ist hinsichtlich des Gesamtergebnisses verbindlich. Die Einzelansätze dürfen um bis zu 20 vom Hundert überschritten werden, soweit die Überschreitung durch entsprechende Einsparungen bei anderen Einzelansätzen ausgeglichen werden kann. Beruht die Überschreitung eines Einzelansatzes auf behördlichen Bedingungen oder Auflagen, insbesondere im Rahmen des baurechtlichen Verfahrens, sind innerhalb des Gesamtergebnisses des Finanzierungsplans auch weitergehende Abweichungen zulässig. Die Sätze 2 bis 4 finden bei Festbetragsfinanzierung keine Anwendung.

1.3   Dürfen aus der Zuwendung auch Personalausgaben oder sächliche Verwaltungsausgaben geleistet werden und werden die Gesamtausgaben des Zuwendungsempfängers überwiegend aus Zuwendungen der öffentlichen Hand bestritten, darf der Zuwendungsempfänger seine Beschäftigten nicht besser stellen als vergleichbare Bundesbedienstete. Höhere Entgelte als nach dem Tarifvertrag für den öffentlichen Dienst (TVöD) sowie sonstige über- und außertarifliche Leistungen dürfen nicht gewährt werden.

1.4   Im Regelfall werden die Zuwendungen im Wege des Abrufverfahrens bereitgestellt. In diesen Fällen gelten die Regelungen der BNBest-Abruf.
         Findet eine Teilnahme am Abrufverfahren nicht statt, werden die Zuwendungen wie folgt bereitgestellt:
         Die Zuwendung darf nur insoweit und nicht eher angefordert werden, als sie alsbald nach der Auszahlung für fällige Zahlungen benötigt wird. Die Anforderung jedes Teilbetrages muss die zur Beurteilung des Mittelbedarfs erforderlichen Angaben enthalten. Im Übrigen darf die Zuwendung wie folgt in Anspruch genommen werden:

1.4.1   Bei Anteil- oder Festbetragsfinanzierung jeweils anteilig mit etwaigen Zuwendungen anderer Zuwendungsgeber und den vorgesehen eigenen und sonstigen Mitteln des Zuwendungsempfängers,

1.4.2 bei Fehlbedarfsfinanzierung, wenn die vorgesehenen eigenen und sonstigen Mittel des Zuwendungsempfängers verbraucht sind. Wird ein zu deckender Fehlbedarf (Nr. 1.4.2) anteilig durch mehrere Zuwendungsgeber finanziert, so darf die Zuwendung jeweils nur anteilig mit den Zuwendungen der anderen Zuwendungsgeber angefordert werden.

1.5 Zahlungen vor Empfang der Gegenleistung dürfen nur vereinbart oder bewirkt werden, soweit dies allgemein üblich oder durch besondere Umstände gerechtfertigt ist.

1.6 Die Bewilligungsbehörde behält sich vor, den Zuwendungsbescheid mit Wirkung für die Zukunft zu widerrufen, wenn sich herausstellt, dass der Zuwendungszweck nicht zu erreichen ist.

2 **Nachträgliche Ermäßigung der Ausgaben oder Änderung der Finanzierung**

2.1 Ermäßigen sich nach der Bewilligung die in dem Finanzierungsplan veranschlagten Gesamtausgaben für den Zuwendungszweck, erhöhen sich die Deckungsmittel oder treten neue Deckungsmittel (z.B. Investitionszulagen) hinzu, so ermäßigt sich die Zuwendung

2.1.1 bei Anteilfinanzierung anteilig mit etwaigen Zuwendungen anderer Zuwendungsgeber und den vorgesehenen eigenen und sonstigen Mitteln des Zuwendungsempfängers,

2.1.2 bei Fehlbedarfs- und Vollfinanzierung um den vollen in Betracht kommenden Betrag.

2.2 Nr. 2.1 gilt (ausgenommen bei Vollfinanzierung und bei wiederkehrender Förderung desselben Zuwendungszwecks) nur, wenn sich die Gesamtausgaben oder die Deckungsmittel insgesamt um mehr als 500 Euro ändern.

3 **Vergabe von Aufträgen**

3.1 Wenn die Zuwendung oder bei Finanzierung durch mehrere Stellen der Gesamtbetrag der Zuwendung mehr als 100000 Euro beträgt, sind bei der Vergabe von Aufträgen folgende Regelungen anzuwenden:

– für die Vergabe von Liefer- und Dienstleistungen die Verfahrensordnung für die Vergabe öffentlicher Liefer- und Dienstleistungsaufträge unterhalb der EU-Schwellenwerte (Unterschwellenvergabeordnung – UVgO). Die Verpflichtung zur Anwendung gilt nicht für folgende Vorschriften:

– § 22 zur Aufteilung nach Losen,

– § 28 Absatz 1 Satz 3 zur Veröffentlichung von Auftragsbekanntmachungen,

– § 30 zur Vergabebekanntmachung,

- § 38 Absatz 2 bis 4 zu Form und Übermittlung der Teilnahme-
  anträge und Angebote,
- § 44 zu ungewöhnlich niedrigen Angeboten,
- § 46 zur Unterrichtung der Bewerber und Bieter;
- für die Vergabe von Bauleistungen Teil A Abschnitt 1 der Ver-
  gabe- und Vertragsordnung für Bauleistungen (VOB/A).

3.2 Verpflichtungen des Zuwendungsempfängers als Auftraggeber
gemäß Teil 4 des Gesetzes gegen Wettbewerbsbeschränkungen
(GWB) bleiben unberührt.

4 Zur Erfüllung des Zuwendungszwecks beschaffte Gegenstände

4.1 Gegenstände, die zur Erfüllung des Zuwendungszwecks erworben oder hergestellt werden, sind für den Zuwendungszweck zu
verwenden und sorgfältig zu behandeln. Der Zuwendungsempfänger darf über sie vor Ablauf der im Zuwendungsbescheid
festgelegten zeitlichen Bindung nicht anderweitig verfügen.

4.2 Der Zuwendungsempfänger hat die zur Erfüllung des Zuwendungszwecks beschafften Gegenstände, deren Anschaffungs-
oder Herstellungswert 800 Euro (ohne Umsatzsteuer) übersteigt,
zu inventarisieren. Soweit aus besonderen Gründen der Bund Eigentümer ist oder wird, sind die Gegenstände in dem Inventar
besonders zu bezeichnen.

**5 Mitteilungspflichten der Zuwendungsempfängerin/des Zuwen-
dungsempfängers**

Der Zuwendungsempfänger ist verpflichtet, unverzüglich der
Bewilligungsbehörde anzuzeigen, wenn

5.1 er nach Vorlage des Finanzierungsplans – auch nach Vorlage des
Verwendungsnachweises – weitere Zuwendungen für denselben
Zweck bei anderen öffentlichen Stellen beantragt oder von ihnen
erhält oder wenn er – ggf. weitere – Mittel von Dritten erhält,

5.2 der Verwendungszweck oder sonstige für die Bewilligung der Zuwendung maßgebliche Umstände sich ändern oder wegfallen,

5.3 sich herausstellt, dass der Zuwendungszweck nicht oder mit der
bewilligten Zuwendung nicht zu erreichen ist,

5.4 die angeforderten oder ausgezahlten Beträge nicht alsbald nach
der Auszahlung für fällige Zahlungen verbraucht werden können,

5.5 zu inventarisierende Gegenstände innerhalb der zeitlichen Bindung nicht mehr entsprechend dem Zuwendungszweck verwendet oder nicht mehr benötigt werden,

5.6 ein Insolvenzverfahren über sein Vermögen beantragt oder eröffnet wird.

6 Nachweis der Verwendung

6.1 Die Verwendung der Zuwendung ist innerhalb von sechs Monaten nach Erfüllung des Zuwendungszwecks, spätestens jedoch
mit Ablauf des sechsten auf den Bewilligungszeitraum folgenden

Monats der Bewilligungsbehörde nachzuweisen (Verwendungsnachweis). Ist der Zuwendungszweck nicht bis zum Ablauf des
Haushaltsjahres erfüllt, ist innerhalb von vier Monaten nach Ablauf des Haushaltsjahres über die in diesem Jahr erhaltenen Beträge ein Zwischennachweis zu führen. Sachberichte als Teil eines Zwischennachweises gemäß Nr. 6.3 dürfen mit dem nächst
fälligen Sachbericht verbunden werden, wenn der Berichtszeitraum für ein Haushaltsjahr drei Monate nicht überschreitet.

6.2   Der Verwendungsnachweis besteht aus einem Sachbericht und
        einem zahlenmäßigen Nachweis.

6.2.1   In dem Sachbericht sind die Verwendung der Zuwendung sowie
        das erzielte Ergebnis im Einzelnen darzustellen und den vorge-
        gebenen Zielen gegenüberzustellen. Im Sachbericht ist auf die
        wichtigsten Positionen des zahlenmäßigen Nachweises einzuge-
        hen. Ferner ist die Notwendigkeit und Angemessenheit der ge-
        leisteten Arbeit zu erläutern.

6.2.2   In dem zahlenmäßigen Nachweis sind die Einnahmen und Aus-
        gaben in zeitlicher Folge und voneinander getrennt entsprechend
        der Gliederung des Finanzierungsplans auszuweisen. Der Nach-
        weis muss alle mit dem Zuwendungszweck zusammenhängenden
        Einnahmen (Zuwendungen, Leistungen Dritter, eigene Mittel)
        und Ausgaben enthalten. Dem Nachweis ist eine tabellarische
        Belegübersicht beizufügen, in der die Ausgaben nach Art und in
        zeitlicher Reihenfolge getrennt aufgelistet sind (Belegliste). Aus
        der Belegliste müssen Tag, Empfänger/Einzahler sowie Grund
        und Einzelbetrag jeder Zahlung ersichtlich sein. Soweit der Zu-
        wendungsempfänger die Möglichkeit zum Vorsteuerabzug nach
        § 15 des Umsatzsteuergesetzes hat, dürfen nur die Entgelte
        (Preise ohne Umsatzsteuer) berücksichtigt werden. Im Verwen-
        dungsnachweis ist zu bestätigen, dass die Ausgaben notwendig
        waren, dass wirtschaftlich und sparsam verfahren worden ist
        und die Angaben mit den Büchern und gegebenenfalls den Bele-
        gen übereinstimmen.

6.3   Der Zwischennachweis (Nr. 6.1 Satz 2) besteht aus dem Sachbe-
        richt und einem zahlenmäßigen Nachweis (ohne Belegliste nach
        Nr. 6.2.2 Satz 3), in dem Einnahmen und Ausgaben entsprechend
        der Gliederung des Finanzierungsplans summarisch zusammen-
        zustellen sind.

6.4   Die Belege müssen die im Geschäftsverkehr üblichen Angaben
        und Anlagen enthalten, die Ausgabebelege insbesondere den
        Zahlungsempfänger, Grund und Tag der Zahlung, den Zahlungs-
        beweis und bei Gegenständen den Verwendungszweck. Außer-
        dem müssen die Belege ein eindeutiges Zuordnungsmerkmal zu
        dem Projekt (z.B. Projektnummer) enthalten.

6.5   Der Zuwendungsempfänger hat die Originalbelege (Einnahme-
        und Ausgabebelege) über die Einzelzahlungen und die Verträge
        über die Vergabe von Aufträgen sowie alle sonst mit der Förde-
        rung zusammenhängenden Unterlagen (vgl. Nr. 7.1 Satz 1) fünf
        Jahre nach Vorlage des Verwendungsnachweises aufzubewahren,
        sofern nicht nach steuerrechtlichen oder anderen Vorschriften
        eine längere Aufbewahrungsfrist bestimmt ist. Zur Aufbewah-
        rung können auch Bild- oder Datenträger verwendet werden.
        Das Aufnahme- und Wiedergabeverfahren muss den Grundsät-
        zen ordnungsmäßiger Buchführung oder einer in der öffentlichen
        Verwaltung allgemein zugelassenen Regelung entsprechen.

6.6   Darf der Zuwendungsempfänger zur Erfüllung des Zuwen-
        dungszwecks Mittel an Dritte weiterleiten, hat er die von den
        empfangenden Stellen ihm gegenüber zu erbringenden Verwen-
        dungs- und Zwischennachweise entsprechend VV Nr. 11 zu § 44
        BHO zu prüfen und den Prüfvermerk dem Verwendungs- oder
        Zwischennachweis nach Nr. 6.1 beizufügen. Auf Anforderung der
        Bewilligungsbehörde sind die Verwendungs- und Zwischennach-
        weise der Letztempfänger vorzulegen.

7   Prüfung der Verwendung
7.1   Die Bewilligungsbehörde ist berechtigt, Bücher, Belege und sons-
        tige Geschäftsunterlagen anzufordern sowie die Verwendung der
        Zuwendung durch örtliche Erhebungen zu prüfen oder durch Be-
        auftragte prüfen zu lassen. Der Zuwendungsempfänger hat die
        erforderlichen Unterlagen bereitzuhalten und die notwendigen
        Auskünfte zu erteilen. In den Fällen der Nr. 6.6 sind diese Rechte
        der Bewilligungsbehörde auch dem Dritten gegenüber auszube-
        dingen.

7.2   Unterhält der Zuwendungsempfänger eine eigene Prüfungsein-
        richtung, ist von dieser der Verwendungsnachweis vorher zu prü-
        fen und die Prüfung unter Angabe ihres Ergebnisses zu beschei-
        nigen.

7.3   Der Bundesrechnungshof ist berechtigt, bei den Zuwendungs-
        empfängern zu prüfen (§§ 91, 100 BHO).

8   Erstattung der Zuwendung, Verzinsung
8.1   Die Zuwendung ist zu erstatten, soweit ein Zuwendungsbescheid
        nach Verwaltungsverfahrensrecht (insbesondere §§ 48, 49
        VwVfG) oder anderen Rechtsvorschriften mit Wirkung für die
        Vergangenheit zurückgenommen oder widerrufen oder sonst un-
        wirksam wird.

8.2   Nr. 8.1 gilt insbesondere, wenn
8.2.1   die Zuwendung durch unrichtige oder unvollständige Angaben
        erwirkt worden ist,
8.2.2   die Zuwendung nicht oder nicht mehr für den vorgesehenen
        Zweck verwendet wird,

8.3   Ein Widerruf mit Wirkung für die Vergangenheit kann auch in Betracht kommen, soweit der Zuwendungsempfänger

8.3.1   die Zuwendung nicht alsbald nach der Auszahlung zur Erfüllung des Zuwendungszwecks verwendet oder

8.3.2   Auflagen nicht oder nicht innerhalb einer gesetzten Frist erfüllt, insbesondere den vorgeschriebenen Verwendungsnachweis nicht rechtzeitig vorlegt sowie Mitteilungspflichten (Nr. 5) nicht rechtzeitig nachkommt.

8.4   Der Erstattungsbetrag ist nach Maßgabe des § 49a Abs. 3 VwVfG mit fünf Prozentpunkten über dem Basiszinssatz nach § 247 BGB jährlich zu verzinsen.

8.5   Werden Zuwendungen nicht alsbald nach der Auszahlung zur Erfüllung des Zuwendungszwecks verwendet und wird der Zuwendungsbescheid nicht zurückgenommen oder widerrufen, so können für die Zeit von der Auszahlung bis zur zweckentsprechenden Verwendung ebenfalls Zinsen in Höhe von fünf Prozentpunkten über dem Basiszinssatz nach § 247 BGB jährlich verlangt werden; entsprechendes gilt, soweit eine Leistung in Anspruch genommen wird, obwohl andere Mittel anteilig oder vorrangig einzusetzen sind (§ 49a Abs. 4 VwVfG). Eine alsbaldige Verwendung der Mittel liegt im Anforderungsverfahren jedenfalls nicht vor, wenn die Mittel nach Ablauf von mehr als sechs Wochen nach Auszahlung für fällige Zahlungen verbraucht werden.

Anlage 3 zur VV Nr. 5.1 zu § 44 BHO

Allgemeine Nebenbestimmungen für Zuwendungen zur Projektförderung an Gebietskörperschaften und Zusammenschlüsse von Gebietskörperschaften (ANBest-Gk)

Die ANBest-Gk enthalten Nebenbestimmungen im Sinne des § 36 des Verwaltungsverfahrensgesetzes (VwVfG) sowie notwendige Erläuterungen. Die Nebenbestimmungen sind Bestandteil des Zuwendungsbescheides, soweit dort nicht ausdrücklich etwas anderes bestimmt ist.

Inhalt

1   Anforderung und Verwendung der Zuwendung

1.1   Die Zuwendung ist wirtschaftlich und sparsam zu verwenden.

1.2   Alle mit dem Zuwendungszweck zusammenhängenden Einnahmen (insbesondere Zuwendungen, Leistungen Dritter) und der Eigenanteil des Zuwendungsempfängers sind als Deckungsmittel für alle mit dem Zuwendungszweck zusammenhängenden Ausgaben einzusetzen. Der Finanzierungsplan ist hinsichtlich des Gesamtergebnisses verbindlich. Die einzelnen Ausgabeansätze dürfen um bis zu 20 vom Hundert überschritten werden, soweit die Überschreitung durch entsprechende Einsparungen bei anderen Einzelansätzen ausgeglichen werden kann. Beruht die Überschreitung eines Ausgabeansatzes auf behördlichen Bedingungen oder Auflagen, insbesondere im Rahmen des baurechtlichen Verfahrens, sind innerhalb des Gesamtergebnisses des Finanzierungsplans auch weitergehende Abweichungen zulässig. Die Sätze 2 bis 4 finden bei Festbetragsfinanzierung keine Anwendung.

1.3   Im Regelfall werden die Zuwendungen im Wege des Abrufverfahrens bereitgestellt. In diesen Fällen gelten die Regelungen der BNBest-Abruf.

Findet eine Teilnahme am Abrufverfahren nicht statt, werden die Zuwendungen wie folgt bereitgestellt:

Die Zuwendung darf nur insoweit und nicht eher angefordert werden, als sie alsbald nach der Auszahlung für fällige Zahlungen benötigt wird. Die Anforderung jedes Teilbetrages muss die zur Beurteilung des Mittelbedarfs erforderlichen Angaben enthalten. Im Übrigen darf die Zuwendung wie folgt in Anspruch genommen werden:

1.3.1 Bei Anteil- oder Festbetragsfinanzierung jeweils anteilig mit etwaigen Zuwendungen anderer Zuwendungsgeber und den vorgesehenen eigenen und sonstigen Mitteln des Zuwendungsempfängers,

1.3.2 bei Fehlbedarfsfinanzierung, wenn die vorgesehenen eigenen und sonstigen Mittel des Zuwendungsempfängers verbraucht sind.

Wird ein zu deckender Fehlbedarf (Nr. 1.3.2) anteilig durch mehrere Zuwendungsgeber finanziert, so darf die Zuwendung jeweils nur anteilig mit den Zuwendungen der anderen Zuwendungsgeber angefordert werden.

1.4   Soweit die Zuwendung für ein Hochbauvorhaben bestimmt ist, kann sie bei Anteil- oder Festbetragsfinanzierung entsprechend dem Baufortschritt angefordert werden, und zwar 20 vom Hundert der Zuwendung nach Vergabe des Rohbauauftrags, 30 vom Hundert nach baurechtlicher Abnahme des Rohbaus, 40 vom Hundert nach baurechtlicher Schlussabnahme und 10 vom Hundert nach Vorlage des Verwendungsnachweises. Nr. 1.3 Satz 2 gilt entsprechend. Der Anforderung ist je eine Ausfertigung der in Betracht kommenden Abnahmebescheinigungen beizufügen.

1.5 Zahlungen vor Empfang der Gegenleistung dürfen nur vereinbart oder bewirkt werden, soweit dies allgemein üblich oder durch besondere Umstände gerechtfertigt ist.

1.6 Die Bewilligungsbehörde behält sich vor, den Zuwendungsbescheid mit Wirkung für die Zukunft zu widerrufen, wenn sich herausstellt, dass der Zuwendungszweck nicht zu erreichen ist.

2 Nachträgliche Ermäßigung der Ausgaben oder Änderung der Finanzierung

2.1 Ermäßigen sich nach der Bewilligung die in dem Finanzierungsplan veranschlagten Gesamtausgaben für den Zuwendungszweck, erhöhen sich die Deckungsmittel oder treten neue Deckungsmittel (z.B. Investitionszulagen) hinzu, so ermäßigt sich die Zuwendung

2.1.1 bei Anteilfinanzierung anteilig mit etwaigen Zuwendungen anderer Zuwendungsgeber und den vorgesehenen eigenen und sonstigen Mitteln des Zuwendungsempfängers,

2.1.2 bei Fehlbedarfs- und Vollfinanzierung um den vollen in Betracht kommenden Betrag.

2.2 Nr. 2.1 gilt (ausgenommen bei Vollfinanzierung und bei wiederkehrender Förderung desselben Zuwendungszwecks) nur, wenn sich die Gesamtausgaben oder die Deckungsmittel insgesamt um mehr als 500 Euro ändern.

3 Vergabe von Aufträgen

Soweit auf die Vergabe von Aufträgen die Vorschriften des vierten Teils des Gesetzes gegen Wettbewerbsbeschränkungen (GWB) nicht anzuwenden sind, weil die jeweiligen Auftragswerte die Schwellenwerte (§ 106 GWB) nicht erreichen oder nicht überschreiten, sind bei der Vergabe von Aufträgen die nach den einschlägigen haushaltsrechtlichen Bestimmungen des Zuwendungsempfängers anzuwendenden Vergabegrundsätze zu beachten.

4 Zur Erfüllung des Zuwendungszwecks beschaffte Gegenstände

Gegenstände, die zur Erfüllung des Zuwendungszwecks erworben oder hergestellt werden, sind für den Zuwendungszweck zu verwenden und sorgfältig zu behandeln. Der Zuwendungsempfänger darf über sie vor Ablauf der im Zuwendungsbescheid festgelegten zeitlichen Bindung nicht anderweitig verfügen.

5 Mitteilungspflichten der Zuwendungsempfängerin/des Zuwendungsempfängers

Der Zuwendungsempfänger ist verpflichtet, unverzüglich der Bewilligungsbehörde anzuzeigen, wenn

5.1 er nach Vorlage des Finanzierungsplans – auch nach Vorlage des Verwendungsnachweises – weitere Zuwendungen für denselben

Zweck bei anderen öffentlichen Stellen beantragt oder von ihnen erhält oder wenn er – ggf. weitere – Mittel von Dritten erhält,

5.2   der Verwendungszweck oder sonstige für die Bewilligung der Zuwendung maßgebliche Umstände sich ändern oder wegfallen,

5.3   sich herausstellt, dass der Zuwendungszweck nicht oder mit der bewilligten Zuwendung nicht zu erreichen ist,

5.4   die angeforderten oder ausgezahlten Beträge nicht alsbald nach der Auszahlung für fällige Zahlungen verbraucht werden können,

5.5   Gegenstände nicht mehr entsprechend dem Zuwendungszweck verwendet oder nicht mehr benötigt werden.

6   Nachweis der Verwendung

6.1   Die Verwendung der Zuwendung ist innerhalb von einem Jahr nach Erfüllung des Zuwendungszwecks, spätestens jedoch ein Jahr nach Ablauf des Bewilligungszeitraums der Bewilligungsbehörde nachzuweisen (Verwendungsnachweis). Ist der Zuwendungszweck nicht innerhalb eines Jahres erfüllt, ist auf Verlangen der Bewilligungsbehörde ein Zwischennachweis in Form des Verwendungsnachweises vorzulegen.

6.2   Der Verwendungsnachweis besteht aus einem Sachbericht und einem zahlenmäßigen Nachweis.

6.3   In dem Sachbericht sind die Verwendung der Zuwendung sowie das erzielte Ergebnis kurz darzustellen und den vorgegebenen Zielen gegenüberzustellen. Im Sachbericht ist auf die wichtigsten Positionen des zahlenmäßigen Nachweises einzugehen. Ferner ist die Notwendigkeit und Angemessenheit der geleisteten Arbeit zu erläutern. Dem Sachbericht sind die Berichte der von dem Zuwendungsempfänger beteiligten technischen Dienststellen beizufügen.

6.4   In dem zahlenmäßigen Nachweis sind die Einnahmen und Ausgaben entsprechend der Gliederung des Finanzierungsplans summarisch auszuweisen. Der Nachweis muss alle mit dem Zuwendungszweck zusammenhängenden Einnahmen (Zuwendungen, Leistungen Dritter, eigene Mittel) und Ausgaben enthalten. Soweit der Zuwendungsempfänger die Möglichkeit zum Vorsteuerabzug nach § 15 des Umsatzsteuergesetzes hat, dürfen nur die Entgelte (Preise ohne Umsatzsteuer) berücksichtigt werden.

6.5   Darf der Zuwendungsempfänger zur Erfüllung des Zuwendungszwecks Mittel an Dritte (Nichtgebietskörperschaften) weiterleiten, hat er die von den empfangenden Stellen ihm gegenüber zu erbringenden Verwendungs- und Zwischennachweise entsprechend VV Nr. 11 zu § 44 BHO zu prüfen und den Prüfvermerk dem Verwendungs- oder Zwischennachweis nach Nr. 6.1 beizufügen. Auf Anforderung der Bewilligungsbehörde sind die

Verwendungs- und Zwischennachweise der Letztempfänger vorzulegen.

7   Prüfung der Verwendung

7.1   Die Bewilligungsbehörde ist berechtigt, Bücher, Belege und sonstige Geschäftsunterlagen anzufordern sowie die Verwendung der
Zuwendung durch örtliche Erhebungen zu prüfen oder durch Beauftragte prüfen zu lassen. Der Zuwendungsempfänger hat die
erforderlichen Unterlagen bereitzuhalten und die notwendigen
Auskünfte zu erteilen. In den Fällen der Nr. 6.5 sind diese Rechte
der Bewilligungsbehörde auch dem Dritten gegenüber auszubedingen.

7.2   Unterhält der Zuwendungsempfänger eine eigene Prüfungseinrichtung, ist von dieser der Verwendungsnachweis vorher zu prüfen und die Prüfung unter Angabe ihres Ergebnisses zu bescheinigen. Dies gilt nicht bei Zuwendungen des Bundes an ein Land.

7.3   Der Bundesrechnungshof ist berechtigt, bei den Zuwendungsempfängern zu prüfen (§§ 91, 100 BHO).

8   Erstattung der Zuwendung, Verzinsung

8.1   Die Zuwendung ist zu erstatten, soweit ein Zuwendungsbescheid
nach   Verwaltungsverfahrensrecht   (insbesondere   §§ 48,   49
VwVfG) oder anderen Rechtsvorschriften mit Wirkung für die
Vergangenheit zurückgenommen oder widerrufen oder sonst unwirksam wird.

8.2   Nr. 8.1 gilt insbesondere, wenn

8.2.1   die Zuwendung durch unrichtige oder unvollständige Angaben
erwirkt worden ist,

8.2.2   die Zuwendung nicht oder nicht mehr für den vorgesehenen
Zweck verwendet wird,

8.3   Ein Widerruf mit Wirkung für die Vergangenheit kann auch in
Betracht kommen, soweit der Zuwendungsempfänger

8.3.1   die Zuwendung nicht alsbald nach der Auszahlung zur Erfüllung
des Zuwendungszwecks verwendet oder

8.3.2   Auflagen nicht oder nicht innerhalb einer gesetzten Frist erfüllt,
insbesondere den vorgeschriebenen Verwendungsnachweis nicht
rechtzeitig vorlegt sowie Mitteilungspflichten (Nr. 5) nicht rechtzeitig nachkommt.

8.4   Der Erstattungsbetrag ist nach Maßgabe des § 49a Abs. 3 VwVfG
mit fünf Prozentpunkten über dem Basiszinssatz nach § 247 BGB
jährlich zu verzinsen.

8.5   Werden Zuwendungen nicht alsbald nach der Auszahlung zur
Erfüllung des Zuwendungszwecks verwendet und wird der Zuwendungsbescheid nicht zurückgenommen oder widerrufen, so
können für die Zeit von der Auszahlung bis zur zweckentsprechenden Verwendung ebenfalls Zinsen in Höhe von fünf Prozentpunkten über dem Basiszinssatz nach § 247 BGB jährlich ver-

langt werden; entsprechendes gilt, soweit eine Leistung in Anspruch genommen wird, obwohl andere Mittel anteilig oder vorrangig einzusetzen sind (§ 49a Abs. 4 VwVfG). Eine alsbaldige Verwendung der Mittel liegt im Anforderungsverfahren jedenfalls nicht vor, wenn die Mittel nach Ablauf von mehr als sechs Wochen nach Auszahlung für fällige Zahlungen verbraucht werden.

Anlage 4 zur VV Nr. 5.1 zu § 44 BHO

Allgemeine Nebenbestimmungen für Zuwendungen zur Projektförderung auf Kostenbasis (ANBest-P-Kosten)

Die ANBest-P-Kosten enthalten Nebenbestimmungen im Sinne des § 36 des Verwaltungsverfahrensgesetzes (VwVfG) sowie notwendige Erläuterungen. Die Nebenbestimmungen sind Bestandteil des Zuwendungsbescheides, soweit dort nicht ausdrücklich etwas anderes bestimmt ist.

Inhalt

1   **Anforderung und Verwendung der Zuwendung**

1.1   Die Zuwendung ist wirtschaftlich und sparsam zu verwenden.

1.2   Alle mit dem Zuwendungszweck zusammenhängenden Einnahmen/Erträge (z.B. Zuwendungen, Leistungen Dritter und Nebenerträge) und der Eigenanteil des Zuwendungsempfängers sind als Deckungsmittel für alle mit dem Zuwendungszweck zusammenhängenden Kosten einzusetzen. Die Vorkalkulation ist hinsichtlich der Gesamtkosten als Höchstbetrag (Selbstkostenhöchstbetrag) verbindlich.

Innerhalb des Höchstbetrages sind Abweichungen über 20 vom Hundert von den Ansätzen der Vorkalkulation nur zulässig, wenn die Bewilligungsbehörde vorher zugestimmt hat.

1.3   Die Anforderung der Zuwendung richtet sich nach den anfallenden Kosten. Die Anforderung jedes Teilbetrages muss die zur Beurteilung des Mittelbedarfs erforderlichen Angaben enthalten. Im Übrigen darf die Zuwendung jeweils nur anteilig mit etwaigen Zuwendungen anderer Zuwendungsgeber und den vorgesehenen eigenen Mitteln des Zuwendungsempfängers in Anspruch genommen werden.

1.4 Die Bewilligungsbehörde behält sich vor, den Zuwendungsbescheid mit Wirkung für die Zukunft zu widerrufen, wenn sich herausstellt, dass der Zuwendungszweck nicht zu erreichen ist.

2   Nachträgliche Ermäßigung der Kosten oder Änderung der Finanzierung

Ermäßigen sich nach der Bewilligung die in der Vorkalkulation veranschlagten Gesamtkosten für den Zuwendungszweck, erhöhen sich die Deckungsmittel oder treten neue Deckungsmittel (z.B. Investitionszulagen) hinzu, so ermäßigt sich die Zuwendung

2.1 bei Anteilfinanzierung anteilig mit etwaigen Zuwendungen anderer Zuwendungsgeber und den vorgesehenen eigenen Mitteln des Zuwendungsempfängers,

2.2 bei Vollfinanzierung um den vollen in Betracht kommenden Betrag.

3   Vergabe von Aufträgen

Der Zuwendungsempfänger hat Aufträge nur an fachkundige und leistungsfähige Anbieter nach wettbewerblichen Gesichtspunkten zu wirtschaftlichen Bedingungen zu vergeben. Soweit möglich, sind dazu mindestens drei Angebote einzuholen.

4   Mitteilungspflichten der Zuwendungsempfängerin/des Zuwendungsempfängers

Der Zuwendungsempfänger ist verpflichtet, unverzüglich der Bewilligungsbehörde anzuzeigen, wenn

4.1 er nach Vorlage der Vorkalkulation weitere Zuwendungen für denselben Zweck bei anderen öffentlichen Stellen beantragt oder von ihnen erhält oder wenn er – ggf. weitere – Mittel von Dritten erhält,

4.2 sich gegenüber der Vorkalkulation eine Ermäßigung um mehr als 7,5 vom Hundert der Gesamtkosten oder um mehr als 10000 Euro oder sich eine Änderung der Finanzierung um mehr als 10000 Euro ergibt,

4.3 der Verwendungszweck oder sonstige für die Bewilligung der Zuwendung maßgebliche Umstände sich ändern oder wegfallen,

4.4 sich herausstellt, dass der Zuwendungszweck nicht oder mit der bewilligten Zuwendung nicht zu erreichen ist,

4.5 die angeforderten oder ausgezahlten, sich nicht auf kalkulatorische Kosten beziehenden Beträge nicht alsbald nach der Auszahlung für fällige Zahlungen verbraucht werden können,

4.6 Sonderbetriebsmittel vor Beendigung des Vorhabens nicht mehr entsprechend dem Zuwendungszweck verwendet oder nicht mehr benötigt werden,

4.7   sich nach Vorlage des Verwendungsnachweises noch Kostengut-
      schriften/Erträge ergeben oder wenn er noch weitere Deckungs-
      mittel im Sinne der Nr. 1.2 erhält,

4.8   ein Insolvenzverfahren über sein Vermögen beantragt oder eröff-
      net wird.

5   Abrechnung nach Selbstkosten

5.1   Nach Maßgabe des Zuwendungsbescheids und dieser Nebenbe-
      stimmungen dürfen nur die durch das Vorhaben verursachten,
      angemessenen und nachzuweisenden Selbstkosten verrechnet
      werden, die bei wirtschaftlicher Betriebsführung im Bewilli-
      gungszeitraum entstanden sind. Übersteigen die tatsächlichen
      Selbstkosten des Vorhabens den Selbstkostenhöchstbetrag, so
      hat der Zuwendungsempfänger den Mehrbetrag selbst zu tragen.

5.2   Die Selbstkosten sind nach den Leitsätzen für die Preisermitt-
      lung auf Grund von Selbstkosten – LSP – (Anlage zur Verord-
      nung PR Nr. 30/53 vom 21. November 1953 – Bundesanzeiger
      Nr. 244 vom 18. Dezember 1953) in der jeweils geltenden Fassung
      zu ermitteln.

5.3   Nicht zuwendungsfähig sind:

5.3.1 die Vertriebskosten einschließlich Werbekosten,

5.3.2 die Gewerbesteuer,

5.3.3 die Kosten der freien Forschung und Entwicklung (Nrn. 27 und
       28 LSP),

5.3.4 die Kosten für Einzelwagnisse (Nrn. 47 bis 50 LSP),

5.3.5 der kalkulatorische Gewinn (Nrn. 51 und 52 LSP),

5.3.6 der Zinsanteil in den Zuführungen zu den Pensionsrückstellun-
       gen.

5.4   Eingeräumte Skonti sind bei der Ermittlung der Einstandspreise
      der für das Vorhaben besonders beschafften Gegenstände und
      der erbrachten sonstigen Fremdleistungen abzusetzen.

5.5   Werden für Teilleistungen an Stelle von Selbstkosten Preise für
      marktgängige Leistungen (ohne USt) zu Grunde gelegt, sind
      diese um zehn vom Hundert für nicht zuwendungsfähige Kosten
      (Nr. 5.3) zu kürzen. Die Teilleistungen sind in der Nachkalkula-
      tion (siehe Nr. 7.4) gesondert auszuweisen.

5.6   Kosten für Sonderbetriebsmittel (Nr. 14 LSP) dürfen nur abge-
      rechnet werden, soweit sie vorher von der Bewilligungsbehörde
      als zuwendungsfähig anerkannt worden sind. Zu den Sonderbe-
      triebsmitteln gehören keine Gegenstände der betriebsüblichen
      Grundausstattung. Ergänzend gilt Folgendes:

5.6.1 Der Zuwendungsempfänger hat nach Beendigung des Vorhabens
       für Sonderbetriebsmittel einen Restwertausgleich zu leisten. Ein
       etwaiger Ausgleichsanspruch ist in sinngemäßer Anwendung der
       Nr. 9.4 zu verzinsen.

Werden Sonderbetriebsmittel bereits vor Erfüllung des Zuwendungszwecks für das Vorhaben nicht mehr benötigt, so ist der Restwertausgleich unverzüglich zu leisten.

5.6.2　Entwicklungsgegenstände (Versuchsmuster, Prototypen und dergl.), die im Rahmen des Vorhabens hergestellt werden, werden wie Sonderbetriebsmittel behandelt.

6　　Pauschalierte Abrechnung

Der Zuwendungsempfänger rechnet, soweit im Zuwendungsbescheid auf seinen Antrag hin eine pauschalierte Abrechnung zugelassen ist, die zuwendungsfähigen Kosten nach folgenden Regelungen ab.

6.1　Zuwendungsfähig sind folgende Einzelkosten:

6.1.1　Materialkosten,

6.1.2　Kosten für Fremdleistungen,

6.1.3　Personalkosten, ermittelt aus den einkommen-/lohnsteuerpflichtigen Bruttolöhnen und -gehältern je Kalenderjahr ohne Arbeitgeber-Anteile zur Sozialversicherung und ohne umsatz- oder gewinnabhängige Zuschläge. Soweit Geschäftsführer bzw. Vorstandsmitglieder o.ä. Leitungspersonal im Vorhaben tätig werden, dürfen hierfür nur Personaleinzelkosten von entsprechenden leitenden Mitarbeitern im Projekt (z.B. Projektleiter) verrechnet werden; dies gilt auch für ohne feste Entlohnung tätige Unternehmer. Aus der Division der ermittelten Jahreslöhne/-gehälter durch die theoretisch möglichen Jahresarbeitsstunden (ohne Abzug von Fehlzeiten) laut Tarifvertrag/Betriebsvereinbarung/Arbeitsvertrag ist ein Stundensatz zu bilden. Soweit die tatsächlich geleisteten Gesamtstunden über den tarifvertraglich/betrieblich/arbeitsvertraglich vereinbarten Gesamtstunden liegen, ergibt sich der Stundensatz durch Division des Jahresgehalts durch die tatsächlich geleisteten Stunden.

An Personaleinzelkosten dürfen nur die direkt für das Vorhaben geleisteten und durch Zeitaufschreibungen erfassten Stunden (produktive Stunden) durch Multiplikation mit dem gemäß Absatz 1 gebildeten jahresbezogenen Stundensatz abgerechnet werden. Für Personen, die nicht ausschließlich für das Vorhaben eingesetzt werden, dürfen anteilmäßig nur die vorhabenbezogenen produktiven Stunden im Verhältnis zu den produktiv geleisteten Gesamtstunden abgerechnet werden,

6.1.4　Reisekosten,

6.1.5　Abschreibungen von den Anschaffungspreisen oder Herstellkosten auf vorhabenspezifische Anlagen.

Die Kosten nach den Nrn. 6.1.1. bis 6.1.5 sind unter Beachtung der Nrn. 5.1 bis 5.5 zu ermitteln.

6.2　Die übrigen durch das Vorhaben verursachten Kosten werden pauschal durch einen Zuschlag von 120 vom Hundert auf die

Personaleinzelkosten nach Nr. 6.1.3 abgegolten. Mit dem Zuschlag sind insbesondere auch Personalkosten für Feiertage, Urlaub, Krankheit und sonstige Fehlzeiten sowie Arbeitgeberbei-
träge zur Sozialversicherung abgegolten.

7   Nachweis der Verwendung

7.1   Die Verwendung der Zuwendung ist innerhalb von sechs Monaten nach Erfüllung des Zuwendungszwecks, spätestens jedoch
mit Ablauf des sechsten auf den Bewilligungszeitraum folgenden
Monats der Bewilligungsbehörde nachzuweisen (Verwendungsnachweis). Ist der Zuwendungszweck nicht bis zum Ablauf des
Haushaltsjahres erfüllt, ist binnen vier Monaten nach Ablauf des
Haushaltsjahres ein Zwischennachweis zu führen. Sachberichte
als Teil eines Zwischennachweises gemäß Nr. 7.2 dürfen mit dem
nächst fälligen Sachbericht verbunden werden, wenn der Berichtszeitraum für ein Haushaltsjahr drei Monate nicht überschreitet.

7.2   Der Zwischen- und der Verwendungsnachweis bestehen aus einem Sachbericht und einem zahlenmäßigen Nachweis.

7.3   In dem Sachbericht sind die Verwendung der Zuwendung sowie
das erzielte Ergebnis im Einzelnen darzustellen und den vorgegebenen Zielen gegenüberzustellen. Im Sachbericht ist auf die
wichtigsten Positionen des zahlenmäßigen Nachweises einzugehen. Ferner ist die Notwendigkeit und Angemessenheit der geleisteten Arbeit zu erläutern.

7.4   Der zahlenmäßige Nachweis besteht aus einer Nachkalkulation
und einem Nachweis über die Finanzierung des Vorhabens. Die
Nachkalkulation ist in derselben Form wie die Vorkalkulation zu
gliedern. Im Falle einer pauschalierten Abrechnung nach Nr. 6
ist der Nachkalkulation eine Übersicht über die abgerechneten
Personalkosten mit den Stundennachweisen (Nr. 6.1.3) beizufügen.

7.5   Der Zuwendungsempfänger hat die Finanzierung des Vorhabens
nachzuweisen. Dabei sind aufgegliedert anzugeben

7.5.1   die Eigenbeteiligung des Zuwendungsempfängers,

7.5.2   die Zuwendung der Bewilligungsbehörde, andere Zuwendungen
und sonstige Finanzierungsbeiträge aus öffentlichen und privaten Mitteln,

7.5.3   sonstige Einnahmen/Erträge, die mit dem Vorhaben im Zusammenhang stehen,

7.5.4   unentgeltliche Sach- und Dienstleistungen Dritter.
Abweichungen gegenüber der im Zuwendungsantrag dargelegten Finanzierung sind darzustellen.

7.6   Der Zuwendungsempfänger hat die Rechnungsunterlagen fünf
Jahre nach Vorlage des Verwendungsnachweises aufzubewahren,
sofern nicht nach steuerrechtlichen oder anderen Vorschriften

eine längere Aufbewahrungsfrist bestimmt ist. Zur Aufbewahrung können auch Bild- oder Datenträger verwendet werden. Das Aufnahme- und Wiedergabeverfahren muss den Grundsätzen ordnungsmäßiger Buchführung entsprechen.

7.7 Erbringt der Zuwendungsempfänger den Verwendungsnachweis nicht auf der Grundlage eines geordneten Rechnungswesens im Sinne der Nr. 2 LSP, so wird die Zuwendung nachträglich nach den von dem Zuwendungsempfänger nachzuweisenden zuwendungsfähigen Ausgaben bemessen, soweit sie dem Bewilligungszeitraum und dem Vorhaben als wirtschaftlich angemessen zuzurechnen sind. Für zuviel erhaltene Beträge findet Nr. 2 sinngemäß Anwendung.

8   Prüfung der Verwendung

8.1 Die Bewilligungsbehörde ist berechtigt, Bücher, Belege und sonstige Geschäftsunterlagen anzufordern sowie die Verwendung der Zuwendung durch örtliche Erhebungen zu prüfen oder durch Beauftragte prüfen zu lassen. Der Zuwendungsempfänger hat die erforderlichen Unterlagen bereitzuhalten und die notwendigen Auskünfte zu erteilen.

8.2 Der Bundesrechnungshof ist berechtigt, bei den Zuwendungsempfängern zu prüfen (§§ 91, 100 BHO).

9   Erstattung der Zuwendung, Verzinsung

9.1 Die Zuwendung ist zu erstatten, soweit ein Zuwendungsbescheid nach Verwaltungsverfahrensrecht (insbesondere §§ 48, 49 VwVfG) oder anderen Rechtsvorschriften mit Wirkung für die Vergangenheit zurückgenommen oder widerrufen oder sonst unwirksam wird.

9.2 Nr. 9.1 gilt insbesondere, wenn

9.2.1 die Zuwendung durch unrichtige oder unvollständige Angaben erwirkt worden ist,

9.2.2 die Zuwendung nicht oder nicht mehr für den vorgesehenen Zweck verwendet wird,

9.3 Ein Widerruf mit Wirkung für die Vergangenheit kann auch in Betracht kommen, soweit der Zuwendungsempfänger

9.3.1 die Zuwendung – mit Ausnahme der sich auf kalkulatorische Kosten beziehenden Beträge – nicht alsbald nach Auszahlung zur Erfüllung des Zuwendungszwecks verwendet oder

9.3.2 Auflagen nicht oder nicht innerhalb einer gesetzten Frist erfüllt, insbesondere den vorgeschriebenen Verwendungsnachweis nicht rechtzeitig vorlegt sowie Mitteilungspflichten (Nr. 4) nicht rechtzeitig nachkommt.

9.4 Der Erstattungsbetrag ist nach Maßgabe des § 49a VwVfG mit fünf Prozentpunkten über dem Basiszinssatz nach § 247 BGB jährlich zu verzinsen.

9.5   Werden Zuwendungen nach Nr. 9.3.1 nicht alsbald nach der Aus-
        zahlung zur Erfüllung des Zuwendungszwecks verwendet und
        wird der Zuwendungsbescheid nicht zurückgenommen oder wi-
        derrufen, so können für die Zeit von der Auszahlung bis zur
        zweckentsprechenden Verwendung ebenfalls Zinsen in Höhe von
        fünf Prozentpunkten über dem Basiszinssatz nach § 247 BGB
        jährlich verlangt werden; entsprechendes gilt, soweit eine Leis-
        tung in Anspruch genommen wird, obwohl andere Mittel anteilig
        oder vorrangig einzusetzen sind (§ 49a Abs. 4 VwVfG). Eine als-
        baldige Verwendung der Mittel liegt im Anforderungsverfahren
        jedenfalls nicht vor, wenn die Mittel nach Ablauf von mehr als
        sechs Wochen nach Auszahlung für fällige Zahlungen verbraucht
        werden.

Anlage 5 zur VV Nr. 8.9 zu § 44 BHO

**Erhebung von Zinsen für die Zeiträume bis zum Inkrafttreten des
Hüttenknappschaftlichen Zusatzversicherungs-Neuregelungs-Gesetzes
(HZvNG) vom 21. Juni 2002 (BGBl. I S. 2167) am 29. Juni 2002**

1   Die Erhebung von Zinsen wegen des Anspruchs auf Erstattung von
      Leistungen, die vor Inkrafttreten des Gesetzes zur Änderung verwal-
      tungsverfahrensrechtlicher Vorschriften vom 2. Mai 1996 (BGBl. I
      S. 656) am 21. Mai 1996 erbracht wurden, richtet sich nach den vor
      Inkrafttreten dieses Gesetzes geltenden Bestimmungen (§ 44a BHO).
      § 44a BHO in der vor dem 21. Mai 1996 geltenden Fassung lautete:

      „§ 44a – Widerruf von Zuwendungsbescheiden, Erstattung und Verzinsung
      (1) Werden Zuwendungen entgegen dem im Zuwendungsbescheid bestimmten
      Zweck verwendet oder werden mit der Zuwendung verbundene Auflagen nicht
      oder nicht innerhalb einer dem Zuwendungsempfänger gesetzten Frist erfüllt,
      kann der Zuwendungsbescheid ganz oder teilweise mit Wirkung für die Zukunft
      oder für die Vergangenheit widerrufen werden. Eine nicht zweckentsprechende
      Verwendung liegt auch vor, wenn Zuwendungen nicht oder nicht mehr für den
      vorgesehenen Zweck oder nicht alsbald nach der Auszahlung hierfür verwendet
      werden.
      (2) Soweit ein Zuwendungsbescheid nach Absatz 1 widerrufen oder nach sonstigen
      Rechtsvorschriften mit Wirkung für die Vergangenheit zurückgenommen, wider-
      rufen oder infolge Eintritts einer auflösenden Bedingung unwirksam wird, ist die
      Zuwendung zu erstatten. Hat der Zuwendungsempfänger die Umstände, die zur
      Rücknahme, zum Widerruf oder zur Unwirksamkeit des Zuwendungsbescheids
      geführt haben, nicht zu vertreten, so gelten für den Umfang der Erstattung mit
      Ausnahme der Verzinsung die Vorschriften des Bürgerlichen Gesetzbuches über
      die Herausgabe einer ungerechtfertigten Bereicherung entsprechend. Auf den
      Wegfall der Bereicherung kann sich der Zuwendungsempfänger nicht berufen, so-
      weit er die Umstände kannte oder infolge grober Fahrlässigkeit nicht kannte, die
      zum Entstehen des Erstattungsanspruchs geführt haben.
      (3) Der Erstattungsanspruch ist mit seiner Entstehung fällig und von diesem Zeit-
      punkt an mit 6 vom Hundert für das Jahr zu verzinsen. Von der Zinsforderung
      kann abgesehen werden, wenn der Zuwendungsempfänger die Umstände, die zum
      Entstehen des Erstattungsanspruchs geführt haben, nicht zu vertreten hat und die

Erstattung innerhalb der von der Bewilligungsbehörde festgesetzten Frist leistet. Das Bundesministerium der Finanzen kann durch Verwaltungsvorschrift für einzelne Zuwendungsbereiche oder durch Entscheidung im Einzelfall weitergehende Ausnahmen zulassen. Werden Zuwendungen nicht alsbald nach der Auszahlung zur Erfüllung des Zuwendungszwecks verwendet und wird der Zuwendungsbescheid nicht widerrufen, können für die Zeit bis zur zweckentsprechenden Verwendung Zinsen nach Satz 1 verlangt werden."

2   Für die nach Inkrafttreten des vorstehend unter Nr. 1 genannten Gesetzes erbrachten Leistungen galt gem. § 49a Abs. 3 VwVfG eine Verzinsung in Höhe von 3 vom Hundert über dem jeweiligen Diskontsatz der Deutschen Bundesbank. Der Diskontsatz wurde im Weiteren wie folgt ersetzt:

- Ab dem 1. Januar 1999 trat gemäß § 1 Diskontsatz-Überleitungs-Gesetz (DÜG) an die Stelle des Diskontsatzes der Deutschen Bundesbank der jeweilige Basiszinssatz
  (Verzinsung: 3 Prozentpunkte über dem Basiszinssatz nach dem DÜG).
- Ab dem 4. April 2002 wurde durch das an diesem Tag in Kraft getretene Versicherungskapitalanlagen-Bewertungsgesetz (VersKapAG) das DÜG aufgehoben und an die Stelle des Diskontsatzes und des Basiszinssatzes gemäß DÜG trat der Basiszinssatz gemäß § 247 BGB
  (Verzinsung: 3 Prozentpunkte über dem Basiszinssatz nach § 247 Abs. 1 BGB).
- Ab dem 29. Juni 2002 gilt die im Hüttenknappschaftlichen Zusatzversicherungs-Neuregelungs-Gesetzes (HZvNG) enthaltene Änderung des § 49a Abs. 3 VwVfG
  (Verzinsung: 5 Prozentpunkte über dem Basiszinssatz nach § 247 Abs. 1 BGB).

3   Für die auf Grundlage der bisherigen Regelungen ergangenen Zuwendungsbescheide gilt:
Wurde im Zuwendungsbescheid ein fester Prozentsatz für die Verzinsung festgelegt (z.B.: „der Erstattungsbetrag ist nach Maßgabe des § 49a Abs. 3 VwVfg mit drei vom Hundert über dem jeweiligen Basiszinssatz nach § 1 des DÜG jährlich zu verzinsen"), tritt die Veränderung des Zinssatzes aufgrund der Änderung des § 49a Abs. 3 VwVfG nicht ein. Die unter Nr. 2 dargestellten Veränderungen der Rechtslage nach dem DÜG sind dagegen zu berücksichtigen.

Anlage zu VV Nr. 15.7 zu § 44 BHO

Grundsätze für Förderrichtlinien für Zuwendungen zu Projektförderungen

I. Gliederungsschema

1. Förderziel und Zuwendungszweck
2. Gegenstand der Förderung

3. Zuwendungsempfänger

4. Besondere Zuwendungsvoraussetzungen

5. Art und Umfang, Höhe der Zuwendungen

6. Sonstige Zuwendungsbestimmungen

7. Verfahren

8. Geltungsdauer

II. Allgemeine Hinweise

Förderrichtlinien sollen ein einheitliches Verwaltungshandeln für eine Vielzahl von Förderfällen sicherstellen. Hierbei sind die Vorgaben der §§ 23 und 44 BHO einzuhalten. Förderrichtlinien können enthalten:

- Ausführungen zur Förderung,
- Ergänzungen und Hinweise zur Ausübung von Wahlmöglichkeiten zu den in den Verwaltungsvorschriften zu §§ 23, 44 BHO enthaltenen Regelungen,
- Abweichungen von den Verwaltungsvorschriften zu § 44 BHO (mit BMF-Zustimmung).

Durch die Vorgabe eines Gliederungsschemas sollen die Richtlinien vereinheitlicht, gestrafft und Aufstellung, Überprüfung und ggf. Berichtigung vereinfacht werden.

III. Erläuterungen zum Gliederungsschema

Zu 1. Förderziel und Zuwendungszweck:

Beschreibung von Förderziel und Zuwendungszweck VV Nr. 1.5 zu § 44 i.V.m. VV Nr. 3.5 zu § 23 BHO

Beispiel: Der Bund gewährt nach Maßgabe dieser Richtlinien und der Allgemeinen Verwaltungsvorschriften zu §§ 23, 44 BHO Zuwendungen für …

Es ist regelmäßig folgende Formulierung aufzunehmen: „Ein Anspruch auf Gewährung der Zuwendung besteht nicht. Vielmehr entscheidet die Bewilligungsbehörde aufgrund ihres pflichtgemäßen Ermessens im Rahmen der verfügbaren Haushaltsmittel."

Zu 2. Gegenstand der Förderung

Es ist anzugeben, welche Maßnahmen im Einzelnen gefördert werden sollen. Darüber hinaus können Kriterien festgelegt werden, anhand derer der Erfolg der geförderten Maßnahme auch im Hinblick auf die Erreichung der förderpolitischen Zielsetzung geprüft werden kann (VV Nr. 11a zu § 44 BHO).

Zu 3. Zuwendungsempfänger

Jede Förderrichtlinie soll den Kreis der Zuwendungsempfänger abschließend bezeichnen. Sofern die Zuwendung an Dritte weitergeleitet
werden soll, sind die von der Bewilligungsbehörde zu beachtenden Verfahrensvorschriften in der Förderrichtlinie näher auszugestalten (VV
Nr. 12 zu § 44 BHO).

Zu 4. Besondere Zuwendungsvoraussetzungen

Die allgemeinen zuwendungsrechtlichen Bewilligungsvoraussetzungen
(VV Nr. 1 zu § 44 BHO) abändernde oder über diese hinausgehende Regelungen sind in die Förderrichtlinie aufzunehmen.

Zu 5. Art und Umfang, Höhe der Zuwendung

Hier sind festzulegen:

5.1 Zuwendungsart
     Institutionelle Förderung, Projektförderung
     VV Nr. 2 zu § 23 BHO

5.2 Finanzierungsart
     – Teilfinanzierung

        – Anteilfinanzierung

        – Fehlbedarfsfinanzierung

        – Festbetragsfinanzierung

     – Vollfinanzierung
     VV Nrn. .1 bis 2.4 zu § 44 BHO
     Eine einheitliche Entscheidungspraxis wird erleichtert, wenn die Fi-
     nanzierungsart in der Förderrichtlinie vorgegeben ist. Daher ist es
     vorteilhaft, für den Regelfall die Finanzierungsart bereits in der
     Richtlinie festzulegen.

5.3 Finanzierungsform
     Hier ist festzulegen, ob die Zuwendung als

     – Zuschuss (eventuell bedingt rückzahlbar) oder

     – Darlehen (unbedingt oder bedingt rückzahlbar)
     gewährt werden soll.
     VV Nr. 1.1 zu § 44 BHO
     Sollen die Zuwendungen als Darlehen gewährt werden, müssen die
     Darlehenskonditionen in der Förderrichtlinie festgelegt werden.

5.4 Zuwendungsfähige Ausgaben oder Kosten
     Um eine einheitliche Entscheidungspraxis sicherzustellen, sind in
     der Förderrichtlinie die zuwendungsfähigen Ausgaben oder Kosten
     möglichst konkret zu bezeichnen.

Zu 6. Sonstige Zuwendungsbestimmungen

Nebenbestimmungen förderspezifischer Natur, die als besondere Neben-bestimmungen in den jeweiligen Zuwendungsbescheid aufzunehmen sind (z.B. VV Nr. 5.2 zu § 44 BHO).

Zu 7. Verfahren

Hier sind folgende Verfahren zu regeln:

7.1 Antragsverfahren

– Antragstellung (z.B. Muster, Termine)

– Antragsweg (z.B. fachliche Beteiligung anderer Stellen)

– Antragsunterlagen (z.B. Umfang der Antragsunterlagen)
VV Nr. 3 zu § 44 BHO

7.2 Bewilligungsverfahren
In den Förderrichtlinien sind nur die von den VV zu § 44 BHO ab-weichenden oder sie ergänzenden Regelungen aufzunehmen (z.B. Bewilligungsbehörden, Muster für Zuwendungsbescheide).
VV Nr. 4 zu § 4 BHO

7.3 Anforderungs- und Auszahlungsverfahren
Abweichungen von den VV zu § 44 BHO können nur in begründeten Fällen zugelassen werden.
VV Nr. 7 zu § 44 BHO

7.4 Verwendungsnachweisverfahren
Abweichungen von den VV zu § 44 BHO können nur in begründeten Fällen zugelassen werden.
VV Nr. 10 zu § 44 BHO

7.5 Zu beachtende Vorschriften
Hier ist regelmäßig folgende Standardklausel aufzunehmen:
„Für die Bewilligung, Auszahlung und Abrechnung der Zuwendung sowie für den Nachweis und die Prüfung der Verwendung und die ggf. erforderliche Aufhebung des Zuwendungsbescheides und die Rückforderung der gewährten Zuwendung gelten die §§ 48 bis 49a Verwaltungsverfahrensgesetz (VwVfG), die §§ 23, 44 BHO und die hierzu erlassenen Allgemeinen Verwaltungsvorschriften soweit nicht in diesen Förderrichtlinien Abweichungen von den Allgemeinen Verwaltungsvorschriften zugelassen worden sind. Der Bundesrech-nungshof ist gemäß §§ 91, 100 BHO zur Prüfung berechtigt."

Zu 8. Geltungsdauer

In der Förderrichtlinie ist anzugeben, wann sie in Kraft tritt. Grundsätz-lich ist eine Befristung der Gültigkeitsdauer vorzunehmen.

Zu § 45 (Sachliche und zeitliche Bindung)

1 Wegen des Begriffs „Zweck" vgl. Nr. 1.2 zu § 17.

2 Wegen § 45 Abs. 1 Satz 2 vgl. Nr. 5 zu § 16.

3 Die Bildung von Ausgaberesten ist zulässig, soweit der Zweck der Ausgaben fortdauert, ein wirtschaftliches oder sonstiges sachliches Bedürfnis besteht und bei Ausgaben aus zweckgebundenen Einnahmen entsprechende Einnahmen eingegangen sind. Werden übertragbare Ausgaben im neuen Haushaltsjahr nicht mehr benötigt oder erscheint eine erneute Veranschlagung in einem späteren Haushaltsjahr zweckmäßig, so ist von der Bildung von Ausgaberesten abzusehen. Nr. 3.3.5 zu § 9 ist zu beachten.

4 Die für den Einzelplan zuständigen Stellen entscheiden über die Verwendung der zu übertragenden Ausgabereste anhand der vom Bundesministerium der Finanzen übersandten Resteblätter über nicht verausgabte übertragbare Ausgaben und senden diese dem Bundesministerium der Finanzen zurück. Das Bundesministerium der Finanzen kann abweichende Verfahrensregelungen treffen.

5 Die Freigabe von Ausgaberesten durch das Bundesministerium der Finanzen erfolgt durch Buchung im automatisierten Verfahren für das Haushalts-, Kassen- und Rechnungswesen des Bundes. Für Einsparungsauflagen nach § 45 Abs. 3 kann ein vorläufiges Deckungskonto eingerichtet werden. Soweit die Einsparungen nur kassenmäßig erbracht werden, unterbleibt ein Ausgleich des vorläufigen Deckungskontos.

6 Wegen einer Mehrausgabe bei einem Ausgaberest vgl. Nr. 7 zu § 37.

Zu § 46 (Deckungsfähigkeit)

1 Ein deckungsberechtigter Ansatz darf aus einem deckungspflichtigen Ansatz nur verstärkt werden, soweit bei dem deckungsberechtigten Ansatz keine Verfügungsbeschränkungen bestehen und über die Mittel voll verfügt ist und soweit die bei dem deckungspflichtigen Ansatz verbleibenden Ausgabemittel voraussichtlich ausreichen, um alle nach der Zweckbestimmung zu leistenden Ausgaben zu bestreiten.

2 Die Inanspruchnahme zugelassener Deckungsfähigkeit erfolgt im automatisierten Verfahren für das Haushalts-, Kassen- und Rechnungswesen des Bundes.

3 Die Inanspruchnahme der Deckungsfähigkeit von Verpflichtungsermächtigungen (§ 20 Abs. 2) ist nach Maßgabe des Deckungsvermerks zulässig. Die Nrn. 1 und 2 gelten entsprechend.

Zu § 47 (Wegfall- und Umwandlungsvermerke)

1 § 47 Abs. 2 und 3 gilt nur für Planstellen desselben Kapitels.

2 Die oder der Beauftragte für den Haushalt hat durch geeignete Bewirtschaftungsmaßnahmen darauf hinzuwirken, dass die Planstellen mit der Erfüllung der im Haushaltsplan bezeichneten Voraussetzungen wegfallen bzw. umgewandelt werden.

3 Eine Planstelle mit kw-Vermerk, der keine bestimmte oder bestimmbare Frist für den Wegfall enthält, gilt als Planstelle, die ohne nähere Angabe als künftig wegfallend (§ 47 Abs. 2) bezeichnet ist. Eine Planstelle mit ku-Vermerk, der keine bestimmten oder bestimmbaren Voraussetzungen für die Umwandlung enthält, gilt als Planstelle, die ohne Bestimmung der Voraussetzungen als künftig umzuwandeln (§ 47 Abs. 3) bezeichnet ist.

4 Eine Planstelle, die nach § 47 Abs. 2 nicht wieder besetzt werden darf, fällt weg; der kw-Vermerk ist im nächsten Haushaltsplan nicht wieder auszubringen. Eine Planstelle mit kw- oder ku-Vermerk fällt weg bzw. ist umgewandelt, wenn das Beamtenverhältnis der auf ihr geführten Beamtin oder des auf ihr geführten Beamten endet, die Beamtin oder der Beamte in eine andere Planstelle übernommen oder zu einem anderen Dienstherrn versetzt wird.

5 Die Nrn. 1 bis 4 gelten für Stellen für Arbeitnehmerinnen und Arbeitnehmer entsprechend.

Zu § 49 (Einweisung in eine Planstelle)

1   Einweisung in eine Planstelle

1.1   Die besetzbare Planstelle muss hinsichtlich der Besoldungsgruppe dem verliehenen Amt entsprechen, soweit nicht etwas anderes zugelassen ist.

1.2   Eine Planstelle darf mit nur einer Beamtin oder einem Beamten besetzt werden, soweit sich nicht aus Nr. 4 etwas anderes ergibt.

1.3   Soweit im Haushaltsplan nicht etwas anderes bestimmt oder zugelassen ist, darf eine Planstelle auch mit einer Beamtin oder einem Beamten einer niedrigeren Besoldungsgruppe derselben Laufbahn besetzt werden. Sie darf auch mit einer Beamtin oder einem Beamten einer anderen Laufbahn derselben Laufbahngruppe besetzt werden, wenn das verliehene Amt nicht mit einem höheren Endgrundgehalt einschließlich Amtszulage ausgestattet ist. Abweichend hiervon kann eine Planstelle einer höheren Laufbahngruppe auch mit einer Beamtin oder einem Beamten der nächstniedrigeren Laufbahngruppe besetzt werden, wenn die Beamtin oder der Beamte in die Aufgaben der neuen Laufbahn eingeführt wird oder sich nach der Einführung darin zu bewähren hat.

1.4   Eine Planstelle für eine Beamtin oder einen Beamten darf nicht mit einer Dienstkraft besetzt werden, die in einem anderen öffentlich-rechtlichen Dienst- oder Amtsverhältnis steht (§ 115), soweit im Haushaltsplan nicht etwas Abweichendes bestimmt oder zugelassen ist.

1.5   Eine Planstelle ist auch dann nicht besetzbar, wenn die einge-
       wiesene Beamtin oder der eingewiesene Beamte ohne Dienst-
       bezüge beurlaubt ist, wenn ihre oder seine Dienstbezüge von
       einer anderen Dienststelle gezahlt werden oder wenn sie oder
       er aus anderen Gründen keine Dienstbezüge aus der Planstelle
       erhält.

1.6   Ist eine Beamtin oder ein Beamter nach § 28 Abs. 3 BBG in ein
       Amt einer niedrigeren Besoldungsgruppe versetzt worden, darf
       die nächste innerhalb desselben Kapitels besetzbar werdende
       Planstelle einer höheren Besoldungsgruppe derselben Fach-
       richtung nur mit dieser Beamtin oder diesem Beamten besetzt
       werden; Ausnahmen sind nur mit Einwilligung des Bundesmi-
       nisteriums der Finanzen zulässig. Satz 1 gilt nicht, wenn die
       besetzbar werdende Planstelle zu einer höheren Besoldungs-
       gruppe gehört als die Besoldungsgruppe, die den Bezügen der
       Beamtin oder des Beamten gemäß § 19a BBesG zu Grunde
       liegt.

1.7   § 49 ist entsprechend anzuwenden, wenn der Beamtin oder dem
       Beamten ein Amt mit höherem Endgrundgehalt verliehen wird,
       ohne dass sich die Amtsbezeichnung ändert; dies gilt nicht bei
       besoldungsrechtlichen Überleitungen.

1.8   In den Fällen des § 49 Abs. 2 Satz 2 (rückwirkende Einweisung)
       kann die Beamtin oder der Beamte innerhalb der Dreimonats-
       frist auch dann zum Ersten eines Monats in die Planstelle des
       Beförderungsamtes eingewiesen werden, wenn die Vorausset-
       zungen (Wahrnehmung der Obliegenheiten dieses oder eines
       gleichwertigen Amtes, beamtenrechtliche Erfordernisse) erst
       im Laufe dieses Monats (Einweisungsmonat) eingetreten sind.

1.9   Ist für die Beförderung einer Beamtin oder eines Beamten eine
       Ausnahme von laufbahnrechtlichen Vorschriften durch den
       Bundespersonalausschuss erforderlich, sind insoweit die Vo-
       raussetzungen für die Beförderung mit dem im Beschluss ange-
       gebenen Zeitpunkt oder mit dem Zeitpunkt der Beschlussfas-
       sung des Bundespersonalausschusses erfüllt.

1.10   Wird eine Beamtin oder ein Beamter von einem anderen
       Dienstherrn in den Bundesdienst versetzt und sodann beför-
       dert, so ist die rückwirkende Einweisung in den Grenzen des
       § 49 Abs. 2 Satz 2 auf einen Zeitpunkt vor dem Wirksamwer-
       den der Versetzung in den Bundesdienst grundsätzlich zulässig.

**2   Inanspruchnahme von Planstellen für Arbeitnehmerinnen und
       Arbeitnehmer**[*]

---

[*] **Anmerkung:** Zur Verbindlichkeit des Stellenplans für Angestellte vgl. Rundschreiben des
     BMF vom 2. Januar 1973 – II A 4 – BA 3600 – 45/72 – in der Fassung des Rundschreibens vom
     8. Oktober 1993 – II A 4 – BA 3600 – 4/93 –.

2.1   Eine Planstelle darf für eine Arbeitnehmerin oder einen Arbeitnehmer der vergleichbaren oder einer niedrigeren Entgeltgruppe in Anspruch genommen werden, solange aus ihr keine
       Dienstbezüge gezahlt werden. Die Besetzung einer Planstelle
       mit mehreren teilzeitbeschäftigten Arbeitnehmerinnen und Arbeitnehmern ist zulässig; die arbeitsvertragliche Gesamtarbeitszeit dieser Arbeitnehmerinnen und Arbeitnehmer darf die
       regelmäßige Arbeitszeit einer vollbeschäftigten Beamtin oder
       eines vollbeschäftigten Beamten nicht übersteigen.

2.2   Eine Planstelle, die mit einer teilzeitbeschäftigten Beamtin
       oder einem teilzeitbeschäftigten Beamten besetzt ist, darf
       gleichzeitig für teilzeitbeschäftigte Arbeitnehmerinnen und
       Arbeitnehmer der vergleichbaren oder einer niedrigeren Entgeltgruppe in Anspruch genommen werden; die regelmäßige
       Gesamtarbeitszeit der Beamtin oder des Beamten und der Arbeitnehmerinnen und Arbeitnehmer darf die regelmäßige Arbeitszeit einer vollbeschäftigten Beamtin oder eines vollbeschäftigten Beamten nicht übersteigen.

2.3   Soweit im Haushaltsplan nicht etwas anderes bestimmt oder
       zugelassen ist, dürfen Planstellen der Soldatinnen und Soldaten nicht für Arbeitnehmerinnen und Arbeitnehmer in Anspruch genommen werden. Nr. 2.1 gilt ferner nicht, solange
       eine überzählige Beamtin oder ein überzähliger Beamter
       (Nr. 4.4) einer höheren Besoldungsgruppe derselben Laufbahngruppe aus einer Leerstelle bezahlt wird.

2.4   Planstellen, auf denen länger als zwei Jahre Arbeitnehmerinnen und Arbeitnehmer geführt werden, sind in Stellen umzuwandeln. Dies gilt nicht für Planstellen, auf denen Arbeitnehmerinnen und Arbeitnehmer geführt werden, die in das Beamtenverhältnis übernommen werden sollen oder die außertariflich vergütet werden. Soweit darüber hinaus Planstellen aus
       unabweisbaren Gründen mit Arbeitnehmerinnen und Arbeitnehmer besetzt bleiben sollen, kann das Bundesministerium
       der Finanzen Ausnahmen zulassen.

3   Überwachung der Planstellen
3.1   Nachweisungen zur Planstellenüberwachung
3.1.1   Die obersten Bundesbehörden und die nachgeordneten Dienststellen, denen Planstellen zur Bewirtschaftung zugewiesen
        sind, führen Nachweisungen zur Planstellenüberwachung,
        und zwar getrennt nach einzelnen Dienststellen. Die Nachweisungen können für mehrere Haushaltsjahre geführt werden.
3.1.2   In die Nachweisungen sind einzutragen
3.1.2.1 zu Beginn eines jeden Haushaltsjahres die der Dienststelle zur
        Bewirtschaftung zugewiesenen Planstellen getrennt nach den

einzelnen Besoldungsgruppen. Planstellen mit Amtszulage gelten hierbei als besondere Besoldungsgruppe,

3.1.2.2   während des Haushaltsjahres laufend sämtliche Änderungen (z.B. Zuweisungen, Einsparungen und Umsetzungen) der Zeitfolge nach.

3.2   Aufzeichnungen über die Besetzung der Planstellen

3.2.1   Die obersten Bundesbehörden und die nachgeordneten Dienststellen, denen Planstellen zur Bewirtschaftung zugewiesen sind, führen Aufzeichnungen über die Besetzung der von ihnen selbst bewirtschafteten Planstellen. In die Aufzeichnungen sind sämtliche Änderungen laufend aufzunehmen, so dass jederzeit die Zahl der besetzten oder in Anspruch genommenen Planstellen und der freien Planstellen festgestellt werden kann.

3.2.2   Für die einzelnen Geschäftszweige einer Dienststelle oder für die einzelnen Besoldungsgruppen können getrennte Aufzeichnungen geführt werden.

4   Besetzung einer Planstelle mit mehreren teilzeitbeschäftigten Beamtinnen oder Beamten[*]

4.1   Eine Planstelle darf auch mit mehreren teilzeitbeschäftigten Beamtinnen bzw. Beamten besetzt werden; die Gesamtarbeitszeit dieser Beamtinnen und Beamten darf die regelmäßige Gesamtarbeitszeit einer vollbeschäftigten Beamtin oder eines vollbeschäftigten Beamten nicht übersteigen. Die Nrn. 1 bis 3 gelten mit Ausnahme der Nr. 1.2 entsprechend; Nr. 2.2 ist nur mit der sich aus Nr. 4.4 ergebenden Einschränkung anzuwenden.

4.2   Kehrt eine oder einer der teilzeitbeschäftigten Beamtinnen bzw. Beamten zur vollen Arbeitszeit zurück, wird die bzw. der andere aus der Planstelle verdrängt. Diese Beamtin oder dieser Beamte ist in die nächste innerhalb desselben Kapitels ganz oder teilweise freiwerdende Planstelle ihrer oder seiner Besoldungsgruppe oder einer höheren Besoldungsgruppe ihrer oder seiner Laufbahngruppe zu übernehmen, wenn die Planstelle für Beamtinnen oder Beamte derselben Fachrichtung bestimmt ist. Satz 2 gilt nicht für Planstellen

4.2.1   oberhalb der Besoldungsgruppe B 3,

4.2.2   von Behördenleiterinnen und Behördenleitern und

4.2.3   oberhalb der Besoldungsgruppen A 15 und B 1 im nachgeordneten Bereich, wenn das Bundesministerium der Finanzen im Einzelfall einer Ausnahmeregelung zugestimmt hat.

---

[*] **Anmerkung:** Für die Besetzung freier Stellenanteile bei Teilzeitbeschäftigungen im Blockmodell siehe Sonderregelungen im BMF-Rundschreiben vom 8. September 2010 – II A 2 – BA 1016/06/0004 – (Teilzeit nach §§ 91, 92 BBG) sowie in den jährlichen Haushaltsführungsrundschreiben (Altersteilzeit nach § 93 BBG).

Bis dahin werden Beamtinnen oder Beamte, die nach Satz 1 aus der Planstelle verdrängt worden sind, ohne Planstelle geführt.

4.3 Nr. 4.2 gilt entsprechend, wenn die Ermäßigung der regelmäßigen Arbeitszeit einer bzw. eines der beiden auf einer Planstelle geführten teilzeitbeschäftigten Beamtinnen bzw. Beamten vermindert wird.

4.4 Die Besetzung einer Planstelle mit einer zweiten teilzeitbeschäftigten Beamtin bzw. einem zweiten teilzeitbeschäftigten Beamten oder Arbeitnehmerin bzw. Arbeitnehmer ist nicht zulässig, solange innerhalb desselben Kapitels eine Beamtin oder ein Beamter derselben Laufbahngruppe und Fachrichtung beschäftigt wird, die oder der überzählig ist oder durch die Besetzung überzählig würde. Überzählig sind Beamtinnen bzw. Beamte, wenn

4.4.1 sie nach den Nrn. 4.2 oder 4.3 ohne Planstelle geführt werden oder Dienstbezüge aus einer Leerstelle erhalten und

4.4.2 die Zahl der Planstellen ihrer Laufbahngruppen und Fachrichtungen innerhalb desselben Kapitels kleiner ist als die auf Vollbeschäftigte umgerechnete Zahl der aus diesen Planstellen bezahlten Beamtinnen und Beamten sowie Arbeitnehmerinnen und Arbeitnehmer einschließlich der in Nr. 4.4.1 genannten Beamtinnen und Beamten.

Die in § 50 Abs. 5 genannten Leerstellen gelten nicht als Leerstellen im Sinne der Nrn. 4.4.1 und 4.4.2. Unberührt bleiben gesetzliche Bestimmungen, die die Rückkehr zur vollen Beschäftigung oder die Verminderung der Ermäßigung der regelmäßigen Arbeitszeit davon abhängig machen, dass eine besetzbare Planstelle zur Verfügung steht.

Zu § 50 (Umsetzung von Mitteln und Planstellen)

1 Umsetzung von Mitteln und Planstellen

1.1 Die Umsetzung von Mitteln erfolgt im automatisierten Verfahren für das Haushalts-, Kassen- und Rechnungswesen des Bundes.

1.2 § 50 Abs. 1 und 2 ist auf andere Stellen als Planstellen entsprechend anzuwenden.

1.3 § 50 Abs. 1 und 2 ist auch bei Umsetzungen zwischen Kapiteln eines Einzelplans anzuwenden.

2 Abordnung

Die Einwilligung des Bundesministeriums der Finanzen gilt als erteilt, soweit bei Abordnungen innerhalb der Bundesverwaltung die Dienstbezüge von der bisherigen Dienststelle bis zur Verkündung des nächsten Haushaltsgesetzes, längstens jedoch für die Dauer von zwölf Monaten, weitergezahlt werden.

Ist die Weiterzahlung nach dem jährlichen Haushaltsgesetz für einen längeren Zeitraum zugelassen, gilt die Einwilligung des Bundesministeriums der Finanzen für den dort genannten Zeitraum.

3 **Leerstellen**

3.1 Steht bei Beendigung der Beurlaubung oder Abordnung (Nr. 4.3 zu § 17) eine besetzbare Planstelle der entsprechenden Besoldungsgruppe derselben Fachrichtung innerhalb desselben Kapitels zur Verfügung, ist die Beamtin oder der Beamte in diese Planstelle zu übernehmen; mit der Übernahme fällt die Leerstelle weg, wenn sie an die Person gebunden ist. Steht zu dem in Satz 1 genannten Zeitpunkt keine besetzbare Planstelle der genannten Art zur Verfügung, wird die Beamtin oder der Beamte auf der Leerstelle weitergeführt. Sie bzw. er ist in die nächste innerhalb desselben Kapitels frei werdende Planstelle derselben Besoldungsgruppe für Beamtinnen und Beamte derselben Fachrichtung zu übernehmen. Mit der Übernahme fällt die Leerstelle weg, wenn sie an die Person gebunden ist. Soweit durch die Zahlung der Dienstbezüge aus der Leerstelle die Ansätze der entsprechenden Titel überschritten werden, ist ein entsprechender Betrag innerhalb des betroffenen Einzelplans einzusparen. Die Sätze 1, 3 und 5 gelten entsprechend für Beamtinnen und Beamte, die nach Beendigung des Parlamentsmandats den Dienst wieder aufnehmen.

3.2 Endet das Beamtenverhältnis der auf der Leerstelle geführten Beamtin oder des auf der Leerstelle geführten Beamten (z.B. durch Entlassung, Eintritt in den Ruhestand, Verlust der Beamtenrechte), wird sie oder er in eine andere Planstelle übernommen oder zu einem anderen Dienstherrn versetzt, fällt die Leerstelle weg, wenn sie an die Person gebunden ist.

3.3 Die Nrn. 3.1 und 3.2 gelten für Arbeitnehmerinnen und Arbeitnehmer entsprechend mit der Maßgabe, dass Arbeitnehmerinnen und Arbeitnehmer im Rahmen der Nr. 3.1 in eine freie oder die nächste freiwerdende Stelle ihrer Entgeltgruppe oder Planstelle der entsprechenden Besoldungsgruppe zu übernehmen sind. Das Bundesministerium der Finanzen kann im zeitlichen Zusammenhang mit der Rückkehr Ausnahmen zulassen.

3.4 § 50 Abs. 5 bleibt unberührt.

Zu § 51 (Besondere Personalausgaben)

1 § 51 ist nicht auf die Personalausgaben anzuwenden, auf deren Leistung die Empfängerin oder der Empfänger einen gesetzlich oder tarifvertraglich begründeten Anspruch hat.

2 Mindesterfordernis für die Zulässigkeit ist, dass die Personalausgaben in den Erläuterungen des Titels, aus dem sie gezahlt werden sollen, der Art nach besonders aufgeführt sind.

Zu § 52 (Nutzungen und Sachbezüge)

1   Zur Benutzung von Dienstfahrzeugen siehe die Richtlinien für die
    Nutzung von Dienstkraftfahrzeugen in der Bundesverwaltung
    (DKfzR) vom 29. Juni 1993 (GMBl 1993, S. 398) in der jeweils gelten-
    den Fassung.

2   Zu § 52 Satz 3 siehe die Allgemeinen Verwaltungsvorschriften über
    Bundesdienstwohnungen (Dienstwohnungsvorschriften – DWV) vom
    16. Februar 1970 in der jeweils geltenden Fassung.

Zu § 53 (Billigkeitsleistungen)

1   Billigkeitsleistungen sind finanzielle Leistungen des Bundes, auf
    die kein Anspruch besteht, die aber aus Gründen der staatlichen
    Fürsorge zum Ausgleich oder der Milderung von Schäden und
    Nachteilen gewährt werden.

1.1 Billigkeitsleistungen sollen in der Regel nur zum Ausgleich von
    Härten gewährt werden, die ihre Ursache in einem Ereignis ha-
    ben, das für den betroffenen Personenkreis nicht vorhersehbar
    war und von ihm auch nicht zu vertreten ist. Sollen Billigkeits-
    leistungen als Ausgleich für Härten gewährt werden, die sich auf
    Grund eines für die Verwaltung vorhersehbaren Ereignisses erge-
    ben, ist zu prüfen, ob die geplanten staatlichen Hilfen nicht einer
    gesetzlichen Regelung vorbehalten bleiben sollten.

1.2 Für Billigkeitsleistungen an Bedienstete bei Sachschäden, die im
    Dienst entstanden sind, gelten die Richtlinien vom 10. Dezember
    1964 (MinBlFin 1965 S. 562/GMBl 1965, S. 395) in der jeweils
    geltenden Fassung einschließlich der dazu ergangenen Zusatzre-
    gelungen.

2   Für Leistungen des Bundes aus Gründen der Billigkeit gelten
    folgende Voraussetzungen:

2.1 Die Ausgabeermächtigung im Sinne des § 53 kann sich aus dem
    Bundeshaushaltsplan ergeben, und zwar aus einem eigenen Titel,
    einem entsprechenden Haushaltsvermerk oder den die Billig-
    keitsleistungen nach ihrem Zweck eindeutig festlegenden Erläu-
    terungen zu einem Titel. Sie kann ferner im Wege der Entschei-
    dung über eine außerplanmäßige Ausgabe (§ 37) erteilt werden.

2.2 Der Zweck der Billigkeitsleistungen, die leistungsbegründenden
    Voraussetzungen einschließlich ihres Nachweises und die Höhe
    der Entschädigungsleistungen sind grundsätzlich in allgemeinen
    Richtlinien (Billigkeitsrichtlinien) zu regeln. Billigkeitsrichtli-
    nien bedürfen der Einwilligung des Bundesministeriums der Fi-
    nanzen (§ 40 Abs. 1).

2.2.1 Der Zweck der Billigkeitsleistungen muss sich auf die Aufgaben
      des Bundes beschränken (§ 6).

2.2.2 Die Höhe der Entschädigungsleistung muss in einem angemesse-
      nen Verhältnis zur Höhe des eingetretenen Schadens stehen; bei

der Entscheidung dazu ist auch zu berücksichtigen, ob das dem Schaden zu Grunde liegende Risiko über eine Versicherung hätte abgedeckt werden können und der Abschluss einer solchen Versicherung im Allgemeinen üblich und für die Betroffenen zumutbar gewesen wäre. Im Regelfall ist in den Billigkeitsrichtlinien eine Selbstbeteiligung der Geschädigten vorzusehen (Selbstbehalt in Form eines festen Betrages oder eines prozentualen Anteils der Schadensumme; Ausschluss des Ersatzes von Bagatellschäden). Darüber hinaus müssen sich die Leistungsempfänger bei der Festsetzung der Entschädigungshöhe gegebenenfalls ein mitwirkendes Verschulden zurechnen lassen (§ 254 BGB).

3   Billigkeitsleistungen kommen nicht in Betracht, wenn die mit der geplanten finanziellen Leistung verfolgten Zwecke mit Zuwendungen (§ 23) erreicht werden können.

Zu § 54 (Baumaßnahmen, größere Beschaffungen, größere Entwicklungsvorhaben)

1   Baumaßnahmen

1.1   Kleine Baumaßnahmen im Sinne von § 54 Absatz 1 Satz 1 sind Neu-, Um- und Erweiterungsbauten mit einem Mittelbedarf bis zu sechs Millionen Euro im Einzelfall (außer Straßen- und Wasserstraßenbau). Im Übrigen sind die Richtlinien für die Durchführung von Bauaufgaben des Bundes (RBBau) oder sonstige für Baumaßnahmen des Bundes ergangene Richtlinien anzuwenden.

1.2   Eine Abweichung im Sinne von § 54 Abs. 1 Satz 2 ist erheblich, wenn sie zu einer wesentlichen Änderung der Baumaßnahme oder zu einer Kostenüberschreitung um mehr als 15 vom Hundert führt. Das Nähere bei wesentlichen Änderungen der Baumaßnahme in baufachlicher Hinsicht regeln die RBBau oder sonstige für Baumaßnahmen des Bundes ergangene Richtlinien. Führen Kostenüberschreitungen unabhängig von ihrer Höhe zu über- und außerplanmäßigen Ausgaben oder Verpflichtungsermächtigungen, ist § 37 oder § 38 Abs. 1 Satz 2 anzuwenden.

2   Größere Beschaffungen, größere Entwicklungsvorhaben

2.1   Unterlagen sind als ausreichend im Sinne von § 54 Abs. 2 Satz 1 anzusehen, wenn sie zumindest die Voraussetzungen der Nr. 2.4 zu § 24 erfüllen.

2.2   Eine Abweichung von den der Veranschlagung zu Grunde gelegten Unterlagen ist erheblich im Sinne von § 54 Abs. 2 Satz 2, wenn sie zu einer wesentlichen Änderung des Gegenstandes oder zu einer Kostenüberschreitung um mehr als 15 vom Hundert führt. Das Nähere über den Begriff „erhebliche Änderung" regelt das Bundesministerium der Finanzen im Einvernehmen mit dem zuständigen Bundesministerium. Führen Kostenüberschreitungen unabhängig von ihrer Höhe zu über- und außerplanmäßigen Ausgaben oder

Verpflichtungsermächtigungen, ist § 37 oder § 38 Abs. 1 Satz 2 anzuwenden.

Zu § 55 (Öffentliche Ausschreibung)

1 **Vergabe öffentlicher Aufträge ab Erreichen der EU-Schwellenwerte**
Die Vergabe öffentlicher Aufträge, deren geschätzter Auftragswert ohne Umsatzsteuer die durch § 106 des Gesetzes gegen Wettbewerbsbeschränkungen (GWB) in Bezug genommenen Schwellenwerte erreicht oder überschreitet, richtet sich nach Teil 4 des GWB.

2 **Vergabe öffentlicher Aufträge unterhalb der Schwellenwerte nach Nr. 1**
Anzuwenden sind
– für die Vergabe von Liefer- und Dienstleistungen die Verfahrensordnung für die Vergabe öffentlicher Liefer- und Dienstleistungsaufträge unterhalb der EU-Schwellenwerte (Unterschwellenvergabeordnung – UVgO),
– für die Vergabe von Bauleistungen Teil A Abschnitt 1 der Vergabe- und Vertragsordnung für Bauleistungen (VOB/A).

3 **Ergänzende Hinweise**
Unterfallen Beschaffungsvorgänge nicht der UVgO oder der VOB/A 1. Abschnitt, kann eine Ausnahme nach § 55 Abs. 1 Satz 1 BHO insbesondere bei Sachverhalten angenommen werden, für die das Gesetz gegen Wettbewerbsbeschränkungen (GWB) in den §§ 107, 108, 109, 116, 117 oder 145 von einer Anwendbarkeit des Teils 4 GWB absieht.
In jedem Fall sind die Grundsätze der Wirtschaftlichkeit und Sparsamkeit zu beachten.

4 **Ergänzende Regelungen**
Bei der Vergabe von öffentlichen Aufträgen sind insbesondere die folgenden Regelungen anzuwenden:

4.1 die Richtlinie der Bundesregierung zur Korruptionsprävention in der Bundesverwaltung;

4.2 die Richtlinien für die Berücksichtigung von Werkstätten für Behinderte und Blindenwerkstätten bei der Vergabe öffentlicher Aufträge;

4.3 für die Beschaffung von IT-Leistungen die „Ergänzenden Vertragsbedingungen für die Beschaffung von Informationstechnik" (EVB-IT) und die „Besonderen Vertragsbedingungen für die Beschaffung und den Betrieb von DV-Anlagen und -Geräten sowie von DV-Programmen" (BVB); die Hinweise zu den EVB-IT sind zu berücksichtigen.

Zu § 56 (Vorleistungen)

1   Vorleistungen sind Leistungen des Bundes vor Empfang entsprechender Gegenleistungen. Keine Vorleistungen sind solche Leistungen, die nach Empfang entsprechender Gegenleistungen gewährt
werden (Abschlagszahlungen, Teilzahlungen, Teilleistungen).

2   Vorleistungen dürfen nur in besonders begründeten Ausnahmefällen
vereinbart oder bewirkt werden. Als allgemein üblich können Vorleistungen im Einzelfall gerechtfertigt sein, wenn sie im marktwirt-
schaftlichen Wettbewerb, also auch von nichtöffentlichen Auftrag-
gebern, üblicherweise gewährt werden. Durch besondere Umstände
können Vorleistungen im Einzelfall insbesondere gerechtfertigt sein,
wenn ein Vertragsabschluss, dessen Zustandekommen im dringenden Bundesinteresse liegt, ohne Vorleistungen nicht erreicht werden
kann oder wenn die Ausführung der Leistung infolge ihres Umfangs
oder ihrer Eigenart mit einer für den Auftragnehmer unzumutbaren
Kapitalinanspruchnahme verbunden ist. Ein besonderer Umstand
ist nicht gegeben, wenn am Ende des Haushaltsjahres Ausgaben vor
Fälligkeit geleistet werden, um zu verhindern, dass die Ausgaben
sonst verfallen. Die Gründe für die Vereinbarung oder Bewirkung
der Vorleistungen sind aktenkundig zu machen.

3   Über die Bemessung der Vorleistungen, ihre Verzinsung und Tilgung
sowie über die Sicherheitsleistung ist vertraglich Bestimmung zu
treffen.

4   Vorleistungen, die vertraglich nicht vereinbart sind, dürfen nachträglich ohne ausdrückliche Vertragsänderung nicht bewirkt werden; die Vertragsänderung unterliegt den Bestimmungen des § 58.

5   Sonderregelungen für bestimmte Bereiche bleiben unberührt*).

    *) **Anmerkung:** Vgl. u.a. Richtlinien zu § 16 VOB Teil B (veröffentlicht im Vergabe-
    handbuch für die Durchführung von Bauaufgaben im Zuständigkeitsbereich der
    Finanzbauverwaltungen); Vorauszahlungserlass des BMVg vom 26. März 1986 –
    Rü VIII 4 – Az. 78-10-00/03 – (VMBl 1986 S. 132) in der geltenden Fassung.

Zu § 57 (Verträge mit Angehörigen des öffentlichen Dienstes)

Entgelte sind allgemein festgesetzt, wenn bereits vor Abschluss der
Verträge mit den Bediensteten auf Grund besonderer Rechtsvorschriften,
allgemeiner Tarife oder auf ähnliche Weise Preise oder Gebühren für die
Allgemeinheit festgelegt sind.

Zu § 58 (Änderung von Verträgen, Vergleiche)

1   Änderung von Verträgen

1.1   § 58 Abs. 1 Satz 1 Nr. 1 regelt nur Änderungen oder Aufhebungen,
       auf die die Vertragspartnerin oder der Vertragspartner keinen
       Rechtsanspruch hat; er regelt nicht die Anpassung eines Vertrags
       an eine veränderte Rechtslage (z.B. aus § 242 BGB).

1.2 Würde die Vertragsänderung im Wesentlichen in einer Stundung oder einem Erlass des Anspruchs bestehen, so sind die Sonderbestimmungen des § 59 anzuwenden.

1.3 Die Frage, ob ein Nachteil des Bundes vorliegt, ist unter wirtschaftlichen Gesichtspunkten zu entscheiden. Danach liegt kein Nachteil des Bundes vor, wenn der Bund durch eine Vertragsänderung unter Berücksichtigung der Umstände des Einzelfalles wirtschaftlich nicht schlechter gestellt ist als bei einem Festhalten an der Rechtsstellung aus dem ungeänderten Vertrag.

1.4 Ein besonders begründeter Ausnahmefall ist anzunehmen, wenn nach Prüfung der Behörde die Vertragspartnerin oder der Vertragspartner zwar keinen Rechtsanspruch auf Änderung oder Aufhebung des Vertrages hat, sie oder ihn aber ein Festhalten am Vertrag nach Lage des Einzelfalles unbillig benachteiligt, weil sich ihre oder seine wirtschaftlichen Verhältnisse bei Vertragserfüllung infolge ihr oder ihm nicht zuzurechnender Umstände erheblich verschlechtern würden.

1.5 Einer Einwilligung des Bundesministeriums der Finanzen zu Maßnahmen nach § 58 Abs. 1 Satz 1 Nr. 1 bedarf es nicht, soweit der Nachteil des Bundes im Einzelfall nicht mehr als 125 000 Euro beträgt.

1.6 Das zuständige Bundesministerium kann ohne Einwilligung des Bundesministeriums der Finanzen seine Befugnisse bis auf Mittelbehörden übertragen.

1.7 Bei fortdauernden Leistungen ist die Nr. 1.5 mit der Maßgabe anzuwenden, dass es sich bei dem Betrag von 125 000 Euro im Einzelfall um einen Jahresbetrag handelt.

2   Vergleiche

2.1 Ein Vergleich ist eine gerichtliche oder außergerichtliche Vereinbarung, die einen Streit oder die Ungewissheit über ein Rechtsverhältnis im Wege des gegenseitigen Nachgebens beseitigt; der Ungewissheit über ein Rechtsverhältnis steht es gleich, wenn die Verwirklichung eines Anspruchs unsicher ist (§ 779 BGB).
Unter § 58 Abs. 1 Nr. 2 fallen auch Insolvenzplanverfahren nach dem Sechsten Teil der Insolvenzordnung (InsO) sowie gerichtliche und außergerichtliche Schuldenbereinigungen nach dem Zehnten Teil der InsO.

2.2 Einer Einwilligung des Bundesministeriums der Finanzen zum Abschluss eines Vergleichs bedarf es nur, wenn dadurch der Bundeshaushalt um mehr als 500 000 Euro belastet wird oder über- oder außerplanmäßige Ausgaben oder Verpflichtungsermächtigungen entstehen.

2.3 Das zuständige Bundesministerium kann ohne Einwilligung des Bundesministeriums der Finanzen seine Befugnisse allgemein bis auf Mittelbehörden übertragen, soweit ihnen entsprechende Ausgabemittel zur Verfügung stehen.

3   Fälle von grundsätzlicher Bedeutung

Die Nrn. 1.3 bis 1.7, 2.2 und 2.3 gelten nicht, soweit es sich um Fälle von grundsätzlicher Bedeutung handelt. Ein Fall von grundsätzlicher Bedeutung ist insbesondere anzunehmen, wenn die Entscheidung über den Einzelfall hinaus präjudizielle Auswirkungen haben kann.

4   Sonderregelungen

Das Bundesministerium der Finanzen kann abweichend von den Nrn. 1.5, 1.6, 1.7, 2.2 und 2.3 Sonderregelungen zulassen.

Zu § 59 (Veränderung von Ansprüchen)

1   Stundung

1.1   Die Stundung ist eine Maßnahme, durch die die Fälligkeit eines Anspruchs hinausgeschoben wird. Stundung wird nur auf Antrag gewährt. Bei Gewährung der Stundung ist eine Stundungsfrist festzulegen.

1.2   Eine erhebliche Härte für die Anspruchsgegnerin oder den Anspruchsgegner ist dann anzunehmen, wenn sie bzw. er sich auf Grund ungünstiger wirtschaftlicher Verhältnisse vorübergehend in ernsthaften Zahlungsschwierigkeiten befindet oder im Falle der sofortigen Einziehung in diese geraten würde.

1.3   Wird Stundung durch Einräumung von Teilzahlungen gewährt, so ist in die entsprechende Vereinbarung eine Bestimmung aufzunehmen, nach der die jeweilige Restforderung sofort fällig wird, wenn die Frist für die Leistung von zwei Raten um eine in der Vereinbarung zu bestimmende Zeit überschritten wird.

1.4   Verzinsung

1.4.1   Als angemessene Verzinsung sind regelmäßig anzusehen zwei Prozentpunkte über dem jeweiligen Basiszinssatz nach § 247 BGB; der Zinssatz beträgt jedoch mindestens 1 Prozent jährlich. Sofern der Zinsanspruch durch ein Grundpfandrecht gesichert wird, ist im Hinblick auf die Besonderheiten des Grundbuchrechts ein Höchstzinssatz von zehn vom Hundert eintragen zu lassen.

1.4.2   Der Zinssatz kann je nach Lage des Einzelfalles herabgesetzt werden, insbesondere wenn seine Erhebung die Zahlungsschwierigkeiten verschärfen würde. Von der Erhebung von Zinsen kann abgesehen werden, wenn die Anspruchsgegnerin oder der Anspruchsgegner in ihrer bzw. seiner wirtschaftlichen Lage schwer geschädigt würde.

1.4.3   Für den Fall einer Stundung nach Eintritt des Verzugs (§ 286 BGB) siehe Nr. 4.4 zu § 34.

1.5   Wird Sicherheitsleistung verlangt,

1.5.1	so kann Sicherheit geleistet werden durch
1.5.1.1	Hinterlegung von Wertpapieren (§ 234 BGB),
1.5.1.2	Verpfändung beweglicher Sachen (§ 237 BGB),
1.5.1.3	Bestellung von Grundpfandrechten an inländischen Grundstücken (§§ 232, 1113 ff., 1191 ff. BGB),
1.5.1.4	Verpfändung von Forderungen, für die eine Hypothek an einem inländischen Grundstück oder an einem eingetragenen Schiff besteht (§ 238 BGB),
1.5.1.5	Verpfändung von Grundschulden oder Rentenschulden an inländischen Grundstücken (§ 238 BGB),
1.5.1.6	Stellung einer tauglichen Bürgin oder eines tauglichen Bürgen unter Verzicht auf die Einrede der Vorausklage (§ 239 BGB), Bürgen können auch in anderen EU-Mitgliedstaaten ansässige Kreditinstitute oder Kreditversicherer sein,
1.5.1.7	Abtretung von Forderungen (§ 398 BGB),
1.5.1.8	Sicherungsübereignung (§§ 929, 930 BGB),
1.5.1.9	Eigentumsvorbehalt (§ 449 BGB).
1.5.2	Sicherheiten an Grundstücken sollen nur bei längerfristigen Stundungen und bei einem angemessenen Verhältnis zwischen den Kosten und der Höhe des Anspruchs gefordert oder angenommen werden.
1.5.3	Die Sicherheit ist zu erbringen, bevor die Stundung wirksam wird. Bei der Bestellung eines Grundpfandrechts genügt es, wenn bis zu diesem Zeitpunkt ein den Vorschriften der Grundbuchordnung entsprechender Eintragungsantrag nebst Bewilligung eingereicht wird.
1.6	Die Entscheidung des zuständigen Bundesministeriums über den Stundungsantrag bedarf in Fällen von grundsätzlicher oder von erheblicher finanzieller Bedeutung der Einwilligung des Bundesministeriums der Finanzen.
1.6.1	Ein Fall von grundsätzlicher Bedeutung ist insbesondere anzunehmen, wenn die Entscheidung über den Einzelfall hinaus präjudizielle Auswirkungen haben kann.
1.6.2	Ein Fall von erheblicher finanzieller Bedeutung ist gegeben, wenn im Einzelfall
1.6.2.1	Beträge über 500000 Euro,
1.6.2.2	Beträge über 250000 Euro länger als 18 Monate,
1.6.2.3	Beträge über 125000 Euro länger als drei Jahre gestundet werden sollen.
1.7	Für die Bemessung der Beträge ist der Zeitpunkt der Stundungsgewährung maßgebend.
1.8	Das Bundesministerium der Finanzen kann Ausnahmen von den Vorschriften der Nr. 1.6 zulassen.
2	**Niederschlagung**

2.1   Die Niederschlagung ist eine verwaltungsinterne Maßnahme, mit der von der Weiterverfolgung eines fälligen Anspruchs abgesehen wird.

2.2   Die Niederschlagung bedarf keines Antrags der Anspruchsgegnerin oder des Anspruchsgegners. Durch die Niederschlagung erlischt der Anspruch nicht; die weitere Rechtsverfolgung wird daher nicht ausgeschlossen. Eine Mitteilung an die Anspruchsgegnerin oder den Anspruchsgegner ist nicht erforderlich. Wird dennoch eine Mitteilung gegeben, so ist darin das Recht vorzubehalten, den Anspruch später erneut geltend zu machen.

2.3   Von der Weiterverfolgung des Anspruchs kann vorläufig abgesehen werden, wenn die Einziehung wegen der wirtschaftlichen Verhältnisse der Anspruchsgegnerin bzw. des Anspruchsgegners oder aus anderen Gründen vorübergehend keinen Erfolg haben würde und eine Stundung nach Nr. 1 nicht in Betracht kommt (befristete Niederschlagung). Soweit keine hinreichende Sicherheit über die wirtschaftlichen Verhältnisse besteht, ist in der Regel die Feststellung der wirtschaftlichen Verhältnisse im Zwangsvollstreckungs- bzw. im Beitreibungsverfahren (beispielsweise durch die Vollstreckungsbehörden der Bundesfinanzverwaltung) zu treffen.

2.3.1   Die wirtschaftlichen Verhältnisse der Anspruchsgegnerin oder des Anspruchsgegners sind in angemessenen Zeitabständen zu überprüfen. Die Verjährung ist rechtzeitig zu unterbrechen.

2.3.2   Die Entscheidung des zuständigen Bundesministeriums bedarf in Fällen von grundsätzlicher oder von erheblicher finanzieller Bedeutung der Einwilligung des Bundesministeriums der Finanzen. Ein Fall von grundsätzlicher Bedeutung ist insbesondere anzunehmen, wenn die Entscheidung über den Einzelfall hinaus präjudizielle Auswirkungen haben kann. Ein Fall von erheblicher finanzieller Bedeutung ist gegeben, wenn Beträge von mehr als 250000 Euro befristet niedergeschlagen werden sollen.

2.4   Ist anzunehmen, dass die Einziehung wegen der wirtschaftlichen Verhältnisse der Anspruchsgegnerin bzw. des Anspruchsgegners (z.B. mehrmalige fruchtlos gebliebene Vollstreckungen) oder aus anderen Gründen (z.B. Tod und überschuldeter, von allen Erben ausgeschlagener Nachlass; erteilte Restschuldbefreiung nach Durchführung eines Insolvenzverfahrens) dauernd ohne Erfolg bleiben wird, so darf von einer weiteren Verfolgung des Anspruchs abgesehen werden (unbefristete Niederschlagung). Soweit keine hinreichende Sicherheit über die wirtschaftlichen Verhältnisse besteht, ist in der Regel die Feststellung der wirtschaftlichen Verhältnisse im Zwangsvollstreckungs- bzw. im Beitreibungsverfahren (beispielsweise durch die Vollstreckungsbehörden der Bundesfinanzverwaltung) zu treffen. Dasselbe gilt, wenn anzunehmen ist, dass die Kosten der Einziehung im Verhältnis zur Höhe des Anspruchs zu hoch sind. Zu den Kosten zählt neben den Ausgaben, die durch die Einziehung unmittelbar entstehen, auch der anteilige sonstige Verwaltungsaufwand. Die Entscheidung des zuständigen Bundesministeriums bedarf in Fällen von grundsätzlicher oder von erheblicher finanzieller Bedeutung der Einwilligung des Bundesministeriums der Finanzen. Ein Fall von grundsätzlicher Bedeutung ist insbesondere anzunehmen, wenn die Entscheidung über den Einzelfall hinaus präjudizielle Auswirkungen haben kann. Ein Fall von erheblicher finanzieller Bedeutung ist gegeben, wenn Beträge von mehr als 150000 Euro unbefristet niedergeschlagen werden sollen.

2.5 Die Einziehung ist erneut zu versuchen, wenn sich Anhaltspunkte dafür ergeben, dass sie Erfolg haben wird.

2.6 – frei –

2.7 Im Rahmen der Rechnungsprüfung festgestellte Ansprüche können nur nach Anhörung des Bundesrechnungshofes niedergeschlagen werden. Dieser kann auf die Anhörung verzichten (§ 96 Abs. 3).

2.8 Das Bundesministerium der Finanzen kann Ausnahmen von den Vorschriften der Nrn. 2.3.2 und 2.4 Sätze 4 bis 6 zulassen.

3 Erlass

3.1 Der Erlass ist eine Maßnahme, mit der auf einen fälligen Anspruch verzichtet wird. Durch den Erlass erlischt der Anspruch.

3.2 Ein Erlass ist nur dann möglich, wenn eine Stundung nach Nr. 1 nicht in Betracht kommt.

3.3 Bei privatrechtlichen Ansprüchen ist der Erlass zwischen dem Bund und der Anspruchsgegnerin oder dem Anspruchsgegner vertraglich zu vereinbaren; dasselbe gilt für Ansprüche aus öffentlich-rechtlichen Verträgen. In den übrigen Fällen ist der Erlass durch einen der Anspruchsgegnerin oder dem Anspruchsgegner bekannt zu gebenden Verwaltungsakt auszusprechen. Für einen Erlass ist in der Regel ein Antrag der Anspruchsgegnerin oder des Anspruchsgegners erforderlich.

3.4 Eine besondere Härte ist insbesondere anzunehmen, wenn sich die Anspruchsgegnerin oder der Anspruchsgegner in einer unverschuldeten wirtschaftlichen Notlage befindet und zu besorgen ist, dass die Weiterverfolgung des Anspruchs zu einer Existenzgefährdung führen würde.

3.4a Bei Beschäftigten des Bundes ist bei der Prüfung der besonderen Härte die Fürsorgepflicht gegenüber dem Beschäftigten zu berücksichtigen.

3.5 Die Entscheidung des zuständigen Bundesministeriums bedarf in Fällen von grundsätzlicher oder von erheblicher finanzieller Bedeutung der Einwilligung des Bundesministeriums der Finanzen. Ein Fall von grundsätzlicher Bedeutung ist insbesondere anzunehmen, wenn die Entscheidung über den Einzelfall hinaus präjudizielle Auswirkungen haben kann. Ein Fall von erheblicher finanzieller Bedeutung ist gegeben, wenn Beträge von mehr als 100000 Euro erlassen werden sollen.

3.6 Im Rahmen der Rechnungsprüfung festgestellte Ansprüche können nur nach Anhörung des Bundesrechnungshofes erlassen werden. Dieser kann auf die Anhörung verzichten (§ 96 Abs. 3).

3.7 Das Bundesministerium der Finanzen kann Ausnahmen von den Vorschriften der Nr. 3.5 zulassen.

3.8 Geleistete Beträge können erstattet oder angerechnet werden, wenn die Voraussetzungen für einen Erlass

3.8.1 im Zeitpunkt der Zahlung oder

3.8.2 innerhalb des Zeitraums, für den eine im Voraus geleistete Zahlung bestimmt ist,
vorgelegen haben. Eine Erstattung oder Anrechnung kommt in der Regel nur in Betracht, wenn die Voraussetzungen für den Erlass auch im Zeitpunkt der Antragstellung noch vorliegen. Die Erstattung oder Anrechnung geleisteter Beträge bedarf in jedem Einzelfall der Einwilligung des Bundesministeriums der Finanzen; es kann auf seine Befugnis verzichten. Die Nrn. 3.2, 3.3, 3.4 und 3.6 sind entsprechend anzuwenden.

3.9 Für die Freigabe von Sicherheiten gelten die Nrn. 3.2 bis 3.7 entsprechend.

4 Unterrichtung der zuständigen Kasse
Über Stundungen, befristete oder unbefristete Niederschlagungen oder den Erlass von Ansprüchen ist der zuständigen Bundeskasse Kassenanordnung zu erteilen.

5 Sonderregelungen
Abgesehen von den Fällen der Nrn. 1.8, 2.8 und 3.7 kann das Bundesministerium der Finanzen zulassen, dass für bestimmte Bereiche bestehende Sonderregelungen weiter angewendet oder neue Sonderregelungen getroffen werden.

6 Übertragung der Befugnis auf nachgeordnete Dienststellen
Das Bundesministerium der Finanzen verzichtet auf die Einholung seiner Einwilligung. Niederschlagung und Erlass von Schadensersatzansprüchen gegen Dienstkräfte des Geschäftsbereichs bedürfen stets der Einwilligung des zuständigen Bundesministeriums.

7 Kleinbeträge

7.1 Anforderung und Auszahlung

7.1.1   Einnahmen
Von der Anforderung von Beträgen von weniger als sieben Euro soll abgesehen werden (vgl. aber Nr. 7.6). Ist der Anspruchsgegner ein Sondervermögen des Bundes oder eine juristische Person des öffentlichen Rechts, tritt unter der Voraussetzung, dass Gegenseitigkeit besteht, an die Stelle des Betrages von sieben Euro der Betrag von 36 Euro*. Im Übrigen ist in geeigneten Fällen von der Möglichkeit Gebrauch zu machen, Urkunden und sonstige Schriftstücke unter Postnachnahme zu versenden.

7.1.2   Ausgaben
Beträge von weniger als drei Euro sind nur dann zur Auszahlung anzuordnen, wenn die oder der Empfangsberechtigte die Auszahlung ausdrücklich verlangt.

7.2   Einziehung und Auszahlung

7.2.1   Einziehung von Einnahmen
Beträgt der Rückstand weniger als sieben Euro, soll von der Mahnung abgesehen werden. Werden mehrere Ansprüche auf einem Personenkonto nachgewiesen, gilt die Kleinbetragsgrenze von weniger als sieben Euro für den Gesamtrückstand. Ein beim Abschluss des Kontos nicht entrichteter Kleinbetrag von weniger als sieben Euro ist als niedergeschlagen zu behandeln. Ist der Anspruchsgegner ein Sondervermögen des Bundes oder eine juristische Person des öffentlichen Rechts, ist Nr. 7.1.1 Satz 2 anzuwenden.

7.2.2   Leistung von Auszahlungen
Für Auszahlungen, die die Kasse von sich aus zu veranlassen hat (z.B. Rückzahlungen, Überzahlungen), gilt die Kleinbetragsgrenze von weniger als drei Euro. Nr. 7.1.2 ist zu beachten.

7.3   Verzicht auf Beitreibungsmaßnahmen

7.3.1   Verzicht auf Vollstreckungsmaßnahmen und Mahnbescheide
Bei einem Rückstand oder Gesamtrückstand von weniger als 36 Euro soll von der Vollstreckung oder dem Antrag auf Erlass eines Mahnbescheides abgesehen werden. Werden mehrere Ansprüche auf einem Personenkonto nachgewiesen, gilt die Kleinbetragsgrenze von weniger als 36 Euro für den Gesamtrückstand. Ein bei Abschluss des Kontos nicht entrichteter Kleinbetrag von weniger als 36 Euro ist als niedergeschlagen zu behandeln.

7.3.2   Einstellung weiterer Vollstreckungsmaßnahmen
Nach erfolgloser Vollstreckung in das bewegliche Vermögen sind weitere Maßnahmen nur bei einem Rückstand oder Gesamtrückstand von mehr als 100 Euro und nur dann einzulei-

---

* Amtliche Fußnote: Anmerkung: Soweit sich Ansprüche gegen ein Land richten, liegt Gegenseitigkeit vor.

ten, wenn sie in einem angemessenen Verhältnis zur Höhe des Anspruchs stehen.

7.4   Wiederkehrende Einnahmen und Ausgaben sowie Teilbeträge

Bei wiederkehrenden Einnahmen und Ausgaben sowie Teilbeträgen gilt die jeweilige Kleinbetragsgrenze für den Jahresbetrag eines Anspruchs oder einer Verbindlichkeit. Wird ein Anspruch oder ein auszuzahlender Betrag in Teilbeträgen festgesetzt, sollen diese die Kleinbetragsgrenze nicht unterschreiten.

7.5   Nebenansprüche

Bestehen neben einem rückständigen Hauptanspruch auch Nebenansprüche (z.B. Verzugszinsen, Stundungszinsen, Mahnkosten), bezieht sich die jeweils geltende Kleinbetragsgrenze auf den Gesamtrückstand. Beträgt der Hauptanspruch weniger als 50 Euro und ist er nicht länger als sechs Monate rückständig, sind Zinsen nicht zu berechnen; für automatisierte Verfahren kann das Bundesministerium der Finanzen Ausnahmen zulassen.

7.6   Ausnahmen

7.6.1   Die Nrn. 7.1 bis 7.5 finden keine Anwendung auf vereinfachte Erhebungsverfahren (insbesondere Zug-um-Zug-Geschäfte) sowie auf Geldstrafen, Geldbußen und Zahlungen mit strafähnlichem Charakter, auf Hinterlegungsgelder und auf sonstige Kleinbeträge, deren Festsetzung, Erhebung oder Einziehung geboten ist.

7.6.2   Nr. 7.6.1 gilt auch, wenn die Anspruchsgegnerin oder der Anspruchsgegner die Kleinbetragsregelung ausnutzt.

Vorschuss- und Verwahrungsrichtlinie des Bundes zu § 60 BHO (VO/VW-RiB)

Inhaltsverzeichnis

Erster Abschnitt – Allgemeine Bestimmungen

1 Anwendungsbereich

Die Richtlinie regelt die Einzelheiten zu den Vorschüssen und Verwahrungen nach § 60 BHO. Sie ist von allen Stellen, die Haushaltsmittel des Bundes bewirtschaften, sowie vom Kompetenzzentrum für das Kassen- und Rechnungswesen des Bundes (Kompetenzzentrum) und von den Bundeskassen anzuwenden. Soweit nachfolgend nichts anderes geregelt ist, sind die Verfahrensrichtlinien für Mittelverteiler und Titelverwalter für das automatisierte Verfahren für das Haushalts-, Kassen- und Rechnungswesen des Bundes (VerfRiB-MV/TV-HKR) anzuwenden.

1.1 Vorschüsse (§ 60 Abs. 1 BHO)
Eine Auszahlung darf nur dann als Vorschuss gebucht werden, wenn die Verpflichtung zur Leistung zwar feststeht, die Ausgabe aber noch nicht endgültig im Haushalt gebucht werden kann, oder wenn es sich um durchlaufende Gelder (Nr. 2.4) handelt, für die keine Verpflichtung zur Buchung im Haushalt besteht. Eine Zahlung als Vorschuss setzt eine haushaltsrechtliche Ermächtigung voraus.

1.2 Verwahrungen (§ 60 Abs. 2 BHO)
Eine Einzahlung darf nur dann als Verwahrung gebucht werden, wenn die Einzahlung noch nicht endgültig im Haushalt gebucht

werden kann oder wenn es sich um durchlaufende Gelder (Nr. 2.4) handelt, für die keine Verpflichtung zur Buchung im Haushalt besteht.

2   Begriffsbestimmungen

2.1   Vorschussbuch und Verwahrungsbuch
Im Vorschuss- und Verwahrungsbuch sind die im automatisierten Verfahren für das Haushalts-, Kassen- und Rechnungswesen des Bundes (HKR-Verfahren) eingerichteten Buchungsstellen für die Zahlungen als Vorschuss und Verwahrung eingerichtet. Das Vorschuss- und Verwahrungsbuch ist in Abschnitte und Unterabschnitte unterteilt.

2.2   Kassen
Kassen sind die Zentralkasse im Kompetenzzentrum und die Bundeskassen.

2.3   Buchungsstellen
(1) Buchungsstellen sind als Buchungs- und Objektkonten eingerichtet. Die Buchungskonten (Abschnitte) können in Objektkonten (Unterabschnitte) unterteilt sein.
(2) Die Buchungsstellen im Vorschussbuch und im Verwahrungsbuch sind für Sachbereiche eingerichtet.

2.4   Durchlaufende Gelder
Durchlaufende Gelder im Sinne dieser Richtlinie sind Zahlungen, die von Dritten zur Verfügung gestellt werden und entweder an Dritte weitergeleitet oder von Bewirtschaftern im Auftrag von Dritten verwendet werden. Sie sind keine Bundesmittel. Durchlaufende Gelder sind im Voraus zur Verfügung zu stellen. Ausnahmsweise dürfen durchlaufende Gelder als Vorschuss ausgezahlt werden, wenn mit einer anderen öffentlich-rechtlichen Körperschaft vertraglich vereinbart worden ist, dass der ausgezahlte Betrag erstattet wird.

3   Konten- und Bewirtschafterstruktur im HKR-Verfahren

3.1   Einzel- und Sammelkonten
Vorschuss- und Verwahrungskonten werden als Einzel- oder Sammelkonten geführt. Beim Ausgleich von Vorschuss- und Verwahrungskonten durch Verrechnung ist im Feld H2 das korrespondierende Sachbuchkonto einzutragen. Das Bundesministerium für Finanzen kann Ausnahmen zulassen.

3.1.1   Einzelkonten
(1) Grundsätzlich werden Einzelkonten eingerichtet, damit der Ausgleich jeder einzelnen Aus- (Vorschuss) bzw. Einzahlung (Verwahrung) nachgewiesen werden kann.

(2) Bei den Einzelkonten werden die nicht abgewickelten Buchungssätze der einzelnen Aus- und Einzahlungen in das nächste Haushaltsjahr übertragen.

(3) Buchungen auf Einzelvorschuss- oder Einzelverwahrungskonten sind jeweils durch eine neunstellige Kontrollnummer im Feld K3 zu kennzeichnen, die sich wie folgt gliedert:

1. Stelle	„V" als Kennzeichnung – Vorschuss – oder
	„W" als Kennzeichnung – Verwahrung –
2. bis 4. Stelle	die fortlaufende Nummerierung innerhalb der Kontrollnummer pro Geschäftsvorfall (z.B. 001)
5. Stelle	die letzte Ziffer des laufenden Haushaltsjahres (z.B. 6 für das Haushaltsjahr 2016)
6. bis 9. Stelle	eindeutige Identifikationsnummer, die einmalig pro Geschäftsvorfall zu vergeben ist.

Die Stellen 1. und 5. bis 9. dürfen für einen Geschäftsvorfall nicht geändert werden.

Die laufende Nummer einer Kontrollnummer ist bei jeder Buchung um eine Ziffer zu erhöhen, dies gilt auch bei Ausgleich in Teilbeträgen.

Beispiele:	1. Geschäftsvorfall: V00160112 (Auszahlung); V00260112 (1. Einzahlung); V00360112 (2. Einzahlung)
	2. Geschäftsvorfall: W00160100 (1. Einzahlung); W00260100 (2. Einzahlung); W01260100 (12. Einzahlung)

(4) Wird vom Bewirtschafter bei der Buchung auf ein Einzelvorschuss- oder Einzelverwahrungskonto keine Kontrollnummer angegeben, so wird automatisiert eine Kontrollnummer vergeben. Die automatisiert vergebene Kontrollnummer unterscheidet nicht nach Geschäftsvorfall, sondern lediglich nach Buchungstagen (Beispiel: 20. Juli 2016 V00160720, V00260720). Sie ist deshalb immer entsprechend Abs. 3 zu ändern.

(5) Beim Ausgleich von Einzelvorschüssen und Einzelverwahrungen ist im Feld K3 immer die für den zugrunde liegenden Geschäftsvorfall ursprünglich vergebene Kontrollnummer gemäß Abs. 3 anzugeben, da sonst der Buchungssatz im HKR-Verfahren als nicht abgewickelt bestehen bleibt.

3.1.2 Sammelkonten

Bei den Sammelkonten wird nur der Saldo des Kontos in das nächste Haushaltsjahr übertragen. Sammelkonten werden grundsätzlich nur dann eingerichtet, wenn ein- oder ausgezahlte Beträge zusammengefasst werden müssen.

3.2   Bewirtschafterstrukturen
Alle Vorschuss- und Verwahrungskonten sind beim Kompetenzzentrum auf MV 1-Ebene eingerichtet. Das Bundesministerium der Finanzen kann Ausnahmen zulassen. Die Konten werden über die im HKR-Verfahren eingerichtete Bewirtschafterstruktur vom Kompetenzzentrum beim Titelverwalter eingerichtet. Eine Zuweisung von Vorschuss- und Verwahrungskonten durch MV an nachgeordnete Bewirtschafter ist nicht möglich.

3.2.1   Vorschuss- und Verwahrungskonten für Kassen
Die Vorschuss- und Verwahrungskonten für die Kassen sind nach der im Vorschuss- und Verwahrungsbuch vorgesehenen Ordnung eingerichtet. Darüber hinaus können mit Genehmigung des Bundesministeriums der Finanzen weitere Vorschuss- und Verwahrungskonten eingerichtet werden.

3.2.2   Vorschuss- und Verwahrungskonten für Titelverwalter
(1) Alle Anträge sind schriftlich von der oder dem Beauftragten für den Haushalt der zuständigen obersten Bundesbehörde beim Bundesministerium der Finanzen, Referat II A 2, zu stellen.
(2) Das Bundesministerium der Finanzen kann auf Antrag in begründeten Ausnahmefällen bewirtschafterbezogene Vorschuss- und Verwahrungskonten zulassen. Der Antrag ist unter Angabe

– einer Begründung, warum

  – ein Vorschuss- oder Verwahrungskonto benötigt wird,

  – es ggf. als ein Sammelkonto (Nr. 3.1.2) eingerichtet werden soll,

  – der vollständigen Anschrift des Titelverwalters, der das Vorschuss- oder Verwahrungskonto erhalten soll,

– der Bewirtschafternummer sowie ggf. der Bewirtschafterstruktur und

– der zuständigen Kasse
zu stellen. Wird der Antrag zur Einrichtung eines Sammelkontos nicht ausreichend begründet, wird ein Einzelkonto eingerichtet.
(3) Grundsätzlich sind bei Vorschusskonten immer zuerst Auszahlungen und bei Verwahrungskonten Einzahlungen anzuordnen.
(4) Für nicht mehr benötigte Vorschuss- und/oder Verwahrungskonten ist unter Angabe der Sachbuchkontonummer die Stilllegung zu beantragen.
(5) Die oberste Bundesbehörde kann eine andere Stelle bestimmen, die für ihren Geschäftsbereich die Einrichtung, Änderung und

Stilllegung von Vorschuss- und Verwahrungskonten beantragen darf. Das Bundesministerium der Finanzen ist über die Übertragung der Aufgaben zu unterrichten.

4   HKR-Verfahren

4.1   Bewirtschaftung von Vorschuss- und Verwahrungskonten
Für die Bewirtschaftung von Vorschüssen und Verwahrungen sind die VV zur BHO sowie die dazu erlassenen Verwaltungsvorschriften entsprechend anzuwenden.

4.2   Automatische Verfügbarkeitskontrolle
Vorschusskonten werden ohne automatische Verfügbarkeitskontrolle, Verwahrungskonten mit Verfügbarkeitskontrolle eingerichtet. Bei Verwahrungskonten kann die Verfügbarkeitskontrolle auch nicht mit der Anordnung zur einmaligen Aufhebung der Verfügbarkeitskontrolle (HKR-Vordruck E08) aufgehoben werden. Zahlungen zur Verrechnung dürfen bei Verwahrungskonten nur angeordnet werden, wenn entsprechende Einzahlungen vorhanden sind.

4.3   Auswertungen
Neben den im HKR-Verfahren zur Verfügung gestellten Auswertungsmöglichkeiten werden zusätzlich die Listen der nicht abgewickelten Vorschüsse und Verwahrungen zu den Einzelvorschuss- und Einzelverwahrungskonten erstellt und zur Verfügung gestellt.

4.4   Stilllegung von Vorschuss- und Verwahrungskonten
Vorschuss- und Verwahrungskonten, die über keinen Bestand verfügen, für die im laufenden Haushaltsjahr keine Anordnungen erfolgen und keine Ausnahmegenehmigung vorliegt, können mit Ablauf des ersten Quartals des nächsten Haushaltsjahres auf Veranlassung des Bundesministeriums der Finanzen stillgelegt werden.

5   Prüfung der Vorschuss- und Verwahrungskonten durch die Kassen
Alle Vorschuss- und Verwahrungskonten, einschließlich der Verwahrungskonten im Zahlungsüberwachungsverfahren des Bundes, werden von den Kassen regelmäßig überprüft. Insbesondere wird geprüft, ob die Vorschüsse und Verwahrungen innerhalb der vorgegebenen Fristen ausgeglichen worden sind. Bei nicht ordnungsgemäßer Bewirtschaftung werden die zuständigen Titelverwalter von der Kasse um weitere Veranlassung gebeten. Das Bundesministerium der Finanzen regelt das Nähere. Das Prüfungsrecht des Bundesrechnungshofes bleibt hiervon unberührt.

Zweiter Abschnitt – Vorschüsse

6   Allgemeines – Vorschüsse

6.1   Fristen

Ein Vorschuss ist grundsätzlich im Haushaltsjahr seiner Entstehung auszugleichen (Jährlichkeitsprinzip – §§ 1, 11 und 12 Abs. 1 BHO –), spätestens aber drei Monate nach Ende dieses Haushaltsjahres. Durchlaufende Gelder (Nr. 1.1), die als Vorschuss gebucht werden, sind spätestens zum Ende des zweiten auf ihre Entstehung folgenden Haushaltsjahres auszugleichen (§ 60 Abs. 1 BHO). Von den Fristen ausgenommen sind die Auszahlungen für die Sockelbeträge einer Geldstelle und die vom Bundesministerium der Finanzen bewilligten Ausnahmen. Als Vorschuss gebuchte Kassenfehlbeträge sind immer im Jahr der Entstehung auszugleichen.

6.2   Sammelvorschusskonten
        Sammelvorschusskonten werden im Abschnitt 0 des Vorschussbuches unter dem Buchungskonto 9080 0000 04 und im Abschnitt 1 unter dem Buchungskonto 9080 0000 12 geführt.

6.3   Einzelvorschusskonten
        Einzelvorschusskonten werden im Abschnitt 2 des Vorschussbuches unter dem Buchungskonto 9081 0000 11 und im Abschnitt 3 unter dem Buchungskonto 9081 0000 29 geführt.

7   Anordnung zur Auszahlung und Ausgleich eines Vorschusses

7.1   Anordnung zur Auszahlung

7.1.1   Titelverwalter
        Der Titelverwalter ordnet die Auszahlung als Vorschuss aus seinem zugelassenen bewirtschafterbezogenen Vorschusskonto (Nr. 3.2.2) gegenüber der für ihn zuständigen Kasse an. In der Anordnung ist als Titelkonto das Buchungskonto einzutragen.

7.1.2   Kasse

7.1.2.1 Gebühren und Auslagen, die durch den Anschluss der Kasse an Geldinstitute entstehen, oder Zahlungen im Lastschriftverfahren, für die keine Anordnung eines Bewirtschafters vorliegen, werden von der Kasse als Vorschuss gebucht. Das Bundesministerium der Finanzen kann zulassen, dass weitere Zahlungen als Vorschuss geleistet werden dürfen. Nr. 7.1.1 gilt entsprechend.

7.1.2.2 Soll durch die Buchung in einem Vorschusskonto automatisiert ein Einzahlungsbeleg K05 (Verarbeitungsschlüssel 60350) für die spätere Buchung der Einzahlung erstellt werden, so ist in die Stellen 1. bis 3. des Auszahlungsbeleges K03 in Satzart H4 „K05" einzutragen.

7.2.   Ausgleich des Vorschusses

7.2.1   Titelverwalter

7.2.1.1 Der Titelverwalter hat einen Vorschuss durch eine haushaltsmäßige Verrechnung oder durch eine Einzahlung auszugleichen.

(1) Der Ausgleich des Vorschusses durch eine haushaltsmäßige Verrechnung erfolgt durch Anordnung einer verrechnungsweisen Auszahlung aus einer Haushaltsstelle. Handelt es sich um ein bewirtschafterbezogenes Vorschusskonto, ist zusätzlich eine verrechnungsweise Einzahlung auf diesem Vorschusskonto anzuordnen. Beide Anordnungen sind gleichzeitig der Bundeskasse zu übersenden.

(2) Die beleghafte Anordnung zur Auszahlung und zur Annahme einer Einzahlung können auf einem Vordruck (Verarbeitungsschlüssel 54400, 54500) zusammengefasst werden. In den ersten beiden Stellen in der Satzart H12 ist die Kennzeichnung „VB", in die 3. bis 10. Stelle die Bewirtschafternummer des Titelverwalters, für den das Vorschusskonto geführt wird, sowie – durch einen Schrägstrich in der 11. Stelle getrennt – ab der 12. Stelle die Objektkontonummer des Vorschusses einzutragen. Die Anordnung auf dem Vordruck dient nur als Beleg für die haushaltsmäßige Buchung. Der Buchungsbeleg für das Vorschusskonto (K05) wird maschinell erstellt. Dieser ist entsprechend gekennzeichnet, um eine doppelte Verarbeitung auszuschließen.

7.2.1.2 Der Ausgleich des Vorschusses kann durch die Einzahlung bei der Kasse (Nr. 7.1.2.1) erfolgen. Handelt es sich um ein bewirtschafterbezogenes Vorschusskonto, ist zusätzlich die Annahme des Betrages auf diesem Vorschusskonto anzuordnen.

7.2.2 Kasse
Die Kasse ordnet den Ausgleich eines Vorschusses nach Nr. 7.1.2.1 in eigener Zuständigkeit an, nachdem die Auszahlung durch den Titelverwalter angeordnet oder der als Vorschuss ausgezahlte Betrag wieder bei der Kasse eingezahlt worden ist.

Dritter Abschnitt – Verwahrungen

8   Allgemeines – Verwahrungen

8.1   Fristen
Eine Verwahrung ist grundsätzlich im Haushaltsjahr ihrer Entstehung auszugleichen (Jährlichkeitsprinzip – §§ 1, 11 und 12 Abs. 1 BHO –), spätestens aber drei Monate nach Ende dieses Haushaltsjahres. Dies gilt nicht für Einzahlungen, die bei einer Kasse als Verwahrung gebucht wurden und im laufenden Haushaltsjahr nicht aufgeklärt werden konnten (siehe 9.2.2). Diese sind bis **spätestens** zum Ende des zweiten auf die Entstehung folgenden Haushaltsjahres auszugleichen. Von den Fristen ausgenommen sind in Verwahrung gebuchte Sicherheiten, beschlagnahmte Gelder in Straf- und Bußgeldverfahren, durchlaufende Gelder (Nr. 2.4) sowie ggf. vom Bundesministerium der Finanzen bewilligte Ausnahmen. Unanbringliche Auszahlungen nach

Nr. 9.6 VerfRiB-MV/TV-HKR sind spätestens drei Monate nach Ende des Monats, in dem die Einzahlung gebucht wurde, vom Titelverwalter auszugleichen. Als Verwahrung gebuchte Kassenüberschüsse sind immer im Jahr der Entstehung auszugleichen.

8.2   Sammelverwahrungskonten
Sammelverwahrungskonten werden im Verwahrungsbuch im Abschnitt 0 unter dem Buchungskonto 9070 0000 06, im Abschnitt 1 unter dem Buchungskonto 9070 0000 14, im Abschnitt 3 unter dem Buchungskonto 9070 0000 30, im Abschnitt 4 unter dem Buchungskonto 9070 0000 48, im Abschnitt 6 unter dem Buchungskonto 9070 0000 89 und im Abschnitt 7 unter dem Buchungskonto 9070 0000 97 geführt.

8.3   Einzelverwahrungskonten
Einzelverwahrungskonten werden im Abschnitt 5 des Verwahrungsbuches unter dem Buchungskonto 9071 0000 47 und im Abschnitt 8 unter dem Buchungskonto 9071 0000 96 geführt.

9   Anordnung zur Annahme und Ausgleich einer Verwahrung

9.1   Anordnung zur Annahme der Einzahlung

9.1.1   Titelverwalter
Der Titelverwalter hat eine Einzahlung als Verwahrung im Voraus auf sein zugelassenes bewirtschafterbezogenes Verwahrungskonto (Nr. 3.2.2) bei seiner zuständigen Kasse anzuordnen. In der Anordnung ist als Titelkonto das Buchungskonto einzutragen.

9.1.2   Kasse
Die Kasse bucht eine Einzahlung, für die keine Annahmeanordnung eines Bewirtschafters vorliegt, auf ein Verwahrungskonto der Kasse. Die Einzahlung ist dem zuständigen Titelverwalter mit der Bitte um weitere Veranlassung anzuzeigen.

9.2   Ausgleich der Verwahrung

9.2.1   Titelverwalter
Der Titelverwalter hat eine Verwahrung durch eine haushaltsmäßige Verrechnung oder eine Auszahlung auszugleichen.

9.2.1.1 Der Ausgleich der Verwahrung durch eine haushaltsmäßige Verrechnung erfolgt durch Anordnung einer verrechnungsweisen Einzahlung bei einer Haushaltsstelle (Nr. 9.1.2). Handelt es sich um ein bewirtschafterbezogenes Verwahrungskonto, ist zusätzlich eine verrechnungsweise Auszahlung aus diesem Verwahrungskonto anzuordnen. Beide Anordnungen sind gleichzeitig der Bundeskasse zu übersenden.

9.2.1.2 Der Ausgleich einer auf einem bewirtschafterbezogenen Verwahrungskonto gebuchten Einzahlung kann durch Anordnung der

Auszahlung des Betrages aus diesem Verwahrungskonto erfolgen.

9.2.1.3 Im Zahlungsüberwachungsverfahren des Bundes auf ein Personenkonto gebuchte und nicht angeordnete Einzahlungen (überzahlte Kassenzeichen) werden wie unanbringliche Einzahlungen (Nr. 9.2.2.5) behandelt. Dies gilt nicht bei Einzahlungen für Sicherheiten, für beschlagnahmte Gelder in Straf- und Bußgeldverfahren und für die vom Bundesministerium der Finanzen bewilligten Ausnahmen.

9.2.2 Kasse

9.2.2.1 Die Kasse gleicht, nachdem die Einzahlung durch den Titelverwalter angeordnet wurde, die Verwahrung mit einer verrechnungsweisen Auszahlung aus.

9.2.2.2 Kann eine bei der Kasse in Verwahrung gebuchte Einzahlung nicht zugeordnet werden, so kann der Betrag auf Antrag des ursprünglichen Einzahlers auf das Konto wieder ausgezahlt werden, von dem die Einzahlung nach Feststellung der Kasse geleistet wurde. Soll die Auszahlung auf ein anderes Konto geleistet werden, hat der Einzahler sein unter Angabe der Bankverbindung schriftlich der Kasse mitzuteilen (auch per E-Mail). Dies gilt entsprechend für überzahlte Kassenzeichen nach Nr. 9.2.1.3.

9.2.2.3 Eine bei der Kasse in Verwahrung gebuchte Einzahlung bzw. ein überzahltes Kassenzeichen nach Nr. 9.2.1.3 darf auch aufgrund einer schriftlichen Mitteilung eines Titelverwalters oder eines Kreditinstituts durch die Kasse an den ursprünglichen Einzahler ausgezahlt werden. Die Rückzahlung an den ursprünglichen Einzahler darf nur auf das Konto erfolgen, von dem die Einzahlung nach Feststellung der Kasse geleistet wurde.

9.2.2.4 Die Kasse darf eine wegen fehlender Zuständigkeit in Verwahrung genommene Einzahlung an eine Kasse der zuständigen öffentlich-rechtlichen Körperschaft weiterleiten.

9.2.2.5 Einzahlungen, die bei der Kasse in Verwahrung gebucht wurden und deren Verwendungszweck bis **spätestens** zum Ablauf des zweiten auf die Buchung folgenden Haushaltsjahres nicht aufgeklärt oder der ursprüngliche Einzahler nicht ermittelt werden konnte, werden vom für die Kasse zuständigen Beauftragten für den Haushalt bei Kap. 0813 Tit. 119 99 vereinnahmt. Dies gilt entsprechend für überzahlte Kassenzeichen nach Nr. 9.2.1.3. Die getroffenen Maßnahmen zur Aufklärung der Verwendung der **unanbringlichen Einzahlungen** müssen in einem angemessenen Verhältnis zur Höhe des Einzahlungsbetrages stehen. Die Kassenaufsicht hat die Unanbringlichkeit der Einzahlung und die zur Aufklärung getroffenen Maßnahmen festzustellen. Bei Kleinbetragen nach VV Nr. 7 zu § 59 BHO ist die Unanbringlichkeit der Einzahlung sofort gegeben. Bei Beträgen bis 1000 EURO gilt die Unanbringlichkeit als gegeben, wenn innerhalb von sechs Monaten der Verwendungszweck der Einzahlung nicht aufgeklärt werden konnte. Das Bundesministerium der Finanzen kann etwas anderes bestimmen.

Vierter Abschnitt – Schlussbestimmung

10 Inkrafttreten

Die Änderungen der Richtlinie vom 2. November 2010 treten mit Veröffentlichung in Kraft.

Mit Inkrafttreten werden die bisherigen Regelungen aufgehoben. Die vom Bundesministerium der Finanzen zugelassenen bewirtschafterbezogenen Vorschuss- und Verwahrungskonten dürfen weitergeführt werden.

Anlage 1 – Vorschussbuch

Abschnitt 1 – Sammelvorschüsse
Abschnitt 0

Buchungsstelle:	9080 0000 04
Zweckbestimmung:	**Gegenbuchung zum Jahresabschluss**
	– Sammelvorschüsse –

Erläuterung:	Dieser Abschnitt ist nicht in Unterabschnitte unterteilt.
Jahresabschluss:	Gegenbuchung der Ist-Bestände VO des abgelaufenen Haushaltsjahres.
Kontrollnummer:	keine
Bewirtschafter:	Kassen

Abschnitt 1

Buchungsstelle:	9080 0000 12
Zweckbestimmung:	**Allgemeine Vorschüsse**
	– Sammelvorschüsse –

Erläuterung:	In diesem Abschnitt werden die allgemeinen Sammelvorschüsse gebucht. Der Abschnitt ist in Unterabschnitte unterteilt. Die Unterabschnitte können bei Kassen und Titelverwaltern weiter unterteilt werden. Die Unterteilung des Unterabschnitts SV1/77 (Auftragszahlungen über Zahlstellen) ist einheitlich vorgeschrieben und nur bei den Kassen eingerichtet.
Jahresabschluss:	Die Salden der offenen Vorschüsse werden in das nächste Haushaltsjahr übernommen.
Kontrollnummer:	keine
Bewirtschafter:	Kassen und Titelverwalter

Abschnitt 2

Buchungsstelle:	**9081 0000 11**
Zweckbestimmung:	**Allgemeine Vorschüsse**
	– Einzelvorschüsse –

Erläuterung:	In diesem Abschnitt werden die allgemeinen Einzelvorschüsse gebucht. Der Abschnitt ist in Unterabschnitte unterteilt. Die Unterabschnitte können bei Kassen und Titelverwalter weiter unterteilt werden.
Jahresabschluss:	Die Einzelbuchungen werden in das nächste Haushaltsjahr übertragen.
Kontrollnummer:	vorgeschrieben
Bewirtschafter:	Kassen und Titelverwalter

Abschnitt 3

Buchungsstelle:	**9081 0000 29**
Zweckbestimmung:	**Sockelbetrag Geldstelle**
	- Einzelvorschüsse -

Erläuterung:	In diesem Abschnitt sind Sockelbeträge der Geldstellen (Nr. 3.1 Abs. 5 ZBestB) zu buchen. Der Abschnitt ist nicht in Unterabschnitte unterteilt. Die Unterscheidung nach Geldstellen erfolgt anhand der Vorschusskontrollnummer. Nach Auflösung der Geldstelle ist der Vorschuss durch Einzahlung des Sockelbetrages wieder auszugleichen. Titelverwalter ist die Dienststelle, bei der die Geldstelle eingerichtet ist.
Jahresabschluss:	Die Einzelbuchungen werden in das nächste Haushaltsjahr übertragen.
Kontrollnummer:	vorgeschrieben, zur Kennzeichnung der einzelnen Geldstellen einer Dienststelle
Bewirtschafter:	Titelverwalter

Anlage 2 – Verwahrungsbuch

Abschnitt 0 bis Abschnitt 2 – Sammelverwahrungen
Abschnitt 0

Buchungsstelle:	**9070 0000 06**
Zweckbestimmung:	**Gegenbuchung zum Jahresabschluss**
	– Sammelverwahrungen –

Erläuterung:	Dieser Abschnitt ist nicht in Unterabschnitte unterteilt.
Jahresabschluss:	Gegenbuchung der Ist-Bestände VW des abgelaufenen Haushaltsjahres.
Kontrollnummer:	keine
Bewirtschafter:	Kassen

Abschnitt 1

Buchungsstelle:	**9070 0000 14**
Zweckbestimmung:	**Selbstbewirtschaftungsmittel**
	– Sammelverwahrungen –

Erläuterung:	Dieser Abschnitt ist in Unterabschnitte unterteilt (nicht aufgeführt). Für jeden zur Selbstbewirtschaftung zugelassenen Titel kann ein eigener Unterabschnitt eingerichtet werden. Bei der Zahlung und Buchung sind die besonderen Regelungen der Anlage 2 der Verfahrensrichtlinien für Mittelverteiler und Titelverwalter für das automatisierte Verfahren für das Haushalts-, Kassen- und Rechnungswesen des Bundes (VerfRiB-MV/TV-HKR) zu beachten.
Jahresabschluss:	Übernahme des Saldos der verfügbaren Ausgabemittel in das nächste Haushaltsjahr.
Kontrollnummer:	keine
Bewirtschafter:	Titelverwalter

Abschnitt 2 (frei)
Abschnitt 3

Buchungsstelle:	**9070 0000 30**
Zweckbestimmung:	**Entschädigungsfonds**
	– Sammelverwahrungen –

Erläuterung:	Dieser Abschnitt ist unterteilt (nicht aufgeführt).
Jahresabschluss:	Zum Jahresabschluss werden die Objektkonten des Entschädigungsfonds mit dem Saldo Null in das neue Haushaltsjahr vorgetragen. Etwaige „Rest"-Salden werden im begründeten Ausnahmefall auf das Sachbuchkonto
	031 14 508/01 80 6069
	automatisiert in das nächste Haushaltsjahr vorgetragen.
Kontrollnummer:	keine
Bewirtschafter:	Titelverwalter

Abschnitt 4

Buchungsstelle:	**9070 0000 48**
Zweckbestimmung:	**Allgemeine Verwahrungen**
	– Sammelverwahrungen –

Erläuterung:	In diesem Abschnitt werden die allgemeinen Sammelverwahrungen gebucht. Der Abschnitt ist in Unterabschnitte unterteilt. Die Unterabschnitte können bei Kassen und Titelverwaltern weiter unterteilt werden.
Jahresabschluss:	Die Salden der offenen Verwahrungen werden in das nächste Haushaltsjahr vorgetragen.
Kontrollnummer:	keine
Bewirtschafter:	Kassen und Titelverwalter

Abschnitt 5

Buchungsstelle:	**9071 0000 47**
Zweckbestimmung:	**Allgemeine Verwahrungen**
	– Einzelverwahrungen –

Erläuterung:	In diesem Abschnitt werden die allgemeinen Einzelverwahrungen gebucht. Der Abschnitt ist in Unterabschnitte unterteilt. Die Unterabschnitte können bei Kassen und Titelverwaltern weiter unterteilt werden.
Jahresabschluss:	Die Einzelbuchungen werden in das nächste Haushaltsjahr übertragen.
Kontrollnummer:	vorgeschrieben
Bewirtschafter	Kasse und Titelverwalter

Abschnitt 6

Buchungsstelle:	9070 0000 89
Zweckbestimmung:	Sondervermögen
	– Sammelverwahrungen –

Erläuterung:	In diesem Abschnitt sind ausschließlich Zahlungen für Sondervermögen zu buchen. Der Abschnitt ist in Unterabschnitte unterteilt. Die Unterabschnitte können bei Titelverwaltern weiter unterteilt werden.
Jahresabschluss.	Übernahme des Saldos der verfügbaren Ausgabemittel in das neue Haushaltsjahr.
Kontrollnummer:	keine
Bewirtschafter:	Titelverwalter

Objektkonto:	02 97 1601 (9070 0000 89)
Kurzbezeichnung:	VSIB
Zweckbestimmung:	Verwahrungsbuch – Abschnitt 6 – Unterabschnitt 1 (SW6/1) – Vorsorge für Schlusszahlungen für inflationsindexierte Bundeswertpapiere –

Objektkonto:	02 52 4357 (9070 0000 48) – von SW4/64
Kurzbezeichnung:	b.arb
Zweckbestimmung:	Verwahrungsbuch – Abschnitt 6 – Unterabschnitt 2 (SW6/2) Verwahrungen – Bundestreuhandvermögen für den Bergarbeiterwohnungsbau –

Abschnitt 7

Buchungsstelle:	9070 0000 97

Zweckbestimmung:	**Kassengeschäfte für Dritte und durchlaufende Gelder**
	– Sammelverwahrungen –

Erläuterung:	In diesem Abschnitt sind ausschließlich Kassenge- schäfte für Dritte zu buchen. Der Abschnitt ist in Unterabschnitte unterteilt. Die Unterabschnitte können bei Titelverwaltern weiter unterteilt wer- den. Die Frist für den Ausgleich der Konten ist auf- gehoben.
Jahresabschluss:	Übernahme des Saldos der verfügbaren Ausgabe- mittel in das neue Haushaltsjahr.
Kontrollnum- mer:	keine
Bewirtschafter:	Titelverwalter

Abschnitt 8

Buchungsstelle:	**9071 0000 96**
Zweckbestimmung:	**Kassengeschäfte für Dritte und durchlaufende Gelder**
	– Einzelverwahrungen –

Erläuterung:	In diesem Abschnitt sind ausschließlich Kassenge- schäfte für Dritte zu buchen. Der Abschnitt ist in Unterabschnitte unterteilt. Die Unterabschnitte können bei Titelverwaltern weiter unterteilt wer- den. Die Frist für den Ausgleich der Konten ist auf- gehoben.
Jahresabschluss:	Die Einzelbuchungen werden in das nächste Haus- haltsjahr übertragen.
Kontrollnum- mer:	vorgeschrieben
Bewirtschafter:	Titelverwalter

Zu § 61 (Interne Verrechnungen)

1 Zu den Internen Verrechnungen innerhalb der Bundesverwaltung zählen nur solche, die zwischen Dienststellen der unmittelbaren Bundesverwaltung vorgenommen werden; § 61 Abs. 3 Satz 1 bleibt unberührt.

2 Bei der Abgabe von Vermögensgegenständen im Sinne von § 61 ist zwischen dauernden und vorübergehenden Abgaben zu unterscheiden. Eine dauernde Abgabe (§ 61 Abs. 1 bis 3) liegt vor, wenn die abzugebenden Vermögensgegenstände in das Verwaltungsvermögen der empfangenden Dienststelle übergehen. Eine vorübergehende Abgabe (§ 61 Abs. 4) liegt vor, wenn die abzugebenden Vermögensgegenstände im Verwaltungsvermögen der abgebenden Dienststelle oder im Allgemeinen Sachvermögen verbleiben.

3 Aufwendungen im Sinne von § 61 Abs. 1 Satz 2 sind die zusätzlichen Ausgaben, die der ersuchten Dienststelle in Ausführung der Leistung unmittelbar entstanden sind. Der sonstige Verwaltungsaufwand der ersuchten Dienststelle zählt nicht zu den Aufwendungen für die übernommene Leistung.

4 Eine Erstattung unterbleibt, wenn der Wert der abzugebenden Vermögensgegenstände einen Betrag von 50000 Euro im Einzelfall oder die Höhe der Aufwendungen einen Betrag von 2500 Euro bei einmaligen Leistungen oder einen Jahresbetrag von 2500 Euro bei fortdauernden Leistungen nicht überschreitet; § 61 Abs. 3 Satz 1 bleibt unberührt. Satz 1 ist nicht anzuwenden auf Erzeugnisse und sonstige Bestandteile einer Sache (Holz und andere Forsterzeugnisse, Kies, Sand usw.), die von einer Dienststelle der unmittelbaren Bundesverwaltung nach erwerbswirtschaftlichen Zielsetzungen gewonnen werden.

5 Wegen des Begriffs „voller Wert" wird auf Nr. 2 zu § 63 Bezug genommen. Bei der Wertermittlung ist ein unangemessener Verwaltungsaufwand zu vermeiden.

6 In Fällen des § 61 Abs. 4 (vorübergehende Abgabe) ist „Wert" im Sinne der Nr. 4 der jährliche Miet- oder Pachtwert.

Zu § 63 (Erwerb und Veräußerung von Vermögensgegenständen)

1 Die Veräußerung von Vermögensgegenständen und die Überlassung der Nutzung von Vermögensgegenständen kann mit Bedingungen oder Auflagen verbunden werden; gegebenenfalls sind entsprechend den VV zu § 44 die zweckentsprechende Verwendung, der Verwendungsnachweis und die Prüfungsrechte der Verwaltung und des Bundesrechnungshofs zu regeln.

2 Der volle Wert wird durch den Preis bestimmt, der im gewöhnlichen Geschäftsverkehr nach der Beschaffenheit des Gegenstandes bei einer Veräußerung zu erzielen wäre; dabei sind alle Umstände, die den Preis beeinflussen, nicht jedoch ungewöhnliche oder persönliche

Verhältnisse, zu berücksichtigen. Ist ein Marktpreis feststellbar, bedarf es keiner besonderen Wertermittlung. § 64 Abs. 3 bleibt unberührt.

3   Ausnahmen nach § 63 Abs. 3 Satz 3 bei geringem Wert lässt das Bundesministerium der Finanzen allgemein zu, soweit der volle Wert der Vermögensgegenstände im Einzelfall den Betrag von 25000 Euro nicht übersteigt. Die obersten Bundesbehörden können für ihren Geschäftsbereich nähere Regelungen treffen.

4   Eine Ausnahme nach § 63 Abs. 3 Satz 3 bei Vorliegen eines dringenden Bundesinteresses kann das Bundesministerium der Finanzen nur zulassen, wenn die Veräußerung für den Bund dringlich ist und nicht bis zum nächsten Haushaltsplan oder Nachtragshaushalt zurückgestellt werden kann.

5   Auf die Überlassung der Nutzung eines Vermögensgegenstandes (§ 63 Abs. 4) sind die Nrn. 3 und 4 entsprechend anzuwenden mit der Maßgabe, dass es sich in den Fällen der Nr. 3 bei dem Betrag von 25000 Euro um einen Jahresbetrag handelt. Als geeignete Instrumente zur Wertermittlung kommen die Arbeitsanleitung Einführung in Wirtschaftlichkeitsuntersuchungen, die Personalkostensätze für Kostenberechnungen/Wirtschaftlichkeitsuntersuchungen, eine Zuschlagskalkulation auf Basis einer Kosten- und Leistungsrechnung oder eine Berechnung nach dem Bundesgebührengesetz in Betracht. Vom Anwendungsbereich sind auch Dienstleistungen umfasst, die mit Hilfe der Infrastruktur von Behörden des Bundes für Dritte erbracht werden. Der volle Wert einer Dienstleistung ist auf Grundlage einer Vollkostenrechnung zu ermitteln.

6   Zu Grundstücken vgl. Sonderregelungen zu § 64.

7   Zu Beteiligungen an privatrechtlichen Unternehmen vgl. Sonderregelungen zu § 65.

8   Ersatzbeschaffungen von Kraftfahrzeugen dürfen nur vorgenommen werden, wenn die Notwendigkeit der Aussonderung des bisherigen Fahrzeugs durch das Gutachten einer oder eines kraftfahrtechnischen Sachverständigen aus dem Geschäftsbereich des Bundesministeriums der Finanzen, in den Bereichen des Bundesministeriums des Innern, des Bundesministeriums der Verteidigung und des Bundesministeriums für Verkehr, Bau und Stadtentwicklung durch das Gutachten der oder des jeweils für den Bereich des betreffenden Ministeriums zuständigen kraftfahrtechnischen Sachverständigen festgestellt ist. Das Bundesministerium der Finanzen kann in besonderen Fällen Ausnahmen hiervon zulassen. Die Vorschriften über die Beschaffung, Aussonderung und Verwertung von Dienstkraftfahrzeugen werden vom Bundesministerium der Finanzen erlassen.

Zu § 64 (Grundstücke)

1. Zuständigkeitsregelung

(1) Das für das Bundesvermögen zuständige Bundesministerium im Sinne des § 64 ist das Bundesministerium der Finanzen.

(2) Die Bundesanstalt für Immobilienaufgaben nimmt die ihr nach dem Gesetz über die Bundesanstalt für Immobilienaufgaben (BImAG) übertragenen Aufgaben im Rahmen der Gesetze eigenverantwortlich wahr und bewirtschaftet das ihr zu Eigentum oder als Treuhänderin übertragene oder später zu Eigentum erworbene Grundvermögen nach den für sie entwickelten Grundsätzen, vertraglichen Bestimmungen, anstaltsinternen Regelwerken sowie aufsichtlichen Weisungen.

(3) Die Rechts- und Fachaufsicht über die Bundesanstalt richtet sich nach § 3 BImAG.

2. Wertgrenzen

Bei der Veräußerung von Grundstücken, deren voller Wert unterhalb der vom Bundesministerium der Finanzen festgesetzten Wertgrenzen liegt, wird auf die Mitwirkung nach § 64 Absatz 1 verzichtet (siehe Anlage A).

3. Einwilligung des Deutschen Bundestages und des Bundesrates

(1) Die Veräußerung von Grundstücken von erheblichem Wert oder besonderer Bedeutung bedarf nach § 64 Absatz 2 der Einwilligung des Deutschen Bundestages und des Bundesrates.

(2) Die Höhe des erheblichen Wertes sowie Einzelheiten zur Durchführung des parlamentarischen Verfahrens zur Einwilligung in die Veräußerung werden von Bundestag und Bundesrat bestimmt (siehe Anlage B).

(3) Von besonderer Bedeutung sind vor allem Veräußerungen von Grundstücken, an denen – ohne Rücksicht auf den Wert – ein besonderes parlamentarisches Interesse besteht oder erwartet wird.

4. Wertermittlung

Bei Aufstellung der Wertermittlungen sind die Verordnung über die Grundsätze für die Ermittlung der Verkehrswerte von Grundstücken (Immobilienwertermittlungsverordnung) sowie die zur Wertermittlung von Grundstücken ergangenen fachlichen Richtlinien[1] in der jeweils geltenden Fassung zu beachten.

5. Bestellung von dinglichen Rechten an Grundstücken einschließlich landesrechtlicher Baulasten

5.1 Entgeltlichkeit

Für die Bestellung ist ein Entgelt zu fordern, das dem vollen Wert im Sinn des § 63 Absatz 3 entspricht; dies ist mindestens die durch die Bestellung des Rechts eintretende Minderung des Verkehrswertes des belasteten Grundstücks.

5.2 Mitwirkungsverzicht

Das Bundesministerium der Finanzen verzichtet auf seine Mitwirkung, wenn

– die Eintragung des dinglichen Rechts rechtlich erzwungen werden könnte (z.B. durch Anschluss- und Benutzungszwang),
– es sich um die Erschließung anstaltseigener Grundstücke handelt.

– Anlage A –

(1) Für die Veräußerung von Grundstücken mit einem Wert von bis zu 500000 Euro verzichtet das Bundesministerium der Finanzen auf seine Mitwirkung, wenn nicht eine der im Absatz 3 aufgeführten Ausnahmen vorliegt.

(2) Für die Wertgrenze von 500000 Euro ist der volle Wert nach § 63 Absatz 3 Satz 1 maßgebend; durch Haushaltsvermerk zugelassene Preisnachlässe bleiben außer Betracht.

(3) Die Einwilligung des Bundesministeriums der Finanzen ist ohne Rücksicht auf die Höhe des Wertes in folgenden Fällen stets erforderlich:

   a) Veräußerung der ersten Teilfläche aus ehemaligen Kasernen, Übungsplätzen, Munitionsanstalten oder ähnlichen Liegenschaften oder Liegenschaften, aus denen künftig Einzelverkäufe mit einem vollen Wert von über 500000 Euro in Betracht kommen. Der Mitwirkung des Bundesministeriums der Finanzen bedarf es nicht, wenn es sich um die Veräußerung von wenig bedeutsamen

---

1 Amtliche Fußnote: Insbesondere die Richtlinien für die Ermittlung der Verkehrswerte (Marktwerte) von Grundstücken (WertR), die Richtlinien für die Ermittlung und Prüfung des Verkehrswerts von Waldflächen und für Nebenentschädigungen (WaldR), die Richtlinien für die Ermittlung des Verkehrswertes landwirtschaftlicher Grundstücke und Betriebe, anderer Substanzverluste (Wertminderung) und sonstiger Vermögensnachteile (LandR), die Richtlinie zur Ermittlung des Vergleichswerts und des Bodenwerts (Vergleichswertrichtlinie VW-RL), die Richtlinie zur Ermittlung des Sachwerts (Sachwertrichtlinie SW-RL) und die Bearbeitungshinweise zur Ermittlung des Verkehrswerts von Grundstücken mit Ziergehölzen (Schutz- und Gestaltungsgrün).

Teilflächen aus den genannten Liegenschaften für Erschließungs-maßnahmen oder Grenzbereinigungen handelt und die Restlie-genschaft für Aufgaben des Bundes für eine nicht absehbare Zeit benötigt wird (z.B. Dienstgrundstücke; Grundstücke, die Woh-nungsfürsorgezwecken des Bundes dienen),

b) Veräußerung von Grundstücken, die eine besondere Bedeutung haben. Von besonderer Bedeutung sind Grundstücke mit erhebli-chen künstlerischem, geschichtlichen oder kulturellem Wert; da-rüber hinaus ist eine „besondere Bedeutung" dann gegeben, wenn sonstige wichtige öffentliche Belange berührt werden,

c) Veräußerung von Grundstücken, soweit die Veräußerung wegen der Person des Erwerbers oder der Verwendungsabsicht von grundsätzlicher oder allgemeinpolitischer Bedeutung ist,

d) Veräußerung von Grundstücken, auf denen sich ein Hoch- oder Tiefbunker befindet, der noch nicht aus der Zivilschutzbindung entlassen ist,

e) Veräußerung von Grundstücken unter dem vollen Wert nach § 63 Absatz 3 (geringer Wert, dringendes Bundesinteresse), und die Übertragung des Eigentums an Grundstücken unter dem vollen Wert aufgrund entsprechender vertraglicher oder gesetzlicher Verpflichtung (z.B. Wiederkaufsrecht, Rückenteignungsrecht),

f) Veräußerung von Grundstücken an Angehörige der Bundesfi-nanzverwaltung sowie deren Ehegatten; gleichgestellt sind Ange-hörige der Landesfinanzverwaltungen in der Ministerial- und Mittelinstanz sowie deren Ehegatten.

– Anlage B –

(1) Für die Veräußerung von Grundstücken mit einem Wert ab 15 Mio. Euro („erheblicher Wert") ist die Einwilligung des Haushaltsaus-schusses des Deutschen Bundestages sowie die Einwilligung des Fi-nanzausschusses des Bundesrates einzuholen.

(2) Das Bundesministerium der Finanzen wird seine Zustimmung zur Veräußerung von Grundstücken mit einem Wert zwischen 5 Mio. Euro und 15 Mio. Euro von der Einwilligung der Berichter-statterinnen und Berichterstatter für den Einzelplan 08 bzw. das Ka-pitel 6004 abhängig machen.

(3) Über die Veräußerung von Grundstücken des Bundes mit einem Wert von 1,5 Mio. Euro bis 5 Mio. Euro legt das Bundesministerium der Finanzen dem Haushaltsausschuss des Deutschen Bundestages und dem Finanzausschuss des Bundesrates jährlich eine Übersicht über die veräußerten Grundstücke vor. Gleiches gilt für die Veräußerung von Grundstücken über 5 Mio. Euro bis 15 Mio. Euro.

(4) Für die Berechnung der Wertgrenzen ist der volle Wert nach § 63 Absatz 3 Satz 1 maßgebend; durch Haushaltsvermerk zugelassene Preisnachlässe bleiben außer Betracht.

(5) Änderungsbeschlüsse der zuständigen Gremien des Bundestages oder des Bundesrates zu den maßgeblichen Wertgrenzen oder dem Verfahren bei Veräußerungsfällen gehen den in den Absätzen 1 bis 3 getroffenen Regelungen vor.

Zu § 65 (Beteiligung an privatrechtlichen Unternehmen)

1   Unternehmen, Beteiligung

1.1   Der Begriff „Unternehmen" im Sinne der §§ 65 ff. setzt grundsätzlich weder eine eigene Rechtspersönlichkeit voraus (schließt z.B. auch Gesellschaften des bürgerlichen Rechts ein) noch einen gewerblichen oder sonstigen wirtschaftlichen Betrieb. Vereine, Genossenschaften und Stiftungen fallen nur dann unter den Begriff des Unternehmens, wenn ihr Gegenstand ein gewerblicher oder sonstiger wirtschaftlicher Betrieb ist oder einen solchen überwiegend umfasst. Maßgeblich ist die Einzelfallbetrachtung des Gesamtbildes. Bagatellgewerbe bleibt außer Betracht.

1.2   Unter Beteiligung ist jede kapitalmäßige, mitgliedschaftliche und ähnliche (Stiftung) Beteiligung zu verstehen, die eine Dauerbeziehung zu dem Unternehmen begründen soll. Ein Mindestanteil ist dafür nicht Voraussetzung.

2   Einwilligungsbedürftige Geschäfte

2.1   Zu den nach § 65 Abs. 2 einwilligungsbedürftigen Geschäften bei unmittelbaren Beteiligungen gehören u.a.

2.1.1   die Gründung einschließlich Mitgründung von Unternehmen,

2.1.2   die Ausübung von Bezugsrechten und der Verzicht auf die Ausübung von solchen Rechten,

2.1.3   die Auflösung eines Unternehmens,

2.1.4   der Abschluss, die wesentliche Änderung und die Beendigung von Beherrschungsverträgen,

2.1.5   die Umwandlung, die Verschmelzung, die Änderung der Rechtsform und die Einbringung in andere Unternehmen,

2.1.6   die Kapitalerhöhung aus Gesellschaftsmitteln sowie die Kapitalherabsetzung.
        Bei der Veräußerung von Anteilen sind im Übrigen die Bestimmungen des § 63 Abs. 2 bis 4 anzuwenden.

2.2   § 65 Abs. 3 erfasst die Fälle, in denen der Bund unmittelbar oder mittelbar in jeder Stufe mit Mehrheit an einem Unternehmen beteiligt ist und dieses Unternehmen eine Beteiligung von mehr als dem vierten Teil der Anteile eines anderen Unternehmens erwirbt, eine solche Beteiligung auf mehr als den vierten Teil der Anteile erhöht oder sie ganz oder zum Teil veräußert. Eine Mehrheitsbeteiligung des Bundes liegt auch vor, wenn der Bund,

Mehrheitsbeteiligungen des Bundes und bundesunmittelbare juristische Personen des öffentlichen Rechts zusammen mehr als 50 vom Hundert des Grund- bzw. Stammkapitals halten. Die in Nr. 1.1 Satz 2 genannten juristischen Personen werden unabhängig von ihrer Einordnung als Unternehmen wie Mehrheitsbeteiligungen behandelt, wenn der Bund einen beherrschenden Einfluss ausübt. Im Übrigen ist Nr. 2.1 entsprechend anzuwenden.

2.3 Das zuständige Bundesministerium hat das Bundesministerium der Finanzen an seinen Erörterungen mit Unternehmen über Maßnahmen nach § 65 Abs. 3 zu beteiligen, sofern es sich nicht um Fragen von untergeordneter Bedeutung handelt.

2.4 Das für das Bundesvermögen zuständige Bundesministerium im Sinne des § 65 ist das Bundesministerium der Finanzen.

3 Mitglieder der Aufsichtsorgane

Die auf Veranlassung des Bundes gewählten oder von ihm entsandten Mitglieder der Aufsichtsorgane der Unternehmen sollen sich vor wichtigen Entscheidungen des Aufsichtsrats grundsätzlich über eine einheitliche Auffassung verständigen.

4 Einwilligung des Bundestages und des Bundesrates

4.1 § 65 Abs. 7 gilt für die Veräußerung einer unmittelbaren Beteiligung des Bundes. Er gilt auch für die Veräußerung an ein Unternehmen, an dem der Bund unmittelbar oder mittelbar beteiligt ist. Eine Veräußerung ist auch die Einbringung in ein Unternehmen.

4.2 Der Antrag an die gesetzgebenden Körperschaften auf Einwilligung zu einer Veräußerung wird vom Bundesministerium der Finanzen im Einvernehmen mit dem zuständigen Bundesministerium gestellt.

Zu § 66 (Unterrichtung des Bundesrechnungshofes)

1 Auf die Einräumung der Befugnisse des Bundesrechnungshofes ist insbesondere bei einer Änderung des Grundkapitals und der Beteiligungsverhältnisse hinzuwirken.

2 Auf die Einräumung der Befugnisse des Bundesrechnungshofes ist auch bei den Verhandlungen über die Gründung eines Unternehmens und über den Erwerb von Anteilen an einem Unternehmen hinzuwirken.

3 Als Fassung für die Satzung (Gesellschaftsvertrag) empfiehlt sich: „Der Bundesrechnungshof hat die Befugnisse aus § 54 Haushaltsgrundsätzegesetz". Erforderlichenfalls ist der Wortlaut dieser Vorschrift*) zu wiederholen.

*) **Anmerkung:** § 54 HGrG lautet:

„(1) In den Fällen des § 53 kann in der Satzung (im Gesellschaftsvertrag) mit Dreiviertelmehrheit des vertretenen Kapitals bestimmt werden, dass sich die Rechnungsprüfungsbehörde der Gebietskörperschaft zur Klärung von Fragen, die bei der Prüfung nach § 44 auftreten, unmittelbar unterrichten und zu diesem

Zweck den Betrieb, die Bücher und die Schriften des Unternehmens einsehen kann.

(2) Ein vor dem Inkrafttreten dieses Gesetzes begründetes Recht der Rechnungsprüfungsbehörde auf unmittelbare Unterrichtung bleibt unberührt."

Zu § 67 (Prüfungsrecht durch Vereinbarung)

1 Auf die Einräumung der Befugnisse aus den §§ 53 und 54 HGrG soll insbesondere bei einer Änderung des Grundkapitals und der Beteiligungsverhältnisse hingewirkt werden.

2 Auf die Einräumung der Befugnisse aus den §§ 53 und 54 HGrG soll auch bei den Verhandlungen über die Gründung eines Unternehmens und über den Erwerb von Anteilen an einem Unternehmen hingewirkt werden.

3 Als Fassung für die Satzung (Gesellschaftsvertrag) empfiehlt sich: „Die zuständigen Stellen der Bundesrepublik Deutschland haben die Befugnisse aus den §§ 53 und 54 des Haushaltsgrundsätzegesetzes." Erforderlichenfalls ist der Wortlaut dieser Vorschriften*) zu wiederholen.

*) **Anmerkung:**
§ 53 HGrG lautet:
„(1) Gehört einer Gebietskörperschaft die Mehrheit der Anteile eines Unternehmens in einer Rechtsform des privaten Rechts oder gehört ihr mindestens der vierte Teil der Anteile und steht ihr zusammen mit anderen Gebietskörperschaften die Mehrheit der Anteile zu, so kann sie verlangen, dass das Unternehmen

1. im Rahmen der Abschlussprüfung auch die Ordnungsmäßigkeit der Geschäftsführung prüfen lässt,
2. die Abschlussprüfer beauftragt, in ihrem Bericht auch darzustellen
a) die Entwicklung der Vermögens- und Ertragslage sowie die Liquidität und Rentabilität der Gesellschaft,
b) verlustbringende Geschäfte und die Ursachen der Verluste, wenn diese Geschäfte und die Ursachen für die Vermögens- und Ertragslage von Bedeutung waren,
c) die Ursachen eines in der Gewinn- und Verlustrechnung ausgewiesenen Jahresfehlbetrages;
3. ihr den Prüfungsbericht der Abschlussprüfer und, wenn das Unternehmen einen Konzernabschluss aufzustellen hat, auch den Prüfungsbericht der Konzernabschlussprüfer unverzüglich nach Eingang übersendet.

(2) Für die Anwendung des Absatzes 1 rechnen als Anteile der Gebietskörperschaft auch Anteile, die einem Sondervermögen der Gebietskörperschaft gehören. Als Anteile der Gebietskörperschaft gelten ferner Anteile, die Unternehmen gehören, bei denen die Rechte aus Absatz 1 der Gebietskörperschaft zustehen."
§ 54 HGRG lautet:
„(1) In den Fällen des § 53 kann in der Satzung (im Gesellschaftsvertrag) mit Dreiviertelmehrheit des vertretenen Kapitals bestimmt werden, dass sich die Rechnungsprüfungsbehörde der Gebietskörperschaft zur Klärung von Fragen, die bei der Prüfung nach § 44 auftreten, unmittelbar unterrichten und zu diesem Zweck den Betrieb, die Bücher und die Schriften des Unternehmens einsehen kann.

(2) Ein vor dem Inkrafttreten dieses Gesetzes begründetes Recht der Rechnungsprüfungsbehörde auf unmittelbare Unterrichtung bleibt unberührt."

Zu § 68 (Zuständigkeitsregelungen)

1 Das zuständige Bundesministerium soll von den Befugnissen nach
§ 53 HGrG Gebrauch machen.

2 Das zuständige Bundesministerium soll im Interesse einer vollständigen, einheitlichen und vergleichbaren Prüfung und Berichterstattung darauf hinwirken, dass die Unternehmen, die der Prüfung nach
§ 53 Abs. 1 HGrG unterliegen, die in der Anlage enthaltenen
„Grundsätze für die Prüfung von Unternehmen nach § 53 Haushaltsgrundsätzegesetz" den Abschlussprüferinnen bzw. Abschluss-
prüfern zur Verfügung stellen.

3 Das Einvernehmen mit dem Bundesrechnungshof über die Wahl oder
Bestellung der Prüferin bzw. des Prüfers nach § 53 Abs. 1 HGrG ist
vor der Abgabe der Erklärung in den zuständigen Unternehmensor-
ganen herbeizuführen.

4 Das für das Bundesvermögen zuständige Bundesministerium im
Sinne des § 68 ist das Bundesministerium der Finanzen.

Anlage zur VV Nr. 2 zu § 68 BHO

**Grundsätze für die Prüfung von Unternehmen nach § 53
Haushaltsgrundsätzegesetz**

I. **Allgemeines**
Die Prüfung von Unternehmen, an denen der Bund oder die Länder mit Mehrheit beteiligt sind, ist durch das „Gesetz über die
Grundsätze des Haushaltsrechts des Bundes und der Länder
(Haushaltsgrundsätzegesetz – HGrG)" vom 19. August 1969
(BGBl. I S. 1273) geregelt. § 53 HGrG räumt den Gebietskörperschaften unter bestimmten Voraussetzungen Rechte ein, die über
diejenigen hinausgehen, die den Gesellschaftern nach den Vorschriften des Handelsgesetzbuches zustehen. Gemäß § 49 HGrG
gilt § 53 HGrG für den Bund und die Länder einheitlich und unmittelbar. Die dem Bund und den Ländern danach zustehenden
Befugnisse sollen gemäß § 67 BHO/LHO unter den dort genannten
Voraussetzungen im Übrigen auch für die Unternehmen vereinbart
werden, an denen der Bund bzw. die Länder nicht mit Mehrheit
beteiligt sind.

§ 53 HGrG lautet:

„Rechte gegenüber privatrechtlichen Unternehmen

(1) Gehört einer Gebietskörperschaft die Mehrheit der Anteile eines Unternehmens in einer Rechtsform des privaten Rechts oder
gehört ihr mindestens der vierte Teil der Anteile und steht ihr zusammen mit anderen Gebietskörperschaften die Mehrheit der Anteile zu, so kann sie verlangen, dass das Unternehmen

1. im Rahmen der Abschlussprüfung auch die Ordnungsmäßigkeit der Geschäftsführung prüfen lässt;

2. die Abschlussprüfer beauftragt, in ihrem Bericht auch darzustellen

   a) die Entwicklung der Vermögens- und Ertragslage sowie die Liquidität und Rentabilität der Gesellschaft,

   b) verlustbringende Geschäfte und die Ursachen der Verluste, wenn diese Geschäfte und die Ursachen für die Vermögens- und Ertragslage von Bedeutung waren,

   c) die Ursachen eines in der Gewinn- und Verlustrechnung ausgewiesenen Jahresfehlbetrages;

3. ihr den Prüfungsbericht der Abschlussprüfer und, wenn das Unternehmen einen Konzernabschluss aufzustellen hat, auch den Prüfungsbericht der Konzernabschlussprüfer unverzüglich nach Eingang übersendet.

(2) Für die Anwendung des Absatzes 1 rechnen als Anteile der Gebietskörperschaft auch Anteile, die einem Sondervermögen der Gebietskörperschaft gehören. Als Anteile der Gebietskörperschaft gelten ferner Anteile, die Unternehmen gehören, bei denen die Rechte aus Absatz 1 der Gebietskörperschaft zustehen."

Die Gebietskörperschaften müssen sich demnach mit ihrem Verlangen grundsätzlich über die Geschäftsleitung an das Unternehmensorgan wenden, das die Abschlussprüferin bzw. den Abschlussprüfer beauftragt. Dieses ist seinerseits verpflichtet, der Abschlussprüferin bzw. dem Abschlussprüfer einen entsprechenden Prüfungsauftrag zu erteilen.

Mit der erweiterten Aufgabenstellung nach § 53 HGrG (erweiterte Prüfung und Berichterstattung) ist keine Erweiterung der Funktion der Prüferin bzw. des Prüfers verbunden. Der Prüferin bzw. dem Prüfer werden dadurch insbesondere keine Aufsichtsfunktionen eingeräumt, diese obliegen den dafür zuständigen Institutionen (z.B. dem Aufsichtsrat). Aufgabe der Prüferin bzw. des Prüfers ist es, die Prüfung und Berichterstattung in dem in § 53 HGrG gezogenen Rahmen so auszugestalten, dass der Aufsichtsrat, das zuständige Ministerium und der Rechnungshof sich auf Grund des Berichts ein eigenes Urteil bilden und ggf. die erforderlichen Maßnahmen ergreifen können.

Soweit zu dem zu prüfenden Sachverhalt eine abschließende Stellungnahme nicht möglich ist, sollte die Prüferin bzw. der Prüfer hierauf hinweisen und sich auf die Darstellung des Tatbestandes im Prüfungsbericht beschränken.

Zur Berichtspflicht gemäß § 53 HGrG gehört die Berichterstattung über die Bezüge der leitenden Angestellten sowie über die Vergütung der Mitglieder der Geschäftsleitung und des Überwachungsorgans („Bezügebericht").

II. **Prüfung und Berichterstattung nach § 53 Abs. 1 Nr. 1 HGrG**

Da die handelsrechtliche Abschlussprüfung grundsätzlich keine Prüfung der Geschäftsführung beinhaltet, führt eine Prüfung der Ordnungsmäßigkeit der Geschäftsführung nach § 53 Abs. 1 Nr. 1 HGrG im Prinzip zu einer nicht unwesentlichen Erweiterung des Prüfungsumfangs gegenüber § 317 HGB.

Dabei ist zu beachten, dass § 53 Abs. 1 Nr. 1 HGrG nicht eine Prüfung der gesamten Geschäftsführung der Gesellschaft verlangt. Vielmehr ergibt sich eine Einschränkung des Prüfungsumfangs schon daraus, dass als Prüfungsobjekt nicht die Geschäftsführung im Ganzen, sondern die Frage ihrer „Ordnungsmäßigkeit" angesprochen wird.

Den Maßstab für die Ordnungsmäßigkeit der Geschäftsführung bilden die Vorschriften des § 93 Abs. 1 Satz 1 AktG bzw. § 43 Abs. 1 GmbHG, nach denen die Vorstandsmitglieder bzw. Geschäftsführerinnen oder Geschäftsführer die Sorgfalt einer ordentlichen und gewissenhaften Geschäftsleiterin bzw. eines ordentlichen und gewissenhaften Geschäftsleiters anzuwenden haben. Die Prüferin bzw. der Prüfer hat festzustellen, ob die Geschäfte der Gesellschaft im abgelaufenen Geschäftsjahr mit der erforderlichen Sorgfalt, d.h. auch mit der gebotenen Wirtschaftlichkeit, und in Übereinstimmung mit den Gesetzen, der Satzung, den Beschlüssen der Haupt- oder Gesellschafterversammlung, des Aufsichtsrats und seiner Ausschüsse sowie der Geschäftsordnung für den Vorstand geführt worden sind.

Insbesondere soll in diesem Zusammenhang geprüft werden, ob ungewöhnliche, risikoreiche oder nicht ordnungsgemäß abgewickelte Geschäftsvorfälle und erkennbare Fehldispositionen vorliegen. Auch ist besonders zu untersuchen, ob die Art der getätigten Geschäfte durch die Satzung gedeckt ist und ob eine nach der Satzung, der Geschäftsordnung oder einem Beschluss des Aufsichtsrats erforderliche Zustimmung eingeholt wurde.

Es ist nicht Aufgabe der Prüfung der Ordnungsmäßigkeit der Geschäftsführung, den Entscheidungsprozess in seinen Einzelheiten zu prüfen. Es kommen nur wesentliche, grobfehlsame oder missbräuchliche kaufmännische Ermessensentscheidungen oder vergleichbare Unterlassungen in Betracht. Es ist zu untersuchen, ob durch geeignete organisatorische Vorkehrungen sichergestellt ist, dass die Geschäftsführungsentscheidungen ordnungsgemäß getroffen und durchgeführt werden können. In diesem Rahmen kann zur Prüfung auch eine Beschäftigung mit den Grundzügen der Unternehmensorganisation gehören; ggf. sind Anregungen zu einer

Organisationsprüfung zu geben. Weiterhin kann es im Hinblick auf die ordnungsmäßige Bildung und sachgerechte Durchführung der Entscheidungen notwendig sein, das interne Kontrollsystem in einem weitergehenden Umfang zu prüfen, als dies bei der Abschlussprüfung der Fall ist.

Die Prüfung der Ordnungsmäßigkeit der Geschäftsführung erfordert im Allgemeinen auch eine Prüfung größerer Investitionsprojekte hinsichtlich Genehmigung durch den Aufsichtsrat, vorliegender Wirtschaftlichkeitsrechnungen, Ordnungsmäßigkeit der Abwicklung einschließlich Vergabe, Überschreitungen u. dgl. Im Rahmen des § 53 HGrG wird in aller Regel eine stichprobenweise Prüfung als ausreichend angesehen werden können.

Die Prüfung der Verwendung der von der öffentlichen Hand zur Verfügung gestellten Mittel zum Zwecke der Feststellung, ob die Mittel zweckentsprechend, wirtschaftlich und sparsam verwendet worden sind, gehört nicht zum Prüfungsumfang nach § 53 HGrG. Für eine derartige Prüfung ist ein gesonderter Auftrag erforderlich. Wird jedoch im Rahmen der Abschlussprüfung eine nicht ordnungsmäßige Verwendung festgestellt, wird es in der Regel erforderlich sein, hierauf hinzuweisen, insbesondere wenn sich daraus Risiken ergeben.

Hinsichtlich der Berichterstattung über die Prüfung der Ordnungsmäßigkeit der Geschäftsführung enthält § 53 Abs. 1 Nr. 1 HGrG keine besondere Bestimmung. Sind Verstöße gegen die Ordnungsmäßigkeit der Geschäftsführung festgestellt worden, so ist entsprechend den allgemeinen Berichtsgrundsätzen und der Zielsetzung der Prüfung nach § 53 HGrG hierauf so einzugehen, dass der Berichtsleserin bzw. dem Berichtsleser eine entsprechende Würdigung des Sachverhalts möglich wird. Ist der Prüferin bzw. dem Prüfer im Einzelfall eine Wertung nicht möglich, so ist dies anzugeben und der in Frage stehende Sachverhalt im Bericht darzustellen. Im Allgemeinen gehört es nicht zum Inhalt dieser Ordnungsmäßigkeitsprüfung, dass die Prüferin bzw. der Prüfer auch zur Geschäftspolitik der Gesellschaft ein Urteil abgibt.

In die Berichterstattung werden – insoweit über die Anforderungen nach § 321 HGB hinausgehend – insbesondere die folgenden Punkte einzubeziehen sein:

1. Im Prüfungsbericht sollte angegeben werden, wie oft der Aufsichtsrat im Berichtsjahr zusammengetreten ist und ob der Vorstand ihm gemäß Gesetz oder Satzung berichtet hat. Soweit die Berichte nach den bei der Abschlussprüfung gewonnenen Erkenntnissen eine offensichtlich nicht zutreffende Darstellung enthalten, ist auch hierüber zu berichten.

2. Im Prüfungsbericht sollte darauf eingegangen werden, ob das Rechnungswesen den besonderen Verhältnissen des Unterneh-

mens angepasst ist. Gegebenenfalls ist auch zu speziellen Gebieten der Kostenrechnung (Betriebsabrechnung, Vor- und Nachkalkulation) Stellung zu nehmen.

3. Ferner ist darzulegen, ob bei der Größe des Unternehmens eine interne Revision erforderlich ist. Soweit sie vorhanden ist, ist auf ihre Besetzung und ihre Tätigkeit im Berichtsjahr sowie kurz darauf einzugehen, ob sie für das Unternehmen ausreichend ist.

4. Bestehen auf Grund der wirtschaftlichen Verhältnisse des Unternehmens Bedenken gegen den Gewinnverwendungsvorschlag, so ist hierauf hinzuweisen.

5. Wurde bei der Prüfung festgestellt, dass getätigte Geschäfte nicht durch die Satzung gedeckt sind oder dass eine nach der Satzung, der Geschäftsordnung oder nach einem Beschluss des Aufsichtsrats erforderliche Zustimmung nicht beachtet wurde, so ist darüber zu berichten.

6. Ungewöhnliche, risikoreiche oder nicht ordnungsgemäß abgewickelte Geschäftsvorfälle sowie erkennbare Fehldispositionen und wesentliche Unterlassungen sind besonders darzustellen.

7. Im Allgemeinen kann sich die Berichterstattung über die Ordnungsmäßigkeit der geprüften Investitionen auf Feststellungen beschränken, ob sich die Investitionen und ihre Finanzierung im Rahmen der Aufsichtsratsbewilligungen halten, aussagefähige Wirtschaftlichkeitsrechnungen durchgeführt, Konkurrenzangebote in ausreichendem Umfang eingeholt worden sind und eine ordnungsmäßige Abrechnungskontrolle vorliegt. Außerdem sind die Grundsätze darzulegen, nach denen die Aufträge, insbesondere die Bauaufträge, vergeben wurden.
Im Übrigen dürfte es wegen des Eigeninteresses vieler Unternehmen an einer umfangreicheren Darstellung der Investitionen, als dies nach § 53 HGrG erforderlich ist, zweckmäßig sein, den Umfang der Berichterstattung mit der Gesellschaft abzustimmen.

8. Bei Erwerb und Veräußerung einer Beteiligung sollte unter Auswertung der vorliegenden Unterlagen auch zur Angemessenheit der Gegenleistung Stellung genommen werden. Ferner ist zu berichten, ob ggf. die Zustimmungen der zuständigen Organe vorliegen.

9. Zu den Veräußerungserlösen bei Abgängen des Anlagevermögens ist in wesentlichen Fällen oder dann Stellung zu nehmen, wenn Bedenken gegen die Ordnungsmäßigkeit des Vorgangs bestehen.

10. Zu nach Art und Höhe ungewöhnlichen Abschlussposten ist Stellung zu nehmen. So ist z.B. auf eine unangemessene Höhe

der Vorräte oder auf ungewöhnliche Bedingungen bei Forderungen und Verbindlichkeiten (Zinssatz, Tilgung, Sicherheiten) einzugehen.

11. Der Versicherungsschutz als solcher ist nicht Gegenstand der Prüfung. Gleichwohl ist auch darüber zu berichten, welche wesentlichen Versicherungen bestehen und ob eine Aktualisierung der versicherten Werte erfolgt. Ist für die Prüferin bzw. den Prüfer erkennbar, dass wesentliche, üblicherweise abgedeckte Risiken nicht versichert sind, so ist auch hierüber zu berichten. In allen Fällen ist darauf hinzuweisen, dass eine Prüfung der Angemessenheit und Vollständigkeit des Versicherungsschutzes nicht stattgefunden hat, sondern einer bzw. einem versicherungstechnischen Sachverständigen überlassen bleiben muss.

III. Prüfung und Berichterstattung nach § 53 Abs. 1 Nr. 2 HGrG
Neben der Prüfung der Ordnungsmäßigkeit der Geschäftsführung sieht § 53 Abs. 1 Nr. 2 HGrG ausdrücklich eine Berichterstattung über folgende Punkte vor:
a) die Entwicklung der Vermögens- und Ertragslage sowie die Liquidität und Rentabilität der Gesellschaft,
b) verlustbringende Geschäfte und die Ursachen der Verluste, wenn diese Geschäfte und die Ursachen für die Vermögens- und Ertragslage von Bedeutung waren,
c) die Ursachen eines in der Gewinn- und Verlustrechnung ausgewiesenen Jahresfehlbetrages.
Eine solche Berichterstattung ist ohne vorhergehende Prüfung nicht möglich. Die Aufgabenstellung überschneidet sich dabei teilweise sowohl mit der Abschlussprüfung (z.B. Darstellung der Entwicklung der Vermögens- und Ertragslage sowie der Liquidität und Rentabilität der Gesellschaft) als auch mit der Prüfung der Ordnungsmäßigkeit der Geschäftsführung (z.B. bei verlustbringenden Geschäften, die ihre Ursache in einer nicht ordnungsmäßigen Geschäftsführung haben).
Im Einzelnen ist hierzu zu bemerken:

1. § 321 Abs. 2 Satz 3 HGB, wonach die Posten des Jahresabschlusses aufzugliedern und ausreichend zu erläutern sind, führt in der Regel dazu, dass die Vermögens- und Ertragslage der Gesellschaft darzustellen ist. In diesem Rahmen wird im Allgemeinen auch auf die Liquidität und Rentabilität eingegangen, wobei der Umfang der Ausführungen im Wesentlichen von der Lage der Gesellschaft abhängt. Den in § 53 Abs. 1 Nr. 2 Buchstabe a HGrG gestellten Anforderungen wird mit dieser berufsüblichen Darstellung im Allgemeinen entsprochen. Gegebenenfalls ist die finanzielle Entwicklung während des Berichtsjahres zu erläutern, z.B. in Form einer

Kapitalflussrechnung. Ist mit wesentlichen Veränderungen zu rechnen, so sind diese und ihre Auswirkungen auf die Liquidität darzustellen. Gemäß § 321 Abs. 1 HGB sind den Bestand des geprüften Unternehmens oder Konzerns gefährdende oder dessen Entwicklung wesentlich beeinträchtigende Tatsachen darzustellen. Dies ist vor allem dann von Bedeutung, wenn die ungünstige Entwicklung der wirtschaftlichen Lage des Unternehmens zu einer Inanspruchnahme öffentlicher Mittel führen kann.

Besondere Feststellungen können zu folgenden Punkten in Betracht kommen:

a) Im Rahmen der Darstellung der Entwicklung der Vermögenslage ist ggf. auch zur Angemessenheit der Eigenkapitalausstattung Stellung zu nehmen.

b) Die Höhe und die Entwicklung der stillen Reserven sind lediglich für wesentliche Beträge und nur dann darzustellen, wenn diese ohne Schwierigkeiten ermittelt werden können. In Betracht kommen z.B. Hinweise auf erhebliche steuerliche Sonderabschreibungen, auf bei Beteiligungen thesaurierte umfangreiche Gewinne, auf die Kurswerte von Wertpapieren und dgl. Soweit die Reserven bei einer Realisierung zu versteuern wären, ist hierauf hinzuweisen.

c) Im Rahmen der Darstellung der Entwicklung der Ertragslage sind das Betriebsergebnis und das außerordentliche Ergebnis zu erläutern. Sind die Ergebnisse erheblich durch einen Bewertungsmethodenwechsel oder durch Unterschiede zwischen Buchabschreibungen und kalkulatorischen Abschreibungen o. ä. beeinflusst, so ist dies zu erwähnen. Soweit Spartenrechnungen vorliegen, ist hierauf einzugehen. Aufwendungen und Erträge, die wegen ihrer Art oder ihrer Höhe bemerkenswert sind (z.B. nicht übliche Zinsen und Provisionen), sind im Bericht hervorzuheben. Wesentliche Unterschiede gegenüber dem Vorjahr sind zu erläutern.

Gegebenenfalls ist darzulegen, welche Maßnahmen zur Besserung der wirtschaftlichen Lage des Unternehmens von der Geschäftsleitung eingeleitet oder beabsichtigt sind.

2. Die verlustbringenden Geschäfte und ihre Ursachen sind nach dem Wortlaut des Gesetzes nur dann darzustellen, wenn sie für die Vermögens- und Ertragslage von Bedeutung waren. Demnach kommen in der Regel nur größere Verlustfälle in Betracht. Zu schildern sind die Geschäfte als solche sowie die wesentlichen für die Prüferin bzw. den Prüfer erkennbaren Ursachen. Dabei ist darauf einzugehen, ob es sich um von der Geschäftsführung beeinflussbare oder nicht beeinflussbare Ursachen handelt. Gegebenenfalls ist darauf hinzuweisen, weshalb derartige verlustbringende Geschäfte von der Gesellschaft abgeschlossen wurden oder ggf.

auch künftig weiter getätigt werden. Dabei kann es zweckmäßig sein, die Auffassung der Geschäftsführung über die Ursachen der Verluste im Bericht anzugeben; eine abweichende Auffassung des Prüfers ist zu vermerken.

3. Die Verluste werden im Allgemeinen der Kostenrechnung, insbesondere der Nachkalkulation, zu entnehmen sein. Im Bericht ist auch anzugeben, auf welcher Basis die Verluste ermittelt worden sind. Eine eingehende Prüfung der Unterlagen wird nur ausnahmsweise in Betracht kommen.

4. Die Ursachen eines ausgewiesenen Jahresfehlbetrages werden in der Regel durch die Darstellung der Entwicklung der wesentlichen Aufwendungen und Erträge sowie durch die Nennung einzelner größerer verlustbringender Geschäfte erkennbar sein.

IV. **Schlussbemerkung**

Sofern die Prüfung keine besonderen Feststellungen ergeben hat, könnte in die Schlussbemerkung etwa folgender Absatz aufgenommen werden:

> „Wir haben bei unserer Prüfung auftragsgemäß die Vorschriften des § 53 Abs. 1 Nr. 1 und 2 HGrG beachtet. Dementsprechend haben wir auch geprüft, ob die Geschäfte ordnungsgemäß, d.h. mit der erforderlichen Sorgfalt und in Übereinstimmung mit den einschlägigen handelsrechtlichen Vorschriften, den Satzungsbestimmungen und der Geschäftsordnung für den Vorstand geführt worden sind. Über die in dem vorliegenden Bericht enthaltenen Feststellungen hinaus hat unsere Prüfung keine Besonderheiten ergeben, die nach unserer Auffassung für die Beurteilung der Ordnungsmäßigkeit der Geschäftsführung von Bedeutung sind."

Enthält der Bericht wesentliche Feststellungen, die Bedenken gegen die Ordnungsmäßigkeit der Geschäftsführung begründen können, so ist auf sie in der Schlussbemerkung unter Anführung der entsprechenden Textziffer des Berichtes hinzuweisen. Das Gleiche gilt, wenn verlustbringende Geschäfte vorlagen, die im Bericht Anlass zu einer besonderen Erläuterung gegeben haben.

Zu § 69 (Unterrichtung des Bundesrechnungshofes)

1   Die Prüfung durch das für die Beteiligung zuständige Bundesministerium ist von Bediensteten durchzuführen, die nicht dem Aufsichtsrat oder einem entsprechenden Überwachungsorgan des Beteiligungsunternehmens im Prüfungszeitraum angehört haben. Diese Prüfung soll auch die Entwicklung im Konzern einbeziehen.

2   Die Mitteilung des zuständigen Bundesministeriums an den Bundesrechnungshof über das Ergebnis der Prüfung muss erkennen lassen:

2.1 Wie werden bedeutsame Vorgänge im abgelaufenen Geschäftsjahr, insbesondere Veränderungen der Unternehmensverträge, der Rechtsform, der Geschäftsfelder und der Beteiligungen, die Vermögens-, Finanz- und Ertragslage des Unternehmens sowie die voraussichtliche weitere Entwicklung beurteilt? Dies erfordert einen Vergleich der geplanten mit der tatsächlich eingetretenen Geschäftsentwicklung sowie eine Bewertung der Unternehmensstrategie und der Ausschüttungspolitik.

2.2 Bestehen Bedenken hinsichtlich der Vermögens- und Finanzlage des Unternehmens und welche Maßnahmen sind getroffen worden oder vorgesehen, um sie zu verbessern?

2.3 Sind die Geschäfte mit der erforderlichen Sorgfalt und der gebotenen Wirtschaftlichkeit geführt worden? Dabei sind Geschäfte außerhalb des Geschäftsgegenstandes besonders zu erwähnen.

2.4 Sind die Bezüge der Mitglieder der Geschäftsleitung als angemessen anzusehen?

2.5 Bestehen Bedenken gegen die Beschlüsse über die Gewinnverwendung und über die Entlastung des Vorstandes/der Geschäftsführerinnen bzw. Geschäftsführer und des Aufsichtsrates?

2.6 Ist der Erwerbs- oder Veräußerungspreis als angemessen anzusehen, falls Beteiligungen von dem Unternehmen erworben oder veräußert worden sind? Dabei sind dazu vorliegende Unterlagen (z.B. Gutachten) beizufügen.

2.7 In welchen Fällen sind die auf Veranlassung des zuständigen Bundesministeriums gewählten oder entsandten Mitglieder in den Überwachungsorganen überstimmt worden oder haben sich der Stimme enthalten und welche abweichende Meinung haben sie ggf. vertreten?

2.8 Was hat das zuständige Bundesministerium auf Grund seiner Prüfung veranlasst?

2.9 Besteht das wichtige Interesse des Bundes noch? Lässt sich der vom Bund mit der Beteiligung angestrebte Zweck besser und wirtschaftlicher auf andere Weise erreichen?

3 Prüfung und Mitteilung sollen auch die Vertretung der Bundesinteressen, insbesondere der Willensbildung außerhalb der Unternehmensorgane und Aussagen zur Zielerreichung umfassen.

4 Bei mittelbaren Beteiligungen können mit Zustimmung des Bundesrechnungshofes die Ausführungen zu den Nrn. 2 und 3 eingeschränkt werden, wenn die Darstellung der Konzernentwicklung ausreicht.

Verwaltungsvorschrift für Zahlungen, Buchführung und Rechnungslegung (§§ 70 bis 72 und 74 bis 80 BHO) – VV-ZBR BHO –

– Stand 1/2017 –

Inhaltsverzeichnis

tomatisierter Verfahren im
Haushalts-, Kassen- und
Rechnungswesen des Bundes
(GoBIT-HKR)

**Anlage 2: Zusätzliche Bestimmungen
für manuelle Verfahren**

1   Anordnungen

1.1   Anforderungen

1.1.1   Anordnungen sind erforderlich, um Einzahlungen anzunehmen, Auszahlungen zu leisten oder Buchungen vorzunehmen.
Die Anordnung ist das Ergebnis einer Abfolge von Entscheidungen, mit denen die Verantwortlichkeiten für die Richtigkeit
der anzunehmenden Einzahlung, der zu leistenden Auszahlung
oder der vorzunehmenden Buchung wahrgenommen werden.

1.1.2   An einer Anordnung, die zu einer Einzahlung oder einer Auszahlung führt, darf nicht nur eine Person allein beteiligt sein.
Ausnahmen sind unter Berücksichtigung von Nrn. 6.3 und 6.4
mit Einwilligung des Bundesministeriums der Finanzen möglich. Das Bundesministerium der Finanzen hat das Einvernehmen mit dem Bundesrechnungshof herbeizuführen.

1.1.3   Für die Anordnung zur Leistung oder zur Annahme einer Zahlung und zur Buchung sind Belege erforderlich, die Zweck und
Anlass für die Erstellung einer Anordnung zweifelsfrei erkennen lassen (begründende Unterlagen).

1.2   Verantwortlichkeiten

Die Verantwortlichkeiten erstrecken sich insgesamt darauf,
dass

1.2.1   die in der Anordnung und in den sie begründenden Unterlagen
enthaltenen und für die Zahlung und Buchung maßgebenden
Angaben vollständig und richtig sind,

1.2.2   nach den geltenden Vorschriften, insbesondere nach den
Grundsätzen der Wirtschaftlichkeit, verfahren worden ist.
Hierzu gehört, dass

1.2.2.1 die Lieferung oder Leistung als solche und auch die Art ihrer
Ausführung geboten war,

1.2.2.2 die Lieferung oder Leistung entsprechend der zugrunde liegenden Vereinbarung oder Bestellung sachgemäß und vollständig
ausgeführt worden ist,

1.2.2.3 Abschlagszahlungen, Vorauszahlungen, Pfändungen und Abtretungen vollständig und richtig berücksichtigt worden sind,

1.2.2.4 die übrigen haushaltsrechtlichen Voraussetzungen für die Zahlung vorliegen (z.B. Mittelverfügbarkeit) und

1.2.2.5 die Zahlung nach Rechtsgrund und Höhe richtig ermittelt worden ist.

1.3 Inhalt der Anordnung
Eine Anordnung muss mindestens enthalten

1.3.1 die Bezeichnung der mittelbewirtschaftenden Stelle,

1.3.2 die Bezeichnung der für die Zahlungen zuständigen Stelle,

1.3.3 ein Kennzeichen zur eindeutigen Identifizierung aller mit der Anordnung zusammenhängenden Informationen,

1.3.4 die Zahlungspartnerin oder den Zahlungspartner mit den für den Zahlungsverkehr notwendigen Angaben,

1.3.5 den Betrag mit Währungsbezeichnung,

1.3.6 die Kennzeichnung der Art der Anordnung (z.B. Mittelverteilung, Festlegung, Einzahlung, Auszahlung),

1.3.7 bei Abschlagszahlungen und deren Abrechnung (Schlusszahlung) ein entsprechendes Kennzeichen,

1.3.8 den Fälligkeitstag,

1.3.9 den Verwendungszweck,

1.3.10 die Buchungsstelle und das Haushaltsjahr,

1.3.11 den Bezug zu den begründenden Unterlagen und

1.3.12 die für Mahnung, Beitreibung und sonstige Verzugsfolgen notwendigen Angaben.

1.4 Abweichender Inhalt
Das Bundesministerium der Finanzen oder die von ihm ermächtigte Stelle kann bestimmen, dass einzelne Angaben nach Nr. 1.3 in Anordnungen nicht enthalten sein müssen, erst nach der Zahlung ergänzt werden oder zusätzliche Angaben in die Anordnung aufzunehmen sind. Soweit nach § 79 Abs. 24 erforderlich, ist das Einvernehmen mit dem Bundesrechnungshof herbeizuführen.

1.5 Änderung einer Anordnung
Ist eine Anordnung zu ändern oder zu stornieren, ist die sachliche und zeitliche Zuordnung zu der ursprünglichen Anordnung zu gewährleisten.

1.6 Ausgeschlossene Personen
Bei der Wahrnehmung von Verantwortlichkeiten sind die jeweils zutreffenden Bestimmungen über ausgeschlossene Personen und die Besorgnis der Befangenheit zu beachten (z.B. Verwaltungsverfahrensgesetz, SGB X, Abgabenordnung).

2 Zahlungen

2.1 Zahlungswege
Zahlungen sind durch

2.1.1 Überweisung,

2.1.2 Lastschriftverfahren,

2.1.3   Kartenzahlverfahren,

2.1.4   elektronische Zahlungssysteme,

2.1.5   Verrechnung
         anzunehmen oder zu leisten. In begründeten Ausnahmefällen
         kann die Zahlung bar, durch Zahlungsanweisung oder durch
         Scheck angenommen oder geleistet werden. Für Bargeld und
         Schecks gelten die Bestimmungen über die Behandlung von
         Zahlungsmitteln des Bundes (ZMBestB – Anlage 1 der Zahl-
         stellenbestimmungen des Bundes).

2.2   Konten bei Kreditinstituten

2.2.1   Konten bei Kreditinstituten dürfen nur für die für Zahlungen
         zuständigen Stellen und nur mit Einwilligung des Bundesmi-
         nisteriums der Finanzen eingerichtet werden.

2.2.2   Über die Konten bei Kreditinstituten darf nur von zwei Perso-
         nen der für Zahlungen zuständigen Stelle gemeinsam verfügt
         werden. Das Bundesministerium der Finanzen kann Ausnah-
         men zulassen, wenn besondere Sicherungsmaßnahmen getrof-
         fen werden.

2.3   Kartenzahlverfahren, elektronische Zahlungssysteme
         Der Einsatz und die Nutzung von Kartenzahlverfahren und
         elektronischen Zahlungssystemen bedürfen der Einwilligung
         des Bundesministeriums der Finanzen. Soweit erforderlich, ist
         das Einvernehmen mit dem Bundesrechnungshof herbeizufüh-
         ren.

2.4   Auszahlungen im Lastschriftverfahren
         Die für Zahlungen zuständige Stelle hat für Auszahlungen im
         Lastschriftverfahren auf Veranlassung der mittelbewirtschaf-
         tenden Stelle die Einzugsermächtigung (Lastschriftmandat) zu
         erteilen. Ihr sind die für die ordnungsgemäße Buchung der
         Zahlung erforderlichen Angaben mitzuteilen. Unberechtigten
         Auszahlungen hat sie unverzüglich zu widersprechen. Die
         Möglichkeit des Widerspruchs gegen eine bereits vorgenom-
         mene Lastschrift richtet sich nach den Bestimmungen des Kre-
         ditgewerbes über das Lastschriftverfahren. Das Nähere be-
         stimmt das Bundesministerium der Finanzen.

2.5   Überwachung von Einzahlungen

2.5.1   Die rechtzeitige und vollständige Entrichtung der Einzahlun-
         gen ist zu überwachen. Wird eine Einzahlung nicht rechtzeitig
         oder nicht vollständig entrichtet, so

2.5.1.1 ist die Schuldnerin oder der Schuldner zu mahnen und bei er-
         folgloser Mahnung die Einziehung des Betrages zu veranlassen,

2.5.1.2 sind die als Verzugsfolgen entstehenden Ansprüche (z.B.
         Mahngebühren, Verzugszinsen, Säumniszuschläge) zu erheben.

2.5.2   Einzahlungstag ist bei

2.5.2.1   Überweisung oder Lastschriftverfahren der Tag des Eingangs auf dem Konto der für Zahlungen zuständigen Stelle,

2.5.2.2   Kartenzahlverfahren oder elektronischen Zahlungssystemen der Tag der Akzeptanz,

2.5.2.3   Verrechnung im Wege der Aufrechnung der Tag, an dem sich die Forderungen aufrechenbar gegenüber stehen,

2.5.2.4   Zahlung in bar, durch Zahlungsanweisung oder durch Scheck der Tag der Übergabe, soweit gesetzlich nichts anderes bestimmt ist.

2.6   Einzahlungen bei fehlender Anordnung
Einzahlungen sind auch ohne Anordnung anzunehmen, sofern dem keine Gründe entgegenstehen. Die erforderliche Anordnung ist bei der zuständigen Stelle anzufordern.

2.7   Gegenleistungen für Zahlungen
Sofern die Einzahlung nicht gesichert ist (z.B. Basislastschriftverfahren, elektronische Zahlungssysteme, Übergabe von Schecks), darf eine Gegenleistung nur nach Abwägung des Ausfallrisikos erbracht werden.

3   Geldverwaltung, Abrechnung

3.1   Sollbestand und Istbestand
Der Unterschiedsbetrag zwischen allen gebuchten Einzahlungen und Auszahlungen (Sollbestand) muss beim Tagesabschluss (Nr. 4.4) der Summe aus dem Bestand an Bargeld und den Beständen auf den Konten bei Kreditinstituten unter Berücksichtigung der gebuchten, aber noch nicht gezahlten Beträge (Istbestand) entsprechen.

3.2   Verwaltung des Istbestandes
Der gesamte Istbestand des Bundes ist von der vom Bundesministerium der Finanzen bestimmten Stelle zentral zu verwalten.

3.3   Verstärkungen und Ablieferungen, Abrechnung
Die für Zahlungen zuständige Stelle hat täglich ihren Istbestand, soweit entbehrlich, abzuliefern oder bei Bedarf zu verstärken. Sie hat die Verwendung der Bestandsverstärkungen und der übrigen Einzahlungen mindestens monatlich nachzuweisen (Abrechnung). Das Nähere regelt das Bundesministerium der Finanzen im Einvernehmen mit dem Bundesrechnungshof.

3.4   Aufbewahrung von Bargeld und Schecks
Bargeld und Schecks sind sorgfältig und gegen den Zugriff Unberechtigter geschützt aufzubewahren.

3.5   Quittungen

3.5.1   Über jede Einzahlung in bar, durch Übergabe eines Schecks oder mittels Kartenzahlverfahren ist ein maschinell erstellter Kassenzettel und auf Verlangen eine Quittung (§ 368 BGB) auszuhändigen. Wird ein maschinelles Verfahren nicht eingesetzt, so ist eine Quittung zu erteilen. Die Quittungsvordrucke sowie die Regelungen über ihre Verwaltung und Verwendung bedürfen der Genehmigung des Bundesministeriums der Finanzen.

3.5.2   Über jede Auszahlung in bar, durch Übergabe eines Bar-Schecks oder mittels Kartenzahlverfahren ist eine Quittung zu verlangen. Bei Zug-um-Zug-Geschäften genügt der übliche Kassenzettel. Vor der Auszahlung oder Übergabe ist die Empfangsberechtigung festzustellen.

4   Buchführung, Belege, Abschlüsse, Rechnungslegung

4.1   Grundsätze

4.1.1   Die Buchführung und die Belegung der Buchungen richten sich nach kameralistischen Grundsätzen. Die revisionssichere und eindeutige Zuordnung zwischen Belegen und Buchung sichert die Beweiskraft der Buchführung. § 74 bleibt hiervon unberührt.

4.1.2   Die Erfordernisse des § 71 Abs. 1 Satz 1 sind erfüllt, wenn die Buchungen in der dort vorgesehenen Ordnung bis zum Ablauf der jeweiligen Aufbewahrungsfristen dargestellt werden können. Einer Speicherung in dieser Ordnung bedarf es dann nicht.

4.2   Buchführung

4.2.1   Die Buchführung hat insbesondere den Zweck

4.2.1.1   die einzelnen Maßnahmen bei der Ausführung des Haushaltsplans einschließlich der Anordnungen (Bewirtschaftungsvorgänge) und die Zahlungen geordnet aufzuzeichnen,

4.2.1.2   Grundlagen für die Rechnungslegung zu schaffen,

4.2.1.3   die Steuerung des Haushaltsvollzuges zu unterstützen und

4.2.1.4   Daten für die Haushaltsplanung, für die Kosten- und Leistungsrechnung sowie für das Controlling bereitzustellen.

4.2.2   Die Buchführung über die Bewirtschaftungsvorgänge ist mit den im Zusammenhang mit der Anordnung gespeicherten Daten (Nr. 1.3 bis Nr. 1.5 und Nr. 6.5.2) vollzogen.

4.2.3   Bei der Buchführung über Zahlungen sind mindestens aufzuzeichnen

4.2.3.1   das Kennzeichen nach Nr. 1.3.3,

4.2.3.2   der Betrag,

4.2.3.3   der Einzahlungstag,

4.2.3.4   der Buchungstag,

4.2.3.5   das Merkmal, das die für die Buchung verantwortliche Person eindeutig bezeichnet.

4.2.4   Werden in automatisierten Verfahren Bewirtschaftungsvorgänge und Zahlungen einzeln aufgezeichnet, so sind Verdichtungsergebnisse als Beitrag für die Abschlüsse und die Rechnungslegung zu erbringen.

4.3   Belege

Ein Beleg ist eine Unterlage in elektronischer Form oder Papierform, in oder auf der ein Geschäftsvorfall und die Auswirkungen, die seine Buchung auslösen, beschrieben sind. Belege im Sinne der VV sind auch die in einem automatisierten Verfahren erzeugten Protokolle, Nachweisungen und Arbeitsablaufunterlagen sowie

4.3.1   Tagesabschlüsse, Anschreibungen und die dazugehörigen Unterlagen bei den für Zahlungen zuständigen Stellen,

4.3.2   Kontogegenbücher mit Belegen und Zahlungsnachweisungen und ggf. weitere von den für Zahlungen zuständigen Stellen zu führende Bücher und

4.3.3   Anordnungen und Anschreibungen über die Annahme und Auslieferung von Wertgegenständen (Nr. 7).

4.4   Tagesabschluss

4.4.1   Zur Kontrolle der Buchführung hat die für Zahlungen zuständige Stelle einen Tagesabschluss zu erstellen. Hierzu sind der Sollbestand und der Istbestand zu ermitteln. Besteht keine Übereinstimmung, so ist ein Fehlbetrag als Vorschuss, ein Überschuss als Verwahrung zu buchen, unverzüglich aufzuklären und abzuwickeln.

4.4.2   Die Richtigkeit des Tagesabschlusses ist durch die im Berechtigungskonzept (Nr. 6.4) bestimmten Personen zu bescheinigen.

4.5   Jahresabschluss

4.5.1   Zum Jahresabschluss haben die für Zahlungen zuständigen Stellen abzurechnen (Nr. 3.3).

4.5.2   In die Buchführung des Folgejahres sind zu übernehmen

4.5.2.1   die Kassenreste,

4.5.2.2   die weiter geltenden Bewirtschaftungsvorgänge,

4.5.2.3   die nicht abgewickelten Verwahrungen und Vorschüsse,

4.5.2.4   die nicht abgerechneten Bestände aus Verstärkungen und Ablieferungen nach Nr. 3.3,

4.5.2.5   die Bestände an Kassenmitteln, die nicht für Auszahlungen für den Bund bestimmt sind und

4.5.2.6   das kassenmäßige Jahresergebnis nach § 82 Nr. 1 Buchstabe c).

4.5.3   Die Bestände aus Nr. 4.5.2.3 bis Nr. 4.5.2.5 sind nur zu übernehmen, wenn sie nach Haushaltsjahren getrennt nachgewiesen werden.

4.5.4   Das Nähere zur Durchführung des Jahresabschlusses einschließlich der Behandlung von Unrichtigkeiten regelt das Bundesministerium der Finanzen.

4.6   Rechnungslegung

4.6.1   Die Rechnungslegung hat den Zweck, alle Einnahmen und Ausgaben für die Haushaltsrechnung und die Rechnungsprüfung darzustellen.

4.6.2   Rechnungsunterlagen werden aus den abgeschlossenen Büchern und den dazu gehörenden Belegen abgeleitet.

4.6.3   Den Inhalt und die Form von Rechnungsunterlagen sowie ihre Vorlage beim Bundesrechnungshof bestimmt das Bundesministerium der Finanzen im Einvernehmen mit dem Bundesrechnungshof.

4.7   Aufbewahrungsbestimmungen

4.7.1   Aufbewahrungspflichtige Unterlagen sind die Belege nach Nr. 4.3, die zum Verständnis der Buchführung und zur ordnungsmäßigen Rechnungslegung erforderlich sind. Dazu gehören

4.7.1.1   die Bücher (§ 71 BHO), in denen alle buchungspflichtigen in der vom Bundesministerium der Finanzen vorgeschriebenen sachlichen Ordnung zu buchen sind (Sachbücher). Werden Vorbücher zu den Sachbüchern geführt, werden die Buchungen summarisch in die Sachbücher übertragen. Sachbücher sind das

4.7.1.1.1 Titelbuch,

4.7.1.1.2 Vorschussbuch,

4.7.1.1.3 Verwahrungsbuch und

4.7.1.1.4 Abrechnungsbuch sowie die

4.7.1.2   Belege (Nr. 4.3),

4.7.1.3   die Rechnungsunterlagen (Nr. 4.6.2),

4.7.1.4   die übrigen notwendigen Unterlagen bei den für Zahlungen zuständigen Stellen, die für die Rechnungslegung nicht benötigt werden.

4.7.2   Für die ordnungsmäßige Aufbewahrung der Unterlagen nach Nr. 4.7.1.2, mit Ausnahme der Belege nach Nr. 4.3.1 bis

Nr. 4.3.3, und Nr. 4.7.1.3 sind die anordnenden Stellen zuständig. Für die Aufbewahrung der übrigen Unterlagen einschließlich der an die für Zahlungen zuständigen Stellen übersandten Anordnungen (Nr. 1.1) sind die Stellen nach Nr. 5 zuständig.

4.7.2.1 Die oder der zuständige Beauftragte für den Haushalt bestimmt und weist mit Aktenvermerk nach, wo die Unterlagen der anordnenden Stellen aufzubewahren sind. Dies gilt auch für die Unterlagen der anordnenden Stellen, deren Dienststelle aufgelöst bzw. mit einer anderen anordnenden Stelle zusammengelegt worden ist.

4.7.2.2 Das Bundesministerium der Finanzen bestimmt, welche Unterlagen des automatisierten Verfahrens für das Haushalts-, Kassen- und Rechnungswesen zentral aufbewahrt werden.

4.7.3 Die Unterlagen sind gegen Verlust, Beschädigung und den Zugriff Unbefugter gesichert und getrennt nach Haushaltsjahren aufzubewahren. Es muss sichergestellt sein, dass die Haltbarkeit und Lesbarkeit der Unterlagen während der Dauer der Aufbewahrung nicht beeinträchtigt wird. Dies ist in regelmäßigen Zeitabständen zu überprüfen und zu protokollieren. Die Unterlagen sind so aufzubewahren, dass innerhalb einer angemessenen Frist einzelne Unterlagen zur Verfügung stehen. Für die Aufbewahrung der elektronischen Unterlagen sind zusätzlich die Regelungen der Anlage 1 anzuwenden.

4.7.4 Die Aufbewahrungsfrist beginnt für Bücher mit dem Ablauf des Haushaltsjahres, für das sie geführt worden sind. Werden Bücher für mehrere Haushaltsjahre geführt, so beginnt die Aufbewahrungsfrist mit dem Ablauf des Haushaltsjahres, in dem die letzte Eintragung vorgenommen worden ist. Für die übrigen Unterlagen beginnen die Aufbewahrungsfristen mit dem Ablauf des Haushaltsjahres, für das die Unterlagen bestimmt sind und in dem die Zahlung abgeschlossen ist.

4.7.5 Bücher (Nr. 4.7.1.1) und Rechnungsunterlagen (Nr. 4.7.1.3) sind zehn Jahre, Belege (Nr. 4.7.1.2) fünf Jahre und die übrigen Unterlagen (Nr. 4.7.1.4) ein Jahr aufzubewahren. Abweichende Aufbewahrungszeiten in Rechts- und Verwaltungsvorschriften bleiben unberührt.

4.7.6 Die Unterlagen nach Nr. 4.7.1.3 sind über die für sie geltenden Aufbewahrungszeiten hinaus mindestens bis zur Entlastung nach § 114 aufzubewahren.

4.7.7 Die Fristen für die Aufbewahrung von Bauunterlagen im Zuständigkeitsbereich des Bundes sind im Abschnitt K 10 der Richtlinien für die Durchführung der Bauaufgaben des Bundes (RBBau) geregelt.

4.7.8   Der Bundesrechnungshof kann in Einzelfällen verlangen, dass die Unterlagen nach Nr. 4.7.1 über die für sie geltenden Aufbewahrungszeiten hinaus aufzubewahren sind.

4.7.9   Die in Nr. 4.7.2 genannte Stelle hat nach dem Abschluss eines Haushaltsjahres zu veranlassen, dass die Unterlagen, deren Aufbewahrungszeiten abgelaufen sind, ausgesondert werden, wenn nicht andere Rechts- oder Verwaltungsvorschriften oder andere Gründe dem entgegenstehen. Langfristig aufzubewahrende Unterlagen können vor dem Ende der Aufbewahrungsfrist dem zuständigen Archiv übergeben werden, soweit das Archiv die vorgegebene Aufbewahrungsfrist einhält.

4.7.10   Werden Unterlagen mit unterschiedlicher Aufbewahrungsdauer zusammen aufbewahrt, gilt für die Aussonderung die jeweils längste Frist.

4.7.11   Die ausgesonderten Unterlagen sind unter Beachtung der für die Archivierung geltenden Bestimmungen zu vernichten. Dabei ist sicherzustellen, dass die in den Unterlagen enthaltenen Angaben nicht durch unbefugte Dritte zur Kenntnis genommen und nicht missbräuchlich verwendet werden können. Die zum Datenschutz getroffenen Regelungen sind zu beachten.

4.7.12   Für die Aufbewahrung elektronischer Unterlagen gelten ergänzend die Regelungen der Nr. 6 der Anlage 1.

4.7.13   Das Bundesministerium der Finanzen kann im Einvernehmen mit dem Bundesrechnungshof Ausnahmen zulassen.

5   Für Zahlungen zuständige Stelle

5.1   Einrichtung
Die Änderung oder Ergänzung der bei der Einrichtung oder Beauftragung festgelegten Aufgaben bedarf der Einwilligung des Bundesministeriums der Finanzen. Für Zahlungen zuständige Stellen sind

5.1.1   Kassen, die vom Bundesministerium der Finanzen einzurichten sind,

5.1.2   Zahlstellen, die mit Einwilligung des Bundesministeriums der Finanzen für den Barzahlungsverkehr und die Einzahlungen mittels Scheck und elektronischer Kartenzahlverfahren eingerichtet werden können,

5.1.3   sonstige Stellen, die vom Bundesministerium der Finanzen unter Beachtung des § 77 mit der Wahrnehmung des Zahlungsverkehrs beauftragt werden.

5.2   Annahme von Einzahlungen außerhalb der für Zahlungen zuständigen Stellen
Außerhalb der für Zahlungen zuständigen Stelle dürfen Einzahlungen durch Übergabe von Bargeld und Schecks sowie

mittels elektronischer Kartenzahlverfahren nur von Beschäftigten angenommen werden, die hierzu besonders ermächtigt worden sind. Das zuständige Bundesministerium regelt das Nähere mit Einwilligung des Bundesministeriums der Finanzen. Die Ermächtigten haben ihren Dienstausweis mitzuführen und auf Verlangen vorzuzeigen.

5.3   **Bestellung der Leiterin oder des Leiters der Kasse**
Die Leiterin oder der Leiter der Kasse und ihre oder seine Vertretung werden vom Bundesministerium der Finanzen bestellt. Dies gilt entsprechend für die nach Nr. 5.1.3 beauftragte Stelle. Das Bundesministerium der Finanzen kann diese Befugnisse übertragen.

6   Automatisierte Verfahren

6.1   Grundsätze

6.1.1   Bei der Entwicklung und dem Betrieb von automatisierten Verfahren für

6.1.1.1 Anordnungen,

6.1.1.2 Zahlungen,

6.1.1.3 Geldverwaltung und Abrechnung und

6.1.1.4 Buchführung, Belegung der Buchungen, Abschlüsse und Rechnungslegung
sind die Grundsätze ordnungsgemäßer Buchführung bei Einsatz von automatisierten Verfahren im Haushalts-, Kassen- und Rechnungswesen (Anlage 1 – GoBIT-HKR) und die folgenden allgemeinen Grundsätze bei der Erfassung, Verarbeitung, Ausgabe und Aufbewahrung der buchführungs- und rechnungslegungsrelevanten Daten (Buchungen) einzuhalten:

6.1.1.4.1 Vollständigkeit,

6.1.1.4.2 Zeitgerechtheit,

6.1.1.4.3 Ordnung,

6.1.1.4.4 Nachvollziehbarkeit und

6.1.1.4.5 Unveränderlichkeit.

6.1.2   Es ist eine auf Zahlungen, Buchführung und Rechnungslegung bezogene Verfahrensdokumentation einschließlich einer Gefährdungsanalyse und eines Ordnungsmäßigkeitskonzeptes unter Berücksichtigung der Nr. 6.3 und der Nr. 6.4 zu erstellen. Die Regelungen im IT-Grundschutzkatalog des Bundesamtes für Sicherheit in der Informationstechnik bleiben davon unberührt.

6.1.3   Für die Erstellung der Unterlagen nach Nr. 6.1.2 ist die für den Einsatz des automatisierten Verfahrens verantwortliche oberste Bundesbehörde zuständig. Sind für ein Verfahren mehrere oberste Bundesbehörden verantwortlich, soll von diesen die zuständige oberste Bundesbehörde bestimmt werden.

6.2 **Verfahrensdokumentation**

Für jedes automatisierte Verfahren muss eine übersichtlich gegliederte Verfahrensdokumentation vorhanden sein, aus der Inhalt, Aufbau, Ablauf und Ergebnisse beim Einsatz des automatisierten Verfahrens vollständig und schlüssig ersichtlich sind. Sie muss die Unterlagen enthalten, die zum Verständnis des automatisierten Verfahrens, der Bücher und Aufzeichnungen sowie der aufbewahrten Unterlagen notwendig sind. Die Beschreibung des Verfahrensablaufs in der Dokumentation muss so verständlich sein, dass das Verfahren für einen sachverständigen Dritten in angemessener Zeit nachprüfbar ist. Die konkrete Ausgestaltung der Verfahrensdokumentation ist abhängig von der Komplexität und Diversifikation der Geschäftstätigkeit, der Organisationsstruktur sowie dem eingesetzten automatisierten Verfahren.

6.3 **Gefährdungsanalyse**

6.3.1 In einer Gefährdungsanalyse sind die Risiken zu ermitteln und zu bewerten. Dabei sind die durch Fehler und Missbrauch bedingten haushaltswirtschaftlichen Auswirkungen gegen die zusätzlichen Ausgaben zur Erhöhung der Verfahrenssicherheit abzuwägen. Die Einführung und die wesentliche Änderung eines automatisierten Verfahrens sind nur zulässig, soweit derartige Risiken durch technische und organisatorische Maßnahmen wirksam beherrscht werden können. Ein im Ergebnis der Gefährdungsanalyse festgestelltes Restrisiko ist zu dokumentieren.

6.3.2 Bei der Bewertung sind höhere Risiken insbesondere dann anzunehmen, wenn

6.3.2.1 Geschäftsvorfälle zu wiederkehrenden Zahlungen führen und im voraussichtlichen Anspruchszeitraum den Betrag von 7500 € übersteigen,

6.3.2.2 Geschäftsvorfälle zu Zahlungen auf unbestimmte Zeit führen,

6.3.2.3 Einmalzahlungen den Betrag von 2500 € übersteigen,

6.3.2.4 auf Forderungen verzichtet wird (z.B. Niederschlagung, Erlass),

6.3.2.5 Verwahrgelder ausgezahlt werden oder

6.3.2.6 Beträge als Vorschüsse gezahlt werden.

6.3.3 Bei der Bewertung ist auch zu berücksichtigen, ob

6.3.3.1 im Rahmen der Bearbeitung festgestellte Mängel erfasst und ausgewertet werden,

6.3.3.2	eine Innenrevision vorhanden ist.
6.4	**Ordnungsmäßigkeitskonzept**
	Im Ordnungsmäßigkeitskonzept sind die Einzelheiten zur Abgrenzung der Verantwortlichkeiten (Berechtigungskonzept) und die nachfolgenden Maßnahmen darzustellen. Es ist zu bestimmen, ob und inwieweit
6.4.1	zwei oder mehr Personen maßgeblich an einem einzelnen der in Nr. 6.1.1 genannten Geschäftsvorfälle zu beteiligen sind,
6.4.2	nur eine Person den Geschäftsvorfall bearbeitet,
6.4.3	eine Anordnung zusätzlich zur Wahrnehmung der Verantwortlichkeiten nach Nr. 6.4.1 oder Nr. 6.4.2 von einer weiteren Person zu prüfen und freizugeben ist,
6.4.4	vollautomatisierte Verfahrensabläufe ohne Beteiligung einer Person Anwendung finden,
6.4.5	zusätzliche Prüfverfahren einzusetzen sind und
6.4.6	Sicherungsmaßnahmen zu treffen sind.
6.5	**Dokumentation der Verantwortung**
6.5.1	Die oder der Beauftragte für den Haushalt der Stelle, bei der das automatisierte Verfahren eingesetzt wird, hat die im Berechtigungskonzept festgelegten Befugnisse verantwortlichen Personen zuzuweisen.
6.5.2	Die an einem einzelnen Geschäftsvorfall nach Nr. 6.1.1 Beteiligten und der Umfang der von ihnen jeweils wahrgenommenen Verantwortung sind programmgesteuert mit Datum und Uhrzeit eindeutig identifizierbar und dauerhaft zu dokumentieren.
6.6	**Einwilligungsverfahren**
6.6.1	Das Bundesministerium der Finanzen und der Bundesrechnungshof sind über beabsichtigte Verfahren nach Nr. 6.1.1 so rechtzeitig zu unterrichten, dass sie gegebenenfalls die Gestaltung der Verfahren beeinflussen können. Das Bundesministerium der Finanzen regelt im Einvernehmen mit dem Bundesrechnungshof das Nähere.
6.6.2	Sollen Verfahren nach Nr. 6.1.1 eingesetzt oder geändert werden, so bedarf es der Einwilligung des Bundesministeriums der Finanzen, soweit die Einwilligung nicht allgemein erteilt ist (Nr. 6.7). Der Antrag auf Einwilligung ist von der oder dem Beauftragten für den Haushalt der obersten Bundesbehörde, die gemäß Nr. 6.1.3 zuständig ist, zu stellen. Das Bundesministerium der Finanzen hat das Einvernehmen mit dem Bundesrechnungshof herbeizuführen.
6.6.3	Für die Einwilligung ist die Verfahrensdokumentation einschließlich der Gefährdungsanalyse und des Ordnungsmäßig-

keitskonzepts vorzulegen. Das Bundesministerium der Finanzen regelt im Einvernehmen mit dem Bundesrechnungshof das Nähere.

6.6.4   Dem Bundesministerium der Finanzen und dem Bundesrechnungshof ist Gelegenheit zu geben, am Test des Verfahrens teilzunehmen.

6.7   Allgemeine Einwilligung

6.7.1   Die Einwilligung nach Nr. 6.6.2 ist allgemein erteilt, wenn die in Nr. 6.1.2 genannten Unterlagen vorhanden sind und vom Bundesministerium der Finanzen im Einvernehmen mit dem Bundesrechnungshof festgelegte Mindestanforderungen eingehalten werden.

6.7.2   Die oberste Bundesbehörde, in der oder in deren Geschäftsbereich ein Verfahren nach Nr. 6.1.1 mit einer allgemein erteilten Einwilligung nach Nr. 6.7.1 eingesetzt wird, hat neben der in Nr. 2 der Anlage 1 geregelten Verantwortlichkeit sicherzustellen, dass die in Nr. 6.1.2 genannten Unterlagen vorhanden sind und die Mindestanforderungen nach Nr. 6.7.1 eingehalten werden. Sie hat das Nähere zur Sicherstellung der Verantwortlichkeiten zu regeln.

6.7.3   Die oder der Beauftragte für den Haushalt der Stelle, in der ein Verfahren nach Nr. 6.1.1 mit einer allgemein erteilten Einwilligung nach Nr. 6.7.1 eingesetzt wird, hat die oder den Beauftragten für den Haushalt ihrer oder seiner zuständigen obersten Bundesbehörde, das Bundesministerium der Finanzen oder die von ihr bestimmte Stelle und den Bundesrechnungshof über den Einsatz und die Änderung sowie über die Einhaltung der Mindestanforderungen zu unterrichten. Das Bundesministerium der Finanzen regelt das Nähere im Einvernehmen mit dem Bundesrechnungshof.

7   Wertgegenstände

7.1   Grundsätze

7.1.1   Zu verwahrende Wertgegenstände sind Wertpapiere und sonstige Urkunden sowie Kostbarkeiten (Bestimmungen für die Behandlung von Wertgegenständen – WBestB). Die Prüfung, ob ein Gegenstand als Wertgegenstand zu behandeln ist, obliegt der anordnenden Stelle.

7.1.2   Die Bestimmungen der Nr. 1 bis Nr. 6 für das Anordnungsverfahren, die Erteilung von Quittungen und die Führung von Büchern sind unter Beachtung der nachfolgenden Bestimmungen sinngemäß anzuwenden.

7.2   Inhalt der Anordnung

Eine Anordnung über die Einlieferung oder die Auslieferung von Wertgegenständen muss mindestens enthalten

7.2.1   die Bezeichnung der anordnenden Stelle,

7.2.2   die Bezeichnung der Stelle, die den Wertgegenstand annehmen oder ausliefern soll,

7.2.3   die Kennzeichnung zur eindeutigen Identifizierung aller mit der Anordnung zusammenhängenden Informationen,

7.2.4   die Bezeichnung und die Anschrift der einliefernden oder empfangsberechtigten Person,

7.2.5   die Bezeichnung und Beschreibung des Wertgegenstandes,

7.2.6   die Kennzeichnung der Art der Anordnung (Einlieferung oder Auslieferung),

7.2.7   den Tag, bis zu dem der Wertgegenstand einzuliefern oder auszuliefern ist,

7.2.8   die Art der Übergabe oder des Versands,

7.2.9   den Grund der Einlieferung und

7.2.10   den Bezug zu den begründenden Unterlagen.

7.3   Buchführung
Die Buchführung über Wertgegenstände umfasst den Nachweis der Anordnungen sowie den Nachweis der Einlieferung und Auslieferung von Wertgegenständen.

8   Unvermutete Prüfungen

8.1   Prüfung der für Zahlungen zuständigen Stellen
Die Prüfung ist Bestandteil des in der Anlage 1 beschriebenen Internen Kontrollsystems (IKS).

8.2   Prüfung der für die Verwaltung von Vorräten zuständigen Stellen
Das zuständige Bundesministerium erlässt die näheren Bestimmungen für die Prüfung der Stellen, die für die Verwaltung von Vorräten zuständig sind.

9   Bisherige Verfahren

9.1   In Betrieb befindliche automatisierte Verfahren
Für die beim Inkrafttreten der Änderungen der VV für Zahlungen, Buchführung und Rechnungslegung in Betrieb befindlichen automatisierten Verfahren bedarf es einer erneuten Einwilligung nach Nr. 6.6.2 nicht.

9.2   Manuelle Verfahren
Soweit für die Geschäftsvorfälle nach Nr. 6.1.1 automatisierte Verfahren nicht eingesetzt werden, sind die vorstehenden Bestimmungen analog und zusätzlich die Bestimmungen der Anlage 2 anzuwenden.

**Anlage zur VV Nr. 6.1 ZBR BHO
(Anlage 1 zur VV-ZBR BHO) Grundsätze ordnungsgemäßer
Buchführung bei Einsatz automatisierter Verfahren im Haushalts-,
Kassen- und Rechnungswesen des Bundes (GoBIT-HKR)**

– Stand 1/2017 –

1   Anwendungsbereich

**1.1   Automatisiertes Verfahren für das Haushalts-, Kassen- und
         Rechnungswesen des Bundes (HKR-Verfahren)**
         Die Haushaltsmittel des Bundes sind in dem vom Bundesministerium der Finanzen zugelassenen HKR-Verfahren zu bewirtschaften. Dazu gehören auch Subsysteme, deren Buchungsergebnisse ggf. verdichtet automatisiert ins HKR-Verfahren übertragen werden. Die Bewirtschaftung von Haushaltsmitteln umfasst alle Maßnahmen zur Mittelverteilung und Mittelverwendung sowie die erforderlichen Buchungen. Maßnahmen der Mittelverwendung sind insbesondere die Festlegung von Haushaltsmitteln und die Leistung oder Annahme von Zahlungen.

**1.2   Andere automatisierte Verfahren im Haushalts-, Kassen- und
         Rechnungswesen des Bundes**
         Stellen, die Bundesmittel bewirtschaften, können zur Berechnung und Festsetzung von Zahlungen, zur Erstellung von be-

gründenden Unterlagen und Kassenanordnungen oder zur Zahl-
barmachung andere automatisierte Verfahren im Haushalts-,
Kassen- und Rechnungswesen des Bundes einsetzen.

2   Verantwortlichkeit der obersten Bundesbehörden

Für die Einhaltung der nachfolgenden Bestimmungen für den
Einsatz eines Verfahrens nach Nr. 1.2 ist die oberste Bundesbehörde verantwortlich, in deren Geschäftsbereich das Verfahren
eingesetzt wird. Sie hat das Nähere zu regeln, damit die Verantwortlichkeiten sichergestellt sind. Dies gilt auch bei einer teil-
weisen oder vollständigen organisatorischen und technischen
Auslagerung der Buchführung und Rechnungslegung, einschließlich der Aufbewahrung, auf Stellen außerhalb der Bundesverwaltung. Die Verantwortlichkeit beinhaltet die Gewährleistung der Ordnungsmäßigkeit der Unterlagen einschließlich
der eingesetzten Verfahren. Werden Haushaltsmittel des Bundes
durch Landes- oder Kommunaldienststellen bewirtschaftet, ist
auch das zuständige Landesministerium im Rahmen seiner Fachaufsicht zu beteiligen.

3   Allgemeine Anforderungen

Neben den rechtlichen Grundsätzen gem. VV Nr. 6 ist die Sicherstellung und Einhaltung nachfolgender allgemeiner Anforderungen Voraussetzung für die Ordnungsmäßigkeit eines IT-gestützten Buchführungs- und Rechnungslegungssystems.

3.1   Vertraulichkeit

Vertraulichkeit verlangt, dass Daten nicht unberechtigt weiter-
gegeben oder veröffentlicht werden.

3.2   Integrität

Integrität von automatisierten Verfahren ist gegeben, wenn die
Daten und die IT-Infrastruktur sowie die IT-Anwendungen vollständig und richtig zur Verfügung stehen und vor Manipulation
und ungewollten oder fehlerhaften Änderungen geschützt sind.
Organisatorische Maßnahmen sind geeignete Test- und Freigabe-
verfahren. Die Ordnungsmäßigkeit der IT-gestützten Rechnungslegung setzt voraus, dass neben den Daten und IT-Anwendungen
auch die IT-Infrastruktur nur in einem festgelegten Zustand eingesetzt wird und nur autorisierte Änderungen zugelassen werden.

3.3   Verfügbarkeit

Verfügbarkeit verlangt zum einen, dass die zuständige Stelle zur
Aufrechterhaltung des Dienstbetriebs die erforderliche Nutzung
der IT-Infrastruktur, der IT-Anwendungen mit den Daten und
der IT-Organisation gewährleistet. Zum anderen sind Maßnahmen zur Sicherung der Verfügbarkeit erforderlich, um den An-

forderungen nach Lesbarmachung der Buchführung gerecht zu werden.

3.4   Autorisierung

Autorisierung bedeutet, dass nur im Voraus festgelegte Personen (autorisierte Personen) und andere automatisierte Verfahren auf Daten zugreifen und die für das automatisierte Verfahren definierten Rechte wahrnehmen dürfen. Diese Rechte betreffen insbesondere das Lesen, Erfassen, Ändern und Löschen von Daten oder die Administration eines automatisierten Verfahrens. Dadurch soll ausschließlich die genehmigte Abbildung von Geschäftsvorfällen im Verfahren gewährleistet werden. Geeignete Verfahren hierfür sind physische und logische Zugriffsschutzmaßnahmen. Organisatorische Regelungen und technische Systeme zum Zugriffsschutz sind die Voraussetzung zur Umsetzung der erforderlichen Funktionstrennungen.

3.5   Authentizität

Authentizität ist gegeben, wenn die in das automatisierte Verfahren eingestellten Daten eines Geschäftsvorfalles einem Verursacher eindeutig zuzuordnen ist.

3.6   Verbindlichkeit

Verbindlichkeit ist die Eigenschaft von automatisierten Verfahren, von der zuständigen Stelle gewollte Rechtsfolgen bindend herbeizuführen.

4   Belegfunktion

4.1   Belegverarbeitung

4.1.1   Aus der Verfahrensdokumentation (VV Nr. 6.2) muss ersichtlich sein, wie die elektronischen Belege erfasst, empfangen, verarbeitet, ausgegeben und aufbewahrt werden (VV Nr. 6.1 und 6.2).

4.1.2   Die Erfordernisse des § 71 Abs. 1 Satz 1 BHO sind erfüllt, wenn die Buchungen in der dort vorgesehenen Ordnung bis zum Ablauf der jeweiligen Aufbewahrungsfristen dargestellt werden können. Einer Speicherung in dieser Ordnung bedarf es dann nicht.

4.2   Belegsicherung

4.2.1   Die Belege sind unmittelbar nach Eingang oder Entstehung gegen Verlust zu sichern (VV Nr. 6.1 und 6.2).

4.2.2   Zur Sicherung der Beweiskraft nach VV Nr. 4.1.1 sind Belege und Buchungen so zu kennzeichnen, dass sie gegenseitig eindeutig zugeordnet werden können.

4.2.3   Liegen den Buchungen automatisierte Berechnungsprozesse teilweise oder vollständig zu Grunde, sind sie in der Verfahrensdokumentation nachzuweisen. Änderungen der automatisierten

Berechnungsprozesse sind nur mittels eines autorisierten Änderungsverfahrens zulässig.

5   Internes Kontrollsystem (IKS)

Als IKS wird grundsätzlich die Gesamtheit aller aufeinander abgestimmten und miteinander verbundenen Kontrollen, Maßnahmen und Regelungen bezeichnet, die die Einhaltung der Ordnungsvorschriften sicherstellt.

5.1   Einhaltung der Ordnungsvorschriften

Für die Einhaltung der Ordnungsvorschriften (Nr. 3) sind Kontrollen einzurichten, auszuüben und zu protokollieren. Hierzu gehören insbesondere:

5.1.1   Zugangs- und Zugriffsberechtigungskontrollen auf Basis entsprechender Zugangs- und Zugriffsberechtigungskonzepte (z.B. spezifische Zugangs- und Zugriffsberechtigungen),

5.1.2   Einhaltung der Funktionstrennungen,

5.1.3   Erfassungs- und Abstimmungskontrollen (z.B. Fehlerhinweise, Plausibilitätsprüfungen),

5.1.4   Verarbeitungskontrollen,

5.1.5   Einhaltung der Schutzmaßnahmen gegen die beabsichtigte und unbeabsichtigte Verfälschung von Programmen und elektronischen Unterlagen und

5.1.6   Sicherstellung von Änderungen von automatisierten Berechnungsprozessen nur mittels autorisierter Änderungsverfahren.

5.2   Anlassbezogene Prüfungen

Im Rahmen eines IKS muss auch anlassbezogen (z.B. Systemwechsel) geprüft werden, ob das eingesetzte automatisierte Verfahren dem dokumentierten Verfahren entspricht (VV Nr. 6.2).

6   Aufbewahrung von elektronischen Unterlagen

6.1   Allgemeines

Für die Aufbewahrung von elektronischen Unterlagen gelten die Regelungen der VV Nr. 4.7. Die in VV Nr. 4.7.2 genannte Stelle hat die Verfahrensabläufe für die Aufbewahrung von elektronischen Unterlagen festzulegen. Dabei sind festzulegen

6.1.1   die Abgrenzung der Aufgaben- und Verantwortungsbereiche der an dem Verfahren Beteiligten und

6.1.2   die Zugangs-, Zugriffs- und Rücklaufkontrollen.

6.2   Besondere Aufbewahrungspflichten

6.2.1   Bei elektronischen Unterlagen ist ihr Eingang, ihre Aufbewahrung und ggf. Konvertierung sowie die weitere Verarbeitung zu protokollieren. Dabei muss sichergestellt sein, dass die beteiligten und verantwortlichen Personen und der Umfang der von ihnen jeweils wahrgenommenen Verantwortung eindeutig, dauer-

haft und unveränderlich unter Angabe des Datums und der Uhr-
zeit systemseitig revisionssicher dokumentiert werden und der
Zusammenhang der einzelnen Unterlagen zu einem Geschäftsvorfall gewahrt bleibt.

6.2.2   Die Unterlagen sind so aufzubewahren, dass innerhalb einer angemessenen Frist einzelne Unterlagen zur Verfügung stehen.

6.2.3   Sind aufbewahrungspflichtige elektronische Unterlagen in einem automatisierten Verfahren entstanden oder eingegangen, so
sind diese Daten in der Form der Erstellung oder der Übernahme
unveränderbar aufzubewahren und dürfen vor Ablauf der Aufbewahrungsfrist nicht gelöscht werden. Dies gilt unabhängig davon, ob die Aufbewahrung im Produktivsystem oder durch Auslagerung in ein Archivsystem erfolgt. Es ist sicherzustellen, dass
die elektronischen Unterlagen innerhalb der Aufbewahrungszeit
auch nach einem Wechsel der zum Zeitpunkt der Speicherung
eingesetzten automatisierten Verfahren lesbar gemacht und ausgewertet werden können.

6.2.4   Elektronische Unterlagen sind in einem Verfahren unveränderbar, gegen Verlust, Beschädigung und den Zugriff Unbefugter
geschützt aufzubewahren. Es muss sichergestellt sein, dass die
Haltbarkeit, die Lesbarkeit und die maschinelle Auswertbarkeit
der Unterlagen während der Dauer der Aufbewahrung nicht beeinträchtigt werden. Bei der Aufbewahrung von elektronischen
Unterlagen ist eine elektronische Signatur nicht erforderlich.

6.2.5   Eingehende elektronische Unterlagen sind im Rahmen der sachlichen Feststellung auf Integrität (Nr. 3.2) und Authentizität
(Nr. 3.5) zu prüfen. Bei den elektronischen Unterlagen ist auf deren Inhalt abzustellen. Sie sind nur dann aufzubewahren, wenn
sie sich als begründende Unterlagen darstellen.

6.2.6   Eine elektronische Unterlage ist so zu kennzeichnen, dass sie jederzeit innerhalb einer angemessenen Frist lesbar gemacht und
ausgedruckt werden kann. Es ist sicherzustellen, dass die elektronische Unterlage unter dem Kennzeichen verwaltet und mit
weiteren dazugehörigen Unterlagen zusammengeführt werden
kann. Dies gilt für die gesamte Aufbewahrungsfrist.

6.2.7   Die elektronischen Bearbeitungsvorgänge sind zu protokollieren
und mit der elektronischen Unterlage zu speichern, damit die
Nachvollziehbarkeit und Prüfbarkeit des Originalzustands und
seiner Ergänzungen gewährleistet ist.

**6.3   Prüfbarkeit der aufbewahrungspflichtigen elektronischen Un-
terlagen**

Die elektronischen Unterlagen müssen für die Rechnungsprüfung und für die Aufgaben nach § 9 BHO auch maschinell auswertbar sein.

6.4   Elektronische Erfassung von Unterlagen in Papierform

6.4.1   Unterlagen in Papierform werden durch den Scanvorgang in elektronische Unterlagen umgewandelt. Es muss dabei sichergestellt werden, dass das Original mit der gescannten Unterlage übereinstimmt und der Zusammenhang der einzelnen Unterlagen gewahrt bleibt.

6.4.2   Die Unterlagen in Papierform dürfen nach dem fehlerfreien Scanvorgang nach dem in Nr. 6.4.3.4 genannten Zeitraum vernichtet werden. Die weitere Bearbeitung darf nach dem Scanvorgang nur noch mit der elektronischen Unterlage erfolgen. Dies gilt nicht, wenn Rechtsvorschriften oder andere zwingende Gründe dem entgegenstehen.

6.4.3   Das Verfahren muss dokumentiert werden. Die zuständige Stelle muss eine Dienstanweisung erstellen, die unter anderem regelt,

6.4.3.1 wer nach dem Berechtigungskonzept scannen darf,

6.4.3.2 zu welchem Zeitpunkt gescannt wird (z.B. beim Posteingang, während oder nach Abschluss der Vorgangsbearbeitung),

6.4.3.3 welche Unterlagen gescannt werden,

6.4.3.4 in welchem Zeitraum nach dem Scanvorgang die Unterlagen in Papierform vernichtet werden dürfen (abhängig davon, wann die Bearbeitung der elektronischen Unterlagen in der Regel beginnt und durch eine fachlich zuständige Stelle Fehler/schlechte Qualität im Scandokument abschließend bemerkt werden können),

6.4.3.5 welche Unterlagen in Papierform nach dem Scanvorgang nicht vernichtet werden dürfen,

6.4.3.6 wie die Qualitätskontrolle auf Lesbarkeit und Vollständigkeit erfolgt,

6.4.3.7 wie die elektronische Unterlage einem Geschäftsvorfall zugeordnet wird und

6.4.3.8 wie Fehler protokolliert werden.

6.5   Aussonderung von elektronischen Unterlagen
Elektronische Daten sind unwiderruflich technisch gemäß dem IT-Grundschutz des BSI zu löschen.

**Anlage zur VV Nr. 9.2 ZBR BHO
(Anlage 2 zur VV-ZBR BHO) Zusätzliche Bestimmungen für manuelle
Verfahren**

– Stand 1/2017 –

Inhaltsverzeichnis

1   Grundsatz

Neben den nachfolgenden Bestimmungen sind die VV-ZBR BHO analog anzuwenden.

2   Anordnungsverfahren

2.1   Anordnungen

2.1.1   Die Anordnungen und die weiteren von den anordnenden Stellen erstellten, die Zahlungen begründenden Belege dürfen nur im Druck oder urschriftlich mit solchen Schreibmitteln ausgefertigt werden, bei deren Verwendung nachträgliche Veränderungen erkennbar sind.

2.1.2   Anordnungen sind zweifach auszufertigen. Durchschriften sind deutlich als solche zu kennzeichnen.

2.1.3   Der Betrag ist in dezimaler Schreibweise mit Währungsbezeichnung anzugeben.

2.1.4   Beträge von 1000 Euro und mehr sowie Beträge in anderen Währungen sind in Buchstaben zu wiederholen. Der für die Betragsangabe vorgesehene Raum ist zu entwerten, soweit er bei der Eintragung frei bleibt.

2.1.5   In Anordnungen sind Streichungen und sonstige Änderungen an zahlungsrelevanten Daten unzulässig.

2.2   Verantwortlichkeiten

2.2.1   Die Verantwortlichkeiten im Anordnungsverfahren werden durch die Feststellung der rechnerischen Richtigkeit, die Feststellung der sachlichen Richtigkeit und die Ausübung der Anordnungsbefugnis wahrgenommen.

2.2.1.1 Die Wahrnehmung der Verantwortlichkeiten nach Nr. 2.2.1 ist zu bescheinigen. Die Bescheinigungen können zusammengefasst werden; die oder der Anordnungsbefugte darf jedoch nicht zugleich die rechnerische Richtigkeit bescheinigen. Das Bundesministerium der Finanzen kann im Einvernehmen mit dem Bundesrechnungshof Ausnahmen zulassen.

2.2.1.2 Wird die rechnerische Richtigkeit oder die sachliche Richtigkeit nicht von jeweils einer Person allein verantwortet, sind Teilbescheinigungen abzugeben, aus denen der Umfang der Verantwortung ersichtlich sein muss.

2.2.2 Die Feststellung der rechnerischen Richtigkeit umfasst die Verantwortung dafür, dass der anzunehmende oder auszuzahlende Betrag sowie alle auf Berechnungen beruhenden Angaben richtig sind. Hierzu gehört auch die richtige Anwendung der Berechnungsgrundlagen (z.B. Bestimmungen, Verträge, Tarife). Die rechnerische Richtigkeit ist durch Unterzeichnung des Vermerks „Rechnerisch richtig" zu bescheinigen.

2.2.3 Die Feststellung der sachlichen Richtigkeit umfasst die Wahrnehmung der Verantwortlichkeiten nach Nr. 1.2 der VV-ZBR BHO mit Ausnahme der Verantwortlichkeiten nach Nr. 2.2.2. Die sachliche Richtigkeit ist durch Unterzeichnung des Vermerks „Sachlich richtig" zu bescheinigen.

2.2.4 Die Ausübung der Anordnungsbefugnis umfasst die Verantwortung dafür, dass in der Anordnung offensichtlich erkennbare Fehler nicht enthalten sind und die Bescheinigungen der rechnerischen und der sachlichen Richtigkeit von den dazu Befugten abgegeben worden sind.

2.2.4.1 Die Anordnungsbefugnis ist durch Unterschrift unter Angabe des Datums auszuüben.

2.2.4.2 Die Namen und Unterschriftsproben der zur Anordnung berechtigten Personen sind den für Zahlungen zuständigen Stellen mitzuteilen. Die Mitteilung ist von der oder dem Beauftragten für den Haushalt zu unterschreiben (s. Muster). Erlischt die Anordnungsbefugnis, so ist dies der für Zahlungen zuständigen Stelle unverzüglich mitzuteilen. Das Bundesministerium der Finanzen kann zulassen, dass an die Stelle der Unterschriftsmitteilung andere Sicherungsmaßnahmen treten.

2.3   Vordruckmuster
Für Anordnungen sind ausschließlich die vom Bundesministerium der Finanzen genehmigten Vordruckmuster zu verwenden.

3   Führung von Büchern

3.1   Grundsätze ordnungsgemäßer Buchführung

Für die Führung der Bücher sind die Grundsätze ordnungsgemäßer Buchführung (GoB) entsprechend anzuwenden.

3.2 Form der Bücher

3.2.1 Die Bücher sind in gebundener oder gehefteter Form zu führen und so zu sichern, dass Blätter nicht unbemerkt entfernt, hinzugefügt oder ausgewechselt werden können. Die Seiten sind fortlaufend zu nummerieren.

3.2.2 In den Büchern ist nachzuweisen, wer die Buchungen vorgenommen hat und die Verantwortung dafür trägt, dass die Buchungen ordnungsgemäß belegt sind.

3.2.3 Zur Vereinfachung des Buchungsverfahrens können Beträge in Zusammenstellungen erfasst und in Gesamtbeträgen gebucht werden. Es dürfen nur nach Nr. 2.1.1 zulässige Schreibmittel verwendet, Zeilen nicht freigelassen und Buchungen zwischen den Zeilen nicht vorgenommen werden.

4 Unvermutete Prüfung der für Zahlungen zuständigen Stellen

4.1 Zuständigkeiten, Umfang der Prüfung

Das zuständige Bundesministerium bestimmt die Stelle, der die Prüfung obliegt. Die Prüfung soll auf Stichproben beschränkt werden.

4.2 Zweck der Prüfung

4.2.1 Die Übereinstimmung zwischen Istbestand und Sollbestand ist zu prüfen (Nr. 3.2 der VV-ZBR BHO). Hierzu

4.2.1.1 ist der Bestand an Zahlungsmitteln von der für die Verwaltung der Zahlungsmittel zuständigen Person vorzählen zu lassen,

4.2.1.2 sind die Bestände auf den Konten bei Kreditinstituten unter Abzug der gebuchten aber noch nicht gezahlten Beträge zu ermitteln,

4.2.1.3 ist aus den Summen nach Nrn. 4.2.1.1 und Nr. 4.2.1.2 der Istbestand festzustellen,

4.2.1.4 ist der Sollbestand zu ermitteln,

4.2.1.5 ist der Sollbestand dem Istbestand gegenüberzustellen.

4.2.2 Es ist weiterhin zu prüfen, ob

4.2.2.1 ein ggf. festgelegter Höchstbetrag des Istbestandes beim Tagesabschluss nicht überschritten wurde,

4.2.2.2 die in der Buchführung nachgewiesenen Wertgegenstände vollständig vorhanden sind (Nr. 7.1.1 der VV-ZBR BHO),

4.2.2.3 die Einzahlungen und Auszahlungen rechtzeitig und vollständig erhoben oder geleistet worden sind und im Übrigen der Zahlungsverkehr ordnungsgemäß durchgeführt worden ist,

4.2.2.4 die Verwahrungen und Vorschüsse ordnungsgemäß abgewickelt und

4.2.2.5 die Bücher richtig geführt worden und die erforderlichen Belege vorhanden sind. Dazu gehört die ordnungsgemäße Aufbewahrung der Bücher und Belege und Richtigkeit der Rechenergebnisse in den Büchern.

4.2.3   Außerdem ist zu prüfen, ob die Aufgaben ordnungsgemäß und sicher erledigt werden, insbesondere ob

4.2.3.1 der Grundsatz der Trennung von Anordnung und Ausführung von Kassenaufgaben (§ 77 BHO) beachtet worden ist,

4.2.3.2 die Unterschriftsproben der Anordnungsbefugten vorliegen,

4.2.3.3 die Richtlinien zur Sicherung von öffentlichen Kassen und Geldtransporten eingehalten worden und

4.2.3.4 die in den Niederschriften über vorangegangene Prüfungen enthaltenen Beanstandungen erledigt sind.

4.3   Niederschrift

4.3.1   Über die Prüfung ist eine Niederschrift zu fertigen, in der die wesentlichen Ergebnisse der Prüfung enthalten sein müssen. Geringfügige Mängel sind möglichst im Verlauf der Prüfung zu beseitigen. Sie sollen nicht schriftlich beanstandet werden.

4.3.2   In der Niederschrift sind der Sollbestand und der Istbestand darzustellen. Die einzelnen Beanstandungen sind als Anlagen beizufügen.

4.3.3   Die Niederschrift mit den Anlagen ist der für Zahlungen zuständigen Stelle und, soweit erforderlich, auszugsweise den anderen betroffenen Dienststellen zur Stellungnahme zuzuleiten.

4.3.4   Die Niederschrift mit den Stellungnahmen ist der Aufsichtsbehörde und gegebenenfalls der Leiterin oder dem Leiter der Dienststelle, der die für Zahlungen zuständige Stelle angehört, vorzulegen. Unabhängig davon sind ihnen Beanstandungen von grundsätzlicher oder erheblicher Bedeutung unverzüglich anzuzeigen.

Muster einer Mitteilung nach Nr. 2.2.4.2

Mitteilung über die zur Anordnung berechtigten Personen

nach Nr. 2.2.4.2 der Anlage 2 zur VV-ZBR BHO

Name:

Dienststelle:

Unterschrift*:

Die Anordnungsbefugnis gilt für die Bewirtschafternummer(n)

_____, den _____ 2____

An die

_____
(Kasse/Zahlstelle)

(Dienstsiegel)

_____
(Dienststelle)

Unterschrift der/des Beauftragten
für den Haushalt

Vermerke der Kasse/Zahlstelle:

Onlineberechtigung

☐ für Einnahmen   ☐ für Ausgaben   Benutzerkennung:_____

* Anordnungen sind wie auf der Mitteilung zu unterschreiben

Zu § 102 (Unterrichtung des Bundesrechnungshofes)

Die Verpflichtung zur Unterrichtung über Maßnahmen nach § 102 Abs. 1 Nr. 3 erstreckt sich auf alle Maßnahmen, die der Einwilligung des

Bundesministeriums der Finanzen nach § 65 bedürfen. Sie geschieht daher in der Form, dass das zuständige Bundesministerium eine Abschrift eines Antrags an das Bundesministerium der Finanzen und dieses eine Abschrift seines Antwortschreibens dem Bundesrechnungshof übersendet.

Zu § 105 (Grundsatz)

Stellt der Bund einer bundesunmittelbaren juristischen Person des öffentlichen Rechts zur Durchführung der ihr übertragenen Aufgaben Mittel zur Verfügung, so ist Folgendes zu beachten:

1   Ausgaben und Verpflichtungsermächtigungen für eine bundesunmittelbare juristische Person des öffentlichen Rechts dürfen im Entwurf des Bundeshaushaltsplans erst veranschlagt werden, wenn dem zuständigen Bundesministerium der Entwurf des Haushaltsplans (§ 106) oder des Wirtschaftsplans (§ 110) einschließlich des Stellenplans vorliegt.

2   Der im Rahmen des § 108 Satz 1 genehmigte Stellenplan für Arbeitnehmerinnen und Arbeitnehmer ist hinsichtlich der Zahl der für die einzelnen Entgeltgruppen angegebenen Stellen für verbindlich zu erklären; Abweichungen bedürfen der Einwilligung des zuständigen Bundesministeriums.

3   Finanzielle Verpflichtungen zur Erfüllung der Aufgaben der juristischen Person, die zu einer Erhöhung der vom Bund zur Verfügung gestellten Mittel im laufenden Haushaltsjahr führen können, dürfen nur eingegangen werden, wenn das zuständige Bundesministerium eingewilligt hat. Entsprechendes gilt für Maßnahmen, die zu zusätzlichen Verpflichtungen in künftigen Haushaltsjahren führen können. Die VV zu den §§ 37 und 38 finden Anwendung.

4   Das zuständige Bundesministerium hat die Verwendung der vom Bund zur Verfügung gestellten Mittel zur Durchführung der Aufgaben der juristischen Personen sicherzustellen. Es kann dazu Bedingungen oder Auflagen für die Mittelverwendung festsetzen.

5   Das zuständige Bundesministerium hat im Rahmen der Entlastung nach § 109 Abs. 3 an Hand der aufzustellenden Rechnung die Verwendung der vom Bund zur Verfügung gestellten Mittel zu prüfen. Entsprechendes gilt für die nach § 110 Satz 2 aufzustellenden Unterlagen.

Zu § 115 (Öffentlich-rechtliche Dienst- oder Amtsverhältnisse)

Die Verwaltungsvorschriften zu den Vorschriften dieses Gesetzes für Beamte gelten entsprechend.

Zu § 119 (In-Kraft-Treten)

1   Übergangsregelungen

Soweit in weiter anzuwendenden Vorschriften auf nach § 119 Absatz 2 BHO außer Kraft getretene Vorschriften Bezug genommen wird, treten an ihre Stelle die Vorschriften der Bundeshaushaltsordnung.

2   Andere oberste Bundesbehörden

Soweit in der Bundeshaushaltsordnung oder in Verwaltungsvorschriften zur Bundeshaushaltsordnung die Bundesministerien genannt sind, gelten diese Regelungen auch für andere oberste Bundesbehörden.

Schlussvorschriften

Diese allgemeinen Verwaltungsvorschriften treten am Tage nach der Veröffentlichung in Kraft.

Gleichzeitig treten die Vorläufigen Verwaltungsvorschriften zur Bundeshaushaltsordnung (Vorl. VV-BHO) vom 31. Mai 1973 (MinBlFin 1973 S. 190), zuletzt geändert am 16. September 1996 (GMBl 1996, S. 817), außer Kraft.

Gesetz über die Feststellung des Bundeshaushaltsplans für das Haushaltsjahr 2021 (Haushaltsgesetz 2021)

vom 21. Dezember 2020 (BGBl. I S. 3208)

– Auszug –

Abschnitt 1

Allgemeine Ermächtigungen

§ 1 Feststellung des Haushaltsplans

(1) Der diesem Gesetz als Anlage beigefügte Bundeshaushaltsplan für das Haushaltsjahr 2021 wird in Einnahmen und Ausgaben auf 498620000000 Euro festgestellt.

(2) Der dem Kapitel 6002 des Bundeshaushalts für das Haushaltsjahr 2021 als Anlage 2 beigefügte Wirtschaftsplan des Sondervermögens „Digitale Infrastruktur" wird für das Jahr 2021 in Einnahmen und Ausgaben auf 4194108000 Euro und mit den ausgebrachten Vermerken festgestellt.

(3) Der dem Kapitel 6002 des Bundeshaushalts für das Haushaltsjahr 2021 als Anlage 3 beigefügte Wirtschaftsplan des Sondervermögens „Energie- und Klimafonds" wird für das Jahr 2021 in Einnahmen und Ausgaben auf 42694600000 Euro festgestellt.

§ 2 Kreditermächtigungen

(1) Das Bundesministerium der Finanzen wird ermächtigt, zur Deckung von Ausgaben für das Haushaltsjahr 2021 Kredite bis zur Höhe von 179820000000 Euro aufzunehmen.

(2) Dem Kreditrahmen nach Absatz 1 wachsen die Beträge zur Tilgung von im Haushaltsjahr 2021 fällig werdenden Krediten zu; deren Höhe ergibt sich aus dem Saldo der im Kreditfinanzierungsplan (Teil IV des Gesamtplans) ausgewiesenen Ausgaben zur Tilgung von Krediten (Nummer 2) und den sonstigen Einnahmen zur Schuldentilgung (Nummer 1.2). Dem Kreditrahmen nach Satz 1 wachsen im Falle eines unvorhergesehenen Bedarfs Beträge in Höhe von bis zu 15000000000 Euro zum Rückkauf von Wertpapieren des Bundes oder zur Rückzahlung von Darlehen zu, soweit die in Satz 1 genannte Summe der Beträge zur Tilgung überschritten wird. Das Bundesministerium der Finanzen wird ermächtigt, Mehreinnahmen bei Kapitel 6002 Titel 133 01 zur Tilgung der Schulden des Bundes zu verwenden; insoweit vermindert sich die Ermächtigung nach Satz 1. Bei Mehreinnahmen nach Satz 3 können Maß-

nahmen nach § 60 Absatz 2 der Bundeshaushaltsordnung ergriffen werden.

(3) Das Bundesministerium der Finanzen wird ermächtigt, ab Oktober des Haushaltsjahres im Vorgriff auf die Kreditermächtigung des nächsten Haushaltsjahres Kredite bis zur Höhe von 4 Prozent des in § 1 Absatz 1 festgestellten Betrages aufzunehmen. Diese Kredite sind auf die Kreditermächtigung des nächsten Haushaltsjahres anzurechnen.

(4) Auf die Kreditermächtigung ist bei Diskontpapieren der Nettobetrag anzurechnen. Fremdwährungsanleihen sind mit den Euro-Gegenwerten auf die Kreditermächtigung anzurechnen, die sich aus den spätestens gleichzeitig abgeschlossenen ergänzenden Verträgen zur Begrenzung des Währungsrisikos ergeben.

(5) Das Bundesministerium der Finanzen wird ermächtigt, Kredite zum Aufbau von Eigenbeständen an Bundesanleihen, Bundesobligationen, Bundesschatzanweisungen und unverzinslichen Schatzanweisungen des Bundes aufzunehmen. Der gesamte Eigenbestand an Bundeswertpapieren darf die Höhe von 20 Prozent des Betrages der umlaufenden Bundeswertpapiere nicht übersteigen; der Betrag der umlaufenden Bundeswertpapiere ergibt sich aus der jeweils letzten im Bundesanzeiger veröffentlichten Übersicht über die umlaufenden Bundeswertpapiere. Das Bundesministerium der Finanzen wird ferner ermächtigt, Eigenbestände in Form der Wertpapierleihe oder zur Besicherung von Zinsswapgeschäften zu verwenden oder sie im Rahmen der Kreditermächtigungen des Satzes 1 und des Absatzes 2 Satz 1 zu verkaufen.

(6) Das Bundesministerium der Finanzen wird ermächtigt, im Rahmen der Kreditfinanzierung und der Kassenverstärkungskredite im laufenden Haushaltsjahr ergänzende Verträge abzuschließen

1. zur Optimierung der Zinsstruktur und zur Begrenzung von Zinsänderungsrisiken mit einem Vertragsvolumen von bis zu 80000000000 Euro sowie

2. zur Begrenzung des Zins- und Währungsrisikos von Fremdwährungsanleihen mit einem Vertragsvolumen von bis zu 30000000000 Euro.

Das Bundesministerium der Finanzen wird ferner ermächtigt, im laufenden Haushaltsjahr ergänzende Verträge zur Übernahme von Zinsswapgeschäften von bundesunmittelbaren Anstalten des öffentlichen Rechts in alleiniger Trägerschaft des Bundes mit einem Vertragsvolumen von bis zu 45000000000 Euro abzuschließen. Auf die Höchstgrenzen nach Satz 1 und 2 werden zusätzliche Verträge nicht angerechnet, die Zinsrisiken aus bereits bestehenden Verträgen verringern oder ausschließen.

(7) Das Bundesministerium der Finanzen wird ermächtigt, auch im folgenden Haushaltsjahr bis zum Tag der Verkündung des Haushaltsgesetzes im Rahmen der Kreditaufnahme folgende Verträge abzuschließen:

1. Kreditverträge bis zur Höhe der Ermächtigung nach Absatz 2 Satz 1, wenn die Kredite zur Tilgung fällig werdender Kredite aufgenommen werden;

2. Verträge nach Absatz 6 in dem in dieser Vorschrift bestimmten Umfang.

Die so in Anspruch genommenen Ermächtigungen werden auf die jeweiligen Ermächtigungen des folgenden Haushaltsjahres angerechnet.

(8) Vor Inanspruchnahme der über 1 Prozent des in § 1 Absatz 1 festgestellten Betrages liegenden Kreditermächtigungen nach § 18 Absatz 3 Satz 1 der Bundeshaushaltsordnung ist der Haushaltsausschuss des Deutschen Bundestages zu unterrichten, sofern nicht aus zwingenden Gründen eine Ausnahme geboten ist.

(9) Das Bundesministerium der Finanzen wird ermächtigt, Kassenverstärkungskredite bis zur Höhe von 20 Prozent des in § 1 Absatz 1 festgestellten Betrages aufzunehmen. Für Geschäfte, die den gleichzeitigen Ver- und Rückkauf von Bundeswertpapieren beinhalten, können weitere Kassenverstärkungskredite bis zur Höhe von 20 Prozent des in § 1 Absatz 1 festgestellten Betrages aufgenommen werden. Das Bundesministerium der Finanzen wird ferner ermächtigt, Kassenverstärkungskredite bis zur Höhe von 10 Prozent des in Absatz 6 Satz 1 Nummer 1 genannten Betrages zur Besicherung von Zinsswapgeschäften aufzunehmen. Zur Besicherung von Zinswährungsswapgeschäften können weitere Kassenverstärkungskredite bis zur Höhe von 10 Prozent des in Absatz 6 Satz 1 Nummer 2 genannten Betrages aufgenommen werden. Das Bundesministerium der Finanzen wird ferner ermächtigt, die Besicherung der gemäß Absatz 6 Satz 2 übernommenen Zinsswapgeschäfte abzuwickeln. Die zu diesem Zweck über den Bund weitergeleiteten Beträge sind nicht auf die Kreditermächtigungen der Sätze 1 bis 4 anzurechnen, sofern diese Beträge dem Bund von den betroffenen Anstalten zur Verfügung gestellt werden. Auf die Kreditermächtigungen der Sätze 1 bis 4 sind die Beträge anzurechnen, die auf Grund von Ermächtigungen früherer Haushaltsgesetze aufgenommen worden sind.

(10) Das Bundesministerium der Finanzen wird ermächtigt, zur Finanzierung der der Bundesanstalt für Landwirtschaft und Ernährung nach § 2 Absatz 1 Satz 2 Nummer 2 des Gesetzes über die Errichtung einer Bundesanstalt für Landwirtschaft und Ernährung vom 2. August 1994 (BGBl. I S. 2018, 2019), das zuletzt durch Artikel 364 der Verordnung vom 31. August 2015 (BGBl. I S. 1474) geändert worden ist, obliegenden Aufgabe Kassenverstärkungskredite bis zur Höhe von 7000000000 Euro aufzunehmen. Auf die Kreditermächtigung sind die Beträge anzurechnen, die auf Grund von Ermächtigungen früherer Haushaltsgesetze aufgenommen worden sind.

§ 3 Gewährleistungsermächtigungen

(1) Das Bundesministerium der Finanzen wird ermächtigt, Bürgschaften, Garantien oder sonstige Gewährleistungen bis zur Höhe von insgesamt 821710000000 Euro zu übernehmen, davon

1. bis zu 155000000000 Euro im Zusammenhang mit förderungswürdigen oder im besonderen staatlichen Interesse der Bundesrepublik Deutschland liegenden Ausfuhren,

2. bis zu 75000000000 Euro

   a) für Kredite an ausländische Schuldner zur Finanzierung förderungswürdiger Vorhaben oder bei besonderem staatlichen Interesse der Bundesrepublik Deutschland,

   b) zur Absicherung des politischen Risikos bei förderungswürdigen Direktinvestitionen im Ausland,

   c) für Kredite der Europäischen Investitionsbank an Schuldner außerhalb der Europäischen Union,

3. bis zu 35000000000 Euro

   a) für Kredite zur Mitfinanzierung entwicklungspolitisch förderungswürdiger Vorhaben der bilateralen Finanziellen Zusammenarbeit,

   b) für zinsverbilligte Kredite für entwicklungspolitisch förderungswürdige Vorhaben der bilateralen Finanziellen Zusammenarbeit,

   c) für Förderkredite der Kreditanstalt für Wiederaufbau für entwicklungspolitisch förderungswürdige Vorhaben der bilateralen Finanziellen Zusammenarbeit sowie

   d) für zinsverbilligte Kredite der Kreditanstalt für Wiederaufbau für bilaterale Vorhaben des internationalen Klima- und Umweltschutzes,

4. bis zu 700000000 Euro für Marktordnungs- und Bevorratungsmaßnahmen auf dem Ernährungsgebiet,

5. bis zu 430000000000 Euro zur Förderung der Binnenwirtschaft und zur Abdeckung von Haftungslagen im In- und Ausland,

6. bis zu 110000000000 Euro im Zusammenhang mit der Beteiligung der Bundesrepublik Deutschland an europäischen oder internationalen Finanzinstitutionen und Fonds,

7. bis zu 1010000000 Euro für die Nachfolgeeinrichtungen der Treuhandanstalt,

8. bis zu 15000000000 Euro zur Absicherung des Zinsrisikos bei der Refinanzierung von Krediten für den Bau von Schiffen im Sinne des Anhangs I der Verordnung (EU) Nr. 1233/2011 des Europäischen Parlaments und des Rates vom 16. November 2011 über die Anwendung bestimmter Leitlinien auf dem Gebiet der öffentlich unterstützten

Exportkredite sowie zur Aufhebung der Beschlüsse 2001/76/EG und 2001/77/EG des Rates (ABl. L 326 vom 8. 12. 2011, S. 45) auf deutschen Werften.

Einzelheiten ergeben sich aus den verbindlichen Erläuterungen zu Kapitel 3208 des Bundeshaushaltsplans.

(2) Auf die in Absatz 1 Satz 1 genannten Höchstbeträge werden die auf Grund der Ermächtigungen früherer Haushaltsgesetze übernommenen Gewährleistungen angerechnet, soweit der Bund noch in Anspruch genommen werden kann. In diesem Fall erfolgt eine Anrechnung auch, soweit er in Anspruch genommen worden ist und für die erbrachten Leistungen keinen Ersatz erlangt hat.

(3) Gewährleistungen nach Absatz 1 Satz 1 können auch in ausländischer Währung übernommen werden; sie sind auf der Basis desjenigen Euro-Referenzkurses der Europäischen Zentralbank auf den Höchstbetrag anzurechnen, der vor der Ausfertigung der Gewährleistungserklärung zuletzt festgestellt worden ist.

(4) Eine Bürgschaft, Garantie oder sonstige Gewährleistung ist auf den Höchstbetrag der entsprechenden Ermächtigung in der Höhe anzurechnen, in der der Bund daraus in Anspruch genommen werden kann. Zinsen und Kosten sind auf den jeweiligen Ermächtigungsrahmen nur anzurechnen, soweit dies gesetzlich bestimmt ist oder bei der Übernahme ein gemeinsamer Haftungsbetrag für Hauptverpflichtung, Zinsen und Kosten festgelegt wird.

(5) Soweit in den Fällen der Gewährleistungsübernahme nach Absatz 1 Satz 1 der Bund ohne Inanspruchnahme von seiner Haftung frei wird oder Ersatz für erbrachte Leistungen erlangt hat, ist eine übernommene Gewährleistung auf den Höchstbetrag nicht mehr anzurechnen.

(6) Die in Absatz 1 Satz 1 Nummer 1 bis 8 genannten Ermächtigungsrahmen können mit Einwilligung des Haushaltsausschusses des Deutschen Bundestages auch für Zwecke der jeweils anderen Gewährleistungsermächtigungen verwendet werden.

(7) Das Bundesministerium der Finanzen wird ermächtigt, zusätzliche Gewährleistungen nach Absatz 1 Satz 1 bis zur Höhe von 30 Prozent des in Absatz 1 Satz 1 bestimmten Ermächtigungsrahmens mit Einwilligung des Haushaltsausschusses des Deutschen Bundestages unter den Voraussetzungen des § 37 Absatz 1 der Bundeshaushaltsordnung zu übernehmen. Eine Ausnahme von der Einwilligung des Haushaltsausschusses des Deutschen Bundestages ist nur aus zwingenden Gründen gestattet.

(8) Vor Übernahme von Bürgschaften, Garantien und sonstigen Gewährleistungen nach Absatz 1 Satz 1, die eine Übernahme einer Eventualverpflichtung von 1 000 000 000 Euro oder mehr vorsehen, ist der Haus-

haltsausschuss des Deutschen Bundestages zu unterrichten, sofern nicht aus zwingenden Gründen eine Ausnahme geboten ist.

§ 4 Über- und außerplanmäßige Ausgaben und Verpflichtungsermächtigungen

(1) Der Betrag nach § 37 Absatz 1 Satz 4 der Bundeshaushaltsordnung wird auf 5 000 000 Euro festgesetzt. Über- und außerplanmäßige Ausgaben, die im Einzelfall den in Satz 1 festgelegten Betrag, im Falle der Erfüllung von Rechtsverpflichtungen einen Betrag von 50 000 000 Euro überschreiten, sind vor Einwilligung des Bundesministeriums der Finanzen dem Haushaltsausschuss des Deutschen Bundestages zur Unterrichtung vorzulegen, sofern nicht aus zwingenden Gründen eine Ausnahme geboten ist.

(2) Der Betrag nach § 38 Absatz 1 Satz 3 der Bundeshaushaltsordnung wird auf 10 000 000 Euro festgesetzt. Für über- oder außerplanmäßige Verpflichtungsermächtigungen, bei denen die Ausgaben nur in einem Haushaltsjahr fällig werden, wird der Betrag auf 5 000 000 Euro festgesetzt. Die Betragsgrenze nach Satz 2 wird auch überschritten, wenn bei mehrjährigen über- oder außerplanmäßigen Verpflichtungsermächtigungen der in Satz 2 genannte Betrag in einem Fälligkeitsjahr überschritten wird. Wenn über- oder außerplanmäßige Ausgaben und über- oder außerplanmäßige Verpflichtungsermächtigungen zusammentreffen, gilt insgesamt der in Satz 1 genannte Betrag; Absatz 1 bleibt unberührt. Über- und außerplanmäßige Verpflichtungsermächtigungen, die die in den Sätzen 1 bis 4 festgelegten Beträge überschreiten, sind vor Einwilligung des Bundesministeriums der Finanzen dem Haushaltsausschuss des Deutschen Bundestages zur Unterrichtung vorzulegen, sofern nicht aus zwingenden Gründen eine Ausnahme geboten ist. Bei über- und außerplanmäßigen Verpflichtungsermächtigungen ist § 37 Absatz 4 der Bundeshaushaltsordnung entsprechend anzuwenden.

(3) Das Bundesministerium der Finanzen wird ermächtigt, mit Einwilligung des Haushaltsausschusses des Deutschen Bundestages bei Aktiengesellschaften, an denen der Bund beteiligt ist, einem genehmigten Kapital im Sinne des § 202 des Aktiengesetzes zuzustimmen und sich zur Leistung des auf den Bundesanteil entfallenden Erhöhungsbetrages zu verpflichten.

Abschnitt 2

Bewirtschaftung von Einnahmen, Ausgaben und Verpflichtungsermächtigungen

§ 5 Flexibilisierte Ausgaben

(1) Auf die in Teil I Buchstabe D des Gesamtplans aufgeführten Kapitel des Bundeshaushalts sind die Absätze 2 bis 5 anzuwenden, soweit im Einzelfall keine andere Regelung durch Haushaltsvermerk getroffen ist.

(2) Innerhalb der einzelnen Kapitel sind jeweils gegenseitig deckungsfähig:

1. Ausgaben der Hauptgruppe 4, ohne Ausgaben der Titel der Gruppe 411 und der Titel 428 .2, sowie Ausgaben der Titel 634 .3,

2. Ausgaben der Titel 511 .1, 514 .1, 517 .1, 518 .1, 519 .1, 523 .1, 525 .1, 526 .1, 526 .2, 527 .1, 527 .3, 532 .1, 532 .2, 532 .3, 539 .9, 543 .1, 544 .1 und 545 .1,

3. Ausgaben der Titel 632 .9, 636 .9, 671 .9, 681 .8, 681 .9, 684 .9, 686 .9 und 687 .9,

4. Ausgaben der Titel der Gruppen 711 bis 739,

5. Ausgaben der Titel der Hauptgruppe 8.

Ausgaben anderer als der in den Nummern 1 bis 5 aufgeführten Titel, die durch Haushaltsvermerk in die flexibilisierten Ausgaben einbezogen werden, sind innerhalb der einzelnen Kapitel dem jeweiligen Ausgabenbereich nach Maßgabe ihrer Hauptgruppenzugehörigkeit zuzuordnen.

(3) Im Verhältnis der in Absatz 2 genannten Ausgabenbereiche zueinander dürfen zusätzliche Ausgaben bis zur Höhe von 20 Prozent der Summe der Sollansätze des jeweiligen Ausgabenbereichs aus Einsparungen bei den unter Nummern 2 bis 5 in Absatz 2 genannten Ausgabenbereichen geleistet werden.

(4) Die Ausgaben der in Absatz 2 genannten Ausgabenbereiche sind übertragbar.

(5) Für die flexibilisierten Ausgaben in den Kapiteln 0111, 0211, 0311, 0411, 0431, 0451, 0511, 0611, 0711, 0811, 0911, 1011, 1111, 1211, 1411, 1511, 1611, 1711, 1911, 2011, 2111, 2311 und 3011 gilt in Ergänzung zu den Absätzen 2 bis 4 folgende Regelung: Mehrausgaben dürfen gegen Einsparung innerhalb der flexibilisierten Ausgaben desselben Ausgabenbereichs nach Absatz 2 der anderen Kapitel des jeweiligen Einzelplans geleistet werden, wenn über das Soll und die Ausgabereste des deckungsberechtigten Titels vollständig für dessen Zweck verfügt ist.

(6) Das Nähere bestimmt das Bundesministerium der Finanzen.

§ 6 Verstärkungsmöglichkeiten, Deckungsfähigkeit, Zweckbindung

(1) Innerhalb eines Kapitels fließen die Einnahmen den Ausgaben bei folgenden Titeln zu:

1. Titel der Hauptgruppe 4 aus Personalkostenzuschüssen für die berufliche Eingliederung behinderter und schwerbehinderter Menschen sowie für Arbeitsbeschaffungsmaßnahmen und weitere Maßnahmen zur Eingliederung Arbeitsloser sowie aus Erstattungsleistungen nach dem Altersteilzeitgesetz vom 23. Juli 1996 (BGBl. I S. 1078), das zuletzt durch Artikel 22 des Gesetzes vom 12. Dezember 2019 (BGBl. I S. 2652) geändert worden ist,

2. Titel der Hauptgruppen 5 bis 8 aus Sachkostenzuschüssen für die berufliche Eingliederung behinderter und schwerbehinderter Menschen,

3. Titel der Obergruppe 44 aus Erstattungen und Schadenersatzleistungen Dritter.

(2) Innerhalb eines Kapitels fließen die Einnahmen den Ausgaben bei den Titeln zu, die den flexibilisierten Ausgabenbereichen gemäß § 5 Absatz 2 Satz 1 Nummer 1 oder 2 zugeordnet sind, soweit es sich bei den Einnahmen um Erstattungen und Beiträge Dritter handelt.

(3) Für die Kapitel des Bundeshaushalts, auf die § 5 Absatz 2 bis 5 nicht anzuwenden ist, gilt:

1. Die obersten Bundesbehörden können die Deckungsfähigkeit der Ausgaben bei Titeln der Gruppen 511 bis 525, 527 und 539 innerhalb eines Kapitels anordnen, soweit die Mittel nicht übertragbar sind, die Mehrausgaben des Einzeltitels nicht mehr als 20 Prozent betragen und die Maßnahme wirtschaftlich zweckmäßig erscheint.

2. Soweit eine Deckung nach Nummer 1 nicht möglich ist, kann das Bundesministerium der Finanzen in besonders begründeten Ausnahmefällen zulassen, dass Mehrausgaben bei Titeln der Gruppen 514 und 517 bis zur Höhe von 30 Prozent des Sollansatzes durch Einsparungen anderer Ausgaben innerhalb der Hauptgruppe 5 desselben Einzelplans gedeckt werden.

3. Mehrausgaben bei Titel 526 .1 können gegen Einsparungen bei anderen Ausgaben der Obergruppen 51 bis 54 desselben Einzelplans gedeckt werden.

(4) Innerhalb eines Kapitels dürfen Mehrausgaben für Mieten und Pachten im Zusammenhang mit dem Einheitlichen Liegenschaftsmanagement bei Titel 518 .2 bis zur Höhe der Einsparungen bei den in die Flexibilisierung nach § 5 einbezogenen Titeln geleistet werden.

(5) Das Bundesministerium der Finanzen wird ermächtigt, mit Einwilligung des Haushaltsausschusses des Deutschen Bundestages innerhalb des Einzelplans 14 die Deckungsfähigkeit der Ausgaben bei Titeln

der Gruppen 551 bis 559 der Kapitel 1404 bis 1408 sowie bei Titel 514 03 in Kapitel 1407 anzuordnen, falls dies auf Grund von Umständen, die nach Inkrafttreten des Haushaltsgesetzes eingetreten sind, wirtschaftlich zweckmäßig erscheint. Für das Kapitel 1405 gilt dies mit der Einschränkung, dass nur die einseitige Deckungsfähigkeit mit Deckungsberechtigung für das Kapitel 1405 angeordnet werden kann. Die Regelungen nach Satz 1 und 2 gelten auch für übertragbare Ausgaben. Das Bundesministerium der Finanzen wird darüber hinaus ermächtigt, mit Einwilligung des Haushaltsausschusses des Deutschen Bundestages innerhalb des Einzelplans 14 die Deckungsfähigkeit der Ausgaben bei einzelnen Titeln mit Ausnahme der Titel der Gruppe 529 anzuordnen, wenn unvorhergesehen und unabweisbar Mehrausgaben geleistet werden müssen, um die Wirtschaftlichkeit des Betriebs der Streitkräfte zu verbessern.

(6) Bei Titel 537 02 des Kapitels 6003 fließen Erstattungen der obersten Bundesbehörden für die Inanspruchnahme des Flugdienstes zwischen Köln/Bonn und Berlin den Ausgaben zu. Bei den Titeln 527 .1 und 453 .1 der obersten Bundesbehörden fließen Erstattungen des nachgeordneten Bereichs sowie von Dritten im Zusammenhang mit dem Flugdienst zwischen Köln/Bonn und Berlin den Ausgaben zu.

(7) Innerhalb eines Kapitels können Mehreinnahmen aus der Veräußerung von Dienstkraftfahrzeugen herangezogen werden, um die Ausgaben für die Ersatzbeschaffung von Dienstkraftfahrzeugen zu verstärken. Das Nähere bestimmt das Bundesministerium der Finanzen.

(8) Das Aufkommen an Mineralölsteuer, das nach Artikel 1 des Straßenbaufinanzierungsgesetzes in der im Bundesgesetzblatt Teil III, Gliederungsnummer 912-3, veröffentlichten bereinigten Fassung, das zuletzt durch Artikel 19 des Gesetzes vom 14. August 2017 (BGBl. I S. 3122) geändert worden ist, und nach Artikel 3 des Verkehrsfinanzgesetzes 1971 vom 28. Februar 1972 (BGBl. I S. 201), das zuletzt durch Artikel 99 des Gesetzes vom 8. Dezember 2010 (BGBl. I S. 1864) geändert worden ist, für Zwecke des Straßenwesens gebunden ist, ist auch für sonstige verkehrspolitische Zwecke im Bereich des Bundesministeriums für Verkehr und digitale Infrastruktur zu verwenden.

(9) Die Erhebung von Mehreinnahmen bei Kapitel 6002 Titel 359 01 bedarf der Einwilligung des Haushaltsausschusses des Deutschen Bundestages.

(10) Innerhalb eines Kapitels dürfen für interne Verrechnungen nach § 61 der Bundeshaushaltsordnung bei Titel 981 .3 Mehrausgaben bis zur Höhe der Einsparungen geleistet und Ausgabetitel bis zur Höhe der Einnahmen bei Titel 381 .3 verstärkt werden. Das Bundesministerium der Finanzen wird ermächtigt, diese Titel auszubringen.

(11) § 20 Absatz 1 der Bundeshaushaltsordnung findet auf die Festtitel 428 .2 „Entgelte für Wissenschaftlerinnen und Wissenschaftler" keine Anwendung.

§ 7 Überlassung und Veräußerung von Vermögensgegenständen sowie Verzicht auf Auslagenerstattung

(1) Nach § 63 Absatz 3 Satz 2 der Bundeshaushaltsordnung wird zugelassen, dass Software, die von Bundesdienststellen im Bereich der Datenverarbeitung entwickelt worden ist, unentgeltlich an Stellen der öffentlichen Verwaltung im Inland abgegeben wird, soweit Gegenseitigkeit besteht. Das gilt auch für Software, die von Bundesdienststellen erworben worden ist. Für erworbene Lizenzen an Standardsoftware ist die jeweilige Lizenzvereinbarung maßgebend.

(2) Nach § 63 Absatz 3 Satz 2 der Bundeshaushaltsordnung wird zugelassen, dass Vorschriften in elektronischer Form, beispielsweise über das Internet, unentgeltlich oder gegen ermäßigtes Entgelt bereitgestellt werden können.

(3) Es wird zugelassen, dass bei Maßnahmen zur Bewältigung der Flüchtlingskrise insbesondere im Rahmen der Amtshilfe auf eine Auslagenerstattung gemäß § 8 Absatz 1 Satz 2 des Verwaltungsverfahrensgesetzes verzichtet werden kann. Entsprechendes gilt für Mehrausgaben im Personalbereich für diese Maßnahmen im Rahmen der Amtshilfe.

§ 8 Bewilligung von Zuwendungen

(1) Ausgaben und Verpflichtungsermächtigungen für Zuwendungen im Sinne des § 23 der Bundeshaushaltsordnung zur Deckung der gesamten Ausgaben oder eines nicht abgegrenzten Teils der Ausgaben einer Einrichtung außerhalb der Bundesverwaltung (institutionelle Förderung) sind gesperrt, solange der Haushalts- oder Wirtschaftsplan des Zuwendungsempfängers nicht von der zuständigen obersten Bundesbehörde gebilligt ist. Der Haushalts- oder Wirtschaftsplan bedarf darüber hinaus der Billigung des Bundesministeriums der Finanzen, wenn er erstmals aufgestellt wird und in sonstigen vom Bundesministerium der Finanzen festgelegten Fällen.

(2) Die in Absatz 1 genannten Zuwendungen zur institutionellen Förderung dürfen nur mit der Auflage bewilligt werden, dass der Zuwendungsempfänger seine Beschäftigten nicht besserstellt als vergleichbare Arbeitnehmerinnen und Arbeitnehmer des Bundes. Entsprechendes gilt bei Zuwendungen zur Projektförderung, wenn die Gesamtausgaben des Zuwendungsempfängers überwiegend aus Zuwendungen der öffentlichen Hand bestritten werden. Das Bundesministerium der Finanzen kann bei Vorliegen zwingender Gründe Ausnahmen zulassen. Die Sätze 1 und 2 gelten nicht, soweit eine Wissenschaftseinrichtung gemäß

§ 2 des Wissenschaftsfreiheitsgesetzes vom 5. Dezember 2012 (BGBl. I S. 2457), das durch Artikel 153 der Verordnung vom 19. Juni 2020 (BGBl. I S. 1328) geändert worden ist, den bei ihr beschäftigten Wissenschaftlerinnen und Wissenschaftlern Gehälter oder Gehaltsbestandteile aus Mitteln zahlt, die weder unmittelbar noch mittelbar von der deutschen öffentlichen Hand finanziert werden. Satz 4 gilt auch für sonstige im wissenschaftsrelevanten Bereich Beschäftigte, wenn sie im Rahmen der Planung, Vorbereitung, Durchführung, Auswertung oder Bewertung von Forschungsvorhaben einen wesentlichen Beitrag leisten.

§ 9 Baumaßnahmen der Bundesanstalt für Immobilienaufgaben

Die §§ 24 und 54 der Bundeshaushaltsordnung bleiben für Baumaßnahmen zur Deckung des Raumbedarfs für Bundeszwecke nach § 2 Absatz 1 Satz 2 des Gesetzes über die Bundesanstalt für Immobilienaufgaben vom 9. Dezember 2004 (BGBl. I S. 3235), das durch Artikel 15 Absatz 83 des Gesetzes vom 5. Februar 2009 (BGBl. I S. 160) geändert worden ist, die im Wirtschaftsplan der Bundesanstalt für Immobilienaufgaben veranschlagt werden, unberührt. Das Bundesministerium der Finanzen kann hiervon Ausnahmen zulassen.

§ 10 Bezüge

(1) Abweichend von § 50 Absatz 3 der Bundeshaushaltsordnung können die Personalausgaben für abgeordnete Beschäftigte für die Dauer von bis zu drei Jahren von der abordnenden Verwaltung weitergezahlt werden. Weiterzahlungen über drei Jahre hinaus bedürfen, sofern sie nicht durch Haushaltsvermerk geregelt sind, der Einwilligung des Bundesministeriums der Finanzen.

(2) Innerhalb eines Kapitels dürfen Zulagen nach § 45 des Bundesbesoldungsgesetzes für Beamtinnen und Beamte bis zur Höhe von 0,1 Prozent der veranschlagten Ausgaben der Titel 422 .1 geleistet werden. Innerhalb der Kapitel 1403 und 1412 dürfen Zulagen nach § 45 des Bundesbesoldungsgesetzes für Soldatinnen und Soldaten bis zur Höhe von 0,1 Prozent der veranschlagten Ausgaben des Titels 423 01 geleistet werden.

(3) Soweit Soldatinnen und Soldaten Leistungsprämien, Leistungszulagen oder Leistungsstufen gewährt werden, sind die Titel der Gruppe 423 der Kapitel 1403 und 1412 gegenseitig deckungsfähig.

(4) Die obersten Bundesbehörden werden ermächtigt, Zuschüsse für ein Jobticket für Beschäftigte und Auszubildende in Höhe von bis zu 40 Euro monatlich, höchstens jedoch in Höhe der hälftigen durchschnittlichen monatlichen Jahresticketkosten bei Bezug eines 12-Monats-Abonnement, aus den Titeln der Gruppen 422, 423, 427 und 428 zu leisten. Das Nähere regelt das Bundesministerium des Innern, für Bau und Heimat im Einvernehmen mit dem Bundesministerium der Finanzen.

§ 11 Verbriefung von Verpflichtungen

Das zuständige Bundesministerium wird ermächtigt, die Beteiligungen, Zuschüsse und Beiträge der Bundesrepublik Deutschland zugunsten der in Kapitel 0904 Titel 687 04, Kapitel 2303 Titel 687 04 und 896 09, Kapitel 2304 Titel 687 01, 687 02, 687 03, 687 04 und 687 05 des Bundeshaushaltsplans erwähnten internationalen Finanzinstitutionen und Fonds durch Hingabe unverzinslicher Schuldscheine zu erbringen.

§ 12 Liquiditätshilfen, Fälligkeit von Zuschüssen und Leistungen des Bundes an die Rentenversicherung

(1) Die Liquiditätshilfen an die Bundesagentur für Arbeit nach § 364 des Dritten Buches Sozialgesetzbuch sind auf 18000000000 Euro begrenzt. Der Ermächtigungsrahmen darf wiederholt in Anspruch genommen werden. Das der Bundesagentur für Arbeit im Haushaltsjahr 2020 gewährte und bis zum Ende des Haushaltsjahres 2021 nach § 365 des Dritten Buches Sozialgesetzbuch gestundete Darlehen des Bundes wird am Ende des Haushaltsjahres 2021 erlassen, soweit die Bundesagentur für Arbeit es nicht am Schluss des Haushaltsjahres 2021 zurückzahlen kann. Die der Bundesagentur für Arbeit im Haushaltsjahr 2021 nach § 364 des Dritten Buches Sozialgesetzbuch als Darlehen gewährten unterjährigen Liquiditätshilfen werden am Ende des Haushaltsjahres 2021 abweichend von § 365 des Dritten Buches Sozialgesetzbuch in einen Zuschuss umgewandelt, soweit die Bundesagentur für Arbeit sie nicht bis zum Schluss des Haushaltsjahres 2021 zurückzahlen kann. Der Erlass des Darlehens nach Satz 3 und die Umwandlung in einen Zuschuss nach Satz 4 erfolgen

1. nur bis zu der Höhe, in der die nicht zurückgezahlten Darlehen die allgemeine Rücklage der Bundesagentur für Arbeit am Ende des Haushaltsjahres 2021 übersteigen und

2. nur bis zur Höhe der Ausgaben der Bundesagentur für Arbeit für konjunkturelles Kurzarbeitergeld und für die Erstattung von Sozialversicherungsbeiträgen an Arbeitgeber in den Haushaltsjahren 2020 und 2021.

Die Umwandlung in einen Zuschuss nach Satz 4 erfolgt erst, wenn der Darlehenserlass nach Satz 3 in voller Höhe in Anspruch genommen wurde.

(2) Die Liquiditätshilfe an die Bundesanstalt für Finanzdienstleistungsaufsicht ist auf 20000000 Euro begrenzt.

(3) Die Zuschüsse des Bundes an die allgemeine Rentenversicherung und seine an die allgemeine Rentenversicherung zu entrichtenden Beiträge für Kindererziehungszeiten werden in zwölf gleichen Monatsraten gezahlt. Abweichend von Satz 1 kann im Einvernehmen mit dem Bundesministerium der Finanzen die Zahlung vorgezogen werden, soweit

dies zur Stabilisierung der Finanzlage der allgemeinen Rentenversicherung erforderlich ist.

(4) Die Liquiditätshilfen an den Gesundheitsfonds nach § 271 Absatz 3 des Fünften Buches Sozialgesetzbuch sind auf 4 000 000 000 Euro begrenzt. Der Ermächtigungsrahmen darf wiederholt in Anspruch genommen werden. Die Zahlung von Leistungen des Bundes nach § 221 Absatz 1 des Fünften Buches Sozialgesetzbuch kann im Einvernehmen mit dem Bundesministerium der Finanzen vorgezogen werden, soweit dies zur Vermeidung von Liquiditätshilfen nach § 271 Absatz 3 des Fünften Buches Sozialgesetzbuch erforderlich ist.

(5) Das Bundesministerium der Finanzen wird ermächtigt, eine zinslose, zur Aufrechterhaltung einer ordnungsgemäßen Kassenwirtschaft notwendige Liquiditätshilfe an die Postbeamtenversorgungskasse bis zu einer Höhe von 250 000 000 Euro zu leisten. Das Darlehen ist so bald wie möglich zurückzuzahlen, spätestens jedoch mit dem Ende des Haushaltsjahres.

(6) Das Bundesministerium der Finanzen wird ermächtigt, nach Maßgabe des Satzes 2 der Bundesanstalt für Landwirtschaft und Ernährung zur Erfüllung ihrer Aufgabe nach § 2 Absatz 1 Satz 2 Nummer 2 des Gesetzes über die Errichtung einer Bundesanstalt für Landwirtschaft und Ernährung vom 2. August 1994 (BGBl. I S. 2018, 2019), das zuletzt durch Artikel 364 der Verordnung vom 31. August 2015 (BGBl. I S. 1474) geändert worden ist, verzinsliche Liquiditätshilfen bis zu einer Höhe von insgesamt 7 000 000 000 Euro zu leisten. Die Liquiditätshilfen dürfen nur in dem Umfang bereitgestellt werden, in dem die Bundesanstalt für Landwirtschaft und Ernährung Ausgaben zu leisten hat und entsprechende Mittel aus dem Haushalt der Europäischen Union noch nicht zur Verfügung gestellt sind. Die Liquiditätshilfen sind so bald wie möglich zurückzuzahlen, spätestens jedoch mit Erhalt der Mittelzuweisungen aus dem Haushalt der Europäischen Union.

(7) Der Bund leistet im Haushaltsjahr 2021 einen ergänzenden Zuschuss in Höhe von 5 Milliarden Euro an den nach § 271 des Fünften Buches Sozialgesetzbuch eingerichteten Gesundheitsfonds.

(8) Der Bund leistet im Haushaltsjahr 2021 einen ergänzenden Zuschuss in Höhe von 32 500 000 Euro an die Künstlersozialkasse. Der Entlastungszuschuss wird bei der Bestimmung des Prozentsatzes der Künstlersozialabgabe für das Jahr 2021 neben den in § 26 Absatz 2 Nummer 1 bis 3 des Künstlersozialversicherungsgesetzes vom 27. Juli 1981 (BGBl. I S. 705), das zuletzt durch Artikel 2f des Gesetzes vom 14. Oktober 2020 (BGBl. I S. 2112) geändert worden ist, genannten Berechnungsgrundlagen berücksichtigt.

§ 13 Rückzahlung, Titelverwechslung

(1) Die Rückzahlung zu viel erhobener Einnahmen kann aus dem jeweiligen Einnahmetitel geleistet werden und ist dann bei dem betreffenden Einnahmetitel abzusetzen.

(2) Bei einer unrichtigen Zahlung, bei Doppelzahlungen oder Überzahlungen darf die Rückzahlung, soweit § 5 gilt, stets von der Ausgabe abgesetzt werden, im Übrigen nur, wenn die Bücher noch nicht abgeschlossen sind. Die Rückzahlung zu viel geleisteter Personalausgaben ist stets beim jeweiligen Ausgabetitel abzusetzen.

(3) Titelverwechslungen dürfen nur berichtigt werden, solange die Bücher noch nicht abgeschlossen sind.

Abschnitt 3

Bewirtschaftung der Planstellen und Stellen

§ 14 Verbindlichkeit des Stellenplans

(1) Die Erläuterungen zu den Titeln 428 .1 sind hinsichtlich der Zahl der für die einzelnen Entgeltgruppen angegebenen Stellen verbindlich. Abweichungen von den verbindlichen Erläuterungen bedürfen der Einwilligung des Bundesministeriums der Finanzen. Pauschale Abweichungen kann das Bundesministerium der Finanzen unter der Bedingung zulassen, dass dadurch die Personalausgaben der einbezogenen Stellen um mindestens 5 Prozent gemindert werden.

(2) Die Erläuterungen zu den Titeln, aus denen Verwaltungskosten erstattet oder Zuwendungen im Sinne des § 23 der Bundeshaushaltsordnung zur institutionellen Förderung geleistet werden, sind hinsichtlich der Zahl der für die einzelnen Entgeltgruppen angegebenen Stellen verbindlich. Dies gilt nicht für Stellen, die für Projektaufgaben ausgebracht sind. Die Wertigkeit außertariflicher Stellen ist durch Angabe der entsprechenden Besoldungsgruppen zu kennzeichnen. Abweichungen von den verbindlichen Erläuterungen bedürfen der Einwilligung des Bundesministeriums der Finanzen. Für die Fälle unvorhergesehener und tarifrechtlich unabweisbarer Höhergruppierungsansprüche kann das Bundesministerium der Finanzen seine Befugnisse auf die obersten Bundesbehörden übertragen.

§ 15 Ausbringung von Planstellen und Stellen

(1) Das Bundesministerium der Finanzen wird ermächtigt, mit Einwilligung des Haushaltsausschusses des Deutschen Bundestages Planstellen für Beamtinnen und Beamte und Stellen für Arbeitnehmerinnen und Arbeitnehmer sowie Planstellen oberhalb der Besoldungsgruppe B 3 für Soldatinnen und Soldaten zusätzlich auszubringen, wenn hierfür ein

unabweisbarer, auf andere Weise nicht zu befriedigender Bedarf besteht. Die neu ausgebrachten Planstellen und Stellen sind in finanziell gleichwertigem Umfang durch den Wegfall anderer Planstellen und Stellen einzusparen. Die für den Einzelplan zuständige Stelle gibt dem Bundesrechnungshof Gelegenheit zur Stellungnahme.

(2) Das Bundesministerium der Finanzen wird ermächtigt, Planstellen und Stellen auszubringen, um Bedienstete folgender Einrichtungen zu übernehmen:

1. von bundesunmittelbaren juristischen Personen des öffentlichen Rechts,

2. von Unternehmen im Sinne von § 65 der Bundeshaushaltsordnung,

3. von Sondervermögen des Bundes oder

4. von Zuwendungsempfängern, die durch den Bund institutionell gefördert werden.

Die Ausbringung dieser Planstellen und Stellen setzt voraus, dass für diese Bediensteten keine Planstellen und Stellen im Bundeshaushalt ausgebracht sind, ein Personalüberhang bei den genannten Einrichtungen besteht, ein unabweisbarer, auf andere Weise nicht zu befriedigender Bedarf besteht, die Finanzierung der neu ausgebrachten Planstellen und Stellen auf Dauer sichergestellt ist und die Übernahme der Bediensteten zu einer Entlastung des Bundeshaushalts an anderer Stelle führt.

§ 16 Ausbringung von Planstellen und Stellen für Überhangpersonal

(1) Das Bundesministerium der Finanzen wird ermächtigt, bei nachgewiesenem Bedarf Planstellen und Stellen auszubringen, wenn feststeht, dass sie mit Überhangpersonal von Bundesbehörden besetzt werden; mit der Versetzung des Überhangpersonals fallen die frei werdenden Planstellen und Stellen weg.

(2) Die im Bundeshaushalt ausgebrachten Haushaltsvermerke, wonach Planstellen und Stellen nur mit Überhangpersonal besetzt werden dürfen, entfallen nach der Versetzung des Überhangpersonals.

(3) Zur Deckung eines nachgewiesenen Mehrbedarfs bei Personalausgaben für die nach Absatz 1 ausgebrachten Planstellen und Stellen dürfen Haushaltsmittel von den abgebenden Bundesbehörden umgesetzt werden.

§ 17 Ausbringung von Ersatzplanstellen und Ersatzstellen

(1) Soweit ein unabweisbarer Bedarf besteht, einen Dienstposten wiederzubesetzen, gilt eine Planstelle für die Beamtin oder den Beamten, die oder der als Ersatzkraft die Funktion wahrnehmen soll, als ausgebracht, wenn die bisherige Inhaberin oder der bisherige Inhaber des Dienstpostens

1. nach § 14 des Deutschen Richtergesetzes in einem Land als Richterin oder Richter kraft Auftrags verwendet werden soll oder

2. mindestens sechs Monate im Rahmen der internationalen Zusammenarbeit ohne Wegfall der Dienstbezüge verwendet oder auf eine entsprechende Verwendung vorbereitet werden soll.

Die Planstelle ist bis zur Rückkehr der bisherigen Inhaberin oder des bisherigen Inhabers des Dienstpostens befristet und hat die Wertigkeit der Besoldungsgruppe der Beamtin oder des Beamten, die oder der als Ersatzkraft die Funktion wahrnehmen soll; die Wertigkeit der Planstelle der bisherigen Inhaberin oder des bisherigen Inhabers des Dienstpostens wird nicht überschritten.

(2) Absatz 1 gilt entsprechend für Richterinnen und Richter, Soldatinnen und Soldaten sowie für Arbeitnehmerinnen und Arbeitnehmer.

§ 18 Ausbringung von Leerstellen

(1) Eine Leerstelle der entsprechenden Besoldungsgruppe gilt von Beginn der Beurlaubung oder Verwendung an als ausgebracht für planmäßige Beamtinnen und Beamte,

1. die nach § 92 Absatz 1, § 95 Absatz 1, § 90 Absatz 3 Satz 1 Nummer 2 des Bundesbeamtengesetzes oder nach § 7 des Dienstrechtlichen Begleitgesetzes vom 30. Juli 1996 (BGBl. I S. 1183), das zuletzt durch Artikel 15 Absatz 1 des Gesetzes vom 5. Februar 2009 (BGBl. I S. 160) geändert worden ist, ohne Dienstbezüge mindestens für sechs Monate beurlaubt werden,

2. die nach § 6 der Mutterschutz- und Elternzeitverordnung vom 12. Februar 2009 (BGBl. I S. 320), die zuletzt durch Artikel 2 der Verordnung vom 20. Mai 2020 (BGBl. I S. 1061) geändert worden ist, mindestens sechs Monate ohne Unterbrechung Elternzeit in Anspruch nehmen,

3. die im unmittelbaren Anschluss an eine Elternzeit nach Nummer 2 zum Zwecke der Fortsetzung der Kinderbetreuung ohne Dienstbezüge beurlaubt werden,

4. die nach § 24 des Gesetzes über den Auswärtigen Dienst vom 30. August 1990 (BGBl. I S. 1842), das zuletzt durch Artikel 175 der Verordnung vom 19. Juni 2020 (BGBl. I S. 1328) geändert worden ist, unter Wegfall der Besoldung für die Dauer der Tätigkeit der Ehepartnerin oder des Ehepartners an einer Auslandsvertretung beurlaubt werden,

5. die im dienstlichen Interesse des Bundes unter Wegfall der Dienstbezüge mindestens sechs Monate für eine der folgenden Verwendungen beurlaubt werden:

     a) bei einer Fraktion oder Gruppe des Deutschen Bundestages oder eines Landtages,

b) bei einer juristischen Person des öffentlichen Rechts,

c) bei einer öffentlichen zwischenstaatlichen oder überstaatlichen Einrichtung,

d) im Rahmen der entwicklungspolitischen Zusammenarbeit oder bei einer Tätigkeit im Rahmen der Hilfe beim Aufbau des Rechtssystems der Staaten Mittel- und Osteuropas oder der Gemeinschaft Unabhängiger Staaten oder bei einer Auslandshandelskammer,

e) bei einem zu mindestens 50 Prozent aus Zuwendungen des Bundes institutionell geförderten Zuwendungsempfänger oder bei einer vergleichbaren Mitgliedseinrichtung der Wissenschaftsgemeinschaft Gottfried Wilhelm Leibniz e.V.

oder

6. die beim Bundeskanzleramt oder beim Bundespräsidialamt verwendet werden.

(2) Kehren mehrere Beamtinnen und Beamte gleichzeitig in den Bundesdienst zurück, kann das Bundesministerium der Finanzen Sonderregelungen zur Nachbesetzung treffen.

(3) Die Absätze 1 und 2 gelten entsprechend für Richterinnen und Richter, Soldatinnen und Soldaten sowie für Arbeitnehmerinnen und Arbeitnehmer.

(4) Werden planmäßige Bundesrichterinnen oder Bundesrichter an einem obersten Gerichtshof des Bundes zu Richterinnen oder Richtern des Bundesverfassungsgerichts gewählt, kann die zuständige oberste Bundesbehörde für diese Richterinnen oder Richter eine Leerstelle der bisherigen Besoldungsgruppe ausbringen.

(5) Das Bundesministerium der Finanzen wird ermächtigt, Leerstellen, die nach Absatz 1 Nummer 1 bis 5 als ausgebracht gelten oder die für die in Absatz 1 Nummer 1 bis 5 genannten Tatbestände ausgebracht sind, anzupassen, wenn eine Beförderung erfolgen soll. Das Bundesministerium der Finanzen wird ermächtigt, die Befugnis nach Satz 1 auf die obersten Bundesbehörden zu übertragen. Leerstellen, die nach Absatz 1 Nummer 6 als ausgebracht gelten oder die für die in Absatz 1 Nummer 6 genannten Tatbestände ausgebracht sind, gelten als angepasst, wenn die oder der Bedienstete auf einer Planstelle oder Stelle des Bundeskanzleramtes oder des Bundespräsidialamtes befördert oder höhergruppiert worden ist.

§ 19 Umwandlung von Planstellen und Stellen

Die obersten Bundesbehörden werden ermächtigt, Planstellen in gleichwertige Stellen und Stellen in gleichwertige Planstellen umzuwandeln, soweit dafür ein unabweisbarer Bedarf besteht.

§ 20 Sonderregelungen

(1) Das Bundesministerium der Finanzen wird ermächtigt zuzulassen, dass von einem kw-Vermerk mit Datumsangabe abgewichen wird, wenn die Planstelle oder Stelle weiter benötigt wird, weil sie nicht rechtzeitig frei wird. In diesem Fall fällt die nächste freiwerdende Planstelle oder Stelle der betreffenden Besoldungs- oder Entgeltgruppe weg.

(2) Die obersten Bundesbehörden werden ermächtigt, Planstellen und Stellen, die einen kw-Vermerk tragen, nach ihrem Freiwerden mit schwerbehinderten Menschen wiederzubesetzen, wenn es sich um eine Neueinstellung oder eine beamtenrechtliche Anstellung handelt und eine nach den §§ 154 bis 159 des Neunten Buches Sozialgesetzbuch berechnete Beschäftigungsquote schwerbehinderter Menschen von 6 Prozent bei den Planstellen und Stellen des Einzelplans nicht erreicht ist. Mit Ausscheiden des schwerbehinderten Menschen aus der Planstelle oder Stelle fällt diese weg. Sie bleibt ausnahmsweise erhalten, wenn die Beschäftigungsquote nach Satz 1 zu diesem Zeitpunkt noch nicht erreicht ist und die Planstelle oder Stelle wieder mit einem schwerbehinderten Menschen besetzt wird. Die Sätze 1 bis 3 gelten nicht, wenn die Planstelle oder Stelle den Vermerk „kw mit Wegfall der Aufgabe" trägt, sowie für Ersatzplanstellen und Ersatzstellen, die nach § 17 oder auf Grund der entsprechenden Regelungen früherer Haushaltsgesetze ausgebracht wurden oder als ausgebracht gelten.

(3) Behörden, für die Planstellen und Stellen im Haushaltsplan beschlossen werden, dürfen Arbeitsverträge, die nach dem Teilzeit- und Befristungsgesetz vom 21. Dezember 2000 (BGBl. I S. 1966), das zuletzt durch Artikel 10 des Gesetzes vom 22. November 2019 (BGBl. I S. 1746) geändert worden ist, ohne Vorliegen eines sachlichen Grundes kalendermäßig befristet sind, nicht abschließen, wenn die Anzahl der nach dem Teilzeit- und Befristungsgesetz sachgrundlos befristeten Arbeitsverträge damit 2,5 Prozent ihres Stellensolls im jeweiligen Kapitel übersteigen würde. Das Bundesministerium der Finanzen wird ermächtigt, bei Vorliegen zwingender Gründe Ausnahmen zuzulassen. Ein zwingender Grund liegt insbesondere vor, wenn der Stellenaufbau zur Beendigung sachgrundlos befristeter Beschäftigungsverhältnisse noch nicht abgeschlossen ist.

§ 21 Überhangpersonal

Freie Planstellen und Stellen sind vorrangig mit Bediensteten zu besetzen, die bei anderen Behörden der Bundesverwaltung wegen Aufgabenrückgangs oder wegen Auflösung der Behörde nicht mehr benötigt werden.

Abschnitt 4

Übergangs- und Schlussvorschriften

§ 22 Stundung von Ansprüchen

§ 59 Absatz 1 Satz 1 Nummer 1 der Bundeshaushaltsordnung findet im Haushaltsjahr 2021 mit der Maßgabe Anwendung, dass die Wörter „und der Anspruch durch die Stundung nicht gefährdet wird" gestrichen werden.

§ 23 Fortgeltung

§ 2 Absatz 2 Satz 3 und 4, Absatz 4 und 5 sowie die §§ 3 bis 21 gelten bis zum Tag der Verkündung des Haushaltsgesetzes des folgenden Haushaltsjahres weiter.

§ 24 Inkrafttreten

Dieses Gesetz tritt am 1. Januar 2021 in Kraft.

Haushaltstechnische Richtlinien des Bundes (HRB)

RdSchr. des BMF vom 3. Juni 2020

– Auszug –

1 Allgemeines

1.1 Zweck und Anwendung der HRB

Die HRB regeln in Ergänzung der Bestimmungen der Bundeshaushaltsordnung (BHO) und der Verwaltungsvorschriften zur Bundeshaushaltsordnung (VV-BHO) die Aufstellung der Voranschläge sowie die Veranschlagung der Einnahmen, Ausgaben und Verpflichtungsermächtigungen im Entwurf des Haushaltsplans, die haushaltstechnische Umsetzung von Änderungen im parlamentarischen Verfahren sowie die Feststellung des Haushaltsplans durch das Haushaltsgesetz (HG) nach einheitlichen Grundsätzen (VV Nr. 1.1 zu § 17 BHO, VV zu § 27 BHO).

Im Sinne der HRB sind:

- **Haushaltsplanungsjahr** das Haushaltsjahr, für das der Haushaltsplan aufgestellt werden soll (in den Beispielen als 2019 ausgewiesen),

- **Vorjahr** das Jahr vor dem Haushaltsplanungsjahr (in den Beispielen als 2018 ausgewiesen),

- **vorletztes Jahr** das zweite Jahr vor dem Haushaltsplanungsjahr (in den Beispielen als 2017 ausgewiesen).

Die Beispiele zu den einzelnen Regelungen der HRB sind im Anhang zusammengefasst. Abweichungen hinsichtlich der typografischen Gestaltung und Darstellungsform zwischen den Beispielen und den im Laufe des Aufstellungsverfahrens erzeugten Druckstücken bleiben vorbehalten.

1.2 Aufstellung der Voranschläge

Die Voranschläge sind von der zuständigen Stelle (§ 27 BHO) zum vorgegebenen Termin zu erstellen und dem Bundesministerium der Finanzen (BMF) elektronisch und in Papierform zu übersenden. Im Vorfeld wird vom BMF ein Druckstück (wegen des früher verwendeten gelben Papiers als „Gelbdruck" bezeichnet) erzeugt, das nach Darstellungsform und typografischer Gestaltung weitgehend dem Haushaltsplan (ggf. dem Entwurf des Haushaltsplans) des Vorjahres entspricht. Der „Gelbdruck" dient im Wesentlichen dazu, Änderungen z.B. technischer Natur im Haushaltsplanentwurf vorzunehmen, die zwischen den o.g. zuständigen Stellen und BMF unstreitig sind und insofern bereits vor Übersendung der Voranschläge vorgenommen werden können. Damit werden beide Seiten in die Lage versetzt, zum Beginn des Aufstellungsverfahrens mit identischer Datenbasis zu arbeiten.

Weitere Einzelheiten zu den Voranschlägen und ihrer Übersendung werden jeweils zum Beginn des Aufstellungsverfahrens mit BMF-Rundschreiben bekannt gegeben.

1.3 Kennzeichnung von Änderungen

Durch Fettdruck sind in den Einzelplänen hervorzuheben:

– die Titelnummer bei neu aufzunehmenden Titeln, bei erstmalig gedruckten Pseudotiteln, bei Änderungen der Zweckbestimmung oder der Funktionennummer,

– die Titelgruppennummer bei neu aufzunehmender Titelgruppe oder bei Änderung der Titelgruppenüberschrift,

– neu aufzunehmende Haushaltsvermerke oder Änderungen bestehender Haushaltsvermerke,

– neue oder geänderte Nummern von Haushaltsvermerken,

– die Kennzeichnung mit einem „F" bei neu in die Flexibilisierung einbezogenen Titeln,

– neu aufzunehmende mehrjährige Maßnahmen (vgl. Nr. 7.5 und 10.4).

2 Einzelplan

2.1 Einzelpläne im Überblick

Der Haushaltsplan besteht aus dem Gesamtplan und den im Folgenden genannten Einzelplänen (§ 13 Abs. 1 BHO)
– Stand: Haushaltsgesetz 2019 –:

Einzelplan	Bezeichnung
01	Bundespräsident und Bundespräsidialamt
02	Deutscher Bundestag
03	Bundesrat
04	Bundeskanzlerin und Bundeskanzleramt
05	Auswärtiges Amt
06	Bundesministerium des Innern, für Bau und Heimat
07	Bundesministerium der Justiz und für Verbraucherschutz

Einzelplan	Bezeichnung
08	Bundesministerium der Finanzen
09	Bundesministerium für Wirtschaft und Energie
10	Bundesministerium für Ernährung und Landwirt- schaft
11	Bundesministerium für Arbeit und Soziales
12	Bundesministerium für Verkehr und digitale Infra- struktur
14	Bundesministerium der Verteidigung
15	Bundesministerium für Gesundheit
16	Bundesministerium für Umwelt, Naturschutz und nukleare Sicherheit
17	Bundesministerium für Familie, Senioren, Frauen und Jugend
19	Bundesverfassungsgericht
20	Bundesrechnungshof
21	Die/Der Bundesbeauftragte für den Datenschutz und die Informationsfreiheit
23	Bundesministerium für wirtschaftliche Zusammenar- beit und Entwicklung
30	Bundesministerium für Bildung und Forschung
32	Bundesschuld
60	Allgemeine Finanzverwaltung

2.2 Inhaltsverzeichnis und Vorwort

Jedem Einzelplan sind ein Inhaltsverzeichnis und ein Vorwort voranzustellen.

Im Inhaltsverzeichnis sind neben den Kapiteln, den Übersichten und dem Personalhaushalt unter anderem auch die nicht-flexibilisierten Titelgruppen sowie Anlagen zum Einzelplan aufzuführen.

Im Vorwort sind die wesentlichen Politikbereiche des Geschäftsbereichs mit ihren wesentlichen Zielen darzustellen. Änderungen in den Schwerpunktsetzungen sind dabei einzubeziehen. In der Regel sollen hier die bedeutsamsten sowie aktuelle, politisch wichtige oder neue Politikbereiche mit Zielen konkret beschrieben werden. Vorhandene Bezüge zu finanzwirksamen Schwerpunkten des Einzelplans sind zu benennen.

Ebenso einzubeziehen sind wesentliche Abweichungen gegenüber dem Vorjahr hinsichtlich der Gliederung des Einzelplans. Auf eine detaillierte Angabe von Rechtsgrundlagen zur Begründung von Aufgaben sowie historische Entwicklungen ist zu verzichten.

Im Regelfall soll das Vorwort eine Seite im Druckstück nicht überschreiten.

2.3 Überblick zum Einzelplan

Im Anschluss an das Vorwort ist dem Einzelplan ein finanzieller Überblick gemäß Beispiel 1 voranzustellen. Darin erfolgt eine konkrete Untergliederung nach Art der Einnahmen bzw. Ausgaben, flexibilisierter bzw. nicht flexibilisierter Ausgaben sowie Jahresfälligkeiten von Verpflichtungsermächtigungen nur dann, wenn ein Titel der entsprechenden Gruppierung bzw. ein Titel mit einer Verpflichtungsermächtigung mit dieser Jahresfälligkeit im Einzelplan gedruckt wird.

Am Ende des Überblicks zum Einzelplan ist ein Auszug aus der Übersicht IX des Gesamtplans „20 größte Finanzhilfen des Bundes" mit den im Einzelplan veranschlagten Finanzhilfen aufzuführen.

2.4 Haushaltsvermerke und allgemeine Erläuterungen zum Einzelplan

Haushaltsvermerke mit Bezug zum gesamten Einzelplan stehen vor dem ersten Kapitel des Einzelplans. Für diese Haushaltsvermerke gelten die inhaltlichen Ausführungen unter Nr. 5 entsprechend.

Im Anschluss daran werden allgemeine Erläuterungen mit Einzelplanbezug gemäß Beispiel 2 abgebildet. In diesen Erläuterungen sollen u.a. Hinweise zur Quelle und Darstellung einzelner Daten, zur Darstellung und Strukturierung auf Einzelplan-, Kapitel- und Titelebene, sowie Hinweise zur Projektförderung bei Titeln der Hauptgruppen 6 und 8 aufgenommen werden.

2.5 Verpflichtungsermächtigungen im Einzelplan

Die im Einzelplan veranschlagten Verpflichtungsermächtigungen sind in einer Übersicht nach Beispiel 3 darzustellen. Es sind auch Titel aufzunehmen, bei denen im Haushaltsplanungsjahr keine Verpflichtungsermächtigungen veranschlagt sind, jedoch im Vorjahr Verpflichtungsermächtigungen veranschlagt waren oder in den Jahren zuvor entsprechende Verpflichtungen eingegangen worden sind. Dabei ist unter a) in Spalte 3 der Bestand der Vorbelastungen nachzuweisen, über den nach § 71 Abs. 1 Satz 2 BHO Buch zu führen ist. Werden Titel mit Verpflichtungsermächtigung gegenüber dem Vorjahr nicht wieder im Haushaltsplan ausgebracht, so sind diese in der Übersicht nach Beispiel 3 mit den betreffenden Angaben im bisherigen Kapitel im Anschluss an den letzten Ausgabetitel zusammengefasst als „Gegenüber dem Vorjahr entfallene Titel" darzustellen (vgl. Nr. 4.5).

3 Kapitel

3.1 Reihenfolge der Kapitel

Die Kapitel ..01 bis ..09 eines Einzelplans sind für eine Zusammenfassung von Fach- und Programmtiteln jeweils unter einer gemeinsamen fach- bzw. aufgabenorientierten Überschrift vorgesehen.

Das Kapitel ..10 eines Einzelplans ist mit der Überschrift „Sonstige Bewilligungen" zu versehen. Hierin sind im Bedarfsfall diejenigen Fach- und Programmausgaben aufzunehmen, die thematisch nicht den vorstehenden Kapiteln zugeordnet werden können.

Sofern der Einzelplan Einnahmen und Ausgaben für Verwaltungsbehörden enthält, ist das Kapitel ..11 des Einzelplans mit der Überschrift „Zentral veranschlagte Verwaltungseinnahmen und -ausgaben" (sog. Zentralkapitel) zu versehen. Hinsichtlich der Zuordnung der Einnahmen und Ausgaben siehe unter Nr. 3.4.

Das Kapitel ..12 eines Einzelplans ist für das jeweilige Bundesministerium bzw. die entsprechende oberste Bundesbehörde des jeweiligen Geschäftsbereichs vorgesehen.

In den Kapiteln ..13 ff. eines Einzelplans sind die Einnahmen und Ausgaben der nachgeordneten Verwaltungsbehörden des jeweiligen Geschäftsbereichs behördenbezogen – im Regelfall pro Bundesoberbehörde ein Kapitel – zu veranschlagen.

Hieraus ergibt sich die nachfolgende grundsätzliche Gliederung eines Einzelplans:

Kap.-Nr.	Inhalt
..01 bis ..09	jeweilige Fachkapitel nach Bedarf
..10	Sonstige Bewilligungen
..11	Zentral veranschlagte Verwaltungseinnahmen und -ausgaben
..12	Bundesministerium
..13 ff.	jeweilige Behördenkapitel

Der Einzelplan 04 ist davon abweichend u.a. in drei Zentralkapitel (Kap. 0411, 0431 und 0451), drei Kapitel für oberste Bundesbehörden (Kapitel 0412, 0432 und 0452) sowie jeweils mind. ein Kapitel für nachgeordnete Behörden gegliedert.

Für die Einzelpläne 01 bis 03, 19 bis 21 sowie 32 und 60 können abweichende Regelungen getroffen werden.

Verwaltungsausgaben, die der Flexibilisierung nach § 5 HG (Stand: HG 2019) unterliegen (sog. flexibilisierte Ausgaben), sollen grundsätzlich nicht in die Kapitel ..01 bis ..10 aufgenommen werden.

Unter den Voraussetzungen der Nr. 4.9 können in den Kapiteln Titelgruppen eingerichtet werden.

3.2 Vorbemerkungen

Den Kapiteln ..01 bis ..09 sind grundsätzlich Vorbemerkungen voranzustellen. In ihnen sind jeweils die finanzwirksamen Schwerpunkte des Kapitels und die wesentlichen Ziele, die mit den veranschlagten Mitteln erreicht werden sollen, darzustellen.

Bei der Darstellung der **finanzwirksamen Schwerpunkte** sind wesentliche Änderungen in den Schwerpunktsetzungen und/oder besonders hervorzuhebende Ausgabenveränderungen bei größeren Titeln einzubeziehen. In der Regel sollen so die zwei finanziell bedeutsamsten sowie zwei aktuelle, politisch bedeutsame oder neue Ausgabenblöcke dargestellt werden ("2+2"). Deren Bezeichnungen (Kernbegriffe) sind jeweils einmal im Fettdruck zu kennzeichnen und das jeweilige finanzielle Volumen ist zu benennen. Bei Bedarf können alternativ die jeweiligen Titel oder Titelgruppen aufgeführt werden. Auf eine detaillierte Darstellung von Rechtsgrundlagen zur Begründung der Aufgaben und von historischen Entwicklungen ist zu verzichten.

Die **wesentlichen Ziele**, die mit den veranschlagten Mitteln im Rahmen der benannten finanzwirksamen Schwerpunkte erreicht werden sollen, sind hinreichend konkret zu beschreiben. Dabei ist zu Beginn einer jeden Zielbeschreibung im Fettdruck der identische Kernbegriff des Ausgabenblockes zu benennen, auf den sich die Zielbeschreibung bezieht. Die Ziele sind soweit wie möglich durch Messgrößen zur Zielerreichung zu unterlegen. Ersatzweise können auch Zahlen zum Status quo verwendet werden.

Auf eine Vorbemerkung zum Kapitel ..10 kann verzichtet werden.

In der Vorbemerkung zum Kapitel ..11 (vgl. Nr. 3.4) ist in kurz gefasster Form ein Überblick über die Behördenstruktur des Geschäftsbereichs zu geben.

Den Kapiteln ..12 ff. ist jeweils eine kurze Vorbemerkung voranzustellen, in der die Rechtsgrundlage der Errichtung der Behörde und die wesentlichen Aufgaben dargestellt sind. Historische Entwicklungen sind jedoch nicht in die Vorbemerkungen aufzunehmen.

Im Regelfall soll die Vorbemerkung eine halbe Seite im Druckstück nicht überschreiten.

3.3 Überblick zum Kapitel

Im Anschluss an die Vorbemerkung ist dem Kapitel ein finanzieller Überblick (analog zu Beispiel 1) voranzustellen. Darin erfolgt eine Untergliederung nach Art der Einnahmen bzw. Ausgaben, flexibilisierter bzw. nicht flexibilisierter Ausgaben sowie Jahresfälligkeiten von Verpflichtungsermächtigungen nur dann, wenn ein Titel der entsprechenden Gruppierung bzw. ein Titel mit einer Verpflichtungsermächtigung mit dieser Jahresfälligkeit im Kapitel gedruckt wird.

3.4 Kapitel ..11 mit zentral veranschlagten Verwaltungseinnahmen und -ausgaben

In Kapitel ..11 (im Einzelplan 04 auch in den Kapiteln 0431 und 0451) werden bestimmte Verwaltungseinnahmen und -ausgaben grundsätzlich zentral für den jeweiligen Geschäftsbereich veranschlagt. Die für eine zentrale Veranschlagung vorgesehenen Festtitel sind unter Nr. 4.2 mit einem „Z" vor der Titelnummer gekennzeichnet. Im Übrigen wird auf die entsprechenden Anmerkungen zu den einzelnen Titeln unter Nr. 8 ff. hingewiesen.

Innerhalb des Kapitels ..11 (im Einzelplan 04 auch in den Kapiteln 0431 und 0451) wird auch der Bereich Versorgung abgebildet. Dabei erfolgt die Veranschlagung sowohl auf der Einnahmen- als auch auf der Ausgabenseite in einer Titelgruppe 57 (Versorgung der Beamtinnen und Beamten sowie der Richterinnen und Richter). Für einzelne Einzelpläne erfolgt im Bereich Versorgung eine differenzierte Darstellung (z.B. Epl. 14).

Für die Einzelpläne 01 bis 03, 19 bis 21 sowie und 32 und 60 können abweichende Regelungen getroffen werden.

3.5 Reihenfolge der Titel innerhalb eines Kapitels

Innerhalb eines Kapitels sind die Einnahmen und Ausgaben in ihrer Reihenfolge entsprechend dem Aufbau des Gruppierungsplans aufzuführen. Hiervon abweichend werden einer Titelgruppe zugeordnete Einnahmen und Ausgaben sowie flexibilisierte Ausgaben anschließend gesondert aufgereiht.

Für die Darstellung der Einnahmen und Ausgaben in den Kapiteln gilt Beispiel 4.

Innerhalb eines Kapitels sind lediglich bei den flexibilisierten Ausgaben (Nr. 4.8) und bei Titelgruppen (Nr. 4.9.1) Zwischensummen zu bilden.

3.6 Wegfall und Umsetzung von Kapiteln

Entfällt ein Kapitel vollständig, ist die Kapitelbezeichnung im Haushaltsplanjahr des Entfalls um den Zusatz „(entfallenes Kapitel)" zu ergänzen. Sämtliche Titel sind grundsätzlich als gegenüber dem Vorjahr entfallene Titel zu kennzeichnen und darzustellen (vgl. Nr. 4.4).

Entsprechendes gilt bei Umsetzung eines Kapitels: Das umzusetzende Kapitel an alter Stelle einschließlich aller Titel entfällt, an neuer Stelle ist ein neues Kapitel mit neuen Titeln auszubringen.

4 Titel

Der Titel umfasst Titelnummer, Funktion, Zweckbestimmung, Ansatz für Einnahmen oder Ausgaben sowie gegebenenfalls Verpflichtungsermächtigungen, Haushaltsvermerke und Erläuterungen. Die Zuordnung der Titel richtet sich nach dem Gruppierungsplan (§ 13 Abs. 2 Satz 3 BHO) und dem Funktionenplan (§ 14 Abs. 2 BHO).

Die vorletzte Stelle der Titelnummer ist die sog. Ordnungsziffer. Im Regelfall ist hier die Ziffer 0 zu verwenden, Abweichungen ergeben sich bei Titelgruppen (vgl. Nr. 4.9.1).

4.1 Zweckbestimmung

Die Zweckbestimmung nennt den Entstehungsgrund der Einnahme oder den Zweck der Ausgabe. Sie ist knapp (technisch auf max. 200 Zeichen begrenzt) und eindeutig zu fassen. Bei der Formulierung ist der Gruppierungsplan zu beachten – VV Nr. 1.2 zu § 17 BHO. In den Zweckbestimmungen sind grundsätzlich maskuline und feminine Personenbezeichnungen zu verwenden. Eine Ausnahme stellen die Gruppen 421 und 431 dar (siehe dazu Nr. 9.1).

4.2 Festtitel inkl. Zuordnung der zentral zu veranschlagenden Titel

Die Titelnummern und die Zweckbestimmungen der folgenden Titel sind bindend. Eine Ausnahme bilden die Festtitel 421 .1 und 431 57: Hier ist die Zweckbestimmung an die tatsächlichen Gegebenheiten anzupassen (vgl. Nr. 9.1).

Der Buchstabe „Z" in der nachfolgenden Liste vor der Titelnummer kennzeichnet die zentrale Veranschlagung von Festtiteln (vgl. Nr. 3.4) in den Kapiteln ..11 sowie in den Kapiteln 0431 und 0451 im Epl. 04.

Auf die Bagatellregelung zu den sächlichen Verwaltungsausgaben der Obergruppen 51 bis 54 (Nrn. 10 und 10.14) wird hingewiesen.

Titel-Nr.	Zweckbestimmung	nur Kapitel
111 .1	Gebühren, sonstige Entgelte	
112 .1	Geldstrafen, Geldbußen und Gerichtskosten	
119 .1	Einnahmen aus Veröffentlichungen	
119 .9	Vermischte Einnahmen	
Z 119 57	Vermischte Einnahmen	..11, 0431, 0451
124 .1	Einnahmen aus Vermietung, Verpachtung und Nutzung	

Titel-Nr.	Zweckbestimmung	nur Kapitel
132 .1	Erlöse aus der Veräußerung von beweglichen Sachen	
Z 232 57	Beteiligung an den Versorgungslasten des Bundes	..11, 0431, 0451
Z 282 .9	Einnahmen aus Sponsoring, Spenden und ähnlichen freiwilligen Geldleistungen	
381 .1	Leistungen von Bundesbehörden zur Durchführung von Aufträgen	
381 .3	Verrechnungseinnahmen gemäß § 61 BHO außerhalb der Tit. 381.1 und 381.7	
Z 381 .7	Leistungen von Bundesbehörden zur Durchführung von ressortübergreifenden Aufgaben	
421 .1	Bezüge der Bundespräsidentin oder des Bundespräsidenten, der Bundeskanzlerin oder des Bundeskanzlers, der Bundesministerin oder des Bundesministers, der Staatsministerin oder des Staatsministers, der Parlamentarischen Staatssekretärin oder des Parlamentarischen Staatssekretärs, der Wehrbeauftragten oder des Wehrbeauftragten des Deutschen Bundestages, der Bundesbeauftragten oder des Bundesbeauftragten für […], der Präsidentin oder des Präsidenten und der Vizepräsidentin oder des Vizepräsidenten des/der […] der Leiterin bzw. des Leiters des/der […] und sonstiger Amtsträgerinnen und Amtsträger	
422 .1	Bezüge und Nebenleistungen der planmäßigen Beamtinnen und Beamten (ggf. Richterinnen und Richter, Professorinnen und Professoren, Staatsanwältinnen und Staatsanwälte)	
422 .3	Bezüge der Anwärterinnen und Anwärter sowie Nebenleistungen der Beamtin-	

Titel-Nr.	Zweckbestimmung	nur Kapitel
	nen und Beamten auf Widerruf im Vorbereitungsdienst	
Z 424 .1	Zuführung an die Versorgungsrücklage	..11, 0431, 0451
Z 424 .2		1403
427 .9	Entgelte für Arbeitskräfte mit befristeten Verträgen, sonstige Beschäftigungsentgelte (auch für Auszubildende) sowie Aufwendungen für nebenberuflich und nebenamtlich Tätige	
428 .1	Entgelte der Arbeitnehmerinnen und Arbeitnehmer	
428 .2	Entgelte für Wissenschaftlerinnen und Wissenschaftler	
Z 431 57	Versorgungsbezüge der Bundespräsidentinnen oder der Bundespräsidenten, der Bundeskanzlerinnen oder der Bundeskanzler, der Bundesministerinnen und der Bundesminister, Bundespräsidenten, der Bundeskanzlerinnen oder der Bundeskanzler, der Bundesministerinnen und der Bundesminister, der Parlamentarischen Staatssekretärinnen und der Parlamentarischen Staatssekretäre, sonstiger Amtsträgerinnen und Amtsträger und deren Hinterbliebenen	..11, 0431, 0451
Z 432 57	Versorgungsbezüge	..11, 0431, 0451
Z 434 57	Zuführung an die Versorgungsrücklage	..11, 0431, 0451
Z 441 .1	Beihilfen aufgrund der Beihilfevorschriften	
Z 443 .1	Fürsorgeleistungen und Unterstützungen einschließlich Inanspruchnahme von besonderen Fachdiensten/-kräften	

Titel-Nr.	Zweckbestimmung	nur Kapitel
Z 443 57		..11, 0431, 0451
Z 446 57	Beihilfen aufgrund der Beihilfevor-schriften	..11, 0431, 0451
Z 452 02	Unfallversicherung Bund und Bahn	
453 .1	Trennungsgeld, Fahrtkostenzuschüsse sowie Umzugskostenvergütungen	
Z 453 57		..11, 0431, 0451
459 .9	Vermischte Personalausgaben	
511 .1	Geschäftsbedarf und Kommunikation sowie Geräte, Ausstattungs- und Aus-rüstungsgegenstände, sonstige Ge-brauchsgegenstände, Software, Wartung	
514 .1	Verbrauchsmittel, Haltung von Fahrzeu-gen und dgl.	
517 .1	Bewirtschaftung der Grundstücke, Ge-bäude und Räume	
518 .1	Mieten und Pachten	
518 .2	Mieten und Pachten im Zusammenhang mit dem einheitlichen Liegenschaftsma-nagement	
519 .1	Unterhaltung der Grundstücke und bau-lichen Anlagen	
523 .1	Wissenschaftliche Sammlungen und Bibliotheken	
525 .1	Aus- und Fortbildung	
Z 526 .1	Gerichts- und ähnliche Kosten	
Z 526 .2	Sachverständige, Ausgaben für Mitglie-der von Fachbeiräten und ähnlichen Ausschüssen	
527 .1	Dienstreisen	

Titel-Nr.	Zweckbestimmung	nur Kapitel
Z 527 .3	Reisen in Angelegenheiten der Personalvertretungen und der Gleichstellungsbeauftragten sowie in Vertretung der Interessen schwerbehinderter Menschen	
Z 529 .1	Außergewöhnlicher Aufwand aus dienstlicher Veranlassung in besonderen Fällen	
532 .1	Aufträge und Dienstleistungen im Bereich Informationstechnik	
532 .2	Behördenspezifische fachbezogene Verwaltungsausgaben (ohne IT)	
532 .3	Sonstige Dienstleistungsaufträge an Dritte	
539 .9	Vermischte Verwaltungsaufgaben	
Z 542 .1	Öffentlichkeitsarbeit	
Z 543 .1	Veröffentlichungen und Fachinformationen	
544 .1	Forschung, Untersuchungen und Ähnliches	
Z 545 .1	Konferenzen, Tagungen, Messen und Ausstellungen	
547.1	Nicht aufteilbare sächliche Verwaltungsausgaben	
Z 547 .9	Ausgaben für Vorhaben, die aus Spenden, Sponsoring und ähnlichen freiwilligen Geldleistungen finanziert werden	
632 .9	Erstattungen des Bundes für Verwaltungsleistungen der Länder geringeren Umfangs (a)	
Z 632 57	Erstattungen des Bundes für Versorgungslasten	..11, 0431, 0451
Z 634 .3	Zuweisungen an den Versorgungsfonds	

Titel-Nr.	Zweckbestimmung	nur Kapitel
636 .9	Erstattungen des Bundes für Verwaltungsleistungen der Sozialversicherungsträger geringeren Umfangs (a)	
671 .9	Erstattungen des Bundes für die Inanspruchnahme sonstiger Verwaltungsleistungen geringeren Umfangs (a)	
681 .8	Studienbeihilfen für Nachwuchskräfte geringeren Umfangs (a)	
681 .9	Schadenersatzleistungen an Dritte aus Verwaltungshandeln geringeren Umfangs (a)	entfällt zum BHH 2021
684 .9	Mitgliedsbeiträge und sonstige Zuschüsse an Verbände, Vereine und ähnliche Institutionen geringeren Umfangs (a)	
686 .9	Mitgliedsbeiträge und sonstige Zuschüsse für laufende Zwecke im Inland geringeren Umfangs (a)	
687 .9	Mitgliedsbeiträge und sonstige Zuschüsse für laufende Zwecke im Ausland geringeren Umfangs (a)	
Z 688 06	Zahlungsverpflichtungen aus Verstößen gegen EU-Recht	Bis BHH 2020
Z 689 .6	Zahlungsverpflichtungen aus Verstößen gegen EU-Recht	ab BHH 2021
711 .1	Kleine Neu-, Um- und Erweiterungsarbeiten	
712 .1	Baumaßnahmen von mehr als 6000000 € im Einzelfall	
811 .1	Erwerb von Fahrzeugen	
812 .1	Erwerb von Geräten, Ausstattungs- und Ausrüstungsgegenständen für Verwaltungszwecke (ohne IT)	

Titel-Nr.	Zweckbestimmung	nur Kapitel
812 .2	Erwerb von Anlagen, Geräten, Ausstattungs- und Ausrüstungsgegenständen sowie Software im Bereich Informationstechnik	
981 .1	Leistungen an Bundesbehörden zur Durchführung von Aufträgen	
981 .3	Verrechnungsausgaben gemäß § 61 BHO außerhalb der Tit. 981.1 und 981.7	
Z 981 .7	Leistungen an Bundesbehörden zur Durchführung von ressortübergreifenden Aufgaben	

Anmerkung:

(a) „Geringeren Umfangs" ist ein Titel, der regelmäßig einen Sollbedarf von 100 T€ nicht überschreitet. Wird die Wertgrenze einmalig nur unwesentlich überschritten und kann davon ausgegangen werden, dass die Betragsgrenze im folgenden Jahr wieder eingehalten wird, kann der Titel beibehalten werden. Bei einer zu erwartenden dauerhaften Betragsüberschreitung, spätestens aber im zweiten Jahr der Betragsüberschreitung ist ein Wechsel zu einer anderen Titelnummer erforderlich.

4.3   Änderung von Titelnummern

Die Änderung der Titelnummer eines im Haushaltsplan verwendeten Titels (d.h. der Titel ist Bestandteil des Haushaltsplans bei Inkrafttreten des entsprechenden Haushaltsgesetzes) ist nicht vorgesehen. Sofern die Titelnummer nicht mehr zutrifft (z.B. durch Änderung der Gruppierung), fällt der Titel im kommenden Haushaltsplan weg (vgl. Nr. 4.5) und ein Titel mit zutreffender Titelnummer ist neu auszubringen.

4.4   Umsetzung, Teilung und Zusammenfassung von Titeln

Wird ein Titel bzw. ein Teilansatz eines Titels umgesetzt oder werden mehrere Titel oder Teilansätze mehrerer Titel geteilt und zu einem neuen oder in einem bestehenden Titel zusammengefasst, so sind bei dem neuen bzw. aufnehmenden Titel in temporären Erläuterungen gemäß Beispiel 5

–   alle Titel (mit Kapiteln) aufzuführen, aus denen sich der neue/ Titel zusammensetzt bzw.

–   alle Titel (mit Kapiteln) aufzuführen, die mit ihrem gesamten oder einem Teilansatz in den aufnehmenden Titel eingehen und

- das Soll des Vorjahres und das Ist-Ergebnis des vorletzten Jahres der umgesetzten Mittel auszuweisen.

Bei den umgesetzten bzw. abgebenden Titeln ist

- bei Wegfall der Titel entsprechend Nr. 4.5 zu verfahren;
- bei Verbleib eines Titelansatzes ein Hinweis gemäß Beispiel 5 in den temporären Erläuterungen aufzunehmen.

Die Begründung nach Nr. 7.1 Abs. 4 ist nur dann aufzunehmen, wenn der neue Ansatz vom aggregierten Soll des Vorjahres (d.h. von der Summe des Vorjahressolls aller aufgenommenen bzw. umgesetzten (Teil-)Ansätze und des Vorjahressolls eines ggf. bereits bestehenden Titels) entsprechend abweicht.

Das Soll des Vorjahres, die im Vorjahr verfügbaren Ausgabereste und das Ist-Ergebnis des vorletzten Jahres eines geteilten Titels sind unverändert beim abgebenden Titel nachzuweisen.

4.5 Wegfall von Titeln

Werden Titel gegenüber dem Vorjahr nicht wieder im Haushaltsplan ausgebracht, so sind diese grundsätzlich nur in dem Haushaltsplanjahr mit den betreffenden Angaben zum Soll des Vorjahres, den im Vorjahr verfügbaren Ausgaberesten und dem Ist des vorletzten Jahres im bisherigen Kapitel im Anschluss an den letzten Ausgabetitel zusammengefasst als „Gegenüber dem Vorjahr entfallene Titel" darzustellen (vgl. Nr. 2.5).

In früheren Jahren weggefallene Titel werden nur dann noch im Haushaltsplan abgedruckt, wenn sie noch über nicht flexibilisierte Ausgabereste verfügen. Diese Titel werden am Ende des bisherigen Kapitels unter „In Vorjahren weggefallene Titel mit Ausgaberest" dargestellt (vgl. Beispiel 5).

4.6 Darstellung der Ist-Ergebnisse

Die Ist-Ergebnisse des vorletzten Jahres entsprechen den Daten in der jeweiligen Haushaltsrechnung des Bundes. Dabei werden die Ist-Ergebnisse im Haushaltsplan kaufmännisch auf 1 T€ gerundet. Summenangaben (z.B. im finanziellen Überblick zum Einzelplan oder zu den Kapiteln) können außerdem nicht durch Addition der gedruckten Titel errechnet werden, da in Vorjahren weggefallene Titel nur im Haushaltsplan abgedruckt werden, wenn bei diesen noch Ausgabereste bestehen (vgl. Nr. 4.5). In den allgemeinen Erläuterungen zum Einzelplan (vgl. Beispiel 2) ist hierauf hinzuweisen.

4.7 Darstellung von Ausgaberesten

Die im Vorjahr gebildeten Ausgabereste werden in einer gesonderten Zeile unter dem Soll des Vorjahres kursiv ausgewiesen. Bei aus nicht-flexibilisierten Mitteln gebildeten Ausgaberesten erfolgt der Ausweis einzeln beim jeweiligen Titel. Bei den der Flexibilisierung unterliegenden Ausgaberesten erfolgt hingegen lediglich ein summarischer Ausweis in der Zusammenstellung der flexibilisierten Ausgaben gemäß Beispiel 6.

Im Hinblick auf bereits in den Vorjahren weggefallene Titel, die noch über einen Ausgaberest verfügen, vgl. Nr. 4.5.

4.8 Flexibilisierte Titel

In die Flexibilisierung einbezogene Titel werden im Druckstück durch ein der Titelnummer vorangestelltes „F" gekennzeichnet. Neu in die Flexibilisierung einbezogene Titel sind dabei mit einem fettgedruckten „**F**" hervorgehoben (vgl. auch Nr. 1.3). Ein entsprechender Hinweis ist in den allgemeinen Erläuterungen (vgl. Beispiel 2) der betroffenen Einzelpläne auszubringen. Eine lediglich teilweise Einbeziehung von Titelansätzen in die Flexibilisierung (z.B. in Form von Prozentangaben) ist nicht zugelassen; (vgl. auch Nr. 5).

Die flexibilisierten Ausgaben werden in Form einer Zusammenstellung der Hauptgruppensummen mit nachfolgender Auflistung der einzelnen Titel in kursiver Schrift dargestellt (vgl. Beispiel 6). Eine Hauptgruppensumme wird nur dann ausgewiesen, wenn zumindest ein Titel dieser Hauptgruppe im Haushaltsplanungsjahr oder im Vorjahr gedruckt wird bzw. im Vorvorjahr eine Ist-Ausgabe angefallen ist. Der Titel 634 .3 wird dabei der Hauptgruppe 4 hinzugerechnet (vgl. § 5 Abs. 2 Nr. 1 HG 2019).

Für die Auflistung der einzelnen flexibilisierten Titel gelten (z.B. im Hinblick auf Verpflichtungsermächtigungen, Haushaltsvermerke und Erläuterungen) grundsätzlich die allgemeinen Regelungen für Titel.

4.9 Titelgruppen

Titel unterschiedlicher ökonomischer Einnahme- oder Ausgabearten oder Funktionen können dann zu einer Titelgruppe zusammengefasst werden, wenn eine – innerhalb des Kapitels abgrenzbare – übergeordnete Zweckidentität vorliegt und alle Titel entweder einheitlich flexibilisiert oder einheitlich nicht-flexibilisiert sind. Eine gemischte Ausbringung von flexibilisierten und nicht-flexibilisierten Titeln in einer Titelgruppe ist nicht zugelassen.

Die Bildung von Titelgruppen ist auf die in den HRB angelegten Fälle und im Übrigen auf Ausnahmefälle zu begrenzen. Sie kommt dann nicht in Betracht, wenn die Darstellung der übergeordneten Zweckidentität durch korrespondierende Bezugnahmen in den Erläuterungen der Titel oder durch gemeinsame Erläuterungen hinreichend deutlich gemacht werden kann. Titelgruppen aus weniger als drei Titeln sind grundsätzlich nicht vorzusehen.

In den Kapiteln der Bundesministerien und in den Behördenkapiteln (im Regelfall Kapitel ..12 ff.) ist die Bildung von Titelgruppen auf besondere Ausnahmefälle (z.B. für wesentliche abrechnungs-

oder steuerungsrelevante Zwecke) zu beschränken. Die Regelungen nach Nrn. 14.1 und 14.2 sind als solche Fälle anzusehen.

4.9.1 Darstellung der Titelgruppen

Die Titelgruppen – unterschieden nach solchen mit nicht-flexibilisierten und flexibilisierten Titeln – sind im Anschluss an die nicht zu Titelgruppen gehörenden Titel sowohl bei Einnahmen als auch bei Ausgaben aufzuführen. Titelgruppen erhalten eine zweistellige Titelgruppennummer sowie eine übergeordnete Zweckbestimmung, die als Überschrift voranzustellen ist.

Die Titel der Titelgruppen sollen sich durch Verwendung der Ziffern 1 bis 9 für die Ordnungsziffer (entsprechend der Titelgruppennummer) von den übrigen Titeln unterscheiden (vgl. Nr. 4). Werden über die in der vorletzten Stelle der Titelnummer verfügbaren Ziffern hinaus weitere Ziffern für Titelgruppen benötigt, so sind diese in der vorletzten und letzten Stelle von den übrigen Titeln zu unterscheiden. Alle Titel einer Titelgruppe sollen in der vorletzten Stelle die gleiche Ordnungsziffer tragen.

Die auf die einzelne Titelgruppe entfallenden Gesamtbeträge sind neben der Überschrift in Klammern anzugeben.

Die in den Titelgruppen bei den Titeln veranschlagten Ansätze sind sowohl im Überblick zum Einzelplan als auch im Überblick zum Kapitel der zutreffenden Untergliederung (z.B. Sächliche Verwaltungsausgaben) zuzurechnen.

4.9.2 Verpflichtungsermächtigungen in Titelgruppen

Verpflichtungsermächtigungen sind bei den jeweiligen Ausgabetiteln zu veranschlagen; Nr. 6 ist zu beachten.

4.9.3 Änderung von Titelgruppennummern

Nr. 4.3 ist entsprechend auf Titelgruppennummern anzuwenden.

4.10 Neubelegung freigewordener Titel- oder Titelgruppennummern

Eine im Haushaltsplan verwendete Titel- oder Titelgruppennummer darf nach ihrem Freiwerden (durch Wegfall des Titels oder der Titelgruppe; vgl. Nr. 4.5) grundsätzlich erst im dritten auf das Jahr der letzten Verwendung folgenden Haushaltsjahr mit einer anderen Zweckbestimmung – außer Festtitel – neu belegt werden. Als Verwendung gilt dabei auch die Nutzung einer Titelnummer, welche für die Abwicklung eines Ausgaberestes genutzt wird, obwohl der Titel im aktuellen Haushaltsplan bereits weggefallen ist bzw. nicht mehr gedruckt wird.

4.11 Zahlungen in fremder Währung

Ansätze für Zahlungen in fremden Währungen sind nach den am letzten Tag des vorletzten Jahres festgestellten Referenzkursen der Europäischen Zentralbank umzurechnen. Entsprechendes gilt für Sonderziehungsrechte des Internationalen Währungsfonds. Das

Bundesministerium der Finanzen kann abweichende Regelungen treffen.

Die jeweiligen Umrechnungskurse sind in den allgemeinen Erläuterungen (vgl. Beispiel 2) der betroffenen Einzelpläne auszuweisen.

4.12 Rundung der Sollbeträge

Die Geldansätze der Sollbeträge bei Einnahmen, Ausgaben und Verpflichtungsermächtigungen sind auf volle Tausend € (T€) **aufzurunden**. Bei den einzelnen Positionen der Erläuterungen ist entsprechend zu verfahren. Dies gilt nicht für die Erläuterungen zu Titel 529 .1 (Außergewöhnlicher Aufwand aus dienstlicher Veranlassung in besonderen Fällen).

Die Addition der gerundeten einzelnen Sollbeträge ergibt die Zwischen- bzw. Endsumme (Summe im Überblick zum Einzelplan/zu den Kapiteln, Titelgruppensumme, Summe der flexibilisierten Ausgaben).

4.13 Rundung der Ausgabereste und der Ist-Zahlen

Die im Vorjahr gebildeten Ausgabereste und die Ist-Ergebnisse des vorletzten Jahres werden bei der Übernahme aus dem HKR-Verfahren des Bundes bzw. der Haushaltsrechnung bei den einzelnen Titeln auf volle T€ **kaufmännisch** gerundet ausgewiesen. In den Summendarstellungen (u.a. Summe im Überblick zum Einzelplan/zu den Kapiteln, Titelgruppensumme, Summe der flexibilisierten Ausgaben) werden die gerundeten Beträge aus den einzelnen Titeln (einschließlich der in den Zusammenfassungen der gegenüber dem Vorjahr entfallenen und der in den Vorjahren weggefallenen Titel mit Ausgaberest) summiert. Insoweit sind Differenzen zwischen den im Druckstück gebildeten Summen und etwaigen vergleichbaren Summen, die in der Haushaltsrechnung dargestellt sind bzw. dem HKR-Verfahren des Bundes entnommen werden, möglich. In den allgemeinen Erläuterungen zum Einzelplan (vgl. Beispiel 2) ist hierauf hinzuweisen.

5 Haushaltsvermerke

Haushaltsvermerke können im Sachhaushalt ausschließlich

- nach der Zweckbestimmung eines Titels oder einer Titelgruppe (mit Wirkung auf einen Titel, dessen Erläuterungen oder eine Titelgruppe),
- nach dem Kapitelüberblick unter Einnahmen und/oder Ausgaben (mit Wirkung für alle Einnahme- oder Ausgabetitel einschließlich der flexibilisierten Titel),
- nach dem letzten Kapitel des Einzelplans vor den Übersichten (..88) oder

- nach dem Einzelplanüberblick (mit Wirkung für den gesamten Einzelplan)

ausgebracht werden.

Im Personalhaushalt werden Haushaltsvermerke ausschließlich als Kapitel- bzw. Titelgruppenvermerk vor der ersten Planstellen-/Stellenübersicht oder als Titelvermerk nach der jeweiligen Planstellen-/Stellenübersicht abgedruckt.

Inhalte von Vorbemerkungen und Vorworten, die rechtlich verbindlich sind, sind zugleich als Haushaltsvermerke auszubringen.

Für die Flexibilisierung von Ausgaben (vgl. Nr. 4.8) innerhalb eines Kapitels wird folgender Haushaltsvermerk ausgebracht:

„Es gelten die Flexibilisierungsregelungen gem. § 5 Abs. 2 bis 5 HG."

(ggf. „In die Flexibilisierung einbezogen sind auch Tit. ... ..;

Ausgenommen sind Tit. ... ..;")

Die Ausbringung von Haushaltsvermerken ist auf das unbedingt erforderliche Maß zu beschränken. Dabei sind folgende einheitliche – in den Fällen der Nrn. 5.4, 5.5 und 6.4 grundsätzlich korrespondierende – Haushaltsvermerke vorzusehen (keine abschließende Aufzählung).

5.1 Sperren bei Ausgaben

Beim Ausbringen eines Sperrvermerks gem. § 22 BHO ist grundsätzlich der Sperrgrund – Bedingung, an die die Sperre geknüpft ist – anzugeben.

5.1.1 Einfache Sperre (Kurzbezeichnung: ESP)

„Die Ausgaben (zu Nr. ... der Erläuterungen) sind (in Höhe von ... T€/in Höhe von ... Prozent) gesperrt."

Sperren bei Verpflichtungsermächtigungen: vgl. Nr. 6.3.1.

Sperren bei Planstellen/Stellen: vgl. Nr. 9.8.5.

5.1.2 Qualifizierte Sperre (QSP)

„Die Ausgaben (zu Nr. ... der Erläuterungen) sind (in Höhe von ... T€/in Höhe von ... Prozent) gesperrt.

Die Aufhebung der Sperre bedarf der Einwilligung des Haushaltsausschusses des Deutschen Bundestages."

Qualifizierte Sperren bei Verpflichtungsermächtigungen: vgl. Nr. 6.3.2.

Qualifizierte Sperren bei Planstellen/Stellen: vgl. Nr. 9.8.5.

5.2 Wegfall von Ausgaben (WVA)

„Die Ausgaben (zu Nr. ... der Erläuterungen) sind (in Höhe von ... T€) kw."

Soweit im Vorjahr Ausgaben als künftig wegfallend bezeichnet wurden, ist in den Erläuterungen folgender Hinweis aufzunehmen:

„Im Vorjahr waren ... T€ kw."

Soweit aufgrund eines neuen Sachverhalts Ausgaben veranschlagt werden, die im Vorjahr als künftig wegfallend bezeichnet waren, ist dies in den Erläuterungen zu begründen.

5.3 Übertragbarkeit von Ausgaben (UEB)

„Die Ausgaben (zu Nr. … der Erläuterungen) sind (in Höhe von … T€/in Höhe von … Prozent) übertragbar."

Bei Ausgaben, die sich nur ausnahmsweise auf mehrjährig angelegte Maßnahmen erstrecken können, ist von einer Übertragbarkeit durch Haushaltsvermerk abzusehen. Zur Übertragbarkeit von Ausgaben für institutionell geförderte Zuwendungsempfänger nehme ich Bezug auf das BMF-Rundschreiben vom 26. Februar 1998 – II A 2 – H 1200 – 3/98 –.

5.4 Deckungsfähigkeit von Ausgaben

Deckungsvermerke sind nur unter den Voraussetzungen des § 20 Abs. 2 BHO vorzusehen. Zur Beurteilung der Erforderlichkeit eines Deckungsvermerks im Einzelfall ist darüber hinaus der Soll-Ist-Vergleich der Vorjahre zu berücksichtigen.

5.4.1 Einseitige Deckungsfähigkeit (ESG)

– Vermerk beim abgebenden/deckungspflichtigen Titel
  „Einsparungen (zu Nr. … der Erläuterungen) (bei Titel … ../ohne Titel … ..) dienen (bis zur Höhe von … T€) zur Deckung von Mehrausgaben bei folgendem/n Titel/n: … .., … .. (usw.)"
– Vermerk beim empfangenden/deckungsberechtigten Titel
  „Mehrausgaben (zu Nr. … der Erläuterungen) (bei Titel … ../ohne Titel … ..) dürfen bis zur Höhe (von … T€) der Einsparungen bei folgendem/n Titel/n geleistet werden: … .., … .., (usw.)"

Einseitige Deckungsfähigkeit bei Verpflichtungsermächtigungen: vgl. Nr. 6.4.1.

5.4.2 Gegenseitige Deckungsfähigkeit (GSD)

„Die Ausgaben (zu Nr. … der Erläuterungen) sind (in Höhe von … T€) (mit folgendem/n Titel/n …) gegenseitig deckungsfähig: … .., … .. (usw.)"

oder

„Die Ausgaben folgender Titel sind gegenseitig deckungsfähig: … .., … .. (usw.)"

In der Wirkung handelt es sich hier um parallele einseitige Deckungsfähigkeiten.

Gegenseitige Deckungsfähigkeit bei Verpflichtungsermächtigungen: vgl. Nr. 6.4.2.

5.5 Ausnahmen vom Grundsatz der Gesamtdeckung

Ausnahmen vom Grundsatz der Gesamtdeckung (§ 8 BHO) sind nur in engen Grenzen vorzusehen. Die aus den Einnahmen zu verstärkenden Titel sind im Haushaltsvermerk grundsätzlich einzeln zu benennen.

5.5.1 Verstärkung von Ausgaben durch Einnahmen (VSV) – „Unechte Zweckbindung"

Regelfall (bei Titeln mit Ansatz und bei Leertiteln)

– Vermerk beim Einnahmetitel
„Mehreinnahmen (zu Nr. … der Erläuterungen) (bei Titel … ../ ohne Titel … ..) dienen (bis zu einem Betrag von … T€/in Höhe von … Prozent) zur Leistung der Mehrausgaben bei folgendem/ n Titel/n: .. .., … .. (usw.)"

– Vermerk beim Ausgabetitel
„Mehrausgaben (zu Nr. … der Erläuterungen) (bei Titel … ../ ohne Titel … ..) dürfen bis zur Höhe der Mehreinnahmen bei folgendem/n Titel/n geleistet werden: … .., … .. (usw.)"

In diesem Fall können nach Eingang der entsprechenden Mehreinnahmen Mehrausgaben (nach Verausgabung des Sollansatzes des Ausgabetitels für dessen Zwecke) geleistet werden.

Ausnahmefall (nur möglich bei Titeln mit Ansatz)

– Vermerk beim Einnahmetitel
„Ist-Einnahmen (zu Nr. … der Erläuterungen) (bei Titel … ../ ohne Titel … ..) dienen zur Leistung der Ausgaben bei folgendem/n Titel/n: … .., … .. (usw.)"

– Vermerk beim Ausgabetitel
„Ausgaben (zu Nr. … der Erläuterungen) (bei Titel … ../ohne Titel … ..) dürfen bis zur Höhe der Ist-Einnahmen bei folgendem/n Titel/n geleistet werden: … .., … .. (usw.)"

In diesem Fall steht der Ausgabeansatz bis zum Eingang der Einnahmen nicht zur Verfügung.

Ergänzung für den Regel- und den Ausnahmefall

Sollen bereits vor Eingang der Einnahmen Ausgaben geleistet werden, ist folgende Ergänzung des Haushaltsvermerks beim Ausgabetitel auszubringen:

„Dies gilt auch für zu erwartende Einnahmen aus bestehenden Ansprüchen. Falls Ausgaben aufgrund zu erwartender Einnahmen geleistet wurden und diese Einnahmen im laufenden Haushaltsjahr nicht eingehen, dürfen diese Einnahmen, soweit sie in den folgenden Haushaltsjahren eingehen, nicht mehr zur Leistung von Ausgaben verwendet werden."

5.5.2 Echte Zweckbindung (ZWB)

Der Grund der Zweckbindung (gesetzliche Regelung, rechtsverbindliche Verwendungsauflage etc.) ist im Haushaltsvermerk ausdrücklich und eindeutig zu benennen (vgl. § 17 Abs. 3 BHO). Zweckbindungsvermerke sind nur bei zweckgebundenen Einnahmen zulässig.

Die haushaltsrechtlichen Folgen einer Zweckbindung von Einnahmen per Haushaltsvermerk gemäß § 19 Abs. 1 Satz 1 BHO (Übertragbarkeit) sind zu beachten. Ein zusätzlicher Übertragbarkeitsvermerk ist daher nicht auszubringen (VV Nr. 2 zu § 19 BHO).

Um Verwendungsbeschränkungen bestimmter Einnahmen für bestimmte Ausgabezwecke (echte Zweckbindung) unmissverständlich deutlich zu machen, sind den korrespondierenden Vermerken die Worte „nur" (Einnahmen) bzw. „zweckgebunden" (Einnahmen/Ausgaben) beizufügen.

Regelfall (bei Titeln mit Ansatz und bei Leertiteln)

– Vermerk beim Einnahmetitel
 „Mehreinnahmen (zu Nr. … der Erläuterungen) (bei Titel … ../ohne Titel … ..) sind [hier ist der Grund der Zweckbindung einzutragen] zweckgebunden. Sie dienen (bis zu einem Betrag von … T€/in Höhe von … Prozent) nur zur Leistung der Mehrausgaben bei folgendem/n Titel/n: … .., … .. (usw.)"

– Vermerk beim Ausgabetitel
 „Mehrausgaben (zu Nr. … der Erläuterungen) (bei Titel … ../ohne Titel … ..) dürfen bis zur Höhe der zweckgebundenen Mehreinnahmen bei folgendem/n Titel/n geleistet werden: … .., … .. (usw.)"

In diesem Fall können nach Eingang der entsprechenden Mehreinnahmen Mehrausgaben (nach Verausgabung des Sollansatzes des Ausgabetitels für dessen Zwecke) geleistet werden.

Ausnahmefall (nur möglich bei Titeln mit Ansatz)

– Vermerk beim Einnahmetitel
 „Ist-Einnahmen (zu Nr. … der Erläuterungen) (bei Titel … ../ohne Titel … ..) sind [hier ist der Grund der Zweckbindung einzutragen] zweckgebunden. Sie dienen zur Leistung der Ausgaben bei folgendem/n Titel/n: … .., … .. (usw.)"

– Vermerk beim Ausgabetitel
 „Ausgaben (zu Nr. … der Erläuterungen) (bei Titel … ../ohne Titel … ..) dürfen bis zur Höhe der zweckgebundenen Ist-Einnahmen bei folgendem/n Titel/n geleistet werden: … .., … .. (usw.)"

Ergänzung für den Regel- und den Ausnahmefall

Sollen bereits vor Eingang der Einnahmen Ausgaben geleistet werden, ist folgende Ergänzung des Haushaltsvermerks beim Ausgabetitel auszubringen:

„Dies gilt auch für zu erwartende Einnahmen aus bestehenden Ansprüchen. Falls Ausgaben aufgrund zu erwartender Einnahmen geleistet wurden und diese Einnahmen im laufenden Haushaltsjahr nicht eingehen, dürfen diese Einnahmen, soweit sie in den folgenden Haushaltsjahren eingehen, nicht mehr zur Leistung von Ausgaben verwendet werden."

5.6 Sonstige Vermerke

Z.B.: Rückeinnahmen und Erstattungen, Verbindlichkeit von Erläuterungen, unentgeltliche Abgabe bzw. Nutzung von Vermögensgegenständen.

5.7 Selbstbewirtschaftung (SBW)

„Die Mittel (zu Nr. … der Erläuterungen) dürfen (bis zur Höhe von … T€/… Prozent) (des Zuwendungsbetrages/des Zuweisungsbetrages) zur Selbstbewirtschaftung zugewiesen werden."

Bei allen Titeln mit Selbstbewirtschaftungsvermerken ist eine Standarderläuterung auszubringen, aus der sich der Umfang der nicht verbrauchten Selbstbewirtschaftungsmittel zum Jahresabschluss des vorletzten Jahres ergibt, entweder direkt beim Titel (Beispiel 20):

„Bis zum 31. 12. 20.. nicht verbrauchte Selbstbewirtschaftungsmittel: … T€."

bzw. im Wirtschaftsplan gemäß Beispiel 23.

Sollen Zuwendungen für größere Investitionsmaßnahmen (vgl. Nr. 11.1, 11.2) zur Selbstbewirtschaftung zugewiesen werden, so darf dies frühestens nach haushaltsmäßiger Anerkennung bzw. nach Aufhebung der gesetzlichen Sperre nach § 24 Abs. 3 BHO erfolgen.

5.8 Reihenfolge der Vermerke

– Flexibilisierung von Ausgaben,

– Sperren bei Ausgaben,

– Sperren bei Verpflichtungsermächtigungen,

– Wegfall von Ausgaben,

– Übertragbarkeit von Ausgaben,

– Deckungsfähigkeit von Ausgaben,

– Deckungsfähigkeit von Verpflichtungsermächtigungen,

– Ausnahmen vom Grundsatz der Gesamtdeckung,

– Sonstige Vermerke,

– Selbstbewirtschaftung.

6 Verpflichtungsermächtigungen

6.1 Darstellung

Verpflichtungsermächtigungen sind bei den in Betracht kommenden Ausgabetiteln gesondert auszubringen. Keiner Verpflichtungsermächtigung bedürfen sog. „laufende Geschäfte"; vgl. dazu VV Nr. 5 zu § 38 BHO. Die Veranschlagung von Verpflichtungsermächtigungen bei Dauerschuldverhältnissen richtet sich nach VV Nr. 11 zu § 16 BHO.

6.2 Einheitliche Formulierungen

Gemäß VV Nr. 9 zu § 16 BHO sind die Jahresbeträge einzeln aufzuführen. Bei Anwendung der VV Nr. 10 zu § 16 BHO (Aufteilung auf Jahresbeträge nicht möglich) ist dieser Betrag – ggf. ergänzend zu den Angaben gemäß VV Nr. 9 – bei „in künftigen Haushaltsjahren" auszuweisen. „Verpflichtungsermächtigung in künftigen Haushaltsjahren" steht dabei für „zum Zeitpunkt der Haushaltsaufstellung noch nicht auf Jahresbeträge aufteilbare Verpflichtungsermächtigung mit möglicher Fälligkeit ab dem Haushaltsjahr 2020". Dies ist nicht zu verwechseln mit der „Verpflichtungsermächtigung ab dem Haushaltsjahr 2040", die bereits auf Jahresbeträge aufgeteilt ist, jedoch aus technischen Gründen zusammengefasst dargestellt wird.

Verpflichtung zu Lasten eines Haushaltsjahres:

– Verpflichtungsermächtigung
  fällig im Haushaltsjahr 2020 bis zu ....– T€
  Verpflichtung zu Lasten mehrerer Haushaltsjahre:

– Verpflichtungsermächtigung ....– T€
  davon fällig:
  im Haushaltsjahr 2020 bis zu ....– T€
  im Haushaltsjahr 2021 bis zu ....– T€
  [...]
  ab dem Haushaltsjahr 2040 bis zu ....– T€
  in künftigen Haushaltsjahren bis zu..........– T€

6.3 Sperren (VSP)

Beim Ausbringen eines Sperrvermerks gem. § 22 BHO ist grundsätzlich der Sperrgrund – Bedingung, an die die Sperre geknüpft ist – anzugeben.

6.3.1 Einfache Sperre

„Die Verpflichtungsermächtigung (zu Nr. ... der Erläuterungen) ist gesperrt."

oder

„Die Verpflichtungsermächtigung (zu Nr. ... der Erläuterungen) ist in Höhe von ... T€ gesperrt."

Haushaltsjahr 20.. .... – T€

Haushaltsjahr 20.. .... – T€

6.3.2 Qualifizierte Sperre

„Die Verpflichtungsermächtigung (zu Nr. ... der Erläuterungen) ist gesperrt.

Die Aufhebung der Sperre bedarf der Einwilligung des Haushaltsausschusses des Deutschen Bundestages."
oder
„Die Verpflichtungsermächtigung (zu Nr. ... der Erläuterungen) ist
in Höhe von ... T€ gesperrt

Haushaltsjahr 20.. .... – T€

Haushaltsjahr 20.. .... – T€

Die Aufhebung der Sperre bedarf der Einwilligung des Haushaltsausschusses des Deutschen Bundestages."

6.4   Deckungsfähigkeit
Eine Deckung ist nur dann möglich, wenn bei **allen** betroffenen
Titeln Verpflichtungsermächtigungen ausgebracht sind.

6.4.1 Einseitige Deckungsfähigkeit (ESV)

– Vermerk beim abgebenden/deckungpflichtigen Titel
  „Einsparungen bei der/n Verpflichtungsermächtigung/en (zu
  Nr. ... der Erläuterungen) dienen (bis zur Höhe von ... T€) zur
  Deckung der weiteren Verpflichtungsermächtigung/en bei fol-
  gendem/n Titel/n: ...

  (Haushaltsjahr   .... – T€
  20..

  Haushaltsjahr 20.. .... – T€)"

– Vermerk beim empfangenden/deckungsberechtigten Titel
  „Die weitere Verpflichtungsermächtigung (zu Nr. ... der Erläuterungen) darf bis zur Höhe (von ... T€) der Einsparung/en der
  Verpflichtungsermächtigung/en bei folgendem/n Titel/n belegt
  werden: ...

  (Haushaltsjahr   .... – T€
  20..

  Haushaltsjahr 20.. .... – T€)".

6.4.2 Gegenseitige Deckungsfähigkeit (GSV)
„Die Verpflichtungsermächtigungen (zu Nr. ... der Erläuterungen)
sind (in Höhe von ... T€) gegenseitig deckungsfähig."
oder
„Die Verpflichtungsermächtigungen folgender Titel sind gegenseitig deckungsfähig: ..."
oder

„Die Verpflichtungsermächtigung (zu Nr. ... der Erläuterungen) ist (in Höhe von ... T€) mit der Verpflichtungsermächtigung bei folgendem/n Titel/n gegenseitig deckungsfähig: ...

(Haushaltsjahr 20.. .... – T€

Haushaltsjahr 20.. ······································· – T€)"

7 Erläuterungen

7.1 Allgemeines

Erläuterungen werden ausschließlich bei Titeln und Titelgruppen sowie als allgemeine Erläuterungen zum Einzelplan ausgebracht.

Erläuterungen sind nur im erforderlichen Umfang vorzusehen (vgl. § 17 Abs. 1 BHO). Erforderlich sind Erläuterungen nur, wenn sie zur Inhaltsbestimmung der Zweckbestimmung dienen oder Hinweise für die Bewirtschaftung enthalten. Insbesondere Erläuterungen zu den Festtiteln 427 .9, 519 .1 und 525 .1 sind nicht erforderlich. Erläuterungen sind kurz und soweit wie möglich tabellarisch zu formulieren. Dabei sind Erläuterungstabellen grundsätzlich unmittelbar im Anschluss an das Dispositiv und **vor** frei formulierten Texten auszubringen.

Hintergrundinformationen zu einem Titel, insbesondere umfangreiche Rechtsquellen sowie historische Entwicklungen, sind **nicht** als Erläuterung auszuweisen, sondern den haushaltsbegründenden Unterlagen beizufügen.

Weicht der Geldansatz eines Titels vom Ansatz des Vorjahres wesentlich ab, so ist dies beim jeweiligen Titel kurz, aber aussagekräftig zu begründen. Als wesentliche Abweichung gilt grundsätzlich ein Mehr oder Weniger gegenüber dem Vorjahresansatz ab 10 Prozent, in der Regel mindestens jedoch 10 Mio. €.

Einzelerläuterungen, denen keine Geldansätze im jeweiligen Haushaltsjahr gegenüberstehen, sowie Einzelpositionen in Tabellen kleiner gleich 50 T€ sind nicht aufzunehmen, es sei denn, ein spezifisches Informationsbedürfnis von Parlament oder Öffentlichkeit (z.B. auf der Grundlage einer Prüfungsbemerkung des Bundesrechnungshofes) erfordert auch unterhalb dieses Betrages einen gesonderten Ausweis. Die vorstehende Regelung gilt nicht bei Festtiteln und Erläuterungen gem. Nr. 10.15.

Zur Rundung von Sollbeträgen vgl. auch Nr. 4.12.

7.2 Standarderläuterungen

Die zu einzelnen Festtiteln festgelegten Standarderläuterungen sind nur insoweit aufzunehmen, als sie zur Begründung des Ansatzes erforderlich sind.

Bei Standarderläuterungen in tabellarischer Form werden einzelne
Positionen nur dargestellt, wenn die jeweilige Position einen Betrag
ausweist. Soll ausnahmsweise eine Position ohne Betragsangabe
dargestellt werden, ist ein „–" einzutragen.

Sofern es zwingend erforderlich ist, bei Einnahmen und Ausgaben
zwischen Berlin und Bonn zu unterscheiden, ist dies anstelle zusätzlicher Titel auch in Standarderläuterungen zugelassen.

**7.3 Beiträge Dritter oder Ausgaben außerhalb des betreffenden Einzel-
plans**

Stehen für eine Maßnahme auch Beiträge Dritter oder Ausgaben außerhalb des betreffenden Einzelplans zur Verfügung, so ist dies in
den Erläuterungen anzugeben.

Steht deren Höhe noch nicht fest, so ist mindestens ein allgemeiner
Hinweis erforderlich.

**7.4 Leistungen an internationale Organisationen/Leistungen im Zusam-
menhang mit nationalen Mitgliedschaften**

Leistungen an internationale Organisationen sind wie folgt zu erläutern:

– Rechtsgrund und Zweck der Mitgliedschaft,

– Beitrag der Bundesrepublik Deutschland in Prozent, in der betreffenden Tausend-Fremdwährung (siehe Nr. 4.11 sowie das jährliche Aufstellungsrundschreiben des BMF) und in T€,

– besondere Leistungen außerhalb des Beitrages in T€.

Leistungen mit einem Volumen kleiner gleich 50 T€ sind in den Er-
läuterungen unter „Sonstige" zusammenzufassen. Dies gilt auch bei
Leistungen im Zusammenhang mit nationalen Mitgliedschaften
(Vereinsbeiträge u.a.); vgl. Beispiel 7.

7.5 Ausgaben für einjährige und mehrjährige Maßnahmen

Ausgaben für einjährige und mehrjährige Maßnahmen sind mit Beispiel 8 zu erläutern. Die für eine neue mehrjährige Maßnahme vergebene lfd. Nr. wird bis zur Beendigung der Maßnahme und der Ent-
fernung aus der Erläuterungstabelle fortgeschrieben. Daraus folgt
u.a., dass die Erläuterungstabelle hinsichtlich der Nummerierung
Lücken aufweisen kann (kein „Aufrücken" bei Wegfall einer Erl.-
Nr./Abschluss einer Maßnahme) und dass die neueste Maßnahme
nicht zwingend die höchste Erl.-Nr. trägt (Lücken in der Tabelle
können gefüllt werden).

Gruppierungsplan
Standard nach § 10 Absatz 2 in Verbindung mit § 49a HGrG

vom 19. November 2020

Eckpunkte zum Standard Gruppierungsplan

1. Dieser Standard ist anzuwenden, wenn die Haushaltswirtschaft in ihrem Rechnungswesen kameral ausgestaltet ist.

2. Unabhängig von der Art ihrer Haushaltswirtschaft stellen Bund und Länder sicher, dass zur Erfüllung finanzstatistischer Anforderungen einschl. der der Volkswirtschaftlichen Gesamtrechnungen sowie für sonstige Berichtspflichten die Plan- und Ist-Daten nach diesem Standard bereitgestellt werden.

3. Sofern dieser Standard nur bis auf die Hauptgruppe (einstellig) oder die Obergruppe (zweistellig) gegliedert ist oder die Gruppen 523 bis 546 betroffen sind, können die jeweiligen Gebietskörperschaften (Bund und Länder) eine weitere Aufschlüsselung auf Gruppen (dreistellig) in eigener Verantwortung vornehmen, soweit das Gremium zur Standardisierung des staatlichen Rechnungswesens nach § 49a HGrG (Gremium) keinen anderweitigen Beschluss fasst.

4. Sofern dieser Standard spezielle Vorgaben enthält, die bundes- oder landesspezifisch sind, können Bund und Länder auf die Verwendung der für sie nicht zutreffenden Gruppen, Zuordnungshinweise oder Bezeichnungen im Gruppierungsplan verzichten, wobei sicherzustellen ist, dass nicht abgebildete Obergruppen und Gruppen nicht anderweitig belegt werden.

5. Soweit in diesem Standard Paragrafen der BHO/LHO genannt sind, können Bund und Länder diese entsprechend ersetzen.

6. Soweit zur Abbildung spezifischer Sachverhalte der Gebietskörperschaften Ergänzungen erforderlich sind, ist über das Statistische Bundesamt eine Klärung herbeizuführen. Das Statistische Bundesamt bereitet die vorliegenden Änderungen zur Beratung im Gremium auf. Redaktionelle Ergänzungen/Änderungen werden in einer Übersicht dem Gremium zur Kenntnis zugeleitet. Bei materiellen Änderungen/Ergänzungen und/oder generell zu regelnden Sachverhalten bereitet das Statistische Bundesamt einen Beschlussvorschlag als Sammelantrag vor, der über das Bundesministerium der Finanzen dem Gremium zuzuleiten ist. Die jeweilige Gebietskörperschaft ist berechtigt, Änderungen/Ergänzungen zu veröffentlichen, sofern die Bereitschaft besteht, bei einem gegenteiligen Beschluss des Gremiums Weiteres zu veranlassen.

Das Antragsrecht der jeweiligen Gebietskörperschaften bleibt davon unberührt.

7. Die Fristen zur Umsetzung des Standards in die Gruppierungspläne des Bundes und der Länder ergeben sich aus den jeweiligen Beschlüssen des Gremiums.

Gruppierungsplan mit allgemeinen Vorschriften

I. Allgemeine Vorschriften zum Gruppierungsplan

1   Gliederung
     Der Gruppierungsplan gliedert sich für Bund und Länder übereinstimmend in

     Hauptgrup-   – Gliederungseinheit mit einer einstelligen Zahl,
     pen

     Obergruppen   – Gliederungseinheit mit einer zweistelligen Zahl,

     Gruppen   – Gliederungseinheit mit einer dreistelligen Zahl.

     Die Hauptgruppen beginnen mit der Ziffer 0, die Obergruppen mit der Ziffer 1.
     Die Ordnung der Einnahme- und Ausgabearten nach dem Gruppierungsplan orientiert sich in erster Linie an Kriterien der Volkswirtschaftlichen Gesamtrechnungen für die Darstellung wirtschaftlicher Vorgänge. Eine konsequente Anwendung ist notwendig für die Bereitstellung von Grunddaten für die Berechnung des Staatskontos.

2   Zuordnungshinweise; Schwerpunktprinzip
     Durch Zuordnungshinweise werden die Gliederungseinheiten verbindlich erläutert. Die Zuordnungshinweise enthalten auch Abgrenzungen zu und Verweise auf andere Hauptgruppen, Obergruppen und Gruppen. Sie sind nicht abschließend, soweit nicht im Einzelfall etwas anderes bestimmt ist.
     Sollen Einnahmen oder Ausgaben verschiedener Arten zusammengefasst werden, weil eine Aufteilung nicht vertretbar ist, so ist nach dem Schwerpunkt zuzuordnen.

3   Begriffsbestimmungen

3.1 Zuweisungen und Zuschüsse
     Zuweisungen sind einmalige oder laufende Geldleistungen innerhalb des öffentlichen Bereichs. Zuschüsse sind Geldleistungen zwischen dem öffentlichen Bereich und den sonstigen Bereichen. Hierzu gehören auch Erstattungen innerhalb des öffentlichen Bereichs oder zwischen dem öffentlichen Bereich und den sonstigen Bereichen, insbesondere als Ersatz für entstandene Ausgaben.

Keine Zuweisungen und Zuschüsse sind Zahlungen, die ein marktüblichen oder marktähnliches Entgelt oder eine öffentliche Abgabe darstellen.

3.2 Zahlungen innerhalb des öffentlichen Bereichs

Einnahmen: Obergruppen/Gruppen 15, 17, 21 bis 23, 291 bis 293, 31, 33

Ausgaben: Obergruppen/Gruppen 56, 58, 61 bis 63, 691 bis 693, 85, 88

Zum öffentlichen Bereich im Sinne des Gruppierungsplans gehören:

1. die Gebietskörperschaften: Bund, Länder, Gemeinden/Gemeindeverbände,
2. die Sozialversicherungsträger: z.B. Träger der gesetzlichen Rentenversicherung, der gesetzlichen Kranken- und Unfallversicherung, der sozialen Pflegeversicherung sowie die Bundesagentur für Arbeit (öffentliche Zusatzversorgungskassen, wie z.B. die Versorgungsanstalt des Bundes und der Länder, gehören zu den öffentlichen Unternehmen, siehe Nr. 3.3),
3. *die Sondervermögen der Gebietskörperschaften und der Sozialversicherungsträger*, soweit nicht mit unternehmerischer Aufgabenstellung (Sondervermögen mit unternehmerischer Aufgabenstellung siehe Nr. 3.3),
4. die Zweckverbände: Verbände und sonstige Organisationen, die kommunale Aufgaben erfüllen, rechtlich selbständig sind und mindestens eine kommunale Gebietskörperschaft (Gemeinde oder Gemeindeverband) zum Mitglied haben.

3.3 Zahlungen zwischen dem öffentlichen Bereich und den sonstigen Bereichen im Inland

Einnahmen: Obergruppen/Gruppen 14, 16, 18, 26 bis 28, 297 bis 299, 32, 34

Ausgaben: Obergruppen/Gruppen 57, 59, 66 bis 68, 697 bis 699, 86, 87, 89

Zum sonstigen Bereich im Sinne des Gruppierungsplans zählen im Inland die natürlichen Personen, die privaten Einrichtungen, die öffentlichen Einrichtungen, soweit sie nicht unter Nummer 3.2 aufgeführt sind, sowie die privaten und öffentlichen Unternehmen. Falls der Empfänger die öffentlichen Mittel nur verwaltet oder weiterleitet, so kann eine Zuordnung nach den Begünstigten in Betracht kommen. So sind z.B. Subventionen, die zwar an wirtschaftliche Organisationen ausgezahlt, von diesen aber an begüns-

tigte Unternehmen weitergeleitet werden, den Unternehmen zuzuordnen.

Zu den Unternehmen zählen alle wirtschaftlichen Institutionen,
die vorwiegend Waren und Dienstleistungen produzieren bzw. erbringen und diese gegen spezielles Entgelt verkaufen, das in der
Regel Überschüsse abwirft oder mindestens die Kosten deckt.
Hierzu gehören u.a. auch landwirtschaftliche Betriebe, Hand-
werksbetriebe, Ein- und Verkaufsvereinigungen (auch in genos-
senschaftlicher Form) sowie Arbeitsstätten der freien Berufe. Einrichtungen sind demgegenüber Institutionen ohne unternehmeri-
sche Aufgabenstellung.

Öffentliche Unternehmen sind:

– Eigene Betriebe des Bundes und der Länder im Sinne des § 26
  BHO/LHO,

– Sondervermögen mit unternehmerischer Aufgabenstellung und
  eigener Wirtschafts- und Rechnungsführung,

– Unternehmen in der Rechtsform einer juristischen Person des
  öffentlichen Rechts,

– Unternehmen des privaten Rechts (z.B. AG, GmbH, eGmbH),
  wenn Bund, Länder und Gemeinden/Gemeindeverbände überwiegend, d.h. mit mehr als 50 v.H. des Nennkapitals (Grund-
  oder Stammkapital) oder des Stimmrechts, unmittelbar oder
  mittelbar (z.B. über eine Holding) beteiligt sind.

Öffentliche Einrichtungen sind:

– juristische Personen des öffentlichen Rechts (soweit nicht unter
  Nr. 3.2 genannt), die keine Unternehmen sind,

– juristische Personen des privaten Rechts ohne unternehmeri-
  sche Aufgabenstellung, wenn Bund, Länder und Gemeinden/
  Gemeindeverbände überwiegend, d.h. mit mehr als 50 v.H. des
  Nennkapitals (Grund- oder Stammkapital) oder des Stimmrechts, unmittelbar oder mittelbar (z.B. über eine Holding) beteiligt sind,

– juristische Personen des privaten Rechts in der Form von Stiftungen und Vereinen sowie Gesellschaften des privaten Rechts,
  bei denen die öffentliche Hand aufgrund der Satzung oder ähnlichen beherrschenden Einfluss ausübt.

3.4   Zahlungen zwischen Inland und Ausland

Einnahmen: Obergruppen 14, 16, 18, 26 bis 29, 32, 34

Ausgaben: Obergruppen 57, 59, 66 bis 69, 83, 86, 89

Für die Behandlung von Zahlungen vom und an das Ausland ist
in der Regel von dem Einzahler oder von dem Erstempfänger aus-

zugehen. Bei Zahlungen von und an Vermittlungsstellen mit Sitz im Inland kann jedoch auch eine Zahlung vom oder an das Ausland in Betracht kommen, z.B.

– Zahlungen an ausländische Staaten, juristische oder natürliche Personen im Ausland durch Vermittlung von Banken,

– Abwicklung von Lieferungen und Leistungen über inländische Vertreter von Unternehmen im Ausland,

– Zahlungen von Renten und anderen Geldleistungen an im Ausland wohnende Personen auf Konten bei Inlandsbanken, z.B. Wiedergutmachungsleistungen, Zahlungen aus Lieferungsverträgen.

Dagegen ist die Übertragung von Geldmitteln an die Kreditanstalt für Wiederaufbau zur Verwendung für Entwicklungshilfe als Zahlung im Inland zu behandeln.

3.5 Wertgrenzen

3.5.1 Die für die Beschaffung von beweglichen Sachen geltenden Wertgrenzen für den Einzelfall (Erwerb je Stück oder beim Erwerb einer größeren Menge je Kauf) ergeben sich aus den Zuordnungshinweisen im Gruppierungsplan. Die dort genannten Beträge verstehen sich einschl. Umsatzsteuer.

3.5.2 Für Baumaßnahmen können sich Wertgrenzen aus besonderen Bestimmungen, z.B. baufachlichen Bestimmungen, ergeben.

II. Gruppierungsplan

0	**Einnahmen aus Steuern und steuerähnlichen Abgaben sowie EU-Eigenmittel**	Hauptgruppe 0
01	**Gemeinschaftsteuern und Gewerbesteuerumlage**	Obergruppe 01
011	Lohnsteuer	Gruppe 011
012	Veranlagte Einkommensteuer	Gruppe 012
013	Nicht veranlagte Steuern vom Ertrag (ohne Abgeltungsteuer auf Zins- und Veräußerungserträge)	Gruppe 013
014	Körperschaftsteuer	Gruppe 014
015	Umsatzsteuer	Gruppe 015
016	Einfuhrumsatzsteuer	Gruppe 016
017	Gewerbesteuerumlage	Gruppe 017

018	Abgeltungsteuer auf Zins- und Veräußerungserträge	Gruppe 018
02	**EU-Eigenmittel (nur Bund)**	**Obergruppe 02**
021	Mehrwertsteuer-Eigenmittel der EU	Gruppe 021
022	BNE-Eigenmittel der EU	Gruppe 022
023	Zölle	Gruppe 023
024	Abschöpfungen	Gruppe 024
03/04	**Bundessteuern**	**Obergruppen 03/04**
031	Energiesteuer	Gruppe 031
032	Tabaksteuer	Gruppe 032
033	Alkoholsteuer	Gruppe 033
034	Schaumweinsteuer	Gruppe 034
035	Kaffeesteuer	Gruppe 035
036	Versicherungsteuer	Gruppe 036
037	Stromsteuer	Gruppe 037
038	Kraftfahrzeugsteuer	Gruppe 038
039	Luftverkehrsteuer	Gruppe 039
041	Kernbrennstoffsteuer	Gruppe 041
044	Solidaritätszuschlag	Gruppe 044
049	Sonstige Bundessteuern	Gruppe 049
05/06	**Landessteuern**	**Obergruppen 05/06**
051	Vermögensteuer	Gruppe 051
052	Erbschaftsteuer	Gruppe 052
053	Grunderwerbsteuer	Gruppe 053
055	Totalisatorsteuer	Gruppe 055
056	Andere Rennwettsteuern	Gruppe 056

057	Lotteriesteuer	Gruppe 057
058	Sportwettensteuer	Gruppe 058
059	Feuerschutzsteuer	Gruppe 059
061	Biersteuer	Gruppe 061
069	Sonstige Landessteuern	Gruppe 069
07/08	**Gemeindesteuern**	**Obergruppen 07/08**
071	Gemeindeanteil an der Lohnsteuer und der veranlagten Einkommensteuer	Gruppe 071
072	Grundsteuer A	Gruppe 072
073	Grundsteuer B	Gruppe 073
075	Gewerbesteuer	Gruppe 075
076	Gemeindeanteil an der Umsatzsteuer	Gruppe 076
077	Gewerbesteuerumlage	Gruppe 077
	Gewerbesteuerumlage, die an den Bund und an die Länderebene des Stadtstaates gezahlt wird. Es erfolgt ein Nachweis mit negativem Vorzeichen.	
078	Gemeindeanteil an der Abgeltungsteuer auf Zins- und Veräußerungserträge	Gruppe 078
079	Gewerbesteuer im länderangrenzenden Küstengewässer oder Festlandsockel (abzüglich Gewerbesteuerumlage)	Gruppe 079
082	Vergnügungsteuern	Gruppe 082
	Spielvergnügungsteuer	
083	Hundesteuer	Gruppe 083
089	Sonstige Gemeindesteuern (nur Stadtstaaten)	Gruppe 089
09	**Steuerähnliche Abgaben**	**Obergruppe 09**
092	Münzeinnahmen (nur Bund)	Gruppe 092

093	Abgaben von Spielbanken	Gruppe 093
099	Sonstige steuerähnliche Abgaben	Gruppe 099
1	**Verwaltungseinnahmen, Einnahmen aus Schuldendienst und dgl.**	**Hauptgruppe 1**
11	**Verwaltungseinnahmen**	**Obergruppe 11**
111	Gebühren, sonstige Entgelte	Gruppe 111

Gebühren und Auslagen aller Art, die in Gesetzen, Verordnungen, Gebührenordnungen, Satzungen usw. für Leistungen der Verwaltung und der Gerichte festgelegt sind, soweit nicht Gruppe 112

Tarifliche und gebührenartige Entgelte, die auf abgabenrechtlichen Vorschriften beruhen, einschl. Benutzungsgebühren und -entgelte für die Inanspruchnahme von Anstalten und Einrichtungen

Beiträge im Sinne des Abgabenrechts, soweit nicht Gruppe 341

Ausgleichsabgabe nach dem Sozialgesetzbuch – Neuntes Buch – (SGB IX)

112	Geldstrafen, Geldbußen und Zwangsgelder (einschl. der damit zusammenhängenden Gerichts- und Verwaltungskosten)	Gruppe 112

Geldstrafen, Ordnungsstrafen, Disziplinarstrafen, Sühnegelder, Geldbußen, Verwarnungsgelder und Zwangsgelder einschl. damit zusammenhängender Prozesskosten usw.

119	Sonstige Verwaltungseinnahmen	Gruppe 119

Einnahmen aus Veröffentlichungen, Verkauf und Vertrieb amtlicher Drucksachen, Ausschreibungsunterlagen usw.

Ersatzleistungen und andere Entschädigungen aus Versicherungsverträgen und von Privaten für Schäden

Stundungs- und Verzugszinsen, Säumniszuschläge und Verspätungszuschläge (nur soweit die Buchung zusammen mit der Hauptforderung nicht möglich ist)

Einnahmen aus Aufträgen Dritter

Einnahmen aus Untersuchungen, Vorträgen, Gutachten, Beratungen und aus anderen Inanspruchnahmen der Verwaltung

Zugunsten der Staatskasse eingezogene Vermögenswerte

Einnahmen aus der Verwertung von Pfändern

Einnahmen aus Fundsachen

Einnahmen aus dem Verkauf von Altmaterial und Abfällen, soweit nicht aus wirtschaftlicher Tätigkeit (siehe Gruppe 125)

Einnahmen aus dem Verfall von Kautionen

Einnahmen aus Regressen

Vertragsstrafen, soweit nicht bei der Hauptforderung

Einnahmen aus Erbschaften, Anfall eines Vereinsvermögens (§ 46 BGB) und Stiftungsvermögens (§ 88 BGB)

Haftungsentschädigungen

Rückzahlungen aufgrund von Prüfungsbemerkungen des Rechnungshofes

Rückzahlung überzahlter Beträge, Frachterstattungen

Kostenbeiträge für private Benutzung amtlicher Fernsprechanschlüsse sowie verwaltungseigener Geräte, Fahrzeuge usw.

Ablieferungen aus Nebenbeschäftigun-
gen und von Tantiemen der Beschäftigten, Honorarabgaben

Sonstige Verwaltungseinnahmen von ge-
ringerer Bedeutung, die nach ihrer
Zweckbestimmung keiner anderen
Gruppe zugeordnet werden können

12   **Einnahmen aus wirtschaftlicher Tätigkeit Obergruppe 12**
             und aus Vermögen (ohne Zinsen)

121   Einnahmen aus Gewinnen von Unterneh- Gruppe 121
             men und Beteiligungen

Ablieferungen eigener Unternehmen des
Bundes und der Länder ohne Rücksicht
auf die Rechtsform sowie aus Beteiligungen an Unternehmen, und zwar

• Dividenden, Gewinnanteile, Gewinn-
beteiligungen, Gewinn- und Über-
schussablieferungen

Die Einnahmen im Haushaltsplan
brutto veranschlagter Unternehmen
sind nach ihrer Zweckbestimmung den
entsprechenden Gruppen zuzuordnen.

122   Konzessionsabgaben   Gruppe 122

Vertragsmäßige Abgaben von Unternehmen für die Einräumung eines bevorzug-
ten Nutzungsrechts am öffentlichen Eigentum, wie z.B.

• Einnahmen aus der Erteilung einer Er-
laubnis zum Aufsuchen und Gewinnen
der Bodenschätze (z.B. Erdöl, Erdgas,
Kalisalz, Eisenerz)

• Einräumung der Wegenutzung

Abgaben von Lotterieveranstaltern sowie Wettunternehmen

123   Einnahmen aus staatlichen Glücksspielen Gruppe 123

Gewinnablieferungen/Reinerträge aus den staatlichen Wetten und Lotterien

| 124 | Mieten und Pachten | Gruppe 124 |

Einnahmen aus der Überlassung von Vermögensgegenständen zur Nutzung, wie z.B. Mieten, Pachten, Erbbauzinsen, Leasingraten und Einnahmen aus Lizenzen, soweit nicht Gruppe 126

| 125 | Einnahmen aus der Veräußerung von beweglichen Sachen und Diensten aus wirtschaftlicher Tätigkeit | Gruppe 125 |

Einnahmen aus z.B.

- Holzverkäufen und andere Einnahmen aus der Bewirtschaftung der Forsten

- dem Verkauf von Erzeugnissen der Versuchsgüter, Versuchsfelder und anderer Einrichtungen sowie von Erzeugnissen der Werkstättenbetriebe/Arbeitsbetriebe

- dem Verkauf von Jagd- und Fischereierzeugnissen

- sonstigen Betriebszweigen (z.B. Einnahmen aus Vermessungsarbeiten, kartographischen Arbeiten, Verkauf von Karten, Katalogen)

- der Bereitstellung von Unterkunft und Verpflegung

- dem Verkauf von Material durch Bauhöfe und Materiallager an Dritte

| 126 | Einnahmen aus der Bereitstellung natürlicher Ressourcen | Gruppe 126 |

Einnahmen aus der Verwertung (nicht Erteilung, siehe Gruppe 122) des Nutzungsrechts an den nachstehend abschließend genannten natürlichen Ressourcen

- Jagd- und Fischereipacht

- Pachten für land- und forstwirtschaft-
  liche Flächen

- Pachten für Gewässer

- Pachten für den Abbau von Boden-
  schätzen

- Mobilfunkfrequenzen

129   Sonstige Einnahmen aus wirtschaftlicher   Gruppe 129
        Tätigkeit und aus Vermögen (ohne Zin-
        sen)

        Einnahmen, die den Gruppen 121 bis
        126 nicht zugeordnet werden können

13   **Einnahmen aus der Veräußerung von Ge-**   **Obergruppe 13**
        genständen und Beteiligungen, aus Kapi-
        talrückzahlungen und dgl.

131   Einnahmen aus der Veräußerung von un-   Gruppe 131
        beweglichen Sachen, soweit nicht Gruppe
        135

        Einnahmen aus der Veräußerung von be-
        bauten Grundstücken, Grundstücksbe-
        standteilen (z.B. Gebäuden, Bauwerken
        zu Abbrucharbeiten) und diesbezügli-
        chen beschränkt dinglichen Rechten

132   Einnahmen aus der Veräußerung von be-   Gruppe 132
        weglichen Sachen

        Soweit nicht bei Gruppen 119 und 125

133   Einnahmen aus der Veräußerung von Be-   Gruppe 133
        teiligungen und sonstigem Kapitalvermö-
        gen

        Einnahmen aus der Veräußerung von
        Forderungen

        Einnahmen aus der Veräußerung von
        Anteilsrechten an Unternehmen, Aktien,
        Pfandbriefen und anderen Wertpapieren

Einnahmen aus der Herabsetzung des Kapitals oder der Abwicklung von Unternehmen

134	Kapitalrückzahlungen	Gruppe 134
135	Einnahmen aus der Veräußerung von unbebauten Grundstücken	Gruppe 135

Einnahmen aus der Veräußerung von unbebauten Grundstücken und diesbezüglichen beschränkt dinglichen Rechten

14 **Einnahmen aus der Inanspruchnahme von Gewährleistungen** **Obergruppe 14**

Rückflüsse und andere Einnahmen aus der Inanspruchnahme aus Bürgschafts-, Garantie- oder sonstigen Gewährleistungsverträgen

141	Einnahmen aus der Inanspruchnahme von Gewährleistungen aus dem Inland	Gruppe 141
146	Einnahmen aus der Inanspruchnahme von Gewährleistungen aus dem Ausland	Gruppe 146

15 **Zinseinnahmen aus dem öffentlichen Bereich** **Obergruppe 15**

Zinseinnahmen aus Darlehensgewährung

Zur Abgrenzung des „öffentlichen Bereichs" siehe Nr. 3.2 der allgemeinen Vorschriften

151	Zinseinnahmen vom Bund	Gruppe 151
152	Zinseinnahmen von Ländern	Gruppe 152
153	Zinseinnahmen von Gemeinden und Gemeindeverbänden	Gruppe 153
154	Zinseinnahmen von Sondervermögen	Gruppe 154

Zur Abgrenzung der Sondervermögen siehe Nr. 3.2 der allgemeinen Vorschriften

156	Zinseinnahmen von Sozialversicherungs- trägern sowie von der Bundesagentur für Arbeit	Gruppe 156
157	Zinseinnahmen von Zweckverbänden	Gruppe 157
16	**Zinseinnahmen aus sonstigen Bereichen**	**Obergruppe 16**
161	Zinseinnahmen von öffentlichen Unter- nehmen und Einrichtungen	Gruppe 161
	Zur Abgrenzung der „öffentlichen Un- ternehmen" und „öffentlichen Einrich- tungen" siehe Nr. 3.3 der allgemeinen Vorschriften	
162	Sonstige Zinseinnahmen aus dem Inland	Gruppe 162
	Zinsen von z.B. Verbänden, privaten Un- ternehmen und privaten Haushalten für Darlehen	
	Zinsen von Wertpapieren, aus Rückla- genbeständen, Stiftungsvermögen	
166	Zinseinnahmen aus dem Ausland	Gruppe 166
17	**Darlehensrückflüsse aus dem öffentlichen Bereich**	**Obergruppe 17**
	Zur Abgrenzung des „öffentlichen Be- reichs" siehe Nr. 3.2 der allgemeinen Vorschriften	
171	Darlehensrückflüsse vom Bund	Gruppe 171
172	Darlehensrückflüsse von Ländern	Gruppe 172
173	Darlehensrückflüsse von Gemeinden und Gemeindeverbänden	Gruppe 173
174	Darlehensrückflüsse von Sondervermögen	Gruppe 174
	Zur Abgrenzung der Sondervermögen siehe Nr. 3.2 der allgemeinen Vorschrif- ten	
176	Darlehensrückflüsse von Sozialversiche-	Gruppe 176

rungsträgern sowie von der Bundesagentur für Arbeit

177	Darlehensrückflüsse von Zweckverbänden	Gruppe 177

18 **Darlehensrückflüsse aus sonstigen Bereichen** **Obergruppe 18**

181	Darlehensrückflüsse von öffentlichen Unternehmen und Einrichtungen	Gruppe 181

Zur Abgrenzung der „öffentlichen Unternehmen" und „öffentlichen Einrichtungen" siehe Nr. 3.3 der allgemeinen Vorschriften

182	Sonstige Darlehensrückflüsse aus dem Inland	Gruppe 182

Darlehensrückflüsse von z.B. Verbänden, privaten Unternehmen und privaten Haushalten im Inland

186	Darlehensrückflüsse aus dem Ausland	Gruppe 186
2	**Einnahmen aus Zuweisungen und Zuschüssen mit Ausnahme für Investitionen**	**Hauptgruppe 2**

Zur Abgrenzung von Zuweisungen und Zuschüssen siehe Nr. 3.1 der allgemeinen Vorschriften

Zur Abgrenzung der Zuweisungen und Zuschüsse für Investitionen siehe Hauptgruppe 3

21 **Allgemeine (nicht zweckgebundene) Zuweisungen aus dem öffentlichen Bereich** **Obergruppe 21**

Zur Abgrenzung des „öffentlichen Bereichs" siehe Nr. 3.2 der allgemeinen Vorschriften

Zuweisungen, die ohne Zweckbindung an einen Aufgabenbereich (Funktion) dem Gesamthaushalt als allgemeine Deckungsmittel zugeführt werden, insbesondere Zuweisungen im Rahmen des ge-

setzlich geregelten Finanzausgleichs
zwischen den Gebietskörperschaften

211	Allgemeine Zuweisungen vom Bund	Gruppe 211

Zuweisungen des Bundes für finanz-
schwache Länder

212	Allgemeine Zuweisungen von Ländern	Gruppe 212

Zuweisungen im Rahmen des Länderfi-
nanzausgleichs

213	Allgemeine Zuweisungen von Gemeinden und Gemeindeverbänden	Gruppe 213

Landesumlagen

214	Allgemeine Zuweisungen von Sonderver-mögen	Gruppe 214

Zur Abgrenzung der Sondervermögen
siehe Nr. 3.2 der allgemeinen Vorschriften

216	Allgemeine Zuweisungen von Sozialversi-cherungsträgern sowie von der Bundes-agentur für Arbeit	Gruppe 216

217	Allgemeine Zuweisungen von Zweckver-bänden	Gruppe 217

22	**Schuldendiensthilfen aus dem öffentli-chen Bereich**	**Obergruppe 22**

Zur Abgrenzung des „öffentlichen Bereichs" siehe Nr. 3.2 der allgemeinen
Vorschriften

Zuweisungen zur Erleichterung des
Schuldendienstes für auf dem Kapital-
markt aufgenommene Darlehen und Anleihen, vorwiegend zur Verbilligung der
Zinsleistungen

221	Schuldendiensthilfen vom Bund	Gruppe 221

222	Schuldendiensthilfen von Ländern	Gruppe 222

223	Schuldendiensthilfen von Gemeinden und Gemeindeverbänden	Gruppe 223
224	Schuldendiensthilfen von Sondervermögen	Gruppe 224

Zur Abgrenzung der Sondervermögen siehe Nr. 3.2 der allgemeinen Vorschriften

226	Schuldendiensthilfen von Sozialversicherungsträgern sowie von der Bundesagentur für Arbeit	Gruppe 226
227	Schuldendiensthilfen von Zweckverbänden	Gruppe 227

23 **Sonstige (zweckgebundene) Zuweisungen aus dem öffentlichen Bereich** **Obergruppe 23**

Zur Abgrenzung des „öffentlichen Bereichs" siehe Nr. 3.2 der allgemeinen Vorschriften

Zweckgebundene Zuweisungen als Beteiligung an Gemeinschaftsaufgaben und zur Förderung von originären Aufgaben der einzelnen Bereiche

Leistungen, die im Rahmen der Lastenverteilung von einer Körperschaft des öffentlichen Bereichs voll oder teilweise zu tragen und an einen vorläufigen oder mit der Aufgabenerfüllung beauftragten Träger zu erstatten sind

Gesetzlich oder durch Verwaltungsabkommen geregelte Erstattungen von Verwaltungsausgaben innerhalb des öffentlichen Bereichs

231	Sonstige Zuweisungen vom Bund	Gruppe 231

Erstattung

• von Ausgaben für die Bundestags- und Europawahl

- von Kriegsfolgenhilfeleistungen

- des Anteils des Bundes am Wohngeld

- von Ausgaben für die Wahrnehmung von Bundesbauaufgaben, Bauleitungskosten usw.

  - von Ausgaben für statistische Erhebungen

232	Sonstige Zuweisungen von Ländern	Gruppe 232
	Erstattung für gemeinsame Verwaltungseinrichtungen	
233	Sonstige Zuweisungen von Gemeinden und Gemeindeverbänden	Gruppe 233
234	Sonstige Zuweisungen von Sondervermögen	Gruppe 234
	Zur Abgrenzung der Sondervermögen siehe Nr. 3.2 der allgemeinen Vorschriften	
235	Sonstige Zuweisungen von Sozialversicherungsträgern sowie von der Bundesagentur für Arbeit	Gruppe 235
236	Erstattungen von Sozialversicherungsträgern sowie von der Bundesagentur für Arbeit	Gruppe 236
237	Sonstige Zuweisungen von Zweckverbänden	Gruppe 237
26	**Schuldendiensthilfen und Erstattungen von Verwaltungsausgaben aus sonstigen Bereichen**	**Obergruppe 26**
	Zu Schuldendiensthilfen siehe Erläuterungen zu Obergruppe 22	
261	Schuldendiensthilfen und Erstattungen von Verwaltungsausgaben aus dem Inland	Gruppe 261
	Erstattungen von Verwaltungsausgaben durch	

- Banken und Versicherungen

- Stiftungen und Fonds

- Religionsgemeinschaften für die Erhebung der Kirchensteuer

| 266 | Schuldendiensthilfen und Erstattungen von Verwaltungsausgaben aus dem Ausland, soweit nicht von der EU | Gruppe 266 |

27   **Zuschüsse von der EU**   **Obergruppe 27**

| 271 | Erstattungen von der EU | Gruppe 271 |
| 272 | Sonstige Zuschüsse von der EU | Gruppe 272 |

28   **Sonstige Zuschüsse aus sonstigen Bereichen**   **Obergruppe 28**

| 281 | Sonstige Erstattungen aus dem Inland | Gruppe 281 |
| 282 | Sonstige Zuschüsse aus dem Inland | Gruppe 282 |

Förderungs- und Kostenbeiträge Dritter (Körperschaften, Verbände, Stiftungen, Vereine, Private), Spenden

| 286 | Sonstige Erstattungen aus dem Ausland, soweit nicht von der EU | Gruppe 286 |

Erstattungen von der EU sind bei Gruppe 271 nachzuweisen

| 287 | Sonstige Zuschüsse aus dem Ausland, soweit nicht von der EU | Gruppe 287 |

Sonstige Zuschüsse von der EU sind bei Gruppe 272 nachzuweisen

29   **Vermögensübertragungen, soweit nicht für Investitionen**   **Obergruppe 29**

Siehe Erläuterungen zu Obergruppe 69

| 291 | Vermögensübertragungen vom Bund, soweit nicht Investitionszuweisungen | Gruppe 291 |
| 292 | Vermögensübertragungen von Ländern, soweit nicht Investitionszuweisungen | Gruppe 292 |

293	Vermögensübertragungen von Gemeinden und Gemeindeverbänden, soweit nicht Investitionszuweisungen	Gruppe 293
297	Vermögensübertragungen von Unternehmen, soweit nicht Investitionszuschüsse	Gruppe 297
298	Vermögensübertragungen von Sonstigen aus dem Inland, soweit nicht Investitionszuschüsse	Gruppe 298
299	Vermögensübertragungen aus dem Ausland, soweit nicht Investitionszuschüsse	Gruppe 299
3	**Einnahmen aus Schuldenaufnahmen, aus Zuweisungen und Zuschüssen für Investitionen, besondere Finanzierungseinnahmen**	**Hauptgruppe 3**

Schuldenaufnahmen

- Anleihen, Darlehen und sonstige Kredite sind mit dem Nominalbetrag, Diskontpapiere sind mit dem abgezinsten Betrag zu veranschlagen

- Ausgaben für Disagio, Geldbeschaffung und zur Optimierung der Kreditkonditionen sind den entsprechenden Ausgabearten zuzuordnen

Zuweisungen und Zuschüsse für Investitionen

- Einnahmen, die zur Finanzierung der bei den Hauptgruppen 7 und 8 nachzuweisenden Investitionsausgaben bestimmt sind

Besondere Finanzierungseinnahmen sind

- Entnahmen aus Rücklagen und anderen Vermögensbeständen (Fonds, Stöcke usw.)

- Übertragene Überschüsse aus Vorjahren

- Zum Ausgleich des Haushaltsplans veranschlagte globale Mehr- und Mindereinnahmen

- Haushaltstechnische Verrechnungen

31 | **Schuldenaufnahmen bei Gebietskörperschaften, Sondervermögen und gebietskörperschaftlichen Zusammenschlüssen, soweit zur Aufgabenfinanzierung** | **Obergruppe 31**

311 | Schuldenaufnahmen beim Bund | Gruppe 311

312 | Schuldenaufnahmen bei Ländern | Gruppe 312

313 | Schuldenaufnahmen bei Gemeinden und Gemeindeverbänden | Gruppe 313

314 | Schuldenaufnahmen bei Sondervermögen | Gruppe 314

Zur Abgrenzung der Sondervermögen siehe Nr. 3.2 der allgemeinen Vorschriften

317 | Schuldenaufnahmen bei Zweckverbänden | Gruppe 317

32 | **Schuldenaufnahmen am Kreditmarkt** | **Obergruppe 32**

Der Kreditmarkt ist im weitesten Sinne zu verstehen, d.h. ohne Rücksicht auf die Verschuldungsform und auf die Unternehmensform des Kreditgebers. Hierzu gehören neben Anleihen, Kassenobligationen und Schuldbuchforderungen die Schuldenaufnahmen bei Banken, Sparkassen, sonstigen Geldinstituten und Versicherungen sowie auch bei den in der Obergruppe 31 genannten Einheiten, soweit die Schuldenaufnahme der allgemeinen Haushaltsfinanzierung (sog. Ausgabenfinanzierung) und nicht der Finanzierung zu erledigender konkreter Aufgaben (sog. Aufgabenfinanzierung, dann Obergruppe 31) dient. Spiegelbildlich dient die Kreditgewährung den in der Obergruppe 31 ge-

nannten Einheiten in diesen Fällen der
Geldanlage.

321	Schuldenaufnahmen bei öffentlichen Unternehmen und Einrichtungen	Gruppe 321

Zur Abgrenzung der „öffentlichen Unternehmen" und „öffentlichen Einrichtungen" siehe Nr. 3.3 der allgemeinen Vorschriften

322	Schuldenaufnahmen bei Sozialversicherungsträgern und der Bundesagentur für Arbeit	Gruppe 322
325	Schuldenaufnahmen auf dem sonstigen Kreditmarkt im Inland	Gruppe 325
326	Schuldenaufnahmen im Ausland	Gruppe 326
33	**Zuweisungen für Investitionen aus dem öffentlichen Bereich**	**Obergruppe 33**

Zur Abgrenzung des „öffentlichen Bereichs" siehe Nr. 3.2 der allgemeinen Vorschriften

331	Zuweisungen für Investitionen vom Bund	Gruppe 331
332	Zuweisungen für Investitionen von Ländern	Gruppe 332
333	Zuweisungen für Investitionen von Gemeinden und Gemeindeverbänden	Gruppe 333
334	Zuweisungen für Investitionen von Sondervermögen	Gruppe 334

Zur Abgrenzung der Sondervermögen siehe Nr. 3.2 der allgemeinen Vorschriften

336	Zuweisungen für Investitionen von Sozialversicherungsträgern sowie von der Bundesagentur für Arbeit	Gruppe 336
337	Zuweisungen für Investitionen von Zweckverbänden	Gruppe 337

| 34 | **Beiträge und sonstige Zuschüsse für Investitionen** | **Obergruppe 34** |

| 341 | Beiträge | Gruppe 341 |

Beiträge Dritter (sonstige Körperschaften, Verbände, Vereine u. dgl., private und öffentliche Unternehmen, private Haushalte) zu gemeinsam finanzierten einzelnen Investitionsvorhaben

Beiträge von Grundstückseigentümern und Gewerbetreibenden zur Deckung der Kosten für die Herstellung von Anlagen, die durch das öffentliche Interesse erforderlich werden, z.B. Anliegerbeiträge, Beiträge zu Straßenkosten u.Ä.

| 342 | Sonstige Zuschüsse für Investitionen aus dem Inland | Gruppe 342 |

| 346 | Zuschüsse für Investitionen von der EU | Gruppe 346 |

| 347 | Sonstige Zuschüsse für Investitionen aus dem Ausland, soweit nicht von der EU | Gruppe 347 |

| 35 | **Entnahmen aus Rücklagen, Fonds und Stöcken** | **Obergruppe 35** |

Allgemeine und zweckgebundene, d.h. für Einzelzwecke gebildete Rücklagen, Fonds, Stöcke und andere Vermögensbestände/-bestandteile mit besonderen Zweckbestimmungen

| 352 | Entnahmen aus Betriebsmittelrücklage | Gruppe 352 |

| 355 | Entnahmen aus Konjunkturausgleichsrücklage | Gruppe 355 |

| 356 | Entnahmen aus Fonds und Stöcken | Gruppe 356 |

| 359 | Entnahmen aus sonstigen Rücklagen | Gruppe 359 |

| 36 | **Einnahmen aus Überschüssen der Vorjahre** | **Obergruppe 36** |

Nachweis der Übertragung von Überschüssen

37	**Globale Mehr- und Mindereinnahmen**	**Obergruppe 37**
371	Globale Mehreinnahmen	Gruppe 371

Einnahmen, die zwar erwartet werden, aber noch nicht nach dem Entstehungsgrund auf die anderen Einnahmearten aufgeteilt werden können

372	Globale Mindereinnahmen	Gruppe 372

Vorsorgliche Veranschlagung von Mindereinnahmen, wenn in verschiedenen Bereichen des Haushaltsplans die veranschlagten Einnahmen nicht in voller Höhe erwartet werden

38	**Haushaltstechnische Verrechnungen**	**Obergruppe 38**
381	Verrechnungen zwischen Kapiteln	Gruppe 381

Verrechnungen zwischen Einzelplänen und Kapiteln sowie Verrechnungen anteiliger Einnahmen und Ausgaben an zentral veranschlagten Einnahmen und Ausgaben (z.B. Versorgungsausgaben)

Die Einnahmen der Gruppe 381 müssen den Ausgaben der Gruppe 981 entsprechen.

382	Durchlaufende Posten	Gruppe 382

Durchlaufende Posten sind Beträge, die für andere vereinnahmt und in gleicher Höhe an diese weitergeleitet werden, ohne dass die Gebietskörperschaft an der Bewirtschaftung beteiligt ist oder bei der Verwendung der Mittel in irgendeiner Form mitwirkt (z.B. Durchlaufspenden)

384	Interne Zahlungsströme (nur Berlin und Bremen)	Gruppe 384
385	Interne Zahlungsströme (nur Berlin und Bremen)	Gruppe 385

| 386 | Interne Zahlungsströme (nur Berlin und Bremen) | Gruppe 386 |
| 389 | Sonstige haushaltstechnische Verrechnungen | Gruppe 389 |

4   **Personalausgaben**   **Hauptgruppe 4**

Bezüge, Entgelte und sonstige personalbezogene Ausgaben sowie vermögenswirksame Leistungen an Personen, die in einem Dienst-, Amts-, Arbeits- oder Ausbildungsverhältnis zur Gebietskörperschaft stehen, z.B. planmäßige Beamtinnen, Beamte, Richterinnen, Richter, Beamtinnen und Beamte im Vorbereitungsdienst, Aushilfs- und Vertretungskräfte, Teilzeitbeschäftigte, Ehrenbeamtinnen, Ehrenbeamte, Abgeordnete, Arbeitnehmerinnen und Arbeitnehmer usw., sowie Versorgungsbezüge für diese Personen

Nicht zu den Personalausgaben zählen Ausgaben für Leistungen aufgrund von Werkverträgen oder vergleichbaren Vertragsformen, z.B. Honorare an Sachverständige

41   **Aufwendungen für Abgeordnete und ehrenamtlich Tätige**   **Obergruppe 41**

411   Aufwendungen für Abgeordnete   Gruppe 411

Ausgaben für Aufwendungen der Präsidentinnen, Präsidenten, Vizepräsidentinnen, Vizepräsidenten und Mitglieder des Bundestags, des Bundesrats, des Landtages, der Bürgerschaft und des Abgeordnetenhauses, z.B.

- Aufwandsentschädigungen, Grundentschädigungen, Diäten

- Versicherungen

- Pauschalierte Reisekosten

- Sonstige Reisekosten, Sitzungsgelder, Erstattung barer Auslagen

412   Aufwendungen für ehrenamtlich Tätige   Gruppe 412

Entschädigungen für ehrenamtliche und nebenberufliche Tätigkeit im öffentlichen Dienst, z.B.

- Aufwandsentschädigung an ehrenamtliche Beamtinnen, Beamte, Richterinnen, Richter und Wahlvorstände

- Ausgaben für Beiräte (einschl. Reisekosten), soweit nicht Gruppen 523 bis 546

- Ausgaben für Mitglieder der Bezirksversammlungen, der Bezirksverordnetenversammlungen sowie der Stadtverordnetenversammlung

- Aufwandsentschädigung an Deputierte

42   **Bezüge, Entgelte und Nebenleistungen**   **Obergruppe 42**

421   Bezüge der Bundespräsidentin, des Bundespräsidenten, der Bundeskanzlerin, des Bundeskanzlers, der Ministerpräsidentin, des Ministerpräsidenten, der Bürgermeisterinnen, der Bürgermeister, der Ministerinnen, der Minister, der Senatorinnen, der Senatoren, der Parlamentarischen Staatssekretärinnen, der Parlamentarischen Staatssekretäre und sonstiger Amtsträgerinnen und Amtsträger   Gruppe 421

422   Bezüge und Nebenleistungen der Beamtinnen, Beamten, Richterinnen und Richter   Gruppe 422

Grundgehalt

Familienzuschlag

Zuschüsse zum Grundgehalt

Altersteilzeitzuschlag

Zulagen

Vergütungen, z.B. für Mehrarbeit und Beamtinnen und Beamte im Vollstreckungsdienst

Auslandsdienstbezüge, Kaufkraftausgleich

Leistungsstufen, Leistungsprämien und -zulagen

Anwärterbezüge

Vermögenswirksame Leistungen

Sonderzuwendungen/-zahlungen

Aufwandsentschädigungen

Abfindungen und Übergangsgelder

Jubiläumszuwendungen (ohne Sachzuwendungen)

Ausgaben für die Nachversicherung für ausgeschiedene Beamtinnen, Beamte, Richterinnen und Richter

Schulbeihilfen

Bekleidungsentschädigungen bei angeordneter Teilnahme an Manövern, Übungen, Katastropheneinsätzen u.Ä.

423	Bezüge und Nebenleistungen der Berufssoldatinnen und Berufssoldaten und der Soldatinnen und Soldaten auf Zeit, Wehrsold und Nebenleistungen der Freiwilligen Wehrdienst Leistenden sowie Restzahlungen von Sold der Zivildienstleistenden (nur Bund)	Gruppe 423

Grundgehalt

Familienzuschlag

Altersteilzeitzuschlag

Zulagen

Vergütungen

Auslandsdienstbezüge, Kaufkraftausgleich

Leistungsstufen, Leistungsprämien und -zulagen

Vermögenswirksame Leistungen

Aufwandsentschädigungen

Ausgaben für die Nachversicherung für ausgeschiedene Soldatinnen und Soldaten

Abfindungen und Übergangsgelder

Jubiläumszuwendungen (ohne Sachzuwendungen)

Versicherungsbeiträge für Dienstleistende

Wehrsold, besondere Vergütung, Wehrdienstzuschlag, Entlassungsgeld, erhöhter Wehrsold, Mehrarbeitsvergütung, Auslandsverwendungszuschlag für nicht mandatierte Einsätze für Freiwilligen Wehrdienst Leistende

424	Zuführung an die Versorgungsrücklage	Gruppe 424

Zuführungen an die Sondervermögen nach § 14a Bundesbesoldungsgesetz bzw. den entsprechenden Gesetzen der Länder aus der Verminderung der Besoldungsanpassungen zur Bildung einer Versorgungsrücklage

427	Beschäftigungsentgelte, Vergütungen, Honorare für nebenamtlich und nebenberuflich Tätige	Gruppe 427

Entgelt für Stellvertretung und Aushilfe

Vergütungen an Praktikantinnen, Praktikanten, Volontärinnen und Volontäre

Vergütungen nach Heuertarifen

Vergütungen für nebenberuflich tätige
Personen, die ihren Hauptberuf außerhalb der Staatsverwaltung ausüben

Honorare für Dozentinnen, Dozenten
und Prüfungskräfte, und zwar auch
dann, wenn es sich um Beschäftigte der
Gebietskörperschaften handelt, die an
eigenen Einrichtungen nebenamtlich tätig sind

Honorare für freie Mitarbeiterinnen und
Mitarbeiter und Sachverständige, soweit nicht Gruppen 523 bis 546

Vergütungen für Gastprofessuren, Lehr-
aufträge und Vorträge

Vergütungen für nebenamtliche Leitung
von Instituten

Vergütungen für nebenberuflich tätige
Sportlehrerinnen und Sportlehrer

Vergütungen für Austauschlehrerinnen
und Austauschlehrer

Vergütungen für Pfarrerinnen und Pfar-
rer als Religionslehrerinnen und Religi-
onslehrer

428   Entgelte der Arbeitnehmerinnen und Ar-   Gruppe 428
beitnehmer

Tarifliche, übertarifliche und außertarifliche Entgelte

Aufstockungsbeträge/-leistungen nach
dem Tarifvertrag zur Regelung der Altersteilzeit

Vermögenswirksame Leistungen

Sozialversicherungsbeiträge, -zuschüsse
sowie -zulagen des Arbeitgebers

Umlagen, Beiträge und Sanierungsgelder zur zusätzlichen/betrieblichen Altersversorgung (zuzüglich pauschaler Lohnsteuer)

Abfindungen

Aufwandsentschädigungen

Mehrarbeits- und Überstundenentgelt sowie Zeitzuschläge für Überstunden

Leistungsentgelte, -prämien und -zulagen

Strukturausgleiche

Persönliche Zulagen

Zeitzuschläge und Schichtzulagen

Erschwerniszuschläge

Sonderzuwendungen/-zahlungen

Jubiläumsgelder

Schulbeihilfen

429   Nicht aufteilbare Bezüge, Entgelte und   Gruppe 429
       Nebenleistungen

       Zusammenfassung von Bezügen, Entgelten und Nebenleistungen, die nicht auf die Gruppen 421 bis 428 aufgeteilt werden können

43   Versorgungsbezüge und dgl.   Obergruppe 43

431   Versorgungsbezüge der Bundespräsiden-   Gruppe 431
       tinnen, der Bundespräsidenten, der Bundeskanzlerinnen, der Bundeskanzler, der Ministerpräsidentinnen, der Ministerpräsidenten, der Bürgermeisterinnen, der Bürgermeister, der Ministerinnen, der Minister, der Senatorinnen, der Senatoren, der Parlamentarischen Staatssekretärinnen, der Parlamentarischen Staatssekre-

täre und sonstiger Amtsträgerinnen und
Amtsträger

432	Versorgungsbezüge der Beamtinnen, Beamten, Richterinnen und Richter	Gruppe 432

Wartegelder, Ruhegehälter, Hinterbliebenenbezüge, Emeritierungsbezüge, Unterhaltsbeiträge für Beamtinnen, Beamte, Richterinnen und Richter nach dem Beamtenrecht

Alters- und Hinterbliebenenaltersgeld

Leistungen nach dem Bundesversorgungsteilungsgesetz

433	Versorgungsbezüge der Soldatinnen und Soldaten (nur Bund)	Gruppe 433

434	Zuführung an die Versorgungsrücklage	Gruppe 434

Zuführungen an die Sondervermögen nach § 14a Bundesbesoldungsgesetz bzw. den entsprechenden Gesetzen der Länder aus der Verminderung der Versorgungsanpassungen zur Bildung einer Versorgungsrücklage

437	Versorgungsbezüge nach G 131	Gruppe 437

438	Versorgungsbezüge der Arbeitnehmerinnen und Arbeitnehmer	Gruppe 438

Ruhegelder und Hinterbliebenenversorgung nach dem Zusatzversorgungsrecht

Widerrufliche Renten an ehemalige Arbeitnehmerinnen und Arbeitnehmer

439	Sonstige Versorgungsbezüge und dgl.	Gruppe 439

Alle Versorgungsleistungen, die nicht den Gruppen 431 bis 438 zugeordnet werden können

44	**Beihilfen, Unterstützungen, Fürsorgeleistungen und dgl.**	**Obergruppe 44**

441   Beihilfen, soweit nicht für Versorgungs-   Gruppe 441
           empfängerinnen und Versorgungsempfän-
           ger

           Beihilfen an Beamtinnen, Beamte, Rich-
           terinnen, Richter, Soldatinnen, Solda-
           ten, Arbeitnehmerinnen, Arbeitnehmer,
           sonstige Amtsträgerinnen und Amtsträ-
           ger sowie Personen, die in einem öffent-
           lich-rechtlichen oder privatrechtlichen
           Ausbildungsverhältnis stehen

           Sozialversicherungsbeiträge für Pflege-
           personen

443   Fürsorgeleistungen und Unterstützungen   Gruppe 443

           Unfallfürsorge

           Fürsorgeleistungen für Versorgungsemp-
           fängerinnen, Versorgungsempfänger und
           Hinterbliebene

           Ergänzende Fürsorgeleistungen für Be-
           amtinnen, Beamte, Richterinnen und
           Richter

           Ausgaben für Reihenuntersuchungen
           und Schutzimpfungen

           Heilfürsorge

           Einmalige und laufende Unterstützun-
           gen nach den Unterstützungsgrundsät-
           zen

           Ausgaben für die Inanspruchnahme von
           überbetrieblichen betriebsärztlichen
           und sicherheitstechnischen Diensten so-
           wie von Betriebsärztinnen, Betriebsärz-
           ten und Fachkräften für Arbeitssicher-
           heit (als freie Mitarbeiterinnen und Mit-
           arbeiter)

           Leistungen des Arbeitgebers bei Be-
           schäftigung im Ausland nach § 17
           SGB V

446	Beihilfen für Versorgungsempfängerinnen, Versorgungsempfänger und dgl.	Gruppe 446

Beihilfen an Versorgungsempfängerinnen, Versorgungsempfänger und Hinterbliebene

Sozialversicherungsbeiträge für Pflegepersonen der Versorgungsempfängerinnen und Versorgungsempfänger

45	**Sonstige personalbezogene Ausgaben**	**Obergruppe 45**
452	Personalbezogene Zahlungen an die Sozialversicherungsträger, soweit nicht unter Obergruppen 41 bis 44 erfasst	Gruppe 452

Zahlungen an Rentenversicherungsträger im Zusammenhang mit Versorgungsausgleich

453	Trennungsgeld oder -entschädigung, Umzugskostenvergütungen	Gruppe 453

Trennungsgeld/-entschädigung bei Versetzungen und Abordnungen

Mietbeiträge an Beschäftigte mit Anspruch auf Trennungsgeld/entschädigung

Umzugskostenvergütungen

459	Sonstige personalbezogene Ausgaben	Gruppe 459

Vergütungen für Mehrleistungen, z.B. im Abfertigungsdienst

Aufwandsentschädigungen (soweit nicht Bestandteil der Bezüge), z.B. für Erprobungs-, Versuchs- und Vermessungsflüge

Verlustentschädigung

Vergütung für Arbeitnehmererfindungen

Prämien im Rahmen des Vorschlagswe-
sens/Ideenwettbewerb und für besondere Leistungen

Zuschüsse zur Gemeinschaftsverpfle-
gung und zu Gemeinschaftsveranstal-
tungen sowie für soziale Einrichtungen

46   **Globale Mehr- und Minderausgaben für**   Obergruppe 46
        Personalausgaben

461   Globale Mehrausgaben für Personalaus-   Gruppe 461
       gaben

       Vorsorgliche Veranschlagung von Mehr-
       ausgaben, die zwar erwartet, aber noch
       nicht auf die einzelnen Arten aufgeteilt
       werden können

462   Globale Minderausgaben für Personalaus-   Gruppe 462
       gaben

       Vorgesehene globale Einsparungen bei
       den Personalausgaben

5   **Sächliche Verwaltungsausgaben, militäri-**   Hauptgruppe 5
      sche Beschaffungen usw., Ausgaben für
      den Schuldendienst

      Zur Abgrenzung gegenüber Investitio-
      nen siehe Erläuterungen zu Haupt-
      gruppe 8

51 bis 54   **Sächliche Verwaltungsausgaben**   Obergruppen 51
                                                        bis 54

511   Geschäftsbedarf und Kommunikation so-   Gruppe 511
       wie Geräte, Ausstattungs- und Ausrüs-
       tungsgegenstände, sonstige Gebrauchsge-
       genstände

       Schreib- und Zeichenbedarf und klei-
       nere Arbeitsmittel einschl. Verbrauchs-
       gegenstände

       Fahrgelder, soweit nicht für Dienstrei-
       sen sowie Aus- und Fortbildung von Be-
       schäftigten (siehe Gruppen 523 bis 546)

Ausgaben für Transport, Fracht und Lagerung; im Zusammenhang mit Beschaffungen sind die entsprechenden Ausgaben den jeweiligen Beschaffungen zuzuordnen

Druckerzeugnisse auch in digitaler
Form, Druck- und Buchbinderarbeiten,
soweit nicht für Museen und Bibliotheken sowie für Zwecke der Aus- und Fortbildung (siehe Gruppen 523 bis 546)

Codekarten, Dienstausweise, Parkaus-
weise

Entgelte für Post- und Kommunikations-
dienstleistungen, Rundfunkbeiträge

Erwerb von Geräten, Ausstattungs- und
Ausrüstungsgegenständen sowie Tieren

Beschaffungen bis zu 5000 Euro
(einschl. Umsatzsteuer) im Einzelfall
(je Stück oder beim Erwerb einer größeren Menge je Kauf); Beschaffungen
über 5000 Euro (einschl. Umsatzsteuer) im Einzelfall sowie Beschaffung von Fahrzeugen siehe Hauptgruppe 8/Obergruppe 81

Hierzu gehören z.B.:

• Zimmerausstattungen für Räume in
  Dienstgebäuden, Wohnungen

• Hard- und Software (Lizenzgebühren
  siehe Gruppe 518)

• Büromaschinen, Telekommunikati-
  onsanlagen, Arbeitsgeräte und -ma-
  schinen

• Ärztliche Instrumente, Operations-,
  Untersuchungs-, Messgeräte

• Geschirr, Wäsche und Kleidung in
  Anstalten und dgl.

• Werkzeuge, Waffen, Verkehrszeichen

Unterhaltung (einschl. Wartung) von beweglichen Sachen (Haltung von Fahrzeugen siehe Gruppe 514)

Die Haltung von Tieren ist bei den Gruppen 523 bis 546 nachzuweisen.

514 Verbrauchsmittel, Haltung von Fahrzeugen und dgl. Gruppe 514

Verbrauchsmittel sind Waren und Güter, die nicht zum Geschäftsbedarf der Verwaltung, der Bewirtschaftung der Grundstücke, sondern zum Verzehr und Verbrauch oder zur Verarbeitung benötigt werden. Sie haben in der Regel eine beschränkte Lebensdauer oder können unter bestimmten Bedingungen als Vorräte zum späteren Verbrauch gelagert werden.

Hierzu gehören insbesondere:

• Lebensmittel (Krankenverpflegung usw.), Futtermittel, Düngemittel, Saat- und Pflanzgut

• Arzneimittel, Verbandstoffe, sonstiges Sanitätsverbrauchsmaterial

• Chemikalien, Schädlingsbekämpfungsmittel, sonstiges Verbrauchsmaterial für Laboratorien

• Reinigungsmittel

• Rohmaterial zur Verarbeitung in Werkstätten usw., Material für Bauhöfe, Holzhöfe, Baumateriallager

Haltung von Fahrzeugen und dgl.: Kraftstoffe (auch Strom für Elektrofahrzeuge), Schmierstoffe, Instandsetzungen, Nachrüstungen, Kraftfahrzeugsteuer

Haltung von Fahrrädern

Dienst- und Schutzkleidung, persönliche Ausrüstungsgegenstände (einschl. Zuschüsse)

Beschaffungen bis zu 5000 Euro (einschl. Umsatzsteuer) im Einzelfall (je Stück oder beim Erwerb einer größeren Menge je Kauf); Beschaffungen über 5000 Euro (einschl. Umsatzsteuer) im Einzelfall siehe Gruppe 812

Hierzu gehören auch:

- Einkleidungsbeihilfen und Dienstbekleidungszuschüsse

- Kleidergeld

- Abnutzungsentschädigungen

516	Nicht aufteilbare sächliche Verwaltungsausgaben bei ÖPP-Projekten	Gruppe 516
517	Bewirtschaftung der Grundstücke, Gebäude und Räume	Gruppe 517

Ausgaben im Zusammenhang mit der Bewirtschaftung verwaltungseigener, gepachteter und gemieteter Grundstücke, Gebäude und Räume

Ausgaben für Energie (Heizung, Strom, Gas), Ausgaben für Reinigung, Müllabfuhr, Be- und Entwässerung

Ausgaben für Schneeräumen und Streuen innerhalb der Grundstücke oder aufgrund von Anliegerverpflichtungen

Ausgaben für Versicherungen, Steuern und Abgaben

Ausgaben für Bewachung

518	Mieten und Pachten	Gruppe 518

Ausgaben für die Nutzung von Vermögensgegenständen, wie z.B. Mieten,

Pachten, Erbbauzinsen, Leasingraten, Lizenzgebühren

Ausgaben nach Ausübung einer Erwerbsoption sind unter Beachtung der Wertgrenzen nicht bei Gruppe 518, sondern bei den für den Erwerb maßgeblichen Gruppen der Hauptgruppen 5 oder 8 nachzuweisen.

519   Unterhaltung der Grundstücke und baulichen Anlagen   Gruppe 519

Laufende Unterhaltung

der verwaltungseigenen sowie der gemieteten und gepachteten Gebäude, Grundstücke, Außenanlagen und sonstigen Anlagen einschl. des Zubehörs; hierzu gehören auch Straßen und Wege auf den vorgenannten Grundstücken oder aufgrund von Anliegerverpflichtungen.

Laufende Unterhaltung sind Maßnahmen, die keine erhebliche Veränderung der Grundstücke und Gebäude in ihrem Bestand zur Folge haben.

Ersatz und Ergänzung des Zubehörs

Beschaffungen bis zu 5000 Euro (einschl. Umsatzsteuer) im Einzelfall (je Stück oder beim Erwerb einer größeren Menge je Kauf); Beschaffungen über 5000 Euro (einschl. Umsatzsteuer) im Einzelfall siehe Hauptgruppen 7 und 8

521   Unterhaltung des sonstigen unbeweglichen Vermögens   Gruppe 521

Laufende Unterhaltung von Straßen, Wegen, Grünanlagen, Wäldern, Brücken, Wasserstraßen, Dämmen, Deichbauten einschl. Betrieb und Unterhaltung der vorhandenen Anlagen und Geräte (laufende Unterhaltung von Straßen, Wegen usw. innerhalb von Liegenschaften bei Gruppe 519)

Ausgaben, die eine Vermehrung des Bestandes der vorhandenen Anlagen, Maschinen und Geräte oder eine Verbesserung oder Änderung des bisherigen Zustandes zum Ziel haben, bis zu 5000 Euro (einschl. Umsatzsteuer) für Beschaffungen im Einzelfall (je Stück oder beim Erwerb einer größeren Menge je Kauf); Ausgaben über 5000 Euro (einschl. Umsatzsteuer) im Einzelfall siehe Hauptgruppen 7 und 8

Grunderwerb ist unabhängig von der Höhe der Ausgaben bei den Hauptgruppen 7 und 8 nachzuweisen

Ausgaben für Schneeräumen und Streuen, soweit nicht Gruppe 517

523 bis 546	Sonstige sächliche Verwaltungsausgaben	Gruppen 523 bis 546

Alle übrigen sächlichen Verwaltungsausgaben, die nach ihrer Zweckbestimmung nicht den Gruppen 511 bis 521 zuzuordnen sind, wie z.B.

• Erwerb von Kunst- und Sammlungsgegenständen bis zu 5000 Euro (einschl. Umsatzsteuer) im Einzelfall (je Stück oder beim Erwerb einer größeren Menge je Kauf); Ausgaben über 5000 Euro (einschl. Umsatzsteuer) im Einzelfall siehe Gruppe 812

• Druckerzeugnisse, auch in digitaler Form, für Museen und Bibliotheken

• Aus- und Fortbildung von Beschäftigten (einschl. Sprachausbildung), Ausgaben für Reisen, Fahrgelder sowie Ausbildungsbeihilfen für die Teilnahme an Fortbildungsveranstaltungen

- Unterhaltung von Aus- und Fortbildungsstätten für Beschäftigte

- Honorare für Lehrkräfte

- Lehr- und Lernmittel

- Ausbildung, Prüfung und Fortbildung Außenstehender

- Sachverständige, Dolmetscherinnen und Dolmetscher sowie Mitglieder von Fachbeiräten und ähnlichen Ausschüssen

- Honorare, Sitzungsgelder, Tagegelder und Ersatz von Auslagen einschl. Ausgaben für Reisen

- Preise bei Gutachterwettbewerben

- Gerichts-, Anwalts-, Notariats- und Gerichtsvollzieherkosten. Soweit sie als Bestandteile von Hauptausgaben und Pauschalabfindungen aufgrund von Urteilen und Vergleichen gezahlt werden, sind sie der entsprechenden Ausgabeart zuzuordnen (z.B. Beurkundung von Grunderwerb bei Obergruppe 82).

- Dienstreisen

- Verfügungsmittel (zur Verfügung für außergewöhnlichen Aufwand aus dienstlicher Veranlassung in besonderen Fällen)

- Öffentlichkeitsarbeit, Messen und Ausstellungen

- Betreuung von Delegationen und Besuchergruppen, ausländische Staatsbesuche, Staatsbesuche im Ausland

- Orden und Ehrenzeichen

- Bewachung, soweit nicht Gruppe 517

- Haltung von Tieren

- Verkehr mit Gewährspersonen, Belohnungen

- Bergungen, z.B. Beseitigung von Schiffswracks

- Abbrüche

- Entschädigungs- und Ersatzleistungen geringeren Umfanges, die als sächliche Verwaltungsausgaben behandelt werden (im Übrigen siehe Obergruppe 69)

- Steuern, Abgaben und Versicherungen, soweit nicht bei Gruppen 514 und 517

- Bankgebühren

- Prägung von Münzen (Münzwesen)

- Umzug und Verlegung von Dienststellen

- Fracht und Transport, soweit nicht bei den jeweiligen Beschaffungen oder Gruppe 511

- Überführungen, Beerdigungen, Kränze, Grabgestecke, Nachrufe

- Veröffentlichungen, Bekanntmachungen und Inserate

- Abgeltung von Ansprüchen nach dem Urheberrecht

- Schulkinderspeisung

- Mitgliedsbeiträge, soweit nicht Obergruppe 68

Ausgaben aus Anlass von Titelverwechslungen und aus Anlass der Rechnungsprüfung, sofern die Buchung bei dem zutreffenden Titel nicht möglich ist

547	Nicht aufteilbare sächliche Verwaltungs-ausgaben	Gruppe 547
	Zusammenfassung von sächlichen Verwaltungsausgaben, die nicht auf die Gruppen 511 bis 546 aufgeteilt werden können	
548	Globale Mehrausgaben für sächliche Verwaltungsausgaben	Gruppe 548
	Vorsorgliche Veranschlagung von Mehrausgaben, die zwar erwartet, aber noch nicht auf die einzelnen Arten aufgeteilt werden können	
549	Globale Minderausgaben für sächliche Verwaltungsausgaben	Gruppe 549
	Vorgesehene globale Einsparungen bei den sächlichen Verwaltungsausgaben	
55	**Militärische Beschaffungen, Materialerhaltung, Wehrforschung, wehrtechnische und sonstige militärische Entwicklung und Erprobung sowie militärische Anlagen (nur Bund)**	**Obergruppe 55**
551	Wehrforschung, wehrtechnische und sonstige militärische Entwicklung und Erprobung	Gruppe 551
553	Materialerhaltung	Gruppe 553
554	Militärische Beschaffungen	Gruppe 554
558	Militärische Anlagen einschl. kleine Neu-, Um- und Erweiterungsbauten	Gruppe 558
559	Beiträge zu Beschaffungsvorhaben und zu Baumaßnahmen Dritter	Gruppe 559
56	**Zinsausgaben an Gebietskörperschaften, Sondervermögen und gebietskörperschaftliche Zusammenschlüsse**	**Obergruppe 56**

Zu Obergruppen 56 und 57:

Zinsen für Darlehen, Anleihen, Kassenobligationen, Schatzanweisungen,
Schuldbuchforderungen, Ausgleichs-
forderungen und sonstige Kredite

Disagio

561	Zinsausgaben an Bund	Gruppe 561
562	Zinsausgaben an Länder	Gruppe 562
563	Zinsausgaben an Gemeinden und Gemein-deverbände	Gruppe 563
564	Zinsausgaben an Sondervermögen	Gruppe 564

Zur Abgrenzung der Sondervermögen
siehe Nr. 3.2 der allgemeinen Vorschriften

567	Zinsausgaben an Zweckverbände	Gruppe 567
57	**Zinsausgaben an Kreditmarkt**	**Obergruppe 57**

Siehe Erläuterungen zu Obergruppe 56

571	Zinsausgaben an öffentliche Unterneh-men und Einrichtungen	Gruppe 571

Zur Abgrenzung der „öffentlichen Unternehmen" und „öffentlichen Einrichtungen" siehe Nr. 3.3 der allgemeinen
Vorschriften

572	Zinsausgaben an Sozialversicherungsträ-ger sowie an die Bundesagentur für Ar-beit	Gruppe 572
573	Zinsausgaben für Ausgleichsforderungen (nur Bund)	Gruppe 573
575	Zinsausgaben an sonstigen inländischen Kreditmarkt	Gruppe 575
576	Zinsausgaben an Ausland	Gruppe 576
58	**Tilgungsausgaben an Gebietskörperschaf-**	**Obergruppe 58**

ten, **Sondervermögen und gebietskörper-
schaftliche Zusammenschlüsse**

Tilgung von Darlehen, Anleihen, Kassenobligationen, Schatzanweisungen,
Schuldbuchforderungen, Ausgleichsfor-
derungen und sonstigen Krediten, die
der Aufgabenfinanzierung dienten,
siehe Obergruppe 31

581	Tilgungsausgaben an Bund	Gruppe 581
582	Tilgungsausgaben an Länder	Gruppe 582
583	Tilgungsausgaben an Gemeinden und Ge- meindeverbände	Gruppe 583
584	Tilgungsausgaben an Sondervermögen	Gruppe 584

Zur Abgrenzung der Sondervermögen
siehe Nr. 3.2 der allgemeinen Vorschriften

587	Tilgungsausgaben an Zweckverbände	Gruppe 587
59	**Tilgungsausgaben an Kreditmarkt**	**Obergruppe 59**

Tilgung von Darlehen, Anleihen, Kassenobligationen, Schatzanweisungen,
Schuldbuchforderungen, Ausgleichsfor-
derungen und sonstigen Krediten

Zum Kreditmarkt zählen auch die in
der Obergruppe 58 genannten Einheiten, soweit ein Kredit getilgt wird, der
der allgemeinen Haushaltsfinanzierung
galt (sog. Ausgabenfinanzierung) und
nicht der Finanzierung zu erledigender
konkreter Aufgaben (sog. Aufgabenfinanzierung), siehe Obergruppe 32.

591	Tilgungsausgaben an öffentliche Unter- nehmen und Einrichtungen	Gruppe 591

Zur Abgrenzung der „öffentlichen Unternehmen" und „öffentlichen Einrichtungen" siehe Nr. 3.3 der allgemeinen
Vorschriften

592	Tilgungsausgaben an Sozialversiche-rungsträger sowie an die Bundesagentur für Arbeit	Gruppe 592
593	Tilgungsausgaben für Ausgleichsforde-rungen (nur Bund)	Gruppe 593
	hier auch: Rückkauf von Ausgleichsfor-derungen	
595	Tilgungsausgaben an sonstigen Kredit-markt im Inland	Gruppe 595
	hier auch: Kurzfristige Kursstützungs-maßnahmen	
596	Tilgungsausgaben an Ausland	Gruppe 596
6	**Ausgaben für Zuweisungen und Zu-schüsse mit Ausnahme für Investitionen**	**Hauptgruppe 6**
	Siehe Erläuterungen zu Hauptgruppe 2	
61	**Allgemeine (nicht zweckgebundene) Zu-weisungen an öffentlichen Bereich**	**Obergruppe 61**
	Zur Abgrenzung des „öffentlichen Be-reichs" siehe Nr. 3.2 der allgemeinen Vorschriften	
	Siehe Erläuterungen zu Obergruppe 21	
611	Allgemeine Zuweisungen an Bund	Gruppe 611
612	Allgemeine Zuweisungen an Länder	Gruppe 612
	Sonder- oder Ausgleichsüberweisungen des Bundes an finanzschwache Länder	
	Zuweisungen im Rahmen des Länderfi-nanzausgleichs	
613	Allgemeine Zuweisungen an Gemeinden und Gemeindeverbände	Gruppe 613
	Allgemeine Zuweisungen im Rahmen des kommunalen Finanzausgleichs	
	Familienleistungsausgleich	

| 614 | Allgemeine Zuweisungen an Sondervermögen | Gruppe 614 |

Zur Abgrenzung der Sondervermögen siehe Nr. 3.2 der allgemeinen Vorschriften

| 616 | Allgemeine Zuweisungen an Sozialversicherungsträger sowie an die Bundesagentur für Arbeit | Gruppe 616 |

| 617 | Allgemeine Zuweisungen an Zweckverbände | Gruppe 617 |

| **62** | **Schuldendiensthilfen an öffentlichen Bereich** | **Obergruppe 62** |

Zur Abgrenzung des „öffentlichen Bereichs" siehe Nr. 3.2 der allgemeinen Vorschriften

Siehe Erläuterungen zu Obergruppe 22

621	Schuldendiensthilfen an Bund	Gruppe 621
622	Schuldendiensthilfen an Länder	Gruppe 622
623	Schuldendiensthilfen an Gemeinden und Gemeindeverbände	Gruppe 623
624	Schuldendiensthilfen an Sondervermögen	Gruppe 624

Zur Abgrenzung der Sondervermögen siehe Nr. 3.2 der allgemeinen Vorschriften

| 626 | Schuldendiensthilfen an Sozialversicherungsträger sowie an die Bundesagentur für Arbeit | Gruppe 626 |

| 627 | Schuldendiensthilfen an Zweckverbände | Gruppe 627 |

| **63** | **Sonstige (zweckgebundene) Zuweisungen an öffentlichen Bereich** | **Obergruppe 63** |

Zur Abgrenzung des „öffentlichen Bereichs" siehe Nr. 3.2 der allgemeinen Vorschriften

Siehe Erläuterungen zu Obergruppe 23

| 631 | Sonstige Zuweisungen an Bund | Gruppe 631 |

Anteilige Verwaltungskosten für die Wahrnehmung von Landesaufgaben durch die Wasserstraßen- und Schifffahrtsverwaltung

Abführung der Ausgleichsabgaben der Milchwirtschaft

Abführung der Bergmannsprämie

Rückzahlung nicht verbrauchter Bundesmittel

Erstattung von Aufwendungen nach dem Bundesentschädigungsgesetz (Wiedergutmachungsleistungen)

Erstattung von Versorgungslasten

| 632 | Sonstige Zuweisungen an Länder | Gruppe 632 |

Zuweisungen des Bundes

- zur allgemeinen Förderung der Wissenschaft und für wissenschaftliche Einrichtungen

- zur Förderung der Landwirtschaft

- zur Förderung der gewerblichen Wirtschaft

- zur Förderung des Verkehrs

- zur Förderung von Schülerinnen und Schülern sowie Studierenden gemäß BAföG

Erstattungen des Bundes für

- Ausgaben für die Bundestagswahl

- Personal- und Sachausgaben der Verteidigungslastenverwaltung und der Lastenausgleichsverwaltung

- die Wahrnehmung von Bundesbauaufgaben, Bauleitungskosten

- Kriegsfolgenhilfeleistungen

- den Anteil des Bundes am Wohngeld

- den Anteil an den Wiedergutmachungsleistungen

Erstattungen

- von Versorgungslasten

- für gemeinsame Verwaltungseinrichtungen

| 633 | Sonstige Zuweisungen an Gemeinden und Gemeindeverbände | Gruppe 633 |

Zuweisungen

- für kulturelle Zwecke (Theater, Musik
  usw., Erwachsenenbildung)

- für soziale Maßnahmen, soweit nicht
  Erstattungen von Leistungen der Sozialhilfe

- für Gastschulbeiträge

- zur Straßenunterhaltung

- für die Entwurfsbearbeitung (einschl.
  Planung) und Bauaufsicht an Bundes-
  fern- und Landesstraßen

- zur Förderung der Kinder- und Jugend-
  hilfe

- zur Förderung des Fremdenverkehrs

- zum Ausgleich von Sonderlasten durch
  die Zusammenführung von Arbeitslo-
  sen- und Sozialhilfe

Erstattung von Ausgaben

- für Leistungen der Sozialhilfe

- für die Schülerbeförderung

- für Versorgungslasten

- für öffentliche Wahlen

- nach SGB II (z.B. für Unterkunft und Heizung)

- für Anteile von Gemeinden an der Spielbankabgabe

634 Sonstige Zuweisungen an Sondervermögen Gruppe 634

Zur Abgrenzung der Sondervermögen siehe Nr. 3.2 der allgemeinen Vorschriften

– gültig bis Haushaltsjahr 2023 –

636 Sonstige Zuweisungen an Sozialversicherungsträger sowie an die Bundesagentur für Arbeit Gruppe 636

Erstattung an Krankenkassen für Heil- und Krankenbehandlung für Kriegsversehrte

Verwaltungskostenerstattung

- an die Versorgungsanstalt des Bundes und der Länder

- an die Bundesagentur für Arbeit

– neu gültig ab Haushaltsjahr 2024 –

636 Sonstige Zuweisungen an Sozialversicherungsträger sowie an die Bundesagentur für Arbeit Gruppe 636

Erstattung an Krankenkassen für *Pflege-, Kranken- und Unfallkassen für Leistungen der Sozialen Entschädigung*

Verwaltungskostenerstattung

- an die Versorgungsanstalt des Bundes und der Länder

- an die Bundesagentur für Arbeit

637 Sonstige Zuweisungen an Zweckverbände Gruppe 637

66   **Schuldendiensthilfen an sonstige Bereiche**   **Obergruppe 66**

> Siehe Erläuterungen zu Obergruppe 22

661   Schuldendiensthilfen an öffentliche Unternehmen   Gruppe 661

> Zur Abgrenzung der „öffentlichen Unternehmen" siehe Nr. 3.3 der allgemeinen Vorschriften

662   Schuldendiensthilfen an private Unternehmen   Gruppe 662

663   Schuldendiensthilfen an Sonstige im Inland   Gruppe 663

664   Schuldendiensthilfen an öffentliche Einrichtungen   Gruppe 664

> Zur Abgrenzung der „öffentlichen Einrichtungen" siehe Nr. 3.3 der allgemeinen Vorschriften

666   Schuldendiensthilfen an Ausland   Gruppe 666

67   **Erstattungen an sonstige Bereiche**   **Obergruppe 67**

671   Erstattungen an Inland   Gruppe 671

> Erstattungen von Darlehensausfällen gemäß BAföG an die Kreditanstalt für Wiederaufbau

676   Erstattungen an Ausland   Gruppe 676

68   **Sonstige Zuschüsse für laufende Zwecke an sonstige Bereiche**   **Obergruppe 68**

– gültig bis Haushaltsjahr 2023 –

681   Renten, Unterstützungen und sonstige Geldleistungen an natürliche Personen   Gruppe 681

> Sozial- und Jugendhilfeleistungen, wie z.B. Leistungen, die an die Begünstigten in bar oder durch Überweisung gezahlt werden (Barleistungen). Als Barleistungen gelten auch Berechtigungsscheine.

Hierzu zählen nicht Leistungen an Einrichtungen (für Unterbringung, Pflege und Heilbehandlung) sowie sonstige Leistungen, die an den Begünstigten nicht in bar oder durch Überweisung erfüllt werden, wie z.B. vorbeugende Gesundheitshilfe, Krankenhilfe und Krankenversorgung, Hilfe für werdende Mütter und Wöchnerinnen zur Pflege und Weiterführung des Haushalts; ferner nicht die Erstattung von Leistungen zwischen den Trägern. Diese Vorgänge sind den Obergruppen 63 und 67 zuzuordnen. Leistungen für die Unterbringung von Sozialhilfeempfängerinnen und -empfängern in Einrichtungen sind der Gruppe 671 zuzuordnen.

Kriegsopferrenten und sonstige Leistungen nach dem Bundesversorgungsgesetz (siehe Erläuterungen zu den Sozialhilfeleistungen) Arbeitslosengeld II

Unfallrenten

Wohngeld, Miet- und Lastenzuschüsse nach dem Wohngeldgesetz

Studienbeihilfen, Stipendien, Ausbildungs- und Erziehungsbeihilfen

Fahrtkostenzuschüsse (Ausgaben zur Verbilligung der Fahrtkosten von Studierenden und Auszubildenden auch dann, wenn die Mittel aus abrechnungstechnischen Gründen unmittelbar an den Verkehrsbetrieb gezahlt werden)

Wiedergutmachungsleistungen

Ehrengaben, Ehrensold

Belohnungen, Prämien, Preise, Auszeichnungen

Arbeitsentlohnungen/-entgelte und sonstige Zahlungen an Gefangene in Justizvollzugsanstalten

– neu gültig ab Haushaltsjahr 2024 –

681   Renten, Unterstützungen und sonstige   Gruppe 681
       Geldleistungen an natürliche Personen

Sozial- und Jugendhilfeleistungen, wie z.B. Leistungen, die an die Begünstigten in bar oder durch Überweisung gezahlt werden (Barleistungen). Als Barleistungen gelten auch Berechtigungsscheine. Hierzu zählen nicht Leistungen an Einrichtungen (für Unterbringung, Pflege und Heilbehandlung) sowie sonstige Leistungen, die an den Begünstigten nicht in bar oder durch Überweisung erfüllt werden, wie z.B. vorbeugende Gesundheitshilfe, Krankenhilfe und Krankenversorgung, Hilfe für werdende Mütter und Wöchnerinnen zur Pflege und Weiterführung des Haushalts; ferner nicht die Erstattung von Leistungen zwischen den Trägern. Diese Vorgänge sind den Obergruppen 63 und 67 zuzuordnen. Leistungen für die Unterbringung von Sozialhilfeempfängerinnen und -empfängern in Einrichtungen sind der Gruppe 671 zuzuordnen.

Entschädigungszahlungen und sonstige Leistungen der Sozialen Entschädigung

Arbeitslosengeld II

Unfallrenten

Wohngeld, Miet- und Lastenzuschüsse nach dem Wohngeldgesetz

Studienbeihilfen, Stipendien, Ausbildungs- und Erziehungsbeihilfen

Fahrtkostenzuschüsse (Ausgaben zur Verbilligung der Fahrtkosten von Studie-

renden und Auszubildenden auch dann,
wenn die Mittel aus abrechnungstechnischen Gründen unmittelbar an den Verkehrsbetrieb gezahlt werden)

Wiedergutmachungsleistungen

Ehrengaben, Ehrensold

Belohnungen, Prämien, Preise, Auszeichnungen

Arbeitsentlohnungen/-entgelte und
sonstige Zahlungen an Gefangene in Justizvollzugsanstalten

682	Zuschüsse für laufende Zwecke an öffent- liche Unternehmen, soweit nicht Gruppe 661	Gruppe 682

Zur Abgrenzung der „öffentlichen Unternehmen" siehe Nr. 3.3 der allgemeinen Vorschriften

Im Rahmen der staatlichen Wirtschafts-
und Sozialpolitik gewährte Zuschüsse
an öffentliche Unternehmen, um deren
Verkaufspreise zu beeinflussen und/oder
eine hinreichende Entlohnung der Produktionsfaktoren (Arbeitskräfte und Ka-
pitaleinsatz) zu ermöglichen. Laufende
Betriebszuschüsse einschl. Zuschüsse
zur Deckung von laufenden Betriebsverlusten, soweit der Verlust die Folge einer Preispolitik ist, welche die Erlöse
unter den laufenden Gestehungskosten
lässt, sind einzubeziehen, wie z.B.

• Erstattung von Fahrgeldausfällen für
die unentgeltliche Beförderung schwerbehinderter Menschen

• Zuschüsse an die Einfuhr- und Vorrats-
stellen

• Betriebszuschüsse, z.B. an

– Flughafengesellschaften

– Schifffahrts- und Hafenbetriebe

– Staatsbäder

Dagegen gehören Zahlungen, die eine Vermögensbildung oder -umverteilung oder eine Verbesserung der gesamtwirtschaftlichen Produktionsstruktur bewirken, zu Gruppe 697 (siehe Erläuterungen zu Obergruppe 69). Desgleichen sind Zuschüsse an Versuchsbetriebe, Versuchsgüter usw. bei Gruppe 685 nachzuweisen, da es sich bei diesen Zahlungen um keine Zuschüsse im Rahmen der staatlichen Wirtschafts- und Sozialpolitik handelt. Auch die Zuschüsse, die keinem einzelnen Unternehmen, sondern gesamten Wirtschaftszweigen oder Gruppen von Wirtschaftszweigen zugutekommen, wie z.B. Zuschüsse für Messen, Ausstellungen u.Ä., sind in Gruppe 686 einzuordnen.

683	Zuschüsse für laufende Zwecke an private Unternehmen, soweit nicht Gruppe 662	Gruppe 683

Siehe Erläuterungen zu Gruppe 682

Preisausgleich, Prämien und Ähnliches im Bereich der Landwirtschaft

Frachtbeihilfen

Zuschüsse zur Sicherung des Steinkohleeinsatzes in der Elektrizitätswirtschaft

684	Zuschüsse für laufende Zwecke an soziale oder ähnliche Einrichtungen (ohne öffentliche Einrichtungen)	Gruppe 684

Zuschüsse an Verbände, Vereine und ähnliche Institutionen, die gleichzeitig folgende Bedingungen erfüllen:

a) in der Regel ihre Leistungen für private Haushalte erbringen,

b) von ihrer Aufgabenstellung her nicht
auf die Erzielung eines Gewinnes ausgerichtet sind,

c) sich überwiegend aus (Mitglieds-)Bei-
trägen, Spenden und ähnlichen freiwilligen Zahlungen von privaten Haushalten sowie aus eigenen Vermögenserträ-
gen finanzieren und Zuschüsse aus
dem öffentlichen Bereich erhalten.

Hierzu gehören u.a.

- Verbände der freien Wohlfahrtspflege

- Arbeitnehmerverbände (Gewerkschaf-
ten)

- Religionsgemeinschaften

- Politische Parteien

- Sportverbände und -vereine

- Jugendverbände

- Flüchtlingsorganisationen

- Familienorganisationen

- Verbraucherverbände

(öffentliche Einrichtungen siehe Gruppe
685; zur Abgrenzung der „öffentlichen
Einrichtungen" siehe Nr. 3.3 der allgemeinen Vorschriften)

685	Zuschüsse für laufende Zwecke an öffent- liche Einrichtungen	Gruppe 685

Zur Abgrenzung der „öffentlichen Einrichtungen" siehe Nr. 3.3 der allgemeinen Vorschriften

686	Sonstige Zuschüsse für laufende Zwecke im Inland	Gruppe 686

Zuschüsse an Gesellschaften des privaten Rechts, Genossenschaften, Stiftungen und Vereine, soweit es sich nicht um

öffentliche oder private Unternehmen
oder um öffentliche sowie um soziale
oder ähnliche Einrichtungen handelt
(siehe Zuordnungshinweise zu den
Gruppen 682, 683, 684, 685 und Nr. 3.3
der allgemeinen Vorschriften)

Hierunter fallen insbesondere Zuschüsse an Private zur Förderung von
Wissenschaft, Forschung und Kultur sowie die allgemeine Wirtschaftsförde-
rung, die keinem einzelnen Unternehmen zukommt (wie z.B. Messen und Ausstellungen).

Ferner sind hier zu veranschlagen die
Zuschüsse an Wirtschafts- und Berufs-
vertretungen (wie z.B. Kammern und
Kassenärztliche Vereinigungen).

687	Zuschüsse für laufende Zwecke im Aus-	Gruppe 687
	land, soweit nicht Gruppe 688 *oder 689*	

Beiträge und sonstige Zuschüsse an Organisationen und Einrichtungen im Ausland, z.B.

- Einrichtungen der Vereinten Nationen

- Wissenschaftliche Verbände und Vereine

Sonstige Zuschüsse an ausländische
Staaten, z.B.

- Leistungen aus Globalverträgen (Wie-
dergutmachung)

Geschäftsauslagen bei den Honorarkon-
sulinnen und Honorarkonsuln im Ausland

Devisenausgleichszahlungen

688	Abführung der Eigenmittel an die EU (nur Bund)	Gruppe 688
689	Sonstige Ausgaben an die EU	Gruppe 689

Zahlungsverpflichtungen aus Verstößen gegen EU-Recht

**69   Vermögensübertragungen, soweit nicht   Obergruppe 69
für Investitionen**

Unter Vermögensübertragungen, soweit nicht für Investitionen, werden solche Zuweisungen und Zuschüsse verstanden, die – ebenso wie die Zuweisungen und Zuschüsse für Investitionen – für mindestens einen der Beteiligten (Zahlerinnen und Zahler oder Empfängerinnen und Empfänger) eine Zu- oder Abnahme seines Vermögens darstellen. Als Vermögen in diesem Sinne ist das Reinvermögen, also das Sach- oder Geldvermögen abzüglich der Schulden zu verstehen. Es ist nicht relevant, ob einer der Beteiligten den einzelnen Zuschuss als laufende Ausgabe bzw. Einnahme betrachtet.

Nicht in die Obergruppe 69 gehören Zahlungen, deren Ziel es ist, das laufende Einkommen, den Verbrauch (siehe Obergruppen 63, 68) oder gezielt die Investitionstätigkeit (siehe Obergruppen 88, 89) zu erhöhen.

Nach der vorstehenden Definition rechnen zu den Vermögensübertragungen, soweit nicht für Investitionen, alle Zahlungen, die

• zur Verbesserung der Wirtschafts- und Produktionsstruktur beitragen, jedoch keine Zuschüsse für Investitionen darstellen,

• als Entschädigungen für erlittene Vermögensschäden an bestimmte Bevölkerungsgruppen bzw. Institutionen gezahlt werden, wie z.B. für Tierseuchenverluste, für Sprengschäden, für Übungsschäden, an Unfallgeschädigte,

für Katastrophenschäden, Unwetter-
schäden usw.; Beträge geringen Umfangs für Sachschäden sind den Gruppen 523 bis 546 zuzuordnen,

• die Vermögensbildung der Bevölke-
  rung zum Ziele haben, wie z.B. Ab-
  wrackprämien und -hilfen, Stillle-
  gungsprämien, Sparprämien, Abfin-
  dungsgeld für Arbeitnehmerinnen und
  Arbeitnehmer des Steinkohlebergbaus.

691	Vermögensübertragungen an Bund, so-weit nicht Investitionszuweisungen	Gruppe 691
692	Vermögensübertragungen an Länder, so-weit nicht Investitionszuweisungen	Gruppe 692
693	Vermögensübertragungen an Gemeinden und Gemeindeverbände, soweit nicht In-vestitionszuweisungen	Gruppe 693
697	Vermögensübertragungen an Unterneh-men, soweit nicht Investitionszuschüsse	Gruppe 697
698	Vermögensübertragungen an Sonstige im Inland, soweit nicht Investitionszuschüsse	Gruppe 698
699	Vermögensübertragungen an Ausland, so-weit nicht Investitionszuschüsse	Gruppe 699
7	**Baumaßnahmen**	**Hauptgruppe 7**

Eigene Baumaßnahmen, Neubauten,
Um- und Erweiterungsbauten, Erwerb
von Grundvermögen für diese Zwecke
nur, soweit nicht bei Obergruppe 82 veranschlagt

Baumaßnahmen des Hochbaues

Baumaßnahmen des Bauingenieurwe-
sens

Baumaßnahmen des Wasserwesens

Baumaßnahmen des Eisenbahnwesens

Baumaßnahmen des Straßenbauwesens

Baumaßnahmen des Stadtbauwesens

Baumaßnahmen der Landespflege

Eingeschlossen sind z.B.

- Rohbau und Ausbau, wie z.B. Innen- und Außenanstrich, Glaserarbeiten, Tischlerarbeiten

- alle dauerhaften Einbauten und Ausstattungen, die normalerweise vor dem Bezug oder der Ingebrauchnahme installiert werden, z.B. Öfen, Herde, Zentralheizung, Gasleitung, elektrische Anlagen

- alle dauerhaften und unbeweglichen Ausstattungen, die ein wesentlicher Bestandteil dieser Bauten sind

- alle Baunebenkosten, wie Leistungen von Architekten und Ingenieuren, Behördenleistungen, Grundsteinlegungen, Richtfeste usw.

8 **Sonstige Ausgaben für Investitionen und Investitionsförderungsmaßnahmen** **Hauptgruppe 8**

Die Zuordnung von beweglichen Sachen zu Investitionsgütern ist unter anderem abhängig von der Nutzungsdauer der Sache und einer Wertgrenze für den Beschaffungsfall.

Die Nutzungsdauer soll mehr als ein Jahr betragen; die Wertgrenze ist für die einzelnen Arten von Sachen besonders festgelegt. Nur bei Überschreitung dieser Wertgrenze gilt der Beschaffungsfall als Investition.

Ausgaben für die Ausübung von Erwerbsoptionen (Ausgaben für Leasingraten siehe Erläuterungen zu Gruppe 518)

81 **Erwerb von beweglichen Sachen** **Obergruppe 81**

Bewegliche Anlagegüter (Ausrüstungen), die aus der industriellen und handwerklichen Produktion, mit Ausnahme der baugewerblichen Produktion, kommen

Erwerb von beweglichen Sachen mit einem Wert von mehr als 5 000 Euro (einschl. Umsatzsteuer) im Einzelfall (je Stück oder beim Erwerb einer größeren Menge je Kauf); Ausnahmen sind in den Gruppen gesondert angeführt

Rüstungskäufe siehe Obergruppe 55

811   Erwerb von Fahrzeugen   Gruppe 811

Beim Erwerb von Fahrzeugen besteht keine Wertgrenze. Es zählen dazu alle fertiggestellten

- Land- und Schienenfahrzeuge (auch Fahrräder)

- Wasserfahrzeuge

- Luftfahrzeuge

812   Erwerb von Geräten und sonstigen beweg- Gruppe 812
          lichen Sachen

Erwerb von Geräten, Ausstattungs- und Ausrüstungsgegenständen sowie von sonstigen beweglichen Sachen und Tieren über 5 000 Euro (einschl. Umsatzsteuer) im Einzelfall (je Stück oder beim Erwerb einer größeren Menge je Kauf); Beschaffungen bis zu 5 000 Euro (einschl. Umsatzsteuer) im Einzelfall siehe Hauptgruppe 5

Zu den Geräten, Ausstattungs- und Ausrüstungsgegenständen siehe Gruppe 511

Zu den sonstigen beweglichen Sachen gehören z.B.

- Kunst- und wissenschaftliche Sammlungen und Bibliotheken

- Dienstkleidung

813	Erwerbsanteile im Rahmen von ÖPP-Projekten bei beweglichen Sachen	Gruppe 813
82	**Erwerb von unbeweglichen Sachen**	**Obergruppe 82**
821	Erwerb von unbeweglichen Sachen, soweit nicht Gruppen 822 und 823	Gruppe 821

Ankauf von bebauten Grundstücken für verschiedene Zwecke

Entschädigung für Landbeschaffung, Abfindungen, Renten für Abtretungen von bebauten Grundstücken

Ausgaben im Zusammenhang mit dem Erwerb von bebauten Grundstücken, z.B. Auflassung, Grundbucheintragung, Grundstückstaxen, Grunderwerbsteuer

Ausgaben für den Erwerb von beschränkt dinglichen Rechten an bebauten Grundstücken

822	Erwerb von unbebauten Grundstücken	Gruppe 822

Ankauf von unbebauten Grundstücken für verschiedene Zwecke, z.B. Forstgrundstücke, Pflanzungen, Obstgärten

Entschädigungen für Landbeschaffung, Abfindungen, Renten für Abtretungen von unbebauten Grundstücken

Ausgaben im Zusammenhang mit dem Erwerb von unbebauten Grundstücken, z.B. Auflassung, Grundbucheintragung, Grundstückstaxen, Grunderwerbsteuer

Ausgaben für den Erwerb von beschränkt dinglichen Rechten an unbebauten Grundstücken

823	Erwerbsanteile im Rahmen von ÖPP-Pro-	Gruppe 823

jekten sowie Erwerb von privat vorfinanzierten unbeweglichen Sachen

Raten für den Erwerb von privat vorfinanzierten Straßen

| 83 | **Erwerb von Beteiligungen und dgl.** | Obergruppe 83 |

Erwerb von Beteiligungen und sonstigem Kapitalvermögen, von Forderungen und Anteilsrechten an Unternehmen, Ausgaben für die Heraufsetzung des Kapitals von Unternehmen, Erwerb von Aktien, Pfandbriefen und anderen Wertpapieren

| 831 | Erwerb von Beteiligungen und dgl. im Inland | Gruppe 831 |

| 836 | Erwerb von Beteiligungen und dgl. im Ausland | Gruppe 836 |

Erhöhung des Kapitalanteils der Bundesrepublik Deutschland an der Weltbank

Beteiligungen am Grundkapital der Internationalen Entwicklungsorganisation

| 85 | **Darlehen an öffentlichen Bereich** | Obergruppe 85 |

Zur Abgrenzung des „öffentlichen Bereichs" siehe Nr. 3.2 der allgemeinen Vorschriften

| 851 | Darlehen an Bund | Gruppe 851 |

| 852 | Darlehen an Länder | Gruppe 852 |

| 853 | Darlehen an Gemeinden und Gemeindeverbände | Gruppe 853 |

| 854 | Darlehen an Sondervermögen | Gruppe 854 |

Zur Abgrenzung der Sondervermögen siehe Nr. 3.2 der allgemeinen Vorschriften

| 856 | Darlehen an Sozialversicherungsträger sowie an die Bundesagentur für Arbeit | Gruppe 856 |

| 857 | Darlehen an Zweckverbände | Gruppe 857 |

86 | **Darlehen an sonstige Bereiche** | **Obergruppe 86**

861 | Darlehen an öffentliche Unternehmen und Einrichtungen | Gruppe 861

Zur Abgrenzung der „öffentlichen Unternehmen" und „öffentlichen Einrichtungen" siehe Nr. 3.3 der allgemeinen Vorschriften

862 | Darlehen an private Unternehmen | Gruppe 862

863 | Darlehen an Sonstige im Inland | Gruppe 863

866 | Darlehen an Ausland | Gruppe 866

87 | **Inanspruchnahme aus Gewährleistungen** | **Obergruppe 87**

Ausgaben für die Inanspruchnahme aus Bürgschafts-, Garantie- oder sonstigen Gewährleistungsverträgen

871 | Ausgaben für die Inanspruchnahme aus Gewährleistungen an das Inland | Gruppe 871

876 | Ausgaben für die Inanspruchnahme aus Gewährleistungen an das Ausland | Gruppe 876

88 | **Zuweisungen für Investitionen an öffentlichen Bereich** | **Obergruppe 88**

Zur Abgrenzung des „öffentlichen Bereichs" siehe Nr. 3.2 der allgemeinen Vorschriften

Zu Obergruppen 88 und 89:

Zuweisungen für Investitionen sind Ausgaben, die nach ihrer Zweckbestimmung zur Finanzierung folgender Investitionsausgaben bestimmt sind: Bauten, Erwerb von beweglichem und sonstigem unbeweglichem Vermögen

und andere Investitionsausgaben im
Sinne der Hauptgruppen 7 und 8.

881	Zuweisungen für Investitionen an Bund	Gruppe 881
882	Zuweisungen für Investitionen an Länder	Gruppe 882

Anteil des Bundes an den Wohnungsbauprämien

883	Zuweisungen für Investitionen an Ge-	Gruppe 883
	meinden und Gemeindeverbände	
884	Zuweisungen für Investitionen an Sonder-	Gruppe 884
	vermögen	

Zur Abgrenzung der Sondervermögen
siehe Nr. 3.2 der allgemeinen Vorschriften

886	Zuweisungen für Investitionen an Sozial-	Gruppe 886
	versicherungsträger sowie an die Bundes-	
	agentur für Arbeit	
887	Zuweisungen für Investitionen an Zweck-	Gruppe 887
	verbände	
89	**Zuschüsse für Investitionen an sonstige**	**Obergruppe 89**
	Bereiche	

Siehe Erläuterungen zu Obergruppe 88

891	Zuschüsse für Investitionen an öffentliche	Gruppe 891
	Unternehmen	

Zur Abgrenzung der „öffentlichen Unternehmen" siehe Nr. 3.3 der allgemeinen Vorschriften

892	Zuschüsse für Investitionen an private	Gruppe 892
	Unternehmen	
893	Zuschüsse für Investitionen an Sonstige	Gruppe 893
	im Inland	

Wohnungsbauprämien

894	Zuschüsse für Investitionen an öffentliche	Gruppe 894
	Einrichtungen	

Zur Abgrenzung der „öffentlichen Einrichtungen" siehe Nr. 3.3 der allgemeinen Vorschriften

896	Zuschüsse für Investitionen an Ausland	Gruppe 896
9	**Besondere Finanzierungsausgaben**	**Hauptgruppe 9**
91	**Zuführungen an Rücklagen, Fonds und Stöcke**	**Obergruppe 91**

Zuführungen an Rücklagen und andere
Vermögensbestände (Fonds, Stöcke usw.)

912	Zuführungen an Betriebsmittelrücklage	Gruppe 912
915	Zuführungen an Konjunkturausgleichs-rücklage	Gruppe 915
916	Zuführungen an Fonds und Stöcke	Gruppe 916
919	Zuführungen an sonstige Rücklagen	Gruppe 919
96	**Ausgaben zur Deckung von Fehlbeträgen aus Vorjahren**	**Obergruppe 96**

Nachweis der Abdeckung von Fehlbeträ-
gen aus Vorjahren

97	**Globale Mehr- und Minderausgaben**	**Obergruppe 97**
971	Globale Mehrausgaben	Gruppe 971

Ausgaben, die zwar erwartet werden,
aber noch nicht nach Zwecken getrennt
veranschlagt werden können

972	Globale Minderausgaben	Gruppe 972

Zum Ausgleich des Haushaltsplans vorgesehene globale Einsparungen

98	**Haushaltstechnische Verrechnungen**	**Obergruppe 98**
981	Verrechnungen zwischen Kapiteln	Gruppe 981

Siehe Erläuterungen zu Gruppe 381

982	Durchlaufende Posten	Gruppe 982

Siehe Erläuterungen zu Gruppe 382

984	Interne Zahlungsströme (nur Berlin und Bremen)	Gruppe 984
985	Interne Zahlungsströme (nur Berlin und Bremen)	Gruppe 985
986	Interne Zahlungsströme (nur Berlin und Bremen)	Gruppe 986
989	Sonstige haushaltstechnische Verrechnungen	Gruppe 989

Haushaltsführungsrundschreiben 2021

Rundschreiben des BMF vom 18. Dezember 2020

– Auszug –

Inhaltsübersicht

für den Einsatz automatisierter Verfahren im Haushalts-, Kassen- und Rechnungswesen des Bundes (BestMaVB-HKR)

Anlagen (hier nicht wiedergegeben)

Hinweise:

Die E-Mailadresse des zentralen Posteingangs des ZFB (Zentrales Finanzwesen des Bundes, ehemals „Kompetenzzentrum für das Kassen- und Rechnungswesen des Bundes" (KKR)) lautet *poststelle@zrb.bund.de*. Die Funktionspostfächer und Postfächer der einzelnen Beschäftigten enden auf *…@zrb.bund.de*.

Die Internetadresse lautet *www.zrb.bund.de* (nicht www.zfb.bund.de).

Dieses Rundschreiben einschließlich der darin angeführten Anlagen kann

▶ im *Haushaltsportal des Bundes > Haushaltsführung > Bundeshaushalt 2021*,

▶ auf der *Internetseite des ZFB > Vorschriften > Rundschreiben zur Haushaltsführung*

und

▶ in der Elektronischen Vorschriftensammlung der Bundesfinanzverwaltung (IV-BFinV)
   > E-VSF > Recherchieren > Stoffgebiet H – Haushaltsrecht > Verwaltungsvorschriften zur Haushaltsführung des Bundes (E-VSF)

abgerufen werden (Internetadressen sind jeweils hinterlegt).

1 Allgemeines

Die haushaltspolitischen Rahmenbedingungen des Vollzugs sind weiterhin geprägt von den massiven Auswirkungen der Corona-Pandemie. An die Pandemieentwicklung angepasste Hilfsmaßnahmen, die weitere Umsetzung des Konjunktur- und Krisenbewältigungspakets und weitere Maßnahmen zur Bekämpfung der Folgen der Corona-Pandemie belasten den Bundeshaushalt in erheblichem Umfang. Eine konsequente Schwerpunktsetzung ist infolgedessen unerlässlich. Die parlamentarische Bewilligung der Haushaltsansätze lässt die Verpflichtung der Bundesregierung und ihrer Ressorts unberührt, bei der Mittelbewirtschaftung in eigener Verantwortung darauf zu achten, dass die Finanzverfassung und das Haushaltsrecht eingehalten werden. Bei der Inanspruchnahme der Ausgabe- und Verpflichtungsermächtigungen ist daher u.a. zu prüfen, ob und inwieweit eine Finanzierungszuständigkeit des Bundes besteht (Art. 104a Abs. 1 GG) und eine (anteilige) Bundesfinanzierung notwendig ist (§ 6 BHO). Im Bereich der Bewirtschaftung von Ausgaben für Zuwendungen umfasst dies z.B. die Prüfung, ob bei mehrjährigen Maßnahmen ein realistischer Verlauf zugrunde gelegt wird und neben Eigenanteilen der Zuwendungsempfängerin oder des Zuwendungsempfängers auch Finanzierungsanteile anderer öffentlicher oder privater Geldgeber eingefordert werden können. Ausgabe- und Verpflichtungsermächtigungen sind nach den Grundsätzen der Wirtschaftlichkeit und Sparsamkeit zu bewirtschaften (§ 34 Abs. 2 und 3 BHO). Bei den Ansätzen für Ausgaben und veranschlagten Verpflichtungsermächtigungen handelt es sich um Ermächtigungen, das heißt um Höchstbeträge, die in der Regel nicht zwingend ausgeschöpft werden müssen. Über- und außerplanmäßige Ausgaben müssen möglichst vermieden werden. Einnahmen sind rechtzeitig und vollständig zu erheben (§ 34 Abs. 1 BHO).

1.1 Beteiligung des BMF innerhalb der Bundesregierung bei finanzwirksamen Vorhaben

Eine Zustimmung des BMF zu finanzwirksamen Vorhaben wird nur ausdrücklich und grundsätzlich schriftlich erteilt. Mündliche Zustimmungen, die im Einzelfall notwendig werden können, bedürfen der schriftlichen Bestätigung durch das BMF. Dies gilt auch für Formulierungshilfen der Bundesregierung für den Deutschen Bundestag und den Bundesrat (§ 52 Abs. 2 GGO), wenn mit diesen inhaltlich von Beschlüssen der Bundesregierung abgewichen wird und gleichzeitig gegenüber der bisherigen Kostenaussage zusätzliche Einnahmeminderungen oder zusätzliche Ausgaben im laufenden Haushaltsjahr oder in künftigen Haushaltsjahren verbunden sind. Zur Beteiligung des BMF bei der für eine Entsperrung notwendige Billigung von Haushalts- oder Wirtschaftsplänen von institutionellen Zuwendungsempfängern wird auf das BMF-Rundschreiben vom 21. Dezember 2020 (II A 1 – H 1200/0 :003) hingewiesen.

1.2 Vertrauensschutz bei Zuwendungsbescheiden

In die Zuwendungsbescheide bei institutionellen Förderungen oder sich wiederholenden Projektförderungen ist der Hinweis aufzunehmen, dass aus den gewährten Zuwendungen nicht auf eine künftige Förderung im bisherigen Umfang geschlossen werden kann. Diese Regelung ist ausnahmslos anzuwenden.

1.3 Zahlung von Beiträgen an internationale Organisationen

Die unter **Nr. 1** angeführten Grundsätze finden auch für Zusagen und Zahlungen von Beiträgen an internationale Organisationen Anwendung.

Für die **Zahlung von freiwilligen Beiträgen** gilt in Anwendung dieser Grundsätze Folgendes:

– Zahlungen dürfen grundsätzlich nur ratenweise geleistet werden. Die erste Beitragsrate kann nach Inkrafttreten des Haushaltsgesetzes rechtlich verpflichtend zugesagt werden. Im Hinblick auf die Freiwilligkeit des Beitrages darf die Leistung der Folgeraten der beitragsempfangenden Stelle unter Angabe von Ratenhöhe und Fälligkeit lediglich angekündigt werden. Die Ankündigung steht unter dem Vorbehalt der Verfügbarkeit der veranschlagten Haushaltsmittel; sie begründet keinen Rechtsanspruch auf Beitragszahlung. Soweit nicht bereits entsprechende Zahlungsmodalitäten geregelt sind, ist auf eine entsprechende Vereinbarung mit dem Empfänger und den übrigen Mitgliedsstaaten hinzuwirken.

– Soweit im Einzelfall Ausnahmen von diesen Vorgaben zwingend geboten sind, ist die vorherige Beteiligung des BMF sicherzustellen.

1.4 Globale Minderausgaben in den Einzelplänen

In den Ressorteinzelplänen veranschlagte globale Minderausgaben sind durch haushaltsmäßige Einsparungen innerhalb des Verfügungsrahmens des jeweiligen Einzelplans zu erbringen. Haushaltsmäßig bedeutet in diesem Zusammenhang, dass hierfür nur veranschlagte Ansätze des Einzelplans herangezogen werden können und diese in der Folge nicht mehr für die Bildung von Ausgaberesten zur Verfügung stehen. Gesperrte Ausgaben und die Titel 518 .2 (ELM-Mieten) scheiden als Einsparstelle aus. Titel der Hauptgruppen 7 und 8 sollen nur dann als Einsparstelle genutzt werden, wenn in anderen Bereichen alle Einsparmöglichkeiten ausgeschöpft wurden. Flexibilisierte Titel dürfen nur insoweit als Einsparstelle genutzt werden, wie das jeweilige Ist-Ergebnis unter dem veranschlagten Ansatz liegt.

Die notwendigen Mittelverlagerungen sind im HKR-Verfahren unter Verwendung des Deckungskennzeichens ++dg++ vorzunehmen.

1.5 Inanspruchnahme von Deckungsmöglichkeiten

Gemäß VV Nr. 1 zu § 46 BHO darf ein deckungsberechtigter Ansatz nur verstärkt werden, soweit bei diesem keine Verfügungsbeschränkungen bestehen und über die Mittel voll verfügt ist. Über die Mittel, d.h. den Sollansatz des laufenden Haushaltsjahres und die nach § 45 Abs. 2 BHO verfügbaren Ausgabereste des Titels, ist unterjährig voll verfügt, wenn Ausgaben im laufenden Haushaltsjahr geleistet, rechtlich gebunden oder für konkrete Maßnahmen verplant sind. Zum Jahresabschluss ist über diese Mittel voll verfügt, wenn bei diesem Titel mindestens in Höhe des Soll-Ansatzes zzgl. der Höhe der verfügbaren Ausgabereste Ist-Ausgaben geleistet wurden. Dabei gilt eine Einsparung für einen Titel der Gruppe 981 als Ist-Ausgabe. Zur Klarstellung wird darauf hingewiesen, dass Deckungsfähigkeit die Möglichkeit ist, bei einem Titel höhere Ausgaben als veranschlagt aufgrund von Einsparungen bei dem deckenden Titel zu leisten. Aus der gemäß § 5 Abs. 4 HG zugelassenen

Übertragbarkeit und einem erwarteten Bedarf im Folgejahr folgt keine Deckungsberechtigung gemäß § 5 Abs. 3 und 5 HG. Aufgrund der Regelung des § 5 Abs. 3 HG 2021, sind die Ausgaben der Hauptgruppe 4 nur noch deckungsberechtigt.

Zudem sind die Ausgaben der Titel 428. 2 nicht mehr deckungsfähig innerhalb der Hauptgruppe 4 (§ 5 Abs. 2 S. 1 Nr. 1, § 6 Abs. 11 HG 2021)

Entsprechend den ausgebrachten Haushaltsvermerken dürfen Minderausgaben bei Titel 518 .2 (ELM-Mieten) nicht für Deckungen verwendet werden.

1.6 Haushaltstechnische Verrechnungen

Buchungen der internen Verrechnungen nach § 61 BHO sind über Titel der Gruppen 381 und 981 und nur noch im HICO-Dialog (Beleg E4I), im HKR@WEB (Interne Verrechnung) oder über die elektronische Schnittstelle F15z (Verarbeitungsschlüssel 29981) abzuwickeln. Eine Verfahrensbeschreibung ist auf der Internetseite des ZFB und in den HKR-Dialogsystemen (HKR@WEB, HKRweb, HICO-Dialog) eingestellt.

Einzahlungen Dritter auf Titel der Gruppe 381 und Auszahlungen an Stellen außerhalb des Bundeshaushalts oder an Sondervermögen über Titel der Gruppe 981 sind ebenso unzulässig wie direkte Auszahlungen – also ohne Verrechnung über einen Titel der Gruppe 981 – aus den ursprünglichen Ausgabetiteln mit „korrespondierender" Buchung als Einnahme bei Titeln der Gruppe 381 oder anderen Einnahmetiteln.

Für interne Verrechnungen unter Verwendung der Festtitel 381 .3 „Verrechnungseinnahmen gemäß § 61 BHO außerhalb der Tit. 381 .1 und 381 .7" und 981 .3 „Verrechnungsausgaben gemäß § 61 BHO außerhalb der Tit. 981 .1 und 981 .7" wurde die Deckungs- bzw. Verstärkungsberechtigung in § 6 Abs. 10 HG 2021 zugelassen. Sollten diese Titel in einem Kapitel benötigt werden, kann die Einrichtung beim Spiegelreferat der Haushaltsabteilung des BMF formlos beantragt werden. Diese Titel sind bei Bedarf im Rahmen der nächsten Haushaltsaufstellung planmäßig auszubringen.

Regelungen zur Abgrenzung von freiwilligen Unterstützungsleistungen zur Amtshilfe sind im Haushaltsführungsrundschreiben 2015 unter Nr. 1.7.3 enthalten.

Bei der Buchung der den Haushalt in Einnahmen und Ausgaben durchlaufenden Posten (vgl. Teil IV der Übersichten zum Bundeshaushaltsplan) sind die Titel der Gruppen 382 und 982 zu verwenden, wenn im Verwahrungsbereich keine entsprechenden Buchungsstellen eingerichtet wurden. Einnahmen dürfen nur bei Titeln der Gruppe 382 vereinnahmt werden, wenn die daraus resultierenden Ausgaben bei Titeln der Gruppe 982 im gleichen Haushaltsjahr erfolgen. Ein eventuell bestehender Saldo aus dem Jahr 2020 ist auszugleichen.

Auf eine korrekte Bestimmung des jeweils zutreffenden Verrechnungstitels ist zu achten.

1.7 Erfassung der Zahlungen an externe Berater

Der Haushaltsausschuss des Deutschen Bundestages (HHA) hat BMF beauftragt, nach Ablauf eines Haushaltsjahres einen innerhalb der Bundesregierung abgestimmten Bericht zu den Kosten im Bundeshaushalt aufgrund der Inanspruchnahme externer Beratungsleistungen vorzulegen. Auf die fortgeltenden Hinweise und Vorgaben hierzu im BMF-Rundschreiben vom 25. Februar 2019 (IIA2-H1200/08/10073: 021) wird ausdrücklich hingewiesen.

Die im Haushaltsjahr 2020 für den gesamten Einzelplan (einschl. nachgeordneter Behörden) erfassten Daten sind in die beigefügte Excel-Tabelle (**Anlage 1** – zwei Tabellenblätter) unter Beachtung der als **Anlage 1a** beigefügten Ausfüllanleitung zu übernehmen. Zur Erfüllung der vorgegebenen Berichtspflicht sind die Unterlagen zeitgleich mit der Zulieferung an die Berichterstatter zu den jeweiligen Berichterstattergesprächen, die aufgrund der Bundestagswahl 2021 möglicherweise erst im Jahr 2022 stattfinden, ausschließlich per E-Mail an das Referatspostfach II A 2 (IIA2@bmf.bund.de) zu übersenden (unbedingt Excel-Tabellen, kein PDF).

Bei Ihren Meldungen achten Sie bitte darauf, dass die Tabellenformate eingehalten werden und alle Angaben zu den Beraterverträgen – auch im Hinblick auf die Vorjahresberichte – vollständig, konsistent und nachvollziehbar sind. Aus gegebener Veranlassung wird noch einmal auf Folgendes hingewiesen: Eventuelle Korrekturen bzw. Inkonsistenzen zu Vorjahren sind durch Fußnoten zu erläutern. Sofern Auftragnehmer ihre Zustimmung zur Nennung ihres Namens nicht gegeben haben, ist in die Tabelle „keine Zustimmung zur Namensnennung" einzutragen. Bitte nehmen Sie auch sämtliche Verträge in die Meldung auf, deren Vertragslaufzeit zwar den Berichtszeitraum umfasst, bei denen jedoch im Berichtszeitraum keine Zahlungen anfielen.

Zu **Rahmenvereinbarungen** hatte der BRH in einer querschnittlich angelegten Prüfung u.a. festgestellt, dass die Meldungen teilweise unvollständig und uneinheitlich waren. Aus diesem Anlass wurden in der **Anlage 1a** weitere erläuternde Regelungen aufgenommen.

1.8 Beschaffung, Aussonderung, Verwertung und Verwendung der Erlöse von Dienstkraftfahrzeugen

Für die Beschaffung von Dienstkraftfahrzeugen sind die im BMF-Rundschreiben vom 20. Dezember 2019 (II A 1 – H 1105/19/10002 :001 (Aufstellungsrundschreiben 2021)) dargelegten Beschaffungsgrundsätze zu beachten. Das Aufstellungsrundschreiben kann im Haushaltsportal des BMF (Abt. II) unter > *Haushaltsaufstellung* > *Bundeshaushalt 2021* abgerufen werden.

Dabei gilt ergänzend zu den Regelungen des Anhangs 3, dass zu beschaffende Elektro- und Hybrid-Fahrzeuge über ein akustisches Warnsystem (Acoustic Vehicle Alerting System – AVAS) verfügen sollen. Dieses muss den Forderungen der Verordnung (EU) 540/2014 entsprechen. Das akustische Warnsystem soll sehbehinderte Menschen vor herannahenden nahezu lautlosen Elektro- und Hybrid-Fahrzeugen warnen.

Zur Ersatzbeschaffung, Aussonderung und Verwertung von Dienstkraftfahrzeugen und zur Verwendung der Erlöse wird auf das BMF-Rundschreiben vom 27. März 2015 – II A 2 – H 1261/07/0001 sowie auf das ergänzende Rundschreiben zur Aussonderung sondergeschützter Dienstkraftfahrzeuge vom 21. Mai 2019 – II A 2 – H 1261/07/0001 Bezug genommen. Die genannten Rundschreiben und die aktuell geltende Hilfe zur Wirtschaftlichkeitsberechnung können im Haushaltsportal des BMF (Abt. II) unter > *Allg. Rundschreiben, Vordrucke* abgerufen werden.

Auf die im Rundschreiben angegebenen Verwertungsalternativen wird hingewiesen. Der Begriff „öffentliche Ausschreibung" setzt hier lediglich voraus, dass das Angebot des Bundes einem hinreichend breiten Interessentenkreis zugänglich gemacht wird, wobei es ausreicht, dass dieses Angebot innerhalb eines angemessenen Zeitraums eingesehen werden kann.

Die nach § 6 Abs. 7 HG 2021 vorgesehene Verstärkungsmöglichkeit ist auf die Aussonderung und Ersatzbeschaffung gemäß Nr. 1.1 des o.g. Rundschreibens ausgerichtet. Bei der HKR-Buchung ist das Bruttoprinzip zu beachten. Die „Mehreinnahmen" aus der Veräußerung von Dienstkraftfahrzeugen sind zunächst auf den Einnahmetiteln 119 99 oder 132 01 zu buchen. Durch Verfügbarkeitsverlagerung mittels eines Belegs E04 mit dem Deckungskennzeichen ++dk++ können die Mittel anschließend auf Titel 811 .1 übertragen werden.

1.9 Aufwendungen deutscher Sicherheitskräfte im Zusammenhang mit internationalen Einsätzen (Kapitel 6002 Titel 971 03)

Falls sich unterjährig ein zusätzlicher Bedarf für deutsche Sicherheitskräfte im Zusammenhang mit internationalen Einsätzen abzeichnet, muss vor Kabinettbeschluss eine konkrete Bedarfsprüfung bzw. -festlegung durch das federführende Ressort erfolgen und mit BMF abgestimmt werden. Der Kabinettbeschluss zu o.a. Titel bildet jeweils die Obergrenze der Ausgaben für die Einwilligung des BMF. Gemäß den verbindlichen Erläuterungen wird nach festgelegtem Verteilungsschlüssel eine haushaltsmäßige Umlage zur Deckung der Ausgaben vorgenommen.

Für die erforderliche haushaltsmäßige Einsparung dürfen keine gesperrten Ausgaben und Mittel aus Schätzansätzen (z.B. Geldleistungsgesetze) herangezogen werden.

Im gegebenen Fall sind bis zum **29. Oktober 2021** die vorläufigen Einsparstellen festzulegen und die Einsparbeträge im HKR-Verfahren mittels eines Belegs E04 mit dem Deckungskennzeichen ++dh++ auf das Kap. 6002 Titel 971 03 zu übertragen.

1.10 Maßnahmen zur Förderung der Kohleregionen gemäß Strukturstärkungsgesetz (Kapitel 6002 Tgr. 04)

Die Verfahrenshinweise zur haushaltsmäßigen Umsetzung des Gesetzes sind mit Rundschreiben vom 7. August 2020 – II B 2 – WI 0227/18/10002 :005 – bekannt gegeben worden. Auf die mit diesem Rundschreiben erlassenen Regelungen, *„… Zusätzlich sind alle Auszahlungen im Zusammenhang mit Ausgaben im Sinne des StStG im HKR-Verfahren mit der Textinformation ++STK++ zu erfassen. In den Fällen, in denen diese Verfahrensweise wegen der Vergabe ressortinterner Textinformationen nicht möglich ist, muss eine Nachweisbarkeit innerhalb der HKR-Struktur (insbesondere durch die Einrichtung von Objektkonten) gewährleistet sein. …"* wird hierbei besonders hingewiesen.

1.11 Liquiditätsplanung

Für die Liquiditätsplanung des Bundes sind zuverlässige Angaben der Ressorts unverzichtbar. Aus diesem Grund sind dem BMF, Referat II E 4, die erwarteten Einzahlungen und geplanten Auszahlungen möglichst taggenau an die E-Mail-Adresse Liquiditaet@bmf.bund.de zu melden. Auf die VV zu § 43 BHO wird hingewiesen.

1.12 Forderungsmanagement des Bundes

Nach VV Nr. 3.1 zu § 34 BHO sind über Forderungen mit bestimmter Fälligkeit dem zuständigen Dienstort der Bundeskasse unverzüglich Kassenanordnungen zu erteilen. Forderungen mit bestimmter Fälligkeit sind, unabhängig vom Fälligkeitsjahr, im Zahlungsüberwachungsverfahren (ZÜV) zum Soll zu stellen, soweit es sich nicht um Forderungen handelt, die im automatisierten Darlehensverfahren des Bundes oder in einem Zahlstellenverfahren überwacht werden. Forderungen sind auch dann zum Soll zu stellen, wenn nicht feststeht, ob sie einbringbar sind oder wenn nur das Fälligkeitsjahr bekannt ist. Forderungen, bei denen nur das Fälligkeitsjahr feststeht, sind mit einem Fälligkeitstag 31. Dezember des jeweiligen Fälligkeitsjahres zum Soll zu stellen. Auf die Regelungen zur Kennzeichnung offener Forderungen im fünften Abschnitt der Verfahrensrichtlinie für Mittelverteiler und Titelverwalter für das automatisierte Verfahren für das Haushalts-, Kassen- und

Rechnungswesen des Bundes (VerfRiB-MV/TV-HKR) wird besonders hingewiesen.

Auf die Empfehlungen zur Steigerung der Effizienz und Effektivität des Forderungsmanagements in der Bundesverwaltung aus der Spending Review zum Thema „Forderungsmanagement" (abgedruckt im Finanzbericht 2020, Seite 17 bzw. 105 f.), wird hingewiesen.

1.13 Erfassung der Einnahmeausfälle des Bundes

Die Einnahmeausfälle aus Forderungen des Bundes sind vollständig in einer Übersicht zur Haushaltsrechnung des Bundes auszuweisen. Mit der Erhebung der Einnahmeausfälle ist im Januar zu beginnen, um die Angaben für die Rechnungslegung zur Verfügung zu stellen.

2 Über- und außerplanmäßige Ausgaben

2.1 Grundsatz

Über- und außerplanmäßige Ausgaben bedürfen in jedem Fall – auch wenn im HKR-Verfahren die Verfügbarkeitsprüfung deaktiviert ist (bei sog. Soll=Ist-Fällen) – der Einwilligung des BMF. Die Einwilligung zur Leistung von über- oder außerplanmäßigen Ausgaben kann nur im Fall eines unvorhergesehenen und unabweisbaren Bedarfs erteilt werden. Auf eine aussagefähige Begründung ist zu achten. Bei der Prüfung, ob diese Voraussetzungen vorliegen, wird ein strenger Maßstab sowohl in sachlicher als auch in zeitlicher Hinsicht angelegt. Überplanmäßige Ausgaben kommen grundsätzlich nur nach Ausschöpfung aller bestehenden Deckungsmöglichkeiten in Betracht.

2.2 Rechtzeitige Antragstellung

Im Vollzug werden immer wieder Verpflichtungen eingegangen, die zu über- oder außerplanmäßigen Ausgaben führen, oder über- und außerplanmäßige Ausgaben geleistet, bevor die gesetzlich vorgeschriebene Einwilligung des BMF eingeholt und erteilt wurde. Die Ressorts werden gebeten, durch geeignete Maßnahmen in ihrem Geschäftsbereich sicherzustellen, dass Anträge auf Einwilligung in über- und außerplanmäßige Ausgaben so rechtzeitig gestellt werden, dass vom BMF nicht bewilligte über- und außerplanmäßige Ausgaben vermieden werden. Dies gilt gemäß § 37 Abs. 2 BHO auch für Maßnahmen, durch die für den Bund Verpflichtungen entstehen können, für die Ausgaben im Haushaltsplan nicht veranschlagt sind. Nach § 4 Abs. 1 Satz 2 HG 2021 sind über- und außerplanmäßige Ausgaben, die im Einzelfall den in § 4 Abs. 1 Satz 1 HG 2021 festgelegten Betrag von 5 Mio. € oder im Falle der Erfüllung von Rechtsverpflichtungen einen Betrag von 50 Mio. € überschreiten, vor Einwilligung des BMF dem HHA zur Unterrichtung vorzulegen, soweit nicht aus zwingenden Gründen eine Ausnahme geboten ist. Die Unterrichtung erfolgt mit Vorlage durch das zuständige Spiegelreferat der Haushaltsabteilung des BMF. Die zugrunde liegenden Ressortanträge sind dem BMF unter Berücksichtigung der Zeitläufe für eine sachgerechte Bearbeitung sowie eine Reihe von Verfahrensschritten vorzulegen.

2.3 Einsparung von über- und außerplanmäßigen Ausgaben

Über- und außerplanmäßige Ausgaben sind haushaltsmäßig innerhalb des Verfügungsrahmens des Einzelplans gleichwertig einzusparen. Die Einwilligung des BMF kann nur in Aussicht gestellt werden, wenn bei der Antragstellung eine konkrete Einsparstelle benannt wird.

Einsparungen außerhalb des jeweiligen Einzelplans sind grundsätzlich nicht möglich. Nicht vom BMF genehmigte über- und außerplanmäßige Ausgaben sind in jedem Fall im jeweiligen Einzelplan einzusparen.

2.4 Behandlung von Vorgriffen bei übertragbaren Ausgaben

Vorgriffe (§ 37 Abs. 6 BHO) sind im laufenden Haushaltsjahr kassenmäßig einzusparen und im folgenden Haushaltsjahr bei der Bewilligung für den gleichen Zweck anzurechnen. In Höhe des Vorgriffs dürfen im folgenden Haushaltsjahr keine Ausgaben geleistet und keine Ausgabereste gebildet werden. Wird auf die Vorgriffsbehandlung verzichtet, ist entsprechend **Nr. 2.3** zu verfahren. Auf korrekte Antragstellung ist zu achten.

2.5 Leistung von Ausgaben aufgrund erwarteter Einnahmen

Ausgaben, die unter den Voraussetzungen des Haushaltsvermerks

> „Dies gilt auch für zu erwartende Einnahmen aus bestehenden Ansprüchen. Falls Ausgaben aufgrund zu erwartender Einnahmen geleistet wurden und diese Einnahmen im laufenden Haushaltsjahr nicht eingehen, dürfen diese Einnahmen, soweit sie in den folgenden Haushaltsjahren eingehen, nicht mehr zur Leistung von Ausgaben verwendet werden."

geleistet und nicht durch die erwarteten Einnahmen finanziert wurden, reduzieren die verfügbaren Mittel des Folgejahres. Sie sind im laufenden Haushaltsjahr kassenmäßig einzusparen.

2.6 Rundungsregel

Bei Einwilligung in über- und außerplanmäßige Ausgaben gemäß Art. 112 GG, § 37 BHO wird BMF jeweils auf volle Tausend € aufrunden. Die damit verbundenen Einsparbeträge werden entsprechend festgesetzt. Die Einwilligung gilt jedoch nur bis zur Höhe des dargelegten Ausgabebedarfs. Zusätzlich notwendige Ausgaben können im Rahmen des zugrundeliegenden Sachverhalts bis zur Höhe des aufgerundeten Betrages geleistet werden. Anderenfalls bedarf es der erneuten Einwilligung des BMF.

3 Ausgabereste

3.1 Grundsatz

Ausgabereste dürfen nach § 45 BHO nur gebildet werden, soweit dies unbedingt notwendig ist (s.a. VV Nr. 3 zu § 45 BHO). Bei der Bildung von Ausgaberesten ist der Verfügungszeitraum des § 45 Abs. 2 BHO zu beachten. Über- und außerplanmäßige Ausgaben sind mit Rücksicht auf das nur unterjährig geltende Notbewilligungsrecht des BMF nicht übertragbar; die Bildung von Ausgaberesten ist hier ausgeschlossen.

3.2 Umsetzung des ressortübergreifenden Maßgabebeschlusses des Haushaltsausschusses zum Abbau von Ausgaberesten (Ausschuss-Drs. 19(8)8295)

Der Haushaltsausschuss hat in seiner 83. Sitzung am 26. November 2020 im Rahmen der Beschlussfassung zum Bundeshaushalt 2021 die Bundesregierung aufgefordert, in den kommenden Haushaltsjahren die Höhe der Ausgabereste deutlich abzubauen und hierbei die folgenden Vorgaben umzusetzen:

- „Die Bildung von flexibilisierten Ausgaberesten ist auf jährlich höchstens 85 Prozent der aus dem Vorjahr übertragbaren Mittel im flexibilisierten Bereich zu begrenzen. Dies gilt erstmals im Haushaltsjahr 2021 für die Bildung von flexibilisierten Ausgaberesten aus den übertragbaren Mitteln des Jahres 2020."

- „Die aus dem Haushalt 2020 gebildeten nicht-flexibilisierten Ausgabereste sind – sofern sie nicht rechtlich gebunden sind – im Umfang von mindestens 10 Prozent zum Ende des Jahres 2021 in Abgang zu stellen. In den Folgejahren ist in gleicher Weise für die jeweils aus dem Vorjahr gebildeten Ausgabereste im nicht-flexibilisierten Bereich zu verfahren."

Diese Vorgaben sind durch geeignete Maßnahmen der Ressorts innerhalb des jeweiligen Verfügungsrahmens des Einzelplans bereits ab der Bildung von Ausgaberesten im Haushalt 2021 sicherzustellen.

3.3 Darstellung der Ausgabereste im Regierungsentwurf 2022

Im Regierungsentwurf 2022 werden bei allen Einzelplänen die flexibilisierten Ausgabereste eines Kapitels summarisch und die Ausgabereste außerhalb des flexibilisierten Bereichs titelbezogen dargestellt.

Zu diesem Zweck müssen die Ressorts bis zum **31. Mai 2021** die Ausgabereste nicht-flexibilisierter Titel gebildet und die Bedarfsprüfung der flexibilisierten Ausgabereste abgeschlossen haben.

3.4 Vorausfreigaben

Vor Abschluss der Rechnungslegungsarbeiten für den Haushalt 2020 kommt mangels feststehender Datenbasis eine Bildung und Inanspruchnahme von Ausgaberesten nur in Betracht, wenn eine Auszahlung aus zwingenden Gründen vor Abschluss der Rechnungslegungsarbeiten für den jeweiligen Einzelplan (Redaktionsschluss für die Ressorts: 31. März 2021) **nur** durch die Inanspruchnahme von Ausgaberesten erfolgen kann. Dies kommt grundsätzlich nur bei Leertiteln oder gesperrten Titeln in Betracht, da bei Titeln mit Ansätzen zunächst die Auszahlung aus dem Sollansatz erfolgen kann. Die Gründe für die Vorausfreigabe sind im Antrag darzulegen.

Die Freischaltung des Dialogsystems HKR@WEB erfolgt erst, wenn die Datenbasis für alle Einzelpläne endgültig und unveränderlich festgestellt ist. Dies wird auf der Informationsseite Rechnungslegung des Dialogsystems gesondert bekannt gegeben.

3.5 Bedarfsprüfung, Bildung und Inanspruchnahme von Ausgaberesten im flexibilisierten Bereich

Das BMF-Rundschreiben vom 23. November 2015 (II A 2 – H 1200/14/10063) ist anzuwenden.

Vor dem Hintergrund des insgesamt steigenden Volumens der übertragbaren flexibilisierten Ausgaben ist bei der Bedarfsprüfung zwingend ein strenger Maßstab anzulegen und dabei eigenverantwortlich die Umsetzung des Beschlusses des Haushaltsausschusses einzelplanbezogen sicherzustellen (**vgl. Nr. 3.2**). Dies gilt in besonderem Maße für die Kapitel, in denen wiederholt ein Anstieg der übertragenen Ausgabereste festzustellen ist bzw. das Ausgaberestevolumen überdurchschnittlich hoch ausfällt. Im Übrigen sind die Ergebnisse des Haushaltsaufstellungsverfahrens zu berücksichtigen.

3.6 Bildung und Inanspruchnahme von Ausgaberesten außerhalb des flexibilisierten Bereichs

3.6.1 Verwendung des Dialogsystems HKR@WEB

Die Bildung und Inanspruchnahme von Ausgaberesten sowie erforderliche Beteiligungen des BMF erfolgen ausschließlich im Dialogsystem HKR@WEB. Die Bildung von Ausgaberesten wird automatisch verarbeitet, wenn ein Antrag gemäß **Nr. 3.6.2** nicht erforderlich ist. Die Inanspruchnahme der Ausgabereste in den Fällen von **Nr. 3.6.4** und die Festlegung einer konkreten zulässigen Einsparstelle erfolgen ebenfalls ohne weitere Beteiligung des BMF. Die Nutzung des Dialogsystems HKR@WEB stellt sicher, dass BMF in den Fällen der **Nr. 3.6.2 und Nr. 3.6.5** beteiligt wird.

Bereits bei der Bildung sollte dabei eigenverantwortlich auf die einzelplanbezogene Umsetzung der Vorgaben des Beschlusses des

Haushaltsausschusses hingewirkt werden (**vgl. Nr. 3.2**). Vorsorglich wird darauf hingewiesen, dass gebildete Ausgabereste im Dialogsystem HKR@WEB nicht wieder in Abgang gestellt werden können.

3.6.2 Verlängerung des Verfügungszeitraums gemäß § 45 Abs. 2 Satz 3 BHO

Eine positive BMF-Entscheidung über die nach § 45 Abs. 2 Satz 3 BHO mögliche Ausnahmeregelung der Verlängerung des Verfügungszeitraums für Ausgabereste kann nur bei Darlegung eines konkreten Bedarfs für die Fristverlängerung in Aussicht gestellt werden, insbesondere wenn dieser nicht mit verfügbaren Ausgaberesten oder aus dem veranschlagten Sollansatz finanziert werden kann. Es muss dabei erkennbar sein, weshalb im gesetzlich vorgeschriebenen Verfügungszeitraum über die Ausgabereste nicht abschließend verfügt werden konnte. Die bloße Angabe „Erfüllung eingegangener Verpflichtungen" o.ä. ist dementsprechend nicht ausreichend.

3.6.3 Voraussetzung für die Inanspruchnahme und Einsparauflage

Die Inanspruchnahme von Ausgaberesten ist nur zulässig, wenn die Reste innerhalb der folgenden drei Monate zur Erfüllung entsprechender Verpflichtungen benötigt werden und eine kassenmäßige Einsparung innerhalb des Verfügungsrahmens des Einzelplans sichergestellt ist. Bei Antragstellung ist dies zu bestätigen. Eine kassenmäßige Einsparung zulasten aller Einzelpläne (einschließlich des betroffenen Einzelplans) kommt grundsätzlich nur in Betracht, wenn es sich um Ausgabereste aus zweckgebundenen Einnahmen (einschl. der sog. durchlaufenden Mittel) handelt. Auch in diesen Fällen erfolgt die kassenmäßige Einsparung verursachungsgerecht vorrangig in dem Einzelplan, der von der Inanspruchnahme der Ausgabereste profitiert. Geeignete Einsparstellen sind dem ZFB im Rahmen der Erarbeitung der Rechnung zu benennen. Ist eine Einsparung im begünstigten Einzelplan nicht möglich, wird eine geeignete Einsparstelle in den Einzelplänen 01 bis 30 herangezogen.

Dies gilt auch bei anderen Deckungsnotwendigkeiten zulasten anderer oder aller Einzelpläne.

3.6.4 Allgemeine Einwilligung des BMF in die Inanspruchnahme

Die nach § 45 Abs. 3 BHO erforderliche Einwilligung des BMF in die Inanspruchnahme von Ausgaberesten wird hiermit allgemein erteilt für die Fälle, in denen eine konkrete zulässige Einsparstelle feststeht.

Zur Einsparung dürfen dabei nicht verwendet werden:

– Gesperrte Ausgaben, wobei Art und Grund der Sperre unerheblich sind,

– die in der **Anlage 2** zusammengestellten, im Regelfall auf gesetzlicher Verpflichtung beruhenden Ausgaben (z.B. Schätzansätze bei den wesentlichen Geldleistungsgesetzen, gesetzliche Leistungen in der Sozialversicherung, Verwendung der Lkw-Maut, ELM-Mieten), es sei denn, der in Anspruch zu nehmende Ausgaberest gehört ebenfalls zu einem Titel dieser Anlage,

– Investitionsausgaben, es sei denn, bei dem in Anspruch zu nehmenden Ausgaberest handelt es sich ebenfalls um Investitionsausgaben,

– flexibilisierte Ausgaben.

3.6.5 Gesonderte Einwilligung des BMF in die Inanspruchnahme

In allen anderen Fällen bedarf es der gesonderten Einwilligung des BMF nach § 45 Abs. 3 BHO in die Inanspruchnahme der Ausgabereste. Dabei behält sich das BMF generell vor, die Auflösung von vorläufigen Deckungskonten bereits vor Ablauf des Haushaltsjahres zu verlangen.

3.6.6 Verkehrsinvestitionen

Die Inanspruchnahme von Ausgaberesten bei den Ausgaben der Hauptgruppen 7 und 8 in den Kapiteln 1201 (ohne Lkw-Maut-Anteile in Tgr. 01 und ohne Tgr. 02), 1202 und 1203 sowie bei den Ausgaben des Kapitels 1210 Titel 891 51 erfolgt durch Einsparung zu Lasten aller Einzelpläne. Die Ausgabereste bleiben bei Bedarf auch über die zeitlichen Grenzen des § 45 Abs. 2 BHO hinaus verfügbar. Die Zustimmung zu einer im Bedarfsfall über die zeitlichen Grenzen des § 45 Abs. 2 BHO hinausgehenden Nutzung gilt als erteilt.

4 Verpflichtungsermächtigungen

4.1 Deckungsfähigkeit von Verpflichtungsermächtigungen

Die Deckungsfähigkeit darf nur in Anspruch genommen werden, wenn die Verpflichtungsermächtigungen betragsmäßig auf Fälligkeitsjahre aufgeteilt sind. Die Inanspruchnahme der Deckungsfähigkeit für Verpflichtungsermächtigungen, deren Jahresbeträge noch nicht feststehen, bedarf der Einwilligung des BMF in entsprechender Anwendung des § 38 Abs. 2 BHO.

4.2 Über- und außerplanmäßige Verpflichtungsermächtigungen

Bei Anträgen auf über- und außerplanmäßige Verpflichtungsermächtigungen sind die **Nrn. 2.1 bis 2.3** unter Berücksichtigung der in § 4 Abs. 2 HG 2021 genannten Betragsgrenzen entsprechend zu beachten.

4.3 Eingehen von Verpflichtungen ohne Verpflichtungsermächtigung bei übertragbaren Ausgaben

Im Falle der Anwendung von § 38 Abs. 4 Satz 2 BHO haben die mittelbewirtschaftenden Stellen sicherzustellen, dass Ausgabereste in der für die Erfüllung der Verpflichtung im nächsten Jahr erforderlichen Höhe gebildet werden können und die Verpflichtung im HKR-Verfahren gebucht wird (vgl. **Nr. 6.1**). Die zur Bildung des Ausgaberestes benötigten Minderausgaben dürfen nicht zur Deckung von Mehrausgaben an anderer Stelle oder zur Einsparung über- oder außerplanmäßiger Ausgaben verwendet werden. Das Eingehen von Verpflichtungen über das folgende Haushaltsjahr hinaus ist ausgeschlossen.

5 Personal

5.1   Verbindlichkeit der Stellenpläne für Arbeitnehmerinnen und Arbeitnehmer

Die Stellenpläne für Arbeitnehmerinnen und Arbeitnehmer sind verbindlich (§ 14 Abs. 1 Satz 1 HG 2021). Unbefristete Arbeitsverträge dürfen nur abgeschlossen werden, wenn entsprechende Stellen zur Verfügung stehen. Liegen die haushaltsrechtlichen Voraussetzungen für eine Bezahlung aus Titel 427 .9 nicht vor (siehe **Nr. 5.16**), sind auch Beschäftigte mit befristeten Arbeitsverträgen auf Stellen zu führen.

Arbeitnehmerinnen und Arbeitnehmer, die während der Geltungsdauer des BAT ohne Änderung ihrer Tätigkeit wegen Ablaufs einer für die einzelnen Vergütungsgruppen besonders festgesetzten Zeit höhergruppiert wurden, dürfen weiterhin auf ihren bisherigen Stellen geführt werden, auch wenn die Entgeltgruppe, in die sie übergeleitet wurden, höher ist als die Wertigkeit der umgewandelten Stelle. Dies gilt auch für Arbeitnehmerinnen und Arbeitnehmer, die nach Inkrafttreten des TVöD aufgrund von § 8 Abs. 1 oder Abs. 3 TVÜ-Bund höhergruppiert wurden.

Wird Personal ausnahmsweise aufgrund von Arbeitnehmerüberlassungsverträgen (z.B. mit Zeitarbeitsunternehmen) eingesetzt, handelt es sich aus Sicht der aufnehmenden Behörde um den Einkauf einer Dienstleistung. Die Ausgaben sind aus dem Titel der Hauptgruppe 5 zu leisten, dem diese Dienstleistung schwerpunktmäßig zuzuordnen ist, hilfsweise dem Titel 539 99 – Vermischte Verwaltungsausgaben –.

Dies gilt entsprechend für institutionell geförderte Zuwendungsempfänger und sonstige vergleichbar geförderte Einrichtungen.

5.2   Besetzung von Planstellen mit Arbeitnehmerinnen und Arbeitnehmern

Soweit vorübergehend Planstellen mit Arbeitnehmerinnen oder Arbeitnehmern besetzt werden (VV Nr. 2 zu § 49 BHO), richtet sich die Vergleichbarkeit von Planstellenbewertung und Eingruppierung der Arbeitnehmerin oder des Arbeitnehmers nach § 5 TV EntgO Bund.

5.3   Stellenplanflexibilisierung

Nach § 14 Abs. 1 Satz 3 HG 2021 kann das BMF pauschale Abweichungen von der Verbindlichkeit der Erläuterungen zu den Titeln der Gruppe 428 .1 unter der Bedingung zulassen, dass dadurch die Personalausgaben der einbezogenen Stellen um mindestens 5 Prozent gemindert werden.

Von der Ermächtigung wird BMF auf Antrag Gebrauch machen, sofern

– nicht mehr als 20 Prozent des Stellensolls des betroffenen Kapitels in die Flexibilisierung einbezogen werden und

– das Stellensoll je Entgeltgruppe um nicht mehr als 20 Prozent überschritten wird.

Im Antrag sind die konkret beabsichtigten Veränderungen, deren Dauer sowie die Maßnahmen zur Erfüllung der Einsparauflage anzugeben.

Die haushaltsgesetzliche Einsparauflage bedeutet, dass durch Absenkung bzw. Sperrung von Stellen zum einen Finanzneutralität gewährleistet und zum anderen eine Einsparung in Höhe von 5 Prozent erwirtschaftet werden muss. Als Basis für die Berechnung der Einsparung ist dabei der Differenzbetrag zwischen den jeweils gültigen Personalkostensätzen für die ursprüngliche und die gehobene Stelle zugrunde zu legen.

Beispiel:	Hebung einer Stelle der Entgeltgruppe 13 nach Entgeltgruppe 14:
	Einzusparen sind der Differenzbetrag zwischen E 13 und E 14 sowie weitere 5 Prozent dieser Differenz.

Zur Klarstellung wird darauf hingewiesen, dass die Finanzneutralität in zeitlicher Hinsicht so lange gewährleistet sein muss, wie die Veränderungen andauern. Veränderungen, die aufgrund von Ermächtigungen in früheren Haushaltsgesetzen vorgenommen worden sind und fortwirken sollen, müssen daher finanzneutral sein und unterliegen weiter der Einsparauflage.

Veränderungen, die auf Dauer beibehalten werden sollen, sind im Rahmen der nächsten Haushaltsaufstellung anzumelden.

5.4   Ansprüche auf Höhergruppierung bei Zuwendungsempfängern

Gemäß § 14 Abs. 2 Satz 5 HG 2021 werden die obersten Bundesbehörden ermächtigt, in Fällen unvorhergesehener und unabweisbarer Höhergruppierungsansprüche nach Maßgabe der folgenden Bedingungen Abweichungen vom Stellenplan ihrer Zuwendungsempfänger zuzulassen:

– Ein Fall der Unvorhergesehenheit liegt nur dann vor, wenn die Übertragung höherwertiger, tarifliche Ansprüche begründender Tätigkeiten versehentlich geschehen ist und die tarifrechtlichen Konsequenzen nicht offensichtlich waren. Die bewusste Schaffung der tatsächlichen Voraussetzungen eines Höhergruppierungsanspruchs kommt nur bei Vorhandensein besetzbarer Stellen der einschlägigen Wertigkeit in Betracht.

– Unabweisbar ist ein Höhergruppierungsanspruch nur dann, wenn wirtschaftliche Alternativen, wie z.B. ein Neuzuschnitt des Arbeitsplatzes oder die vorübergehende Zahlung einer Zulage, nicht möglich sind.

– Die durch die Höhergruppierung verursachten Mehrausgaben sind im Wirtschaftsplan aufzufangen.

5.5   Neueinstellung von schwerbehinderten Menschen

Im Sinne von § 20 Abs. 2 HG 2021 ist auch die unbefristete Einstellung bisher befristet beschäftigter Arbeitskräfte (Titel 427 .9) eine Neueinstellung.

5.6   Erwirtschaftung von kw-Vermerken

Durch geeignete personalwirtschaftliche Maßnahmen ist rechtzeitig sicherzustellen, dass der Wegfall von mit einem befristeten kw-Vermerk versehenen Planstellen oder Stellen spätestens zum Stichtag realisiert werden kann. Dabei ist insbesondere auch die Möglichkeit der kapitelübergreifenden Umsetzung von Planstellen und Stellen zu prüfen. Zur Erwirtschaftung von Stellen wird darauf hingewiesen, dass eine Arbeitnehmerin oder ein Arbeitnehmer für die Dauer von bis zu zwei Jahren auch auf einer freien Planstelle der gleichwertigen Besoldungsgruppe geführt werden darf (vgl. VV Nr. 2.4 zu § 49 BHO). Vor einer Befristung frei werdende Planstellen bzw. Stellen dürfen nur wiederbesetzt werden, wenn sichergestellt ist, dass zum Stichtag eine andere Planstelle bzw. Stelle dieser Besoldungs- bzw. Entgeltgruppe frei ist. Von der Ermächtigung nach § 20 Abs. 1 HG 2021 wird BMF daher nur Gebrauch machen, wenn auch durch die oben beschriebenen rechtzeitigen Bewirtschaftungsmaßnahmen nicht erreicht werden kann, dass zum Datum des Stellenwegfalls eine Planstelle oder Stelle der entsprechenden Besoldungs- oder Entgeltgruppe zur Verfügung steht.

Die zur Erbringung der gesetzlichen Stelleneinsparung ausgebrachten kw-Vermerke sind vorrangig zu erbringen.

5.7   Ausbringung von Ersatzplanstellen

Der unabweisbare Bedarf zur Ausbringung von Ersatzplanstellen gemäß § 17 HG 2021 ist dem BMF auf Nachfrage darzulegen.

Zur Klarstellung wird darauf hingewiesen, dass eine Verwendung im Rahmen der internationalen Zusammenarbeit (§ 17 Abs. 1

Satz 1 Nr. 2 HG 2021) nicht vorliegt, wenn die Verwendung innerhalb der unmittelbaren Bundesverwaltung erfolgt (z.B. Tätigkeit an deutschen Auslandsvertretungen).

5.8 Ausbringung und Anpassung von Leerstellen

Nach § 18 Abs. 1 HG 2021 gilt eine Leerstelle zu dem Zeitpunkt als ausgebracht, zu dem einer der dort aufgeführten Tatbestände erfüllt ist. Gemäß § 18 Abs. 5 Satz 2 HG 2021 sind die obersten Bundesbehörden ermächtigt, Leerstellen bis zur Besoldungsgruppe B 3 einschließlich anzupassen, wenn eine Beförderung erfolgen soll. Nach Grundsätzen, die mit dem HHA abgestimmt sind, setzt dies voraus, dass

- die laufbahnrechtlichen und leistungsmäßigen Voraussetzungen für die Beförderung erfüllt sind oder der Bundespersonalausschuss einer entsprechenden Ausnahme zugestimmt hat,

- vergleichbare Beamtinnen oder Beamte bereits befördert sind oder zur Beförderung unmittelbar heranstehen und

- ein konkreter Dienstposten mit Planstelle zur Verfügung steht, auf dem die Beamtin oder der Beamte ohne die Beurlaubung befördert worden wäre.

Sollen Leerstellen aufgrund anderer Tatbestände ausgebracht werden, sind diese im Haushaltsaufstellungsverfahren anzumelden. Dabei ist insbesondere das dienstliche Interesse an der Beurlaubung darzulegen.

5.9 Stellenbewirtschaftung bei Teilzeit, insbesondere bei Altersteilzeit

Für die Frage, in welchem Umfang Planstellen oder Stellen bei Teilzeitbeschäftigung als besetzt gelten, ist in **allen** Fällen der Teilzeitbeschäftigung (z.B. Familienpflegezeit, Teilzeit nach dem FALTER-Arbeitszeitmodell, Teilzeitbeschäftigung nach §§ 91 oder 92 Bundesbeamtengesetz i.V.m. § 9 der Arbeitszeitverordnung) darauf abzustellen, in welchem Verhältnis die geleistete Arbeitszeit zur Arbeitszeit eines oder einer Vollzeitbeschäftigten steht. Dies gilt auch dann, wenn die Teilzeit im Blockmodell durchgeführt wird.

Für die Bewirtschaftung der Planstellen/Stellen bei Altersteilzeitbeschäftigung bedeutet dies, dass die Planstelle oder Stelle bei Wahl des Teilzeitmodells in der Regel durchgängig zu 50 Prozent, bei Wahl des Blockmodells in der Arbeitsphase zu 100 Prozent und in der Freistellungsphase zu 0 Prozent besetzt ist. Hinsichtlich der/des frei gewordenen Stelle/Stellenanteils ist zu unterscheiden:

- Wird die Altersteilzeit **in einem Stellenabbaubereich** (vgl. § 93 Absatz 3 Satz 1 Nr. 4 des Bundesbeamtengesetzes bzw. § 3 Absatz 1 des Tarifvertrags zur Regelung flexibler Arbeitszeiten für ältere Beschäftigte) gewährt, fallen die jeweils frei gewordenen Stellen oder Stellenanteile ersatzlos weg.

- Wird die Altersteilzeit **im Rahmen der gesetzlich oder tariflich festgelegten Quote** gewährt, dürfen die frei gewordenen Stellen oder Stellenanteile anderweitig verwendet werden, soweit die Ausgaben für die Ersatzbeschäftigungen die Einsparungen aufgrund der Altersteilzeitbeschäftigungen nicht übersteigen. Die in **Anlage 3** getroffene Regelung zur Finanzneutralität ist zu beachten.

5.10   Verwendung von Überhangpersonal

5.10.1 Vorrangige Besetzung frei werdender Planstellen und Stellen mit Überhangpersonal

Gemäß § 21 HG 2021 sind freie Planstellen und Stellen in erster Linie mit Bediensteten zu besetzen, die bei anderen Bundesbehörden unbefristet beschäftigt und wegen Aufgabenrückgangs oder wegen der Auflösung der Behörde entbehrlich geworden sind.

Unter diese Bestimmung fallen derzeit:

- Beschäftigte (einschließlich Berufssoldatinnen und Berufssoldaten) im Geschäftsbereich des Bundesministeriums der Verteidigung (BMVg)
  (Ansprechstelle: Bundesamt für das Personalmanagement der Bundeswehr, V 2.Z – Zentrale Aufgabensteuerung Personalführung (Kurzbezeichnung: BAPersBw V2.Z),
  E-Mail: BAPersBwV2.Z@bundeswehr.org),

- Bundespolizeiliche Unterstützungskräfte im Geschäftsbereich des Bundesministeriums des Innern, für Bau und Heimat (BMI)
  (Ansprechpartner: Bundespolizeipräsidium, Referat 72, Herr Christian Jaworski, Heinrich-Mann-Allee 103, 14473 Potsdam, Tel.: 0331/97997-7240,
  E-Mail: bpolp.referat.72.P@polizei.bund.de),

§ 21 HG 2021 gilt zudem sinngemäß für:

- Beschäftigte der Deutschen Bahn (zugewiesene und beurlaubte Beamtinnen und Beamte des Bundeseisenbahnvermögens sowie Arbeitnehmerinnen und Arbeitnehmer, die zum Zeitpunkt der 1. Stufe der Bahnreform unkündbar waren), die sich im Prozess der beruflichen Neuorientierung befinden
  (Ansprechpartner: Frau Manuela Hott, DB JobService GmbH, Caroline-Michaelis-Straße 5–11, 10115 Berlin, Tel.: 030/297-58306, mobil: 0160/97435300 sowie Herr Ottmar Hausmann, DB JobService GmbH, Sandstraße 38–40, 90443 Nürnberg, Tel.: 0911/219-3220, mobil: 0160/97432940,
  E-Mail: abteilung-oeffentliche-verwaltung@deutsche-bahn.com),

- Beamtinnen und Beamte der Postnachfolgeunternehmen:
  - Vivento, Deutsche Telekom AG
    (Ansprechpartner: Herr Heinz-Jürgen Brehm, Key Account Manager, Sürther Straße 168, 50321 Brühl, Tel.: 0221/3398 29673, mobil: 0170/3435741, Fax: 0391/5801 22325, E-Mail: heinz-juergen.brehm@telekom.de),
  - Deutsche Post AG
    (Ansprechpartner: Herr Guido Scheuren, Senior Experte, Zentrale, Abteilung 1 R 2, Charles-de-Gaulle-Str. 20, 53113 Bonn, Tel.: 0228/182938 48, mobil: 0171/3046219 E-Mail: g.scheuren@deutschepost.de),
  - Deutsche Bank AG (ehemals Postbank)
    (Ansprechpartner: Deutsche Bank AG, Abteilung Dienstherrenangelegenheiten, Friedrich-Ebert-Allee 114–126, 53113 Bonn;
    Herr Jens Lautenschläger, Tel.: 0228/920 32215, Fax: 0228/920 36009,
    E-Mail: jens.lautenschlaeger@postbank.de).

Darüber hinaus werden Ressorts, welche Personalüberhänge besitzen, die nicht oder nur langfristig durch Vermittlung im eigenen Geschäftsbereich abbaubar sind, gebeten, dies im Kreis der obersten Bundesbehörden bekannt zu machen.

Vor einer allgemeinen, öffentlich zugänglichen Ausschreibung (z.B. im Internet, Printmedien) zum Zwecke der Einstellung externer Bewerberinnen und Bewerber (= bisher nicht dauerhaft beim Bund Beschäftigte) ist mit allen vorstehend genannten Einrichtungen Kontakt aufzunehmen. Auf eine Beteiligung der Überhangbehörden kann nur bei offensichtlich dort nicht vorhandenem Fachpersonal verzichtet werden. In allen anderen Fällen soll vor einer externen Stellenausschreibung den Überhangbehörden eine angemessene Frist von vier Wochen ab Bekanntgabe zur Prüfung und ggf. Meldung von Personalüberhängen eingeräumt werden. Eine Bestenauslese aus einem gemeinsamen Bewerberkreis von Überhangpersonal und externen Bewerberinnen und Bewerbern wird dem gesetzlichen Vorrang der Übernahme von Überhangpersonal nicht gerecht. Kann die grundsätzliche Eignung für eine Tätigkeit nach Aktenlage nicht abschließend festgestellt werden, besteht die Möglichkeit, das Überhangpersonal zur Erprobung und ggf. Qualifizierung abzuordnen, ohne dass die aufnehmende Dienststelle die Bezüge erstattet (siehe § 10 Abs. 1 HG 2021).

Die Kontaktaufnahme und ggf. die Gründe, warum die Übernahme aus dem Kreis der benannten Angehörigen dieser Einrichtungen nicht in Betracht gekommen ist, sind aktenkundig zu machen.

5.10.2 Ausbringung und Umsetzung von Planstellen und Stellen für Überhangpersonal

Gemäß § 16 Abs. 1 HG 2021 können bei nachgewiesenem Bedarf Planstellen und Stellen zur Übernahme von Überhangpersonal i.S. der **Nr. 5.10.1** ausgebracht werden, sofern eine Übernahme auf freie Planstellen und Stellen gem. § 21 HG nicht möglich ist. Überhangbeschäftigte der in **Nr. 5.10.1** genannten Behörden dürfen von der aufnehmenden Behörde nur auf Planstellen/Stellen übernommen werden, die ihrer Besoldungs- bzw. Entgeltgruppe entsprechen. Die erforderlichen Planstellen/Stellen werden zum Zeitpunkt der Versetzung ausgebracht. Die Stellenpläne werden im Rahmen des Aufstellungsverfahrens aktualisiert.

Bei der Versetzung von befristet Teilzeitbeschäftigten wird eine ganze Stelle ausgebracht und beim abgebenden Ressort in Abgang gestellt. Sofern unbefristet Teilzeitbeschäftigte ihre Arbeitszeit zum Zeitpunkt der Versetzung im Einvernehmen mit dem aufnehmenden Ressort erhöhen, wird beim aufnehmenden Ressort ein der Arbeitszeit entsprechender Stellenanteil/eine entsprechende Stelle ausgebracht. Beim abgebenden Ressort wird dagegen lediglich der bisherige Stellenanteil in Abgang gestellt.

Der Übernahme von in **Nr. 5.10.1** genannten Beschäftigten der Deutschen Bahn geht in der Regel eine 6-monatige Abordnung voraus. Ab der Versetzung werden die Kosten für das laufende Haushaltsjahr von dem aufnehmenden Ressort übernommen. Eine bedarfsgerechte Veranschlagung der Personalausgaben erfolgt erst im nächsten Aufstellungsverfahren mit dem Regierungsentwurf. Die Berechnung der Personalausgaben ist anhand der zum Zeitpunkt der Veranschlagung gültigen Personalkostensätze durchzuführen. Die erforderlichen Planstellen/Stellen werden zum Zeitpunkt der Versetzung ausgebracht. Eine Umsetzung von Personalausgaben bzw. Planstellen/Stellen erfolgt nicht, da es sich beim Bundeseisenbahnvermögen um ein Sondervermögen handelt, dass nicht unmittelbar im Bundeshaushalt abgebildet wird.

5.10.3 Übernahme von Beamtinnen und Beamten der Postnachfolgeunternehmen

BMF – Abteilung II – hat mit der Deutschen Telekom AG, der Deutschen Post AG und der DB Privat- und Firmenkundenbank AG (ehemals: Deutschen Postbank AG (Postnachfolgeunternehmen) eine Vereinbarung über die Übernahme von bei den Postnachfolgeunternehmen beschäftigten Beamtinnen und Beamten in den Bundesdienst getroffen. Danach zahlen die Postnachfolgeunternehmen für jede(n) zu einer Bundesbehörde versetzte(n) Beamtin/Beamten an BMF einen Pauschalbetrag. Der Versetzung geht eine sechsmonatige Zeit der Abordnung voraus, während der die Postnachfolgeunternehmen die Bezüge weiterzahlen.

BMF ist in Umsetzung dieser Vereinbarung bereit, im Haushaltsvollzug unter den Voraussetzungen des § 15 Abs. 2 HG 2021 Planstellen zur Übernahme von bei den Postnachfolgeunternehmen beschäftigten Beamtinnen und Beamten auszubringen. Die Planstellen werden durch kw-Vermerk auf drei Jahre befristet und für drei Jahre durch zusätzlich veranschlagte Personalausgaben unterlegt. Erforderlich ist die verbindliche Erklärung des Ressorts, die übernommenen Beamtinnen und Beamten nach Wegfall der kw-Planstellen auf freie Planstellen zu übernehmen, verbunden mit der Darlegung, wie dies im Rahmen der Fluktuation erreicht werden kann.

5.10.4 Übernahme von Beamtinnen und Beamten der Postnachfolgeunternehmen, denen ein Amt mit geringerem Endgrundgehalt verliehen wurde (sog. Rückernennung)

Für Beamtinnen und Beamten der Postnachfolgeunternehmen (PNU) wird bei einem Wechsel zu anderen Bundesbehörden die Möglichkeit der Rückernennung gemäß § 28 Abs. 3 Bundesbeamtengesetz eröffnet. Gemäß § 19a Bundesbesoldungsgesetz behalten die rückernannten Beamtinnen und Beamten dabei weiterhin ihren Anspruch auf Besoldung aus dem früheren höheren Amt. Die obersten Bundesbehörden wurden über diese Regelung mit Rundschreiben vom 31. Mai 2018 (II A 1 – H1223/06/10001 :006) informiert.

Die Differenz zwischen der bisherigen (höheren) und der neuen (niedrigeren) Besoldungsgruppe wird von den PNU übernommen. Die aufnehmenden Behörden können auf Antrag und unter Darstellung der Berechnungsmethode aus Kap. 6002 Tit. 461 75 Verstärkungsmittel erhalten. Anträge auf Verstärkung der Personalausgaben bei der Übernahme von rückernannten Beamtinnen und Beamten auf freie Planstellen sind an BMF, Referat II A 1 zu richten. Einzelheiten zum Verfahren (z.B. Vorlage von Dokumenten, Fristen, Bereitstellung des Differenzbetrages etc.) sind im Rundschreiben vom 22. Januar 2019 (II A 1 – H 1223/06/10001 :006) geregelt.

5.11 Stellenpool zur Demografievorsorge

Für die Inanspruchnahme von temporären Planstellen aus dem zentralen Stellenpool zur Demografievorsorge gelten die Regelungen des BMF-Rundschreibens an die obersten Bundesbehörden vom 17. Oktober 2016 (II A 4 – H 1100/15/10026 :003), das im Haushaltsportal des BMF (Abt. II) unter > *Allg. Rundschreiben,*

Vordrucke > Verfahren für die Beantragung und Zuweisung von Planstellen, die im Rahmen der Demografiestrategie der Bundesregierung zur Bewirtschaftung übertragen werden können abrufbar ist. Dieses Rundschreiben wurde hinsichtlich der Berechnung der Nichtbesetzungsquote durch das BMF-Rundschreiben vom 8. Juni 2018 (II A 4 – H 1100/15/10026:031), das im Haushaltsportal des BMF (Abt. II) ebenfalls unter *> Allg. Rundschreiben, Vordrucke > Demografiestrategie der Bundesregierung Einheitliche Berechnung der Quote der nicht besetzten Planstellen und Stellen (Nichtbesetzungsquote)* abrufbar ist, ergänzt.

5.12 Anderweitig verwendete neue Planstellen und Stellen

Der HHA hat beschlossen, „dass den Berichterstattern jedes Jahr zu den Personaletats der Ressorts mitgeteilt werden soll, welche im Vorjahr mit einem bestimmten Zweck bewilligte Stellen anders verwendet worden sind."

Die Berichterstatterinnen und Berichterstatter sind daher durch die Ressorts bis zum **31. August 2021** über anderweitig verwendete Planstellen und Stellen im Jahr 2020 zu unterrichten.

5.13 Deckung von Personalmehrausgaben

5.13.1 Unechte Personalverstärkungsmittel

Nach dem Haushaltsvermerk Nr. 3 zu Kap. 6002 Tgr. 01 können Personalmehrausgaben (aus besoldungs-, versorgungs-, tarifrechtlichen oder sonstigen Gründen) mit Einwilligung des BMF gegen Einsparung im jeweiligen Einzelplan geleistet werden (sog. unechte PVM).

Die Einwilligung des BMF wird allgemein erteilt, wenn Personalmehrausgaben im flexibilisierten Bereich innerhalb der in die Flexibilisierung einbezogenen Titel des jeweiligen Kapitels haushaltsmäßig eingespart werden. Personalmehrausgaben, die bei entsprechend den HRB zentral in den jeweiligen Einzelplänen veranschlagten flexibilisierten Titeln (z.B. Beihilfen, Unterstützungen) entstehen, dürfen auch innerhalb der in die Flexibilisierung einbezogenen Titel der anderen Kapitel des betroffenen Einzelplans eingespart werden, wenn das Soll (einschl. Ausgabereste) des zu verstärkenden Titels vollständig für diesen Zweck ausgeschöpft ist.

In allen anderen Fällen bedarf es der gesonderten Einwilligung des BMF.

5.13.2 Echte Personalverstärkungsmittel

Bei Kap. 6002 Tit. 461 71 sind Haushaltsmittel insbesondere zur Deckung von Personalmehrausgaben aufgrund der Ergebnisse der Tarif- und Besoldungsrunde 2020 eingestellt (sog. echte PVM). Die Zuweisung zwingend erforderlicher Personalmehrausgaben ist durch die obersten Bundesbehörden beim Spiegelreferat der Haushaltsabteilung des BMF zu beantragen und schlüssig nachzuweisen. Die Zuweisung erfolgt dann durch das Referat II A 1. Vor Inanspruchnahme der PVM sind die Ausgabereste der Hauptgruppe 4 zur Deckung zu nutzen und ggf. sogenannte unechte PVM in Anspruch zu nehmen (siehe **Nr. 5.13.1**). Aus der Hauptgruppe 4 ist nur eine Deckung für Festtitel 634 .3 zulässig.

5.13.3 Personalmehrausgaben aufgrund neuer Entgeltordnung
Mehrausgaben aufgrund der neuen Entgeltordnung sind in den betroffenen Einzelplänen einzusparen. Hierzu kann auch der Spielraum genutzt werden, der durch die Reform der Leistungsbezahlung geschaffen wurde. Danach kann das Volumen der Leistungsbezahlung auf ein Niveau von weniger als einem Prozent der Vorjahresentgelte abgesenkt werden.

5.14 Altersteilzeit bei institutioneller Förderung
Die im Bereich der Bundesverwaltung geltenden Regelungen zur Altersteilzeit sind auch von den Zuwendungsempfängern zu beachten. Zur Bewirtschaftung der Minderausgaben, die bei Altersteilzeit im Blockmodell in der Arbeitsphase entstehen, wird auf Folgendes hingewiesen: Soweit die haushaltsrechtlichen Voraussetzungen hierfür vorliegen, können bei den Zuwendungstiteln Ausgabereste gebildet werden. Soweit die verfügbaren Ausgabereste nicht ausreichen, um den Mehrbedarf für die Freistellungsphase zu decken, ist dieser im Rahmen der Ansätze des für den jeweiligen Zuwendungstitel geltenden Finanzplans zu erwirtschaften.

5.15 Altersteilzeit bei Projektförderungen

5.15.1 Blockmodell
Soweit im Zeitpunkt der Antragstellung bekannt ist, dass an dem zu fördernden Projekt Altersteilzeitkräfte mitwirken, ist dies bei der Bemessung des Förderbetrages entsprechend zu berücksichtigen. Dies bedeutet, dass fiktive Gehaltsbestandteile in der Aktivphase der Altersteilzeit nicht als zuwendungsfähig anerkannt werden. In der Passivphase können die für die betreffenden Mitarbeiterinnen und Mitarbeiter anfallenden Personalkosten durch Zuwendungen mitfinanziert werden, da dem Projekt in der Aktivphase der Altersteilzeit die volle Arbeitskraft bei geringerer Bezahlung zugute kam. Die Förderung in der Passivphase beschränkt sich auf die Differenz zwischen einer vollständigen Vergütung und den Ausgaben, die in der Aktivphase zuwendungsfähig waren. Nach Beendigung der Projektförderung ist eine weitere Finanzierung nicht möglich.
Liegt einem Zuwendungsbescheid ein Finanzierungsplan mit Vollzeitkräften zugrunde und fließen die Mittel wegen Altersteilzeit beim Zuwendungsgeber nicht vollständig ab, kann BMF auf

Antrag des Ressorts die Übertragbarkeit der Mittel unter den Voraussetzungen des § 45 Abs. 4 BHO nachträglich zulassen. Dabei ist im Einzelfall sicherzustellen (z.B. durch Einschaltung eines unabhängigen Treuhänders), dass die betreffenden Beschäftigten die Mittel erhalten.

5.15.2 Teilzeitmodell
Zuwendungsfähig sind nur die dem Projekt tatsächlich zugutekommenden Arbeitsleistungen.

5.15.3 Keine Mehrausgaben durch Altersteilzeit
Unabhängig von der jeweiligen Finanzierungsvariante darf die Inanspruchnahme der Altersteilzeit nicht zu Mehrausgaben für den Bund führen.

5.16 Beschäftigung von Arbeitskräften mit befristeten Verträgen (Titel 427 .9)
Beim Abschluss von befristeten Arbeitsverträgen sind die sich aus Tarif- und Individualarbeitsrecht ergebenden Grenzen (vgl. insbesondere § 30 TVöD i.V.m. dem Gesetz über Teilzeitarbeit und befristete Arbeitsverträge) zu beachten. Haushaltsrechtlich setzt die Bezahlung von Arbeitskräften mit befristeten Verträgen aus Titel 427 .9 voraus, dass Zweck des Arbeitsverhältnisses die Wahrnehmung von Aushilfstätigkeiten oder zeitlich befristeter Aufgaben (z.B. Projekttätigkeiten, zeitlich befristete Aufträge anderer Bundesbehörden oder Dritter) ist. Aushilfstätigkeiten sind insbesondere Krankheits- und Urlaubsvertretungen, die im Rahmen der üblichen Vertretungstätigkeit nicht abgedeckt werden können, sowie die Abarbeitung von vorübergehenden Arbeitsspitzen. Soweit in Fällen der Beurlaubung oder der Freistellung von Bediensteten Leerstellen ausgebracht oder als ausgebracht gelten, sind die Ersatzkräfte auf Stellen zu führen. Zu der Regelung in § 20 Absatz 3 HG 2021 (Stichwort: sachgrundlose Befristung) wird auf das Rundschreiben des BMF vom 12. Juli 2018 (II A 4 – H 1200/18/10032) hingewiesen. Ergänzend dazu wird darauf hingewiesen, dass der Abschluss befristeter Arbeitsverträge nach § 16a TVAöD einen Sonderfall der Befristung darstellt. Diese Arbeitsverhältnisse unterliegen nicht der haushaltsgesetzlichen Quote von 2,5 Prozent gemäß § 20 Absatz 3 HG 2021.

6 Automatisiertes Verfahren für das Haushalts-, Kassen- und Rechnungswesen des Bundes (HKR-Verfahren)

6.1 Allgemeines
Die Pflicht zur Bewirtschaftung von Bundesmitteln im HKR-Verfahren ergibt sich aus den Verwaltungsvorschriften zur Bundeshaushaltsordnung (VV-BHO).

Über eingegangene Verpflichtungen ist nach der mit Rundschreiben vom 11. November 2011 (II A 6 – H 1012/07/0003) veröffentlichten Richtlinie nach § 71 Abs. 1 Satz 2 BHO Buch zu führen. Eine Buchung von Verpflichtungen oder Festlegungen ist nur zulässig, wenn Verpflichtungen rechtsverbindlich eingegangen wurden.

Die Einzelheiten zur Anwendung des HKR-Verfahrens ergeben sich aus der Verfahrensrichtlinie für Mittelverteiler und Titelverwalter für das automatisierte Verfahren für das Haushalts-, Kassen- und Rechnungswesen des Bundes (VerfRiB-MV/TV-HKR) sowie aus der Verfahrensrichtlinie für die Nutzung der elektronischen Schnittstellen zum automatisierten Verfahren für das Haushalts-, Kassen- und Rechnungswesen des Bundes (VerfRiBeS-HKR). Die Verfahrensrichtlinien sind auf der Internetseite des ZFB und in den HKR-Dialogsystemen (HKR@WEB, HKRweb und HICO-Dialog) eingestellt. Die im HKR-Verfahren hinterlegten Bewirtschafterdaten sind regelmäßig zu überprüfen und, falls notwendig, zu aktualisieren.

6.2 Mittelbereitstellung und Verfügbarkeitskontrolle

Im HKR-Verfahren werden auf den Titelkonten der Mittelverteilerebene 1 die Ansätze lt. Haushaltsplan zur Verfügung gestellt. Die umgehende Mittelzuweisung über alle Bewirtschaftsebenen ist unabdingbare Voraussetzung für die Bewirtschaftungsmaßnahmen der Titelverwalter.

Auf der Mittelverwendungsebene – bei den Titelverwaltern – wird zur Vermeidung von Schwierigkeiten bei der Bewirtschaftung aufgrund verspäteter Mittelzuweisung die Verfügbarkeit maschinell erst ab dem Buchungstag 1. Februar 2021 geprüft.

Vor diesem Termin kann eine Verfügbarkeitsprüfung auf der Mittelverwendungsebene nur durch eine Mittelzuweisung sichergestellt werden, da die automatische Verfügbarkeitskontrolle nach der ersten Mittelzuweisung, die größer als 0,00 € sein muss, für das betreffende Konto und einen evtl. vorhandenen Deckungskreis aktiviert wird.

Im Hinblick auf die VV Nr. 1.5 zu § 34 BHO ist bei der Mittelzuweisung für Haushaltsstellen, aus denen wiederkehrende Auszahlungen (Verfahrensteil WAZ) geleistet werden, zu berücksichtigen, dass wegen der automatischen Verfügbarkeitsprüfung des HKR-Verfahrens, die sich auf den Jahresbetrag der wiederkehrenden Zahlung bezieht, ausreichende Haushaltsmittel für den Jahresbedarf zugewiesen werden müssen.

Verpflichtungen, die in den Vorjahren zulasten des Haushaltsjahres 2021 gebucht wurden, und Festlegungen, die zum Zeitpunkt des Jahresabschlusses noch auf den Sachbuchkonten des Haushaltsjahres 2020 gebucht sind, werden im Rahmen der Jahresabschlussarbeiten als Festlegungen vorgetragen, soweit die Mittel nicht im Abrufverfahren bewirtschaftet werden. Sie belasten ebenfalls die verfügbaren Ausgabemittel.

Darüber hinaus reduzieren Sperren

– durch Haushaltsvermerk nach § 22 BHO,

– aufgrund von § 8 Abs. 1 HG 2021 bei noch nicht gebilligten Wirtschaftsplänen bei institutioneller Förderung oder

– aufgrund von § 24 Abs. 3 Satz 3 BHO

bereits die verfügbaren Mittel aufgrund vom BMF veranlasster Buchungen im Rahmen des Haushaltsvollzugs. Mit einer Entsperrung werden diese Mittel wieder freigegeben. Sollte die Höhe der Sperrwirkung von Ihrer Einschätzung abweichen, stimmen Sie etwaige Zweifelsfälle bitte zeitnah mit dem zuständigen Spiegelreferat der Haushaltsabteilung des BMF ab.

6.3 Kontenstrukturen

Titelkonten, die im Haushaltsjahr 2021 neu hinzugekommen sind, können erst bewirtschaftet werden, wenn sie durch Zuweisung bis auf die Verwendungsebene eröffnet sind. Die Zuweisung von neuen Konten kann durch die Nutzung des erweiterten Dialogbeleges E02 (Aufbau einer Parallelstruktur mittels Referenzzuweisung) erheblich beschleunigt werden, da mit diesem eine Zuweisung über mehrere Bewirtschaftungsebenen möglich ist.

Auf Titelkonten und nachgeordnete Objektkonten, die im Haushaltsplan 2021 weggefallen sind, kann im Haushaltsjahr 2021 nicht mehr gebucht werden. Dies ist insbesondere von bewirtschaftenden Stellen, die Kassenanordnungen in automatisierten Verfahren erstellen, zu beachten.

Sollstellungen zu den weggefallenen Titel- und Objektkonten im Zahlungsüberwachungsverfahren sind zeitnah zu stornieren und bei den neuen zutreffenden Titel- und Objektkonten zu buchen. Bei einer hohen Anzahl von zu stornierenden Sollstellungen wird den Titelverwaltern empfohlen, sich mit dem zuständigen Dienstort der Bundeskasse in Verbindung zu setzen.

Objektkontenstrukturen, die zur Unterteilung von weggefallenen Titelkonten im Haushaltsjahr 2020 eingerichtet waren, wurden inaktiv in den Kontenrahmen 2021 übernommen. Diese Objektkonten können bei Bedarf mit einem existierenden Titel- und Objektkonto (im HKR@WEB mit der Belegart „Pflege von Sachbuchkonten", im HICO-Dialog mit dem Beleg B01) verkettet und anschließend bebucht werden. Inaktive Objektkonten des Haushaltsjahres 2021 werden nicht in das Haushaltsjahr 2022 übernommen.

6.4 Buchung bei Inanspruchnahme von Deckungsvermerken

Für die Buchung bei Inanspruchnahme von Deckungsvermerken sind die in der **Anlage 4** bzw. in den HKR-Dialogsystemen aufgeführten Kennzeichen zwingend erforderlich. **Bitte achten Sie darauf,** dass ausschließlich die aktuellen Deckungskennzeichen verwendet werden. Diese Kennzeichen enthalten Informationen über die Rechtsgrundlage der Inanspruchnahme und werden im Rahmen der Rechnungslegung ausgewertet. Nähere Einzelheiten und Anwendungshinweise zu den Kennzeichen werden in den HKR-Dialogsystemen bereitgestellt. Eine Übersicht über die zur Deckung herangezogenen Beträge und der dazu verwendeten Kennzeichen kann jede bewirtschaftende Stelle in den HKR-Dialogsystemen für sich und den jeweils nachgeordneten Bereich ganzjährig einsehen und ggf. erforderlich werdende Korrekturen vornehmen.

6.5 Verstärkungsvermerke, Zweckbindungsvermerke

Bei Verstärkungs- und Zweckbindungsvermerken, bei denen die Ist-Einnahmen bzw. Mehreinnahmen nach den dazugehörigen Erläuterungen zur Deckung der Ausgaben bzw. Mehrausgaben dienen, sind die entsprechenden Ist-Werte in der Haushaltsrechnung auszuweisen, sofern Einnahmen bzw. Mehreinnahmen erzielt und nach den Erläuterungen zur Deckung von Ausgaben bzw. Mehrausgaben tatsächlich verwendet wurden. Die BMF-Rundschreiben vom 10. Januar 2005 (II A 6 – H 3045 – 21/04) und vom 21. September 2016 (II A 8 – H 3043/16/10003) finden entsprechend Anwendung.

6.6 Flexibilisierte Ausgaben

Sollen Ausgabereste aus dem Haushaltsjahr **2021** im Rahmen der Jahresabschlussarbeiten in das Haushaltsjahr **2022** vorgetragen werden, so sind diese mit dem dafür vorgesehenen Kennzeichen ++FL21++ auf den Titel 993 66 zu bringen. Auf Titel 993 66 gebuchte und damit zur Übertragung vorgesehene oder bereits übertragene Ausgabereste, die wieder auf die abgebenden Konten zurück übertragen werden sollen, sind ebenfalls mit diesem Kennzeichen zu versehen.

6.7 Kennzeichnung der Selbstbewirtschaftungsmittel

Auszahlungen aus Haushaltstiteln auf Selbstbewirtschaftungskonten sind zu kennzeichnen. Die Einzelheiten ergeben sich aus der **Anlage 5**.

Aufgrund der weiter unzureichenden Kennzeichnung dieser Mittel wird auch für den Jahresabschluss 2021 eine zusätzliche Meldung der Mittelabflüsse in den SB-Bereich erforderlich (siehe Schreiben des BMF vom 26. Mai 2016 (II A 2 – H 2202/16/10003) auf der Internetseite des ZFB > *Jährliche Rundschreiben zur Rechnungslegung*). Diese Meldung ist pro Titel an das BMF (ausschließlich per E-Mail an das Referatspostfach Jahresabschluss.IIA2@bmf.bund.de) zu übersenden.

6.8 Buchung von Verpflichtungen bei Dauerschuldverhältnissen

Befristete Dauerschuldverhältnisse (z.B. befristete Mietverträge) sind für die Dauer der Laufzeit gemäß der unter **Nr. 6.1** genannten

Richtlinie zu buchen. Hierbei wird der über einen Zeitraum von zwanzig Jahren hinaus gehende Ermächtigungsbetrag summarisch im Fälligkeitsjahr 2042 im HKR-Verfahren zur Verfügung gestellt. Dieser Betrag ist auf die zutreffenden Fälligkeitsjahre zu verteilen (z.B. mit HKR-Vordruck E04). Im HKR-Verfahren ist die Bewirtschaftung bis zum Fälligkeitsjahr 2097 möglich.

Unbefristete Dauerschuldverhältnisse sind für die voraussichtliche Dauer des Bestehens der Verpflichtung zu buchen, wobei die Ermächtigungen für den Finanzplanungszeitraum ausgebracht werden. Auf das BMF-Rundschreiben vom 21. September 2012 (II A 6 – H 1012/07/003) wird Bezug genommen.

Die eingegangenen Verpflichtungen sind im HKR-Verfahren jahresgenau zu Lasten der Verpflichtungsermächtigung zu buchen. Bei eingegangenen Verpflichtungen aus unbefristeten Dauerschuldverhältnissen, für die Ermächtigungen nur für den Finanzplanungszeitraum ausgebracht sind, sind die folgenden Jahresfälligkeiten nicht zu Lasten der Verpflichtungsermächtigung zu buchen.

6.9 Einhaltung der Bestimmungen über die Mindestanforderungen für den Einsatz automatisierter Verfahren im Haushalts-, Kassen- und Rechnungswesen des Bundes (BestMaVB-HKR)

Der BRH hat bei der Prüfung des Einsatzes von automatisierten Verfahren im Haushalts-, Kassen- und Rechnungswesen des Bundes bei anordnenden Stellen (Bewirtschafter) festgestellt, dass die vorgeschriebenen Mindestanforderungen nach den BestMaVB-HKR nicht oder unvollständig eingehalten wurden, obwohl die oder der jeweils zuständige Beauftragte für den Haushalt die Einhaltung der Mindestanforderungen erklärt hatte. Beim Einsatz automatisierter Verfahren sind die VV für Zahlungen, Buchführung und Rechnungslegung (§§ 70 bis 72 und 74 bis 80 BHO) – VV-ZBR BHO – in der Fassung vom 14. Dezember 2016 – II A 2 – H 1005/13/10014 :001 und die BestMaVB-HKR in der Fassung vom 13. September 2019 – II A 9 – H 2300/06/10001 :008 anzuwenden. Nach Nr. 2 der Anlage 1 zur VV Nr. 6.1 ZBR BHO (GoBIT-HKR) hat die zuständige oberste Bundesbehörde die Einhaltung der Bestimmungen sicherzustellen.

Bedarfsprüfung, Bildung und Inanspruchnahme von Ausgaberesten im flexibilisierten Bereich

vom 23. November 2015 (nicht veröffentlicht)

GZ II A 2 – H 1200/14/10063

1. Allgemeines

Kernelement der Flexibilisierung der Verwaltungsausgaben ist die überjährige Verfügbarkeit der nach § 5 Haushaltsgesetz (HG) flexibilisierten und nicht in Anspruch genommenen Haushaltmittel verbunden mit umfassenden Deckungsfähigkeiten.

Durch die Haushaltsrechnung werden die gemäß §§ 19 BHO, 5 Absatz 4 HG maximal übertragbaren flexibilisierten Ausgaben ohne Berücksichtigung des tatsächlichen Bedarfs festgestellt.

2. Bedarfsprüfung, Bildung und Inanspruchnahme von Ausgaberesten im flexibilisierten Bereich

a) Bedarfsprüfung und Bildung:

Nach Redaktionsschluss der Haushaltsrechnung werden die festgestellten übertragbaren Beträge vom Kompetenzzentrum für das Kassen- und Rechnungswesen des Bundes (KKR) in HKR@WEB zur Bedarfsprüfung zur Verfügung gestellt. Das zahlenmäßige Ergebnis der Bedarfsprüfung mit den notwendigen titelbezogenen Änderungen bzw. Ergänzungen ist im Workflow zu bearbeiten. Ressortseitig ist die Bedarfsprüfung bis spätestens zum 31. Mai eines Jahres abzuschließen. Auf dieser Grundlage erfolgen die Abschlussübertragung ins nächste Haushaltsjahr und die Darstellung der flexibilisierten Ausgabereste im Regierungsentwurf des übernächsten Haushaltsjahres.

Bei der Entscheidung, ob und in welcher Höhe Ausgabereste gebildet werden sollen, hat die oder der jeweilige Beauftragte für den Haushalt einen angemessenen, an den Zielen der Haushaltsflexibilisierung ausgerichteten Beurteilungsspielraum. Auch im Bereich der flexibilisierten Ausgaben setzt die Bildung von Ausgaberesten regelmäßig eine Prognose des Bewirtschafters über die zukünftige Mittelverwendung und die Feststellung eines sachlichen Bedürfnisses für die überjährige Verfügbarkeit von nicht in Anspruch genommenen Haushaltsmitteln voraus (Hinweis auf VV Nr. 3 zu § 45 BHO).

Eine Bildung von Ausgaberesten ohne Bedarfsprüfung steht im Widerspruch zu den Zielen der Haushaltsflexibilisierung und den rechtlichen Vorgaben für die Bildung von Ausgaberesten.

Ein sachliches Bedürfnis zur Bildung von Ausgaberesten kann regelmäßig nicht angenommen werden, wenn

- Minderausgaben auf dem dauerhaften Wegfall von Aufgaben beruhen,
- Minderausgaben im Bereich von Sondertatbeständen entstanden sind, die in Zukunft entfallen,
- Minderausgaben bei großen und kleinen Baumaßnahmen oder größeren Beschaffungen im Sinne des § 24 BHO darauf beruhen, dass diese ganz oder teilweise auf Dauer nicht durchgeführt oder auf unbestimmte Zeit verschoben werden.

Gemäß § 45 Absatz 2 BHO können in Höhe der nicht in Anspruch genommenen Haushaltsmittel centgenau Ausgabereste gebildet und für das folgende Haushaltsjahr verfügbar gemacht werden. Dabei finden für Ausgabereste bei Titeln, die in dem folgenden Haushaltsjahr nicht mehr flexibilisiert sind, auch die Regelungen der Flexibilisierung keine Anwendung mehr. Für die zeitliche Verfügungsbeschränkung des § 45 Absatz 2 BHO wird hiermit eine allgemeine Ausnahme zugelassen.

Nähere Einzelheiten zur technischen Abwicklung ergeben sich aus den jeweils aktuellen HKR-Dokumentationen.

b) Inanspruchnahme:

Die nach § 45 Absatz 2 BHO gebildeten Ausgabereste können grundsätzlich ohne Einsparauflage zu Lasten des Einzelplans in Anspruch genommen werden. Die Einwilligung des BMF zur Inanspruchnahme wird gemäß § 45 Absatz 3 BHO hiermit allgemein erteilt. Regelungen aufgrund von Einsparauflagen und Haushaltssperren bleiben hiervon unberührt.

3. Gleichrangige Deckungsfähigkeit gemäß § 5 Absätze 2 und 3 des HG

Die gemäß § 5 Absätze 2 und 3 HG zugelassenen Deckungsfähigkeiten innerhalb der einzelnen Kapitel können in eigener Zuständigkeit angeordnet und gleichrangig in Anspruch genommen werden. Für eine Deckung nach Absatz 3 ist eine vorrangige Ausschöpfung der Deckungsmöglichkeit nach Absatz 2 nicht Voraussetzung. Die Deckungsmöglichkeiten gemäß § 5 Absatz 3 HG dürfen in voller Höhe auch zugunsten einzelner in die Flexibilisierung einbezogener Titel in Anspruch genommen werden. Dessen ungeachtet sollen deckungsberechtigte Titel grundsätzlich erst dann verstärkt werden, wenn die Titelansätze verbraucht oder verplant sind.

Mein Rundschreiben vom 10. Juli 2006 (II A 2 – H 1200 – 97/06) wird ab dem 1. Januar 2016 durch dieses Rundschreiben ersetzt.

Dieses Rundschreiben kann im Intranet des Bundes und in den HKR-Dokumentationen abgerufen werden.

Verfahrenshinweise für die Aufstellung des Bundeshaushalts 2021 und des Finanzplans bis 2024

vom 20. Dezember 2019 (nicht amtlich)[*]

– Auszug –

Inhaltsübersicht

1. Anwendung der Haushaltstechnischen Richtlinien des Bundes

Die nach dem Eckwertebeschluss vorzulegenden Haushaltsvoranschläge sind auf Grundlage der Haushaltstechnischen Richtlinien des Bundes

---

[*] Anlage 2 des BMF-Schreibens vom 20. Dezember 2019, Az. II A 1 – H 1105/19/10002 :001 Dok: 2019/1001626.

(HRB) 2020 zu gestalten (veröffentlicht mit Rundschreiben vom 29. April 2019 – II A 1 – H 1105/11/10001:003, DOK 2019/0092803). Diese Regelung gilt bis zum Inkrafttreten neuer HRB. Dazu gilt folgende Abweichung:

- Abweichend von Nr. 9.8.6 HRB ist **auf Anforderung der im BMF zuständigen Fachreferate** in den Voranschlägen ohne Änderung der Spaltenbezeichnung die Ist-Besetzung mit Stand 1. Februar 2020 einzutragen.
- Gemäß Rundschreiben vom 20. Juni 2019 – II A 3 – H 1104/13/10003 zur Haushaltssystematik des Bundes (VV-HS) sind mit dieser Haushaltsaufstellung der neue Gruppierungsplan und der neue Funktionenplan umzusetzen.

2. Vorlage haushaltsbegründender Unterlagen

BMF überprüft die Voranschläge hinsichtlich der vollständigen Umsetzung der Eckwerte, der Etatreife, der sach- und bedarfsgerechten Titelveranschlagung, der Berücksichtigung verfügbarer Ausgabereste bei der Dotierung flexibilisierter Ausgaben sowie hinsichtlich der Beachtung der einschlägigen haushaltsrechtlichen und -technischen Regelungen (wie die Ausbringung von Haushaltsvermerken und Verpflichtungsermächtigungen). Den Voranschlägen sind daher – neben den nachfolgend angeforderten bzw. nach den HRB vorzulegenden Unterlagen – alle für diese titelscharfen Einzelprüfungen notwendigen haushaltsbegründenden Unterlagen beizufügen.

3. Grundsatz der Wirtschaftlichkeit bei Einnahmen und Ausgaben

Gemäß §§ 7 und 34 BHO sind sowohl bei der Haushaltsaufstellung als auch bei der Haushaltsführung die Grundsätze der Wirtschaftlichkeit und Sparsamkeit zu beachten.

Für die Einnahmen bedeuten diese Grundsätze u.a., dass in allen Geschäftsbereichen alle möglichen Einnahmeverbesserungen auszuschöpfen und im Aufstellungsverfahren zu berücksichtigen sind. Die Verwaltungseinnahmen sind nach dem voraussichtlichen kassenmäßigen Aufkommen zu veranschlagen. Bei der Ermittlung der Ansätze sind die Ist-Ergebnisse der Vorjahre zu berücksichtigen. Erwartete Einnahmen aus Erstattungen, die an das Sondervermögen „Versorgungsrücklage des Bundes" und „Versorgungsfonds des Bundes" abzuführen sind, sind nicht zu veranschlagen (Einzelheiten siehe Ziffer 7.3).

Gebühren und Entgelte sind grundsätzlich kostendeckend festzusetzen; sie müssen in der Regel den personellen und sachlichen Aufwand decken. Nach § 9 des Bundesgebührengesetzes (BGebG) soll eine Gebühr die mit der individuell zurechenbaren öffentlichen Leistung verbundenen Kosten aller an der Leistung Beteiligten decken. Tritt der individuell zurechenbaren öffentlichen Leistung ein in Geld berechenbarer wirtschaftlicher Wert oder wirtschaftlicher Nutzen für den von der Leistung Betroffenen hinzu, so kann dieser zusätzlich zu den Kosten angemessen berücksichtigt werden. Vergleichbare Regelungen sind in zahlreichen Fachgesetzen enthalten.

Ggf. erforderliche Rechtsgrundlagen sind zu schaffen (VV Nr. 3.1 zu § 34 BHO) bzw. zu aktualisieren. Die durch das Gesetz zur Aktualisierung der Strukturreform des Gebührenrechts des Bundes vom 18. Juli 2016 verlängerte allgemeine Übergangsfrist bis zum Erlass ressortspezifischer besonderer Gebührenverordnungen endet zum 1. Oktober 2021, so dass notwendige Aktualisierungen im Anwendungsbereich des BGebG spätestens bis zu diesem Zeitpunkt vorzunehmen sind. Mit der Allgemeinen Gebührenverordnung steht das rechtliche Instrumentarium zur Verfügung, die Gebührentatbestände schon vor Erlass der besonderen Gebührenverordnungen zu aktualisieren, insbesondere kostendeckende Gebühren zu bestimmen (vgl. Gesetzesbegründung Allgemeiner Teil).

Den haushaltsbegründenden Unterlagen ist eine aktuelle Übersicht über die Gebühreneinnahmen entsprechend dem Formblattmuster nach **Anhang 1** beizufügen.

Bei der Prüfung der Übersicht wird besonderes Augenmerk auf die Frage der Aktualität von Gebührenverordnungen und den Kostendeckungsgrad der Gebühren gerichtet.

Für die **Ausgaben** bedeutet der Grundsatz der Wirtschaftlichkeit, dass für alle finanzwirksamen Maßnahmen angemessene Wirtschaftlichkeitsuntersuchungen durchzuführen sind. Damit BMF dies auch im Rahmen des Eckwerte-Haushaltsaufstellungsverfahrens stichprobenweise nachvollziehen und hinterfragen kann, sind den haushaltsbegründenden Unterlagen für finanzwirksame Maßnahmen von größerer Bedeutung, wie bisher, entsprechende Nachweise beizufügen.

4. Ausnahmen vom Grundsatz der Gesamtdeckung

In das Haushaltsgesetz 2021 (§§ 6, 10 Abs. 3 und 13) werden generelle Regelungen zu Deckungs- und Verstärkungsmöglichkeiten, zur Zweckbindung und zur Buchung von Rückzahlungen aufgenommen. Daher sind für diese Fälle zusätzliche Haushaltsvermerke nicht vorzusehen. Für die Ausbringung weitergehender Haushaltsvermerke ist ein strenger Maßstab anzulegen. Ausnahmen vom Grundsatz der Gesamtdeckung durch Haushaltsvermerk sind grundsätzlich nur unter folgenden Voraussetzungen zulässig:

Zweckbindung

Eine Beschränkung bestimmter Einnahmen auf die Verwendung für bestimmte Zwecke (Zweckbindung) durch Haushaltsvermerk ist nur unter der Voraussetzung zulässig, dass die Mittel von Dritten mit rechtsverbindlicher Verwendungsauflage zugewendet werden (insbesondere zweckgebundene Zuschüsse und Erstattungen der Europäischen Union sowie zweckgebundene Mittel wie Spenden, Stiftungen, Erbschaften, Vermächtnisse, Aufträge von Dritten und Bundesbehörden). Die haushaltsrechtlichen Folgen einer Zweckbindung per Haushaltsvermerk (§ 19 Absatz 1 Satz 1 BHO – Übertragbarkeit) sind zu beachten. Ein zusätzlicher Übertragbarkeitsvermerk ist daher in diesen Fällen nicht auszubringen.

Verstärkung

Besteht die Möglichkeit, dass überplanmäßige Einnahmen eingehen, ist eine Heranziehung dieser Einnahmen für bestimmte Ausgabetitel durch Ausbringung eines Haushaltsvermerks unter der Voraussetzung zulässig, dass hierdurch eine sparsame und auf Wirtschaftlichkeit orientierte Mittelbewirtschaftung gefördert wird und Anreize zur Erzielung von Mehreinnahmen verstärkt werden.

In den Vorjahren ausgebrachte Zweckbindungs- und Verstärkungsvermerke sind dahingehend zu überprüfen, ob die Voraussetzungen (noch) erfüllt werden. In diesem Zusammenhang ist auch zu prüfen, ob jeweils die für den vorgesehenen Anwendungsfall korrekte Vermerksformulierung gewählt wurde (vgl. Formulierungen Regelfall/Ausnahmefall unter Nr. 5.5 HRB). Dabei ist zu beachten, dass veranschlagte Einnahmen wegen des Grundsatzes eines ausgeglichenen Haushalts nicht zur Deckung von Mehrausgaben verwendet werden können. Die Anwendung des Regelvermerks (Formulierung mit „Mehreinnahmen") setzt sowohl bei Zweckbindungs- als auch Verstärkungsvermerken eine tatsächliche Mehreinnahme gegenüber dem entsprechenden Einnahmesoll voraus.

Rückeinnahmen und Erstattungen/Beiträge Dritter (sog. Rotbuchungen)

Regelungen, wonach bei Titeln mit teilweise weit gefasster Zweckbestimmung lediglich undifferenzierte Haushaltsvermerke wie „Erstattungen fließen den Ausgaben zu." ausgebracht werden, sind nicht vorgesehen.

5. Verpflichtungsermächtigungen

Mit Blick auf die Entwicklung bei den Verpflichtungsermächtigungen wird die restriktive Vorgehensweise fortgesetzt. Insofern gelten die nachfolgenden Maßgaben auch für die Aufstellung des Bundeshaushalts 2021.

Besonderes Augenmerk ist dabei auch auf die im HKR-Verfahren gebuchten Verpflichtungen zu richten. Sofern im Rechnungslegungsverfahren fehlerhaft gebuchte Verpflichtungen korrigiert worden sind, sind diese Korrekturen unbedingt auch bei den im HKR-Verfahren gebuchten Altverpflichtungen vorzunehmen, da die Haushaltsdatenbank allein auf diese Daten zugreift.

Verpflichtungsermächtigungen, bei denen die Angabe einer bestimmten Jahresfälligkeit nicht möglich ist (Fälligkeit „in künftigen Haushaltsjahren"), sind grundsätzlich als nicht etatreif anzusehen.

5.1. Bei Titeln, deren Ansätze durch die bis 31. Dezember 2019 eingegangenen und gebuchten Verpflichtungen und die Soll-Ermächtigung des Haushalts 2020 in einem Fälligkeitsjahr zu 100 Prozent und mehr gebunden sind, werden grundsätzlich keine neuen Verpflichtungsermächtigungen für diese Fälligkeitsjahre im Regierungsentwurf 2021 ausgebracht.

5.2. Weiterhin soll die Vorbindung pro Titel durch die bis 31. Dezember 2019 eingegangenen und gebuchten Verpflichtungen, die Soll-Ermächtigung des Haushalts 2020 und die neuen Verpflichtungsermächtigungen des Jahres 2021

- für das Fälligkeitsjahr 2022 maximal 80 Prozent,
- für das Fälligkeitsjahr 2023 maximal 60 Prozent und
- für das Fälligkeitsjahr 2024 maximal 40 Prozent

des Titelansatzes grundsätzlich nicht überschreiten.

Die vorgenannte maximale Vorbindung pro Titel darf im Ausnahmefall überschritten werden. Eine solche Ausnahme wäre z.B. gegeben, wenn bei Berücksichtigung erwarteter Einnahmen der EU (insbesondere ESF), von Ländern oder Dritten diese Quote eingehalten würde. Auch eine Gesamtbetrachtung mehrerer Titel unter dem Aspekt einer Gesamtvorbindungsquote bei zwingendem sachlichen Zusammenhang ist denkbar. Ausnahmetatbestände sind jedoch stets mit BMF abzustimmen.

6. Flexibilisierte Ausgaben

Bei den flexibilisierten Ausgaben gemäß Haushaltsgesetz (§ 5) sind die nachfolgenden Maßgaben zu beachten. Trotz der Deckungsfähigkeiten ist auf die bedarfsgerechte Veranschlagung der Einzelansätze zu achten.

6.1. Obergrenze für die Ausgaben je Kapitel ist die Summe der im jeweiligen Kapitel in die Flexibilisierung einbezogenen Ansätze des geltenden Finanzplans. Diese ist ggf. zu bereinigen

- Mittelumschichtungen zwischen Kapiteln bzw. Einzelplänen (z.B. infolge eines Aufgabenübergangs gemäß § 50 Absatz 1 BHO) sowie
- Änderungen bei der Flexibilisierung im Haushalt 2020 (generell durch Anpassung des § 5 HG sowie im Einzelfall durch Haushaltsvermerk).

6.2. Die bedarfsgerechte Anpassung der Einzelansätze ist vorrangig durch Umschichtungen innerhalb der flexibilisierten Ausgaben zu gewährleisten und nicht durch eine Ausweitung der flexibilisierten Ansätze.

Im Rahmen der bedarfsgerechten Veranschlagung der Einzelansätze sind die sich aus dem Jahresabschluss 2019 ergebenden maximal übertragbaren Ausgaben zu bewerten und zu berücksichtigen. Hierzu ist der Bestand an übertragbaren Ausgaben im Zusammenhang mit den Voranschlägen für den Haushalt 2021 kritisch zu überprüfen und mit den geplanten Neuetatisierungen der Einzelansätze abzugleichen. Auf Anforderung ist die geplante Verwendung dieser Mittel darzulegen.

7. Personalausgaben (einschließlich Versorgungsbereich)

7.1. Für den Mittelbedarf für die Besoldung und Vergütung der aktiven Beschäftigten ist zunächst das Ausgaben-Ist 2019 zugrunde zu legen. Sofern für Stellenplanveränderungen aus den Haushalten 2019 und 2020 Mehrbedarf angemeldet wird, ist dieser durch eine gesonderte Berechnung nachzuweisen. Es ist dabei darzustellen, warum eine Umschichtung innerhalb des Einzelplans nicht möglich ist. Für die Zuführungen an die Versorgungsrücklage sind zunächst unverändert folgende Berechnungsfaktoren anzuwenden:

- Beamtinnen und Beamte: 0,020694923 sowie
- Soldatinnen und Soldaten 0,020023587.

7.2. Zur Herleitung der Ansätze zu den Versorgungsausgaben – einschließlich der zugrunde gelegten Entwicklung der Empfängerzahlen – sind das Muster nach **Anhang 2** zu verwenden und die dort gegebenen Hinweise zu beachten.

7.3. Einnahmen aus Erstattungen im Sinne des § 6 Absatz 4, Absatz 5 Satz 1, Absatz 6 Satz 1 sowie des § 16 Abs. 3 Satz 1, Absatz 4 Satz 1 des Versorgungsrücklagegesetzes (VersRücklG), insbesondere Abfindungen nach dem Versorgungslastenteilungs-Staatsvertrag und Versorgungszuschläge bei Beurlaubungen oder Abordnungen, sind entweder der „Versorgungsrücklage des Bundes" oder – für Personenkreise im Sinne des § 14 Satz 1 VersRücklG – dem „Versorgungsfonds des Bundes" zuzuweisen. Die Ausgaben hierfür sind nicht zu veranschlagen. Soweit die Zuweisungstitel (634.3) in die Flexibilisierungsregelung nach § 5 HG einbezogen sind, fließen die Erstattungen den Ausgaben zu (§ 6 Absatz 2 HG). Bei Zuweisungstiteln, die nicht flexibilisiert sind, sind gegebenenfalls Haushaltsvermerke mit entsprechender Wirkung auszubringen.
Auf das gemeinsame BMI/BMF-Rundschreiben vom 13. Juni 2018 – D4-30301/12#7 // Z B 2 – P 1609/15/10004:002 – weise ich hin.

7.4. Die Übersicht über die Versorgungsempfängerinnen und Versorgungsempfänger im Haushaltsjahr 2019 (Übersichten zum Bundeshaushaltsplan, Teil V, Buchstabe F) wird zur gegebenen Zeit auf der Grundlage von Angaben des Statistischen Bundesamtes vorbereitet und im Anschluss daran mit einem gesonderten Rundschreiben zur Abstimmung und Ergänzung übersandt.

8. Dienstkraftfahrzeuge/Geschäftszimmerausstattungen

Für die Veranschlagung zur Beschaffung von Dienstkraftfahrzeugen (DKfz) gelten die **Anhänge 3 und 4**. Die dort getroffenen Regelungen berücksichtigen die mit dem Regierungsprogramm „Elektromobilität" angestrebten Zielwerte für die Beschaffung von Neufahrzeugen, die weniger als 50 Gramm CO_2 pro Kilometer ausstoßen. Die Erfüllung des gesetzten Zieles erfordert die Beschaffung und sukzessive Implementierung von Elektro- und Plug-In-Hybridfahrzeugen (e-DKfz) in den Fahrzeugflotten der Bundesressorts. Für die Beschaffung von **e-DKfz** – mit den in **Anhang 4** beschriebenen Antriebsvarianten und Kriterien   können in bestimmten Fahrzeugsegmenten höhere Preise veranschlagt werden.

Die zuständige Zentrale Beschaffungsstelle (ZBSt) der Generalzolldirektion stellt den Bedarfsträgern der Bundesressorts die in Anhang 4 beschriebenen DKfz abrufbereit mittels Rahmenverträgen im Online-Katalog des „Kaufhaus des Bundes (KdB)" zur Verfügung

Bei der Darstellung der Veranschlagung der Ausgaben für DKfz und der Veräußerungserlöse im Haushaltsplan ist zu beachten, dass Mehreinnahmen aus der Veräußerung beim Einnahmetitel verbucht werden und danach eine Verstärkung der Ausgaben für die Ersatzbeschaffung von DKfz gemäß § 6 Absatz 7 HG erfolgt. Die erwarteten Mehreinnahmen sind in den Standarderläuterungen zu Tit. 811.1 (Nr. 12.2.1 HRB) einzutragen.

Ausgaben für Strom, der zur Verwendung als Treibstoff für Elektrofahrzeuge vorgesehen ist, sind bei einem Titel der Gruppe 514 „Verbrauchsmittel, Haltung von Fahrzeugen und dgl." zu veranschlagen.

Ausgaben für die Beschaffung von Geschäftszimmerausstattungen können bis zu den im **Anhang 5** ausgewiesenen Höchstbeträgen veranschlagt werden.

9. Ausgaben für die Informationstechnik

Die Bereitstellung zusätzlicher Haushaltsmittel für die Informationstechnik kommt nur in Betracht, wenn die Ressorts an der IT-Betriebskonsolidierung teilnehmen. Ausnahmen sind nur in begründeten Fällen möglich.

Außerdem ist Folgendes zu beachten:

Das IT-Rahmenkonzept des Bundes für das Haushaltsjahr 2021 ist das für alle Ressorts verbindliche Planungsinstrument für ressortübergreifende Vorhaben. In der Ressortplanung dürfen keine Haushaltsmittel für IT-Vorhaben vorgesehen werden, die inhaltlich bereits durch ressort-

übergreifende IT-Maßnahmen aus dem IT-Rahmenkonzept des Bundes
abgedeckt sind. Für die Fortführung alternativer IT-Anwendungen dürfen Mittel nur veranschlagt werden, soweit dies wirtschaftlich ist.

Eine weitergehende Einbeziehung der Rahmenpläne des Bundes und der
Ressorts in das Haushaltsaufstellungsverfahren kann erst nach Abschluss von Vorarbeiten (u.a. Fertigstellung des Konzepts zur sog. Nachfragemanagementorganisation) geprüft werden. Bis dahin bleibt es bei
folgendem Verfahren:

Für alle neuen ressortspezifischen IT-Maßnahmen mit einem Ausgabebe-
darf von mehr als 500 T€ im Haushaltsjahr 2021 oder mit einem Gesamt-
volumen von mehr als 3 Mio. € ist dem zuständigen Spiegelreferat im
BMF – *zu dem Vorlagetermin für die Voranschläge zum Sachhaushalt* –
eine Bestätigung des BMI (Arbeitsgruppe DG I 5 – Dienstekonsolidie-
rung) bzw. der noch zu gründenden Nachfragemanagementorganisation
vorzulegen, dass keine Überschneidungen mit ressortübergreifenden
Maßnahmen vorliegen. Weitere Einzelheiten zum Verfahren werden mit
gesondertem Schreiben mitgeteilt. Außerdem ist zu bestätigen, dass (im
Ergebnis positive) Wirtschaftlichkeitsbetrachtungen gemäß VV zu § 7
BHO erstellt wurden. BMF behält sich im Einzelfall vor, Unterlagen zur
Wirtschaftlichkeitsbetrachtung anzufordern.

Bei Zuwendungen zur institutionellen Förderung und zur Projektförde-
rung, aus denen IT-Ausgaben von jährlich voraussichtlich mehr als 500
T€ finanziert werden sollen, ist – *ebenfalls zu dem Vorlagetermin für die
Voranschläge zum Sachhaushalt* – dem zuständigen Spiegelreferat im
BMF anzuzeigen, dass für alle vorgesehenen IT-Mittel Wirtschaftlich-
keitsbetrachtungen durchgeführt worden sind.

Für die ressortübergreifenden Vorhaben, die aus Kap. 0602 Tgr. 04 finan-
ziert werden (Maßnahmen der Gemeinsamen IT des Bundes aus dem
Rahmenkonzept 2021), ist der Anmeldung eine Übersicht gemäß **An-
hang 12** beizufügen und per E-Mail an Referat II A 4
(IIA4@bmf.bund.de) zu senden. Die angegebenen Beträge müssen in der
Gesamtsumme mit der Haushaltsanmeldung vereinbar sein.

Dem Bundesrechnungshof (BWV – Beauftragter für die Wirtschaftlichkeit in der Verwaltung) ist rechtzeitig Gelegenheit zur Stellungnahme zu
den haushaltsbegründenden Unterlagen zu geben.

10. Aufgabenverlagerungen im Rahmen der IT-Konsolidierung Bund

Sollen im Rahmen der IT-Konsolidierung Bund Aufgaben von Kunden-
behörden auf IT-Dienstleister übertragen werden, sind die Haushaltsmittel und Stellen, die der Dienstleister bzw. die Kundenbehörde nach
der Aufgabenverlagerung benötigt, grundsätzlich im Rahmen des regie-
rungsinternen Haushaltsaufstellungsverfahrens geltend zu machen. Dabei ist zu beachten, dass Mittel und Stellen für diese Zwecke nur neu
bewilligt werden können, soweit aufgrund des Aufgabenwegfalls bei der

Kundenbehörde entsprechende Mittel und Stellen in Abgang gestellt wurden. Durch die Aufgabenverlagerung darf insgesamt kein Mehrbedarf entstehen. Dies ist bei der Verhandlung der Verwaltungsvereinbarung zwischen dem Dienstleister und der Kundenbehörde zu berücksichtigen. Die Verwaltungsvereinbarung ist als haushaltsbegründende Unterlage vorzulegen.

Weitere Einzelheiten ergeben sich aus den als **Anhang 6** beigefügten Leitlinien.

11. Selbstbewirtschaftungsmittel

Die Ausbringung von Selbstbewirtschaftungsvermerken kommt gemäß § 15 Abs. 2 BHO nur dann in Betracht, wenn hierdurch nachweislich eine sparsame Bewirtschaftung gefördert wird und dieses Ziel nicht auf andere Weise zu erreichen ist. Bei allen Titeln mit Selbstbewirtschaftungsvermerken ist zudem eine Standarderläuterung entsprechend Nr. 2.4 im Beispiel 23 zu Nr. 11.4 HRB auszubringen, aus der sich der Umfang der nicht verbrauchten Selbstbewirtschaftungsmittel zum Jahresabschluss 2019 ergibt.

12. Vorbereitung und Veranschlagung von Projekten Öffentlich Privater Partnerschaften – ÖPP-Projekte –

12.1. Der Bund/Länder-Arbeitsausschuss „Haushaltsrecht und Haushaltssystematik" hat Empfehlungen zur haushaltsrechtlichen und haushaltssystematischen Behandlung von ÖPP-Projekten erarbeitet. Diese sind den Obersten Bundesbehörden mit BMF-Rundschreiben vom 2. November 2007 – II A 3 – H 1012-5/07/0003; DOK 2007/0498167 – übermittelt worden (im Haushaltsportal des BMF https://bmfiiportal.zivit.iv.bfinv.de – Allgemeine Rundschreiben, Vordrucke). Zur Umsetzung dieser Empfehlungen wird für die Veranschlagung auf die im Gruppierungsplan abgebildeten Gruppen verwiesen.

Für die Veranschlagung der Ausgaben und Verpflichtungsermächtigungen von ÖPP-Projekten im Einzelnen sind grundsätzlich die Empfehlungen des Bund/Länder-Arbeitsausschusses „Haushaltsrecht und Haushaltssystematik" (insbesondere unter Ziffer 6.4.2) zu beachten. Dabei wird davon ausgegangen, dass die Veranschlagung auf Basis der vorläufigen Wirtschaftlichkeitsuntersuchung (Ziffer 6.4.1.3.2 Buchstabe B der o.a. Empfehlungen) erfolgt und haushaltsrechtlich Vorsorge zu treffen ist.

12.2. Vor dem Hintergrund verstärkter Bemühungen um eine Prozessoptimierung im Bereich der Baumaßnahmen des Bundes folgen ein gesondertes Rundschreiben zum ELM sowie ein entsprechender Ablaufplan.

12.3. Im Rahmen der Ermittlung der wirtschaftlichsten Realisierungsvariante nach § 7 BHO ist die Beschaffungsvariante ÖPP obligatorisch zu berücksichtigen. Für diese Wirtschaftlichkeitsuntersuchung über den gesamten Projektlebenszyklus und die erforderlichen weiteren Realisierungsschritte kann die Beratungskompetenz der PD – Berater der öffentlichen Hand GmbH („Partnerschaft Deutschland") in Anspruch genommen werden. Sie kann als Inhouse-Gesellschaft ausschreibungsfrei in Anspruch genommen werden und bietet eine alle Realisierungsformen umfassende Investitions- und Modernisierungsberatung sowie alle damit zusammenhängenden Geschäfte und Dienstleistungen an, um staatliche Investitions- und Modernisierungsziele möglichst wirtschaftlich zu erreichen.

Bei der Beratung nimmt die Durchführung von Wirtschaftlichkeitsuntersuchungen, Variantenvergleichen, Eignungstests und Machbarkeitsuntersuchungen und die strategische und organisatorische Beratung für Investitionsvorhaben aller Art eine zentrale Bedeutung ein. In Zusammenarbeit mit ausgewählten technischen Rahmenvertragspartnern bietet der Auftragnehmer darüber hinaus Projektplanung, Projektmanagement und Projektsteuerung an. Eine Erstberatung von Investitionsvorhaben kann unentgeltlich in Anspruch genommen werden.

Die Gesellschaft ist unter der Postanschrift:
Beratungsgesellschaft **PD – Berater der öffentlichen Hand GmbH**
Friedrichstraße 149
10117 Berlin
sowie unter der Telefonnummer +49 (0)30 / 25 76 79 0
oder der Internetadresse www.pd-g.de zu erreichen.

12.4. Um die haushaltsmäßigen Auswirkungen über die langen Laufzeiten der Maßnahmen transparent zu machen, werden die unmittelbar über den Bundeshaushalt finanzierten ÖPP-Projekte des Bundes in der Übersicht Teil X zum Bundeshaushalt einzelplanbezogen dargestellt. Darüber hinaus werden die von der Bundesanstalt für Immobilienaufgaben in Auftrag gegebenen ÖPP-Projekte des Bundes nachrichtlich in die Übersicht einbezogen. Die Angaben sind entsprechend dem Muster nach **Anhang 7** zu erfassen und dem zuständigen BMF-Fachreferat per E-Mail zur Verfügung zu stellen.

13. Projektförderungen bei Titeln der Hauptgruppen 6 und 8

Sofern im Rahmen von Projektförderungen bei Titeln der Hauptgruppen 6 und 8 Ausgaben für Projektträgerleistungen (z.B. Beratung von Förderinteressenten, Bekanntmachung von Förderprogrammen, Vorbereitung von Förderentscheidungen, Bewirtschaftung von Bundesmitteln,

Prüfung von Zwischen- und Verwendungsnachweisen) und Projektmanagement (z. B. wissenschaftliche Begutachtungen, Öffentlichkeitsarbeit, Organisation von Veranstaltungen, Beantwortung von Anfragen) durch Dritte mitveranschlagt sind, ist für jeden dieser Titel zusammen mit dem Voranschlag eine Aufschlüsselung dieser Ausgaben vorzulegen und von den Ressorts auch den Berichterstattern zum BE-Gespräch des jeweiligen Einzelplans zur Verfügung zu stellen.

In diesen Fällen sind die allgemeinen Erläuterungen zum Einzelplan wie folgt zu ergänzen:

„Projektförderungen bei Titeln der Hauptgruppen 6 und 8:
Bei der Durchführung von Vorhaben und Programmen können Ausgaben für Projektträgerleistungen sowie für das Projektmanagement entstehen. Soweit dies der Fall ist, sind diese Ausgaben bei den jeweiligen Fachtiteln mitveranschlagt."

Außerdem ist beim jeweiligen Ausgabetitel auf Erläuterungsebene mindestens der Hinweis aufzunehmen, dass Ausgaben für Projektträgerleistungen und/oder Projektmanagement aus dem Ansatz geleistet werden.

14. Zinszuschussförderung und Auszahlung der Fördermittel

In bestimmten Förderbereichen werden Zinszuschüsse gewährt, d.h. Zinsausgaben des Fördernehmers für ein Darlehen werden anteilig finanziert. Die Auszahlung der Bundesmittel erfolgt dabei im Regelfall jeweils zu den konkreten Zinsterminen an die mit der bankenmäßigen Abwicklung des Förderprogramms beauftragte Bank (pro-rata-temporis). Sollen die Zinszuschüsse ausnahmsweise für eine Maßnahme in einer Summe kapitalisiert an den mit der bankenmäßigen Abwicklung beauftragten Treuhänder (§ 44 Absatz 2 BHO) ausgezahlt werden (Barwert), ist bei den entsprechenden Titeln nachfolgender Haushaltsvermerk auszubringen:

„Zinszuschüsse dürfen bei nachgewiesener Wirtschaftlichkeit auch kapitalisiert an den mit der bankenmäßigen Abwicklung beauftragten Treuhänder (§ 44 Abs. 2 BHO) ausgezahlt werden."

15. ODA-Ausgaben

Den Ausgaben für Öffentliche Entwicklungszusammenarbeit (ODA-Ausgaben) kommt mit Blick auf die nationalen und internationalen entwicklungspolitischen Zielsetzungen besondere Bedeutung zu. Sie sind die bestimmende Bezugsgröße für die letztendlich vom OECD-DAC ermittelte deutsche ODA-Quote sowie für die jährlichen Prognosen. Vor diesem Hintergrund ist bereits bei der konzeptionellen Ausgestaltung entwicklungspolitischer Maßnahmen auf eine größtmögliche Anrechenbarkeit der Ausgaben auf die ODA-Quote zu achten. Zu den ODA-anrechenbaren Ausgaben gehören auch die im Zusammenhang mit Entwicklungsleistungen stehenden allgemeinen Verwaltungskosten, insbesondere Personalausgaben.

Im Rahmen der Haushaltsaufstellung werden wieder zwei Abfragen zu den auf die ODA-Quote anrechenbaren Ausgaben der Ressorts durchgeführt. Die erste Abfrage erfolgt im Anschluss an den Kabinettbeschluss zum Regierungsentwurf, die zweite Abfrage im Anschluss an die Bereinigungssitzung des Haushaltsausschusses des Deutschen Bundestages. Die beiden Abfragen erfolgen jeweils gesondert mit einem gemeinsamen Anforderungsschreiben von BMZ und BMF, das notwendige ergänzende Erfassungshinweise für die Kosten für Flüchtlinge im Inland enthält. Die Meldungen sind an das BMZ und an das zuständige BMF-Spiegelreferat sowie an das BMF-Referat II D 4 zu übersenden.

16. Einheitliches Liegenschaftsmanagement (ELM)

Vor dem Hintergrund verstärkter Bemühungen um eine Prozessoptimierung im Bereich der Baumaßnahmen des Bundes folgen ein gesondertes Rundschreiben zum ELM sowie ein entsprechender Ablaufplan.

17. Dokumentation der Sonderabgaben

Die Dokumentation der Sonderabgaben (Bundeshaushalt 2020, Übersicht VI) ist fortzuschreiben; neue Abgaben sind zu ergänzen. Im Übrigen wird auf **Anhang 9** verwiesen.

18. Dokumentation der Ausgabereste für das parlamentarische Verfahren

Den Abgeordneten des Deutschen Bundestages ist in dem auf die Zuleitung des Regierungsentwurfs folgenden parlamentarischen Verfahren Gelegenheit zu geben, die Ausgaberesteentwicklung im flexibilisierten und im nicht flexibilisierten Bereich im Zusammenhang mit den jeweiligen Neubewilligungen zu bewerten. Ergänzend zur Darstellung der gebildeten Ausgabereste im Druckstück des Regierungsentwurfs sind den Berichterstattern rechtzeitig vor den Berichterstattergesprächen von den Ressorts ggf. geeignete Übersichten zu den wesentlichen Ausgaberesten (z.B. aktueller Restebestand/-abfluss, geplante Verwendung der Reste etc.) als Beratungsunterlagen zur Verfügung zu stellen. Welche (ergänzenden) Unterlagen von den Berichterstattern tatsächlich benötigt werden, sollte individuell nach den bisherigen Erfahrungen der Berichterstattergespräche bzw. durch Rücksprache mit den Berichterstattern ermittelt werden.

19. Dokumentation der EU-Einnahmen und der korrespondierenden Ausgaben für das parlamentarische Verfahren

Den Berichterstatterinnen und Berichterstattern ist eine Übersicht zu den EU-Einnahmen und den korrespondierenden Ausgaben zur Verfügung zu stellen. Die Informationen sollten gemäß dem Muster **Anhang 10** aufbereitet und unmittelbar den Berichterstatterinnen und Berichterstattern für den betreffenden Einzelplan vor den Berichterstattergesprächen übersandt werden.

20. Berichterstattung über nationale Förderprogramme im Bereich Klima/Energie

In Umsetzung der im Ergebnis der Spending Review zum Politikbereich Klima/Energie vom Kabinett bestätigten Handlungsempfehlungen werden seit dem Bundeshaushalt 2019 grundlegende Informationen zu den nationalen Förderprogrammen der Bundesregierung in den Bereichen Klimaschutz und Energiewende erhoben, die direkt oder indirekt zur Erreichung der nationalen CO_2-Minderungsziele beitragen (aktuell insbesondere alle Förderprogramme im Rahmen des Klimaschutzprogramms 2030). Die Abfrage dient dazu, mehr Transparenz hinsichtlich des Mitteleinsatzes herzustellen und die Voraussetzungen für eine Ressort übergreifende Abstimmung zu den einzelnen Maßnahmen zu verbessern. Zur Vereinheitlichung der Berichterstattung bitte ich, das in **Anhang 11** beigefügte Datenblatt zu verwenden und mit den haushaltsbegründenden Unterlagen einzureichen.

21. Wirkungsorientierung

Im Hinblick auf die wachsende Bedeutung der Wirkungsorientierung im Bundeshaushalt ist zukünftig ein strengerer Maßstab an die Darstellung echter Wirkungsziele mit überprüfbaren Indikatoren zu legen. Die Vorworte der Einzelpläne und die Vorbemerkungen der Kapitel sind regelmäßig auf ihre Aktualität und Aussagekraft hin zu überprüfen. Die Ziele, die mit den veranschlagten Mitteln erreicht werden sollen, sind hinreichend konkret zu beschreiben und soweit wie möglich mit statistischen Daten zu unterlegen (siehe HRB Pkt. 2.2 und 3.2).

22. Personalhaushalt

22.1. Für die Haushaltsjahre 2018 und 2019 wurden insgesamt rund 18000 neue Planstellen und Stellen (folgend: Stellen) ausgebracht, für das Haushaltsjahr 2020 kamen noch einmal über 6000 Stellen hinzu. Ein Großteil dieser Stellen dient der Stärkung der inneren und äußeren Sicherheit und dem Abbau der sogenannten sachgrundlosen Befristungen; es wurden aber auch zahlreiche Stellen ausgebracht, um weitere Ziele des Koalitionsvertrages umsetzen zu können.

Vor diesem Hintergrund kommen zusätzliche neue Stellen für den Haushalt 2021 nur für absolut zwingend notwendige Bereiche in Betracht. Der Bedarf für alle angemeldeten neuen Stellen muss nachgewiesen und gem. Nr. 4.4.1 zu § 17 BHO unter Anwendung angemessener Methoden der Personalbedarfsermittlung sachgerecht und nachvollziehbar begründet sein. Eine Bewilligung neuer Stellen ist nur gegen Kompensation möglich, die Veranschlagung zusätzlicher Personalausgaben für diese Stellen ist grundsätzlich ausgeschlossen.

Die Voranschläge zum Personalhaushalt sind unter Einhaltung der vorgenannten Bedingungen **bis spätestens 17. April 2020** (Eingang im BMF) vorzulegen. Die Anmeldungen müssen auf dem Vordruck gemäß **Anhang 8** erfolgen und den Fachreferaten im BMF in elektronischer Form zur Verfügung gestellt werden.

22.2. Das Verfahren zur Anmeldung von Behördenleiterfunktionen der Besoldungsordnung B zum Regierungsentwurf des Bundeshaushalts 2021 gestaltet sich wie folgt:

In der Besoldungsordnung B des Bundesbesoldungsgesetzes wurde bisher die Bewertung aller Leitungsämter und somit die Behördenstruktur der Bundesverwaltung abgebildet. Bei Veränderungen der Wertigkeit eines Amtes bedurfte es einer Änderung des Bundesbesoldungsgesetzes.

Mit der Neukonzeption der Bundesbesoldungsordnung B zum Bundesbesoldungsgesetz (BBesG) im Rahmen des Besoldungsstrukturenmodernisierungsgesetzes (BesStMG) ist u.a. vorgesehen, dass Neueinstufungen von Behördenleiterfunktionen nicht mehr durch eine Änderung des Bundesbesoldungsgesetzes erfolgen, sondern dass die jeweilige oberste Bundesbehörde das Einvernehmen mit dem Bundesministerium des Innern, für Bau und Heimat (BMI) und dem Bundesministerium der Finanzen (BMF) herzustellen hat (§ 18 Abs. 2 BBesG n.F.). Der parlamentarische Kontrollmechanismus besteht auch weiterhin, da der Gesetzgeber im Rahmen der Aufstellung der Haushaltspläne eine entsprechende Planstelle zur Verfügung stellen muss.

Für die Haushaltsaufstellung zum Regierungsentwurf 2021 hat das folgende Konsequenz: Die Veränderung der Wertigkeit einer Planstelle eines Behördenleiters kann bei der Anmeldung nur dann berücksichtigt werden, wenn das jeweilige Ressort nachgewiesen hat, dass BMI und BMF der besoldungsrechtlichen Bewertung zugestimmt haben. Dem Haushaltsgesetzgeber werden auf diese Weise nur bereits besoldungsrechtlich bewertete Vorschläge unterbreitet.

Das nähere Verfahren wird in einem Rundschreiben des BMI gesondert bekanntgegeben werden.

23. Institutionell geförderte Zuwendungsempfänger und entsprechend geförderte Einrichtungen

23.1. Eine Ausweitung der Zahl der institutionell geförderten Zuwendungsempfänger kommt grundsätzlich nicht in Betracht. Die Aufnahme eines neuen Zuwendungsempfängers in die institutionelle Förderung ist demnach durch das Ausscheiden eines anderen Zuwendungsempfängers in einem finanziell gleichwertigen Umfang auszugleichen (sog. Omnibusprinzip).

23.2. Änderungen von Haushaltsvermerken und Stellenplanänderungen in den Entwürfen der Haushalts- und Wirtschaftspläne gegenüber den geltenden Haushalts- und Wirtschaftsplänen sind bei der Vorlage der haushaltsbegründenden Unterlagen kenntlich zu machen. Die Haushalts- und Wirtschaftspläne des laufenden Haushaltsjahres sind beizufügen. Auf die in dem Rundschreiben vom 2. Dezember 2019 (II A 1 – H 1200/0:003) zu § 8 Absatz 1 HG genannten Fälle ist hinzuweisen.

23.3. Soweit die Stellenpläne der in § 2 des Wissenschaftsfreiheitsgesetzes vom 5. Dezember 2012 genannten Einrichtungen im Bundeshaushalt nicht mehr abgedruckt werden, ist sicherzustellen, dass die Einrichtungen die Stellenübersichten in den Wirtschaftsplänen unverbindlich fortführen. Damit bleibt auch künftig die Stellenentwicklung dieser Einrichtungen, einschließlich der Ist-Besetzung, nachvollziehbar (vgl. Gesetzesbegründung zu § 3 Wissenschaftsfreiheitsgesetz).

23.4. Für die Zuschüsse des Bundes zu den Personalausgaben der vom Bund allein und der vom Bund und den Ländern gemeinsam geförderten Zuwendungsempfänger sowie für die Zuschüsse zu den Personalausgaben bei der Erstattung von Verwaltungskosten ist Ziffer 7 anzuwenden.

23.5. Bei den Zuweisungen des Bundes an die Länder für die Einrichtungen der Wissenschaftsgemeinschaft Gottfried Wilhelm Leibniz (WGL) sind die je Einzelplan für die Zuweisungen zur Verfügung stehenden Mittel von den betroffenen Ressorts vor den Bedarfsverhandlungen mit dem BMF abzustimmen.

23.6. Die Veranschlagungsgrundsätze nach Ziffer 8 für die Beschaffung von nicht personengebundenen Dienstkraftfahrzeugen (**Anhänge 3 und 4**) und von Geschäftszimmerausstattungen (**Anhang 5**) sind für den Bereich der institutionell geförderten Zuwendungsempfänger sinngemäß anzuwenden.

23.7. Bei Zuwendungen zur institutionellen Förderung und zur Projektförderung sind die Richtlinien für den Einsatz der Informationstechnik in der Bundesverwaltung (IT-Richtlinien) vom 18. Dezember 1988 (GMBl 1988 S. 469) entsprechend anzuwenden mit der Maßgabe, dass

- bei Ausgaben für IT von jährlich mehr als 500 TEUR ein IT-Rahmenkonzept zu erstellen ist und haushaltsbegründende Unterlagen gemäß Ziffer 9 zu übersenden sind,
- das IT-Rahmenkonzept vom zuständigen Ressort zu prüfen ist.

24. Sondervermögen „Energie- und Klimafonds (EKF)" und „Digitale Infrastruktur"

Für die Aufstellung der Wirtschafts- und Finanzpläne der Sondervermögen folgen gesonderte Rundschreiben.

25. Darstellung der EU-Mittel

Hinsichtlich der Darstellung der EU-Mittel im Bundeshaushalt entsprechend den Beschlüssen des Rechnungsprüfungsausschusses vom 10. Juni 2011 (TOP 9) und vom 26. September 2014 (TOP 16) wird erneut auf das BMF-Rundschreiben an die Obersten Bundesbehörden vom 31. August 2011 – II A 1 – H 3045/10/10038; DOK: 2011/0689806 – hingewiesen.

26. Haushalterische Umsetzung des Strukturstärkungsgesetzes Kohleregionen

Im Haushalt 2020 sind im Einzelplan 60 für Zwecke des Strukturstärkungsgesetzes Mittel in Höhe von 1 Mrd. € und eine Verpflichtungsermächtigung mit Fälligkeiten für die Jahre 2021 bis 2025 in Höhe von jeweils 200 Mio. € ausgebracht. Diese Mittel und die Verpflichtungsermächtigung stehen für Maßnahmen regionaler Strukturpolitik/Strukturwandel Kohlepolitik der Ressorts zu Verfügung und sind in den entsprechenden Titeln der jeweiligen Einzelpläne zu buchen. Für die Aufstellung des Regierungsentwurfs 2021 und den Finanzplan bis 2024 wird zu gegebener Zeit ein gesondertes Rundschreiben mit konkreten Verfahrenshinweisen zur Umsetzung des Gesetzes bekannt gegeben.

27. Wertgrenze Baumaßnahmen

Aufgrund des Maßgabebeschlusses des Haushaltsausschusses des Deutschen Bundestages vom 14. November 2019 zur Anhebung der Wertgrenze zur Unterscheidung von kleinen und großen Baumaßnahmen auf 6 Mio. Euro wird das BMF gemäß § 5 BHO zeitnah eine Anhebung der Wertgrenze veröffentlichen. Die Anhebung wird sich auch auf den Zuwendungsbau erstrecken.

28. Technische Hinweise

28.1. Der sog. „Gelbdruck" (vgl. Nr. 1.2 HRB) wird im Anschluss an die Veröffentlichung dieses Rundschreibens und nach Drucklegung des Haushalts 2020 vom BMF erstellt und durch die jeweiligen BMF-Fachreferate ausschließlich per E-Mail als PDF-Dokument an die Ressorts übersandt.

Im „Gelbdruck" sind im Wesentlichen nur Änderungen vorzunehmen, die nicht das Dispositiv betreffen; d.h. lediglich Vorwort/Vorbemerkungen, Titelerläuterungen und Wirtschaftspläne und andere Übersichten/Anlagen können geändert werden. Im Einzelfall können auch Änderungen am Dispositiv vorgenommen werden, die zwischen Ressort und BMF unstreitig sind und keiner bilateralen Behandlung bedürfen, so dass sie bereits vor Übersendung der Voranschläge vorgenommen werden können. Die genannten Änderungen sind in dem übersandten Exemplar von Hand einzuarbeiten. Alternativ kann auch ressortseitig ein neues Druckstück, in dem die Änderungen deutlich gekennzeichnet sind, produziert und dem BMF übersandt werden.

Um den Ressorts im Anschluss die Erfassung der Voranschläge auf der dem „Gelbdruck" entsprechenden Datenbasis zu ermöglichen, werden die BMF-Fachreferate den Ressorts den geänderten Datenbestand im Wege des elektronischen Postaustauschs zur Verfügung stellen.

28.2. Vorsorglich wird darauf hingewiesen, dass in jeder Phase des Aufstellungsverfahrens die Möglichkeit besteht, selbstständig ein Druckstück (in Form eines Korrekturexemplars) über das Auswertungssystem „Haushalt@Web" zu erstellen. Das Auswertungssystem finden Sie im Portal der Haushaltsabteilung des BMF unter > Fachverfahren > Haushalt und Finanzplan.

28.3. Die Voranschläge zum Haushaltsentwurf 2021 und für die Finanzplanjahre 2022 bis 2024 sind im Dialog (Service-Funktion „Datenaustausch zwischen Ressort- und BMF-Abt. II-Datenbank"/ Hauptmenü W) zu übermitteln. Die aktuelle Schnittstellenbeschreibung für den „Datentransfer" in die Ressort-Datenbank kann im Portal der Haushaltsabteilung (http://bmfiiportal.zivit.iv.bfinv.de), dort im „Informationszentrum" unter „Technisches", heruntergeladen werden.

Bei ressortseitig eingesetzten IT-Verfahren muss die Richtigkeit der Datenstruktur/Kompatibilität zur Haushaltsdatenbank des BMF sichergestellt sein. Darüber hinaus müssen die elektronisch übermittelten Haushaltsdaten mit den papiermäßigen Voranschlägen übereinstimmen.

In die Voranschläge sind dabei neben den Titeladressen und den Ansätzen im Finanzplanungszeitraum

• Verpflichtungsermächtigungen (VE) sowie

• die Beträge (bzw. Teilbeträge) für die Finanzhilfen (FH)
aufzunehmen.

28.4. Die Anzahl der einzureichenden Haushaltsvoranschläge und der
Voranschläge zum Finanzplan wird gesondert mitgeteilt.

Dem Bundesrechnungshof (BRH) sind je ein Abdruck der Haushaltsvoranschläge und der Voranschläge zum Finanzplan zuzuleiten. Unterlagen, die in elektronischer Form vorliegen, sind hierbei
nicht gesondert auszudrucken, sondern können dem BRH in elektronischer Form (per E-Mail oder auf Datenträger) übersandt werden.